그리스 신화

ROBERT GRAVES 로버트 그레이브스

옮긴이 | 안우현 감수·해제 | 김진성

그리스 신화

❶신의 시대

THE
GREEK
MYTHS

알렙

'묵은해의 황소Old Bull of the Year'의 죽음과

'새해의 수송아지New Year's Bull-Calf'의 탄생.

송아지는 대추야자 열매 송이에서 태어나고 있다.

크레테 섬 여사제가 야자나무와 한 몸이 되어 곁에서 지켜보고 있다.

—기원전 1900년경, 중기 미노스 문명의 구슬 인장bead-seal 문양에서.

(필자 소장)

차례

2권 영웅의 시대

11
트로이아 전쟁

서문

    1958년부터『그리스 신화』의 개정판을 준비하면서, 술의 신 디오뉘소스를 새롭게 바라보게 됐다. 지혜로우면서도 행실이 나쁘다는 서로 상반된 평판을 듣는 켄타우로스, 그리고 암브로시아(신의 음식) 및 넥타르(신의 음료)에 대해서도 새로운 생각이 들었다. 이들 셋은 서로 긴밀하게 관련돼 있다. 켄타우로스는 디오뉘소스를 숭배했고, 디오뉘소스의 열광적인 가을축제는 '암브로시아Ambrosia'라고 불렸다. 디오뉘소스의 여사제 또는 무녀인 마이나데스Maenades는 광기에 사로잡혀 산야를 돌아다니고, 짐승과 어린아이들을 찢어 죽이고(27. f 참고), 훗날 인도까지 여행을 다녀온 것을 뽐냈다(27. c 참고). 그들은 그냥 포도주 또는 담쟁이 맥주(27. 3 참고)에 취해 그렇게 했다고 전해지는데, 필자는 더는 그렇게 믿지 않는다. 필자의 책『켄타우로스는 무엇을 먹었나What food the Centaurs Ate』(Cassell & Co., 1989, 319-343쪽)에 요약해 둔 바, 염소의 다리와 뿔을 가진 사튀로스Satyrs(염소-토템 부족민), 말의 몸통을 가진 켄타우로스(말-토템 부족민), 그리고 그들 부족의 마이나데스(신들린 여자들)는 입안에 머금은 훨씬 더 강력한 약을 이런 술들로 씻어냈을 가능성이 높다. 이들이 다름 아닌 광대버섯amanita muscaria을 입안에 머금고 있었을 것이다. 이를 날것으로 먹으면 환각, 무분별한 난동, 예언적 환영, 관능적 에너지, 그리고 엄청난 근력이 생긴다. 하지만 몇 시간에 걸친 무아경이 끝나고 나면 완전한 무기력이 찾아온다. 이런 증상 덕분에 트라케의 왕 뤼쿠르고스Lycurgus는 인도 원정을 끝내고 돌아온 디오뉘소스의 술 취한 마이나데스와 사튀로스 군대를 소몰이 막대 하나만 가지고 내쫓을 수 있었다(27. e 참고).

이탈리아 고대 문명 에트루리아Etruria의 거울 유물에도, 익시온[1]의 다리쪽에 광대버섯이 새겨져 있다. 익시온은 그리스 동부 텟살리아의 영웅으로 신들 사이에서 암브로시아를 맘껏 먹었다(63. b 참고). 그의 후손인 켄타우로스가 이 버섯을 먹었다는 필자의 이론은 여러 신화의 내용과 일치한다(102, 126 등 참고). 나중에 고대 스칸디나비아의 '미친 전사들breserks'도 전투에서 난폭한 힘을 얻기 위해 이를 이용했다고 일부 역사가들은 보고 있다. 필자는 이제 '암브로시아'와 '넥타르'가 사람을 흥분시키는 버섯이라고 믿는다. 그 버섯은 광대버섯일 것이라 확신하지만, 아마도 다른 것, 특히 작고 가느다란 말똥버섯panaeolus papilionaceus일 수도 있다. 대신 말똥버섯은 남을 해치지 않고 아주 즐거운 환각 상태에 빠뜨린다. 똑같은 버섯이 그리스 동남부 앗티케Attica의 도기 그림에 켄타우로스 넷소스Nessus의 발굽 사이에 그려져 있다. 신화에서, 암브로시아와 넥타르를 독점하는 것으로 나오는 '신들'은 고전기Classical era 이전 시기의 '신성한 여왕들과 왕들'이었을 것이다. 탄탈로스[2]의 죄(108. c 참고)는 자기 암브로시아를 보통 사람들에서 나눠 줌으로써 금기를 깬 것이었다.

---

1) 익시온Ixion: 헤라 여신을 범하려다 제우스의 노여움을 샀다. 이 책 63장 참고.
2) 탄탈로스Tantalus: 아들 펠롭스를 죽여 신들에게 대접하는 등 여러 죄를 지어 타르타로스Tartarus에서 영원한 허기와 갈증에 시달리는 벌을 받았다. 이 책 108장 참고.

신성한 여왕과 왕이라는 존재는 그리스에서 소멸했다. 그러자 암브로시아는 엘레우시스 비교와 오르페우스 비교를 비롯해 디오뉘소스와 연관된 여러 비교 의식Mysteries의 비밀스러운 요소가 된 것으로 보인다. 이들 의식의 참석자들은 그들이 먹고 마신 것을 대해 침묵할 것을 맹세했으며, 잊을 수 없는 환영을 봤고, 불사를 약속받았다.

올림피아 제전의 달리기 경주 우승자에게 준 '암브로시아'는, 승리의 대가로 신성한 왕의 자리를 받았던 시절이 지났을 때 신성한 왕의 자리 대신 받았던 음식이었다. 이는 여러 가지를 섞은 것으로, 필자가 『켄타우로스는 무엇을 먹었나』에서 보여 주었듯이, 여기 들어간 재료들의 머리글자는 '버섯'을 뜻하는 그리스어 단어가 된다. 고전시대 저자들은 넥타르 또는 엘레우시스에서 데메테르가 마신 민트향의 음료인 케퀴온cecyon의 요리법을 인용하는데, 이 또한 '버섯'을 자세히 설명한 것이다.

필자도 환각성 버섯인 사일로사이브psilocybe를 먹어본 적이 있다. 이는 멕시코 '오아하카Oaxaca 주'의 마자텍족Masatec Indian 사이에서 태곳적부터 사용해 온 신들의 암브로시아이다. 그때 여사제는 버섯의 신 틀랄로크Tlaloc를 부르며 기도했고, 필자도 어떤 초월적인 환영을 봤다. 이런 고대 의식을 발견한 미국 탐험가 리처드 고든 왓슨R. Gordon Wasson은 천당과 지옥에 대한 유럽적 사고도 비슷한 비교 의식에서 비롯된 것일 수 있다고 주장했는데, 필자는 이에 전적으로 동의한다. 틀랄로크는 번개에서 생겨났다고 하는데, 디오뉘소스도 그렇다(14. c 참고). 그리스 토속 문화에서도 마자텍족과 마찬가지로 모든 버섯이 이런 대우를 받았다. 즉, 양쪽 언어에서 아마도 버섯을 '신들의 음식'이라 불렀을 것이다. 틀랄로크는 큰 뱀으로 관을 만들어 머리에 썼는데, 디오뉘소스도 그렇게 했다(27. a 참고). 틀랄로크는 물속으로 물러선 적 있는데, 디오뉘소스도 그랬다(27. e 참고). 마이나데스가 희생물의 머리를 찢어내는 야만적인 관습(27. f, 28. d 참고)은 신성한 버섯의 머리를 떼어내는 것에 대한 알레고리일 수 있다. 참고로, 멕시코에서는 버섯의 기둥은 먹지 않는다. 아르고스Argos의 신성한 왕 페르세우스Perseus는 디오뉘소스 숭배로 개종했다(27. i 참고). 페르세우스는 독버섯이 자라는 장소를 발견했는데, 그 독버섯에서 많은 물이 흘러나왔고, 그 독버섯의 이름을 따라 그곳을 뮈케나이Mycenae라 불렀다(73. r 참고). 틀랄로크의 상징/문장은 두꺼비였는데, 아르고스의 상징도 그러했다. 멕시코 중동부의 테펜티틀라Tepentitla의 프레스코화에는 틀랄로크의 두꺼비 입에서 시냇물이 흘러나오는 모습이 그려져 있다. 그런데 유럽과 중앙아메리카가 서로 접촉한 적이 있었나?

이런 이론은 더 많은 연구가 필요하다. 그래서 필자는 지금 출간본에는 이런 새로운 발견을 반영하지 않았다. 이 문제를 해결하는 데 도움을 주는 전문가가 있다면 정말로 감사하겠다.

1960년, 스페인
[지중해] 마요르카 섬 데이아에서
로버트 그레이브스

중세 영국의 가톨릭교회 사절단은 대륙에서 성서와 관련된 갖가지 자료와 함께 그리스와 로마 고전에 바탕을 둔 대학 시스템도 영국으로 가져왔다. 이전에는 아서 왕, 가이 오브 워릭,[1] 로빈 후드, 레스터의 파란 마녀, 리어 왕 등과 같은 토착 전설이면 대중에게 충분하다고 생각했지만, 튜더 왕조 초기가 되자 기독교 사제와 식자층은 오비디우스,[2] 베르길리우스[3] 작품 속의 신화와 문법학교의 트로이아 전쟁 요약본을 훨씬 더 자주 언급하게 됐다. 이에 따라 16세기부터 19세기까지 공식적인 영국 문학은 그리스 신화의 빛 아래에서만 제대로 이해할 수 있다. 하지만, 최근 들어 고전은 학교와 대학에서 크게 인기를 잃어버려, 이제는 배운 사람이라 해도 더는 (이

---

1) 가이 오브 워릭Guy of Warwick: 14세기 초의 중세 영어로 쓰인 로맨스.
2) 오비디우스Ovid: 로마의 시인(기원전 43-기원후 17?).
3) 베르길리우스Virgil: 로마의 시인(기원전 70-19). 『아이네이스』 등을 지었다.

를테면) 데우칼리온,[4] 펠롭스,[5] 다이달로스,[6] 오이노네,[7] 라오코온,[8] 안티고네[9] 등이 누구인지 꼭 알아야 할 필요가 없다. 이 신화들에 대한 최근의 일반적 지식은 대부분, 킹슬리의 『영웅들』[10]과 호손의 『탱글우드 이야기』[11] 같은 동화 판본에서 비롯된 것이다. 언뜻 이 신화들은 별로 중요하지 않아 보인다. 지난 2000년 동안 신화를 기괴하고 터무니없는 공상의 산물이나 그리스 지성의 유아기 단계에서 나온 매력적인 전설 정도로 치부하는 풍조가 유행했기 때문이다. 교회도 성서의 중요성을 강조하기 위해 자연스럽게 신화의 가치를 깎아내렸다. 그러나 초기 유럽의 역사, 종교, 사회를 연구하는 데 신화가 갖는 가치는 거의 절대적이다.

'공상적인'의 뜻으로 쓰는 '키메리컬chimerical'은 명사 키마이라chimaera의 형용사형으로, '암염소'를 뜻한다. 4000년 전, 키마이라는 기괴한 존재가 아니었다. 오늘날의 여느 종교적, 의전적, 상업적 상징물만큼이나 자연스러웠을 것이다. 키마이라는 외견상 합성 동물로, (호메로스가 기록한 대로) 사자

---

4) 데우칼리온Deucalion: 프로메테우스의 아들이며, 텟살리아의 왕. 제우스가 인류의 사악함을 벌하기 위하여 홍수를 일으켰을 때, 아내 퓌르라와 함께 살아남아 인류의 조상이 됐다. 이 책 38장 참고.

5) 펠롭스Pelops: 탄탈로스의 아들. 아버지에게 살해되어 그 살은 신들의 식탁에 올랐으나 나중에 신들이 다시 살려냈다.

6) 다이달로스Daedalus: 크레테의 미궁을 만든 아테나이의 명장. 미노스 왕에 의해 그 미로 속에 갇혔으나 날개를 만들어 아들 이카로스와 함께 하늘로 날아 탈출하다가 아들은 바다에 떨어져 죽었다. 그 바다는 아들 이름을 따 이카로스 해라 불린다.

7) 오이노네Oenone: 트로이아에 가까운 이다Ida 산의 요정. 파리스의 연인이었는데 헬레네 때문에 버림받았다. 159장 참고.

8) 라오코온Laocoön: 트로이아의 아폴론 신전의 사제. 목마 안에 그리스 병사들이 들어 있다고 경고했으며, 두 아들과 함께 아테나가 보낸 바다뱀에 감겨 죽었다. 167장 참고.

9) 안티고네Antigone: 오이디푸스의 딸. 숙부인 크레온 왕의 명을 어기고 폴뤼네이케스의 장례를 지낸 벌로 사형 선고를 받았다. 이를 소재로 삼은 소포클레스의 『안티고네』는 그리스 비극의 최고 작품들 중 하나로 꼽힌다. 106. m 참고.

10) 찰스 킹슬리Charles Kingsley(1819-1875)는 영국성공회 사제, 대학교수, 소설가 등으로 활약했고, 그리스 신화를 다룬 어린이 책 『영웅들Heroes』(1856) 등을 썼다.

11) 너새니얼 호손Nathaniel Hawthorne(1804-1864)은 미국 소설가로, 그리스 신화를 어린이용으로 각색한 『어린이를 위한 탱글우드 이야기Tanglewood Tales for Boys and Girls』(1853)를 썼다.

의 머리와 염소의 몸통, 큰 뱀의 꼬리로 이뤄졌다. 지금의 터키 남부 카르케미시Carchemish의 힛타이트족 신전의 벽에서도 키마이라의 조각이 발견됐다. 키마이라는 스핑크스와 유니콘 등 다른 합성 동물과 마찬가지로, 원래는 계절 변화의 상징이었을 것이다. 각 구성 요소는 '하늘의 여왕'의 신성한 한 해의 각 계절을 상징했다. 디오도로스 시켈로스[12]를 보면, 여왕의 거북 등딱지로 만든 뤼라에 달린 세 현絃도 그랬다. 고대에 한 해를 세 계절로 나눈 것에 대해선, 닐슨Nilsson이 『원시적 시간관념Primitive Time Reckoning』(1920)에 밝혀 놓았다.

그러나 거대하고 뒤엉켜 있는 그리스 신화 전체에서 오직 일부만이 키마이라와 더불어 진정한 신화로 분류할 수 있다. 그리스 신화는 크레테, 이집트, 팔레스타인, 프뤼기아, 바빌로니아 등지에서 수입해 온 부분까지 합쳐지면서 거대한 전체를 이뤘다. 진정한 신화란 공적 제례에서 행했던 의례적 몸짓 표현을 이야기로 축약한 것이라 정의할 수 있다.[13] 이는 많은 경우 그림으로 기록돼 신전의 벽, 도기, 인장seal, 그릇, 거울, 상자, 방패, 융단 등에 등장한다. 키마이라를 비롯한 계절 상징-짐승은 이런 극 형식의 제례에서 중요한 역할을 했을 것이 틀림없다. 이런 제례는 도상과 구전 기록

---

12) 디오도로스 시켈로스Diodorus Siculus: 기원전 1세기 후반의 그리스 역사가.

13) 신화의 기원과 의미에 대해 몇 가지 구별되는 접근법이 있다. 이 책은 기본적으로 여러 접근법 가운데 한 가지에 바탕을 두고 있으며, 필자는 거기에서 한 걸음 더 나아가 자신만의 독특한 해석을 여러 곳에서 제안하고 있다. 접근법을 정리하면 아래와 같다. ① '신화 실재설'로, 역사상 실존했던 왕들이 죽은 뒤 신격화됐다는 주장이다. 그리스의 철학자 에우헤메로스Euhemeros의 주장이며, 이 책에도 한두 차례 등장한다. ② '자연 신화설'로, 여러 자연적 물리 현상(해와 달, 가뭄과 홍수 등)을 신격화했다는 것이다. ③ '종교적 제의'에서 신화의 기원을 찾는 접근이 있다. 인류학자 제임스 프레이저의 『황금가지』는 신화와 수많은 원시 제의 간의 상호 관련성을 밝힌 바 있으며, 이 책도 이런 접근에 기본 바탕을 두고 있다. ④ 정신분석학적 접근으로, 심리적 요인에서 신화의 기원을 찾는다. 지그문트 프로이트Sigmund Freud는 '억제된 숨은 욕망'을 얘기하고, 특히 카를 융Karl Jung은 '집단 무의식'을 얘기한다. 필자는 이에 대해 이 책 서문의 뒷부분에서 강하게 비판을 제기했다. ⑤ 레비스트로스의 구조주의적 접근도 있다. 이는 언어의 문법과 같은 보편적 구조가 신화의 내용에 존재한다고 본다.

과 함께 각 씨족과 부족, 도시가 따르는 종교 행사의 가장 중요한 전거 또는 헌장이 되었다. 제례는 신성한 여왕 또는 남왕의 다산이나 만수무강을 비는 태고의 마법을 주제로 했다. 그리스어권 전역에 걸쳐 여왕 통치가 남왕 통치보다 시기적으로 앞선 것으로 보이는데, 변화된 상황에 맞춰 그 마법의 주제가 변경되기도 했다. 루키아노스[14]는 『춤에 관하여』에서 기원후 2세기까지 여전히 행해지던 엄청나게 다양한 의례적 몸짓 표현을 열거하고 있다. 파우사니아스[15]가 델포이 신전 그림과 '퀴셀로스의 상자'[16]에 새겨진 조각에 대해 설명한 것을 보면, 지금은 자취조차 사라졌지만, 당시까지도 엄청나게 다양한 신화적 기록이 남아 있었음을 알 수 있다.

진정한 신화는 다음과 구별되어야 한다.

(1) 철학적 은유. 예) 헤시오도스[17]의 우주생성론.
(2) '원인론적' 설명. 예) 아드메토스가 사자와 멧돼지를 멍에로 자신의 전차에 연결했다는 이야기.
(3) 풍자 또는 패러디. 예) 아틀란티스에 대한 실레노스[18]의 설명.

---

14) 루키아노스Lucian: 2세기 풍자 작가 및 수사학자.
15) 파우사니아스Pausanias: 2세기 후반 그리스 여행가·지리학자·저술가.
16) 퀴셀로스의 상자Cypselus's Chest: 올림피아의 헤라 신전에 있었다는 향나무 상자로, 그의 어머니가 아기 암살자들을 피해 퀴셀로스를 그 상자 안에 숨겼다는 전설이 내려온다. 퀴셀로스는 기원전 7세기 코린토스의 첫 참주로 이 상자를 그의 어머니가 신전에 바쳤다고 한다. '퀴셀로스'의 이름은 '상자'를 뜻한다. 향나무 상자cedar chest는 미혼 여성이 결혼을 대비해 옷가지 등을 넣어두는 가구로, '희망 상자hope chest' 등 여러 가지로 불렸다. 신화학자 파우사니아스는 이 상자에 여러 가지 신화의 장면이 새겨져 있었다면서 자세히 묘사했다.
17) 헤시오도스Hesiod: 기원전 8세기경의 그리스 시인. 『신들의 계보』 등을 저술했다.
18) 실레노스Silenus: 늙은 사튀로스Satyros를 통칭하는 이름이나, 점차 디오뉘소스의 양육자이자 스승인 특정한 실레노스 하나를 지칭하는 표현이 됐다. 사튀로스는 반인반수 모습의 숲의 정령들이다. 상반신은 사람이고, 하반신은 염소의 다리와 꼬리를 하고 있다. 장난이 심하고 주색을 밝혔다. 춤추고 노래하는 여자들(마이나데스)과 함께 디오뉘소스를 따라다녔다.

(4) 감상적 우화. 예) 나르킷소스와 에코의 이야기.

(5) 윤색한 역사. 예) 돌고래와 함께 한 아리온[19]의 모험.

(6) 중세 음유시인 풍의 로맨스. 예) 케팔로스와 프로크리스[20]의 이야기.

(7) 정치적 선전. 예) 테세우스[21]의 앗티케 통합 이야기.

(8) 훈계적 전설. 예) 에리퓔레[22]의 목걸이 이야기.

(9) 해학적 일화. 예) 헤라클레스, 옴팔레,[23] 판의 침실 소극.

(10) 과장된 멜로드라마. 예) 테스토르[24]와 그의 딸 이야기.

(11) 영웅 무용담. 예) 『일리아스』의 핵심 줄거리.

(12) 사실적인 픽션. 예) 오뒷세우스의 파이아케스족[25] 방문

그러나 참된 신화 요소는 가망이 조금도 없어 보이는 이야기 속에 숨어 있을 수 있다. 어느 신화에 대한 가장 풍부하거나 가장 찬란한 버전조차도, 한 작가만의 솜씨인 경우는 거의 없다. 신화의 원형을 찾을 때, 오래전에 쓰인 자료일수록 더 믿을 만한 것이라고 생각해서도 안 된다. 이를테면, 장난

---

19) 아리온Arion: 레스보스 출신의 음악가. 선원들이 자신을 죽이려 할 때 마지막으로 노래를 부르게 해달라고 부탁하여, 이를 듣고 몰려온 돌고래를 타고 도망친다. 아리온은 포세이돈과 여신 데메테르 사이에서 태어난 날개 달린 신마神馬의 이름이기도 하다.

20) 케팔로스Cephalus와 프로크리스Procris: 케팔로스는 앗티케의 사냥꾼이며, 프로크리스의 남편이다. 아내는 사냥을 나간 남편의 동정을 숨어 살피다가, 남편이 짐승으로 오인해 던진 창에 맞아 죽는다. 89장 참고.

21) 테세우스Theseus: 아테나이의 왕 아이게우스Aegeus의 아들로, 크레테 섬의 미궁에서 미노타우로스를 죽인다.

22) 에리퓔레Eriphyle: 테바이의 예언자 암피아라오스의 아내로, 목걸이를 뇌물로 받아 아들을 전쟁에 내보낸다. 106, 107장 참고.

23) 옴팔레Omphale: 헤라클레스가 3년간 섬긴 뤼디아의 여왕.

24) 테스토르Thestor: 예언자 칼카스Calchas와 두 딸 레우킵페Leucippe와 테오노에Theonoé의 아버지. 납치된 딸을 찾아나섰다가 포로가 된다. 나중에 극적으로 두 딸과 재회한다. 이 책 161. a-b에 자세한 내용이 실려 있다.

25) 파이아케스족Phaeacians: 오뒷세우스가 귀로에 거쳐간 스케리아 섬Scheria의 주민.

기 많은 알렉산드리아의 칼리마코스,[26] 아우구스투스 황제 시대의 경박한 오비디우스 또는 후기 비잔틴 시대의 무미건조한 체체스[27]는 헤시오도스 또는 그리스 비극 작가들보다 분명 더 이른 시기의 신화를 보여 주고 있다. 심지어 13세기 『트로이아 함락Excidium Troiae』조차 신화적 측면에서 『일리아스』보다 부분적으로 더 양호하다. 신화적 또는 유사신화적 이야기에 대한 평범한 이해를 시도한다면, 이름, 부족의 기원, 등장인물의 운명 등에 특별한 주의를 기울여야 한다. 이를 극 형식의 제의 형태로 복원하다 보면, 가끔 해당 신화 속의 부수적 요소가 그동안 전혀 별도의 일화를 담고 있다고 생각했던 다른 신화와 이어주는 연결고리로 작동한다. 이렇게 되면, 양쪽 모두 새롭게 바라볼 수 있다.

그리스 신화 연구는, 저 멀리 북쪽과 동쪽에서 아리안 침략자들이 도착하기 전에, 유럽에 어떤 정치적, 종교적 체계가 존재했는지 고려하는 데에서 출발해야 한다. 신석기 시대의 유럽 전체는, 현재까지 남아 있는 유물과 신화를 통해 볼 때, 놀라울 정도로 동질적인 종교 관념의 체계를 갖고 있었다. 이는 다양하게 불리는 어머니 여신에 대한 숭배에 바탕을 두고 있으며, 시리아와 리비아에서도 마찬가지다.

고대 유럽에는 남신이 없었다. '위대한 여신'은 늙지도 죽지도 않는 전능한 존재로 여겨졌다. 종교적 사고에 부성 개념은 아직 들어오지 못했다. 여신은 연인을 취하기도 했지만 자식들에게 아버지를 주려는 것이 아니라 쾌락을 위해서였다. 남자들은 가모장[28]을 두려워하고, 숭배하고, 그녀에게 복

---

26) 칼리마코스Callimachus: 그리스의 시인(기원전 305?-240?).

27) 체체스Tzetzes: 12세기 비잔틴 제국의 콘스탄티노플에서 활약한 시인이자 문법학자.

28) '가모장家母長, matriarch'은 필자의 주장을 떠받치는 몇 개의 기둥 가운데 하나다. 지중해 지역과 유럽은 원래 가모장제 사회였고 나중에 외부 침략자들을 통해 가부장제 사회로 넘어갔다는 것이 필자의 핵심 주장 가운데 하나다. 그리고 그리스 신화에 이 과정이 반영돼 있다고 본다. 귀에 익숙한 가부장家父長,

종했다. 동굴이나 움막에서 그녀가 돌보는 화로는 일찍이 그들의 사회적 중심이 됐으며, 모성은 원초적 신비였다. 그래서 그리스의 희생제에서 첫 번째 제물은 언제나 '화로의 헤스티아'[29]에게 바쳤다. 구체적 형상이 없는 하얀 조상image이 아마도 가장 널리 알려진 여신의 표상emblem일 것이다. 이런 조상은 델포이Delphi의 옴팔로스[30]('배꼽')로 남아 있다. 그런데 이런 조상은 원래 불타는 숯을 에워싼, 단단히 다져진 흰색 재의 둔덕을 표현했던 것으로 보인다. 이는 연기 없이 불을 살려두는 제일 쉬운 방법이다. 나중에 흰색 재의 둔덕은 그림 속에서 석회로 하얗게 만든 둔덕과 동일시됐다. 그 둔덕 밑에는 수확한 곡물로 인형을 만들어 묻었으며, 봄에 싹이 나면 꺼냈다. 그 밑에 죽은 왕을 매장하는 조개나 석영, 흰 대리석 둔덕도 이와 동일시됐다. 달뿐만 아니라 태양도 (그리스의 헤메라[31]와 아일랜드 신화의 그라너Grainne의 사례에서 보면) 여신을 상징하는 천체이다. 초기 그리스 신화에서 태양은 달에게 앞자리를 내주고 뒤로 물러나 있다. 달은 미신 차원에서 훨씬 더 두려운 존재였는데, 겨울이 되더라도 그 빛을 잃지 않았고, 대지를 적시거나 말려버리는 물의 힘을 갖고 있다고 믿었기 때문이다.

달의 세 단계 변화는 가모장의 변화를 떠올리게 했다. 달이 새로 뜨고, 차고, 기우는 모습은 가모장이 처녀maiden, 님프nymph(결혼 적령기의 여성), 노파crone의 세 단계를 거치는 것과 유사했기 때문이다. 태양의 1년 주기도 비

---

patriarch과 나란히 놓고 비교하기 위해, '여가장女家長' 또는 '여족장'보다 낯설지만 '가모장'으로 옮겼다.

29) 화로의 헤스티아Hestia of the Hearth: 헤스티아는 불과 화로의 여신으로, 올림포스 12신 가운데 하나이다. 크로노스와 레아의 장녀이자 제우스의 누이로, 로마 신화의 베스타 여신에 해당한다.

30) 옴팔로스omphalos: 그리스어로 '배꼽' 또는 '중앙'을 의미한다. 아테나이 북서쪽의 델포이에 있는 아폴론 신전에 있었던 돌덩어리를 일컫기도 한다.

31) 헤메라Hemera: 낮의 여신. 밤의 여신 뉙스Nyx의 딸. 가이아와 우라노스 등과 함께, 우주의 혼돈 속에서 처음으로 태어났다고 한다. 가이아와 우라노스는 나중에 티탄 신족을 낳았고, 이들 가운데 크로노스와 레아는 제우스를 낳았다.

숫하게 그녀의 육체적 힘의 성장과 쇠락을 떠올리게 했다. 봄은 처녀, 여름은 님프, 겨울은 노파에 해당했다. 여신은 점차 계절에 따라 동식물이 변하는 모습과 동일시되어 갔다. 그리고 자연스럽게 '어머니 대지'와 연결됐다. 어머니 대지는 날이 풀리면 새싹과 이파리를 내주고, 다음엔 꽃과 열매를 맺게 하며, 이윽고 앙상한 가지만 남긴다. 여신은 나중에 또 다른 세 가지 모습으로 여겨질 수 있었다. 대기의 처녀, 땅이나 바다의 님프, 지하의 노파 등이 그것인데, 셀레네,[32] 아프로디테, 헤카테가 각각 이들의 전형이다. 이러한 신비한 유사성 때문에 셋이라는 숫자를 더욱 신성하게 여겼으며, 달의 여신은 아홉으로 확대되기도 했다. 여신이 가진 처녀, 님프, 노파라는 세 위격의 신성함을 보여 주기 위해, 각각 세 모습 여신[33]으로 등장하기도 한 것이다. 그러나 여신 숭배자들은 여신이 셋이 아니라 오직 하나임을 결코 완전히 잊지 않았다. 다만, 고전기에 이르러 여신을 하나의 이름으로 부른 성소는 몇 곳 남지 않았다. 아르카디아 북동쪽 작은 마을 스튐팔로스Stymphalus는 이 가운데 하나였으며, 이 성소들에서 그 여신의 이름은 다름 아닌 헤라Hera였다.

일단 교접과 출산의 관련성이 공식적으로 인정되자 남성의 종교적 지위는 점차 나아졌으며, 바람이나 강이 여인을 임신시킨다는 믿음도 점차 사

---

32) 셀레네Selene: 달의 여신. 로마 신화의 루나Luna에 해당한다.

33) 세 모습 여신Triple-goddess: 세 가지 구분되는 형상 또는 모습들이 하나의 모둠을 이루는 여신을 일컫는다. '삼위일체의 여신'이라 옮길 수 있지만, '삼위일체'가 기독교적 용어로 굳어져 있어 주로 '세 모습 여신'으로 옮겼다. 그전에는 우아함의 여신들 카리테스Charites, 계절의 여신들 호라이Horae, 운명의 여신들 모이라이Moerae[또는 Moirai]와 같이 세 자매가 항상 함께 다닌다는 정도로 생각하거나, 달의 여신이 세 가지 모습을 가진다는 언급이 신화학자들의 저술에 간혹 보일 뿐이었다. 모호하면서도 잘 알려지지 않았던 개념인데, 20세기 들어 본격 연구를 거쳐 대중적으로 알려지게 됐다. 필자도 이 책을 통해 이 개념의 대중화에 앞장선 것으로 평가된다. 『여신의 언어』의 저자인 고고학자 마리야 김부타스Marija Gimbutas(1921-1994)도 '세 모습 달의 여신triple moon goddess'에 대한 숭배에 주목했다.

라졌다. 종교에서 이런 전환점에 대한 설명은 순진한 압푸Appu[34])에 대한 힛타이트 신화에 등장한다(H. G. 귀터보크Güterbock, 『쿠마르비Kumarbi』, 1946). '부족의 님프'는 자신이 거느린 젊은 남성들 가운데 한 명을 연인으로 선택해 왕으로 세웠는데, 한 해가 끝나면 제물로 바쳤던 것으로 보인다. 그는 육체적 쾌락의 대상이라기보다 다산의 상징이었다. 그의 피를 뿌려 나무와 곡식, 가축의 풍작을 기원했으며, 그의 살은 찢어 여왕의 동료 님프들, 즉 암캐, 암말, 암퇘지의 가면을 쓴 여사제들이 날것으로 먹었다.[35]) 나중에는 이런 관행이 수정돼 왕은 그가 동일시됐던 태양의 힘이 여름에 줄어들기 시작하자마자 죽임을 당했다. 그리고 그의 쌍둥이 또는 쌍둥이로 설정된 다른 젊은 남성이 여왕의 새로운 애인이 됐다. 이를 지칭하는 편리한 고대 아일랜드 용어로 '족장 후계자'[36])가 있다. 물론 이 남성도 한겨울에 제물로 희생됐으며, 나중에 신성한 뱀으로 환생했다. 이 배우자들은 여왕의 주술 예복을 입고서 그녀를 대행하는 게 허락될 때만 왕의 권력을 가진 것으로 인정받았다. 이렇게 남왕의 지위가 올라가고, 일단 왕의 생명이 태양의 계절적 주기와 동일시되자 태양이 남성적 다산성의 상징이 됐다. 그럼에도 왕은 여전

34) 압푸는 부자였으나, 아이가 없었다. 제물을 바치며 도움을 청하자, 신은 아내와 동침하라는 조언을 했다. 그는 그렇게 해서 두 아들을 두었다. (아마도 부부의 일에 대해 몰랐던 것 같다. 이 이야기는 두 자식 사이의 재산 다툼으로 이어진다.)

35) 이 책의 핵심적인 주장이라 할 수 있는 대목이며, 본문 해설에서 꾸준히 논의될 것이다. '인간 제물'은 인류사에서 두루 발견되며, 우리 『심청전』도 결국 인신 공양 이야기이다. 그러나 "왕을 제물로 바쳤다"는 이야기는, 절대왕조 역사에 익숙한 독자에게 낯설게 느껴진다. 제임스 프레이저는 『황금 가지』(초판 1890년)에서 '신성한 왕sacred king'이라는 개념을 통해 이를 본격적으로 제안했다. 신성한 왕은 여신의 배우자로 매년 새로 선택을 받았으며, 임기가 끝나면 여신에게 제물로 바쳐졌다는 것이다. 이때 왕은 신정 체제 아래 최고 사제, 샤먼 왕shaman-king 등의 지위를 가졌으며, 정교 분리 이후의 왕과는 역할이 다르다.

36) '족장 후계자tanist'는 이 책에 계속 등장하는 중요한 개념이다. 아일랜드와 스코틀랜드 등지의 승계 제도로, '왕'과 그를 계승할 '부왕'이 함께 존속하는 체제이다. 족장 후계자는 현재 왕의 아들이 아닌 경우가 많아, 조선 왕조의 세자와 다르다. 이 책에는 '신성한 왕sacred king'과 짝을 지어 계속 등장한다. 보통 '후계자'로 옮겼다.

히 달의 여신의 보호나 감독 아래 머물렀다. 가모장제 단계를 지나고 한참 뒤에도, 적어도 이론적으로는, 왕이 여왕의 보호 아래 머물렀다는 것이다. 보수적인 지역인 텟살리아의 마녀는 해를 삼켜버려 영원한 밤으로 만들겠다면서, 달의 여신의 이름으로 태양 신을 위협하곤 했다.

그러나 종교 영역에서 여성이 지배적이었고 남성은 '열등한 성性'이라고 생각했던 때조차도, 남성이 여성의 감독 없이 행동할 수 있는 분야가 없었다는 증거는 현재 어디에도 없다. 가모장제 법칙을 침범하지 않는다는 전제 아래, 남성은 사냥과 어로, 먹을거리 구하기, 양 떼와 소 떼 돌보기, 침략자로부터 부족을 방어하기 등에 있어 능력을 인정받을 수 있었다. 특히 이주 또는 전쟁 시기에 토템 씨족의 지도자한테는 특별한 권력이 주어졌다. 누가 남성 우두머리가 될 것인지 결정하는 규칙은 가모장 사회마다 서로 달랐을 것이다. 일반적으로 여왕의 외삼촌이나 자신의 남자 형제, 이모의 아들이 선택됐다. 여왕의 종교적 권위가 훼손되지 않는다면, 가장 원시적인 부족의 경우도 남성 우두머리가 남자들 사이의 사적 분쟁에서 재판장의 권위를 갖고 있었다. 오늘날까지 남아 있는 원시 모계 사회는 남부 인도의 나야르족Nayars으로, 여사제는 나이 어린 남편이 있지만 곧 이혼하고, 상대의 계급을 따지지 않고 연인의 아이를 낳는다. 서아프리카의 몇몇 모계 부족의 여사제는 외국인이나 평민과 결혼한다. 그리스에서도 헬레네스 도래 이전에는 왕족 여인이 농노들 사이에서 연인을 택하는 걸 아무렇지도 않게 생각했다. 적어도 '그리스 본토 중부 로크리스Locris의 100대 명문'과 이탈리아 반도 '에피제퓌로스의 로크리스Epizephyrian Locris'에서는 분명히 그러했다.

날짜를 계산하는 역법은 처음에 초승달에서 다음 초승달까지 세는 태음월lunation을 바탕으로 했다. 모든 중요 행사는 달 모양이 특정 단계에 이르렀을 때에 맞춰 열렸다. 하지와 동지, 춘분과 추분을 정확하게 계산하지는 못했으나 제일 가까운 초승달과 보름달에 맞춰 정했다. 일곱이라는 숫자는 특별히 신성한 것으로 여겼는데, 동지가 지나고 일곱 번째 보름달이 뜨는 날 왕이 죽었기 때문이다. 주의 깊은 천문학적 관찰을 통해 태양년이 364일에 몇 시간을 더한 것임이 그 당시 드러났을 때조차[37] 한 해를 태양의 주기가 아니라 달의 주기moon-cycle에 맞춰 여러 달로 구획했다. 이러한 달의 구획은 나중에 28일을 한 달로 삼는 것으로 정착됐다. 영어 사용권에서 이를 지금도 '관습법 달력common-law months'이라 부른다. 28은 신성한 숫자였다. 달은 여성으로서 숭배될 수 있었는데, 여성의 생리 주기는 보통 28일이기 때문이다. 달의 공전 주기도 태양 기준으로 28일이다. 주 7일은 관습법 달력을 구성하는 단위였으며, 각 요일의 성격은 신성한 왕이 다스리는 동안 각 달의 특징에서 이끌어낸 것으로 보인다. 이런 체계를 통해 여성과 달을 동일시하는 경향은 더 강해졌으며, '1년 364일'이 정확히 28로 나눠짐에 따라[364÷28=13] 연간 축제 일정을 이런 관습법 달력에 맞춰 조정할 수 있었다. 종교적 전통으로서 '1년 13달'은 율리우스력[38]이 제정된 뒤에도 천년 넘게 유럽의 농민들 사이에서 명맥을 유지했다. 이에 따라 14세기 초 에드워드 2세 시대에 살았던 로빈 후드는 봄맞이 축제를 경축하면서 이렇게 노래했다.

즐거운 달은 한 해에 몇 번이나 있나?
열세 번이나 되지

---

37) 태양년은 평균 365.24……일이다. 원작의 실수인지는 알 수 없다.
38) 율리우스력Julian Calendar: 태양의 위치를 기반으로 하는 역법인 태양력의 하나이다. 로마의 율리우스 카이사르Julius Caesar가 기원전 46년에 제정해 기원전 45년부터 시행했다. 1년을 365일로 정하고 4년마다 윤년을 둔다. 현재는 보편적으로 1582년 제정된 그레고리력Gregory Calendar을 사용하고 있으며, 이는 4년마다 윤년이 돌아오던 것을 바꿔 400년 동안 97번 돌아오도록 했다.

튜더 시대의 편집자들은 이를 "열두 번이나 되지"로 변경했다. 13은 태양의 죽음에 해당하는 달의 숫자였기에, 미신을 믿는 이들 사이에서는 지금까지도 여전히 불길한 숫자로 통한다. 한 주의 각 요일은 티탄 신족Titans의 보호 아래 놓였다. 즉, 티탄 신족은 태양과 달, 그리고 당시까지 발견된 다섯 행성의 수호신이 됐고, 창조의 여신Creatrix의 위임을 받아 이들을 책임졌다. 이런 체계는 아마도 이전에 가모장제 사회였던 수메르에서 진화했을 것이다.

이렇게 해서 태양은 1년에 13달을 차례로 통과했는데, 시작은 동지였다. 그때 비로소 낮이 길어지기 시작했기 때문이다. 항성년[39]은 지구가 태양 주위를 공전하는 시간을 재는 것이기에 하루가 여분으로 생기며, 이는 열세 번째 달과 다음해 첫 번째 달 사이에 산입했다. 그리고 그 하루는 365일 가운데 가장 중요한 날이 됐다. '부족의 님프'가 보통 이날 달리기나 씨름, 활쏘기 시합의 승자를 신성한 왕으로 선택했다. 그러나 이런 원시 역법은 일부 수정을 거쳐 지역별로 새해를 시작하는 시점이 다양해졌다. 그래서 일부 지역에서는 여분의 하루를 동지가 아니라 봄기운이 처음 분명해지는 성촉절 사등분일[40]에 넣었다. 태양이 성숙해지기 시작한다고 여겼던 춘분이나, 나일 강이 넘쳐흐르는 시리우스 별이 뜨는 때에 넣기도 했다. 처음 비가 내리는 추분에 넣는 곳도 있었다.

---

39) 항성년恒星年, sidereal year: 태양계 밖의 멀리 있는 항성(혹은 별자리)을 기준으로 지구가 태양 주위를 한 바퀴 공전하는 데 걸리는 시간. 반면, 회귀년tropical year은 춘분점에서 다시 춘분점으로 돌아오는 데 걸리는 시간이다. 항성년은 약 365일 6시간 9.54초로 회귀년보다 약간 길다. 회귀년은 계절 주기에 맞춰져 있지만 항성년은 그렇지 않다.

40) 성촉절聖燭節, Candlemas Day: 매년 2월 2일로, 서양에서는 성모 마리아를 기려 촛불 행렬을 하는 풍습이 있다. 절기상으로 우리나라의 경칩에 해당한다. 하지와 동지(6월과 12월), 춘분과 추분(3월과 9월)의 경계 사이에 있는 네 번의 중간 지점을 일컫는 '사등분일cross-quarter days' 가운데 하나이다. 사등분일 가운데 다른 하나가 핼러윈 데이(10월 31일)다.

고대 그리스 신화는 다른 무엇보다 여왕과 그녀의 연인들 사이의 관계 변화에 관심이 집중돼 있다. 그 관계는 여왕의 연인을 연 1회 또는 2회 제물로 바치는 방식으로 시작됐지만, 남성의 압도적 우위로 여왕이 빛을 잃으면서 끝났다. 이때 『일리아스』가 지어졌으며, 왕들은 "우리는 아버지들보다 훨씬 더 뛰어나다"면서 거들먹거렸다. 아프리카에는 이런 변화를 단계별로 보여주는 비슷한 이야기가 수없이 많다.

그리스 신화의 많은 부분은 정치-종교의 역사이다. 벨레로폰테스Bellerophones는 날개 달린 페가소스Pegasus를 타고 키마이라를 죽였다. 페르세우스Perseus는, 여러 버전이 있지만, 공중을 날아 페가소스의 어머니인 고르곤Gorgon 메두사Medusa의 머리를 베었다. 이는 고대 바빌로니아의 영웅 마르두크Marduk[41]가 '바다의 여신'인 괴물 티아마트Tiamat를 죽인 것과 아주 비슷하다. 페르세우스의 철자는 아마도 '파괴자'를 뜻하는 프테르세우스Pterseus였을 것이다. 카로이 케레니[42]가 지적한 대로, 페르세우스는 전형적인 죽음의 신을 대변하는 인물이 아니라, 아마도 기원전 2000년 초에 그리스와 소아시아[43]를 침략한 가부장적인 헬레네스[44]를 대변할 것이다. 이들 침략자들은

---

41) 마르두크Marduk: 고대 바빌로니아 제국의 주신主神. '태양의 송아지(아들)'라는 뜻이다. 원래 바빌론 시의 수호신이었으나, 기원전 18세기 함무라비 왕의 치세 아래 바빌론이 대제국의 정치적 중심이 되면서 모든 신의 우두머리 지위로 올라섰다. 구약성서 「예레미야서」에 나오는 '마르두크'가 이를 가리킨다.

42) 현대 그리스 신화 연구의 초석을 놓은 헝가리 학자 카로이 케레니Károly Kerényi(1897-1973)를 말한다.

43) 소아시아Asia Minor: 지금은 튀르키예 영토지만, 크레테 섬과 펠로폰네소스 반도, 그리스 본토와 더불어 그리스 신화 이해의 중요한 지역적 무대이다. 아시아 대륙의 서쪽 끝으로, 튀르키예 영토의 97퍼센트를 차지한다. 흑해·마르마라 해·에게 해·지중해 등에 둘러싸인 반도로서, 동서 약 1000킬로미터, 남북 400-600킬로미터에 이른다. 아나톨리아Anatolia 반도라고도 한다. 동방과 서방을 연결하는 통로였고, 예로부터 갖가지 문명이 꽃피었다. 기원전 1680년대에는 반도의 고원지대를 중심으로 힛타이트 왕국이 일어났고, 이어 프뤼기아 왕국이 힘을 과시했다(이 책에 프뤼기아 왕국이 자주 등장한다). 기원전 546년 페르시아 제국의 아케메네스 왕조가 침입한 뒤 대부분 그 지배 아래 들어갔다. 기원전 133년 로마에 복속됐다. 필자는 '소아시아'라 칭했지만, 옮긴이는 현대적 호칭인 '아나톨리아 반도'도 병용했다. 소아시아에는 근동, 중동, 극동과 함께 오리엔탈리즘의 뒷맛이 남아 있으며, 최근 외신 보도 등에선 거의 사용하지 않는 표현이다.

44) 헬레네스Hellenes: 헬라스 또는 헬레네스는 기원전 7세기 무렵부터 그리스인들이 자신의 나라와 민족

'세 모습 여신'의 권위에 도전했다. 천마 페가소스는 그동안 여신에게 신성한 존재로 자리를 잡고 있었다. 말은 발굽이 달 모양을 하고 있어 기우제와 신성한 왕의 취임식에 중요한 구실을 했기 때문이다. 페가소스의 날개는 속도보다는 천공의 존재임을 상징했다. 제인 해리슨[45]은 메두사가 원래 고르곤 가면 뒤에 숨어 있는 여신이었다고 지적했다(『그리스 종교 연구 서언』 제5장). 고르곤 가면은 불경스러운 자들이 자신의 성스러운 영역을 무단으로 침범하지 못하도록 경고하고자 추악한 얼굴을 하고 있었다. 그런데 페르세우스는 메두사의 머리를 잘랐다. 이는 헬레네스가 여신의 가장 중요한 전당을 침범해 여사제들의 고르곤 가면을 벗겨내고 신성한 말을 탈취해 간 것을 뜻한다. 고르곤의 머리와 암말의 몸통을 가진 여신의 초기 형상이 아테나이 서북부 보이오티아 유적에서 발견된 바 있다. 페르세우스의 복사판이라 할 수 있는 벨레로폰테스는 뤼키아Lycia의 키마이라를 죽였다. 이는 헬레네스가 고대의 메두사 역법을 무효로 하고 이를 다른 것으로 대체했음을 뜻한다.

아폴론이 델포이에서 퓌톤Python을 죽인 것 역시 펠로폰네소스 반도 북부 아카이아족이 크레테인의 '대지의 여신'의 성소를 점령한 것에 대한 기록으로 보인다. 아폴론이 다프네를 붙잡아 강간하려 하자, 결국 헤라가 그녀를 월계수로 변신하게 했던 것과 마찬가지다. 프로이트 심리학에서는 소녀가 본능적으로 성적 행동을 무서워한다는 상징으로 이 신화를 인용해 왔다. 그러나 다프네는 공포에 빠진 숫처녀가 결코 아니다. 다프네Daphne의 이

을 가리킬 때 쓰던 이름이다. 대홍수 이후 텟살리아 지역에 헬렌Hellen이 나라를 세웠으며, 그 후손을 통틀어 '헬렌의 후손들(헬레네스)'라고 일컫게 되었다. 참고로, '그리스'는 로마가 이들이 살던 곳을 '그라이키아Graecia'라고 불렀던 데서 유래한 영어식 표현이며, 희랍希臘은 헬라스의 한자 음역어다.

45) 제인 해리슨Jane Harrison(1850-1928): 영국의 고전학자로 케레니 등과 함께 현대 그리스 신화 연구의 초석을 세웠다고 평가받는다.

름은 다포이네Daphoene의 축약형으로 '피 흘리는 것'을 뜻하는데, 이는 진탕 마시고 노는 주신제의 여신을 말한다. 이 여신의 여사제들인 마이나데스 Maenades는 도취할 목적으로 월계수 잎을 씹었으며, 보름달이 뜨는 날이면 몰려다니면서 애먼 여행자들을 공격하고 아이나 어린 짐승을 해쳤다. 월계수에는 시안화칼륨 성분이 들어 있다. 이들 마이나스 무리는 헬레네스의 탄압을 받았고, 오직 월계수 숲만이 다프네 여신이 신전을 차지하고 있었던 시절을 증언할 뿐이었다. 월계수 잎을 씹는 일은 델포이의 아폴론 신전에서 예언하던 여사제 퓌티아를 제외하곤 로마시대까지 그리스에서 금기였다.

헬레네스의 침략은 기원전 2000년 초에 시작됐다. 보통 먼저 아이올리스족Aeolis과 이오니아족Ionia이 내려왔는데, 이들은 뒤이은 아카이아족Achaea과 도리스족Doris 침략자에 견줘 덜 파괴적이었던 것으로 보인다. 소규모의 무장한 목부牧夫 무리들은 천연 방벽인 그리스 중부의 오트뤼스Othrys 산을 넘었고, 이들은 텟살리아와 그리스 중부에 그전부터 살고 있던 선주민들과 함께 평화롭게 지내며 뿌리를 내렸다. 이들은 인드라Indra, 미트라Mitra, 바루나Varuna 등 아리아인의 삼신Aryan trinity을 숭배했다. 이들은 토착 여신의 자식들로 받아들여졌으며, 여신에게 신성한 왕을 제공했다. 이렇게 남성적, 군사적 귀족정은 여성적 신정과 조화를 이루게 됐다. 이런 조화는 그리스뿐만 아니라 크레테 섬에서도 이뤄졌는데, 헬레네스는 그 섬에서도 거점을 확보해 크레테 문명을 아테나이와 펠로폰네소스 반도로 전파했다. 그리스어는 이윽고 에게 해 전역에서 사용됐으며, 헤로도토스 시대에 이르러 오직 신탁소 한 곳만 헬레네스 도래 이전의 언어를 사용했다(헤로도토스: 8. 134-135). 몇백 년 동안 제우스Zeus조차 불멸의 올림포스 신이 아니라 그냥 반신반인에 불과했지만, 왕은 제우스나 포세이돈, 또는 아폴론의 대리자로 자처했으며 자신을 이들 가운데 하나의 이름으로 불렀다. 신들이 님프를 유혹하는 내용의 초기 신화는 모두 헬레네스 부족장과 지역에서 달의 여신을 숭배하던 여사제의 결혼을 지칭하는 것으로 보인다. 이들의 결합을 한사코 반대하는 여신 헤라Hera의 행동은 보수적인 종교적 감성을 대변한다.

왕의 재위가 1년 단위로 짧게 이어지는 게 번거롭다는 사실이 드러나면서, 재위 기간을 '1년 13달'에서 태음월로 100개월인 '커다란 한 해Great Year'로 늘렸다. 커다란 한 해[46]는 마지막에 양력과 음력이 거의 일치하게 된다. 그러나 들녘의 곡식은 여전히 열매를 맺어야 했기에, 왕은 매년 거짓으로 죽임을 당하고, 신성한 항성년이 포착하지 못해 끼워 넣은 윤일 하루 동안 자신을 대리하는 소년왕에게 지배권을 넘겨주는 데 동의했다. 소년왕은 섭정[47]인 셈인데, 이날 하루가 지나면 죽임을 당했고 그 피를 대지에 뿌렸다. 이제 신성한 왕은 족장 후계자를 부관으로 곁에 두면서 커다란 한 해 기간 전체를 다스리거나 이들 둘이 1년씩 교대로 다스렸다. 또는 여왕이 자신의 땅을 둘로 나눠 이들이 동시에 각각을 통치하게 하기도 했다. 왕은 많은 종교 의식에서 여왕을 대리했다. 이때 왕은 여왕의 예복을 입고, 가짜 젖가슴을 달고, 권력의 상징으로 그녀의 달 모양 도끼를 들었으며, 심지어 여왕으로부터 비를 뿌리게 하는 마법의 힘도 가져갔다. 왕의 죽음 의례는 그 형태가 상황에 따라 매우 다양했다. 사나운 여인들이 그를 갈가리 찢는 경우도 있었고, 가오리 가시의 창으로 꿰뚫거나, 도끼로 내려치거나, 독화살로 발꿈치를 찌르거나, 절벽에서 떨어뜨리거나, 장작더미 위에서 불태우거나, 웅덩이에 빠뜨려 익사시키거나, 사전에 짜놓은 전차 충돌로 죽였다. 어떻게든

---

46) 지금 달력으로 약 8년이다.

47) 섭정: 사이에 끼인 왕interrex, 임시 왕을 말한다.

왕은 죽어야 했다. 그러다 소년 대신에 짐승을 희생 제단에 올리고, 나아가 왕이 자신의 이미 연장된 통치 기간이 끝난 뒤에도 죽음을 거부하면서 새로운 단계가 시작됐다. 왕국을 셋으로 나눠 자신의 후계자들에게 한쪽씩 주고, 자신은 새로운 임기를 시작하려 했다. 왕은 양력과 음력의 더 가까운 근사치를 새로 찾았다고 변명했는데, 그것은 19년 또는 태음월로 325개월이었다.[48] 커다란 한 해는 이번에 '더 커다란 한 해Greater Year'가 됐다.

이상의 일련의 단계적 변화는 수많은 신화에 반영돼 있다. 그러나 모든 단계에서, 신성한 왕은 언제나 '부족의 님프'와 결혼할 수 있는 권리를 통해서만 자신의 자리를 지킬 수 있었다. 그녀는 왕가 안에서 또래들 사이의 달리기 시합을 통해 뽑거나 말자末子 상속으로 결정됐다. 즉 결혼 적령기의 딸들 가운데 막내가 선택을 받았다. 왕의 자리는 이론상으로는 이집트에서조차 그랬던 것처럼 계속해서 모계 쪽으로 이어졌다. 이에 따라 신성한 왕과 그의 후계자는 언제나 왕족의 모계 혈통 밖에서 선택됐다. 그러나 마침내 어떤 왕이 대담하게도 자기 딸의 지위에 있는 여성 상속자와 근친상간을 저질러, 왕좌에 대한 새로운 자격을 얻겠다고 결심하면서 새로운 질서가 시작됐다.

두 번째 침략 물결인 아카이아족이 기원전 13세기에 침략하면서 모계 승계 전통은 크게 약해졌다. 왕은 이제 자신의 자연 수명이 다할 때까지 통치했던 것으로 보인다. 이어 기원전 11세기 무렵 도리에이스족이 들어오면서 부계 승계가 규범으로 굳어졌다. 아들은 더는 아버지의 집을 떠나 외국 공주와 결혼하지 않아도 됐다. 오뒷세우스가 페넬로페에게 그렇게 설득했던 것처럼, 여자가 남자에게 왔다. 혈통은 부계 쪽으로 정리됐다. 다만, 사

---

48) 태음월을 29.5일로 계산하면 19년이 나오지 않는다. '1년 13달'로 해도 25년이다.

모스Samos 섬 일화를 보면, 종교 의례에서 여전히 어머니 여신에게 제물을 바쳤으며, 거기에는 남자들의 참석이 금지됐다. 남성 연대 축제인 아파토리아Apatoria가 여성 연대 축제를 대체한 뒤에도 한참 동안 그러했다. 이 일화는 '가짜 헤로도토스Pseudo-Herodotus'가 지은 『호메로스의 일생』[49]에 실려 있다.

우리에게 익숙한 올림포스 체제는 당시 헬레네스 시대와 헬레네스 이전 시대 양쪽이 타협한 결과물이다. 남신 여섯과 여신 여섯이 한 가족을 이뤘고, 제우스와 헤라가 공동 통치자로 이끌었으며, 바빌로니아 방식으로 신들의 모임을 구성했다. 그러나 헬레네스 도래 이전 선주민들이 반란을 일으켰고, 이는 『일리아스』에서 헤라가 제우스에 대해 음모를 꾸민 것으로 묘사됐다. 반란은 실패했고, 이제 헤라는 제우스에 복종하는 신세가 됐다. 아테나 여신은 "오직 아버지만 따르겠다"고 공언했으며, 마침내 디오뉘소스가 헤스티아를 대체함으로써 신들의 모임은 남성이 다수가 됐다. 이렇게 여신들은 비록 소수파가 됐으나 결코 예루살렘에서 그랬던 것처럼 모두 한꺼번에 쫓겨나지는 않았다. 이는 존경받는 시인 호메로스와 헤시오도스[50]가 "신들에게 호칭을 부여하고, 각각 자기 관할 영역과 고유한 권한을 서로 구분해 주었기에"(헤로도토스: 2. 53), 이를 다시 빼앗을 수 없었기 때문이다. 게다가 왕족의 모든 여성을 함께 모아 왕의 통제 아래 둠으로써 외부자가 모계에 따른 왕위 계승을 시도하지 못하게 하는 시스템은 그리스에 들어오지 못했다. 이 시스템은 여신 베스타를 모시는 처녀 무리가 만들어지면서 로마에 세워졌으며, 다윗 왕이 하렘을 만들면서 팔레스타인에도 들어섰다. 부

---

49) 『호메로스의 일생Life of Homer』: 서사시인 호메로스의 전기. 역사가 헤로도토스가 지었다고 나온다.

50) 헤시오도스Hesiodos: 기원전 8세기 말경에 활약한, 호메로스와 어깨를 나란히 하는 그리스의 대표적 서사시인.

계의 혈통과 승계, 상속으로 더 이상의 신화 만들기가 좌절되었다. 그러면서 역사적인 전설의 시대가 시작됐지만, 이마저도 본격 역사의 빛 속으로 점차 사라져 갔다.

헤라클레스Heracles, 다이달로스Daedalus, 테이레시아스Teiresias, 피네우스Phineus 같은 캐릭터의 일생은 여러 세대에 걸쳐 있다. 특정 영웅의 이름이라기보다 칭호이기 때문이다. 그런데 비록 연대기와 조화를 이루기는 어렵더라도, 신화는 언제나 실질적이다. 전승 과정에서 의미가 많이 왜곡된다고 해도, 신화는 전통의 특정 부분을 강조하고 있다. 이를테면, 아이아코스[51]의 이상한 꿈 이야기를 살펴보자. 꿈에는 개미가 신탁을 내리는 떡갈나무에서 떨어져 사람으로 변신했고, 이들이 헤라가 주민들을 없앤 아이기나Aegina 섬의 새로운 백성이 됐다. 여기서 주목해야 할 중요 지점은 다음과 같다. 떡갈나무는 고대 그리스의 가장 오래된 신탁소인 도도나Dodona의 도토리에서 자랐으며, 개미는 텟살리아Thessaly의 개미였고, 아이아코스는 강의 신 아소포스Asopus의 손자였다. 이런 요소들을 묶어보면, 기원전 11세기 무렵 아이기나 섬으로 들어간 주민 이주에 대한 간명한 설명이 나온다.

그리스 신화에 있어 그 패턴이 동일하다고 해도, 특정 전설을 세부적으로 들어가 보면 어느 것이든 의문의 여지가 남기 마련이다. 이는 고고학자들이 그리스 부족의 이동 시점과 경로에 대한 더욱 정확한 도표를 작성할 때까지 없어지지 않을 것이다. 그래도 역사적이고 고고학적인 접근만이 유일하게 합리적이다. 키마이라, 스핑크스, 고르곤, 켄타우로스, 사튀로스[52]

---

51) 아이아코스Aeacus: 제우스의 아들이다. 헤라의 미움을 받아 그의 백성이 역병으로 죽게 되자, 제우스는 개미를 사람으로 변하게 만들어 새로운 백성으로 삼게 했다. 아들로 펠레우스와 텔라몬을 얻었고, 이들은 트로이아 전쟁의 영웅인 아킬레우스와 아이아스를 아들로 두었다. 아이아코스는 경건하고 정의로운 왕으로 이름을 떨쳐, 죽은 뒤에는 라다만튀스, 미노스와 함께 저승에서 심판관이 됐다. 66장 참고.

52) 사튀로스Satyros[영어 Satyr]: 반인반수의 숲의 정령. 디오뉘소스를 따르는 무리로 장난이 심하고 주색을

등은 융 심리학적 집단 무의식이 맹목적으로 발현한 것이고, 따라서 정확한 의미를 가진 적도 없고 가질 수도 없다는 이론은 명백히 부적절하다. 청동기 및 철기시대 초기의 그리스는 융이 얘기했던 것처럼 인류의 유년기가 아니었다. 이를테면 제우스가 메티스[53]를 삼키고 이어 비록 이마의 틈을 통한 것이지만 아테나 여신을 출산한 것은 그냥 되는 대로 상상한 것이 아니다. 최소한 다음 세 가지 상충하는 관점이 담겨 있는 기발한 신학적 교의이다.

(1) 아테나는 메티스가 처녀생식으로 낳은 딸이다. 즉, '지혜의 여신'인 메티스가 거느린 세 여신의 막내이다.

(2) 제우스가 메티스를 삼켰다. 즉 아카이아족은 메티스 숭배를 탄압하고 모든 지혜를 빼앗아 자기네 가부장적 신인 제우스에 귀속시켰다.

(3) 아테나는 제우스의 딸이다. 즉 제우스를 숭배하는 아카이아족은 아테나 여신 신자들이 제우스의 최종 통치를 인정한다는 조건 아래 아테나 신전을 파괴하지 않았다.

제우스가 메티스를 집어삼킨 장면은 아테나가 탄생하는 그 후속편과 함께 신전의 벽에 그림으로 그려졌을 것이다. 이제 지혜로운 아테나는, 세멜레[54]의 처녀생식으로 잉태한 관능적인 디오뉘소스가 제우스의 넓적다리에

밝혔다. 고대 그리스의 디오뉘소스 제전에서 비극들 사이에 공연되는 익살극인 사튀로스극은 이들의 이름에서 유래한다.

53) 메티스Metis: 티탄 신족인 오케아노스와 테튀스 사이에서 태어났으며, 제우스의 첫 번째 아내가 된다. 그러나 제우스는 메티스가 아들을 낳으면 아버지를 왕좌에서 몰아낼 것이라는 예언을 듣고, 임신한 메티스를 통째로 삼켰다. 아기는 제우스의 몸속에서 계속 자랐으며, 나중에 제우스의 이마를 쪼개자 튀어나왔다(아테나의 탄생). 제우스는 메티스를 삼킨 덕분에 그녀의 지혜도 획득했다고 한다. 9장 등 참고.

54) 세멜레Semele: 테바이의 왕 카드모스의 딸이다. 제우스와 결합해 디오뉘소스를 임신하였으나 헤라 여

서 달수를 채워 다시 태어났듯이, 그의 머리에서 다시 태어났다.

신화 가운데 처음 볼 때 도무지 말이 안 되는 게 있다면, 이는 종종 신화학자가 우연히 또는 의도적으로 신성한 그림이나 극 형식의 제의를 잘못 해석했기 때문이다. 필자는 이런 과정을 '도상곡해iconotropy'라 이름 붙였다. 고대 신념의 급진적 개혁을 완성하고 확정하는 종교 문학에서는 언제나 그런 사례를 찾아볼 수 있다.

그리스 신화에는 도상곡해의 사례가 넘쳐난다. 이를테면, 헤파이스토스가 만든 세발솥들이 스스로 신들의 모임으로 달려갔다 되돌아 왔다는 대목을 살펴보자(『일리아스』 18. 368 ff). 이는, 찰스 셀트먼이 장난스럽게 『올림포스의 열두 신』에서 말한 것처럼, 자동차의 등장을 예견한 게 아니다. 헤파이스토스의 세발솥은 (잉글랜드와 아일랜드 사이에 있는 맨 섬Isle of Man의 문장처럼) 각기 세 개의 다리가 달린 황금으로 된 태양 원판이다. 이는 세 계절로 이뤄진 한 해를 나타낸 것이며, 태양 원판의 개수는 '헤파이스토스의 아들[왕]'이 헤파이스토스의 작업장이 있는 렘노스 섬을 통치할 수 있도록 허락된 햇수를 암시하는 것으로 보인다. 이른바 '파리스[55]의 심판'도 마찬가지다. 파리스는 세 여신 가운데 누가 가장 아름다운지 선택해 사과를 상으로 주게 된다. 그런데 이는 호메로스와 헤시오도스의 시대에는 이미 오래전에 사라진 고대의 제의적 상황을 기록한 것이다. 여기 나오는 세 여신은 사실 세 모습의 한 여신이다. 즉 처녀의 아테나, 님프의 아프로디테, 노파의 헤라이다. 그리고 아프로디테가 파리스한테서 사과를 상으로 받는 게 아니라

_____

신의 꾐에 빠져 제우스에게 본모습을 보여 달라고 졸랐다가 강한 빛에 불타 죽었다. 제우스는 태아를 꺼내 자기 넓적다리에 넣어 꿰맸고, 산달이 되자 디오뉘소스가 태어났다. 14장 참고.

55) 파리스Paris: 트로이아의 마지막 왕 프리아모스의 아들. 헤라, 아테나, 아프로디테 가운데 그에게 지상 최고의 미인을 주겠다고 한 아프로디테를 가장 아름다운 여신으로 택한다. 이를 '파리스의 심판 Judgement of Paris'이라 한다.

그에게 사과를 건네준다. 이 사과는 파리스가 자신의 목숨을 대가로 얻는 아프로디테의 사랑을 상징하며, 장차 파리스가 '엘뤼시온 평원'[56]으로 들어가는 통행증이다. 엘뤼시온은 저기 서쪽에 있는 사과 과수원으로 오직 영웅의 영혼에게만 허락된 곳이다. 비슷한 선물은 아일랜드와 웨일스 신화에서도 자주 등장한다. 헤스페리데스[57]의 세 자매가 헤라클레스에게, '모든 살아 있는 것의 어머니'인 이브가 아담에게 사과를 주었던 것도 마찬가지다. 네메시스[58]는 신성한 숲의 여신이었다가 나중에 오만한 왕들에 대한 신의 복수를 상징하게 됐는데, 이 여신도 영웅에게 줄 선물로 사과가 주렁주렁 달린 가지를 가지고 다녔다. 신석기 및 청동기 시대의 낙원은 모두 과수원 섬이었다. 낙원paradise이라는 말 자체도 '과수원orchard'을 뜻한다.

제대로 된 신화 이해는 심리 치료사의 상담실이 아니라 고고학, 역사학, 비교종교학 연구에서 출발해야 한다. 융 심리학 쪽에서는 "신화란 前의 식적 심리가 처음으로 드러나는 것이며, 무의식적 심리 상황에 대한 비자발적인 진술이다"라고 말하지만, 그리스 신화가 그 내용에서 우리 시대의 선거 만평보다 더 불가해하다고 할 수는 없다. 대부분의 신화는 크레테 문명[59]과 긴밀한 정치적 관계를 유지했던 지역에서 형성됐다. 당시 크레테 문

---

56) 엘뤼시온Elysion: 영웅들이 불사의 존재가 되거나 지상의 삶을 마친 뒤에 들어간다는 복받은 땅. '엘뤼시온 평원Elysian Fields'이라고도 불린다.

57) 헤스페리데스Hesperides: 석양의 님프 자매들. 세상의 서쪽 끝 정원에서 라돈이라는 용과 함께 황금사과와 사과나무를 지켰다. 헤라클레스가 열두 과업의 하나로 이 황금사과를 구해 온다. 133장 참고.

58) 네메시스Nemesis: 복수의 여신. 밤의 여신 닉스의 딸. 선악의 구분 없이 모든 종류의 과도함이나 오만을 응징한다. 그리스인들은 행복이 지나치면 네메시스의 보복을 받을 수 있다고 여겨 조심했다. 주로 친족 살해의 범죄자를 뒤쫓았던 복수의 여신 에리뉘에스 자매Erinyes와 구별된다.

59) 크레테 문명: 청동기 시대, 동부 지중해의 중앙에 위치한 크레테 섬Crete을 무대로 발달한 문명. 미노스 문명으로도 불린다. 미노스는 전설적인 왕의 이름이다. 수도 크놋소스의 궁전 유적이 특히 유명하다. 기원전 1400년께 그리스 본토의 침입으로 멸망했으며, 이후 에게 문명의 중심은 그리스 본토의 뮈케나이 문명으로 옮겨가게 됐다.

명은 문서 저장고, 위생적인 하수 시설을 갖춘 4층짜리 건물, 현대적 외양의 자물쇠를 갖춘 문, 등록 상표, 서양장기, 통일된 도량형, 오래된 천문학적 관찰에 바탕을 둔 달력을 갖출 만큼 발달해 있었다.

필자의 접근법은 여러 신화에 흩어져 있는 요소들을 조화로운 내러티브 속에 모두 모아 보는 것이다. 세상에 거의 알려지지 않은 이형異形을 활용하면 간혹 그 의미를 확정하는 데 도움이 된다. 그리고 이렇게 수집한 결과를 통해 그동안 제기된 모든 문제에 대해 인류학과 역사학의 용어로 최선을 다해 답변을 시도해 왔다. 이것은 아무리 오랫동안 열심히 일한다고 해도 신화학자 혼자 감당하기에는 너무 벅찬 것임을 잘 알고 있다. 실수가 있을 수밖에 없다. 문자 기록이 나타나기 이전 시대의 지중해 지역의 종교와 제의에 대한 이 책의 언급은 모두 추측에 바탕을 둔 것임을 강조하고자 한다. 그럼에도 이 책이 1955년 처음 세상에 나온 뒤 E. 메이로위츠Meyrowitz가 『아칸족의 우주론적 드라마』에서 종교적이고 사회적인 변화에 대해 여기서 추정한 것과 대단히 유사한 주장을 펼쳤다는 점이 필자에게 큰 격려가됐다. 아칸족은, 원래 헬레네스 도래 이전 시대의 그리스 주민의 사촌인 리비아의 베르베르족Libyo-Berbers이 사하라 사막의 오아시스에서 남쪽으로 이주하면서 형성되기 시작했다(3. 3 참고). 이들은 니제르 강의 흑인 부족과 [서부 아프리카의] 팀북투에서 교혼했고, 11세기에 남쪽으로 더 내려가 지금의 가나 지역에 이르렀다. 서로 다른 네 가지 유형의 숭배가 지금도 그들 사이에서 이어지고 있다. 맨 첫 번째 유형은, 최고 지위의 세 모습 여신인 응가메N'Game[또는 Ngame]로서 달이 숭배된다. 이는 리비아의 네이트Neith, 카르타고의 타니트Tanit, 가나안의 아나타Anatha, 그리고 초기 그리스의 아테나(8. 1 참고)와 정확히 일치한다. 응가메는 혼자 힘으로 천체天體를 낳았으며(1. 1 참고), 자신의 초승달 활로 마법의 화살을 쏴 인간과 동물에 생명을 불어넣었다고 한다. 그녀는 살인자의 면모를 띠어 목숨을 뺏기도 한다. 그녀의 맞수인 달의 여신 아르테미스도 그러하다(22. 1 참고). 부족이 정착할 곳을 찾지 못할 때, 왕가의 공주는 웅가메 여신이 부리는 달의 마법에 압도되고 부족 신이 그녀의 몸으로 들어온다고 한다. 부족 신은 평소 신전에 거처하면서 이주자들을 새로운 지역으로 이끌었다. 이 여성은 어머니-여왕, 전쟁 지도자, 재판관, 새로운 정착지의 여사제가 된다. 그러는 동안 부족 신은 토템 동물의 모습으로 자신을 드러낸다. 이 동물은 해마다 이뤄지는 사냥과 제물의 대상이 아니라 엄격한 금기에 따른 보호를 받는다. 이는 아테나이의 선주민인 펠라스고이족이 해마다 벌이던 올빼미 사냥 의식에 대한 설명의 실마리를 제공한다(97. 4 참고). 그때 부족 연합으로 구성된 국가가 형성되어, 가장 강력한 부족의 신이 국가 전체의 신이 됐다.

두 번째 숭배 유형은 아칸족이 수단의 아버지 신 오도만코마Odomankoma 숭배자들과 통합되었음을 보여 준다. 수단의 신은 홀로 우주를 창조했다고 한다(4. c 참고). 선출된 남성 족장이 아칸족을 이끌었으며, 7일을 한 주로 하는 수메르의 역법을 받아들인 것으로 보인다. 신화적 타협으로서, 오늘날 웅가메는 오토만코마의 창조물에 그때까지 없었던 생명을 새로 불어넣었다고 얘기된다. 그리고 각 부족의 신들은 일곱 개의 행성이 됐다. 이들 행성은 남성과 여성이 각각 짝을 이룬다. 필자도 역시 티탄 숭배자들이 동방에서 들어올 때 그리스에서도 이런 일이 벌어졌다고 추정한 바 있다(11. 3 참고). 국가의 어머니-여왕은 웅가메의 대리인으로서 오토만코마의 대리인과 매년 성스러운 결혼식을 올린다. 상대편은 그녀가 선택한 연인인데, 한 해가 끝날 무렵 사제들은 그를 죽이고 살갗을 벗긴다. 똑같은 관행이 그리스인들 사이에서도 벌어진 것으로 보인다(9. a와 21. 5 참고).

세 번째 숭배 유형에서, 어머니-여왕의 연인은 왕이 되고 달의 남성적 측면으로서 공경을 받는다. 이는 포이니케의 바알 하몬[60] 신에 상응하며, 매년 한 소년이 그를 대신해 가짜 왕으로서 죽임을 당한다(30. 1 참고). 어머니-여왕은 이제 자신의 최고 권력을 대리 통치자에게 위임하고, 풍작을 비는 의례에 집중한다.

네 번째 숭배 유형에서, 왕은 다른 몇몇 하급 왕의 충성 서약을 획득하고 자신이 더는 달의 신이 아니라 이집트 식의 태양-왕이라고 선언한다(67. 1과 2 참고). 해마다 신성한 결혼을 경축하기는 했지만, 이제 더는 달의 여신에 의존하지 않는다. 이 단계에 이르러, 부부가 남편 가족과 사는 형식이 부인네 집에 사는 형식을 대신한다. 부족에게는 그리스에서 벌어졌던 것처럼 영웅적 남성 조상에 대한 숭배가 시작된다. 물론 그리스에서는 태양 숭배가 천둥의 신 숭배를 대체하지는 못한다.

아칸족의 궁정 의례에서, 모든 변화는 천상의 사건에 대한 기존의 신화에 새로 내용이 추가되는 형태로 이루어진다. 이를테면 왕이 왕가의 문지기를 임명하고 공주와 결혼시켜 그의 직무에 광채를 부여했다면, 천상의 문지기 신도 그와 똑같이 했다고 선언했다. 헤라클레스가 헤베 여신[61]과 결혼하고 제우스의 문지기로 임명되는 것(145. i와 j 참고)은 뮈케나이 궁정에서 벌어진 일을 반영한 것일 수 있다. 올림포스Olympus 산에서 벌어진 신들의 잔치도 올림피아Olympia에서 거행된 비슷한 경축 행사를 반영한 것으로 보인다. 이 행사는 뮈케나이Mycenae에서 온 제우스와 같은 상왕과 아르고스에

---

60) 바알 하몬Baal Hammon: 포이니케인들의 최고신. 날씨의 신으로 작물의 생장을 담당한다고 여겨졌으며, 여신 타니트Tanit와 짝을 이룬다. 원문은 'Baal Haman'이라 표기했으나, Baal Hammon(또는 'Ba'al Hammon'이나 'Baal Hamon')을 더 많이 쓰는 듯하다.

61) 헤베Hebe: 영원한 청춘을 상징하는 여신. 올림포스 산에서 신들이 연회를 열 때 신주神酒 넥타르를 따르는 일을 도맡았으나, 나중에 제우스에게 납치되어 온 미소년 가뉘메데스에게 이 역할을 넘긴다. 천상에 올라와 신이 된 헤라클레스와 결혼한다. 19세기 정원 분수에 샘솟는 젊음의 상징으로 헤베 여신상을 세우는 것이 크게 유행했다.

서 온 헤라 여신의 최고 여사제가 공동으로 주관했을 것이다.

이 책이 모양을 제대로 갖추는 데 많은 도움을 준 제닛 세이모어-스미스와 케네스 게이에게 깊은 감사의 뜻을 전한다. 피터 그린과 랄라지 그린은 초반부의 교정을 봐주었고, 프랭크 세이모어-스미스는 런던에서 희귀한 라틴어, 그리스어 문헌을 보내주었다. 이 밖에 많은 친구가 초판본을 수정하는 것을 도와주었다. 이들 모두에게도 감사의 뜻을 보낸다.

스페인

마요르카, 데이아

리처드 그레이브스

알림

• 본문의 각 장은 세 개의 부분으로 구성돼 있다. 처음에는 이야기 형식으로 상술했으며, 문단은 영어 소문자로 구분했다(a, b, c, ……). 두 번째는 출처의 목록을 본문에 맞춰 번호를 매겨 실었다. 세 번째 부분은 해당 신화를 설명하는 글로 문단마다 숫자를 달았다(1, 2, 3, ……). 설명을 진행하는 과정에서 다른 부분을 참고할 필요가 있을 때는, 해당 신화와 문단의 번호를 표시했다. '(43. 4 참고)'라고 하면 독자들은 43장의 (세 번째 설명 부분의) 4번 항목을 찾아보면 된다.

• 본문의 각주는 일부 원주를 제외하고 옮긴이가 단 것이다. 본문 중에 중괄호([ ])로 덧붙인 설명 역시 옮긴이가 달았다.

• 원서는 171개 장으로 구성돼 있다. 이를 11개의 묶음(예: 01 신화, 세상의 시작을 설명하다)으로 나누고 제목을 새로 붙여 독자의 이해를 돕고자 했다.

01

신화, 세상의
시작을 설명하다

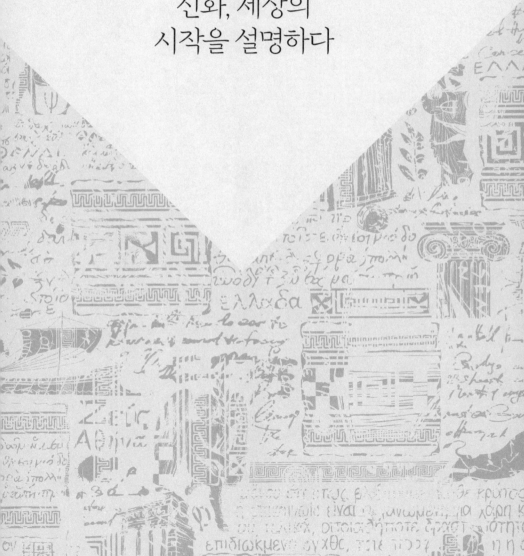

1
펠라스고이족[1]의 창조 신화

　태초에, '만물의 여신'인 에우뤼노메[2]가 혼돈 속에서 알몸으로 생겨났다. 그러나 발 디딜 단단한 것이 없었기에, 여신은 하늘에서 바다를 갈라내고, 그 파도 위에서 홀로 춤을 추었다. 그녀는 춤을 추며 남쪽으로 나아갔고, 뒤에서 불어오기 시작한 바람은 새롭고 독특해, 이를 가지고 창조의 일을 시작할 만했다. 여신은 뒤로 돌아 이 북풍을 틀어쥐고 두 손 사이에 두고 주물렀다. 이제 보라! 거대한 뱀 오피온이 나타났다. 에우뤼노메는 거칠게 더욱 거칠게 춤을 추었고, 이윽고 몸이 뜨거워졌다. 더불어 오피온의 욕정이 깨어나 에우뤼노메의 팔다리를 휘감았고, 그녀와 짝지을 마음이 생겼다. 드디어 보레아스[3]라고도 불리는 북풍의 신이 에우뤼노메를 잉태시켰

---

1) 펠라스고이족Pelasgians: 헬레네스 도래 이전 시대에 그리스와 에게 해의 제도諸島에 살았던 원주민을 통틀어 일컫는 말로, 그리스의 선주민에 해당한다. 언어도 아이올리스 등 헬레네스와 달랐다. 이들은 헬레네스의 도래 이후 '야만인'으로 배척을 받았다. 이 책에서는 독서의 흐름을 생각해 일부 '선주민'으로 옮겼다.

2) 에우뤼노메Eurynome: 뱀의 형상을 한 태초의 신 오피온과 함께 올림포스를 지배하다 티탄 신족인 크로노스와 레아에게 쫓겨났다. 나중에 헤라가 대장장이 신 헤파이스토스를 아들로 낳았으나 너무 못생겨 지상으로 내던졌을 때 그를 구해 동굴에서 보살피기도 했다. 제우스와의 사이에서 우아함의 여신 카리스 자매Charites와 강의 신 아소포스를 낳았다.

3) 보레아스Boreas: 북풍의 신. 황혼의 신 아스트라이오스와 새벽의 여신 에오스 사이에서 태어난 아들이라

다. 암말이 종종 엉덩이를 바람이 부는 쪽으로 향하면 종마 없이도 망아지를 낳는 것은 이 때문이다.[1] 그와 똑같이 에우뤼노메는 자식을 갖게 됐다.

b. 그다음, 에우뤼노메는 너울대는 파도 위에 비둘기가 그렇게 하듯 가만히 앉아 있었고, 시간이 지나 '우주의 알'을 낳았다. 에우뤼노메는 알을 일곱 번 감싸도록 오피온에게 명했고, 드디어 알에 금이 가더니 껍질이 둘로 쪼개졌다. 여기서 여신의 자식이 모두 쏟아져 나왔다. 해와 달, 행성, 별이 태어났다. 대지도 알에서 나왔는데, 거기에는 산과 강, 나무, 수풀에 온갖 짐승이 갖춰져 있었다.

c. 에우뤼노메와 오피온은 올륌포스 산[4] 위에 거처를 마련했다. 오피온은 그곳에서 자신이 우주의 창조자라고 주장함으로써 에우뤼노메를 성나게 했다. 이에 에우뤼노메는 곧장 발꿈치로 그의 이마를 걷어차 상처를 입히고, 이빨을 부러뜨렸으며, 그를 지하의 어두운 동굴 속으로 쫓아버렸다.[2]

d. 그다음으로, 여신은 일곱에 이르는 행성[5]을 창조하고, 각각에 티탄 여신과 티탄 남신[6]을 하나씩 짝지웠다. 테이아와 휘페리온[7]에게는 태양을,

---

는 이야기도 있다. 서풍 제퓌로스, 남풍 노토스, 동풍 에우로스 등과 형제 사이다. 아테나이의 왕 에레크테우스의 딸 오레이튀이아를 납치해 갔다. 48장 참고.

4) 올륌포스 산Mount Olympus: 그리스 본토 북쪽에 위치한, 그리스에서 가장 높은 산(2917미터). 고대 그리스인들은 이곳의 눈 덮인 가파른 봉우리에 세상을 지배하는 신들이 산다고 믿었다. 기원전 776년경부터 각종 제전이 열리던 펠로폰네소스 반도 서북부 엘리스 지방의 올륌피아Olympia와 다른 곳이다.

5) 행성planetary powers: 해와 달, 그리고 다섯 행성을 말한다.

6) 여기서는 에우뤼노메가 티탄 신족Titans을 창조한 것처럼 나오지만, 대지의 여신 가이아와 하늘의 남신 우라노스 사이에 태어난 자식들이라는 이야기가 더 많이 알려져 있다. 보통 열두 남매(남신 여섯과 여신 여섯)가 1세대로 주축을 이룬다. 막내인 크로노스가 아버지 우라노스를 거세하고 쫓아낸 뒤 티탄 신족이 세상을 다스렸다(그러나 이들도 크로노스의 자식인 제우스 등에게 쫓겨난다). 남신 여섯은 장남인 오케아노스를 비롯해 코이오스, 휘페리온, 이아페토스(아틀라스 및 프로메테우스의 아버지), 크리오스, 막내인 크로노스이다. 여신은 테미스, 테이아, 포이베, 레아, 므네모쉬네, 테튀스이다. 이들의 후손 가운데 일부, 이를테면 휘페리온의 아들인 태양신 헬리오스, 이아페토스의 아들인 아틀라스와 프로메테우스 등을 티탄 신족에 포함하기도 한다.

7) 티탄 신족으로 남매 사이인 테이아Theia와 휘페리온Hyperion은 결혼해 태양의 신 헬리오스, 달의 여신 셀레네, 새벽의 여신 에오스를 낳았다.

포이베[8]와 아틀라스에게는 달을, 디오네와 크리오스에게는 화성을, 메티스[9]와 코이오스에게는 수성을, 테미스와 에우뤼메돈[10]에게는 목성을, 테튀스와 오케아노스에게는 금성을, 레아와 크로노스에게는 토성을 맡겼다.[3]

최초의 인간은 펠라스고스로, 펠라스고이족의 시조이다. 그는 펠로폰네소스 반도 아르카디아의 땅에서 솟아났으며, 이어서 다른 이들이 그를 따라 나왔다. 그는 이들에게 움막을 짓고, 도토리를 먹고, 돼지가죽으로 옷을 짓는 법을 가르쳤다. 지금도 에게 해 서부의 에우보이아 섬과 그리스 중부 포키스의 가난한 백성들은 그런 돼지가죽 옷을 입는다.[4]

1] 플리니우스: 『자연 탐구』 4. 35와 8. 67; 호메로스: 『일리아스』 20. 223.

2] 헬레네스 도래 이전 시대 신화는 감질나게 할 정도로 몇 조각만 그리스 문학을 통해 전해 온다. 그래도 가장 자세한 내용으로 아폴로니오스 로디오스의 『아르고 호 이야기』 1. 496-505와 체체스의 『뤼코프론에 관하여』 1191에 나온다. 그러나 이는 오르페우스교의 비밀의식Orphic Mysteries에 쓰이는 만큼 함축적이어서, 『베로수스의 글조각』과 포이니케의 우주생성론(필로 뷔블리오스와 다마스키오스의 인용)을 바탕으로 위와 같은 형태로 복원할 수 있다. 이와 함께 히브리 창조 이야기의 가나안 부분, 휘기누스(『신화집』 197, 62. a 참고)의 기록, [아테나이 서북부] 보이오티아 지역의 용의 이빨 전설(58. 5 참고), 초기 의례 예술 등도 이상의 복원 작업에 활용할 수 있다. 모든 펠라스고이족이 펠로리아Peloria라는 희생 제의를 공유했으며 오피온이 펠로르Pelor('거대한 뱀')였다는 점을 미뤄 보면, 펠라스고이족은 자신을 오피온의 후손이라고 여겼을 가능성이 크다(아테나이오스: 『현자들의 식탁』 14. 45. 639-640).

3] 호메로스: 『일리아스』 5. 898; 아폴로니오스 로디오스: 2. 1232; 아폴로도로스: 『비블리오테카』 1. 1. 3; 헤시오도스: 『신들의 계보』 113; 비잔티움의 스테파누스, '아다나' 항목; 아리스토파네스: 『새』 692.; 성聖 클레멘스 1세: 『설교』 6. 4. 72; 플라톤의 『티마이오스』 2. 307에 대한 프로클로스의 주석.

4] 파우사니아스: 『그리스 여행기』 8. 1. 2.

---

8) 포이베Phoebe: 나중에 델포이 신전의 주인이 되었으나 뒤에 아폴론에게 물려주었다. 아폴론을 '포이보스 아폴론'이라고 부르는 것은 포이베로부터 델포이 신전을 물려받았기 때문이다.

9) 메티스Metis: 1세대 티탄 신족인 오케아노스와 테튀스 사이에서 태어난 딸로 티탄 신족에 포함된다. 제우스의 첫 번째 아내로 지혜의 여신 아테나를 임신한 채 제우스에 삼켜진다.

10) 에우뤼메돈Eurymedon: 기간테스Gigantes의 왕. 기간테스는 대지의 여신 가이아가 낳은 100명의 거인들이다. 크로노스가 우라노스의 생식기를 잘랐을 때 대지에 떨어진 피에서 태어났다고 한다. 나중에 크로노스의 아들인 제우스가 크로노스를 쫓아내자 올륌포스의 신들과 기간토마키아Giganthomachia라는 전쟁을 벌이다 죽임을 당했다.

*

1. 태고의 종교에는 아직 남신이나 남자 사제는 없었고 오직 우주적 여신과 그녀의 여사제만 있었다. 여성은 지배적인 성이며, 남성은 두려움에 떠는 희생자였다. 그냥 바람이 불거나 콩을 먹거나 우연히 벌레를 삼키면 아이가 생긴다고 생각했기에, 아버지의 지위는 따로 존중받지 못했다. 가계는 모계를 따랐으며 뱀은 죽은 이의 화신이라 여겼다. 에우뤼노메('널리 방랑하는')는 달의 모습으로 자신을 드러내는 여신에 대한 호칭이었다. 에우뤼노메의 수메르식 이름은 이아우Iahu('고귀한 비둘기')였으며, 이 호칭은 나중에 천지 창조자인 여호와Jehovah로 넘어갔다. 마르두크는 '바빌로니아의 봄 축제'에서 새로운 세상의 질서가 시작함을 알리면서 상징적으로 여신을 두 조각으로 갈랐는데, 이때 그녀를 비둘기로 표현했다.

2. 오피온 또는 보레아스는 히브리와 이집트 신화의 뱀 조물주에 해당한다. 초기 지중해 미술에서, 여신은 지속적으로 그와 함께 등장한다. 땅에서 태어난 펠라스고이족은, 자신들이 오피온의 이빨에서 생겼다고 주장한 것으로 보이지만, 아마 원래 신석기 시대의 '채색 토기'를 썼던 사람들인 것 같다. 이들은 기원전 3500년쯤 팔레스타인에서 그리스 본토로 들어왔다. 초기 헬라스인들[11]은 700년 뒤 소아시아에서 에게 해 남부 퀴클라데스 제도를 거쳐 이주해 왔고, 이미 펠로폰네소스 반도를 장악하고 있던 펠라스

---

11) '헬라스인들Hellads'의 정확한 의미를 확인하기 힘들지만, 현대 고고학과 미술사 용어인 '헬라스 시기 Helladic period[또는 Helladic chronology]'(기원전 3200-1050년)의 거주민을 뜻하는 것으로 보인다. 헬라스 시기는 청동기 시대 그리스 본토를 무대로 펼쳐진 고대 문명을 일컬으며, 같은 시기에 꽃 피운 크레테 문명 및 퀴클라데스 문명과 구분하기 위해 쓰이고 있다. 이들 세 곳을 합해 '에게 문명'이라 칭한다. 또한 헬라스 시기는 발굴된 도기 문양 등을 기준으로 초기, 중기, 후기로 나누는데, '후기 헬라스 시기Late Helladic'에 뮈케나이가 에게 문명 전체의 중심지로 떠올라, 이를 따로 '뮈케나이 시대Mycenaean Age'라고 부르기도 한다. 헬라스 시기가 끝나면 오랜 암흑기Dark Age가 시작된다. 참고로, 헬라스Hellas는 특정 지역 이름이었으나, 나중에 그리스 전체를 일컫는 이름이 된다.

고이족을 만나게 됐다. 이런 과정을 거쳐 '펠라스고이족'은 대략 헬레네스 도래 이전 시대[12]의 그리스 주민 전체를 일컫는 말이 되었다. 에우리피데스(스트라본의 인용 5. 2. 4)는 펠라스고이족이 '다나오스 백성들Danaans'이라는 이름을 받아들인 것은 다나오스[13]와 그의 50명 딸이 아르고스에 도래했을 때였다고 기록했다(60. f 참고). 그들의 방탕한 행실에 대한 강한 비난(헤로도토스: 6. 137)은 아마도 헬레네스 도래 이전 시대의 관능적인 비밀 주신제 관습을 향한 것으로 보인다. 스트라본은 같은 글에서 아테나이 근처에 사는 사람들을 펠라르기Pelargi('황새')라 불렀다고 하는데, 아마도 이는 그들의 토템 새였을 것이다.

3. 티탄('주인') 신족의 남신과 여신의 경우, 초기 바빌로니아와 팔레스타인 점성술에는 이들에 각각 상응하는 신들이 있었다. 거기서 그들은 신성한 행성이 이루는 한 주週의 일곱 날을 다스리는 신들이었다. 가나안이나 힛타이트족, 또는 기원전 2000년경 코린토스 지협에 정착했던 이주자들이 그들을 받아들였을지 모른다(67. 2 참고). 초기 헬라스인들이 그랬을 수도

---

12) '헬레네스Hellenes의 도래'와 관련해, 이들의 도래로 그리스 사회와 종교, 그리고 신화에 큰 변화가 발생했다는 것이 이 책의 주요 논지 가운데 하나이다. 따라서 '헬레네스 도래 이전pre-Hellenic 시대'와 '헬레네스Hellenes 시대'(형용사형 Hellenic)의 구분은 무척 중요하다. 헬레네스는 대홍수 시기의 데우칼리온의 아들인 헬렌의 자식들을 말하며, 그는 전체 헬레네스 종족의 조상으로 여겨진다. 참고로, 고대 그리스의 역사를 간략히 살펴보면 다음과 같다. ① 신석기 시대(기원전 7000-3200년): 기원전 7000-6500년 신석기 혁명이 유럽으로 전해졌다. 아나톨리아 반도에서 그리스 본토로 에게 해의 섬을 하나씩 건너뛰면서 농경 등이 전해졌다. ② 청동기 시대(기원전 3200-1050년, 에게 문명): 크레테, 퀴클라데스, 그리스 본토(뮈케나이 중심) 등 세 곳을 무대로 에게 문명이 꽃을 피웠다. 이 시기, 북방에서 인도유럽어족의 헬레네스 종족이 차례로 그리스 본토로 남하했다. ③ 고대 그리스(기원전 12세기-기원후 600년): 암흑기(기원전 1200-800년경)를 시작으로, 상고기Archaic Period를 거쳐, 약 200년간 지속된 고전기Classical Period(또는 고전기 그리스Classical Greece, 기원전 5-4세기)의 문이 열린다. 보통 고전시대는 기원전 480년 페르시아의 그리스 침략 때부터 알렉산드로스 대왕이 죽은 기원전 323년까지로 본다. 서양 문명의 젖줄이 바로 이 고전기이다.

13) 다나오스Danaus: 아르고스의 왕. 50명의 딸을 형제인 아이귑토스의 아들 50명에게 출가시켜 첫날밤에 그 남편들을 죽이게 했다. 펠로폰네소스 반도 동쪽에 위치한 아르고스의 시조가 됐다. 호메로스의 『일리아스』에 '다나오스 백성들'이라는 표현이 등장한다.

있다. 그리스에서 티탄 숭배가 사라지고 '주 7일'이 공식 역법에서 종적을 감출 무렵, 일부 저술가들은 티탄 신들의 숫자가 모두 열둘에 이른다고 했다. 이는 아마도 황도 12궁에 꿰어 맞추려는 시도로 보인다. 그렇지만 헤시오도스, 아폴로도로스, 비잔티움의 스테파누스, 파우사니아스 등이 제시하는 신들의 목록은 서로 다르다. 바빌로니아 신화에서 한 주의 행성 통치자는 사마스Samas, 신Sin, 네르갈Nergal, 벨Bel, 벨티스Beltis, 니니브Ninib 등이며 사랑의 신인 벨티스 여신만 빼고 모두 남신이다. 게르만의 한 주는 켈트족이 동부 지중해에서 들어온 것인데, 일요일, 화요일, 금요일을 티탄 남신이 아니라 티탄 여신이 통치했다. 아이올로스[14]의 아들과 딸들이 각각 짝으로 맺어졌음에도 신의 지위를 잃지 않았다는 점(43. 4 참고)과 니오베 신화[15](77. 1 참고)에 비추어 보건대, 처음 팔레스타인에서 헬레네스 이전 시대 그리스로 이런 형식이 들어올 때 여신을 지키는 방책으로 티탄 여신과 남신을 각각 짝지었던 것으로 보인다. 그러나 얼마 지나지 않아 열넷은 둘씩 각각 묶이면서 일곱으로 줄어들었다. 각 행성이 가진 힘은 다음과 같다. 태양은 빛, 달은 마법, 화성은 성장, 수성은 지혜, 목성은 법률, 금성은 사랑, 토성은 평화의 힘을 가졌다. 고전기 그리스의 점성술사들은 바빌로니아 쪽을 따랐다. 각 행성을 헬리오스,[16] 셀레네,[17] 아레스, 헤르메스(또는 아폴론), 제우스, 아프로디테, 크로노스 등에게 맡긴 것이다. 이들의 라틴어 동의어는 지금도

---

14) 아이올로스Aeolus: 포세이돈이 아르네Arne를 유혹해 낳은 아들. 나중에 리파라Lipara의 왕이 되었고, 여섯 아들과 여섯 딸을 두었다. 이들 아들과 딸이 각각 짝으로 맺어져 문제가 됐다. 이 책의 43. h에 자세한 내용이 실려 있다. 여기 아이올로스는 그리스인의 시조인 헬렌Hellen의 맏아들 아이올로스와 동명이인이다(외할아버지-손자 관계).

15) 니오베Niobe: 테바이의 왕 암피온의 아내. 아들과 딸을 각각 일곱씩 두었는데, 남매만 낳은 레토Leto 여신보다 더 훌륭하다고 자랑하자 화가 난 레토 여신이 자식들을 모두 죽게 했다. 77장 참고.

16) 헬리오스Helios, Helius: 태양의 신. 티탄 신족 휘페리온과 테이아의 아들로, 새벽의 여신 에오스, 달의 여신 셀레네 등과 남매 사이다.

17) 셀레네Selene: 달의 여신. 미소년 엔뒤미온과 나눈 사랑 이야기가 유명하다. 64장 참고.

프랑스, 이탈리아, 스페인에서 요일 이름에 쓰인다.[18]

4. 신화적으로 말하면, 제우스는 마지막에 티탄 신족을 집어삼키고 말았다. 예루살렘의 유대인들은 한 주의 행성이 각각 가진 힘을 홀로 모두 보유한 초월적인 유일신을 숭배했다. 일곱 가지의 촛대와 '지혜의 일곱 기둥'이라는 상징을 통해 이들의 생각을 엿볼 수 있다. 파우사니아스는 스파르테의 '말 무덤' 부근에 일곱 개의 행성 기둥이 세워져 있어 고대의 풍습에 따라 장식돼 있다고 전했다(2. 20. 9). 이들 일곱 기둥은 펠라스고이족이 도입한 이집트 의례와 연결된 것일 수도 있다(헤로도토스: 2. 57). 유대인들이 이런 생각을 이집트에서 가져왔는지, 또는 그 반대인지, 지금은 불확실하다. 그러나 A. B. 쿡[19]이 자신의 책 『제우스Zeus』에서 지적한 대로(1. 570-576), 이른바 '헬리오폴리스[옛 이집트의 도시]의 제우스'는 이집트인의 특징을 갖고 있으며, 흉갑 앞쪽의 장식물로 일곱 행성 신들의 반신상이 새겨져 있었다. 뒤쪽 장식물로 나머지 올륌포스 신들의 반신상이 자리잡고 있었다. 제우스의 작은 청동 조각이 스페인의 토르토사Tortosa와 고대 포이니케의 뷔블로스Byblos에서 각각 발견됐다. 마르세유에서 발굴된 대리석 돌기둥에는 여섯 행성 상반신과 하나의 헤르메스 전신상이 새겨져 있다. 헤르메스 조각이 다른 것들을 압도하는데, 천문학의 창시자라는 뜻에서 그렇게 한 것 같다. 로마에서, 수라누스[20]는 윱피테르Jupiter를 비슷하게 초월적 신이라고 주장했다. 다만, 로마에서는 마르세유, 뷔블로스, 그리고 (아마도) 토르토나와 마찬가지로 주週의 구분이 보이지 않는다. 공식적인 올륌포스 신들 숭배에 방해

---

18) 라틴어와 프랑스어를 비교하면, 월요일 화요일 수요일이 각각 Dies Lunae, Dies Martis, Dies Mercurii(이상 라틴어)와 Lundi, Mardi, Mercredi(이상 프랑스어)로 거의 같다. 금요일과 토요일도 Dies Veneris, Dies Saturni로서 Vendredi, Samedi와 거의 같다.

19) A. B. 쿡Cook: 영국의 고고학자(1868-1952).

20) 수라누스Quintus Valerius Suranus(기원전 130년경-기원전 82년): 로마 공화정 말기의 문법학자.

가 된다고 해서 행성과 신들을 연결하지 못하도록 했다. 이는 비非그리스적인 것으로 여겼고(헤로도토스: 1. 131) 따라서 애국적인 행동이 아니었다. 아리스토파네스는 극중에서 트뤼갈로스Trygalus의 입을 빌려 달의 여신과 "저 불한당 같은 늙은 태양 신"이 페르시아 야만인의 손에 그리스를 넘기려 음모를 꾸미고 있다고 말했다(「평화」403 ff.).

5. 펠라스고스가 최초의 인간이라는 파우사니아스의 언급은, 아르카디아에서 신석기 문명이 고전기까지 지속되었음을 기록한 것이다.

2
호메로스와 오르페우스교의 창조 신화

어떤 이는 모든 신들과 모든 생명체가 세상을 둘러싸고 있는 오케아노스[1]의 해류에서 생겨났으며, 테튀스[2]가 그의 모든 자식들의 어머니라고 말한다.[1]

b. 그러나 오르페우스교[3] 신자들은 제우스조차 경외하는[2] 검은 날개를 가진 밤의 여신Night[뉙스Nyx]이 바람의 신의 구애를 받아 어둠의 자궁에 은빛 알을 낳았다고 한다. 에로스가 알을 깨고 나와 우주에 비로소 활력을 불어넣었다. 어떤 이는 에로스를 파네스Phanes라고 부른다. 에로스는 양

---

1) 오케아노스Oceanus: 대지를 둘러싼 큰 바다의 신. 호메로스는 오케아노스가 모든 신들과 생물의 기원이라 했다. 하지만, 3장에 나오는 다른 전승에서 오케아노스는 우라노스(하늘의 신)와 가이아(대지의 여신) 사이에서 맏이로 태어난 1세대 티탄 신족이다. 남매 사이인 테튀스와 함께 3,000개의 강과 오케아니데스라고 불리는 3,000명의 딸을 낳았다.

2) 여기 나오는 테튀스Tethys는, 티탄 여신이 아니라 오케아노스와 함께 생겨난 모든 신들의 어머니이다. 1장에 나오는 테튀스는 티탄 신족 여신으로 물의 '여성적 풍요'를 상징한다. 한편, 바다의 님프 테티스Thetis(아킬레우스의 어머니)와는 구분해야 한다. 11장 관련 각주 참고.

3) 오르페우스교Orphism: 오르페우스Orpheus가 창시했다고 하는 고대 그리스의 밀의적密儀的 종교. 기원전 7세기계 디오뉘소스 숭배에서 파생된 것으로 보이며, 기원전 6세기 아테나이를 중심으로 성행했다. 오르페우스는 음유시인이자 뤼라의 명수이다. 죽은 아내 에우뤼디케를 저승에서 데리고 나오다가 뒤를 돌아보는 바람에 실패했다. 그가 저승에서 죽음의 비밀을 배워 왔다는 믿음에서 새로운 종교가 싹튼 것으로 보인다.

성兩性을 가졌으며, 황금빛 날개와 네 개의 머리를 가졌다. 때로는 황소나 사자같이 으르렁거렸고, 때로는 뱀처럼 쉿 소리를 내거나 숫양처럼 매 하고 울었다. 밤의 여신은 그를 에리케파이오스Ericepaius, 프로토제노스 파에톤Protogenus Phaëthon이라 부르면서3] 동굴에서 함께 살았다. 밤의 여신은 밤의 신, 질서의 신Order, 정의의 신Justice 등 세 가지 모습을 갖고 있었다. 이 동굴 앞에 어머니 레아가 버티고 앉아 놋쇠 북을 두드리면서 여신의 신탁에 사람들이 귀를 기울이게 만들었다. 파네스는 땅과 하늘, 태양, 달을 창조했지만, 세 가지 모습의 여신은 우주를 다스렸으며 나중에 자신의 홀笏을 우라노스에게 넘겨주었다.4]

1] 호메로스: 『일리아스』 16, 201.
2] 같은 책: 14, 261.
3] 『오르페우스교 글조각 모음』 60, 61, 70.
4] 같은 책: 86.

*

1. 호메로스의 신화는 펠라스고이족 창조 이야기의 변형이다(1. 2 참고). 테튀스는 에우뤼노메와 마찬가지로 바다를 다스리고, 오케아노스는 오피온처럼 우주를 둘러싸고 있기 때문이다.

2. 오르페우스교의 신화는 또 다른 변형이지만, 나중에 등장한 사랑(에로스)에 대한 신비로운 교의와 양성의 적절한 관계에 대한 관념으로부터 영향을 받았다. 밤의 여신이 낳은 은빛 알은 달을 뜻한다. 은은 달의 금속이기 때문이다. 에리케파이오스('[히스heath 속屬의 상록 관목인] 히드를 먹고 사는 이')라 할 때, 사랑의 신 파네스('[신의 뜻을] 드러내는 이')는 큰 소리로 윙윙대는 천상의 꿀벌이자, '위대한 여신'의 아들이다(18. 4 참고). 벌집은 이상적인 공화

국으로 여겨졌으며, 벌꿀이 나무에서 떨어진다는 황금시대의 신화를 실증해 주는 듯했다(5. b 참고). 레아의 놋쇠 북은 벌들이 엉뚱한 장소에 모여드는 것을 막고, 비밀 의식에서 사용하는 울림판자[4]와 같이 나쁜 기운을 물리치기 위한 것이었다. 프로토제노스 파에톤('처음 태어난 빛나는 이')이라 할 때, 파네스는 태양의 신이다. 오르페우스교 신자들은 이를 빛의 상징으로 삼았다(28. d 참고). 그가 가진 네 개의 머리는 네 계절을 상징하는 짐승들에 상응한다. 마크로비우스의 기록을 보면, 이오니아 지역의 고대 도시인 콜로폰의 신탁소에서는 이 파네스를 초월적인 신 이아오Iao와 동일시했다. 또 제우스(숫양)는 봄을, 헬리오스(사자)는 여름을, 하데스(뱀)는 겨울을, 디오뉘소스(황소)는 새해와 연결했다.

   밤의 여신이 홀을 우라노스에게 넘기는 것은 가부장제의 도래에 따른 것이다.

---

4) 울림판자bull-roarer: 판자에 끈을 끼워 휘둘러 소리를 낸다.

3
올림포스 신들의 창조 신화

　태초에 어머니 대지가 혼돈에서 생겨났다. 그녀는 잠들어 있는 동안 아들 우라노스를 낳았다. 우라노스는 산 위에서 그녀를 따뜻하게 내려다보았고, 그녀의 비밀스러운 갈라진 틈에 비옥한 비를 내렸다. 어머니 대지는 풀, 꽃, 나무를 낳았고, 각각에 맞는 짐승과 새들이 함께 태어났다. 이렇게 내린 비로 강물이 흘렀으며, 움푹 꺼진 곳에 물이 채워져 호수와 바다가 생겨났다.

　b. 그녀는 인간의 모습을 절반만 가진 자식들도 낳았는데, 100개의 손을 가진 거인 브리아레오스, 귀게스, 콧토스[1]가 처음으로 태어났다. 다음으로 사납고 눈이 하나인 세 명의 퀴클로페스를 낳았는데, 이들은 트라케에 이어 크레테와 뤼키아의 거대한 성벽을 쌓았고, 뛰어난 대장장이이기도 했다.[1] 나중에 오뒷세우스는 이들의 아들을 시칠리아에서 맞닥뜨리게 된다.[2] 이들의 이름은 브론테스, 스테로페스, 아르게스이며, 나중에 아폴론이 아들

---

1) 브리아레오스Briareus와 귀게스Gyges, 콧토스Cottus를 통틀어 헤카톤케이레스Hecatoncheires라고 한다. 이들 삼형제는 나중에 타르타로스에 갇혀 있다가 제우스에게 구출됐고, 제우스의 편에 서서 크로노스를 없애는 데 도움을 주었다.

아스클레피오스[2]의 죽음에 대한 복수로 이들을 죽였다. 그 뒤 이들의 혼은 시칠리아의 아이트나 산에 있는 동굴 안에서 살았다.

c. 그러나 리비아인들은 가라마스가 '100개의 손을 가진 이들'보다 먼저 태어났다고 주장한다. 가라마스가 평원에서 생겨났을 때, 그는 어머니 대지에게 모밀잣밤나무 열매[또는 맛있는 도토리sweet acorn]를 제물로 바쳤다고 한다.[3]

1] 아폴로도로스: 『비블리오테카』 1. 1-2; 에우리피데스: 『크뤼십포스』, 섹스투스 엠피리쿠스의 인용, 751; 루크레티우스: 『사물의 본성에 관하여』 1. 250과 2. 991 ff.
2] 호메로스: 『오뒷세이아』 9. 106-566; 아폴로도로스: 3. 10. 4.
3] 아폴로니오스 로디오스: 『아르고 호 이야기』 4. 1493 ff; 핀다로스: 『글조각 모음』 84, 베르크 편집.

*

1. 이런 가부장제적 우라노스 신화는 올륌포스 종교 체제에서 공식적인 인정을 받았다. 우라노스는 점차 그 이름이 '하늘'을 뜻하게 되는데, 아리안족의 남성 삼신[3] 가운데 하나인 목축의 신 바루나와 동일시되면서 태초의 아버지First Father라는 지위를 얻은 것으로 보인다. 그러나 그의 그리스 이름은 우르-아나Ur-ana('산의 여왕', '여름의 여왕', '바람의 여왕' 또는 '야생 수소의 여왕')의 남성 명사이다. 이는 한여름 주신제와 관련된 여신의 호칭이다. 우라노스와 '어머니 대지Mother Earth'의 결혼은 북부 그리스에 대한 초기 헬레네스의 침략을 기록한 것이다. 바루나를 섬기는 부족은 이 침략을 통해 바루

2) 아스클레피오스Asclepius: 아폴론 신의 아들로 의술의 신. 뛰어난 의술로 죽은 자를 잇달아 되살리자 제우스는 세상의 질서를 무너뜨린다며 벼락으로 내리쳐 죽였다. 아들을 잃은 아폴론은 제우스에게 벼락을 만들어 준 퀴클로페스를 죽였다. 뱀이 휘감긴 지팡이('아스클레피오스의 지팡이')를 들고 있는 모습으로 그려지는데, 이 지팡이는 의술의 상징이 됐다.
3) 삼신trinity: 인드라, 미투라, 바루나를 말한다.

나가 원주민의 아버지였음을 주장할 수 있게 됐다. 그러면서도 바루나가 어머니 대지의 아들이라는 점을 인정해야 했다. 아폴로도로스의 기록을 보면, 대지의 신Earth과 하늘의 신Sky은 치명적인 다툼을 벌이며 헤어졌지만, 사랑으로 재결합했다고 수정된 신화는 전한다. 이는 에우리피데스(『현명한 멜라닙페』,[4] 글조각 484, 나우크 편집)와 아폴로니오스 로디오스(『아르고 호 이야기』 1. 494)도 언급했다. 대지와 하늘의 치명적인 다툼이란, 헬레네스의 침략으로 야기된 가부장제와 가모장제 원리 사이의 충돌을 가리키는 게 틀림없다. 귀게스('땅에서 태어난 이')는 기가스gigas('거인giant')라고도 불렀다. 거인족giants은 신화에서 북부 그리스의 산악지대와 연결된다. 브리아레오스('강한')는 아이가이온Aegaeon이라고도 불리는데(『일리아스』 1. 403), 그렇다면 그의 백성들은 리비아-트라케 사람들일 수 있다. 이들의 염소-여신 아이기스[5]에서에게 해의 이름이 나왔다. 콧토스는 콧티아족Cottians 이름의 기원이 된 조상이다. 이들은 주신제를 열어 코륏토Cotytto[또는 코튀스Kotys] 여신을 섬겼으며, 이런 숭배는 트라케에서 북서부 유럽까지 퍼져나갔다. 이들 부족은 '100개의 손을 가진'으로 묘사되는데, 아마도 그들의 여사제단이 다나이데스[6]나 네레이데스[7]와 같이 50명으로 구성됐기 때문일 것이다. 또는 남자들의 군대

---

4) 멜라닙페Melanippe: 헬렌의 아들 아이올로스 왕의 딸. 처녀의 몸으로 포세이돈과 정을 통해 쌍둥이 아들 아이올로스와 보이오토스를 낳았다. 분노한 아버지는 딸을 장님으로 만들어 지하 감옥에 가두고 그녀의 두 아들은 숲에 버렸다. 하지만 두 아이는 암소의 젖을 먹으며 살아남아 나중에 어머니를 구해 냈다. 43장 참고.

5) 아이기스Aegis: 보통은 제우스의 방패를 뜻한다. 대장장이 신 헤파이스토스가 만들었고, 가운데에 고르곤 메두사의 잘린 머리가 붙어 있다. 제우스가 아테나 여신에게 선물한 뒤에는 아테나 여신을 상징하는 물건이 됐다. 흔들면 천둥 번개가 치고 폭풍이 휘몰아친다. 영어식 발음 '이지스'는 오늘날 군함의 이름으로 쓰인다.

6) 다나이데스Danaides[영어 Danaids]: 리비아에서 건너와 아르고스의 왕이 된 다나오스Danaus의 딸 50명을 가리킨다. 첫째 딸을 빼고 나머지 모두는 아버지의 지시에 따라 결혼 첫날밤에 신랑인 아이귑토스의 아들을 살해했다. 다나이데스는 나중에 아르고스의 청년들과 결혼해 많은 아이들을 낳았고, 이들의 후손이 '다나오이Danaoi'(다나오스의 자손들)이다. 60장 참고.

7) 네레이데스Nereides[영어 Nereids]: 바다의 신 네레우스와 오케아노스의 딸 도리스 사이에서 태어난 50명

가 초기 로마와 같이 100명으로 구성됐기 때문일 수도 있다.

2. 퀴클로페스Cyclopes는 초기 헬라스 시기에 청동을 다루는 대장장이 무리였던 것으로 보인다. [단수형] 퀴클롭스Cyclops는 '동그란 눈을 가진 이'라는 뜻이며, 그들은 용광로에 타오르는 불의 근원이 되는 태양에 대한 경배의 뜻으로 이마에 동심원의 문신을 새겼을 가능성이 높다. 트라케 사람들은 고전기에 이를 때까지 문신을 계속 새겼다(28. 2 참고). 동심원은 대장장이 기술의 신비 가운데 일부이다. 대접이나 투구, 의례용 가면 등을 두드려 만들려면, 대장장이는 평평한 원반을 다루면서 컴퍼스로 그린 동심원을 따라가야 한다. 퀴클로페스가 외눈박이였다는 점은 또한 대장장이가 종종 흩날리는 불티 탓에 한쪽 눈에 안대를 한다는 것과 관련이 있다. 시간이 흘러 이들의 실체는 잊혔고, 신화학자들은 아이트나 산의 분화구에서 나오는 불과 연기를 설명하기 위해 이들의 혼령이 그 산의 동굴에 산다고 했다(35. 1 참고). 트라케와 크레테, 뤼키아는 문화적으로 서로 밀접하게 결합해 있었다. 퀴클로페스는 이들 나라에 모두 자기 집이 있었을 터이다. 초기 헬라스 문화는 시칠리아까지 전해졌다. (새뮤얼 버틀러Samuel Butler가 처음 주장한 것처럼) 『오뒷세이아』의 시칠리아 부분은 퀴클로페스가 거기에도 있었다는 점을 보여준다고 할 것이다(170. b 참고). 브론테스Brontes, 스테로페스Steropes, 아르게스Arges('천둥', '번개', '빛남')라는 이름은 후대의 발명품이다.

3. 가라마스는 리비아의 가라만테스족Garamantes 이름의 기원이 된 조상이다. 이들은 리비아 서남부 지방인 페잔Fezzan 남쪽의 '자도Djado 오아시스'를 차지하고 있었으며, 기원전 19년 로마의 발부스Balbus 장군에게 점령당했

의 딸들(100명이라고 한 문헌도 있다)로, 바다의 님프이다. 이들 가운데 포세이돈의 아내가 된 암피트리테, 영웅 아킬레우스를 낳은 테티스 등이 유명하다. 단수형은 네레이스Nereid.

다. 이들은 쿠시테-베르베르Cushite-Berber 어족으로, 기원후 2세기에 모계 승계의 렘타 베르베르족Lemta Berbers에 정복당한 것으로 보인다. 후대에 이들은 니제르 강 상류Upper Niger의 남쪽 비탈 지역에서 흑인 원주민과 뒤섞였고, 그들의 언어도 받아들였다. 이들은 오늘날 코로만츠Koromantse라는 이름의 마을 하나로만 남아 있다. 가라만테Garamante는 가라gara, 만man, 테te라는 낱말에서 유래했는데, '가라Gara 나라 백성'이라는 뜻이다. 가라는 케르Ker 나 크레Q're, 카르Car 여신을 말하는 것으로 보인다(82. 6과 86. 2 참고). 여신은 소아시아 남서부의 카리아인들Caria에게 자신의 이름을 주었고, 양봉과도 연관된다. 식용 도토리acorn는 곡물corn 도래 이전까지 고대 세계의 안정적인 식량원이었는데, 리비아에서 자랐다. 가라만테스족이 요르단 강 동쪽의 암몬Ammon에 정착한 것은 북부 그리스인들이 도도나[8]에 정착한 것과 종교적 차원에서 연결된다. 플린더스 페트리 경[9]은 양쪽의 종교적 연결이 기원전 3000년까지 거슬러 올라갈 수 있다고 봤다. 두 장소에 모두 고대의 떡갈나무-신탁소가 있었다(51. a 참고). 헤로도토스는 가라만테스족을 두고, 평화를 사랑했지만 매우 강력했으며 대추야자와 곡물을 재배했고 소를 가축으로 길렀다고 서술한다(4. 174와 183).

---

8) 도도나Dodona: 고대 그리스 서부의 에페이로스 지방에 있던 도시로, 가장 오래된 제우스 신전이 있었다. 델포이와 더불어 신탁소로 유명했으며, 떡갈나무 나뭇잎이 스치는 소리에서 신탁을 얻었다고 한다. 이 책 51장에 신탁소 이름이 거의 모두 나온다.

9) 플린더스 페트리 경Sir Flinders Petrie: 영국 역사가이자 고고학자(1853-1942).

4
철학적 창조 신화 두 가지

어떤 이는 태초에 거대한 어둠Darkness이 있었고, 어둠 속에서 거대한 혼돈Chaos이 생겨났다고 전한다. 어둠과 혼돈이 결합해 밤Night과 낮Day, 에레보스,[1] 공기의 신Air이 생겨났다.

밤의 신과 에레보스가 결합해, 비운, 늙음, 죽음, 파괴, 절제, 잠, 꿈, 불화, 고통, 성냄, [인과응보의] 네메시스, 기쁨, 우정, 연민, 운명의 세 자매, 헤스페리데스 세 자매[2] 등이 태어났다.[3]

공기의 신과 낮의 신 사이에서 어머니 대지[4]와 하늘의 신 그리고 바다의

---

1) 에레보스Erebus: 혼돈(카오스)에서 생겨난 태초의 신들 가운데 하나로, 암흑을 의인화한 신으로 해석된다. 신보다는 타르타로스처럼 저승의 일부로 언급되는 경우도 많다.

2) 헤스페리데스Hesperides: 에레보스와 밤의 신 사이에서 태어난 신이지만, 신화에 거의 등장하지 않는다. 이는 세상의 서쪽 끝에서 황금사과나무를 지키는 님프의 이름이기도 하다.

3) 헤시오도스가 『신들의 계보』에서 밤의 신 닉스Nyx의 자식이라 기록한 신들의 그리스식 이름은 대략 다음과 같다. (필자는 그리스식 이름 대신에 영어 단어로 신의 이름을 밝힌 경우가 많다.) 모로스Moros(비운Doom), 케레스Keres(파괴, 죽음), 타나토스Thanatos(죽음), 휩노스Hypnos(잠), 오네이로이Oneiroi(꿈), 마모스Momus(비난), 오이쥐스Oizys(고통), 헤스페리데스Hesperides(석양), 모이라이Moirai(또는 Moerae, 운명), 네메시스Nemesis(응징Retribution), 아파테Apate(기만), 필로테스Philotes(우정), 게라스Geras(늙음), 에리스Eris(불화) 등이다.

4) 가이아Gaia: 가이아의 탄생과 관련해 크게 두 가지 설명이 있다. 먼저, 보통은 가이아가 태초부터 존재했으며, 아들로 우라노스를 낳았다. 나중에 이들 둘이 짝을 지어 많은 신들을 낳았다고 한다(이 책 3장의 설명). 그런데, 로마의 작가 휘기누스는 『신화집』에서 가이아는 공기 또는 빛의 신(아이테르)과 낮의 신(헤메라) 사이에서 태어났으며, 하늘(우라노스), 바다(폰토스)와 남매 사이라고 했다(이 책 4장의 설명).

신이 생겨났다.

공기의 신과 어머니 대지 사이에서 공포, 기술, 분노, 투쟁, 거짓말, 맹세, 복수, 방종, 언쟁, 약속, 망각, 두려움, 자만, 전투의 신이 생겨났다. 또한 오케아노스와 메티스를 비롯한 다른 티탄 신족들[5]과 타르타로스,[6] 복수의 여신들Furies이라고도 하는 에리뉘에스 세 자매[7]도 태어났다.

대지의 신과 타르타로스 사이에서 기간테스[8]가 나왔다.

b. 바다의 신과 강의 신들 사이에서 네레이데스가 생겨났다. 죽음을 피할 수 없는 인간은, 이아페토스[9]의 아들인 프로메테우스가 아테나 여신의 동의 아래 신의 모습으로 형상을 만들면서 비로소 세상에 나왔다. 프로메테우스는 그리스 중부 포키스에 위치한 파노페우스의 물과 진흙을 사용했고, 아테나가 여기에 생명을 불어넣었다.[1]

c. 다른 이들은 이렇게 전한다. '만물의 신God of All Things'이 갑자기 거대한 혼돈 속에서 나타났다. 그가 누구이든 일부는 그를 자연의 신Nature이라 불렀다. 그가 하늘과 땅을, 땅과 물을, 위쪽 공기와 아래쪽 공기를 분리시켰다고 한다. 그는 이렇게 엉켜 있는 덩어리를 풀어 낸 다음, 오늘날 우리가 볼

---

5) 보통, 티탄 신족은 가이아와 우라노스 사이에서 태어났다고 한다. 메티스의 경우, 1세대 티탄 신족인 오케아노스와 테튀스 사이에서 태어난 딸이다. 여기선, 티탄 신족이 가이아와 공기의 신 사이에서 났다고 하며, 메티스도 2세대가 아니라 1세대로 전한다.

6) 타르타로스Tartarus: 태초의 신이지만, 저승 하데스보다 더 아래의 지하 세계의 깊은 곳을 이르는 공간의 개념으로 주로 쓰였다.

7) 에리뉘에스 세 자매Erinyes: 복수의 여신들. 특히 부모 살해범에게 가혹한 형벌을 내리는 것으로 유명하다. 아가멤논의 아들인 오레스테스의 어머니 살해에도 등장한다. 다른 곳에선 크로노스가 낫으로 아버지 우라노스의 생식기를 잘랐을 때 흘린 피가 대지에 스며들어 태어났다고도 한다(6장 a 참고). 원문에는 일관되게 '에린뉘에스Erinnyes'로 나온다.

8) 기간테스Gigantes: 대지의 여신 가이아의 자식들인 거인족. 영어식 표현은 Giants이며, 단수형은 기가스Gigas. 신의 자식들이지만 영생불멸의 신적 존재는 아니라고 한다.

9) 이아페토스Iapetus: 티탄 12신의 하나. 크로노스가 아버지 우라노스를 거세할 때 도왔으며, 티탄 신족과 올림포스 신족 사이의 전쟁에서 패해 지하 깊은 타르타로스에 다른 티탄들과 함께 유폐됐다. 인류에게 불을 전해준 프로메테우스의 아버지이다.

수 있는 질서를 이들에게 부여했다. 땅을 여러 구역으로 나눠 어떤 곳은 뜨겁고, 다른 곳은 차갑고, 나머지는 온화한 곳이 됐다. 또 땅을 주물러 평원과 산을 만들었으며, 풀과 나무로 땅에 옷을 입혔다. 저 위로는 창공이 돌게 했고, 반짝이는 별로 장식했으며, 사방의 네 바람한테는 저마다 시작할 자리를 내줬다. 그는 또한 물을 물고기로, 땅을 짐승으로, 하늘을 해와 달, 다섯 개의 행성으로 채웠다. 그리고 마침내 그는 인간을 만들었다. 인간은 모든 짐승 가운데 유일하게 얼굴을 하늘로 들어 올려 해와 달, 별을 관찰했다. 다만, 이아페토스의 아들 프로메테우스가 물과 흙으로 인간의 몸을 만들었으며, '첫 번째 창조'에서 이미 생겨나 떠돌고 있던 신적인 무언가가 그렇게 만든 몸에 영혼을 불어넣었다는 말도 있다.[2]

1] 헤시오도스: 『신들의 계보』 211-232; 휘기누스: 『신화집』, '머리말'; 아폴로도로스: 1. 7. 1; 루키아노스 Lucian: 『카우카소스의 프로메테우스』 13; 파우사니아스: 『그리스 여행기』 10. 4. 3.
2] 오비디우스: 『변신 이야기』 1-2.

*

1. 첫 번째 철학적 신화는 헤시오도스의 『신들의 계보』에 기본 바탕을 두고 있다. 추상적인 개념들의 목록에 네레이데스와 티탄 신족, 기간테스가 포함되면서 혼란스럽기도 하다. 그래도 이들은 헤시오도스가 집어넣어야 한다고 생각한 대상들이다. 운명의 세 자매와 헤스페리데스 세 자매는 세 가지 모습의 달의 여신이 죽음의 모습을 할 때를 가리킨다.[10]

10) 이 책은 그리스 신화의 창조 신화를 네 가지로 정리하고 있다. 뼈대만 골라 보면 아래와 같다. ① 펠라스고이족: 에우뤼노메가 큰 뱀 오피온을 만들고, 둘이 결합해 우주의 알을 낳았다. ② 호메로스: 세상을 둘러싼 오케아노스가 테튀스와 결합해 만물을 낳았다. 오르페우스교에서는 밤의 여신(뉙스)이 낳은 은빛 알에서 에로스가 태어났다고 한다. ③ 올륌포스 신들: 혼돈에서 어머니 대지(가이아)가 생겨나고, 홀로 우라노스를 낳았다. ④ 철학적 창조 신화: 어둠과 혼돈이 결합해 밤, 낮, 공기, 에레보스 등 네 신

2. 오비디우스에서만 발견되는 두 번째 철학적 신화는, 후기 그리스인들이 바빌로니아의 『길가메시 서사시』[11]에서 가져온 것이다. 서사시 도입부에는 아루루 여신[12]이 최초의 인간인 에아바니[13]를 흙으로 빚어냈다는 얘기가 실려 있다. 제우스는 수백 년 동안 우주의 지배자였지만, 신화학자들은 만물의 창조자는 창조의 여신Creatrix이었을 수 있다는 점을 받아들여야 했다. 가나안 지역 선주민의 창조 신화를 물려받은 유대인도 똑같이 곤혹스러웠다. 「창세기」 설명에 여성인 '왕의 정령Spirit of the Lord'은 비록 세상이 생겨날 알을 낳지는 않았지만, 수면 위에서 알을 품었다. 그리고 거대한 뱀은 세상이 끝날 때까지 지옥Pit에 빠지지 않을 운명이지만, '모든 생명체의 어머니'인 이브Eve는 그것의 머리에 상처를 입히라는 명령을 받았다.

3. 천지 창조의 탈무드 판본에서도, 대천사 미카엘Michael은 '모든 생명체의 어머니'가 아니라 여호와의 명령을 받아 아담Adam을 먼지로부터 만든다. 이때 미카엘은 그리스 신화의 프로메테우스에 해당한다. 여호와는 아담에게 생명을 불어넣고, 판도라와 같이 인간 세상에 문제를 일으킬 이브를 그에게 준다(39. j 참고).

4. 그리스 철학자들은 프로메테우스가 창조한 인간과 땅에서 태어난 불완전한 창조물을 구분했다. 후자의 일부는 제우스가 파괴했으며, 나머지는

이 생겨났다. 네 신이 둘씩 짝을 지어 온갖 신들이 새로 태어났다.

11) 『길가메시 서사시Gilgamesh epic』: 기원전 2000년 이전부터 형성된, 세계에서 가장 오래된 서사시이다. 길가메시와 엔키두Enkidu의 우정, 죽음, 영생을 찾아 떠나는 여행 등을 담고 있다. 1862년에 서사시가 새겨진 점토판이 발굴되면서 비로소 현대 세계에 알려지게 됐다.

12) 아루루 여신Aruru: 고대 수메르의 대지의 어머니 여신으로, 주요 일곱 신 가운데 하나다. 닌후르자그 Ninhursag로도 불린다.

13) 에아바니Eabani: 길가메시 서사시의 중심인물인 엔키두를 지칭하는 것으로 보인다. 아루루 여신은 길가메시의 거만함을 벌하고자 흙과 물로 엔키두를 만들었으나, 엔키두는 싸움 끝에 그의 충실한 친구가 된다. 엔키두는 한때 기록이 잘못 읽히는 바람에 '에아바니'로 불렸다. 원문은 '에아비니Eabini'지만, 원문 찾아보기에는 '에아바니'로 나온다.

'데우칼리온의 대홍수'로 사라졌다(38. c 참고). 똑같은 구분을 「창세기」 6장 2-4절에서 찾아볼 수 있다. '신의 아들들'과 이들이 결혼한 '인간의 딸들'의 구분 말이다.[14]

5. 『길가메시 서사시』가 적힌 점토판은 후대의 것이고 내용이 애매모호하다. '움푹 들어간 곳의 빛나는 어머니Bright Mother of the Hollow'가 모든 것을 창조했다고 한다. '아루루'는 이 여신의 많은 별명 가운데 하나일 뿐이다. 주요한 주제는 여신의 모계적 질서에 대한 저항이다. 새로운 부계적 질서의 남신들은 모계 질서를 엄청난 혼란으로 묘사했다. 고대 바빌로니아의 도시 수호신인 마르두크는 커다란 바다뱀인 티아마트의 모습을 한 여신을 결국에는 물리친다. 그다음 마르두크는 뻔뻔하게도 다른 누구도 아닌 자신이 식물과 땅, 강물, 짐승, 새 그리고 사람을 창조했다고 선언한다. 여기 마르두크는 작은 신이 벼락출세한 경우이다. 그 이전에도 벨Bel이라는 남신이 티아마트를 물리치고 세상을 창조했다고 주장한 적이 있었다. 그런데 벨은 수메르의 어머니 여신인 벨릴리Belili의 남성 명사이다. 가모장제에서 가부장제로 전환하는 일은 다른 곳과 마찬가지로 메소포타미아에서도 벌어진 것 같다. 이는 여왕 배우자의 반란을 통해 이뤄졌다. 앞서 여왕은 자신의 이름과 예복, 신성한 도구를 쓸 수 있게 함으로써 권력을 위임했는데, 이제 배우자가 딴마음을 품은 것이다(136. 4 참고).

---

14) 이 대목은 "……하나님의 아들들이 사람의 딸들에게로 들어와 자식을 낳았으니……"라고 쓰여 있다.

5
인류의 다섯 시대

　어떤 이는 최초의 인간을 두고 프로메테우스가 창조했거나 뱀의 이빨에서 생겨난 것이 아니라고 주장한다. 대지의 신이 자연스럽게 자신이 내주는 최고의 열매로서 앗티케 땅에서 사람을 낳았다고 한다.¹⟩ 알랄코메네오스가 이렇게 생겨난 첫 번째 인간이었다. 이때는 하늘의 달조차 생기기 전이며, 그는 [아테나이 서북부 지역] 보이오티아의 코페이 호수 옆에서 생겨났다. 제우스가 헤라 여신과 다퉜을 때 그는 제우스를 상대로 상담자 노릇을 했으며, 아테나 여신이 소녀일 때는 보호자 역할도 했다.²⟩

　b. 이들 인간은 이른바 황금 종족으로, 근심이나 노동 없이 살아가는 크로노스의 신민이었다. 오직 나무에서 떨어지는 도토리와 야생 과일, 벌꿀을 먹었으며, 양과 염소의 젖을 마셨고, 결코 늙지 않았으며, 맘껏 춤추고 웃었다. 이들에게 죽음은 잠자는 것처럼 편안했다. 그들은 모두 떠나고 없지만, 그들의 정령은 행복한 음악이 울려 퍼지는 조용한 곳의 수호신이자, 행운의 수여자이며, 정의의 후원자로서 지금도 우리 곁에 있다.

　c. 다음으로 은 종족이 왔다. 이들은 빵을 먹었으며, 마찬가지로 신이 창조했다. 비록 100살까지 살았지만, 이들은 온전히 자기 어머니를 따랐으며

감히 불복하지 않았다. 그들은 걸핏하면 싸웠고 무지했고 신들에게 제물을 바치지 않았지만, 최소한 서로 전쟁을 벌이지는 않았다. 제우스는 이들을 모두 파괴했다.

d. 다음으로 청동 종족[1]이 왔다. 이들은 물푸레나무 열매가 떨어지듯 세상에 생겨났고, 청동 무기로 무장했다. 빵과 함께 고기를 먹었으며, 무례하고 무자비해서 전쟁을 즐겨 했다. 검은 죽음의 신Death이 이들을 모두 엄습해 죽였다.

e. 인간의 네 번째 종족은 청동기를 썼지만, 더 고귀하고 너그러웠다. 신들이 인간 어머니를 통해 이들을 낳았다. 이들은 테바이 포위 전쟁과 아르고 호 선원들의 원정, 트로이아 전쟁에서 명예롭게 싸웠다. 이들은 영웅이 됐고, 지금은 엘뤼시온 평원에 살고 있다.

f. 다섯 번째 종족은 지금의 철 종족이다. 네 번째 종족의 보잘것없는 후손들이다. 퇴락했으며, 잔인하고, 정의롭지 못하고, 심술 가득하고, 육욕에 빠져 있고, 불효하고, 불충하다.[3]

1] 플라톤: 『메넥세노스』 6-7.
2] 힙폴뤼토스: 『이단 반박』 5. 6. 3; 에우세비우스: 『복음 준비』 3. 1. 3.
3] 헤시오도스: 『일과 날』 109-201, 고전 주석자와 함께.

---

*

1. 황금시대Golden Age의 신화는 멀리 꿀벌의 여신에 대한 복종이라는 부족 전승에서 유래했다. 하지만 헤시오도스의 시대에 이르러, 농경 이전 시

---

1) 필자는 이 책에서 '청동bronze'과 '황동(놋쇠)brazen'을 정확히 구분하지 않은 듯하다. 여기 원문의 'brazen race'는 보통 일컫듯이 '청동 종족'으로 번역했지만, 책 전반에 걸쳐 필자의 기술에 따라 청동과 놋쇠를 구분해 번역했다. 따라서 일부 놋쇠 표현은 청동으로 이해해도 될 때가 많다.

대에 있었던 꿀벌 여신의 야만적 통치는 이미 잊혀져 있었다. 한때 꿀벌이 그러하듯 사람들이 서로 조화롭게 함께 살았다는 이상주의적인 확신만 남았다(2. 2 참고). 헤시오도스는 소농이었고, 힘든 삶을 살았기에 침울했고 비관적이었다. 은 종족의 신화는 또한 가모장적인 상황을 기록한 것이다. 픽트족Picts[2]이나 흑해 지역의 모이쉬노이코스족Moesynoechians[3] 가운데 고전기에 살아남은 후손들도 그러했다(151. e 참고). 스페인 북서부 갈리시아Galicia의 발레아레스Baleares, 리비아 북부 해안의 시르테 만 지역의 몇몇 부족의 경우도 그렇다. 이들 지역에서 남자는 농경 사회로 진입했고 전쟁이 종종 일어났음에도 여전히 괄시받는 성性이었다. 은은 달의 여신을 나타내는 금속이다. 세 번째 종족은 가장 초기의 헬레네스 침략자들이었다. 즉 청동 시대의 목부牧夫들로서 여신과 그의 아들인 포세이돈을 상징하는 물푸레나무를 숭배했다(6. 4와 57. 1 참고). 네 번째 종족은 뮈케나이 시대의 전사 왕이었다. 다섯 번째 종족은 기원전 12세기의 도리에이스족으로, 철제 무기를 사용해 뮈케나이 문명을 파괴했다.

최초의 인간 알랄코메네오스Alalcomeneus('수호자')는 허구의 인물로, 보이오티아의 수호자로서 아테나 여신의 호칭(『일리아스』 4. 8)인 알랄코메네이스Alalcomenïs의 남성형 명사다. 알랄코메네오스는 가부장제를 신봉했다. 여신까지 포함해 여자라면 누구도 남자의 지도 없이는 지혜로울 수 없다고 믿었고, 달의 여신과 달 자체도 제우스가 나중에 만들어 낸 것이라고 했다.

---

2) 픽트족Picts: 영국 북부에 살다가 나중에 스코트족Scots에게 정복당했다.
3) 또는 '못쉬노이키Mossynoeci족'이라고도 한다.

02

올림포스 신들,
세상을 얻다

6
우라노스의 거세

우라노스는 어머니 대지[1]를 통해 티탄 신족의 아버지가 됐다. 그 이전에 반항적인 자기 자식 퀴클로페스를 타르타로스로 집어던졌는데, 그곳은 땅이 하늘에서 떨어져 있는 만큼 땅에서 아래로 멀리 떨어져 있는, 지하세계의 음울한 장소였다. 모루가 떨어져 그 바닥에 닿으려면 9일이 걸릴 정도다. 이에 대한 복수로 어머니 대지는 자식들인 티탄 신족들에게 아버지를 공격하도록 설득했다. 티탄 신족은 실제 그렇게 했고, 일곱 자식 가운데 막내인 크로노스가 이를 이끌었다. 어머니 대지는 크로노스에게 부싯돌로 만든 낫[2]을 줘 무장하게 했다. 그들은 잠들어 있는 우라노스를 습격해, 무자비한 크로노스는 부싯돌 낫으로 그를 거세하고 왼손으로(그 뒤 왼손은 나쁜 징조를 뜻하게 된다) 그의 생식기를 잡아 낫과 함께 아카이아의 드레파논 곳

---

1) 어머니 대지Mother Earth: 보통 가이아Gaia라 하는데, 필자는 거의 '어머니 대지'라는 표현을 계속 사용했다. 일부 대모신으로 옮기기도 한다. 어머니 대지는 지칠 줄 모르는 생산력 덕분에 수많은 신들을 낳았다. 자신의 아들이자 나중에 남편이 되는 우라노스(하늘의 신)와 결합하여 티탄 신족 열 둘을 낳은 것이 대표적이다. 가이아는 폰토스(바다의 신)와도 결합하여 '바다의 노인'으로 불리는 네레우스 등을 낳았다.

2) 부싯돌로 만든 낫flint sickle: '부싯돌로 만든 낫'이라 옮겼지만, '아주 단단한 낫'일 수도 있겠다. 'flint'는 부싯돌과 함께 '아주 단단한'의 뜻도 있다. 『아폴로도로스 신화집』(강대진 옮김)에서는 "강철로 된 낫"으로 옮겼다(1권 1장 4절).

으로 던져 버렸다. 그러나 상처에서 흐르는 핏방울이 어머니 대지 위로 떨어졌고, 이에 그녀는 복수의 여신인 에리뉘에스 세 자매를 낳았다. 이들 자매의 이름은 알렉토, 티시포네, 메가이라이며, 존속살해와 위증의 죄에 복수의 벌을 내렸다. 물푸레나무의 님프인 멜리아이[3]도 그 피에서 생겨났다.

b. 티탄 신족은 다음으로 타르타로스에서 퀴클로페스를 풀어주고, 지상의 통치권을 크로노스에게 주었다.

그러나 크로노스는 최고 지위에 오르자마자 퀴클로페스를 '손이 100개인 거인들'과 함께 다시 타르타로스에 가두었다. 그는 자신의 남매인 레아를 아내로 삼았으며, 펠로폰네소스 반도의 북서쪽 지역인 엘리스에서 통치했다.[1]

1] 헤시오도스: 『신들의 계보』 133-187과 616-623; 아폴로도로스: 『비블리오테카』 1. 1. 4-5; 베르길리우스의 『아이네이스』 5. 801에 대한 세르비우스의 주석.

*

1. 이 신화를 기록한 헤시오도스는 카드메이아 사람[4]으로, 이들은 소아시아에서 도래했다(58. 5 참고). 힛타이트 제국의 붕괴에 따른 것으로 보이는데, 우라노스의 거세 이야기도 이때 가지고 들어왔다. 그러나 오늘날에는

---

3) 헤시오도스는 『일과 날』에서 인간의 역사를 다섯 종족으로 나누면서, 세 번째의 청동 종족이 물푸레나무에서 태어났다고 했다. 그래서 일부는 물푸레나무의 님프인 멜리아이를 인간의 선조로 보기도 한다.

4) 카드메이아 사람들Cadmeians: '카드모스Cadmus의 백성들'을 일컫는 것으로 보인다. 카드모스는 보이오티아의 도시 테바이Thebes의 건설자이므로, 이들은 '테바이 시민'이 된다. 카드모스는 아나톨리아 반도 포이니케의 왕자로, 제우스에 의해 납치된 누이동생 에우로페를 찾아 나섰지만 실패해 고향으로 돌아가지 못한다. 샘물을 지키던 용을 죽여 그 이빨을 땅에 뿌렸고, 거기서 솟아난 이들과 함께 테바이를 건설했다. 성채를 카드모스의 이름을 따라 카드메이아Cadmeia라 했는데, 나중에 테바이로 이름이 바뀐다. 58-59장 참고.

이 신화가 헛타이트에서 지어진 것이 아니라고 본다. 더 이른 시기의 후르리족[5] (또는 호리트Horite) 이야기가 발견됐기 때문이다. 헤시오도스의 판본은, 헬레네스 도래 이전에 남부 및 중부 그리스에 정착해 있던 이들의 동맹을 반영한 것일 수 있다. 북쪽에서 내려오는 초기 헬레네스 침략자들에 맞서 동맹을 맺은 것인데, 이들 사이에서는 티탄 신족 숭배가 지배적이었다. 그들은 전쟁에서 승리했고, 북쪽 원주민들을 풀어 주는 대신 앞으로 복종할 것으로 요구했다. 만약 승자들 가운데 일부가 동아프리카 출신이었다면, 우라노스의 거세는 반드시 비유적인 것이 아닐 수 있다. 동아프리카의 갈라Galla 전사들은 오늘날까지 전쟁터에 나갈 때 적들을 거세하기 위해 낫 모양의 작은 칼을 가져간다. 동아프리카와 초기 그리스는 종교적 의례에 있어 밀접하게 관련돼 있다.

2. 후대의 그리스인들은 '크로노스Cronus'를 크로노스Chronos라고 불렀다. 이는 가차없이 낫을 휘두르는 '아버지 시간Father Time'을 뜻한다. 그러나 크로노스는 그림에 까마귀와 함께 등장하는데, 아폴론, 아스클레피오스, 사투르누스[6] 그리고 초기 브리튼 섬의 신 브란Bran도 그러했다. 크로노스cronos는 '까마귀crow'를 뜻할 가능성이 높다. 라틴어의 코르닉스cornix와 그리스어의 코로네corōne도 그렇다. 까마귀는 신탁과 관련된 새로, 제물로 바쳐진 신성한 왕의 영혼에게 거처를 제공한다고 여겼다(25. 5와 50. 1 참고).

---

5) 후르리족Hurrian: 청동기 시대에 근동Near East 지역에 세력을 떨쳤던 민족. 아나톨리아 반도, 시리아, 북부 메소포타미아 지역에 살았으며, 미탄니Mitanni 왕국을 건설해 광대한 영역을 지배하기도 했다. 나중에 헛타이트 제국에 복속됐지만, 헛타이트 신화에 중요한 영향을 미쳤다고 평가된다.

6) 사투르누스Saturn: 로마 신화에 나오는 농경의 신. 이름은 '씨를 뿌리는 자'라는 뜻이다. 로마인은 그를 그리스 신화의 크로노스와 같은 신으로 봤다. 크로노스가 제우스에게 쫓겨 이탈리아로 도망쳐 농경 기술을 보급함으로써 황금시대를 이룩했다는 것이다. 사투르누스의 축제를 사투르날리아Saturnalia라고 하여, 12월 17-23일 로마에서 대규모로 열렸다. 이 축제가 크리스마스 축제의 원형이라는 주장도 있다. 한편, 그의 이름은 행성(토성, Saturn)과 요일(토요일, Saturday)에 남아 있다.

3. 우라노스의 핏방울에서 생겨난 에리뉘에스 세 자매, 즉 복수의 여신들은 진정한 세 모습의 여신이다. 다시 말해, 밭과 과수원의 풍작을 기원하고자 왕을 제물로 바치는 동안, 이 여신의 여사제들은 불경한 방문자들을 쫓아내기 위해 위협적인 고르곤[7] 가면을 썼다. 우라노스의 생식기는 물고기들이 번식할 수 있게 바다에 던져진 것 같다. 신화학자들은 복수의 에리뉘에스를, 제우스에게 크로노스를 똑같이 낫으로 거세하지 못하도록 경고하는 존재로 이해했다. 그러나 그들의 원래 기능은 오직 어머니 또는 화로-여신의 보호를 간청하는 탄원자가 받은 고통에 복수하는 것이었다 (105. k, 107. d와 113. a 참고). 아버지 쪽이 아니었다.

4. 물푸레나무의 님프는 보다 우아한 분위기의 복수의 세 여신Three Furies 이다. 신성한 왕은 물푸레나무에게 제물로 바쳐졌으니, 이 나무는 원래 기우제에 사용됐다(57. 1 참고). 스칸디나비아에서는 물푸레나무가 우주적 마법의 나무가 됐다. 노른 세 자매,[8] 즉 운명의 여신은 물푸레나무 아래서 정의를 집행했다. 북유럽 신화의 최고신인 오딘Odin이 자신을 인간들의 아버지라고 선언하면서 물푸레나무에게 마법의 군마를 바쳤다.[9] 리비아와 같

---

7) 고르곤Gorgon: 흉측한 모습의 세 자매인 고르고네스Gorgones[영어 Gorgons]의 단수형. 이들은 뱀의 머리카락과 멧돼지의 어금니를 지녔다. 이들과 눈이 마주치면 누구든 돌로 변했다. 스텐노Sthenno, 에우뤼알레Euryale, 메두사Medusa 등을 가리키는데, 특히 페르세우스Perseus의 모험 이야기에 등장하는 메두사가 유명하다. 메두사는 포세이돈의 아이를 임신하고 있어 그녀의 잘린 목에서는 날개가 달린 천마天馬 페가소스Pegasus가 태어났으며, 아테나 여신은 그 머리를 자신의 방패에 붙였다. '두려운 것'이라는 뜻의 그리스어 '고르고스gorgos'에 어원을 두고 있으며, 바다의 신인 포르퀴스Phorcys와 누이 케토Ceto 사이에서 태어난 딸들이다.

8) 노른 세 자매Three Norn: 고대 스칸디나비아 신화에 나오는 운명의 여신. 다른 유럽 지역의 운명의 여신들the Fates에 해당한다.

9) 이그드라실Yggdrasil에 대한 이야기로 보인다. 이는 북유럽 신화에 나오는 거대한 나무로, 우주의 중심에 있는 거대한 물푸레나무이다. 우주수宇宙樹라고도 번역한다. 천계天界, 지계地界, 지옥 등을 뿌리와 가지로 연결했으며, 우주의 운명이 여기에 걸려 있다고 한다. '이그드라실'은 '오딘Odin의 말'이라는 뜻이다. 이그Ygg는 최고신 오딘Odin의 별명이며, 드라실drasil은 말馬을 지칭하기 때문이다. 오딘은 스스로 이 나무의 제물이 됐다거나 자신의 말을 제물로 바쳤다는 신화가 전한다.

이 그리스에서도 기우제는 처음에 여성들 몫이었음이 틀림없다.

5. 뼈로 만든 신석기 시대의 낫은 부싯돌이나 흑요석으로 날을 세웠다. 청동이나 철로 된 낫으로 농기구가 대체된 뒤에도, 이는 오랫동안 의례용으로 사용된 것으로 보인다.

6. 힛타이트 신화에서, (크로노스에 해당하는) 쿠마르비[10]는 (우라노스에 해당하는) 하늘의 신 아누Anu의 생식기를 물어뜯은 뒤, 씨앗의 일부는 삼키고 나머지는 칸수라Kansura 산에 뱉어냈다. 산에 뱉은 씨앗이 자라 여신이 됐다. 쿠마르비는 '사랑의 신'을 뱄는데, 아누의 형제인 에아Ea가 그의 옆구리를 베어 끄집어냈다. 그리스인들은 이런 두 가지 출생 이야기를 하나로 묶어 우라노스의 절단된 생식기로 수태해 바다에서 태어났다는 아프로디테의 출생담을 만들어 냈다(10. b 참고). 쿠마르비는 그다음에 아이를 하나 더 낳는데, 이번에는 자신의 넓적다리에서 꺼냈다. 디오뉘소스가 제우스한테서 다시 태어나는 것과 마찬가지다(27. b 참고). 새로 태어난 아이는 나중에 황소가 끄는 폭풍의 전차를 몰고, 아누를 돕게 된다. '하늘에서 땅을 갈라내는 칼'도 같은 이야기에 등장한다. 쿠마르비의 아들이자 땅에서 태어난 거인 울리쿠미[11]는 이 칼로 죽임을 당한다(35. 4 참고).

---

10) 쿠마르비Kumarbi: 근동에서 위세를 떨쳤던 후르리족Hurrians의 최고 신. 그는 아누Anu(하늘의 신)의 아들로서 아버지를 쫓아내고 왕위에 올랐다. 자신도 아들인 폭풍의 신 테수브Teshub에 의해 왕위에서 쫓겨난다. 그리스 신화(우라노스-크로노스-제우스)와 유사해 학자들의 주목을 끌었다.

11) 울리쿠미Ullikummi: 후르리족의 신화에 등장하는 거대한 돌 괴물. 쿠마르비의 아들이며 테수브의 형제이다. 후르리족은 힛타이트 제국의 주요 부족이다.

7

크로노스의 폐위

크로노스는 자신의 여동생 레아와 결혼했다. 레아에게는 떡갈나무가 신성한 존재였다.[1] 그런데 어머니 대지와 죽어가는 아버지 우라노스는 이렇게 예언했다. 그의 아들 가운데 하나가 아버지를 폐위시킬 것이라고 한 것이다. 이에 크로노스는 매년 레아가 낳은 아이를 집어삼켰다. 처음에 헤스티아를, 다음으로 데메테르와 헤라를, 다음으로 하데스를, 그리고 포세이돈을 삼켰다.[2]

b. 레아는 분노했다. 그녀는 세 번째 아들로 제우스를 낳았다. 아르카디아[1]의 뤼카이온 산에서 깊은 밤에 낳았다. 어둠은 모든 피조물의 그림자를 삼켰다.[3] 레아는 네다 강[2]에 아이를 씻긴 뒤 '어머니 대지'에게 맡겼다. 어머니 대지는 제우스를 크레테의 뤽토스로 데려가 '에게 언덕'의 딕테 동굴에 숨겼다. 여신은 거기에서 물푸레나무의 님프 아드라스테이아와 이오 자매에게 아이를 돌보게 했다. 이들 둘은 크레테 섬의 왕 멜리세우스의 딸이

---

1) 아르카디아Arcadia: 고대 그리스의 전원적 이상향이다.

2) 레아가 갓 태어난 제우스를 목욕시키려 했지만 어디에도 물이 없었다. 이에 레아는 어머니인 가이아에게 기도했고, 샘물이 솟아올랐다고 한다. 이에 네다Neda 강이라 불렸다.

다. 여신은 염소의 님프인 아말테이아[3]한테도 돌보게 했다. 제우스는 꿀을 먹었고, 아말테이아의 젖을 빨았다. 그 젖은 아말테이아의 아들 '염소 판'도 함께 빨았으니, 둘은 젖-형제인 셈이다. 제우스는 이들 세 님프에게 큰 고마움을 느껴, 자신이 우주의 지배자가 되고 나서 아말테이아의 모습을 별들 사이에 염소자리로 그려 넣었다.[4] 제우스는 또 소의 뿔과 닮은 그녀의 뿔 하나를 빌려 멜리세우스의 딸들에게 주었다. 이것이 유명한 풍요의 뿔이라고도 하는 코르누코피아인데, 주인이 원하는 것이라면 무엇이든 먹을 거리와 마실 거리로 가득 채워진다. 그러나 다른 어떤 이는 제우스가 암퇘지의 젖을 먹고 자랐으며, 그 등을 타고 다녔다고 한다. 탯줄을 묻은 곳도 크레테 섬 크놋소스 부근 옴팔리온이라고 한다.[5]

c. 제우스의 황금 요람은(크로노스가 하늘이나 땅 위, 바닷속 어디에서도 이를 찾을 수 없도록) 나무에 매달아 두었고, 주변에는 레아의 아들들인 쿠레테스가 무장을 한 채 지켰다. 이들은 창을 방패에 두드리고 소리를 질러, 멀리 있는 크로노스가 아기 제우스의 울음소리를 알아채지 못하게 했다. 그러는 동안, 레아는 포대기로 돌을 단단히 싸서 아르카디아의 타우마시온 산에 있는 크로노스에게 주었다. 크로노스는 그것이 아기 제우스라고 믿고 꿀꺽 삼켰다. 그럼에도, 크로노스는 무슨 일이 벌어졌는지 소문을 듣고 제우스를 추적했다. 이에 제우스는 자신을 거대한 뱀으로, 유모들을 곰으로 변신하게 했다. 이렇게 뱀과 곰 별자리가 생겼다.[6]

d. 제우스는 크레테 섬 이다 산의 양치기들 사이에서 어른으로 자라났

---

3) 아말테이아Amaltheia: 어린 제우스를 길러준 유모 가운데 하나로, 제우스에게 염소의 젖을 먹였다. 제우스는 나중에 그녀의 뿔로 '아말테이아의 뿔'이라고도 하는 '풍요의 뿔Cornucopia'을 만들었다. 이와 별도로, 아말테이아는 크로노스와 교접해 반인반수의 목신牧神 판Pan을 낳았다는 얘기도 있다.

다. 제우스는 오케아노스 부근에 사는 티탄 여신인 메티스[4]를 찾아갔고, 그
녀의 조언에 따라 어머니인 레아를 만나 크로노스에게 [특별한] 마실 거리
를 가져다주라고 부탁했다. 레아는 기다렸다는 듯이 아들의 복수를 도왔다.
앞서 메티스는 구토제를 크로노스의 벌꿀 음료에 타 넣으라고 했는데, 레
아가 이를 크로노스에게 가져다준 것이다. 이를 깊게 들이킨 크로노스는
처음에는 돌을, 그다음으로 제우스의 손위 형과 누이들을 토해냈다. 이
들은 어디 상한 데 없이 멀쩡했고, 감사의 뜻으로 티탄 신족과 벌일 전쟁
에서 자신들을 이끌어 달라고 제우스에게 요청했다. 티탄 신족은 자신들의
지도자로 거인 아틀라스를 선택했다. 크로노스는 이제 예전만 못했기 때문
이다.[7]

　　e. 전쟁은 10년 동안 이어졌다. 이윽고 어머니 대지는 자신의 손자인 제
우스에게 예언했다. 만약 크로노스가 타르타로스에 가둔 이들과 동맹을 맺
는다면 전쟁에서 승리할 것이라고 한 것이다. 이에 제우스는 타르타로스를
지키는 늙은 여간수 캄페[5]에게 몰래 접근해, 그녀를 죽이고 열쇠를 빼앗아
퀴클로페스와 '100개의 손을 가진 이들'을 풀어주고 이들에게 신들의 먹을
거리와 마실 거리를 나눠줘 기운을 차리게 했다. 퀴클로페스는 이에 제우
스에게 공격 무기로 벼락을 만들어 주었다. 하데스한테는 어둠의 투구가,
포세이돈에게는 삼지창이 돌아갔다. 이들 삼형제는 작전 회의를 연 다음,
하데스는 어둠의 투구로 몸을 숨긴 채 크로노스의 곁으로 다가가 그의 무
기를 훔쳤다. 그리고 포세이돈이 삼지창으로 위협해 그의 주의를 끄는 동

---

4) 메티스Metis: 티탄 신족. 지혜를 상징하며, 제우스에게 크로노스를 상대할 방법을 알려 준다. 나중에 제
　우스의 첫 번째 아내가 되는데, 지혜의 여신 아테나를 임신한 채 제우스에 삼켜진다.
5) 캄페Campe: 상체는 여인이고 하체는 뱀인 거대한 괴물. 크로노스의 명에 따라 지옥 타르타로스에서 기
　간테스 족속인 퀴클로페스 삼형제와 100개의 손을 가진 헤카톤케이레스Hecatonchires 삼형제를 지켰으
　며, 나중에 이들을 풀어주러 온 제우스에게 죽는다.

안, 제우스가 벼락으로 크로노스를 쓰러뜨렸다. '100개의 손을 가진 이들' 삼형제는 바위를 들어 올려 남아 있는 티탄 신족에게 퍼부었다. 그리고 염소 판이 갑자기 크게 고함을 질러 티탄 신족을 겁줘 달아나게 했다. 신들은 한꺼번에 이들을 뒤쫓았고, 아틀라스를 제외한, 크로노스와 모든 패배한 티탄 신족을 서쪽 끝의 브리튼 섬으로 추방하고 (혹자는 타르타로스에 가두었다고 전한다) 100개의 손을 가진 이들이 그곳을 지키도록 했다. 그 뒤로 그들은 두 번 다시 헬라스를 괴롭히지 못했다. 아틀라스는 그들의 전쟁 지도자였기에 특별히 가혹한 형벌을 받아, 두 어깨에 하늘을 짊어지고 있으라는 명을 받았다. 다만, 티탄 여신들은 메티스와 레아 덕분에 용서를 받았다.[8]

f. 제우스는 크로노스가 토해 놓은 돌을 직접 델포이에 가져다 두었다. 그 돌은 지금도 거기 있다. 성스러운 기름을 계속해서 이 돌에 발랐으며, 풀어진 양모 가닥으로 덮어 두었다.[9]

g. 어떤 이는 포세이돈이 삼켜지지도, 토해지지도 않았다고 한다. 레아가 포세이돈 대신에 망아지를 크로노스한테 줘서 먹이고, 포세이돈은 말떼들 사이에 숨겼다는 것이다.[10] 그리고 거짓말쟁이인 크레테 섬 사람들은 제우스가 매년 같은 동굴에서 번쩍이는 불과 흐르는 피 속에서 새로 태어나며 또 매년 죽어 땅에 묻힌다고 얘기한다.[11]

1] 아폴로니오스 로디오스에 대한 고전 주석자: 1. 1124.
2] 아폴로도로스: 『비블리오테카』1. 1. 5; 헤시오도스: 『신들의 계보』453-467.
3] 폴뤼비오스: 『역사』16. 12. 6 ff.; 파우사니아스: 『그리스 여행기』8. 38. 5.
4] 휘기누스: 『시적 천문학』2. 13; 아라토스: 『현상』163; 헤시오도스: 같은 곳.
5] 필레몬: 『프테귀리온 글조각』1. 1 ff.; 아폴로도로스: 1. 1. 6; 아테나이오스: 『현자들의 식탁』375f와 376a; 칼리마코스: 『제우스 찬가』42.
6] 헤시오도스: 485 ff.; 아폴로도로스: 1. 1. 7; 제1 바티칸 신화학자: 104; 칼리마코스: 『제우스 찬가』52 ff.; 루크레티우스: 『사물의 본성에 관하여』2. 633-639; 아라토스에 대한 고전 주석자: 5. 46; 휘기누스: 『신화집』139.
7] 휘기누스: 같은 곳; 아폴로도로스: 같은 곳; 헤시오도스: 같은 곳.

8] 헤시오도스: 같은 곳; 휘기누스: 『신화집』 118; 아폴로도로스: 1. 1. 7와 1. 2. 1; 칼리마코스: 『제우스 찬가』 52 ff.; 디오도로스 시켈로스: 『역사총서』 5. 70; 에라토스테네스: 『카타스테리스모이』 27; 파우사니아스: 8. 8. 2; 플루타르코스: 『신탁이 침묵하는 이유』 16.

9] 파우사니아스: 10. 24. 5.

10]같은 곳: 8. 8. 2.

11]안토니노스 리베랄리스: 『변신』 19; 칼리마코스: 『제우스 찬가』 8.

*

1. 레아는 일곱 번째 날[토요일]의 티탄 여신으로 크로노스와 짝을 이뤘다. 그녀는 디오네,[6] 디아나,[7] 비둘기와 떡갈나무 숭배의 세 모습 여신과 동격일 수 있다(11. 2 참고). 로마 신화에서 크로노스에 해당하는 사투르누스가 가지고 다니는 가지치기 낫bill-hook은 까마귀의 부리와 닮았으며, 신성한 '1년 13달'의 일곱 번째 달에 겨우살이 가지를 쳐냄으로써 떡갈나무를 '거세'할 때 사용했을 것으로 보인다(50. 2 참고). 의례용 낫sickle으로 곡식의 첫 이삭을 수확했던 것과 똑 닮았다. 이는 신성한 제우스라 부른 왕을 제물로 바치는 일을 떠올리게 한다. 실제 아테나이에서는 크로노스를 보리의 신 사바지오스[8]로 숭배했으며, 레아와 신전을 공유하기도 했다. 크로노스는 매년 곡물을 키우는 밭에서 죽임을 당했으며, 오시리스,[9] 리튀에르세스,[10]

---

6) 디오네Dione: 티탄 신족 오케아노스와 테튀스 사이에 태어났다. 미의 여신인 아프로디테는 우라노스의 잘린 생식기가 바다에 떨어져 태어났다고 하는데, 일각에서는 디오네와 제우스 사이에서 나왔다고 한다.

7) 디아나Diana: 아르테미스에 해당하는 로마 신화의 여신. 원래는 숲의 여신이었으나, 나중에 사냥의 신, 가축의 신으로 확대됐다.

8) 사바지오스Sabazios: 고대 아나톨리아에서 숭배하던 풍요의 신. 기원전 5세기 무렵 그리스에 전해졌으며 가끔 디오뉘소스 또는 제우스와 동일시됐다고 한다.

9) 오시리스Osiris: 이집트 신화에 나오는 사자死者의 신. 땅의 신 게브Geb와 하늘의 신 누트Nut의 아들이다. 아내 이시스Isis와 사이에 아들 호루스를 두었다. 형의 지위를 노린 동생 세트Seth(또는 Set, 악의 신)에게 죽임을 당해 그 몸이 조각나 여러 곳에 버려졌다. 나중에 오시리스는 저승의 왕이 되고, 아들 호루스는 삼촌인 세트를 물리치고 새로운 왕이 된다.

10) 리튀에르세스Lityerses: 이방인과 보리 베기 시합을 벌여 수확량이 적으면 낫으로 목을 베어 죽였다. 헤

마네로스[11]와 같이, 사람들은 그를 위해 만가를 불렀다(136. e 참고). 그러나 이런 신화가 언급하는 시대가 끝나면서, 왕들은 통치 기간이 태음월 100개에 이르는 '커다란 한 해'까지 늘어났고, 자신을 대신해 남자아이를 매년 제물로 바칠 수 있게 됐다. 이런 이유로 크로노스는 왕위를 지키기 위해 자기 아들들을 먹는 것으로 그려지는 것이다. 포르퓌리오스[12]는 크레테 섬의 쿠레테스가 먼 옛날에 크로노스에게 아이를 제물로 바쳤다고 기록했다(「금욕에 관하여」 2. 56).

2. 크레테 섬에서는 일찍이 인간 제물을 새끼 염소kid로 대신했다. 그리스 동부 지역 트라케에서는 수송아지로, 아나톨리아 반도 서북 해안의 아이올리스의 포세이돈 숭배자들 사이에서는 망아지로 대신했다. 그러나 아르카디아 지역의 배후지에서는 기독교 시대에 이르러서도 여전히 남자아이를 제물로 바치고 그 살을 먹었다. 이탈리아 남서부의 엘레아의 제의에서 인육을 먹었는지, 아니면 크로노스가 까마귀의 티탄 신이었으니 신성한 까마귀에게 제물의 살코기를 먹게 했는지는 분명하지 않다.

3. 아말테이아의 이름은 '다정한'을 뜻하는데, 이는 그녀가 처녀 여신이었음을 보여 준다. [어린 제우스를 돌본] 이오Io는 주신제의 님프 여신이었고(56. 1 참고), 아드라스테이아는 '벗어날 수 없는 분'이라는 뜻인데, 가을의 신탁처럼 권위 있는 노파Crone이다. 보통 이들 셋[처녀, 님프, 노파]은 함께 달의 세 여신을 구성한다. 후대의 그리스인들은 아드라스테이아를 비를 뿌리는 물푸레나무의 목가적 여신 네메시스와 동일시했으며, 이 여신은 나중에 복수의 여신이 된다(32. 2 참고). 이오는 펠로폰네소스 동부 아르고스에서 발

라클레스가 시합에서 이겨 같은 방식으로 그를 죽였다. 136. e 참고.

11) 마네로스Maneros: 이집트 왕의 아들로 수확 도중에 죽었다는 설명이 136. e에 나온다.

12) 포르퓌리오스Porphyry: 3세기 말의 신플라톤학파 철학자.

정 난 흰 암소로 그려졌다. 참고로, 크레테 섬의 도시 프라이소스에서 나온 동전에는 제우스가 그녀의 젖을 빨고 있는 그림이 그려져 있다. 그런데 '염소 언덕'에 사는 아말테이아는 언제나 암염소였다. 또 아드라스테이아와 이오의 아버지라고 알려진 멜리세우스('벌꿀 사람')는 사실 이들의 어머니 멜리사였다. 멜리사는 매년 자신의 수컷 배우자를 죽이는 여왕벌의 여신이다. 디오도로스 시켈로스(5. 70)와 칼리마코스(『제우스 찬가』 49)는 양쪽 모두 꿀벌이 아기 제우스를 먹였다고 적었다. 그런데 제우스에게 젖을 먹인 이는 가끔씩 암퇘지로 그려지기도 하는데, 이는 암퇘지가 노파 여신들의 표상들 가운데 하나이기 때문이다(74. 4와 96. 2 참고). 크레테 섬 북서부 퀴도니아의 동전에는 넬레우스[13] 때와 마찬가지로 암캐가 제우스에게 젖을 물리고 있다(68. d 참고). 한편, 암곰은 아르테미스의 짐승(22. 4와 80. c 참고)이다. 쿠레테스는 아르테미스의 번제燔祭에 참석했다. 뱀의 모습을 한 제우스는 '제우스 크테시오스Ctesius'라고 한다. 이는 곳간의 수호신인데, 뱀은 쥐를 없애기 때문이다.

4. 쿠레테스는 신성한 왕의 무장한 부하들이며, 이들이 무기를 두드리면서 소리를 내는 것은 의식이 진행되는 동안 사악한 기운을 몰아내기 위한 것이다(30. a 참고). 이들의 이름에 대해 후기 그리스인들은 '머리카락을 깎은 젊은 이들'이라고 생각했지만, 아마도 '케르Ker 또는 카르Car의 추종자들'을 뜻할 것이다. 케르 또는 카르는 세 모습 여신의 널리 쓰인 호칭이다(57. 2 참고). 헤라클레스는 아켈로오스[14] 황소한테서 코르누코피아를 전리품으로 쟁취

---

13) 넬레우스Neleus: 포세이돈과 튀로 사이에 태어난 아들. 어머니한테 버려져 암캐의 젖을 먹었다는 얘기가 있다. 펠리아스와 쌍둥이 형제지만, 왕권을 둘러싸고 둘 사이가 틀어져 추방당한다. 나중에 퓔로스 왕국을 세워 왕이 된다. 68장 참고.

14) 아켈로오스Achelous: 중부 지역을 흐르는 그리스에서 가장 큰 강. 이 강의 신은 오케아노스와 테튀스 사이에서 태어난 3천 명의 아들 가운데 장남이라는 얘기가 일반적이다. 공주 데이아네이라를 두고 헤

한다(142. d 참고). 크레테 섬의 야생 염소는 뿔이 거대했기에, 크레테 사정에 익숙하지 않은 신화학자들은 아말테이아가 이례적으로 소의 뿔을 갖고 있다고 기록했다.

5. 헬레네스 도래 이전 주민들은 티탄 신족을 숭배했으며, 헬레네스 침략자들은 이들에게 친구 대접을 했던 것으로 보인다. 그러나 점차 이들한테 종속돼 있는 하위 동맹자들을 떼어내면서 세력을 넓혀 결국 펠로폰네소스 반도를 장악했다. 1세기 역사학자 탈로스Thallus는, 제우스가 '100개의 손을 가진 이들'과 연대해 텟살리아의 티탄 신족에 승리를 거둔 일이 "트로이아의 포위 322년 이전"에 벌어졌다고 했다. (그의 언급은 타티아노스의 「그리스인에게 고함」에 인용돼 있다.) 즉, 기원전 1505년에 벌어졌다는 얘기다. 이는 헬레네스 세력의 텟살리아 확대에 대한 그럴듯한 설명이다. 제우스에게 지휘권을 수여한 것은 바빌로니아의 창조 서사시에도 비슷한 대목이 있다. 마르두크가 티아마트와 싸울 때, 손위 형제인 라흐무Lahmu와 라하무Lahamu가 그에게 권력을 맡겼다.

6. 하데스와 포세이돈, 제우스가 한 형제를 이루는 것은 『베다』의 세 남신인 미트라, 바루나, 인드라를 떠올리게 한다. 기원전 1380년경으로 거슬러 올라가는 힛타이트 조약Hittite treaty에도 이들 셋이 등장한다(3. 1과 132. 5 참고). 그러나 이 신화에서는 헬레네스의 연속적인 3회 침략을 지칭하는 것으로 보인다. 이들 침략자는 보통 이오니아족, 아이올리스족, 아카이아족으로 알려져 있다. 헬레네스 침략 이전의 어머니 여신 숭배자들은 이오니아족을 흡수해 그들이 이오Io의 자손이라 했고, 아이올리스족도 길들였다. 그러나 아카이아족한테는 압도당하고 말았다. 초기 헬레네스 부족의

라클레스와 결투를 벌였고, 이 와중에 황소로 변신해 싸웠지만 한쪽 뿔을 잃고 패배한다.

우두머리들은 떡갈나무와 물푸레나무 숭배의 신성한 왕이 됐고, '제우스'와 '포세이돈'이라는 호칭을 얻었으며, 정해진 통치 기간이 끝나면 죽음에 처해져야 했다(45. 2 참고). 이들 두 나무는 번개를 맞는 일이 잦아, 유럽 전역에 걸쳐 비를 기원하거나 불을 숭배하는 의식에 등장한다.

7. 아카이아족의 승리로, 왕을 제물로 바치는 전통이 폐지됐다. 그들은 제우스와 포세이돈을 불멸의 존재로 격상시켰다. 둘 모두 벼락으로 무장한 것으로 그렸다. 벼락은 한때 레아가 휘두르던 부싯돌의 양날 도끼로, 크레테 섬의 미노아 종교와 그리스 본토의 뮈케나이 종교에서는 남자들이 이것을 쓰지 못하게 했다(131. 6 참고). 나중에 포세이돈의 벼락은 그의 주요 추종자들이 뱃사람이 되면서, 가지가 세 개인 물고기 창으로 바뀌었다. 반면 제우스는 최고 통치권의 상징으로 벼락을 계속 보유했다. 포세이돈의 이름은 때로 포티단Potidan으로 적는데, 이는 그의 여신-어머니한테서 빌려온 것일지 모른다. 그리스 동북부 도시국가 포티다이아[15]는 이 여신을 따라 이름이 붙었다. 이는 '이다Ida의 물-여신'이라는 뜻인데, 이다는 숲이 우거진 산을 의미한다. '100개의 손을 가진 이들'이 서쪽 끝에서 티탄 신족을 감시했다고 한 것은 펠라스고이족이 티탄 신족 숭배를 버리지 않았음을 의미할 수 있다. 서쪽 끝에 낙원이 있으며, 아틀라스가 창공을 짊어지고 있다고 계속 믿었다는 것이다. 이들 선주민 생존자 가운데는 텟살리아 지역의 마그네시아에 사는 켄타우로스족[16]도 포함돼 있다. 켄타우로스는 아마도 '100명의 군부대(백인대)'라는 뜻의 라틴어 센튜리아centuria와 어원이 같을지

---

15) 기원전 432년 도시국가 포티다이아Potidaea가 아테나이에 대해 반란을 일으킨 것이 펠로폰네소스 전쟁의 한 원인이 됐다.

16) 켄타우로스족Centaur는 보통 상반신은 사람이고 하반신은 말인 괴물 부족을 일컫는데, 여기서는 특정 선주민 부족을 말한다.

모른다.

8. 레아Rhea의 이름은 에라Era('대지earth')의 이형일 가능성이 크다. 그녀를 대변하는 새는 비둘기이고, 짐승은 퓨마이다. 데메테르의 이름은 '보리의 어머니'이고, 헤스티아는 가정의 화로의 여신이다(20. c 참고). 기우제에 활용했던 델포이의 돌은 거대한 운석이었을 것으로 보인다.

9. 뤼카이온 산과 딕테 동굴은 고대의 제우스 숭배 장소였다. 아마도 불을 사용하는 희생제가 뤼카이온 산에서 거행됐을 것이다. 어떤 피조물도 그림자를 드리우지 못하는 때에, 다시 말해 한여름 정오에 열렸을 것이다. 파우사니아스가 에티오피아에서는 태양이 게자리Cancer에 있을 동안 사람의 그림자가 없어진다고 덧붙였지만, 뤼카이온 산에서 한여름 정오에 그렇다는 것은 분명한 사실이다. 파우사니아스가 얼버무리고 있는 것으로 보인다. 이 지역을 무단 침입한 사람은 아무도 살아 돌아갈 수 없었다(아라토스: 『현상』 91). 그리고 죽은 자한테는 그림자가 없다는 건 잘 알려져 있다 (플루타르코스: 『그리스인에 관한 물음』 39). 보통 크레테 섬의 고원에 있는 프쉬크로 동굴Psychro Cave이 딕테 동굴이라 하지만, 이는 오류이다. 실제 장소는 아직 발견되지 않았다. 옴팔리온('작은 배꼽')은 신탁을 받던 장소로 보인다 (20. 2 참고).

10. 판 신Pan이 갑작스레 고함을 질러 티탄 신족을 공포에 빠뜨렸다는 이야기는 인구에 회자되면서 영어에 '패닉panic'이라는 단어가 생겼다(26. c 참고).

8
아테나의 탄생

　펠라스고이족은 아테나 여신이 리비아의 트리토니스 호수[1] 가에서 태어났다고 했다. 염소가죽 옷을 입은 세 명의 리비아 요정이 그녀를 발견해 키웠다.[1] 소녀 시절 아테나는 창과 방패를 가지고 싸움 놀이를 하다가 실수로 그만 소꿉친구 팔라스를 죽이고 말았다. 슬픔의 표시로 그녀는 자기 이름 앞에 친구 팔라스의 이름을 붙였다. 아테나 여신은 크레테 섬을 거쳐 그리스로 들어왔고, 처음에는 보이오티아 지역의 트리톤 강가의 아테나이에서 살았다.[2]

1] 아폴로니오스 로디오스: 『아르고 호 이야기』 6. 1310.
2] 아폴로도로스: 『비블리오테카』 3. 12. 3; 파우사니아스: 『그리스 여행기』 9. 33. 5.

---

*

　1. 플라톤은 도시국가 아테나이의 수호여신인 아테나를 리비아의 여신

---

1) 트리토니스 호수Lake Tritonis: 지중해 연안에 있었다는 전설의 호수이다.

네이트[2]와 동일시했다. 네이트 여신은 아직 아버지란 지위조차 존재하지 않던 시대에 속했다(1. 1 참고). 네이트는 사이스[3]에 신전이 있었고, 솔론Solon은 거기에서 아테나이 사람이라는 이유만으로 환대를 받았다(플라톤: 『티마이오스』22a). 네이트 여신의 처녀 사제들은 매년 무장 전투를 벌였는데 (헤로도토스: 4. 180), 최고위 여사제의 자리를 두고 그랬을 것으로 보인다. 아테나 여신과 친구 팔라스 사이의 싸움에 대한 아폴로도로스의 설명(3. 12. 3)은 나중에 나온 가부장제적 변형이다. 아폴로도로스는 이렇게 이야기를 풀었다. 제우스한테서 태어난 아테나를 강의 신 트리톤Triton이 길렀는데, 같이 자란 의자매이자 트리톤의 딸인 팔라스를 우연히 죽게 만들었다. 이는 팔라스가 아테나를 치려 할 때 제우스가 끼어들어 자신의 아이기스[4]로 가로막는 바람에 주의가 흐트러져 그렇게 됐다고 했다. 그러나 이 아이기스는 마법의 염소가죽 자루이며, 그 안에는 뱀이 들어 있고 겉에는 고르곤 가면을 덧댄 것이었다. 무엇보다 이는 제우스가 자신이 아테나의 아버지라고 주장하기 훨씬 전부터 아테나의 것이었다(9. d 참고). 리비아 소녀들은 염소가죽 앞치마를 일상적으로 착용했고, 팔라스는 단순히 '처녀'나 '청춘'을 뜻한다. 헤로도토스는 이렇게 적었다(4. 189). "아테나의 옷과 아이기스는 그리스인들이 리비아 여인들에게서 빌려온 것이다. 리비아 여인들은 아테나와 똑같이 입었는데, 가죽옷에 달린 술이 뱀이 아니라 가죽끈이라는 점만 달랐다." 에티오피아 소녀들은 지금도 이런 옷차림을 하고, 가끔은 여기에

---

2) 네이트Neith: 이집트의 여신. 니트Nit라고도 한다. 태양의 신 라Ra의 어머니로 여겨졌다. 싸움의 신이면서도 베틀의 신이기도 하다. 그리스인들은 아테나와 같은 신으로 봤다.

3) 사이스Saïs: 이집트 나일강 삼각주에 있던 고대 도시이다.

4) 아이기스aegis: 보통 '방패'로 번역하지만, '자루'라는 필자의 주장도 있어 '아이기스'로 옮겼다. 제우스의 방패Aegis에 대해서는 3장의 관련 각주 참고.

왕성한 생식력의 상징으로 별보배조개⁵⁾를 장식한다. 헤로도토스는 아테나에 대한 경의에서 올룰루, 올룰루olulu ololu라고 외치는 커다란 승리의 함성 소리(『일리아스』 6. 297-301)도 리비아에서 기원한 것이라고 덧붙였다. 트리토네Tritone는 '세 번째 여왕'을 뜻한다. 즉 짝을 이룬 세 여신 가운데 최고 연장자라는 것이다. 팔라스와 싸움을 벌였던 처녀의 어머니이며, 그 처녀가 나이를 먹어서 되는 님프의 어머니였다. 데메테르가 코레⁶⁾의 어머니이면서도 페르세포네의 어머니인 것과 똑같다(24. 3 참고).

2. 발굴된 토기를 보면, 리비아인들이 일찍이 기원전 4000년경에 크레테섬으로 이주했을 가능성이 있다. 기원전 3000년경 상부 이집트와 하부 이집트가 제1왕조에 의해 강제로 통일되자, 여신을 섬기는 리비아 난민들이 대규모로 '서부 삼각주'에서 크레테로 넘어온 것 같다. 제1 미노아 문명이 그 뒤 곧바로 시작됐고, 크레테 문명은 트라케와 초기 헬라스 시기의 그리스로 퍼진다.

3. 팔라스라고 불리는 신화 속 인물 가운데는, 티탄 남신도 있다. 그는 스틱스 강과 결혼해 젤로스Zelus(열의), 크라토스Cratus(힘strength), 비아Bia(강제/강제력force), 니케Nicë(승리)의 아버지가 된다(헤시오도스: 『신들의 계보』 376과 383; 파우사니아스: 7. 26. 5; 아폴로도로스: 2. 2-4). 이 남신의 경우, 아마도 달의 여신에게 신성한 의미를 갖는 펠롭스⁷⁾의 돌고래를 비유하는 것 같다(108. 5 참

---

5) 별보배조개cowry: 옛날에 화폐로 쓰였다.

6) 코레Core: 데메테르 여신의 딸 페르세포네Persephone의 소녀 시절 이름. 코레는 원래 '처녀' 등을 가리키는 말이지만 또한 씨앗을 뜻하는 영어 'core'의 어원이기도 하다. 하계의 왕 하데스와 페르세포네 사이에 태어난 딸도 코레라 불렀다.

7) 펠롭스Pelops: 탄탈로스의 아들. 아버지 탄탈로스가 신들을 시험하기 위해 그를 죽여 요리로 신들에게 내놓았지만 데메테르를 제외한 다른 신들은 이를 먹지 않았다. 그 뒤 신들은 사지를 모아 그를 다시 살려내고 데메테르가 먹은 어깨뼈는 상아로 대체한다. 펠로폰네소스 반도의 이름이 그에게서 왔다. 한편, 그는 마차 경주에서 이겨 공주 힙포다메이아를 아내로 얻는다. 그러나 마부를 매수해 이겼기 때문에 그의 집안은 대대로 피로 물든다.

고). 호메로스는 또 다른 팔라스로 '달의 아버지'를 이야기한다(「호메로스의 헤르메스 찬가」 100). 세 번째 팔라스는 테세우스가 죽인 팔란티다이[8] 50명의 아버지이다(97. g와 99. a 참고). 이들은 원래 아테나의 여사제들과 싸웠던 것 같다. 네 번째 팔라스는 아테나 여신의 아버지로 그려진다(9. a 참고).

---

8) 팔란티다이Pallantids: 또는 Pallantidai, '팔라스의 자식들'을 뜻한다.

9
제우스와 메티스

일부 헬레네스는 아테나 여신에게 팔라스라는 이름의 아버지가 있었다고 말한다. 그는 날개를 가진, 호색한 거인이었는데, 나중에 아테나를 겁탈하려고 했다. 그러자 그녀는 그의 살갗을 벗겨내 아이기스를 만들고 날개를 떼어내 자신의 어깨에 단 다음 그의 이름을 자기 이름 앞에 붙였다.[1] 아이기스가 고르곤 메두사의 가죽이라는 말도 전해진다. 페르세우스가 메두사의 머리를 벤 다음 아테나가 그 가죽을 벗겨냈다고 한다.[2]

b. 다른 이들은 아테나의 아버지는 이토노스라는 사람이라 전한다. 그는 그리스 중부 프티오티스에 있는 이톤의 왕이었다. 아테나는 사고로 자매인 이오다마를 돌덩어리로 만들어 죽게 했다. 이오다마가 밤에 아테나의 경내에 몰래 들어오다 고르곤의 머리를 보는 바람에 벌어진 일이다.[3]

c. 또 다른 이들은 포세이돈이 아테나의 아버지라고 전한다. 그녀는 포세이돈과 의절하고 제우스에게 양녀로 받아 달라고 간청했다는 것이다. 제우스는 이를 흔쾌히 받아들였다.[4]

d. 그러나 아테나 여신의 사제들은 그녀의 출생에 대해 다음과 같이 말한다. 제우스는 티탄 여신 메티스에게 강한 욕정을 품었다. 메티스는 제우

스의 손아귀에서 벗어나기 위해 여러 모습으로 변신을 거듭했다. 그러나 결국 제우스한테 붙잡혔고 아이를 갖게 됐다. 그런데 대지의 여신이 신탁을 내놓았다. 이번에는 여자아이일 것이며, 만약 메티스가 다시 임신한다면 아들을 낳을 것이라고 했다. 그리고 그렇게 태어난 아들은 크로노스가 우라노스를, 제우스가 크로노스를 그렇게 했던 것처럼, 제우스를 권좌에서 몰아낼 운명이라고 했다. 이에 따라 제우스는 메티스를 달콤한 말로 구슬려 침상으로 오게 한 다음 갑자기 입을 벌려 그녀를 삼켜버렸다. 나중에 제우스는 메티스가 자신의 배 속에서 자신에게 충고를 해주고 있다고 주장했지만, 이것이 메티스의 종말이었다. 그리고 일정한 시간이 흐른 뒤, 트리톤 호수 주변을 산책하던 와중에 제우스에게 엄청난 두통이 엄습했다. 머리가 깨질 것같이 아팠고, 그는 창공 전체에 울려 퍼지도록 고통에 울부짖었다. 그러자 헤르메스가 달려왔는데, 즉시 고통의 원인을 알아냈다. 그는 헤파이스토스에게, 어떤 이는 프로메테우스에게 그랬다고 전하지만, 큰 망치와 쐐기를 가져와 제우스의 머리에 틈을 내달라고 부탁했다. 그가 그렇게 하자, 제우스의 머리에 생긴 틈으로 아테나 여신이 완전무장을 한 채 힘찬 함성을 지르며 튀어나왔다.[5]

1] 체체스: 『뤼코프론에 관하여』 355.
2] 에우리피데스: 『이온』 995.
3] 파우사니아스: 『그리스 여행기』 9. 34. 1.
4] 헤로도토스: 『역사』 4. 180.
5] 헤시오도스: 『신들의 계보』 886-900; 핀다로스: 『올륌피아 제전 송가』 7. 34 ff.; 아폴로도로스: 1. 3. 6.

*

1. 제인 해리슨은 아테나 여신이 제우스의 머리에서 출생한 이야기에 대해 다음과 같이 적절하게 묘사했다. "아테나 여신한테서 가모장적 요소를 제

거하려는 절박한 신학적 방편." 이는 또 지혜를 남성적 특권이라 하는 교조적 주장이기도 하다. 그때까지 지혜는 오직 여신의 몫이었다. 헤시오도스는 사실 그가 내놓은 이야기 속에서 세 가지 상호 충돌하는 관점을 꿰맞췄다.

1) 아테나 여신은 아테나이 도시의 수호여신이며, 메티스 여신이 남성 없이 혼자 낳은 자식이었다. 불멸의 메티스 여신은 네 번째 날과 수성의 티탄 여신으로, 모든 지혜와 지식을 관할한다.

2) 제우스는 메티스를 집어삼켰고, 이 때문에 지혜를 잃지 않았다.(즉 아카이아족은 티탄 숭배를 탄압했으며, 모든 지혜는 자기네 신인 제우스에서 나온다.)

3) 아테나는 제우스의 딸이다.(즉 아카이아족은 아테나이인들이 제우스의 가부장적 우월함을 인정해야만 한다고 주장했다.)

헤시오도스는 이번 신화의 구조를 유사한 다른 사례에서 빌려 왔다. 제우스는 네메시스[1]를 쫓아다녔다(32. b 참고). 크로노스는 자기 아들과 딸을 집어삼켰다(7. a 참고). 디오뉘소스는 제우스의 넓적다리에서 다시 태어났다(14. c 참고). 남자 둘이서 도끼를 들고 '어머니 대지'의 머리를 여는 장면도 있는데, 이는 코레를 꺼내기 위해 그런 것으로 보인다(24. 3 참고). 이를테면 파리 국립도서관에 소장된 흑색상[2] 기름 항아리에서 이 모습을 볼 수 있다. 이때부터 아테나 여신은 제우스의 순종적인 대변자가 됐으며, 신중하게 자신의 과거 행적을 감췄다. 그녀는 이제 여사제가 아니라 남자 사제를 거느렸다.

2. 팔라스Pallas는 '처녀'를 뜻하는 말이기에 날개 달린 거인한테는 어울리

---

1) 네메시스Nemesis: 복수의 여신. 선악에 상관없이 분수를 모르는 오만함(휘브리스)을 벌한다. 그리스인들은 행복이 넘치면 네메시스의 보복을 받을 수 있다고 여겨 조심했다. 이런 점에서 친족 살해자를 뒤쫓던, 또 다른 복수의 여신인 에리뉘에스 자매와 구별된다.

2) 흑색상black-figured: 그리스 도기 제작 기법 중 하나로, 나중에 적색상으로 바뀐다.

지 않는 표현이다. 아테나 여신의 순결을 빼앗으려 했다는 것은 아마도 그녀가 '아테나 라프리아Laphria'로서 염소-왕과 결혼하는 모습의 그림에서 추론한 것으로 보인다(89. 4 참고). 이 결혼은 경쟁자와 무장 시합을 벌인 뒤 이뤄졌을 것이다(8. 1 참고). 리비아의 염소-왕 결혼 풍습은 오월제 전야의 떠들썩한 놀이의 일부로서 북부 유럽까지 전파됐다. 리비아의 아칸족Akan은 한때 자기네 왕의 가죽을 벗겼다.

3. 아테나 여신이 포세이돈의 아버지 지위를 부인한 것은 초기에 있었던 아테나이 시의 지배자 교체에 관한 것이다(16. 3 참고).

4. 이토노스Itonus('버드나무 남자') 신화는 이톤Iton 사람들의 주장을 대변한다. 자신들이 아테나이인들보다 먼저 아테나 여신을 숭배했다는 것이다. 그의 이름은 [그리스 중부] 프티오티스에 버드나무 숭배가 있었음을 암시한다. 예루살렘에서 아테나 여신에 해당하는 아나타Anatha 여신의 경우도 그러했다. 그러나 나중에 여호와Jehovah의 사제들은 아나타를 몰아내고, 초막절[3]에 비를 뿌리게 하는 버드나무는 여호와의 나무라고 주장했다.

5. 주인의 허락 없이 아이기스를 치우는 것은 죽음을 의미했을 것이다. 아이기스는 리비아 소녀들이 입었던 염소가죽으로 된 순결의 겉옷인데, 악귀를 막는 고르곤 가면이 달려 있고 가죽으로 된 주머니나 자루 안에 뱀이 숨겨져 있기 때문이다. 그런데, 아테나의 아이기스가 방패로 묘사되고 있어, 그것이 신성한 원판을 담는 자루형 덮개였을 것이라고 필자는 『하얀 여신White Goddess』(279쪽)에서 제안한 바 있다. 팔라메데스[4]가 발명해 자신의

---

[3] 초막절Feast of Tabernacles: 유대인의 3대 축제 중 하나이다.

[4] 팔라메데스Palamedes: 트로이아 전쟁의 영웅. 인간 중에 가장 영리한 자로 꼽힐 정도로 오뒷세우스에 필적하는 지략가이지만, 오뒷세우스의 부당한 모함에 의해 배신자로 몰려 자기 병사들이 던지는 돌에 맞아 죽었다. 오뒷세우스의 거짓 미치광이 행세를 간파하는 등 지략을 발휘했다. 알파벳 글자와 주사위 등 많은 것을 발명하기도 했다. 160, 162장 참고.

알파벳 관련 비밀을 담아 둔 자루와 비슷하다(52. a와 162. 5 참고). 북아프리카 퀴레네[5]의 작은 조각상 가운데는, 유명한 크레테 섬 남부 파이스토스의 것과 같은 크기 비율의 원판을 쥐고 있는 것들이 있다. 원판에는 신성한 전설에 따라 나선형 문양이 새겨져 있다. 리처Richter 교수는 이것이 아테나 여신과 그녀의 아이기스로 발전했다고 주장한다. 호메로스와 헤시오도스가 정성을 기울여 묘사했던 영웅들의 방패에는 나선형 테두리 위에 상형문자가 새겨져 있었을 것으로 보인다.

6. 이오다마Iodama는 아마 '이오[6]의 암송아지'를 뜻하는 것으로 보이며, 달의 여신을 새긴 먼 옛날의 돌 조각상일 터이다(56. 1 참고). 이오다마가 돌이 된다는 이야기는 호기심 많은 소녀들이 비밀 의식에 대해 캐묻지 못하게 하는 경고이다(25. d 참고).

7. 아테나 여신이 아테나이 도시 한 곳만의 여신이거나 주로 거기서만 지배적이었다고 생각한다면 잘못이다. 아테나 여신에게 신성한 오래된 아크로폴리스는 여러 곳에 있었다. 아르고스(파우사니아스: 2. 24. 3), 스파르테(같은 책: 3. 17. 1), 트로이아(『일리아스』 6. 88), 스뮈르나Smyrna(스트라본: 4. 1. 4), 에피다우로스Epidaurus(파우사니아스: 2. 32. 5), 트로이젠Troezen(파우사니아스: 3. 23. 10), 페네오스Pheneus(파우사니아스: 10. 38. 5) 등이 그러하다.[7] 이들은 모두 헬레네스 도래 이전 시대에 자리 잡았던 장소다.

---

5) 퀴레네Cyrene: 원문에는 형용사형으로 '퀴리안Cyrian'으로 나와, 북아프리카 리비아의 '퀴레네Cyrene'로 판단된다. 고대 그리스 시대에 크레테와 퀴레네 사이의 교류가 활발했다. 영문의 형용사형(또는 부족, 민족명)은 고유명사의 뒷부분이 변형되기에, 간혹 원형이 제대로 드러나지 않는 경우가 많다.

6) 이오Io: 헤라를 모시는 여사제였다. 제우스는 아름다운 이오를 겁탈한 뒤 헤라에게 들킬까 봐 이오를 하얀 암소로 변하게 만든다. 그러나 헤라는 암소를 선물로 달라고 했고, 그녀의 고초는 그 뒤로 계속 이어졌다. 이오는 제우스와 사이에 에파포스를 낳았다.

7) 아르고스, 스파르테, 에피다우로스, 트로이젠, 페네오스는 모두 펠로폰네소스 반도 안에 있으며, 트로이아와 스뮈르나는 아나톨리아 반도에 있었다.

10
운명의 여신들

셋이 한 묶음인 운명의 여신[1]이 있다. 하얀 옷을 입었으며, 에레보스가 밤의 여신Night을 통해 이들을 얻었다. 각각 클로토, 라케시스, 아트로포스라 불렸고, 이들 가운데 아트로포스가 키는 가장 작았으나 가장 무서웠다.[1]

b. 제우스는 인간 생명의 무게를 재고 운명의 여신들에게 자신의 결정을 알린다. 물론 제우스는 마음을 고쳐먹고 여신들이 하는 일에 끼어들어 누군가를 구해 줄 수도 있다고 한다. 이때 클로토는 생명의 실을 물렛가락에 뽑아 감고, 라케시스는 줄자로 재고, 아트로포스는 큰 가위로 잘랐다. 인간들은 불필요한 위험을 피함으로써 자신의 운명을 어느 정도 스스로 통제할 수 있다고 주장한다. 이에 젊은 신들은 운명의 여신들을 조롱한다. 어떤 이는 아폴론이 언젠가 장난으로 운명의 여신들을 술에 취하게 만들어 친구 아드메토스를 죽음에서 구한 적 있다고 전한다.[2]

c. 반면, 다른 이들은 제우스 자신조차 운명의 여신들을 따를 수밖에 없다고 전한다. 여사제 퓌티아도 언젠가 신탁에서 이를 인정했다. 이는 운명

---

1) 운명의 여신Fates: 모이라이Moerae를 말한다.

의 여신들이 제우스의 딸이 아니라, 위대한 필연의 여신Great Goddess Necessity이 남자 없이 낳은 딸들이기 때문이다. 그래서 감히 신들조차 이 여신을 상대로 겨룰 수 없으며, '강력한 운명의 신'으로 불린다고 한다.[3]

d. 델포이에서는, 운명의 여신 가운데 오직 탄생의 여신과 죽음의 여신, 이렇게 둘만 숭배한다. 아테나이에서는 '아프로디테 우라니아'가 셋 가운데 맏언니로 불린다.[4]

---

1) 호메로스: 『일리아스』 24. 49; 『오르페우스 찬가』 33; 헤시오도스: 『신들의 계보』 217 ff.와 904, 『헤라클레스의 방패』 259.
2) 호메로스: 『일리아스』 8. 69와 22. 209; 16. 434와 441-443; 베르길리우스: 『아이네이스』 10. 814; 호메로스: 『오뒷세이아』 1. 34; 『일리아스』 9. 411.
3) 아이스퀼로스: 『프로메테우스』 511과 515; 헤로도토스: 『역사』 1. 91; 플라톤: 『국가』 10권 617c; 시모니데스: 8. 20.
4) 파우사니아스: 『그리스 여행기』 10. 24. 4와 1. 19. 2.

*

1. 이번 신화는 가문과 씨족의 표식을 새로 태어난 아이의 포대기에 새겨 넣고 또 이를 통해 그 아이의 사회적 지위를 정해 주는 관습에 바탕을 두고 있다(60. 2 참고). 그러나 운명의 세 자매 여신, 즉 모이라이는 세 모습을 지닌 달의 여신이다. 이런 이유로 이들은 하얀 옷을 입었고, 이시스Isis[2]와 마찬가지로 리넨 실을 신성시한다. 클로토는 '실 잣는 이', 라케시스는 '길이 재는 이', 아트로포스는 '피할 수 없는 여인'을 뜻한다. 모이라Moera는 '한 사람의 몫'이나 '변화의 국면'을 뜻한다. 이와 관련해 달에게는 세 가지 국면

---

2) 이시스Isis: 고대 이집트의 여신. 대지의 신 게브와 하늘의 여신 누트의 딸이며, 오빠 오시리스의 아내가 되어 호루스를 낳았다. 동생 세트의 손에 죽은 남편의 갈가리 찢긴 유해를 매장하고, 또한 자식 호루스를 온갖 어려움 속에서도 잘 길러냈다. 이집트 아스완 위쪽에 이시스 신전이 있었는데, 아스완 하이댐의 건설로 수몰될 위기에 처했으나 우여곡절 끝에 이전됐다. 이 신전은 나일 강의 진주라 불릴 정도로 아름답다고 한다.

과 그에 상응하는 의인화된 대상이 있다. 한 해의 첫 번째 시기인 봄의 초승달 처녀 여신이 있고, 두 번째 시기인 여름의 보름달 님프 여신이 있으며, 마지막 시기인 가을의 그믐달 노파 여신이 있다(60. 2 참고).

2. 제우스는 자신이 최고 통치권과 함께 인간의 수명을 결정할 특권까지 갖고 있다고 하면서 스스로 '운명의 여신들의 지도자'라고 불렀다. 이런 까닭에 라케시스가 델포이에서 없어진 것 같다. 그러나 아이스퀼로스와 헤로도토스, 플라톤은 제우스가 이들 여신의 아버지라는 주장을 진지하게 받아들이지 않았다.

3. 아테나이인들은 '아프로디테 우라니아[3]'를 '운명의 여신들의 맏언니'라고 했는데, 그녀가 먼 옛날에 신성한 왕을 하지에 제물로 바쳤던 님프 여신이었기 때문이다. '우라니아'는 '산들의 여왕'을 뜻한다(19. 3 참고).

---

[3] '우라니아Urania'는 미의 여신 아프로디테의 별칭이다. 이와 별도로, 아홉 무사이(뮤즈) 여신 가운데 천문을 관장하는 여신도 우라니아이다. 천문의 신이기에, 근대에 설립된 유럽 각국의 천문대에는 우라니아라는 이름이 붙는 경우가 많다.

11
아프로디테의 탄생

아프로디테는 욕정의 여신으로, 바다 거품에서 알몸으로 태어났고, 가리비[1] 껍질을 타고 와서, 펠로폰네소스 반도 남쪽 퀴테라 섬 해안에 첫발을 내디뎠다. 그러나 그녀는 이 섬이 아주 작다는 것을 알고 펠로폰네소스 반도 쪽으로 더 나아가, 이윽고 지중해 동부에 위치한 섬 퀴프로스에 있는 파포스에 거처를 정했다. 그렇게 해서 이곳은 아프로디테 숭배의 본고장이 됐다. 그녀가 발을 딛는 곳마다 땅에서 풀과 꽃이 솟아났다. 파포스에서는 테미스의 딸인 계절의 여신들[호라이]이 서둘러 달려와 아프로디테에게 옷을 입히고 그녀를 치장했다.

b. 어떤 이는 아프로디테의 탄생을 두고, 크로노스가 우라노스의 생식기를 잘라 바다에 던져버렸을 때 그 주변에 모인 거품에서 생겨났다고 전한다. 다른 이들은 제우스가 디오네한테 얻은 자식이라고 한다. 디오네는 오케아노스와 테튀스 사이에서 났거나, 공기의 신과 대지의 신 사이에서 나

---

1) 가리비scallop: 두 장의 껍질이 부채 모양을 한 조개. 우리나라를 비롯해 세계적으로 분포한다. '헤엄치는 조개'로 알려져 있는데, 껍질을 강하게 여닫으면서 물을 밀어내면서 앞으로 나아가기 때문이다. 보티첼리의 「비너스의 탄생」에 등장하고, 스페인 산티아고 순례길의 상징이기도 하다.

온 딸이다. 아프로디테가 외출할 때는 비둘기와 참새를 대동한다는 점에는 모두의 말이 일치한다.[1]

1] 헤시오도스: 『신들의 계보』 188-200과 353; 페스투스 그라마티쿠스: 3. 2; 「호메로스의 아프로디테 찬가」 2. 5; 아폴로도로스: 『비블리오테카』 1. 1. 3.

＊

1. 아프로디테('거품에서 태어난')는 태초의 여신 에우뤼노메과 똑같이 혼돈에서 생겨나 바다 위에서 춤을 췄다(1. 1 참고). 널리 알려졌던 아프로디테는 시리아와 팔레스타인에서도 이슈타르[2] 또는 아슈타로트Ashtaroth라는 이름으로 숭배를 받았다. 여신 숭배의 가장 유명한 중심지는 파포스였다. 그곳에는 여신의 상징적인 흰 성상이 오늘날까지 웅대한 로마 시대 신전의 폐허 속에 남아 있다. 그곳 아프로디테의 여사제들은 매년 봄에 바다에서 목욕하고, 새롭게 태어났다.

2. 아프로디테를 디오네의 딸이라고 하는데, 이는 디오네가 떡갈나무의 여신이고 사랑을 나누려는 비둘기가 거기에 둥지를 틀었기 때문이다(51. a 참고). 제우스는 그리스 서북부 도도나[3]에 있는 디오네의 신탁소를 빼앗은 뒤 자신이 아프로디테의 아버지라고 주장했다. 이에 따라 디오네는 그녀의 어머니가 됐다. [디오네의 어머니라는] '테튀스'[4]와 '테티스'[5]는, 창조의 여신을

2) 이슈타르Ishtar: 바빌로니아의 대표적인 여신. 사랑·전쟁·풍요의 여신이다. 원형은 수메르 신화의 이난나 Inanna('하늘의 여주인')이며, 그리스의 아프로디테로 이어진다. 이난나, 이슈타르는 설형 문자 문서에 가장 빈번하게 나타나는 여신으로, 남편이 정해져 있지 않고 여러 애인을 가지고 있다.

3) 도도나Dodona에는 가장 오래된 제우스의 신탁소가 있었고, 거기에선 떡갈나무의 나뭇잎이 스치는 소리 에서 신탁을 얻었다고 한다. 51장 참고.

4) 테튀스Tethys: 우라노스와 가이아가 낳은 티탄 신족 여신. 물의 '여성적 풍요'를 상징하는 여신으로 세상의 모든 물(바다, 강, 샘 등)을 관장한다. 남매 사이인 바다의 신 오케아노스와 결혼하여 수많은 바다와 강의 어머니가 됐다.

5) 테티스Thetis: 영웅 아킬레우스를 낳은 바다의 님프. '바다의 노인'이라고 불리는 바다의 신 네레우스의

부르는 이름들이다. (이들 이름은 '처리하다' 또는 '질서를 세우다'는 뜻의 티테나이 tithenai에서 형성됐다. '테미스Themis'와 '테세우스Theseus'도 여기서 나왔다.) 이들은 바다의 여신을 부르는 이름이기도 하다. 생명은 바다에서 시작됐기 때문이다(2. a 참고). 비둘기와 참새는 그들의 호색으로 유명했다. 그리고 해산물은 오늘날에도 지중해 전역에서 미약으로 여긴다.

3. 퀴테라 섬은 크레테가 펠로폰네소스 반도와 교역하는 데 중요한 거점이었다. 따라서 여기를 통해 아프로디테 숭배가 처음 그리스에 들어갔을 것이다. 크레테의 여신은 바다와 관련이 깊다. 섬 북부의 크놋소스에 있는 여신의 성소 바닥에는 조개가 뒤덮여 있었다. 이다 산의 동굴에서 나온 보석에는, 여신이 말미잘로 주변을 장식한 제단 위에서 나팔고동을 부는 모습으로 등장한다. 성게와 갑오징어는 여신에게 신성하다(81. 1 참고). 나팔고등 한 점이 크레테 섬의 고대 도시 파이스토스Phaestus에 있는 초기 성소에서 발굴됐고, 후기 미노스 문명 무덤에서 더 많이 나왔다. 이들 가운데 일부는 테라코타 복제품이다.

딸들(네레이데스Nereides) 가운데 하나이다. 제우스가 그녀를 탐했지만, 장차 아들이 아버지를 능가할 것이라는 예언 때문에 결국 인간인 펠레우스와 결혼하게 했다. 둘의 결혼식에 '파리스의 사과'가 등장한다.

12
헤라와 그녀의 자식들

헤라는 크로노스와 레아의 딸로, 에게 해 동쪽 사모스 섬에서, 또는 일부에서 말하듯 펠로폰네소스의 아르고스에서 태어났다. 아르카디아에서 펠라스고스의 아들 테메노스가 그녀를 길렀고, 계절의 여신들이 유모 노릇을 했다.1) 아버지 크로노스를 내쫓은 뒤, 헤라의 쌍둥이 남매인 제우스는 크레테의 크놋소스로, 또는 일부에서 말하듯 펠로폰네소스 동부 아르골리스의 토르낙스 산으로 (오늘날 '뻐꾸기 산'으로 불린다) 그녀를 찾아가 구애했다. 처음에는 거절당했으나, 그가 비에 흠뻑 젖은 뻐꾸기의 모습으로 변신해 나타나자 헤라는 그를 측은하게 생각해 가슴으로 따뜻하게 안아 주었다. 이에 제우스는 곧장 본모습으로 돌아와 헤라를 겁탈했다. 헤라는 창피해서 어쩔 수 없이 그와 결혼했다.2)

b. 모든 신이 결혼식에 선물을 가져왔다. 특히 어머니 대지는 헤라에게 황금사과가 달린 나무를 선물했다. 나무는 나중에 아틀라스 산에 있는 헤라의 과수원에서 헤스페리데스가 지키게 된다. 그녀와 제우스는 그들의 첫날밤을 사모스 섬에서 보냈는데, 이는 300년 동안이나 계속됐다. 헤라는 아르고스 근처 카나토스 샘에서 규칙적으로 목욕을 하여 처녀성을 되찾곤 했다.3)

c. 헤라와 제우스 사이에서 아레스와 헤파이스토스, 헤베가 태어났다. 그

러나 어떤 이는 아레스와 그의 쌍둥이 누이 에리스는 헤라가 어떤 꽃을 만졌을 때 잉태했으며, 헤베는 양상추를 만져서 그렇게 됐고,[4] 헤파이스토스도 헤라가 남자 없이 혼자 낳은 자식이라고 전한다. 제우스는 이런 기이한 일을 믿지 않으려 했다. 나중에 앉는 사람을 꼼짝 못하게 하는 기계 의자에 헤라를 강제로 앉히고 스튁스 강을 걸고 거짓말이 아니라는 것을 맹세하도록 하고 나서야 헤라의 말을 믿었다. 다른 이들은 헤파이스토스를 두고 다이달로스의 조카 탈로스를 통해 헤라가 낳은 아들이라고 전한다.[5]

1] 파우사니아스: 『그리스 여행기』 7. 4. 4와 8. 22. 2; 스트라본: 『지리학』 9. 2. 36; 올렌, 파우사니아스의 인용: 2. 13. 3.
2] 디오도로스 시켈로스: 『역사총서』 5. 72; 파우사니아스: 2. 36. 2와 17. 4.
3] 호메로스의 『일리아스』 1. 609에 대한 고전 주석자; 파우사니아스: 2. 38. 2.
4] 호메로스: 『일리아스』 4. 441; 오비디우스: 『로마의 축제들』 5. 255; 제1 바티칸 신화학자: 204.
5] 베르길리우스의 『시선詩選』 4. 62에 대한 세르비오스의 주석; 키나이톤, 파우사니아스의 인용: 8. 53. 2.

*

1. 헤라의 이름은 보통 그리스어의 '숙녀'에 해당한다고 하지만, 원래의 헤르와Herwā('여자 보호자')를 의미하는 것일 수 있다. 그녀는 헬레네스 도래 이전의 위대한 여신이다. 사모스 섬과 아르고스는 그리스 내에서 헤라 숭배의 중심지였다. 하지만, 아르카디아 사람들은 자신들이 제일 먼저, 대지에서 태어난 자신들의 조상 펠라스고스[1]('먼 옛날의')가 살던 시대부터 헤라를 숭배했다고 주장했다. 헤라의 강제 결혼은, 크레테와 '뮈케나이의 그리스'(크레테화된 그리스)가 정복되고 두 나라에서 헤라의 최고 지위도 타도

---

1) 펠라스고스Pelasgus: 그리스에 먼저 정착한 펠라스고이족Pelasgians(선주민)의 시조. 그냥 땅에서 솟았다고 하는데, 최초의 인간 여성인 니오베와 제우스가 교접해 낳은 아들이라고도 한다. 그의 아들이 뤼카온이고, 뤼카온의 손자가 아르카스이다. 아르카스가 아르카디아 사람들의 시조이다.

됐음을 나타낸다. 제우스는 물에 흠뻑 젖은 불쌍한 모습의 뻐꾸기로 변장해 헤라에게 접근했다는 얘기 속에는 어쩌면 다른 뜻이 숨어 있을지 모른다. 어떤 헬레네스가 도망자 신세로 크레테 섬에 들어왔고, 어쩌다 왕실 호위병으로 받아들여졌는데, 궁정 음모를 꾸며 왕실을 집어삼켰다는 것이다. 크레테의 수도 크놋소스는 두 차례 약탈을 당했다. 헬레네스가 자행한 것으로 보이는데, 기원전 1700년경과 기원전 1400년경에 벌어졌다. 그리고 그리스 본토의 뮈케나이도 한 세기 뒤에 아카이아족의 손에 떨어졌다. [『마하바라타』와 함께 고대 인도의 2대 서사시인] 『라마야나Ramayana』를 보면, 인드라 신도 비슷하게 뻐꾸기 모습으로 님프에게 구애했다. 제우스는 그뒤로 뻐꾸기가 위에 앉아 있는 헤라의 홀을 빌렸다. 나체의 아르고스의 여신이 뻐꾸기를 안고 있는 모습을 한 작은 금박 조각상이 뮈케나이에서 발굴된 적이 있다. 같은 장소에서 나온 금박의 모형 신전에는 뻐꾸기들이 앉아 있다. 크레테 섬 중부의 유적지인 하기아 트리아다Hagia Triada에서 발굴된 널리 알려진 석관에는 양날 도끼 위에 뻐꾸기 한 마리가 앉아 있다.

2. 헤베[2]는 어린아이 모습의 여신으로, 올륌포스 신들의 연회에서 신들에게 술을 따르는 일을 맡게 됐다. 헤베는 나중에 자신의 일을 가뉘메데스Ganymedes한테 빼앗긴(29. c 참고) 뒤 헤라클레스와 결혼했다(145. i와 5 참고). '헤파이스토스'는 신성한 왕을 태양의 신인神人으로서 부를 때 쓰는 호칭이었던 것으로 보인다. '아레스'는 전쟁 지휘관, 즉 후계자의 호칭이며, 그의 표상은 멧돼지였던 것으로 보인다. 올륌포스 신들에 대한 숭배가 정착되었을 때, 이들 둘은 신의 이름이 됐다. 또 각각 전쟁의 신과 대장장이의 신 역

---

2) 헤베Hebe: 제우스와 헤라의 딸로 젊음을 상징하는 여신. '장밋빛 뺨의 여신'이라는 이름으로도 불린다. 19세기 유럽에서는 정원 분수에 샘솟는 젊음의 상징으로 헤베 여신상을 세우는 일이 크게 유행했다.

할을 맡도록 선택됐다. 헤라가 아레스와 에리스를 잉태했다는 "어떤 꽃"은 산사나무 꽃이었을 것 같다. 오비디우스는 꽃의 여신 플로라Flora가 헤라에게 산사나무 꽃을 알려 주었다고 전했다. 꽃의 여신 숭배는 산사나무 꽃과 관련이 있다. 산사나무는 대중적인 유럽 신화에서 기이한 잉태와 연결된다. 켈트 문학에서 산사나무의 '누이'는 자두나무로 불화의 상징이다. 아레스의 쌍둥이 누이 에리스[3]도 불화의 신이다.

3. 대장장이 탈로스는 크레테의 영웅으로 다이달로스의 누이 페르딕스 Perdix('자고새')한테서 태어났다. 신화학자들은 그녀를 헤라와 동일시한다. 자고새는 '위대한 여신'에게 신성하며, 지중해 동부 지역에서 열리던 춘분 맞이 주신제에 등장한다. 거기서 자고새 수컷의 흉내를 내는 절름발이 춤을 췄다. 아리스토텔레스와 로마의 정치가 플리니우스, 3세기의 역사가 아일리아노스 등은 모두 암탉이 수탉의 울음소리만 들어도 알을 낳는다고 말했다. 다리를 절뚝거리는 헤파이스토스와 탈로스는 똑같이 처녀 생식의 특성을 지닌 것 같다. 이들 둘은 모두 성난 경쟁자가 높은 곳에서 아래로 집어던지는 바람에 다리를 절거나 죽게 됐다(23. b와 92. b 참고). 그것도 원래 어머니 여신과 관련돼 그런 일을 당했다.

4. 아르고스에 있는 헤라의 유명한 조각상은 금과 상아로 된 대좌에 자리 잡고 있었다. 의자에 묶였다는 이야기는 '탈출하지 못하게' 신상을 대좌에 사슬로 묶는 그리스 관습에서 나온 것일 수 있다. 자기네 남신 또는 여신의 고대 신상이 없어지면, 도시는 신들의 보호를 박탈당한다고 생각했다.

---

3) 에리스Eris: 불화의 여신. 펠레우스와 테티스의 결혼식에 초대받지 못해, '가장 아름다운 이에게'라는 글귀의 황금 사과를 하객들 사이에 던져 넣어 트로이아 전쟁의 원인을 제공했다(파리스의 사과). 에리스는 밤의 여신 뉙스가 낳은 딸이라는 설명도 있고(이 책 4장), 제우스와 헤라의 딸로 군신 아레스와 남매지간 이라는 설명도 있다(이 책 12장).

그래서 로마인들은 로마로 신들을 '꾀어온다enticing'고 점잖게 표현한 일을 벌이곤 했다. 이런 관습으로 로마제국 시대에 이르러 훔친 성상들에 갈까마귀 둥지가 생겨날 정도였다. "계절의 여신들이 유모 노릇을 했다"는 대목은, 헤라가 역법의 여신이라고 말하는 한 방법이다. 이런 이유로 봄의 뻐꾸기가 여신의 홀 위에 앉아 있고, 한 해의 죽음을 상징하기 위해 잘 익은 늦가을의 석류를 왼손에 쥐고 있다.

5. 영웅은, 그 단어가 나타내고 있듯, 헤라 여신에게 제물로 바쳐졌던 신성한 왕이었다. 그의 몸은 안전하게 땅에 묻혔고, 그의 영혼은 북풍의 신의 처소 뒤쪽에 있는 헤라의 낙원으로 갔다. 그리스와 켈트 신화에서, 황금 사과는 영웅이 그 낙원에 들어가는 통행증이었다(53. 7; 133. 4; 159. 3 참고).

6. 헤라 여신이 매년 목욕을 통해 처녀성을 회복했다고 했는데, 아프로디테도 파포스에서 그렇게 했다. 이는 자신의 연인인 신성한 왕을 살해한 뒤에, 달의 신의 여사제가 수행해야 했던 정화 의식이었던 것으로 보인다(22. 1과 150. 1 참고). 헤라 여신이 작물이 자라는 한 해, 즉 봄·여름·가을의 여신이었기에(초승달, 보름달, 그믐달로 상징되기도 한다), 아르카디아 지역의 스튐팔로스Stymphalus에서는 헤라를 여자 아이, 신부, 과부라 하면서 숭배했다(파우사니아스: 7. 22. 2-128. d 참고).

7. 사모스 섬에서 보낸 헤라와 제우스의 결혼 첫날밤은 300년 동안이나 계속됐다고 했다. 로마 이전에 이탈리아 중서부를 지배한 에트루리아Etruria와 마찬가지로, 이는 사모스의 신성한 한 해와 관련이 있는 것 같다. 이들의 한 해는 한 달을 30일로 해서 열 달로만 이뤄져 있다. 1월과 2월은 생략한 것이다(마크로비우스: 1. 13). 여기에 하루를 한 해로 늘린 것이다. 그런데, 신화학자는 여기서 헬레네스가 헤라 여신의 백성들에게 일부일처제를 강요하는 데 300년이 걸렸다는 것을 암시하고 있는지도 모른다.

13
제우스와 헤라

　오직 제우스만이 '하늘의 아버지the Father of Heaven'로서 벼락을 휘두를 수 있었다. 벼락의 위력이 워낙 강력했기에 다투기 좋아하고 반항적인 올림포스 산의 가족들을 통제할 수 있었다. 또한 제우스는 하늘의 천체 사이에 질서를 세우고, 법을 만들었으며, 맹세를 지키도록 강제하고, 신탁을 내렸다. 그의 어머니 레아가 아들의 욕정이 불러올 문제를 예견하고 결혼을 금지했지만, 제우스는 크게 화를 내면서 어머니를 위협했다. 이에 레아가 즉시 무서운 뱀으로 변신했으나, 제우스는 기죽지 않았다. 자신도 수컷 뱀으로 변신해 레아를 휘감고 놓아 주지 않았고, 결국 그의 위협이 통했다.[1] 그다음, 제우스의 기나긴 사랑의 모험이 시작됐다. 테미스에게서 계절의 여신Seasons과 세 운명의 여신Three Fates을 자식으로 얻었고, 에우뤼노메로부터 카리테스를, 므네모쉬네와 아홉 밤을 함께 하고 무사이 세 자매를 얻었다. 그리고 어떤 이는 님프 스튁스한테서 페르세포네를 얻었다고도 한다. 페르세포네는 나중에 자기 형제인 하데스가 강제로 결혼해, '지하세계의 여왕the Queen of the Underworld'이 된다.[2] 이에 따라 제우스는 대지의 위와 아래 어디서든 제 힘을 행사할 수 있었다. 이제 아내 헤라는 오직 하나만 빼고 제우스에 모두 뒤지게 됐다. 즉 좋아하는 사람이나 짐승에게 예언의 능력을 선물할 수 있는 힘만 제우스와 대등했다.[3]

b. 제우스와 헤라는 끊임없이 다퉜다. 제우스의 거듭된 부정에 화가 난 헤라는 종종 일을 꾸며 제우스에게 창피를 주곤 했다. 제우스는 헤라에게 비밀을 숨기지 않았고 때로 그녀의 충고도 받아들였지만, 헤라를 완전히 믿은 건 아니었다. 헤라도 자신이 어떤 선을 넘으면 제우스가 매질을 하거나 심지어 벼락으로 내리칠 것이라는 점을 알았다. 이에 헤라는 헤라클레스가 태어날 때 그랬던 것처럼 무자비한 계략을 꾸몄다. 그리고 때로는 아프로디테의 허리 장식 띠를 빌려 제우스의 욕정을 불러일으켜 바람기를 잠재우기도 했다. 이제 제우스는 자신이 크로노스의 첫째 아들이라 주장했다.[4]

c. 제우스의 오만과 무례한 태도가 더는 참지 못할 지경에 이르렀고, 이에 다른 신들이 나섰다. 헤라와 포세이돈, 아폴론 등을 비롯해 헤스티아를 제외한 모든 올림포스 신들이 제우스가 침상에서 잠들어 있을 때 그를 둘러싸고 생가죽 끈으로 묶어버렸다. 100개의 매듭을 지어 제우스가 옴짝달싹 못하게 했다. 제우스는 당장 죽이겠다고 위협했지만, 그들은 그의 벼락을 멀리 치워버렸으며, 제우스를 놀리면서 비웃었다. 그들이 승리를 자축하고 서로를 경계하면서 누가 왕좌를 승계할지 의논하는 동안 네레이스인 테티스가 올림포스에서 내전이 벌어질 것을 내다보고 100개의 손을 가진 브리아레오스를 급히 찾았다. 브리아레오스는 100개의 손을 한꺼번에 사용해 재빨리 제우스를 묶었던 끈을 풀었다. 음모를 앞장서 꾸몄던 건 헤라였기에, 제우스는 황금 팔찌로 헤라의 손목을 묶고 발목에는 모루를 달아 하늘에서 아래로 매달았다. 다른 신들은 그녀의 가련한 울부짖음에 말로 할 수 없을 만큼 괴로웠지만, 감히 구하려 나서지 못했다. 시간이 흘러, 제우스는 다시는 반란을 일으키지 않겠다고 맹세한다면 그녀를 풀어주겠다고 했

고, 신들은 하나씩 돌아가면서 마지못해 그러겠다고 맹세했다. 제우스는 포세이돈과 아폴론한테는 라오메돈 왕[1])의 노복으로 지내는 벌을 내렸고, 이들은 왕을 위해 트로이아를 건설했다. 협박을 받아 그랬다는 이유로, 제우스는 나머지 신들은 용서했다.[5]

1] 『오르페우스교 글조각 모음』 58; 헤시오도스: 『신들의 계보』 56.
2] 아폴로도로스: 『비블리오테카』 1. 3. 1-2.
3] 호메로스: 『일리아스』 19. 407.
4] 같은 책: 1. 547; 16. 458; 8. 407-408; 15. 17; 8. 397-404; 14. 197-223; 15. 166.
5] 호메로스의 『일리아스』 21. 444에 대한 고전 주석자; 체체스: 『뤼코프론에 관하여』 34; 호메로스: 『일리아스』 1. 399 ff.와 15. 18-22.

---

*

1. 제우스와 헤라의 혼인 관계는 야만적인 도리에이스족 시대의 혼인 관계를 반영한다. 여인들은 예언의 힘을 제외한 모든 신적 능력을 빼앗겼으며, 소유물 취급을 당했다. 제우스가 다른 올륌포스 신들의 반란에도 불구하고 테티스와 브리아레오스의 도움으로 위기에서 벗어났다는 이야기는, 헬레네스의 상왕을 상대로 속국의 소왕들이 일으킨 궁정 반란을 가리키는 것일지 모른다. 반란은 그를 쫓아내는 데 거의 성공했으나, 충성스러운 근위대가 상왕을 구해 냈다. 그런데 근위대는 비非헬레네스 집안 출신자로 꾸려진 부대였고, 주로 브리아레오스의 고향인 마케도니아에서 모집한 병사들이었다. 테티스의 백성인 텟살리아 지역의 마그네시아Magnesia에서는 군

---

1) 라오메돈Laomedon: 트로이아의 왕. 아폴론과 포세이돈이 제우스에게 반항한 죄로 1년간 봉사하기 위해 왔을 때, 이들 두 신에게 트로이아 성벽의 건설을 맡긴다. 그러나 제대로 보상을 하지 않아 두 신의 분노를 샀다. 나중에 영웅 헤라클레스에게도 약속을 지키지 않아 그의 손에 자식들과 함께 죽임을 당했다. 이때 막내아들 프리아모스만 살아남았는데, 그가 트로이아 전쟁 당시의 왕이다.

대도 보내왔다. 정말 이런 상황이었다면, 반란은 헤라의 최고위직 여사제가 선동한 것일 터이고, 상왕은 나중에 신화가 묘사하는 방식대로 그 여사제를 욕보였을 것이다.

2. 제우스가 대지의 여신인 레아를 겁박한 것은, 제우스를 숭배하는 헬레네스 사람들이 농경과 장례 관련 모든 의례를 넘겨받았다는 것을 암시한다. 레아는 제우스의 결혼을 금지했다는데, 사실 그때까지는 일부일처제의 관념조차 없었다. 여성은 자신이 좋아하면 누구든 취할 수 있었다. 제우스가 테미스로부터 계절의 여신을 자식으로 얻은 것은 헬레네스가 역법도 통제했음을 뜻한다. 즉 테미스('질서')는 한 해를 13달로 나눠 질서를 잡고, 하지와 동지를 분기점으로 1년을 두 계절로 나눴던 '위대한 여신Great Goddess'이었다. 아테나이 시에서는 이들 계절을 탈로Thallo와 카르포Carpo(본래 '카르포Carpho')라고 의인화했다. 이들은 각각 '싹틈'과 '시듦'을 뜻하며, 이들 둘의 신전에는 남근의 디오뉘소스에게 바친 제단이 있었다(27. 5 참고). 이들의 모습은 고대 힛타이트 제국의 수도인 하투사Hattusas [또는 Hattusa] 또는 [아나톨리아 반도 중앙부] 프테리아Pteria에 있는 바위벽 조각에 남아 있으며, 거기서 이들은 사자의 여신인 헵타Hepta가 가진 두 모습으로, 머리가 두 개인 태양의 독수리의 양쪽 날개에 새겨져 있다.

3. 카리스Charis('우아')는 최고위 여사제가 신성한 왕을 자신의 연인으로 선택할 때 보여 준 상대를 진정시키는 측면을 따로 구분해 표현한 여신이었다. 호메로스는 카리스 자매 가운데 파시테아Pasithea와 칼레Cale를 언급한다. 이는 아마도 파시 테아 칼레Pasi thea cale라는 세 단어를 억지로 쪼갠 것으로 보이는데, 세 단어는 '모든 남자에게 아름다운 여신'이라는 뜻이다. 두 카리스, 즉 아테나이인들이 기렸던 아욱소Auxo('증가')와 헤게모네Hegemone('우월mastery')는 계절의 두 여신에 대응한다. 나중에 카리스 자매는

삼신으로 숭배를 받았는데, 이는 세 운명의 여신과 짝을 맞추기 위한 것이다. 세 운명의 여신은 '세 모습 여신Triple-goddess'이 가장 단호한 분위기일 때를 나타낸다(106. 3 참고).[2] 카리스 자매가 제우스의 자식이고, 창조의 여신 에우뤼노메로부터 태어났다고 하는 대목은, 헬레네스 지배자가 결혼 적령기의 모든 젊은 여인을 좌우할 수 있는 힘을 갖게 됐다는 것을 암시한다.

4. 무사이Muses('산의 여신들')는 원래 삼신triad으로(파우사니아스: 9. 19. 2), 주신제 때를 나타내는 '세 모습 여신'이다. 제우스의 자식이라 하는 것은 나중에 나온 얘기다. 헤시오도스도 이들을 어머니 대지와 공기의 신 사이에서 나온 딸이라 했다.

---

2) 이곳에는 관련 내용이 나오지 않는다. 원문에 착오가 있는 듯하다.

14
헤르메스, 아폴론, 아르테미스, 디오뉘소스의 탄생

　호색한 제우스는 티탄 신족이나 다른 신들의 자손인 님프들과 수없이
동침했고, 인간 창조 이후에는 인간 여인들까지 탐했다. 주요한 올림포스
신들 가운데 최소한 넷은 혼인 관계 밖에서 얻은 자식들이다. 첫째, 제우스
는 헤르메스를 아틀라스의 딸인 마이아한테서 얻었다. 마이아는 아르카디
아의 퀼레네 산 동굴에서 헤르메스를 낳았다. 다음으로, 아폴론과 아르테
미스를 레토한테서 낳았다. 레토는 티탄 신족 코이오스와 포이베의 딸이다.
제우스는 교합할 때 자신과 레토 모두 메추라기로 모습을 바꿨다.[1] 질투에
사로잡힌 헤라는 큰 뱀 퓌톤[1]을 보내 레토를 세상 끝까지 추적하게 했다.
또 레토가 태양 빛이 닿는 곳에선 결코 아이를 낳을 수 없다고 선언했다.
레토는 남풍의 신의 날개를 타고 마침내 델로스 섬 부근의 오르튀기아에
도착해 아르테미스를 낳았다. 아르테미스는 태어나자마자 어머니 레토가

---

1) 퓌톤Python: 거대한 뱀. 어머니 대지(가이아)가 홀로 낳은 아들로, 파르낫소스 산기슭의 퓌토(나중의 델포
　이)에서 살면서 가이아의 신탁을 전해주기도 했다. 헤라의 명령에 따라 레토의 출산을 막으려 했으나,
　반대로 나중에 레토의 자식인 아폴론의 화살을 맞고 죽었다. 신탁소(델포이 신전)는 아폴론 차지가 됐고,
　이를 지키는 여사제를 퓌티아Pythia(영어 Pythoness)라고 한다. 이 책에서는 주로 '여사제 퓌티아'로 옮겼
　고, 일부 '퓌토(델포이)의 여사제'라고 옮겼다.

좁은 해협을 건너도록 도왔고, 레토는 그곳 델로스 섬의 퀸토스 산 북쪽 어딘가 올리브나무와 대추야자 사이에서 9일에 걸친 산통 끝에 아폴론을 출산했다. 그때까지 바다를 떠다니던 델로스 섬은 비로소 한 자리에 고정됐으며, 법령에 따라 누구도 거기에서는 새로 태어나거나 죽을 수 없었다. 병든 백성이나 임신한 여인들은 오르튀기아로 배에 태워 옮겨졌다.[2]

b. 제우스의 아들인 디오뉘소스의 어머니가 누구인지는 이야기가 엇갈린다. 어떤 이는 디오뉘소스의 어머니는 데메테르 또는 이오라고 하고,[3] 다른 어떤 이는 디오네라고 한다. 페르세포네인데 제우스가 뱀의 탈을 쓰고 짝을 지었다고도 하고, 레테라는 얘기도 있다.[4]

c. 그러나 가장 일반적인 얘기는 다음과 같다. 제우스는 인간으로 변장해 테바이의 카드모스 왕의 딸인 세멜레('달')와 밀회를 즐겼다. 질투심에 헤라는 늙은 이웃집 여인으로 변장해 세멜레에게 접근했다. 세멜레는 이미 잉태한 지 여섯 달이었는데, 헤라는 그녀를 꾀어 연인에게 더는 자신을 속이지 말고 진짜 모습을 보여 달라고 간청하도록 만들었다. 그렇지 않으면 그가 괴물이 아니라는 걸 어떻게 알겠냐고 한 것이다. 세멜레는 꾐에 넘어가 제우스에게 간청했고, 제우스가 거절하자 더는 자신의 침실을 찾지 말라고 했다. 이에 화가 난 제우스는 드디어 천둥과 번개의 모습을 드러냈고, 세멜레는 타버렸다. 하지만 헤르메스는 그녀의 여섯 달 된 아들을 구해, 나머지 세 달 동안 더 자라도록 제우스의 넓적다리 안에 넣고 꿰맸다. 시간이 흘러 디오뉘소스가 태어났고, 이런 까닭에 디오뉘소스는 '두 번 태어난 아이' 또는 '문을 두 번 열고 나온 아이'라고 불리고 있다.[5]

1] 헤시오도스: 『신들의 계보』 918; 아폴로도로스: 『비블리오테카』 1. 4. 1; 아리스토파네스: 『새』 870; 베르길리우스의 『아이네이스』 3. 72에 대한 세르비오스.

2] 「호메로스의 아폴론 찬가」 14 ff; 휘기누스: 『신화집』 140; 아일리아노스: 『다양한 역사』 5. 4; 투퀴디데스: 『펠로폰네소스 전쟁사』 3. 104; 스트라본: 『지리학』 10. 5. 5.

3] 디오도로스 시켈로스: 『역사총서』 3. 67와 74; 4. 4.

4] 핀다로스의 「퓌티아 제전 송가」 3. 177에 대한 고전 주석자; 『오르페우스교 글조각 모음』 59; 플루타르코스: 『심포시아카』 7. 5.

5] 아폴로도로스: 3. 4. 3; 아폴로니오스 로디오스: 『아르고 호 이야기』 4. 1137.

*

1. 제우스의 강간 이야기는 아무래도 여신의 오래된 전당에 대한 헬레네스의 정복을 의미하는 것 같다. 헤르메스를 낳았다는 퀼레네 산에도 그런 전당이 있었다. 그리고 제우스의 결혼은 떡갈나무 숭배의 신성한 왕에게 '제우스'라는 호칭을 붙여 주는 고대의 관습을 의미하는 듯하다. 마이아를 강간해 낳았다는 제우스의 아들 헤르메스는 원래 특정 신이 아니라, 남근 상징의 기둥이나 돌무더기의 토템적 효험을 지칭했다. 사람들은 여신을 기리는 주신제에서 이런 남근 기둥을 중심에 두고 그 주위에서 춤을 췄다. 그리고 이때 '마이아'는 노파로서 대지의 여신을 부르는 호칭이었다.

2. 아폴론 신의 신성을 이루는 요소 가운데 하나는 신탁의 쥐였던 것 같다. 위대한 여신Great Goddess의 전당에서 쥐에게 신탁을 묻기도 했으며, 아폴론의 초기 호칭 가운데는 '스민테우스의 아폴론Apollo Smintheus'('쥐의 아폴론')도 있었다(158. 2 참고). 이는 아폴론이 왜 태양이 닿지 않는 곳, 즉 지하에서 태어났는지 설명해 줄 수 있다. 쥐는 질병과 함께 그 치유와 연관된 동물이었으며, 이에 헬레네스는 아폴론을 의약과 예언의 신으로 숭배했다. 산의 북쪽, 올리브나무와 대추야자나무 아래서 태어났다는 얘기는 나중에 나왔다. 아폴론은 출산의 여신 아르테미스와 쌍둥이이며, 어머니는 레토Leto라고 일컬어진다. 레토는 티탄 신족 포이베Phoebe('달')와 코이오스Coeus('지능')의 딸

인데, 이집트와 팔레스타인에서는 대추야자와 올리브 풍작의 여신 라트Lat로 알려져 있다. 그러니 남풍의 신이 그녀를 그리스로 옮겨온 것이다. 이탈리아에서 그녀는 라토나Latona('라트 여왕')가 됐다. 레토와 헤라의 다툼은, 팔레스타인 출신의 초기 이주민들과 이미 다른 대지의 여신을 숭배하고 있던 선주민 사이에 충돌이 있었음을 암시한다. 아마도 쥐 숭배는 레토와 함께 들어온 것 같은데, 팔레스타인에서 이미 굳게 자리를 잡고 있었다(구약성서 「사무엘상」 6장 4절, 「이사야서」 26장 17절). 큰 뱀 퓌톤이 아폴론을 추적한 대목은, 그리스와 로마인들이 가정집에서 쥐를 쫓으려 뱀을 이용했던 사실을 떠올리게 한다. 하지만 아폴론은 사과를 먹던 신성한 왕의 혼령이기도 했다. 아폴론Apollo은 보통 아폴뤼나이apollunai('파괴하다')에서 왔다고 하지만, 그보다는 '사과apple'를 뜻하는 아볼abol의 어근에서 온 것 같다.

3. 아르테미스는 원래 주신제의 여신으로, 그녀에게 신성한 새는 짝짓기의 명수인 메추라기였다. 메추라기 떼는 봄을 맞아 북쪽으로 날아가면서 이름이 '메추라기'라는 뜻인 시칠리아 서쪽의 작은 섬 오르튀기아Ortygia에 기착해 휴식을 취하고는 했다. 아폴론이 태어난 델로스가 그때까지 떠다니는 섬이었다는 이야기(43. 4 참고)는, 그의 출생 장소가 이제야 공식적으로 확정됐다는 기록을 오해한 데서 비롯된 것일 수 있다. 호메로스(『일리아스』 4. 101)는 아폴론을 [아나톨리아 반도 남서부] '뤼키아 출신'이란 뜻의 뤼케게네스Lycegenes라고 불렀다. 아나톨리아 서부 에페소스Ephesus 사람들은 아폴론이 에페소스 부근의 오르튀기아에서 태어났다고 자랑했다(타키투스: 『연대기』 3. 61).[2] 보이오티아의 테귀라Tegyra 사람들과 앗티케의 조스테라 사람들은 아폴론이 자기들 땅에서 나왔다고 주장했다(비잔티움의 스테파누스, '테귀라' 항목).

---

2) '오르튀기아'가 여러 곳에 있었던 것으로 보인다.

4. 디오뉘소스는 아마도 처음에는 신성한 왕의 한 유형으로 출발했을 것이다. 동지가 지나고 일곱째 되는 달에, 여신이 의례에서 벼락으로 그를 내려쳐 죽였다. 그리고 여신의 여사제들이 그를 먹어 치웠다(27. 3 참고). 이는 디오뉘소스의 어머니로 여럿이 꼽혔던 사정을 설명해 준다. 디오네는 떡갈나무의 여신이고, 이오와 데메테르는 곡식의 여신이며, 페르세포네는 죽음의 여신이다. 플루타르코스는 그를 "디오뉘소스, 레테('망각')의 아들"이라 불렀는데, 이는 나중에 디오뉘소스가 '포도나무의 신'이 됐기 때문이다.

5. 카드모스의 딸인 세멜레 이야기는 보이오티아 헬레네스인들이 왕을 제물로 바치던 전통을 없앨 때 취한 행동을 간략히 기록한 것으로 보인다. 올륌포스의 제우스는 권력을 행사해 장차 죽을 운명의 왕을 자신의 보호 아래 둔 다음, 여신 자신의 벼락으로 여신을 파괴했다. 디오뉘소스는 불멸의 아버지에게서 다시 태어났기에 불멸의 존재가 됐다. 세멜레는 아테나이에서 매년 2월에 열린 축제인 레나이아Lenaea 기간에 숭배를 받았다. 이는 '사나운 여인들의 축제'로, 디오뉘소스를 상징하는 한 살배기 황소를 아홉 조각으로 잘라내 세멜레에게 제물로 바쳤다. 한 조각은 불에 태웠고 나머지는 숭배자들이 생고기로 먹었다. 세멜레Semele는 보통 셀레네Selene('달')의 변형으로 본다. 그리고 달의 신을 모시는 주신제의 여사제들은 전통적으로 아홉 명이 그 향연에 참여했다. 코굴의 동굴 벽화[3]에서도 신성한 왕의 주위에서 춤추는 사람이 아홉이고, 중세 시대 6세기 프랑스의 성인인 '돌의 상송St Samson of Dol'의 경우 종자 아홉이 더 죽임을 당해 삼켜졌다.

---

3) 코굴Cogul: 스페인 카탈로니아의 작은 마을로 '코굴의 동굴Caves of El Cogul 벽화'로 유명하다. 고대의 성소로 유네스코 세계문화유산으로 지정돼 보호받고 있다. 이 벽화에는 아홉 명의 여인들이 체구는 작지만 커다란 남근을 가진 남자를 가운데 두고 춤을 추는 장면이 그려져 있다.

15
에로스의 탄생

어떤 이는 에로스가 태초의 알에서 태어났으며, 신들 가운데 첫 번째라고 전한다. 그가 없었다면 나머지 신들도 태어나지 못했을 것이라 덧붙인다. 그러면서 에로스가 어머니 대지Mother Earth와 타르타로스와 나이가 같다고 한다. 혹시 출산의 여신인 에일레이튀이아라면 모를까, 에로스한테는 어머니와 아버지가 없다고 주장한다.[1]

b. 다른 이들은 에로스가 아프로디테의 아들이라 전한다. 에로스의 아버지는 헤르메스 또는 아레스라고 하는데, 아프로디테 자신의 아버지인 제우스일 수도 있다고 한다. 이리스가 서풍의 신과 함께 해 낳은 아들이라고도 한다. 에로스는 제멋대로인 소년으로 상대편의 나이와 지위를 무시했으며, 금빛 날개로 날아다니면서 미늘이 있는 화살을 아무렇게나 쏘기도 하고 무서운 횃불을 가지고 장난으로 누군가의 마음에 불을 놓기도 했다.[2]

1] 「오르페우스 찬가」 5; 아리스토텔레스: 『형이상학』 1. 4; 헤시오도스: 『신들의 계보』 120; 가다라의 멜레아그로스: 『경구』 50; 올렌, 파우사니아스의 인용: 9. 27. 2.
2] 키케로: 『신들의 본성에 관하여』 3. 23; 베르길리우스: 『키리스』 134; 알카이오스, 플루타르코스가 인용: 『아마토리우스』 20.

1. 에로스('성적 욕망')는 헤시오도스에게 단순한 추상물일 뿐이다. 초기 그리스인들은, 늙음와 전염병과 마찬가지로, 그를 날개 달린 '심술쟁이'라는 뜻에서 케르Ker로 그렸다. 통제되지 않은 성적 열정이 사회 질서를 해칠 수 있다고 생각했기 때문이다. 하지만 시인들은 나중에 그의 기괴한 행동에서 그릇된 쾌락을 발견했으며, 기원전 350년경의 그리스 조각가 프락시텔레스Praxiteles의 시대에 이르러선 그를 아름다운 청년으로 생각해 감상적으로 대우했다. 에로스의 가장 유명한 전당은 헬리콘 산기슭의 테스피아이Thespiae에 있었다. 보이오티아 사람들은 거기서 단순한 남근 상징 기둥으로서 에로스를 숭배했다. 이들은 이를 목가적인 헤르메스 또는 프리아포스[1]라는 이름으로 숭배하기도 했다(150. a 참고).[2] 에로스의 부모에 대한 다양한 설명들은 나름대로 근거가 있다. 헤르메스는 남근을 상징하는 신이다. 아레스는 전쟁의 신으로 전사의 여인들에게 욕정을 불러일으킨다. 아프로디테가 어머니이고 제우스가 아버지라는 얘기는, 성적 욕망이 근친상간 앞에서도 멈추지 않는다는 암시일 수 있다. 무지개의 신Rainbow[이리스Iris]과 서풍의 신West Wind 사이에서 나왔다는 대목은 서정적 공상의 결과로 보인다. '산통을 겪는 여인을 돕기 위해 온 신'이라는 뜻의 에일레이튀이아는 아르테미스의 호칭이었다. 모성애만큼 강한 사랑은 없다는 뜻이다.

---

1) 프리아포스Priapus: 풍요와 생산력의 신. 거대한 남근을 가졌으며, 가축·벌·과수나무 등의 수호자로서 정원과 과수원의 파수로 세우기도 했다. 대개 아프로디테와 디오뉘소스(혹은 아레스나 헤르메스) 사이에서 태어난 아들로 여겨진다. 디오뉘소스 제례에서 거대한 남근을 앞세우고 행렬에 참가했다. 남성의 생식기가 병적으로 계속 발기되는 증상인 '지속발기증Priapism'도 그의 이름에서 유래했다.
2) 관련 내용이 없어 오기로 보인다.

2. 강력한 '올림포스 12신'[3] 가운데 들어가려면 그에 걸맞은 책임감 있는 모습을 보여야 할 텐데, 에로스를 그렇게 보는 사람은 거의 없었다.

---

3) 올림포스 12신Twelve Olympians: 올림포스 산의 열두 주신으로, 도데카테온-Dodekatheon('열두 신')이라고 도 한다. 보통 제우스, 헤라, 포세이돈, 데메테르, 아테나, 아레스, 아폴론, 아르테미스, 아프로디테, 헤 르메스, 헤파이스토스, 디오뉘소스 등을 꼽는다. 고대 로마에서는 이들을 순서대로 융피테르Jupiter, 유 노Juno, 넵투누스Neptune, 케레스Ceres, 미네르바Minerva, 마르스Mars, 아폴로Apollo, 디아나Diana, 베누 스Venus, 메르쿠리우스Mercury, 불카누스Vulcanus, 리브레Libre라고 불렀다. 이들 열두 신은 제우스를 중 심으로 혈연 관계로 엮여 있다. 제우스, 헤라, 포세이돈, 데메테르는 크로노스와 레아 사이에서 태어난 1세대 올림포스 신들이고, 나머지는 제우스의 자녀인 2세대이다. 아테나는 제우스의 머리에서 태어났 고, 아레스와 헤파이스토스는 제우스와 헤라 사이에서, 쌍둥이 아폴론과 아르테미스는 제우스와 레토 사이에서 태어났다. 디오뉘소스는 제우스가 세멜레에게서 얻은 아들이다. 다만, 아프로디테는 크로노 스가 자신의 아버지 우라노스의 생식기를 잘라 바다에 던졌을 때 생겨난 바다거품 속에서 태어났다고 한다. 초기에는 디오뉘소스 대신에 화로의 여신 헤스티아가 여기에 속했는데, 이 둘의 교체에 대해 필자 는 상당한 의미를 부여하고 있다. 저승의 신 하데스(제우스의 형제)도 이름을 올린 적이 있으나, 점차 목록 에서 빠졌다.

03

올륌포스 신들의
본성과 행적

16
포세이돈의 본성과 행적

제우스와 포세이돈, 하데스는 자기네 아버지 크로노스를 처리하고 난 다음 하늘과 바다 그리고 어두컴컴한 지하세계를 누가 다스릴지 결정하기 위해 제비를 투구에 넣어 뽑았다. 대지는 공동 책임 아래 두고, 제우스는 하늘을 뽑았고, 하데스는 지하세계를, 포세이돈은 바다를 맡게 됐다. 포세이돈은 비록 힘은 형제인 제우스만 못하고 본성이 퉁명스럽고 다투기를 좋아하지만, 자존감은 결코 그에 뒤지지 않았다. 포세이돈은 즉시 에우보이아 섬 앞 에게 해에 수중 궁전을 짓기 시작했다. 널찍한 마구간에는 전차용 백마와 황금 전차를 세워 두었다. 백마는 놋쇠 발굽과 황금 갈기를 가졌으며, 그의 전차가 움직이면 폭풍이 즉시 멈추고 바다 괴물들이 일어나 그 주위에서 뛰어놀았다.[1]

b. 바다 깊은 곳의 집을 지킬 아내가 필요했기에, 포세이돈은 님프 '네레이스 테티스'에게 구혼했다. 그러나 테미스[1]가 테티스의 아들은 그의 아버

---

1) 테미스Themis: 법의 여신. 가이아와 우라노스 사이에서 태어난 티탄 12신 가운데 하나로, 앞날을 예견하는 능력과 지혜를 지녔다. 테미스와 제우스 사이에서 계절의 여신(호라이)과 운명의 여신(모이라이)이 태어났다. 호라이 세 자매는 에우노미아, 디케, 에이레네로 각각 질서, 정의, 평화를 관장한다. 테미스는

지보다 더 위대할 것이라 예언하자 구혼을 그만두고 테티스가 펠레우스라는 이름의 인간과 결혼하는 것을 허락했다. 또 다른 네레이스인 암피트리테에게 그다음으로 접근했지만, 그녀는 그를 싫어해 아틀라스 산으로 달아났다. 포세이돈은 이에 사자를 보내 그녀를 뒤쫓게 했는데, 사자 일행에는 델피노스라는 사람이 있었다. 그가 포세이돈의 뜻을 받아 달라고 애교를 담뿍 담아 애원하자, 그녀는 드디어 수락하면서 그에게 결혼식을 준비해달라 부탁했다. 포세이돈은 고맙다는 뜻에서 델피노스의 모습을 하늘의 별자리로 새겨 넣어 돌고래자리를 만들었다.[2]

암피트리테는 포세이돈의 아들 셋을 낳았는데, 그 이름은 트리톤,[2] 로데, 벤테시퀴메이다. 그러나 포세이돈은 여신과 요정, 인간들과 수없이 바람을 피워 제우스가 헤라에게 그러했듯, 암피트리테를 질투심에 빠지게 했다. 특히 그녀는 포세이돈이 바다의 신 포르퀴스의 딸 스퀼라[3]에 열정을 쏟는 것이 끔찍하게 싫었다. 이에 암피트리테는 스퀼라의 욕조에 마법의 약초를던져 넣어, 사나운 개처럼 짖는 머리 여섯에 발이 열둘인 괴물로 만들어 버렸다.[3]

c. 포세이돈은 땅 위에 자신의 왕국을 세우려는 욕심이 컸다. 한번은 아테나이의 아크로폴리스에 삼지창을 꽂으면서 앗티케 지역의 소유권을 주

두 눈을 가리고 양손에 심판의 저울과 칼을 들고 있는 모습으로 묘사되며, 이에 따라 그녀의 딸인 정의의 여신 디케와 겹치기도 한다.

2) 트리톤Triton: 바다의 신. 포세이돈과 네레이데스(바다의 신 네레우스의 딸들)인 암피트리테 사이에서 태어났다. 트리톤에게는 팔라스라는 딸이 있었는데, 어린 아테나 여신이 같이 놀다가 실수로 죽음에 이르게 했다(8장 a 참고). 상반신은 인간이고 하반신은 물고기인 전형적인 인어의 모습으로 묘사된다. 트리톤은 소라고둥 나팔을 불어 아버지 포세이돈의 등장을 알리거나 거친 바다를 잠재웠다. 로마의 관광 명소인 '트리톤 분수' 등 유럽 도시의 분수대에 그의 모습이 많이 조각돼 있다.

3) 스퀼라Scylla: 바다 괴물. 상체는 아름다운 처녀이지만 하체는 여섯 마리의 사나운 개가 이빨을 드러내고 짖어대는 모습이다. 원래 님프였으나 괴물이 됐다. 나중에 스퀼라는 오뒷세우스의 부하 여럿을 잡아먹기도 했다(170. t 참고). 헤라클레스에게 죽임을 당했다는 이야기도 있다. 지금도 이탈리아 칼라브리아의 멧시나 해협에는 스퀼라 바위가 있다.

장했다. 삼지창을 꽂은 자리에서는 곧장 바닷물이 콸콸 흘러나왔으며, 그곳 우물에서는 지금도 계속 바닷물이 흘러나온다. 남풍의 신이 찾아올 때면, 지금도 저 아래에서 바닷소리가 들린다. 나중에, 케크롭스가 다스릴 동안, 아테나 여신은 더 온화한 방식으로 이 도시의 새 주인이 됐다. 우물 옆에 최초의 올리브나무를 심은 것이다. 포세이돈은 이에 불같이 화를 내면서 아테나에게 일대일 싸움을 걸었고, 아테나도 도전에 응할 태세였다. 제우스가 때마침 끼어들어 중재에 나섰고, 머지않아 둘은 동료 신들로 구성된 신들의 법정에 불려 나왔다. 신들은 케크롭스 왕에게 증거를 제출하라 했다. 제우스는 자신의 의견을 밝히지 않았지만, 다른 모든 남신들은 포세이돈의 편을 들었다. 반면 여신들은 모두 아테나 여신을 지지했다. 여신 쪽이 한 표 많아, 법정은 아테나이가 그 땅에 더 큰 권리를 가진다고 판결했다. 그녀가 올리브나무라는 더 좋은 선물을 주었기 때문이다.

d. 포세이돈은 엄청나게 성이 났고, 큰 파도를 일으켜 [아테네의 구역 중 하나로, 아테네 서쪽에 위치한] '트리아 평원'에 홍수가 나도록 했다. 평원에는 아테나이[4]라는 아테나 여신의 도시가 서 있었다. 그 뒤로, 아테나 여신은 거기에 거주하면서, 그곳을 자신의 이름을 따 아테나이라고 불렀다. 그렇지만, 그때부터 포세이돈의 분노를 달래고자 아테나이 여인들은 투표를 할 수 없게 됐으며, 남자들도 이전처럼 어머니의 이름을 자기한테 붙이는 게 금지됐다.[4]

e. 포세이돈은 아테나 여신과 트로이젠의 소유권을 놓고도 다퉜다. 이번

---

4) 원문에 등장하는 '아테나이Athenae'는 '아테나이Athene'의 복수형인 듯하다. 지금의 그리스의 수도 아테나이의 고대 명칭에 대해서는 복잡한 이야기가 있고, 영어 표기까지 뒤섞여 구분이 쉽지 않다. 이 책은 여신은 '아테나Athene'로, 도시는 '아테나이Athens'로 옮겼다. 참고로, '테바이'와 '뮈케나이'도 원래 복수형이라 한다.

에는 제우스가 양쪽이 도시를 똑같이 나누어 갖도록 명령했다. 하지만 이는 양쪽 모두에게 불만스러운 결정이었다. 다음으로, 포세이돈은 제우스로부터 아이기나 섬을, 디오뉘소스한테서는 낙소스 섬을 얻으려 했지만 성공하지 못했다. 코린토스를 두고 헬리오스와 다툴 때도, 포세이돈은 지협만 얻었을 뿐이고, 헬리오스는 아크로폴리스를 챙겼다. 분개한 포세이돈은 헤라로부터 아르골리스를 빼앗으려 했다. 이번엔 기필코 한판 싸움을 벌일 기세였다. 포세이돈은 다른 신들이 자기한테 선입관을 갖고 있어 신들의 법정에 나가지 않겠다고 버텼다. 이에 따라 제우스는 이번 일을 강의 신 이나코스, 케핏소스, 아스테리온에게 가져갔고, 이들은 헤라에게 유리한 판결을 내렸다. 이제는 예전처럼 홍수를 일으켜 앙갚음하지 못하도록 되어 있었기에, 포세이돈은 정확히 반대로 했다. 판결했던 신들의 강을 말려버렸고, 이 때문에 지금도 이들 강은 여름에 바닥을 드러낸다. 다만, 다나이데스[5] 가운데 하나인 아뮈모네[6]가 이 가뭄으로 고통을 받자 아르고스의 레르네 강은 쉼 없이 흐르게 했다.[5]

f. 포세이돈은 자기가 말이라는 짐승을 창조했다고 자랑한다. 그런데 어떤 이는 그가 처음 태어났을 때 이미 레아가 크로노스에게 말 한 마리를 먹을거리로 주었다고 전한다. 포세이돈은 말의 굴레를 발명했다고도 자랑하지만, 아테나이가 이미 그전에 만들었다. 그러나 그가 말 경주를 시작했다는 주장은 논란의 여지가 없다. 확실히 말은 그에게 신성했다. 이는 아마도 데메테르를 향한 욕정 때문일 것이다. 당시 데메테르는 눈물을 흘리며 딸

---

5) 다나이데스Danaides[영어 Danaids]: 50명에 이르는 다나오스의 딸들을 묶어 이르는 말이다. 아버지의 지시에 따라 결혼 첫날밤에 신랑을 모두 살해한다. 60장 참고.

6) 아뮈모네Amymone: 다나이데스 가운데 하나. 샘을 찾아 헤매던 와중에 사튀로스에게 겁탈당할 위험에 빠졌고, 포세이돈이 구해 주었다. 당시 포세이돈은 헤라와 다투던 땅을 빼앗어 강물을 말려버리고 있었다. 포세이돈은 그녀에게 샘이 있는 곳을 알려 주었고, 둘은 아들 나우플리오스를 낳았다. 60. g 참고.

페르세포네를 찾아 헤매고 있었다. 데메테르는 어떻게 해도 딸을 찾지 못해 지치고 절망했기에, 어떤 신이나 티탄 신족과도 어울릴 마음이 없었다. 이에 스스로 암말로 변신해 아폴론의 아들로 아르카디아의 온케이온을 다스리는 온코스의 말 떼 속에 섞여 들어가 한가롭게 풀을 뜯고 있었다. 그러나 포세이돈은 이에 속지 않았고, 씨말로 변신해 그녀를 덮쳤다. 이런 극악한 결합의 결과로 님프 데스포이나와 야생마 아리온이 태어났다. 데메테르의 분노는 너무나 컸기에 아직도 일부 지역에서는 그녀를 '분노의 데메테르'라고 부르며 숭배한다.6]

1] 호메로스: 『일리아스』 15. 187-193; 8. 210-211; 13. 21-30; 『오뒷세이아』 5. 381; 아폴로니오스 로디오스: 『아르고 호 이야기』 3. 1240.
2] 아폴로니오스: 3. 13. 5; 휘기누스: 『시적 천문학』 2. 17.
3] 체체스: 『뤼코프론에 관하여』 45와 50.
4] 헤로도토스: 『역사』 8. 55; 아폴로도로스: 『비블리오테카』 3. 14. 1; 파우사니아스: 『그리스 여행기』 24. 3; 아우구스티누스: 『신국론』 18. 9; 휘기누스: 『신화집』 164.
5] 파우사니아스: 2. 30. 6; 플루타르코스: 『심포시아카』 9. 6; 파우사니아스: 2. 1. 6; 2. 15. 5; 2. 22. 5.
6] 핀다로스: 『퓌티아 제전 송가』 6. 50; 파우사니아스: 8. 25. 3-5; 아폴로도로스: 『비블리오테카』 3. 6. 8.

*

1. 포세이돈이 차례로 구애했던 테티스와 암피트리테, 네레이스Nereis는, 바다의 통치자인 '세 모습 달의 여신Triple Moon-goddess'의 지역별 호칭이었다. 포세이돈은 바다에 의지했던 아이올리스족Aeolis의 아버지 신이기에, 달의 여신을 숭배하는 곳이라면 어디든 자기가 그녀의 남편이라 주장했다. 펠레우스는 펠리온Pelion 산에서 테티스와 결혼했다(81. 1 참고). 네레이스는 '젖은 이'를 뜻하고, 암피트리테의 이름은 '제3 원소', 즉 바다를 지칭한다. 바다는 제1 원소인 대지를 둘러싸고, 그 위로 제2 원소인 공기가 생겨났다. 호메로스의 시에서 암피트리테는 단순히 '바다'를 뜻할 뿐이고, 포세이돈의 아

내로 의인화되지 않는다. 그녀가 포세이돈과 결혼하기를 꺼린 것은, 헤라가 제우스와 결혼하지 않으려 했고, 페르세포네가 하데스와 그러지 않으려 했던 것과 맞아떨어진다. 이들의 결혼은 고기잡이를 여인들이 통제했던 것에 대한 남성 사제들의 간섭과 관련 있다. 돌고래자리와 관련된 델피노스Delphinus의 우화는 감상적인 알레고리다. 돌고래는 바다가 고요해졌을 때만 나타나기 때문이다. 암피트리테의 자식들은 자신의 세 가지 모습이다. 트리톤은 행운의 초승달을, 로데는 한가위 보름달을, 벤테시퀴메는 위험한 그믐달을 뜻한다. 그러나 트리톤은 나중에 남성화됐다. 아이가이Aegae 마을은 그리스 동쪽 에우보이아Euboea의 안전한 서쪽 해안에 보이오티아 쪽을 향해 자리 잡고 있으며, 고대 도시 오르코메노스Orchomenus의 항구 역할을 했다. 트로이아 원정대가 소집된 곳이 이 부근이다.

2. 암피트리테가 스퀼라에 복수한 이야기는 파시파에[7]가 다른 스퀼라에게 복수한 것과 평행을 이룬다(91. 2 참고). 스퀼라('갈기갈기 찢는 여인' 또는 '강아지')는 개의 대가리를 한 죽음의 여신 헤카테[8]인데(31. f 참고), 암피트리테 자신의 불쾌한 모습일 뿐이다. 헤카테는 땅과 바다 양쪽에 자기 집을 갖고 있다. 크놋소스에서 발견된 인장 각인에 스퀼라는 배에 타고 있는 한 남자를 위협하는 모습으로 등장한다. 스퀼라가 멧시나Messina 해협에서 오뒷세우스를 위협했던 것과 마찬가지다(170. t 참고). 체체스Tzetzes[9]가 인용한 이런 설명은 고대의 도기 그림을 잘못 해석한 데서 비롯된 것으로 보인다. 거기

---

7) 파시파에Pasiphaë: 크레테의 미노스 왕의 아내. 포세이돈이 보내 준 아름다운 황소에 욕정을 느껴, 장인 다이달로스의 도움을 받아 황소와 관계를 맺고, 반은 소이고 반은 인간인 괴물 미노타우로스를 낳았다.

8) 헤카테Hecate: 마법과 주술의 여신. 교차로, 문턱 등을 지배하고, 저승으로 통하는 문을 지켰다. 그리스 신화에서 보통 자주 등장하지 않는 여신이지만, 필자는 이 여신에 많이 주목한다.

9) 체체스Tzetzes: 12세기에 활동한 비잔틴 제국의 시인이자 문법학자이다.

에서 암피트리테는 개의 머리를 한 괴물이 있는 웅덩이 옆에 서 있다.[10] 그런데 도기의 다른 쪽에는 물에 빠져 죽은 영웅이 지하세계 입구에서 개의 머리를 한 세 여신 두 무리 사이에 붙잡혀 있다(31. a와 134. 1 참고).

3. 포세이돈이 여러 도시를 빼앗으려 했다는 이야기는 정치적 신화이다. 아테나이를 둘러싼 분란은 아테나 여신을 대신해 그 도시의 수호신이 되려 했던 포세이돈의 시도가 실패했음을 암시한다. 그러나 아테나 여신의 승리는 가부장제에 대한 양보로 빛이 바랬다. 아테나이인들 사이에서는, 아나톨리아 서남부 카리아에서 일반적이었던 크레테의 관습이 고전시대 도래 이전에 사라졌다(헤로도토스: 1. 173). 고전기에 이르러선 더는 어머니 이름을 이어받지 않은 것이다. 바로[11]는 이런 사정을 자세히 설명했는데, 아테나이에서 벌어지는 재판을 모든 남성과 여성이 참여한 일반투표로 묘사했다.

다음은 분명하다. 아테나이의 이오니아 계열 펠라스고이족은 아이올리스족에게 패배했고, 아테나 여신은 제우스의 아카이아족과 연맹을 맺음으로써 겨우 주권을 되찾았다. 아카이아족은 나중에 아테나 여신이 포세이돈과 부녀 관계를 끊고, 제우스의 머리에서 다시 태어났다고 인정하게 만들었다.

4. 재배용 올리브는 원래 리비아에서 수입됐는데, 이는 아테나 여신의 리비아 기원설에 힘을 더한다. 하지만, 아테나 여신과 함께 들어온 것은 올리브나무의 자른 가지에 불과했을 터이다. 재배용 올리브는 열매가 일정하게 맺히지 않아, 언제나 올리에스터oleaster라고도 하는 야생 올리브에 접붙여야 한다. 아테나 여신의 나무는 기원후 2세기까지도 아테나이에 남아 있

---

10) 이 내용은 암피트리테가 스킬라의 욕조에 약초를 넣었다는 내용과 맞아떨어진다.
11) 바로Marcus Terentius Varro(기원전 116-27년): 공화정 시대 로마의 저술가.

었다. 트리아 평원의 홍수는 역사적 사실인 것으로 보이지만, 언제 일어난 일인지 알 수는 없다. 기원전 14세기 초였을 가능성은 있다. 당시 엄청난 비가 내렸을 것이라고 기상학자들은 추측하고 있다. 아르카디아의 여러 강줄기가 마를 정도는 아니었지만 비가 그치고 강물이 줄어들었을 텐데, 이를 포세이돈의 복수 탓이라고 했을 수 있다. 헬레네스 도래 이전 시기, 코린토스 지역의 태양 숭배는 굳건히 자리 잡고 있었다(파우사니아스: 2. 4. 7. 이 책 67. 2 참고).

5. 말로 변신해 겁탈했다는, 데메테르와 포세이돈의 신화는 헬레네스의 아르카디아 침략을 기록한 것이다. 데메테르는 아르카디아 남서쪽 도시 피갈리아Phigalia에서 암말 머리를 한 여자 후원자의 모습으로 그려졌다. 헬레네스 도래 이전 시대에 있었던 말 숭배의 결과이다. 그런데 말은 달에게 신성했다. 말발굽이 달 모양의 자국을 남겼고, 모든 물의 원천은 달이라 여겼기 때문이다. 그래서 페가소스Pegasus가 샘물과 연결되는 것이다(75. b 참고). 초기 헬레네스인들은 체형이 더 큰 품종의 말을 카스피 해 건너에서 그리스로 들여왔다. 토착종은 셰틀랜드 종의 조랑말 크기에 불과해 전차를 끌지 못했다. 이들은 말 숭배의 중심 지역을 장악한 것으로 보인다. 거기에서 전사 왕들은 강제로 해당 지역의 여사제들을 데려가 결혼했고, 이를 통해 그 땅에 대한 호칭을 획득했다. 그리고 거친 암말의 주신제도 억압했다(72. 4 참고). 데메테르가 낳았다는 신성한 말 아리온과 데스포이나(이는 데메테르 자신의 호칭이기도 하다)는 당시 포세이돈의 자식이라 했다. 아뮈모네는 [유일하게 물이 마르지 않았다는] 레르네의 여신 이름이었을 것이다. 이곳은 다나이데스의 물 숭배 중심지였다(60. g와 4 참고).

6. 분노의 데메테르는, 분노의 네메시스와 마찬가지로(32. 3 참고), 해마다 찾아오는 살해의 기운을 품은 여신이었다. 포세이돈과 데메테르 사이

에 벌어진 일에 대한 이야기가 두 가지 더 있는데, 이것들은 헬레네스가 들어왔을 때는 이미 해묵은 것이었다. 하나는 텔푸시아Thelpusia에서 있었던 일(파우사니아스: 8. 42)이고, 다른 하나는 보이오티아의 틸푸사Tilphusa 샘터에서 포세이돈과 이름 없는 분노의 신 사이에 있었던 일(호메로스의 『일리아스』 23. 346에 대한 고전 주석자)이다. 이는 초기 인도의 종교 기록물에도 등장한다. 거기에서 힌두교 여신 사라뉴Saranyu가 암말로 변신하고, 비바스와트Vivaswat는 종마가 되어 그녀를 덮친다. 그리고 이 결합의 열매가 두 영웅 아스빈Asvins이다. '데메테르 에리뉘에스Demeter Erinyes'라는 표현은 사실 '분노의 데메테르'가 아니라 '데메테르 사라뉴Demeter Saranyu'를 의미할지 모른다.[12] 전쟁을 벌이는 두 문화를 화해시키려는 시도였다는 얘기다. 그런데, 분노한 펠라스고이족에게 데메테르는 짓밟혔고, 그런 상태로 남아 있는 존재였다.

---

12) 인도의 경우는 결합의 결과가 좋았다는 뜻으로 보인다.

17
헤르메스의 본성과 행적

헤르메스가 아르카디아의 퀼레네 산에서 태어날 때, 그의 어머니 마이아가 그를 포대기에 싸서 키 위에 뉘였다. 아기 헤르메스는 놀라운 속도로 소년으로 자랐고, 어머니가 등만 돌리면 빠져나가 모험을 찾아 떠났다. 헤르메스가 올림포스 산 부근 피에리아에 도착해 보니, 아폴론 신이 보살피는 암소 떼가 있었다. 그는 이놈들을 훔치기로 마음먹었다. 소 발자국 때문에 도둑질이 들킬까 염려한 헤르메스는 재빨리 쓰러진 떡갈나무 껍질로 신발을 잔뜩 만들어 풀을 꼬아 만든 줄로 소 발굽에 묶은 다음에 밤에 길을 따라 소 떼를 몰고 달아났다. 아폴론은 소가 없어진 것을 알게 됐지만, 헤르메스의 술책에 어디로 갔는지 알 수 없었다. 서쪽으로는 멀리 퓔로스, 동쪽으로는 온케스토스까지 뒤졌지만, 결국 찾지 못해 도둑을 붙잡는 데 현상금을 걸어야 했다. 실레노스와 그의 사튀로스들은 현상금이 탐나 도둑을 찾기 위해 사방으로 흩어졌지만 오랫동안 아무런 소득이 없었다. 그러다 마침내 아르카디아를 돌아다니던 몇몇 사튀로스가 어디선가 나직이 새어 나오는 음악 소리를 들었는데, 평생 처음 듣는 것이었다. 동굴 입구에 있던 님프 퀼레네는 정말로 재주 많은 아이가 얼마 전에 여기에서 태어나 자기가 유모로 돌봐주고 있다고 이들에게 말했다. 아이는 거북 등딱지와 암소 창자로 멋진 악기를 만들었는데, 지금 어머니가 편히 잠들게 악기를 나직이 연주하고 있다는 것이다.

b. "아이는 암소 창자를 어디에서 구했나요?" 눈치 빠른 사튀로스가 동굴 밖에 생가죽 두 장이 걸려 있는 것을 보고 이렇게 물었다. 퀼레네는 되받아쳤다. "저 불쌍한 아이가 도둑이라는 말인가요?" 서로 험한 말이 오갔다.

c. 바로 그 순간 아폴론 신이 나타났다. 긴 날개를 가진 새의 의심스러운 행동을 보고 도둑의 정체를 알아챘기 때문이다. 아폴론은 동굴로 들어가 마이아를 깨운 뒤 헤르메스가 훔친 암소를 되돌려놔야 할 것이라고 으름장을 놓았다. 마이아는 아직도 포대기에 싸여 잠든 척하고 있는 아이를 가리키며 외쳤다. "얼토당토않은 모함이에요!" 그러나 아폴론은 이미 생가죽을 알아봤다. 그는 헤르메스를 일으켜 세워 올림포스로 데려갔고, 거기서 짐승 가죽을 증거로 내놓으면서 아이를 정식으로 고발했다. 제우스는 새로 태어난 자기 아들이 도둑이라는 걸 믿고 싶지 않아, 헤르메스에게 무죄라 주장하라고 했다. 그러나 아폴론은 물러서지 않았고, 마침내 헤르메스는 풀이 죽어 실토하고 말았다.

"알았어요. 저랑 같이 가시면 소 떼를 되찾을 수 있을 거예요. 저는 겨우 두 마리만 잡았고, 그것도 열두 조각으로 똑같이 나눠 열두 신들에게 제물로 바쳤어요."

"열두 신이라고?" 아폴론이 물었다. "도대체 누가 열두 번째 신이지?"[1]

"부족하지만 접니다." 헤르메스가 삼가면서 대답했다. "배가 너무나 고팠지만 제 몫만 먹었어요. 나머지는 정해진 대로 태웠습니다."

---

1) 올림포스 12신에 대해서는 15장의 관련 각주 참고.

짐승 고기를 신에게 제물로 바친 것은 이것이 처음이다.[2]

d. 두 신은 퀼레네 산으로 돌아갔고, 거기서 헤르메스는 어머니에게 인사를 하고 그전에 양가죽 밑에 숨겨둔 것을 가져왔다.

"그건 뭐지?" 아폴론이 물었다.

대답 대신 헤르메스는 아폴론에게 자기가 새로 발명한 거북이 등딱지 뤼라[3]를 보여 주었다. 그리고 자기가 함께 발명한 플렉트럼[현악기 연주용 작은 채]으로 기가 막히게 아름다운 선율을 연주했다. 헤르메스는 그러면서 동시에 아폴론의 고결함, 현명함, 관대함을 찬양하는 노래도 불렀다. 아폴론은 즉시 헤르메스를 용서했고, 헤르메스는 놀라움과 기쁨에 찬 아폴론을 퓔로스로 데려가 동굴 속에 숨겨둔 남은 소 떼를 돌려주었다.

"우리 거래하자!" 아폴론이 외쳤다. "넌 소 떼를 가지고, 난 뤼라를 가질게."

"좋아요." 헤르메스가 대답했고, 그들은 악수를 했다.

e. 배고픈 소들이 풀을 뜯고 있는 동안, 헤르메스는 갈대를 꺾어 목동이 쓰는 피리를 만들었다. 헤르메스가 피리로 다른 선율을 연주하자 아폴론이 또다시 푹 빠져들어 외쳤다. "한 번 더 거래하자! 그 피리를 주면, 내가 소를 몰 때 쓰는 황금 지팡이를 주겠다. 장차 너는 모든 소치기와 양치기의 신이 될 수 있어."

"제 피리는 황금 지팡이보다 값이 더 나가요." 헤르메스가 답했다. "그래도, 당신이 저에게 점치는 법을 가르쳐 주면 말한 대로 할게요. 점치는 건

---

2) 길었던 인신공양의 관습을 끊어내는 것은 인류 문명의 큰 걸음이라 할 것이다. 그리스 신화에서도 중요한 모티브가 됐다. 『축의 시대: 종교의 탄생과 철학의 시작』(카렌 암스트롱 지음, 2010)을 보면 그리스뿐 아니라 인도와 동아시아도 인신공양 문제가 문명 진보의 고비였음을 알 수 있다. 이 책 7, 2 등 참고.

3) 뤼라lyra, 또는 lyre: 하프와 달리 줄의 길이가 모두 같은 고대 그리스의 현악기. 기원전 7세기 무렵에 일곱 현으로 확정됐다고 전한다. 서정시의 반주에 널리 사용됐으며, 뤼라를 개량한 것이 키타라cithara이다.

정말 쓸모가 많아 보이니까요."

"나도 그건 못한단다. 나의 어릴 적 유모인 트리아이한테 가면, 그들이 조약돌에서 미래를 엿보는 법을 가르쳐줄 거야. 유모는 파르낫소스 산에 살고 있단다." 아폴론은 이렇게 답했다.

f. 이들은 한 번 더 악수를 했고, 아폴론은 아이를 올림포스로 다시 데려와 제우스에게 그동안 있었던 일을 모두 전했다. 제우스는 헤르메스에게 앞으로는 소유의 권리를 존중하고 새빨간 거짓말을 삼가라고 경고했다. 그러나 그는 내심 무척이나 기뻤다. 제우스는 말했다. "너는 재간도 있고 말도 잘하고, 상대를 쥐락펴락하는 것 같구나."

헤르메스는 답했다. "아버지, 그렇다면 저를 전령으로 삼아 주세요. 저는 모든 신의 재산을 책임지고 지킬 것이고, 절대로 거짓말도 하지 않겠습니다. 물론 언제나 전체 진실을 말할 것이라고 약속하진 못하지만요."

제우스는 미소를 지으며 말했다. "너한테 그것까지 기대하진 않는단다. 앞으로 계약을 맺고, 상거래를 북돋우는 일이 너의 임무 가운데 하나가 될 것이다. 또 여행자들이 이 세상 어느 길이든 자유롭게 이용할 수 있게 하여라." 헤르메스가 그렇게 하겠다고 하자, 제우스는 그에게 하얀 띠가 달린 전령의 지팡이를 주었다. 제우스는 이 지팡이를 존중하라고 모두에게 명했다. 비를 막을 수 있는 둥근 모자와 바람처럼 재빨리 날아갈 수 있는 날개 달린 황금 신발도 함께 주었다. 헤르메스는 즉시 올림포스 가족의 환영을 받았고, 그는 그들에게 막대를 비벼 불을 피우는 기술을 가르쳐 주었다.

g. 나중에 트리아이는 물을 채운 대야 속 조약돌의 움직임을 살펴 미래를 예언하는 방법을 헤르메스한테 알려 주었다. 헤르메스 자신도 [양 따위의] 발가락뼈로 하는 놀이와 그것으로 점치는 방법을 발명했다. 하데스도 그를 자신의 전령으로 삼았다. 헤르메스의 황금 지팡이를 죽어가는 사람에게 보여

줌으로써 그에게 부드러우면서도 분명하게 하계로 가야 함을 알렸다.[1]

h. 헤르메스는 또 운명의 세 여신의 알파벳 조합을 도왔고, 천문학, 음계, 권투와 체조 기술, 저울과 자, 올리브나무 재배법을 발명했다. 저울과 자는 팔라메데스가 만들었다고 전하는 사람도 있다.[2]

i. 어떤 이는 헤르메스가 발명한 뤼라는 줄이 일곱 개였다고 전한다. 다른 이들은 계절에 맞춰 세 개, 또는 1년을 사등분한 것에 맞춰 네 개였으며, 아폴론이 일곱 개로 늘렸다고 주장한다.[3]

j. 헤르메스는 아들이 많았다. 이 가운데 아르고 호 선원들의 전령 에키온, 도둑 아우톨뤼코스,[4] 전원시의 창시자 다프니스가 있다. 이 다프니스는 아름다운 시칠리아의 젊은이로, 님프인 그의 어머니가 그를 헤라 산의 월계수 숲에 내다버렸다. 그래서 양치기인 그의 양부모가 그에게 이런 이름을 지어 준 것이다. 목신 판은 다프니스한테 피리 부는 법을 가르쳤다. 그는 아폴론 신의 사랑을 받았고, 자신의 음악을 사랑하던 아르테미스와 함께 사냥하고는 했다. 그는 자신의 소 떼에 아낌없이 애정을 쏟아부었는데, 소 떼는 헬리오스[5]의 것과 같은 품종이었다. 노미아라는 이름의 님프와 이런 일이 있었다. 님프는 다프니스에게 절대로 배신하지 않겠다고 맹세하게 했다. 맹세를 어기면 눈이 멀 것이라 했다. 그런데 님프의 라이벌인 키마이라

---

4) 아우톨뤼코스Autolycus: 유명한 도둑. 헤르메스의 아들로, 들키지 않고 훔치는 기술을 아버지한테서 물려받았다. 에우뤼토스의 암말들을 몰래 훔쳐내 무고한 헤라클레스를 의심받게 만들었다. 하지만 교활한 시쉬포스의 소 떼를 훔치는 데는 실패했다. 그의 딸 안티클레이아는 라에르테스와 결혼해 오뒷세우스를 낳았다.

5) 헬리오스Helios(또는 Helius): 태양신. 티탄 신족 휘페리온과 테이아의 아들로, 새벽의 여신 에오스, 달의 여신 셀레네와 남매 사이다. 마녀 키르케, 콜키스의 왕 아이에테스(메데이아의 아버지), 미노스 왕의 아내 파시파에 등을 자식으로 두었다. 모든 것을 환히 들여다보는 존재로서 은밀한 범행의 목격자 역할로 자주 등장한다. 아프로디테가 아레스와 바람을 피우는 것을 남편인 헤파이스토스에게 알려 주었다가 아프로디테의 미움을 사기도 했다. 네 마리의 날개 달린 천마들이 끄는 전차를 타고 매일 새벽 동쪽 끝에서 출발해 서쪽 오케아노스로 내려간다. 그러나 그리스 신화에서 헬리오스의 지위는 계속 약해져, 나중에는 아폴론 신과 혼동되기에 이른다.

가 다프니스가 취해 있는 동안 그를 유혹했고, 노미아는 미리 경고한 대로 그의 눈을 멀게 만들었다. 다프니스는 한동안 슬픈 노래에서 위안을 찾았지만, 오래 살지 못했다. 헤르메스는 그를 돌로 변하게 했는데, 지금도 케팔레니타눔에서 그 돌을 볼 수 있다. 그리고 헤르메스는 시라쿠사에 다프니스라는 이름의 샘물이 솟아나게 했다. 사람들은 해마다 그곳에 제물을 바친다.4]

1] 『호메로스의 헤르메스 찬가』 1-543; [비극 시인] 소포클레스: 『추적자들』 글조각; 아폴로도로스: 『비블리오테카』 3. 10. 2.
2] 디오도로스 시켈로스: 『역사총서』 5. 75; 휘기누스: 『신화집』 277; 플루타르코스: 『심포시아카』 9. 3.
3] 『호메로스의 헤르메스 찬가』 51; 디오도로스 시켈로스: 1. 16; 마크로비우스: 『사투르날리아』 1. 19; 칼리마코스: 『델로스 찬가』 253.
4] 디오도로스 시켈로스: 4. 84; 베르길리우스의 『시선詩選』에 대한 세르비오스 5. 20; 8. 68; 10. 26; 베르길리우스의 『시선』 5. 20에 대한 필라르귀리오스; 아일리아노스: 『다양한 역사』 10. 18.

*

1. 헤르메스의 어릴 적 행적에 대한 신화는, 후기 문학 작품에만 보존돼 있다. 펠로폰네소스 반도 서남부 멧세니아인들Messenia은 이웃 나라의 소 떼를 빼앗는 일이 잦았고(74. g와 171. h 참고), 나중에 협정을 맺어 그런 일이 중단됐다는 이야기가 전해진다. 헤르메스의 신화는 이런 전승이 헬레네스의 행태와 신화적으로 결합된 것으로 보인다. 야만적인 헬레네스 사람들은, 자신들이 새로 숭배하게 된 아폴론 신의 이름으로 중부 및 남부 그리스에서 만난 크레테-헬라스 문명6]을 장악해 착취했다. 이들도 나중에는 온순한 방

6) 크레테-헬라스Creto-Helladic 문명: 크레테 섬과 그리스 본토를 무대로 펼쳐진 청동기 문명을 지칭하는 것으로 보인다. 이를테면 에게 해 문명인 셈이다. 청동기 시대에 그리스 본토를 무대로 펼쳐진 고대 문명(기원전 3200-기원전 1050년)을 크레테 문명과 구분해 '헬라스 시기Helladic period'라고 한다. 1장 관련 각주 참고.

식을 배웠다. 권투와 체조, 저울과 자, 음악, 천문학, 올리브 재배 등은 모두 헬레네스 도래 이전 크레테-헬라스 문명의 성취였다(162. 6 참고).

2. 헤르메스는 헬레네스 이전 시대에 각 지역에서 다산을 기리던 석조 남근상이었으나 점차 신으로 진화했다(15. 1 참고). 헤르메스의 놀라운 성장 속도는 호메로스의 장난기 어린 외설일지 모른다. 그러나 헤르메스는 헬레네스 이전의 역법에 나오는 '신성한 아이'[7]에서 신화로 진화한 것이기도 하다(24. 6, 44. 1, 105. 1, 171. 4 등 참고). 그 진화에는 '지혜의 신'인 이집트의 토트[8]와 영혼을 지하세계로 안내하는 아누비스[9]도 영향을 미쳤다.

3. 헤르메스의 지팡이에 있는 전령의 하얀 띠는 나중에 뱀이라는 오해를 받았다. 그가 하데스의 전령이기도 했기 때문이다. 이 때문에 에키온의 이름이 나왔다(58. 5 참고).[10] 트리아이Thriae는 파르낫소스Parnassus 산에 있는 무사이 세 자매('산의 여신')이다. 델포이에서도 조약돌의 움직임을 보고 점을 치고는 했다(고대 그리스 신화집:『이야기 부록』67). 짐승의 발가락뼈로 만든 점치는 주사위는 아테나가 처음 만들었으며(제노비오스:『속담집』10. 75), 나중에 대중이 즐겼다고 전한다. 그러나 점술은 그리스와 로마 양쪽에서 귀족들만의 특권이었다. 아폴론의 "긴 날개를 가진 새"는 아마도 헤르메스의 신성한 학이었을 것이다. 아폴론의 사제들은 끊임없이 헤르메스의 영역을 침

---

7) '신성한 아이Divine Child'와 '새해의 아이New Year Child' 이야기는 이 책의 해설에서 계속 등장한다. 필자의 주요한 주장 가운데 하나이다. 이 책은 필자의 해석이나 가설이 해설 곳곳에 흩어져 있어 독자로서 까다롭게 느껴질 수 있다.

8) 토트Thoth: 이집트 신화의 지혜와 정의의 신. 원래 달의 신으로 역법을 주관했으나, 나중에는 과학과 의학, 수학, 천문학 등 학문 일반의 신이 됐다. 흔히 사람의 몸과 따오기ibis의 머리를 가진 서기관으로 표현된다.

9) 아누비스Anubis: 이집트 신화에서 죽은 자의 수호신. 저승으로 향하는 문을 열어 죽은 자를 오시리스의 법정으로 인도하며, 그의 심장을 저울에 달아 살아생전의 행위를 심판한다. 그리스에서는 죽은 자를 저승으로 인도하는 헤르메스와 동일시됐다. 개 또는 자칼의 머리를 하고 있다.

10) 에키온Echion은 '독사'를 뜻한다.

범했는데, 헤르메스는 더 일찍부터 점치기, 문학, 미술의 후견인이었다. 사실 헤르메스의 사제들도 판Pan, 무사이, 아테나 여신의 영역을 침입했다. [막대를 비벼] 불 피우는 법은 헤르메스가 발명했다고 한다. '수컷 막대'를 '암컷 나무줄기'에 비벼대는 것이 남근의 마법을 연상시켰기 때문이다.

4. 실레노스와 그의 아들들인 사튀로스는 앗티케의 연극에서 늘 등장하는 해학적인 인물이었다(83. 5 참고). 원래 이들은 북부 그리스의 산악에 사는 원시 부족이었다. 실레노스는 그곳 토착민이거나 판 신이 어느 님프한테서 얻은 아들이라고 했다(논노스: 『디오뉘소스 이야기』 14. 97; 29. 262; 아일리아노스: 『다양한 역사』 3. 18).

5. 다프니스Daphnis의 로맨틱한 이야기는 케팔레니타눔Cephalenitanum의 남근 기둥과 [이탈리아 시칠리아 항구도시] 시라쿠사의 샘물 주위에서 만들어졌다. 이곳은 아마도 월계수 숲으로 둘러싸여 있고, 거기서는 앞을 못 보는 죽은 이들을 기리는 노래를 불렀을 것이다. 다프니스는 아폴론 신의 사랑을 받았다고 하는데, 템페Tempe의 주신제 여신으로부터 월계수를 가져왔기 때문이다(21. 6 참고).

18
아프로디테의 본성과 행적

아프로디테는 마법의 허리 장식 띠girdle를 다른 여신들에게 좀처럼 빌려 주지 않았다. 이를 두르면 누구든 그와 사랑에 빠졌다. 사랑의 일은 자신의 영역이었기 때문이다. 제우스는 그녀를 다리를 절뚝거리는 대장장이 신 헤파이스토스와 결혼시켰다. 그러나 그녀가 낳은 세 자식인 포보스, 데이모스, 하르모니아의 진짜 아버지는 아레스였다. 아레스는 다리가 멀쩡하고, 성질이 급하고, 술에 취해 있고, 싸우기 좋아하는 '전쟁의 신'이었다. 헤파이스토스는 그런 일을 전혀 몰랐다. 그런데 어느 날 밤 두 연인은 아레스의 트라케 궁전 침대에서 너무 오래 머물렀고, 아침에 하루 여정을 시작한 헬리오스는 이들이 재미를 보고 있는 것을 발견해 헤파이스토스한테 일러바쳤다.

b. 헤파이스토스는 화가 나서 자신의 대장간에 들어가 거미줄처럼 가늘지만 결코 끊어지지 않는 사냥용 청동 그물을 만들었고, 이를 몰래 자신의 침대 옆과 기둥에 쳐 놓았다. 트라케에서 막 돌아온 아프로디테는 한껏 미소를 띤 채 코린토스에 볼일이 있어 다녀왔다고 했다. 헤파이스토스는 그녀에게 이렇게 말했다. "사랑하는 아내여. 부디 용서해 주오. 내가 제일 좋

아하는 섬인 렘노스에 가서 며칠 쉬려 하오." 아프로디테는 같이 가는 게 어떠냐고 물어보지도 않았다. 그리고 남편이 떠나고 난 뒤 곧장 아레스에게 전갈을 보냈고, 아레스도 바로 달려왔다. 둘은 들뜬 마음에 침대로 올랐지만, 여명이 밝아오자 자신들이 벌거벗은 채 그물에 갇힌 신세라는 걸 알게 됐다. 빠져나갈 수도 없었다. 헤파이스토스가 여행에서 돌아오자 침대에 붙잡힌 두 신은 깜짝 놀랐다. 헤파이스토스는 아레스의 불륜의 증인이 돼달라고 모든 신을 불렀다. 그러고는 그녀의 양아버지 제우스에게 자신이 예전에 바친 귀중한 결혼 선물들을 돌려주지 않으면 아내를 풀어 주지 않겠다고 선언했다.

c. 남신들은 아프로디테가 곤경에 빠진 것을 보려고 급하게 달려왔다. 여신들은 걱정하면서도 그냥 집에 머물렀다. 아폴론은 헤르메스의 옆구리를 툭 치면서 물었다. "저기 아레스 대신 네가 있으면 좋겠지? 누구랑 같이 그물에 싸여서 말이야."

헤르메스가 곧바로 대답하기를, 저런 그물이 세 개가 되고 모든 여신이 둘러서서 눈총을 준다고 해도 그러고 싶다고 했다. 이에 두 신은 박장대소를 했다. 그러나 제우스는 역겨움을 느끼면서 결혼 선물을 돌려주길 거부했다. 또, 헤파이스토스가 이런 일을 사람들에게 알리는 바보짓을 했다면서 자신은 부부간의 상스러운 문제에 끼어들지 않겠다고 했다. 반면, 포세이돈은 아프로디테의 벌거벗은 몸을 보자마자 그녀와 사랑에 빠졌다. 그는 아레스에 대한 질투심을 숨기고 헤파이스토스를 동정하는 체하며 말했다. "제우스가 돕지 않겠다고 했다. 그러니 아레스를 풀어 주면 그가 결혼 선물에 상당한 것을 지불하도록 내가 책임을 지겠다."

"그것도 나쁘지는 않군요. 그러나 아레스가 이행하지 않으면 포세이돈께서 그물에 갇혀 있어야 할 겁니다." 헤파이스토스가 침울하게 답했다.

"아프로디테와 함께?" 아폴론이 웃으면서 끼어들었다.

"나는 아레스가 이행하지 않을 것이라 생각하지 않는다. 혹시라도 아레스가 지불하지 않는다면, 내가 그 빚을 갚고 아프로디테를 아내로 데려가겠다." 포세이돈은 고상하게 말했다.

그렇게 해서 아레스는 그물에서 풀려나 트라케로 돌아갔다. 아프로디테는 파포스로 가서 그곳 바다에서 처녀성을 회복했다.[1]

d. 아프로디테는 헤르메스가 자기를 사랑하는 마음을 숨기지 못한 것에 우쭐해졌고, 이에 이내 헤르메스와 하룻밤을 보냈다. 그 결실이 양성의 존재인 헤르마프로디토스[1]이다. 포세이돈도 그냥 넘어가지 않았다. 그가 자신을 위해 중재에 나서 준 것이 기뻐, 아프로디테는 포세이돈에게 두 아들 로도스와 헤로필로스를 낳아주었다.[2] 말할 필요도 없이, 아레스는 약속한 대가를 지불하지 않았다. 제우스가 지불하지 않는다면 자기도 그럴 이유가 없다고 강변했다. 결국, 아무도 대가를 치르지 않았다. 헤파이스토스는 아프로디테를 미친 듯 사랑하고 있어 그녀와 진짜로 이혼할 생각은 조금도 없었기 때문이다.

e. 나중에, 아프로디테는 디오뉘소스에게도 마음을 빼앗겨 그에게 프리아포스[2]를 낳아주었다. 프리아포스는 엄청나게 큰 남근을 가진 못생긴 아이였다. 그에게 이렇게 이상한 외모를 준 것은 헤라였다고 한다. 아프로디테의 난잡함이 못마땅해서였다. 프리아포스는 정원사라서 가지치기 칼을

---

1) 헤르마프로디토스Hermaphroditus 또는 Hermaphroditos: 헤르메스와 아프로디테 사이에서 태어난 아름다운 미소년이다. 그의 이름도 헤르메스와 아프로디테의 합성어이다. 물의 요정 살마키스의 짝사랑으로 인해, 그녀와 한 몸이 된 뒤 남성과 여성을 동시에 가진 남녀 양성의 존재가 됐다. 한편, 플라톤은 『향연』에서 인간은 원래 양성을 갖고 있었는데, 신이 분리해 나머지 잃어버린 반쪽을 찾아 헤맨다고 했다. 뮤지컬 「헤드윅」에 이런 내용의 가사를 가진 노래가 나온다.
2) 15장 '에로스'의 각주 참고.

가지고 다닌다.[3]

f. 제우스는, 일부에서는 그랬다고 하지만, 입양한 딸 아프로디테와 동침하지 않았다. 그렇지만 그녀의 허리 장식 띠의 마법으로 끊임없는 유혹을 받았다. 마침내 제우스는 아프로디테가 필멸의 인간과 절박한 사랑에 빠지도록 해 창피를 줘야겠다고 결심했다. 그 상대는 잘생긴 앙키세스[3]였다. 그는 일로스의 손자이며, 다르다니아족의 왕이었다. 어느 날 밤, 그는 트로이아의 이다 산에 있는 소몰이꾼의 움막에서 잠을 자고 있었다. 이때, 아프로디테가 눈부시게 빨간 예복을 입은 프뤼기아 공주의 모습으로 찾아왔다. 그녀는 곰과 사자 가죽이 펼쳐진 침상에 그와 함께 누웠고, 주변에는 꿀벌들이 나른하게 붕붕거렸다. 여명이 밝아와 헤어질 때가 되자, 아프로디테는 자신의 정체를 드러내면서 둘이 동침했다는 것을 누구에게도 말하지 않겠다고 약속하도록 했다. 앙키세스는 자신이 여신의 알몸을 봤다는 것을 알고는 두려움에 떨며 살려달라고 간청했다. 아프로디테는 두려워할 필요가 없으며 장차 태어날 아들이 유명해질 것이라고 말했다.[4] 며칠 뒤 앙키세스는 친구들과 술을 마셨는데, 그들 가운데 하나가 그에게 물었다. "아프로디테 여신보다는 차라리 사람의 딸과 동침하는 게 더 낫지 않아?" 앙키세스는 경계심이 풀어져 답했다. "아니야. 나는 양쪽 모두랑 자봤어. 질문이 터무니없네."

g. 제우스는 그의 자랑을 우연히 듣게 됐고, 앙키세스한테 벼락을 내렸다. 그는 곧장 저세상 사람이 됐을 테지만, 아프로디테가 자기 허리 장식 띠

---

3) 앙키세스Anchises: 아프로디테 여신의 사랑을 받아 나중에 로마의 시조가 되는 아이네이아스Aeneas를 얻었다. 아들과 함께 트로이아 편에서 전쟁에 나섰다. 아이네이아스는 트로이아가 함락된 뒤 늙은 아버지를 등에 업고 트로이아 유민들을 이끌고 탈출해, 여러 곳을 떠돌던 끝에 남부 이탈리아에 정착하여 로마를 건국했다.

를 던져 벼락이 빗나가도록 해 그의 발치에 떨어졌다. 앙키세스는 목숨을 건졌지만, 충격에 다시는 똑바로 설 수 없게 됐다. 아프로디테는 아이네이 아스를 아들로 낳아준 뒤 금방 그에 대한 열정을 잃어버렸다.[5]

h. 어느 날 퀴프로스 섬의 키뉘라스 왕의 아내가 바보같이 자기 딸 스뮈르나가 아프로디테 여신보다 더 아름답다고 자랑했다. 어떤 이는 키뉘라스가 아니라 뷔블로스의 포이닉스 왕이라고 하고, 또 어떤 이는 앗시리아의 테이아스 왕이라고 한다. 여신은 이런 모욕에 스뮈르나가 자신의 아버지와 사랑에 빠지게 하는 것으로 복수했다. 스뮈르나는 어느 어두운 밤에 아버지의 침대로 올라갔다. 미리 유모가 아버지를 술에 취하게 만들어 무슨 일이 벌어지는지 깨닫지 못하게 했던 것이다. 나중에 키뉘라스 왕은 아직 배 속에 있는 스뮈르나의 아이에 대해 자신이 아버지이자 할아버지가 된다는 것을 알게 됐다. 그는 격노해 칼을 움켜쥐고 궁전에서 달아나는 딸을 추적했다. 언덕 꼭대기에서 딸을 붙잡았는데, 아프로디테 여신이 급히 스뮈르나를 몰약나무로 변신시켰다. 아버지가 내리친 칼에 나무는 두 갈래로 쪼개졌고, 아기 아도니스가 튀어나왔다. 아프로디테 여신은 자신이 벌인 장난을 후회하고 있었기에, 아도니스를 상자에 넣어 '죽은 자의 여왕' 페르세포네에게 맡기면서 상자를 어두운 곳에 넣어두라고 부탁했다.

i. 페르세포네 여신은 호기심을 이기지 못해 상자를 열어봤고, 그 안에서 아도니스를 발견했다. 아기 아도니스가 너무나 사랑스러웠기에 페르세포네는 아기를 꺼내 자기 궁전에서 키웠다. 이 소식은 아프로디테의 귀에 닿았고, 즉시 타르타로스를 찾아가 아도니스를 돌려 달라고 요구했다. 페르세포네는 아도니스가 지금은 자기 애인이라고 하면서 이를 거절했다. 아프로디테는 제우스에게 도움을 요청했다. 그러나 제우스는 아프로디테도 아도니스와 동침하고 싶어 한다는 것을 잘 알고 있었기에, 그런 불미스러운 분

쟁에 대해서는 판결하지 않겠다고 했다. 대신 제우스는 이 분쟁을 무사 여신 칼리오페[4]가 주재하는 하급 법정으로 넘겼다. 칼리오페는 양쪽이 아도니스에 대해 똑같은 권리를 갖고 있다고 판결했다. 아프로디테는 아도니스가 무사히 태어나도록 했고, 페르세포네는 그를 상자에서 꺼내 키웠기 때문이다. 칼리오페는 또, 아도니스가 1년에 한번은 휴가를 받아 만족을 모르는 두 여신의 욕정에서 벗어날 수 있어야 한다고 판결했다. 이에 칼리오페는 1년을 삼등분해 한때는 페르세포네와, 다른 때에는 아프로디테와 함께 있고, 나머지는 혼자 지낼 수 있게 했다.

아프로디테는 꼼수를 부렸다. 마법의 허리 장식 띠를 항상 몸에 둘러 아도니스가 자신의 몫을 그녀에게 주도록 만들었다. 페르세포네와 지내는 시간도 마지못해 그렇게 하도록 했다. 그녀는 이렇게 법정 판결에 불복한 셈이다.[6]

j. 페르세포네는 당연히 분개했고, 트라케로 가서 그녀의 후원자 아레스에게 아프로디테가 그보다 아도니스를 더 좋아한다고 말했다. "그냥 인간 남자예요. 게다가 사내답지도 못해요!" 페르세포네는 외쳤고, 아레스는 질투심이 불같이 일었다. 이에 멧돼지로 변신해 레바논 산에서 사냥을 하던 아도니스에게 돌진했다. 아레스는 아프로디테가 보는 앞에서 아도니스를 엄니로 들이받아 죽였다. 아도니스의 피에서 아네모네 꽃이 피어났고, 그의 영혼은 타르타로스로 내려갔다. 아프로디테는 눈물을 흘리면서 제우스에게 달려가 아도니스가 1년 중 어두운 절반만 페르세포네와 함께 지내고,

---

4) 칼리오페Calliope: 예술의 여신 무사이('무사'의 복수형) 중 한 명으로 서사시를 관장한다. 티탄 신족 므네모쉬네(기억의 여신, 우라노스와 가이아의 딸)가 제우스와 관계하여 낳은 아홉 명의 무사이 자매 가운데 맏이다. 아폴론 신과 결합해 노래와 시의 명인 오르페우스를 낳았다. 칼리오페는 무사이 가운데 가장 현명하며, 아도니스를 둘러싼 아프로디테와 페르세포네의 분쟁을 중재한 일도 유명하다.

더운 계절에는 자신과 함께 머물 수 있게 해달라고 간청했다. 제우스는 너 그리이 간청을 들어주었다. 그러나 어떤 이는 멧돼지가 아폴론 신이었으며, 예전에 아프로디테가 준 상처에 대해 복수한 것이라 전한다.[7]

k. 언젠가 아프로디테는 아도니스의 질투심을 불러일으키려 릴뤼바이온에서 아르고 호의 영웅 부테스와 함께 며칠 밤을 보낸 적이 있다. 그리고 그를 통해 시칠리아의 왕 에륔스의 어머니가 됐다. 아프로디테는 아도니스를 통해서도 아들 하나를 얻었는데, 퀴프로스 섬의 골기를 건설한 골고스이다. 딸도 하나 있는데, 트라케의 베로이아를 건설한 베로에이다. 그리고 어떤 이는 디오뉘소스가 아니라 아도니스가 그녀의 아들 프리아포스의 아버지라고 전한다.[8]

l. 운명의 여신들은 아프로디테 여신에게 하나의 임무만을 할당했다. 바로 사랑을 나누는 일이다. 그런데 어느 날 아테나는 그녀가 은밀하게 베틀에 올라 일을 하는 것을 목격하고, 자신의 고유한 특권이 침해당했다고 호소하면서 이것도 저것도 모두 그만두겠다고 위협했다. 아프로디테는 거듭거듭 사과하고, 그 뒤로 일은 거들어 주는 것조차 하지 않았다.[9]

1] 호메로스: 『오뒷세이아』 8. 266-367.
2] 디오도로스 시켈로스: 『역사총서』 4. 6; 핀다로스의 「퓌티아 제전 송가」에 대한 고전 주석자 8. 24.
3] 파우사니아스: 『그리스 여행기』 9. 31. 2; 아폴로니오스 로디오스에 대한 고전 주석자 1. 932.
4] 『호메로스의 아프로디테 찬가』 45-200; 테오크리토스: 『전원시』 1. 105-107; 휘기누스: 『신화집』 94.
5] 베르길리우스의 『아이네이스』에 대한 세르비오스 2. 649.
6] 아폴로도로스: 『비블리오테카』 3. 14. 3-4; 휘기누스: 『시적 천문학』 2. 7과 『신화집』 58, 164, 251; 풀겐티우스: 『신화』 3. 8.
7] 베르길리우스의 『시선』에 대한 세르비오스 10. 18; 「오르페우스 찬가」 55. 10; 알렉산드리아의 헤파이스티온: 1. 306.
8] 아폴로니오스 로디오스: 『아르고 호 이야기』 4. 914-919; 디오도로스 시켈로스: 4. 83; 테오크리토스의 『전원시』 15. 100에 대한 고전 주석자; 체체스: 『뤼코프론에 관하여』 831.
9] 헤시오도스: 『신들의 계보』 203-204; 논노스: 『디오뉘소스 이야기』 24. 274-281.

1. 후기 헬레네스 사람들은 지중해의 '위대한 여신Great Goddess'이 남자의 보호 아래 있으며, 그 여신을 기리는 엄숙한 관능적 비밀 주신제는 무분별한 간통일 뿐이라면서 업신여겼다. 그런데 사실 위대한 여신은 오래전부터 코린토스, 스파르테, 테스피아이, 아테나이 등지에서 최고 지위에 있었다. 호메로스는 아프로디테가 헤파이스토스의 그물에 걸려들었다고 했지만, 그 그물은 원래 바다의 여신인 아프로디테 자신의 것이었다(89. 2 참고). 아프로디테의 여사제는 봄 카니발에 그물을 몸에 걸쳤던 것으로 보인다. 북유럽 신화의 홀레Holle 또는 고데Gode 여신의 여사제도 오월제 전야에 똑같이 했다.

2. 프리아포스는 디오뉘소스 주신제에 우뚝 서 있던 투박한 목제 남근상에서 유래했다. 그를 아도니스Adonis의 아들이라 한 것은, 그의 축제에서 바치던 모형 '정원' 때문이다.[5] 배나무는 펠로폰네소스의 주요 여신인 헤라에게 신성했고, 그래서 펠로폰네소스를 아피아Apia[6]라고 불렀다(64. 4와 74. 6 참고).

3. 아프로디테 우라니아Urania('산들의 여왕')[7] 또는 아프로디테 에뤼키나Erycina('히드heather의 여왕')는 한여름의 님프 여신이다. 여왕벌이 수벌을 죽이듯, 이 여신은 자기와 산꼭대기에서 짝을 지었던 신성한 왕의 생식기를 잡아 뜯어 죽였다. 그래서 아프로디테가 산꼭대기에서 앙키세스와 정사를 나눌 때

---

5) 이 부분의 정확한 맥락을 확인하기 어렵다. 다만, 아도니스 신화는 식물 생장과 관련이 있다.

6) 배나무를 뜻한다.

7) 바다에서 태어난 아프로디테에게 이상하게도 '산의 여왕'이라는 별칭이 따라붙었다는 점에 필자는 주목하는 듯하다. 필자는 고대의 신성한 왕(또는 대사제, 제사장)을 제물로 바쳤다는 이야기와 연결해 아프로디테 신화 일부에 '새로운' 해석을 시도하고 있다. 이때 아프로디테는 익히 알고 있는 '미의 여신' 이전의 존재가 아닐까 한다.

히드 꽃을 좋아하는 꿀벌과 붉은 예복이 등장한 것이다. 퀴벨레 여신[8]을 여왕벌로 숭배한 것도 같은 맥락이다. 퀴벨레는 프뤼기아 쪽에서 이다 산의 아프로디테인 셈이다. 퀴벨레의 사제들은 여신의 연인 앗티스[9]를 기억하려 황홀경에서 스스로 거세했다(79. 1 참고). 앙키세스는 '삶 속의 죽음 여신 Goddess of Death-in-Life'과 짝을 지은 다음 의례의 벼락을 맞는 많은 신성한 왕들 가운데 하나이다(24. a 참고). 신화의 가장 오래된 판본에서 그는 죽임을 당하지만, 나중의 여러 판본에는 그가 이를 벗어나는 것으로 나온다. 경건한 아이네이아스가 불타는 트로이아에서 자기 아버지 앙키세스를 데리고 나온 이야기가 그 자리를 대신한 것이다. 참고로, 이때 아이네이아스는 신성한 팔라디온[10]을 로마로 가져갔다(168. c 참고). 그의 이름을 보면, 아프로디테는 이시스Isis[11]와 동일시된다. 이시스 여신의 남편 오시리스Osiris는 멧돼지로 변신한 세트Set에 의해 거세를 당한다.[12] '앙키세스'는 사실 아도니스의 동의어이다. 시칠리아 에뤽스Eryx[13] 산 부근 아이게스타Aegesta에는 앙

---

8) 퀴벨레Cybele: 소아시아 신화의 어머니 신(또는 대지의 여신). 고대 국가 프뤼기아를 중심으로 소아시아 전역에서 숭배를 받았다. 처음에는 이다 산의 신이었으며, 이 여신에게는 소를 산 채로 제물로 바쳤다. 소아시아가 로마에 정복된 뒤, 로마로 건너가 아우구스투스 등 황제들의 숭상을 받았다. 로마의 성 베드로 성당이 있던 자리에는 원래 퀴벨레 여신의 신전이 있었다고 한다.

9) 앗티스Attis: 프뤼기아의 미소년. 대지의 여신 퀴벨레의 열렬한 사랑을 받았으나, 프뤼기아의 왕녀와 결혼하려 여신의 분노를 샀다. 여신은 그를 미치게 만들었고, 이에 스스로 거세하여 죽었다. 퀴벨레는 곧 후회하며 비탄에 빠졌고, 퀴벨레 신전에는 앗티스를 기려 거세된 남자만 사제가 될 수 있었다.

10) 팔라디온Palladium: '팔라스 아테나'의 신상. 도시를 지켜주는 힘이 있다고 믿었다. 트로이아 성의 함락 뒤 아이네이아스가 로마로 갔다고도 한다. 팔라스는 어린 아테나이의 소꿉친구였는데 어쩌다 아테나 여신의 창에 찔려 죽었다. 이에 아테나 여신은 팔라디온 상을 만들어 기렸고, 이것이 나중에 아테나 여신을 상징하는 신상이 됐다. 트로이아 전쟁에서 목마에 버금가는 중요 모티프이다.

11) 10장의 각주 참고.

12) 필자는 찾아보기에서, '앙키세스'가 '이시스 여신과 함께 사는'을 뜻한다고 풀었다. 따라서 앙키세스의 연인인 아프로디테가 이시스와 연결되는 것이다. 여기에 이집트 신화에서 오시리스도 아도니스와 똑같이 멧돼지에게 죽임을 당한다. 필자는 이처럼 그리스 신화를 아나톨리아, 이집트, 웨일스, 아일랜드, 인도 등 다른 지역의 신화와 계속 비교한다. 비교신화학적 접근이라 할 것이다.

13) 아프로디테와 부테스의 아들 이름과 같다.

키세스의 전당이 있었고(할리카르낫소스의 디오뉘시오스: 1. 53), 이에 베르길리우스는 그가 이웃 마을 드레파논Drepanum에서 죽어 그 산에 묻혔다고 했다(『아이네이스』 3. 710, 759 등). 앙키세스의 전당은 아르카디아와 소아시아 지역 트로아스Troad에도 있었다. 에뤽스 산의 아프로디테 성소에서는 금빛 벌집이 내걸려 있었는데, 다이달로스가 시칠리아로 달아날 때 봉헌했던 것이라고 한다(92. h 참고).

4. 아프로디테는 '삶 속의 죽음 여신'이기에 자신의 미모와 상냥함에 어울리지 않는 호칭을 여럿 갖고 있다. 아테나이에서 아프로디테는 운명의 여신들의 맏언니와 에리뉘에스Erinyes의 자매로 불렸다. 그 밖의 다른 곳에서는 멜라이니스Melaenis('검은 이')라고도 하는데, 파우사니아스는 사랑 나누기가 대부분 밤에 이뤄진다는 뜻에서 나온 이름이라고 재치 있게 설명했다. 스코티아Scotia('어두운 이'), 안드로포노스Androphonos('남자 살해자')라고도 했으며, 심지어 플루타르코스는 에피튐브리아Epitymbria('무덤의')라는 별칭도 있다고 전했다.

5. 키뉘라스와 스뮈르나의 신화는 가모장제 사회에서 신성한 왕이 관례를 어기면서 자신의 통치 기간을 연장하려 시도했던 역사적 시기에 대한 기록이다. 그는 명목상으로 자신의 딸인 젊은 여사제와 결혼식을 거행함으로써, 다음 차례의 왕 후보가 그 여사제와 결혼해 자신의 왕국을 빼앗아 가고 여사제가 여왕 자리에 오르는 것을 막았다(65. 1 참고).

6. 아도니스(포이니케의 아돈adon, '주인')는 시리아의 초목 생장의 정령인 반신반인 탐무즈[14] 이야기의 그리스식 변형이다. 소아시아의 시리아와 그리

---

14) 탐무즈Tammuz: 수메르의 식물신. 겨울에 말라 죽었다가 여름에 무성하게 자라는 식물처럼 1년의 반은 명계冥界에서, 반은 천계天界에서 지냈으며, 미의 여신 이슈타르의 남편이다. 구약성서에 '담무스'(『에스겔』 8장 14절 등)로 등장한다. 이 신은 그리스 신화에 들어와 아도니스가 되어, 아프로디테 및 페르세포

스에서 여신의 신성한 한 해는 한때 세 부분으로 나뉘어 있었고, 각각은 사자, 염소, 뱀의 신이 통치했다(75. 2 참고). 이들 중 가운데 부분의 표상인 염소는 '사랑의 여신 아프로디테'의 몫이었다. 세 번째 부분의 표상인 뱀은 '죽음의 여신 페르세포네'의 몫이었고, 첫 번째 부분의 표상인 사자는 '출산의 여신'에게 신성했다. 여기서 출산의 여신은 스뮈르나라고 불렸는데, 아도니스와는 아무런 상관이 없었다. 그리스에서 이런 역법은 1년을 두 계절로 나누는 방식으로 바뀐다. 스파르테와 델포이처럼 동방의 방식에 따라 춘분과 추분으로 나누거나, 아테나와 테바이처럼 북방의 방식에 따라 하지와 동지로 나눴다. 이런 사정이 산의 여신 칼리오페와 제우스의 판결 사이의 차이를 설명해 준다.

7. 탐무즈는 많은 신화 속 캐릭터처럼 멧돼지한테 죽임을 당했다. 오시리스, 크레테의 제우스, 아르카디아의 앙카이오스Ancaeus(157. e 참고), 뤼디아의 카르마노르Carmanor(136. b 참고), 아일랜드의 영웅 디아르무이드Diarmuid 등이 그렇다. 이들 이야기에 나오는 멧돼지는 한때 초승달 모양의 엄니를 가진 암퇘지로, 페르세포네 여신 자신이었던 것으로 보인다. 그러나 한 해를 둘로 나누게 되면서, 밝은 절반은 신성한 왕이 다스리고 나머지 어두운 절반은 그의 후계자 또는 경쟁자가 다스리게 됐다. 경쟁자는 이때 멧돼지 분장을 하고 나왔다. 이집트 신화의 세트가 오시리스를 죽일 때, 또는 켈트족 전설의 영웅 핀 막 쿨Finn mac Cool이 디아르무이드를 죽일 때도 그랬다. 탐무즈의 피는 아네모네에 대한 우화로 보인다. 아네모네는 겨울비가 내린 뒤 레바논 산의 비탈을 붉게 물들인다. 탐무즈를 기리는 애도의 제례인 아도니아Adonia가 매년 봄에 레바논의 해안 도시 뷔블로스에서 열렸다. 아도

네와 반년씩 지냈다는 이야기가 생겼다. 이는 1년을 절반씩 둘로 나누는 역법과 연결된다.

니스가 몰약나무에서 태어났다고 하는 것은 그의 의례가 주신제적 특징을 가졌다는 것을 보여 준다. 몰약은 잘 알려진 최음제이다. 몰약나무에서 떨어지는 수지 방울은 아도니스가 흘리는 눈물이라 여겼다(오비디우스: 『변신 이야기』 10. 500 ff.). 휘기누스는 키뉘라스를 퀴프로스 섬의 왕이 아니라 앗시리아의 왕이라고 했다(『신화집』 58). 아마도 탐무즈 숭배가 거기서 비롯된 것으로 보였기 때문일 것이다.

8. 아프로디테의 아들 헤르마프로디토스는 여자의 가슴과 긴 머리카락을 가진 젊은이였다. 안드로귀네Androgyne, 즉 수염 달린 여자처럼, 양성구유자hermaphrodite는 양성의 육체적 특징을 동시에 갖추고 있었다. 그러나 종교적 관념에서 보면 이들 둘은 가모장제에서 가부장제로 전환한 데서 유래한다. 헤르마프로디토스는 여왕을 대행하는 신성한 왕으로 가짜 가슴을 달았다(136. 4 참고). 안드로귀네는 헬레네스 도래 이전 씨족의 어머니로, 가부장제로 되는 것을 피한 경우다. 씨족을 다스리는 자신의 권력을 유지하거나 노예-아버지한테서 자기가 낳은 아이의 지위를 높여 주고자, 그녀는 가짜 수염을 달았다. 아르고스에서도 그런 풍습이 있었다. '퀴프로스 섬의 아프로디테'와 같이 수염 단 여신들과 디오뉘소스와 같이 여성적인 남신들은 이런 전환기적 사회 단계와 부합한다.

9. 언뜻 보면, 하르모니아Harmonia는 아프로디테가 아레스와 낳은 딸한테 어울리지 않는 이상한 이름이다. 그러나 그때도 지금처럼 전쟁 중인 나라에는 애정과 조화harmony가 평소보다 더 널리 퍼졌다.

19
아레스의 본성과 행적

　트라케의 아레스는 전투를 그 자체로 사랑했다. 그의 남매 에리스는 언제나 소문을 퍼뜨리고 질투심을 심어 주는 방식으로 전쟁의 불씨를 키웠다. 에리스와 마찬가지로, 아레스는 싸움에서 어느 한쪽을 편들지 않았다. 인간을 살육하고 도시를 약탈하는 것을 즐기면서 내키는 대로 이쪽이나 저쪽 편에서 싸울 뿐이었다. 제우스와 헤라를 비롯해 아래로 모든 동료 신들이 하나같이 그를 싫어했다. 에리스와 그에 대한 삐뚤어진 열정을 품은 아프로디테만 예외였다. 탐욕스러운 하데스도 그랬는데, 잔인한 전쟁에서 목숨을 잃은 용감하고 젊은 전사를 반겼기 때문이다.

　b. 아레스가 항상 이기기만 한 건 아니었다. 아테나 여신은 아레스보다 훨씬 더 솜씨 좋은 싸움꾼이었고, 전투에서 그를 두 번이나 무찔렀다. 언젠가 알로에우스[1]의 거인족 아들들이 그를 제압하고 열세 달 동안이나 놋쇠 통에 가둬둔 적도 있다. 당시 헤르메스가 초주검 상태의 아레스를 꺼내 주

---

1) 알로에우스Aloeus: 아이톨리아 지역 알로스의 왕. 아내 이피메데이아가 낳은 두 거인 형제 '알로아다이(알로에우스의 자식들)'가 유명하다. 하지만, 이들이 포세이돈의 자식이라는 얘기가 있다. 같은 이름인 헬리오스의 아들 알로에우스와 구분해야 한다.

었다. 헤라클레스는 그를 공포에 사로잡혀 올림포스 산으로 달아나게 만들었다. 아레스는 소송을 경멸해 고소인으로서 법정에 선 적이 한 번도 없다. 다만, 딱 한 번 피고인으로 법정에 선 적은 있다. 그가 포세이돈의 아들 할리로티오스[2]를 의도적으로 살해했다고 동료 신들이 고발했기 때문이다. 아레스는 당시 '케크롭스[3] 가문'의 자기 딸 알킵페를 할리로티오스의 겁탈로부터 구해 내기 위해 어쩔 수 없었다고 항변했다. 아레스 자신과 딸 알킵페를 빼고는 그 사건을 목격한 사람이 아무도 없었고, 알킵페는 당연히 포세이돈의 증언을 확인할 뿐이었다. 이에 법정은 그를 풀어 줘야 했다. 이는 살인사건 재판에 대한 최초의 판결이었다. 재판이 열렸던 언덕은 아레오파고스라 부르게 됐고, 지금도 그렇게 부른다.[1]

1] 아폴로도로스: 『비블리오테카』 3. 14. 2; 파우사니아스: 『그리스 여행기』 1. 21. 7.

*

1. 아테나이 시민들은 자유를 수호하거나 그만큼 합당한 이유가 있을 때를 빼고는 전쟁을 싫어했다. 그래서 심심풀이로 전쟁을 벌이는 트라케 사람들을 경멸했다.

2. 파우사니아스의 설명을 보면, 할리로티오스는 죽임을 당하기 전에 이

---

2) 할리로티오스Halirrhothius: 포세이돈의 아들. 아레스의 딸인 알킵페를 겁탈하려다 아레스에게 살해됐다. 포세이돈은 아레스를 고발해, 최초의 살인사건 재판이 열렸다. 재판이 열린 언덕은 나중에 '아레오파고스Areopagus('아레스의 언덕', Areios pagos)'라고 불리게 됐다. 어머니를 살해한 오레스테스도 여기서 재판을 받는다. 아레오파고스는 아크로폴리스 아래쪽에 위치한 언덕이며, 귀족정 아테나이에서 중요한 정치적 토론이 벌어지던 곳이다. 참고로, 필자는 주로 '아레이오파고스Areiopagus'라고 적었는데, 전례를 찾기 힘들어 보통 쓰듯 'i'를 뺀 이름을 기준으로 삼았다.

3) 케크롭스Cecrops: 전설적인 아테나이의 왕. 부모 없이 앗티케의 대지에서 태어났다고 하며, 아테나이의 소유권을 놓고 아테나와 포세이돈이 경합할 때 아테나 여신을 도시의 수호신으로 선택했다. 제우스에게 인간을 제물로 바치는 풍습을 없앴다. 포세이돈은 케크롭스의 딸과 관계해 알킵페를 낳았다.

미 알킵페를 겁탈했다. 그런데 할리로티오스는 포세이돈의 동의어일 수 있다. 또 알킵페는 암말 머리의 여신의 동의어인지 모른다. 사실 이 신화는 포세이돈이 데메테르를 강간한 것을 떠올리게 하고, 포세이돈 숭배자들의 아테나이 정복과 그들의 여신 창피 주기를 암시한다(16. 3 참고). 하지만 신화는 애국적인 이유로 변형되고 옛날부터 내려온 살인사건 전설과 결합됐다. 아레오파고스는 아마도 '아픔을 달래주는 여신의 언덕'을 뜻할 것이다. 아레이아areia는 아테나 여신의 호칭 가운데 하나다.

20
헤스티아의 본성과 행적

위대한 올림포스 신들 가운데 오직 헤스티아만이 전쟁이나 분쟁에 한 번도 끼어들지 않았다. 이는 헤스티아의 영광이다. 헤스티아는 여기에 더해 아르테미스와 아테나같이, 신들이나 티탄 신족 등의 욕정적인 구애에 한사코 저항했다. 크로노스가 쫓겨난 뒤 포세이돈과 아폴론이 경쟁적으로 구애에 나섰지만, 그녀는 제우스 곁에서 영원히 처녀로 남겠다고 맹세했다. 제우스는 이에 대한 상으로 앞으로 모든 공적 희생 제의에서 첫 번째 제물은 헤스티아의 몫이 될 것이라고 선언했다.[1] 그녀가 올림포스의 평화를 지켜 주었기 때문이다.

b. 언젠가 프리아포스가 술에 취해 신들이 참석한 잔치에서 헤스티아를 겁탈하려 했다. 모두가 실컷 먹고 잠들어 있을 때였다. 그런데 당나귀 한 마리가 크게 울어 헤스티아를 깨웠고, 프리아포스가 자기 다리를 벌리려 하는 것을 알고 비명을 질렀다. 프리아포스는 겁을 먹고 허둥지둥 달아났다.[2]

c. 헤스티아는 '화로의 여신'이다. 모든 가정집 또는 시청에서 그녀의 보호를 바라며 도망쳐 온 탄원자들을 보호한다. 세상 모두가 헤스티아를 공경한다. 올림포스 신들 가운데 가장 온화하고 가장 공정하며 가장 너그러

울 뿐 아니라, 집 짓는 법도 발명했기 때문이다. 그녀의 불은 너무도 신성했다. 혹시 사고나 애도의 표시로 화로가 식었다면, 불 바퀴의 도움을 받아 새로 불을 지폈다.[3]

1] 『호메로스의 아프로디테 찬가』 21-30.
2] 오비디우스: 『로마의 축제들』 6. 319 ff.
3] 디오도로스 시켈로스: 『역사총서』 5. 68.

＊

1. 그리스인의 삶의 중심은 가정의 화로였다. 가정이 국가보다 부차적인 것이었던 스파르테에서도 그러했다. 화로는 희생 제의의 제단이기도 했다. 따라서 이를 수호하는 헤스티아 여신은 개인의 안전과 행복, 신성한 환대의 의무를 대변했다. 포세이돈과 아폴론 신으로부터 결혼 제의를 받았다는 이야기는, 아마도 델포이에서 이들 세 신이 합동으로 숭배를 받았다는 것에서 유래했을 것이다. 프리아포스의 겁탈 시도는, 사적 및 공적 화로의 보호를 받는 여성 손님을 푸대접하는 것은 신성모독이라고 일화 형식으로 경고한 것이다. 색정의 상징인 당나귀조차(35. 4 참고), 프리아포스의 행동은 어리석은 범죄라고 선언하고 있다.

2. '위대한 여신'을 나타내는 태고의 상징적인 흰색 성상이 동부 지중해 전역에서 발견되는데, 불타는 숯 무더기를 표현한 것으로 보인다. 이는 흰 재를 덮어 불을 살려두며, 가장 아늑하면서도 경제적인 고대의 난방법이다. 또, 연기나 불길이 없어 자연스럽게 가족이나 씨족이 모여드는 중심이 됐다. 델포이에서 숯 무더기는 야외 사용을 위해 석회석으로 바뀌었고, 배꼽 모양의 돌기를 뜻하는 옴팔로스omphalos가 됐다. 이는 그리스 도기의 그림에 자주 등장하며, 세상의 중심이라는 곳을 표시한다. 이 신성한 물체는 폐허

가 된 전당에 지금도 남아 있으며, '어머니 대지'의 이름이 새겨져 있고 높이가 28센티미터에, 폭은 39센티미터에 이른다. 큰 방을 데우는 데 필요한 숯 무더기의 크기와 모양도 이 정도이다. 고전기에 델포이의 여사제 퓌티아[1]에게는 남자 사제가 조수로 있었다. 조수는 공기가 통하지 않는 곳에서 보리, 대마, 월계수를 기름 등잔에 태워 무녀를 무아지경에 빠지도록 돕고, 무녀가 그 상태에서 한 말을 통역했다. 하지만 대마, 월계수, 보리는 예전에 숯 무더기의 뜨거운 재 위에 올렸을 가능성이 크다. 그게 마약성 연기를 만드는 데 더 간단하고 효과적이기 때문이다(51. b 참고). 삼각형이나 나뭇잎 모양의 돌이나 점토로 만든 국자가 크레테 섬과 뮈케니아의 전당에서 수없이 발견됐다. 일부는 높은 열에 그을린 자국이 남아 있다. 아마도 신성한 불을 돌보는 데 쓴 것 같다. 숯 무더기는 때로 둥글고 다리가 세 개 달린 커다란 점토 그릇에 담아 불을 피웠다. 그릇에는 빨강, 하양, 검정 색이 칠해져 있는데, 이는 달의 색깔이다(90. 3 참고). 이런 점토 그릇은 펠로폰네소스 반도, 크레테 섬, 델로스 섬에서 두루 발굴됐다. 이들 가운데 크놋소스 부근 자페르 파푸라Zafer Papoura의 무덤에 있는 것은 그 위에 숯이 쌓여 있는 채로 발굴됐다.

---

1) 여사제 퓌티아Pythoness: 델포이의 아폴론 신전의 무녀巫女. 큰 뱀 퓌톤Python에서 온 이름이다. 이곳 아폴론 신전은 원래 퓌톤이 지키던 신탁소였다. 여사제 퓌티아는 그리스 신화 전반에 계속 등장한다. 14장 각주 참고.

21
아폴론의 본성과 행적

아폴론 신은 제우스와 레토의 아들로, 일곱 달째 태어났다. 하지만 신들은 빨리 성장하기에 문제가 없었다. 테미스가 넥타르와 암브로시아를 먹였고, 네 번째 날이 밝아오자 아폴론이 활과 화살을 달라고 해서 헤파이스토스가 즉시 만들어 주었다. 아폴론은 [자신이 태어난] 델로스 섬을 떠나 곧장 파르낫소스 산을 향했다. 거기에 어머니의 적인 큰 뱀 퓌톤[1]이 숨어 있었기 때문이다. 아폴론은 화살로 퓌톤에게 큰 상처를 입혔고, 퓌톤은 델포이에 있는 '어머니 대지'의 신탁소로 달아났다. 델포이는 퓌톤의 짝인 괴물 델퓌네를 기려 그런 이름을 가진 도시였다. 아폴론은 과감하게 그를 추적해 전당 안에까지 들어갔고, 땅의 신성한 갈라진 틈 옆에서 그를 해치웠다.[1]

b. '어머니 대지'는 제우스에게 달려가 이렇게 잔인한 일이 있었다고 알렸다. 제우스는 아폴론에게 정화를 위해 템페로 갈 것을 명령했을 뿐 아니라, 퓌톤을 기리는 퓌티아 제전[2]을 열고 회개의 마음으로 이를 주재하도록

---

1) 아폴론의 출생과 관련해 14장 참고. 퓌톤에 대해서는 같은 장의 각주 참고.

2) 퓌티아 제전Pythian Games: 헬레네스(그리스인들) 전체가 참여하는 네 가지 제전 가운데 하나이다. 아폴론을 기려 그의 성역인 델포이에서 4년마다 열렸으며, 올륌피아 제전Olympic Games이 열리고 2년 뒤에 열

했다. 아폴론은 너무도 태연하게 템페로 가라는 제우스의 지시를 거부하고, 대신 정화를 위해 아르테미스와 함께 아이기알라이아로 갔다. 그런데 거기가 마음에 들지 않아 크레테 섬의 타라로 배를 타고 넘어갔고, 거기서 카르마노르 왕[3]이 정화 의식을 거행해 주었다.[2]

c. 그리스로 돌아온 아폴론은 곧장 나쁜 평판에 늙고 염소 다리를 가진 아르카디아 신인 판을 찾았고, 그를 구슬려 예언의 기술을 배웠다. 그러고서는 '델포이 신탁소'를 장악한 다음, 그곳의 여사제를 내쫓는 대신 퓌티아라고 부르면서 앞으로는 자신을 모시도록 했다.

d. 레토는 그 소식을 듣자마자 아르테미스와 함께 델포이로 왔다. 레토는 신성한 숲의 한쪽에서 홀로 작은 의례를 거행했는데, 거인족 티튀오스가 의례에 끼어들어 레토를 겁탈하려 했다. 아폴론과 아르테미스는 비명을 듣고 즉시 달려와 함께 화살을 쏴 그를 죽였다. 제우스는 티튀오스의 아버지임에도 이를 효성스러운 일로 여겨 이번 일에 대해 별말을 하지 않았다. 티튀오스는 타르타로스에서 몸을 펼친 채 고통을 당했다. 그의 손과 다리는 단단하게 땅에 못 박혀 있었고, 그의 몸은 무려 3만 6천 제곱미터를 덮었다. 그 옆에서 독수리 두 마리가 그의 간을 파먹었다.[3]

렸다. 기원전 6세기 시작됐으며, 처음에는 주로 예술과 춤 경연이 벌어졌다. 우승자는 아폴론에게 신성한 월계수 화관을 받았다. 아폴론이 퓌톤을 죽이고 델포이에 신탁소를 세우면서 시작됐다는 신화가 전한다. 네 가지 제전은 아래와 같다.

제전	기리는 신	개최 장소	우승상	주기
올륌피아 제전	제우스	엘리스의 올륌피아	올리브 화관	4년
퓌티아 제전	아폴론	델포이	월계수 화관	4년(올륌피아 개최 2년 뒤)
네메아 제전	제우스, 헤라클레스	코린티아의 네메아	야생 셀러리	2년(올륌피아 전년과 후년)
이스트미아 제전	포세이돈	시퀴온의 이스트미아	소나무	2년(네메아 제전과 같은 해, 시점은 다름)

3) 카르마노르Carmanor(또는 Karmanor): 크레테 섬의 왕(또는 곡식의 수확을 주관하는 사제). 아폴론 신이 큰뱀 퓌톤을 죽였을 때 그의 죄를 정화해 주었다. 퓌톤은 가이아의 자식으로 아폴론에 앞서 델포이의 신탁소를 차지하고 있었다.

e. 다음으로, 아폴론은 퀴벨레 여신[4]을 따르는 사튀로스 마르쉬아스를 죽였다. 그 경위는 아래와 같다. 어느 날 아테나 여신은 수사슴의 뼈를 가지고 [고대의 관악기] 이중 아울로스double-flute를 만들어 신들의 만찬에서 불었다. 그녀의 연주에 다른 신들은 즐거워했지만, 무슨 일인지 헤라와 아프로디테는 손으로 입을 가리고 소리 죽여 웃었다. 아테나는 처음에는 영문을 몰랐다. 그러다 프뤼기아의 숲으로 혼자 들어가 시냇가 옆에서 아울로스를 다시 꺼내 들어 연주하면서 물속에 비친 모습을 살펴봤다. 푸르스름하게 변한 얼굴과 잔뜩 부푼 볼 탓에 자신이 얼마나 바보 같아 보이는지 곧장 깨달았다. 아테나 여신은 아울로스를 던져버리고선, 그것을 줍는 사람은 누구든 불행이 닥칠 것이라고 저주를 내렸다.

f. 마르쉬아스가 이 저주의 무고한 희생자였다. 그는 아울로스를 우연히 발견했고, 거기에 입을 대자마자 저절로 선율이 흘러나왔다. 아테나가 아울로스에 남겨 놓은 음악의 기억 덕분이었다. 마르쉬아스는 무지한 농부들에게 음악으로 즐거움을 주면서 퀴벨레 여신의 행렬과 함께 프뤼기아 곳곳을 돌아다녔다. 농부들은 아폴론 신도 그의 뤼라를 가지고 이보다 더 훌륭한 음악을 내놓지 못할 것이라고 칭송했다. 마르쉬아스는 어리석게도 그들의 말에 반박하지 않았다. 당연하게도, 이는 아폴론 신의 심기를 건드렸다. 아폴론 신은 그를 불러 경연을 하자고 했다. 승자는 패자에게 자기 맘대로 어떤 벌도 내릴 수 있는 시합이었다. 마르쉬아스는 동의했고, 아폴론은 무사 여신들[5]을 판정자로 선정했다. 무사이가 양쪽 악기에 모두 반해 시합 결과는 무승부였다. 이에 아폴론은 마르쉬아스에게 소리쳤다. "내가 내 악기를

---

4) 아나톨리아 신화의 어머니 여신. 18장 각주 참고.

5) 무사이Mousai: 제우스와 티탄 12신 가운데 하나인 기억의 여신 므네모쉬네 사이에서 태어난 아홉 자매. 단수형은 '무사Mousa'(영어 Muse).

연주하는 만큼이나 네 놈이 네 악기를 잘 다루는지 한번 해보자. 악기를 거꾸로 잡고, 연주하면서 동시에 노래도 해보거라."

g. 아울로스로 이건 당연히 불가능했고, 마르쉬아스는 어쩔 줄 몰라 했다. 그러나 아폴론은 거꾸로 잡고 뤼라를 켜면서 올륌포스 신들을 기리는 즐거운 찬가를 노래했다. 무사이는 아폴론의 승리를 판결할 수밖에 없었다. 이에 아폴론은 그 모든 달콤함의 가식을 벗어던지고, 마르쉬아스에게 가장 잔혹하게 앙갚음했다. 산 채로 살가죽을 벗겨 소나무에 (어떤 이는 플라타너스였다고 전한다) 못박았다. 그 소나무 근처에서 발원하는 강은 지금도 그의 이름을 따라 부른다.[4]

h. 나중에, 아폴론은 미다스 왕이 주재한 두 번째 경연에서도 승리했다. 이번에는 목신 판을 이겼다. 음악의 신으로 인정받게 되면서, 아폴론은 그 이후 신들의 만찬에서 자신의 일곱 줄짜리 뤼라를 연주했다. 그의 임무 가운데 다른 하나는 한때 신들이 피에리아에 둔 소 떼와 양 떼를 지키는 일이었다. 하지만, 그는 나중에 이 일을 헤르메스한테 위임했다.[5]

i. 아폴론은 결혼에 얽매이는 것을 싫어했지만, 많은 님프와 인간 여인들에게 아이를 갖게 했다. 이들 가운데, 프티아를 통해 도로스와 그의 형제들의 아버지가 됐다. 무사 탈리아한테는 코뤼반테스를, 코로니스한테는 아스클레피오스를, 아리아한테는 밀레토스를, 퀴레네한테는 아리스타이오스를 각각 아들로 얻었다.[6]

j. 아폴론은 님프 드뤼오페도 유혹했다. 그녀는 오이타 산에서 친구들인 하마드뤼아데스[6]와 함께 아버지의 양 떼들을 돌보고 있었다. 아폴론은 거

---

6) 하마드뤼아데스Hamadryades: 나무와 생사를 함께 하는 나무의 님프들(영어 Hamadryads). 이들은 오래 살기는 하지만 불사신은 아니다. 보통은 특정한 나무와 결합해 태어나고 그 나무와 운명을 같이 한다. 나무를 베면 하마드뤼아데스를 해친 것으로 간주되어 신들에게 벌을 받았다.

북이로 변신해 다가갔고, 이들은 거북과 함께 놀았다. 드디어 드뤼오페가 거북을 가슴으로 껴안자, 아폴론은 쉿쉿 소리를 내는 뱀으로 변신해 하마드뤼아데스를 달아나게 하고 드뤼오페와 즐거운 시간을 보냈다. 그녀는 아폴론에게 암핏소스를 낳아 주었고, 암핏소스는 나중에 오이타라는 도시를 건설하고 거기에 신전을 지어 자기 아버지에게 바쳤다. 드뤼오페는 이 신전에서 여사제로 일했는데, 어느 날 하마드뤼아데스가 그녀를 빼내 가고 그 자리에 포플러나무를 남겨 두었다.[7]

k. 아폴론이 언제나 사랑에 성공한 것은 아니었다. 언젠가 아폴론은 이다스로부터 마르펫사[7]를 빼앗으려 했지만, 그녀는 남편에게 끝까지 충실했다. 다른 경우로, 아폴론은 산의 님프 다프네를 쫓아다녔다. 다프네는 '어머니 대지'의 여사제로, 텟살리아의 페네이오스 강의 딸이었다. 아폴론이 그녀를 덮쳤을 때, 그녀는 어머니 대지에게 구해 달라 울부짖었고, 어머니 대지는 아슬아슬하게 때를 맞춰 그녀를 크레테 섬으로 빼내 갔다. 다프네는 그곳에서 파시파에라고 알려지게 된다. 어머니 대지는 그녀의 원래 자리에 월계수 나무를 남겨 두었는데, 아폴론은 스스로 위로하기 위해 그 나무로 월계관을 만들었다.[8]

l. 이것은 짚고 넘어가야 한다. 아폴론이 님프 다프네를 취하려 한 것은 갑작스러운 충동에 따른 게 아니었다. 아폴론은 그녀를 오랫동안 사랑했고, 연적인 오이노마오스[8]의 아들 레우킵포스의 목숨을 빼앗기도 했다. 레

---

7) 마르펫사Marpessa: 에우에노스 왕의 아름다운 딸로, 이다스의 아내가 된다. 아폴론이 그녀에게 반해 남편 이다스와 결투를 벌였고, 제우스가 끼어들어 마르펫사에게 한 명을 선택하게 했다. 아폴론은 신이므로 영원히 젊은 모습일 테지만 자신은 언젠가 늙을 것이라면서 이다스를 선택했다.

8) 오이노마오스Oenomaus: 펠로폰네소스 반도에 있는 엘리스 왕국의 왕. 딸 힙포다메이아Hippodamia의 구혼자들과 마차 경주를 벌여 그들을 이기는 순간 모두 참수했다. 나중에 펠롭스는 그에게 반한 힙포다메이아의 도움으로 오이노마오스를 이긴다.

우킵포스는 소녀로 변장해 산에서 열리는 다프네의 술잔치에 슬쩍 끼었다. 선견지명으로 이를 알고 있던 아폴론은 산의 님프들에게 동행들이 모두 여자라는 걸 확인할 수 있게 알몸으로 목욕을 해보라고 부추겼다. 레우킵포스의 속임수는 곧장 들통이 났고, 님프들은 그를 여러 조각으로 찢었다.[9]

m. 스파르테의 왕자인 미소년 휘아킨토스도 그런 경우다. 시인 타뮈리스도 그와 사랑에 빠졌다. 그는 동성에게 구애한 첫 번째 사람이다. 아폴론도 그랬으니, 동성을 사랑한 첫 번째 신인 셈이다. 아폴론은 타뮈리스를 심각한 경쟁자로 생각하지 않았지만, 자신이 노래에서 무사 여신들을 능가한다고 자랑하는 걸 우연히 듣고 이를 슬쩍 여신들에게 알려 주었다. 무사 여신들은 즉시 타뮈리스의 시력과 목소리, 그리고 하프 연주에 필요한 기억까지 빼앗아 버렸다. 그런데 서풍의 신도 휘아킨토스를 좋아하게 됐다. 어느 날 아폴론 신이 소년에게 원반 던지는 법을 가르치는 다정한 모습을 보고, 서풍의 신은 질투에 제정신을 놓치고 말았다. 날아오는 원반을 공중에서 붙잡아 휘아킨토스의 머리에 던졌고, 소년은 죽고 말았다. 소년의 피에서 히아신스가 피어났고, 꽃에서는 아직도 소년 이름의 첫 글자를 찾아볼 수 있다.[10]

n. 아폴론은 딱 한 번 제우스의 분노를 산 적이 있다. 제우스를 왕좌에서 쫓아내려는 그 유명한 음모를 꾸몄을 때였다. 의사인 그의 아들 아스클레피오스[9]가 무모하게도 죽은 자를 되살려내는 바람에 하데스의 백성을 빼앗았다. 하데스는 당연히 올륌포스에서 이에 대해 푸념을 했고, 제우스는 아스클레피오스를 벼락으로 내리쳐 죽였다. 이에 아폴론은 복수로 퀴클로

---

9) 의술의 신. 3장의 각주 2) 참고.

페스를 죽였다.[10] 제우스는 무기 제작자를 잃은 것에 분기충천했고, 아폴론을 타르타로스로 영원히 추방하려 했다. 마침 레토가 그를 용서해 줄 것을 간청하면서 그가 행실을 고칠 것이라 약속했기에, 징벌은 1년의 중노동으로 경감됐다. 이에 따라 아폴론은 페라이의 아드메토스 왕[11]의 양 떼 우리에서 일해야 했다. 레토의 충고에 따라 아폴론은 겸손하게 벌칙을 수행했을 뿐 아니라, 아드메토스에게 큰 도움도 주었다.[11]

o. 아폴론은 이런 과정을 거쳐 교훈을 얻었고, 그다음부터는 무슨 일이든 절제해야 한다고 설파하고 다녔다. 언제나 "너 자신을 알라!"[12]와 "무엇이든 지나치지 않게!"라는 말을 입에 달고 다녔다. 무사 여신들을 헬리콘 산 위의 집에서 델포이로 내려보내고, 그들의 사나운 광기를 길들이고, 격식과 품위를 갖춘 춤을 추도록 이끌었다.[12]

1) 휘기누스: 『신화집』 140; 아폴로도로스: 『비블리오테카』 1. 4. 1; 『호메로스의 아폴론 찬가』 300-306; 아폴로니오스 로디오스에 대한 고전 주석자: 2. 706.
2) 아일리아노스: 『다양한 역사』 3. 1; 플루타르코스: 『그리스인에 관한 물음』 12; 『신탁이 침묵하는 이유』 15; 파우사니아스: 『그리스 여행기』 2. 7. 7; 10. 16. 3.
3) 아폴로도로스: 1. 4. 1; 파우사니아스: 2. 30. 3과 10. 6. 5; 플루타르코스: 『그리스인에 관한 물음』 12; 휘기누스: 『신화집』 55; 호메로스: 『오뒷세이아』 11. 576 ff.; 핀다로스: 『퓌티아 제전 송가』 4. 90 ff.
4) 디오도로스 시켈로스: 『역사총서』 3. 58-59; 휘기누스: 『신화집』 165; 아폴로도로스: 1. 4. 2; 제2 바티칸 신화학자: 115; 플리니우스: 『자연 탐구』 16. 89.
5) 휘기누스: 『신화집』 191; 호메로스: 『일리아스』 1. 603.
6) 아폴로도로스: 1. 7. 6; 1. 3. 4; 3. 10. 3; 3. 1. 2; 파우사니아스: 10. 17. 3.

10) 퀴클로페스가 벼락을 만들어 제우스에게 주었기 때문이다.
11) 아드메토스Admetus: 텟살리아의 왕. 아폴론이 제우스가 내린 벌로 그의 가축을 돌볼 때, 아드메토스는 아폴론을 공경하는 태도를 잃지 않았다. 이에 아폴론은 여러 가지 도움을 주었다. 특히, 아내 알케스티스Alcestis의 이야기가 유명하다. 아폴론은 그가 죽을 때에 대신 죽어줄 사람이 있다면 운명의 여신(모이라이)에게 부탁해 이승의 삶을 연장해 주겠다고 한 것이다. 이에 아내인 알케스티스가 남편을 대신해 죽음을 맞이했다. 마침 헤라클레스가 죽음의 신과 싸워 그녀를 되찾아 왔다. 그런데 필자는 이를 아름다운 사랑 이야기가 아니라 순장 풍속이 반영된 것이라 본다. 69장 본문과 해설 참고.
12) 나중에 철학자 소크라테스는 델포이 신전에서 이 문구를 보고 크게 깨닫는다.

7] 안토니노스 리베랄리스: 『변신』 32; 비잔티움의 스테파누스, '드뤼오페' 항목; 오비디우스: 『변신 이야기』 9. 325 ff.

8] 아폴로도로스: 1. 7. 9; 플루타르코스: 『아기스』 9.

9] 휘기누스: 『신화집』 203; 파우사니아스: 8. 20. 2; 10. 5. 3; 파르테니오스: 『에로티카』 15; 체체스: 『뤼코프론에 관하여』 6.

10] 호메로스: 『일리아스』 2. 595-600; 루키아노스: 『신들의 대화』 14; 아폴로도로스: 1. 3. 3; 파우사니아스: 3. 1. 3.

11] 아폴로도로스: 3. 10. 4; 디오도로스 시켈로스: 『역사총서』 4. 71.

12] 호메로스: 『일리아스』 1. 603-604; 플루타르코스: 「퓌티아의 신탁에 관하여」 17.

＊

1. 아폴론 신의 이야기는 혼란스럽다. 그리스인들은 레토의 아들이라 했다. 레토는 남부 팔레스타인에서는 라트Lat라고 알려진 여신이다(14. 2 참고). 그러나 아폴론은 휘페르보레오이Hyperboreans('북풍 신 너머의 사람들')의 신이기도 하다. 핀다로스는 이들을 리비아인들이라고 봤지만(『퓌티아 제전 송가』 10. 50-55), 그리스의 역사가 헤카타이오스는 분명 브리튼 사람일 것이라고 했다(디오도로스 시켈로스: 2. 47). 델로스 섬은 휘페르보레오이 숭배의 중심지였으며, 그 숭배는 남동쪽으로 고대 아라비아 왕국 나바타이아Nabataea와 팔레스타인 지역까지 전해졌다. 북서쪽으로는 아테나이도 포함해 브리튼 섬으로 확대됐다. 이 숭배로 연결된 나라들 사이에서는 상호 방문이 끊임없이 이어졌다(디오도로스 시켈로스: 같은 곳).

2. 아폴론은 휘페르보레오이와 함께 있으면서 당나귀로 헤카톰을 바쳤다(핀다로스: 같은 글). 이를 보면 아폴론은 '어린아이 호루스'[13]와 동일시된다. 이집트인들은 매년 야생 당나귀를 벼랑에서 몰아 떨어뜨림으로써 호루

---

13) 호루스Horus: 이집트 신화의 태양 신. 죽음과 부활의 신 오시리스Osiris와 그의 아내이자 최고의 여신인 이시스Isis의 아들이며, 사랑의 여신 하토르Hathor의 남편이다. 어릴 적 모습은 '어린아이 호루스Child Horus'라 하여 땋은 머리 외에는 머리카락이 거의 없는 갓난아기 모습으로 표현된다. 원래는 매우 허약하였으나, 어머니와 아버지의 도움을 성장해 결국 아버지의 동생이자 원수인 세트를 죽이고 통일 이집트의 왕이 된다. 한편, 호루스는 태양신으로 그리스 신화의 태양신 아폴론과 동일시되기도 한다.

스 신이 자기 아버지 오시리스를 살해한 세트를 무찌른 일을 기념했다(플루타르코스: 『이시스와 오시리스에 관하여』 30). 오시리스는 '세 모습의 달의 여신'인 이시스 또는 라트의 사랑을 받은 신성한 왕으로, 그의 후계자가 그를 한여름과 한겨울에 제물로 바쳤다. 이런 상황에서 호루스는 오시리스가 환생한 존재였다. 큰 뱀 퓌톤이 레토를 추적했다는 신화는 세트가 이시스를 (한 해의 가장 뜨거운 72일 동안) 추적했다는 신화와 일치한다. 게다가 「호메로스의 아폴론 찬가」와 아폴로니오스 로디오스에 대한 고전 주석자는, 퓌톤을 그리스의 세트라 할 수 있는 튀폰[14](36. 1 참고)과 동일시한다. '휘페르보레아의 아폴론'은, 사실 그리스의 호루스인 셈이다.

3. 그러나 이 신화에는 정치적 함의가 포함돼 있다. 퓌톤은 헤라가 레토를 해치려고 보냈다고 하는데, 헤라는 제우스를 괴롭히려고 남자 없이 홀로 퓌톤을 낳았다(「호메로스의 아폴론 찬가」 305). 그리고 아폴론은 퓌톤을 (아마도 그의 짝인 델퓌네와 함께) 죽인 뒤 델포이의 어머니 대지가 소유했던 신탁의 전당을 빼앗아 버렸다. 어머니 대지가 헤라였거나 또는 델퓌네가 예언자일 때의 헤라의 모습이기 때문이다. 이와 관련해, 일부 북부 헬레네스 부족이 트라케-리비아 부족과 연맹을 맺고 중부 그리스와 펠로폰네소스 반도를 침략했던 것으로 보인다. 이들은 거기서 대지의 여신을 숭배하는 헬레네스 이전 시대 부족의 저항을 만났지만, 선주민이 귀하게 여기는 신탁 전당을 장악하는 데 성공했다. 침략자들은 델포이에서 신성한 신탁의 뱀을

---

14) 튀폰Typhon: 엄청나게 크고 힘이 센 괴물. 가이아와 타르타로스 사이에서 태어났으며, 상반신은 인간이고 하반신은 뱀의 모습을 했다. 제우스가 아버지인 크로노스 등 티탄 신족을 물리치자, 분노한 대지의 여신 가이아가 복수를 위해 타르타로스와 관계를 맺어 그녀의 마지막 자식인 튀폰을 낳았다고 한다. 제우스는 튀폰과 벌인 힘겨운 싸움에서 극적으로 승리했다. 태풍을 뜻하는 영어 단어로 'typhoon(태풍颱風, 강력한 열대성 저기압)'이 튀폰에서 유래했다. 36장 참고.

죽였다. 참고로, 비슷한 뱀이 아테나이의 에레크테이온[15] 안에도 있었다(25. 2 참고). 침략자들은 뱀을 죽인 다음 자기네 신 '스민테우스의 아폴론'의 이름으로 신탁소를 차지했다. 스민테우스('쥐의mousy'), 가나안의 치료의 신 에슈문Eshmun과 같이, 치료의 힘을 가진 쥐를 자신의 표상으로 삼았다. 침략자들은 자기네 스민테우스의 아폴론이 연맹이 숭배하던 '휘페르보레아의 호루스'인 아폴론과 다르지 않다는 데 동의했다. 델포이의 지역 민심을 달래기 위해, 죽은 영웅 퓌톤을 기리는 뜻에서 추모 제전[16]을 정기적으로 개최하고, 퓌톤의 여사제가 자신의 지위를 유지하도록 했다.

4. 델로스 섬의 달의 여신인 브리조Brizo('위로하는 이')는 레토와 차이가 없어 구별할 수 없으며, 휘페르보레아의 세 모습 여신 브리기트Brigit와 동일시될 수 있다. 브리조 여신은 나중에 기독교화되어 성 브리기트St Brigit 또는 성 브리드St Bride가 됐다. 브리기트는 모든 예술의 여자 후원자로, 아폴론 신은 그녀의 전례를 따랐다. 거인 티튀오스의 레토 겁탈 시도는, 그리스 중부 포키스 산악 부족이 침략자들에게 저항해 봉기했다가 진압되었음을 암시한다.

5. 아폴론이 마르쉬아스와 목신 판을 상대로 승리했다는 이야기는, 헬레네스 부족이 프뤼기아와 아르카디아를 정복하고 그 지역의 취주악기를 현악기로 대체한 일을 기념한 것이다. 농부들 사이에서는 악기를 대체하지 못했다. 마르쉬아스가 받은 벌은 신성한 왕에 대한 의례적 살가죽 벗기기

---

15) 에레크테이온Erechtheion(또는 Erechtheum): 아테나이 아크로폴리스의 파르테논의 북쪽에 있는 이오니아식 신전. 포세이돈이 삼지창을 꽂고, 아테나가 올리브나무를 심은 장소라 한다. 기원전 421-405년쯤 지어졌으며, 동쪽에 아테나 여신의 내실이, 중앙부에 포세이돈과 에레크테우스(아테나이의 전설적인 왕)의 내실이 있다.

16) 추모 제전Funeral game: 고대 민족, 특히 그리스에서 죽은 영웅을 기리기 위해 열었던 제전祭典으로 각종 경기가 열렸다. 호메로스의 아킬레우스 추모 제전이 유명하며, 이 책에서도 여러 차례 등장한다. 로마에서도 위대한 정치가나 장군 등의 죽음을 맞아 그리스식 제전을 개최했다.

를 지칭하는 것일 수 있다. 아테나 여신도 자신을 겁탈하려던 팔라스의 살가죽을 벗겨 마법의 아이기스를 만들었다(9. a 참고). 가죽 벗기기가 아니라면, 양치기의 피리를 만들려고 오리나무의 햇가지에서 나무껍질을 벗겨내는 것을 의미할 수도 있다. 오리나무를 신 또는 반인반신으로 의인화한 것이다(28. 1과 57. 1 참고). 도리에이스족 그리스인[17]과 밀레토스 사람들은 스스로 아폴론의 후손이라 하면서, 아폴론을 특별히 공경했다. 코뤼반테스는 동지 축제에서 춤을 춘 춤꾼인데, 아폴론이 무사 탈리아를 통해 낳은 자식이라 했다. 아폴론이 음악의 신이었기 때문이다.[18]

6. 아폴론이 산의 님프이자 페네이오스 강의 딸이며 '어머니 대지'의 여사제인 다프네를 노렸다는 이야기는 아마도 헬레네스의 텟살리아 북부 템페 장악을 지칭하는 것으로 보인다. 템페에서 여신 다포이네Daphoene('피 흘리는 이')는 주신제에서 월계수 잎을 씹어 광기에 빠진 마이나데스[19] 무리의 숭배를 받았다(46. 2와 51. 2 참고). 아폴론은 이들 무리를 쫓아내고 월계수를 빼앗았으며, 나중에는 오직 퓌티아만 이를 씹도록 허락했다. 플루타르코스의 설명은 이렇게 쫓겨난 다포이네의 여사제들이 크레테 섬으로 달아났음을 암시한다. 크레테의 달의 여신은 파시파에였다(88. e 참고). 다포이네는 템페에서 아르카디아 남서부 피갈리아Phigalia에서와 마찬가지로(16. 5 참고) 암말의 머리를 하고 있었을 터이다. 그리고 레우킵포스('흰 말')는 말을 숭배

---

17) 도리스Doris: 본래는 그리스 중부 산악지역의 이름지명이다. 3면이 험준한 산으로 둘러싸여 있다. 기원전 12세기 그리스 본토에 침입한 도리에이스족은 자기들을 그곳 출신이라 했다. 이들이 남하할 때 일정 기간 그곳에 머물렀을 가능성이 크다.

18) 30. 1에 관련 내용이 나온다.

19) 마이나데스Maenades: '신들린 여자들' 또는 '미친 여자들'을 뜻한다. 단수형은 '마이나스Mainas'이다. 술의 신 디오뉘소스를 따르는 여인들을 통틀어 부르는 이름이기도 하다. 미친 듯한 도취 상태로 산과 들판을 헤매고 다니면서 춤추고 노래하며 디오뉘소스를 찬양했다. 광기에 사로잡혀 짐승이나 사람을 찢어 죽이거나 피가 뚝뚝 듣는 고기를 날것으로 먹기도 한다. 끝에 솔방울이 달린 지팡이(튀르소스)를 들고 다녔다. 오르페우스도 이들에게 죽임을 당했다. 디오뉘소스의 여사제(무녀)라고 할 수도 있다.

한 지역의 신성한 왕으로, 사나운 여인들이 매년 그를 여러 조각으로 찢었다. 여인들은 왕을 살해한 뒤 정화를 위해 목욕을 했다. 죽이기 전이 아니라 죽인 뒤 씻었다(22. 1과 150. 1 참고).

7. 아폴론이 오이타 산에서 님프 드뤼오페Dryope를 유혹했다는 부분은, 아폴론 숭배를 통해 떡갈나무 숭배를 탄압한 것에 대한 기록으로 보인다. 아폴론에게는 포플러나무가 신성했다(42. d 참고). 아폴론의 아리아 유혹도 그러하다. 아폴론이 거북이로 변신한 것은 그가 헤르메스와 거래해 얻은 거북이 등딱지 뤼라와 연결된다(17. d 참고). 프티아Phthia의 이름은 그녀가 '여신의 가을' 때 모습이었음을 암시한다. 마르펫사('잡아채는 이')를 유혹하는 데 실패한 것은 아폴론이 펠로폰네소스 서남부 멧세니아의 전당을 장악하는 데 실패했음을 기록한 것으로 보인다. 거기는 암퇘지 모습을 한 곡물의 여신을 모신 곳이었다(74. 4 참고). 아폴론이 페라이의 아드메토스 왕 밑에서 종살이를 한 일은 역사적 사건을 가리킬지 모른다. 아폴론 신의 사제들이 헬레네스 도래 이전 선주민의 대장장이들을 학살했으며, 마침 이들이 제우스의 보호를 받고 있어 사제들이 굴욕적인 처벌을 받았을 수 있다.

8. 휘아킨토스 신화의 경우, 언뜻 보면 단순히 그리스 히아신스 꽃잎에 나타나는 무늬를 설명하는 감상적인 우화로 보인다(165. j와 2 참고). 그러나 이는 분명 나르킷소스Narcissus로도 불렸던 크레테의 꽃의 영웅 휘아킨토스와 관련이 있다(159. 4 참고). 그에 대한 숭배는 '뮈케나이의 그리스'로 전래되었고, 크레테, 로도스, 코스Cos, 테라Thera 섬과 스파르테에서는 그의 이름을 따라 늦여름의 한 달을 휘아킨티오스Hyacinthius라고 불렀다. 도리에이스족의 아폴론은 이탈리아 동남부 타렌툼에서 자신의 무덤까지 갖고 있던 휘아킨토스의 이름을 빼앗았다(폴뤼비오스: 8. 30). 뮈케나이의 도시인 아뮈클라이Amyclae에 있던 또 다른 '휘아킨토스의 무덤' 위에는 아폴론 신의 권좌

가 세워졌다. 이 무렵 아폴론 신은 불사의 존재였고, 휘아킨토스는 겨우 한 철만 통치했다. 원반으로 인한 죽음은 그의 조카 아크리시오스Acrisius의 죽음을 떠올리게 한다(73. 3 참고).

9. 의술의 신 아스클레피오스를 낳은 코로니스('까마귀')는 아마도 아테나 여신의 호칭이었을 것이다(25. 5 참고). 그러나 아테나이인들은 언제나 아테나 여신에게 자식이 있다는 것을 부정했고, 신화를 숨겼다(50. b 참고).

10. 고전기에 음악과 시, 철학, 천문학, 수학, 의학, 과학 등은 아폴론 신의 다스림 아래 있었다. 아폴론은 야만을 막는 보루로서, 모든 방면에서 절제를 옹호했다. 아폴론의 뤼라의 일곱 현은 후기 그리스 알파벳의 일곱 모음과 연결됐으며(52. 8 참고), 거기에는 신비로운 의미가 서려 있어 음악을 통한 치유에 활용됐다. 끝으로, 태양과 관련된 '어린아이 호루스'와 동일시 됐기 때문에, 아폴론은 태양으로 숭배받았다. 다만, 코린토스 지역에서는 '태양의 제우스'가 그의 자리를 넘겨받았다. 그리고 그의 누이 아르테미스는 당연히 달과 동일시됐다.

11. 키케로는 자신의 글 『신들의 본성에 관하여』(3. 23)에서, 레토의 아들 아폴론을 고대의 여러 아폴론 가운데 네 번째라고 했다. 그는 헤파이스토스의 아들인 아폴론, 크레테의 코뤼반테스의 아버지인 아폴론, 아르카디아인들에게 법률을 준 아폴론을 모두 서로 다른 존재로 구별했다.

12. 아폴론의 퓌톤 살해는 언뜻 본 것처럼 그렇게 간단한 신화가 아니다. 퓌티아가 그 위에 앉았다고 하는 돌 옴팔로스는 전통적으로 뱀으로 환생한 영웅의 무덤이었다. 그리고 여사제는 그가 내리는 신탁을 전달했다(헤쉬키오스,[20] 아르코스의 흙무덤Archus's Mound 항목; 바로: 『라틴어에 관하여』 7. 17). 아폴

---

20) 헤쉬키오스Hesychius: 5-6세기 활약한 그리스 문법학자이자 사전 편찬자. 신화학자 찾아보기 참고.

론 신의 헬라스 사제는 신성한 왕의 권능을 빼앗았는데, 신성한 왕은 언제나 합법적이면서도 의례적으로 자기 전임자인 영웅을 살해했다. 이는 플루타르코스의 『신탁이 침묵하는 이유』(15)에 기록된 스테프테리아Stepteria 축제를 보면 확인할 수 있다. 즉, 델포이에서는 9년마다 왕의 처소를 의미하는 움막을 타작마당에 세웠고 밤이 되면 ……가(이 부분은 설명에서 누락되었다) 갑자기 이를 습격했다. 햇과일을 올려놓은 탁자가 뒤집히고, 움막은 불에 타고, 횃불을 든 남자들은 뒤도 돌아보지 않고 성역에서 달아났다. 이런 일을 벌인 젊은이들은 나중에 템페로 가서 정화를 받았고, 승리의 관에 월계수 가지를 들고 의기양양하게 돌아왔다.

13. 움막 안에 있는 사람을 갑자기 일제히 공격하는 것은 동료들의 이상한 로물루스Romulus 살해를 떠올리게 한다. 아테나이에서 매년 열렸던 부포니아Buphonia 희생제도 그렇다. 여기에서 제우스의 수소를 양날 도끼로 죽인 사제는 뒤를 돌아보지 않고 달아났다. 그런 다음 주민 축제에서 그 고기를 먹었다(53. 7 참고). 그리고 무대에 올라 수소의 부활을 흉내 내고, 신성모독죄를 지었다면서 도끼에 대한 재판을 벌였다.

14. 델포이의 신성한 왕은 크놋소스와 마찬가지로, 아홉 번째 해까지 통치했을 것임에 틀림없다(88. 6 참고). 소년이 템페에 간 것은 틀림없이 아폴론 신 숭배가 거기서 비롯됐기 때문일 것이다.

22
아르테미스의 본성과 행적

아르테미스는 아폴론의 누이이며 활과 화살로 무장을 하고 다닌다. 그리고 아폴론과 마찬가지로 역병이나 갑작스러운 죽음을 사람들에게 보내거나 반대로 사람들을 치료하는 힘을 가지고 있다. 여신은 어린아이와 모든 젖을 빠는 짐승의 보호자이지만, 사냥을 좋아하고 특히 수사슴 사냥을 아주 사랑한다.

b. 여신이 아직 세 살배기 아이였을 때였다. 어느 날 아버지 제우스가 자기 무릎에 앉아 있는 아르테미스에게 어떤 선물을 받고 싶으냐고 물었다. 아르테미스는 곧장 이렇게 답했다. "부디 저에게 영원한 처녀성을 주세요. 같이 태어난 아폴론만큼 많은 호칭을 주세요. 아폴론과 같이 활과 화살을, 빛을 가져오는 직분을, 무릎까지 내려오는 빨간 옷단의 샤프란 색 사냥용 튜닉을 주세요. 젊은 바다의 님프로 60명을 주세요. 모두 같은 나이였으면 좋겠고, 제 시녀로 삼겠습니다. 크레테 섬에 있는 암니소스 강의 님프 20명을 주세요. 제 사냥용 가죽 신발을 챙기고, 사냥을 나가지 않았을 때 제 사냥개를 돌볼 겁니다. 세상의 모든 산을 주세요. 그리고 마지막으로 어떤 도시든 아버지가 골라서 하나를 주세요. 하나면 충분합니다. 저는 대부분의

시간을 산에서 보낼 작정이니까요. 공교롭게도 진통 중인 여인은 저에게 신의 가호를 빌 겁니다. 어머니 레토가 고통 없이 저를 낳았고, 그래서 운명의 여신들이 저를 출산의 수호자로 만들었기 때문입니다.”[1]

c. 아르테미스는 손을 위로 들어 제우스의 수염 쪽으로 뻗자, 제우스는 자랑스러운 마음에 미소를 지으면서 이렇게 말했다. “너와 같은 자식들과 같이 있다면, 헤라의 시기 어린 분노가 하나도 무섭지 않겠구나! 너는 이 모든 것을 가질 것이다. 그리고 더 많이 가질 것이다. 한 개가 아니라 30개의 도시를 받을 것이다. 거기에 본토와 에게 해 양쪽의 수많은 도시 가운데 네 몫도 있을 것이다. 너는 이들 도시의 도로와 항구의 수호자가 될 것이다.”[2]

d. 아르테미스는 아버지께 감사하고, 그의 무릎에서 뛰어 내려와 크레테 섬의 레우코스 산을 거쳐 큰 바다로 갔다. 여신은 거기에서 아홉 살배기 님프들을 시중드는 아이로 골랐다. 님프의 어머니들은 딸들을 보내게 된 것을 기뻐했다.[3] 헤파이스토스의 초대를 받아 리파라 섬의 퀴클로페스를 방문했는데, 아르테미스는 그들이 포세이돈의 말 여물통을 만들고 있는 걸 발견했다. 브론테스[1]는 사전에 그녀가 원하는 건 무엇이든 만들어 주라는 지시를 받은 상태였다. 브론테스는 그녀를 자기 무릎 위에 앉혔지만, 아르테미스는 그의 애정 표현이 싫어 그의 가슴에서 한 움큼의 털을 잡아당겨 뽑았다. 털이 뽑힌 자국은 그가 죽을 때까지 남아 있었고, 누구든 그가 피부병으로 옴에 걸렸다고 생각했을 것이다. 님프들은 퀴클로페스의 험악한 생김새와 대장간의 쩌렁쩌렁한 소음에 겁을 먹었다. 어머니들은 아마도 딸아

---

1) 브론테스Brontes: 외눈박이 거인 삼형제인 퀴클로페스Cyclopes(단수형 Cyclops) 중 하나. 이들은 뛰어난 대장장이로 제우스와 포세이돈에게 벼락과 삼지창을 만들어 주었다. 대지의 여신 가이아와 하늘의 신 우라노스 사이에서 태어났다. 나중에 퀴클로페스는 외눈박이 거인 부족을 지칭하기도 한다.

이가 말을 듣지 않을 때마다 퀴클로페스 삼형제인 브론테스, 아르게스, 스테로페스로 아이에게 겁을 주었을 것이다. 하지만 아르테미스는 전혀 겁을 먹지 않고 이들에게 포세이돈의 여물통은 잠시 놔두고 은으로 된 활과 화살통 가득히 화살을 만들어 달라고 했다. 그 대가로 그녀가 쓰러뜨린 사냥감 가운데 첫 번째 놈을 주겠다고 했다.[4] 아르테미스는 이 무기를 가지고 아르카디아로 갔다. 거기에서는 목신 판이 스라소니를 잘게 잘라 자기 암캐와 새끼들을 먹이고 있었다. 판은 여신에게 귀가 늘어진 사냥개 세 마리를 주었는데, 둘은 얼룩무늬이고 하나는 점박이였다. 이놈들은 살아 있는 사자를 자기 집으로 끌고 들어갈 수 있을 만큼 사나웠다. 이밖에 스파르테산의 날랜 사냥개 일곱 마리도 주었다.[5]

e. 아르테미스는 두 쌍의 뿔 달린 암사슴을 산 채로 잡아 황금 전차에 묶고 황금 재갈을 물린 다음, 이를 북쪽으로 몰아 트라케의 하이모스 산 너머로 갔다. 뮈시아의 올륌포스에서 소나무 가지를 잘라, 번개 맞은 나무의 잉걸불로 불을 붙여 횃불을 만들었다. 아르테미스는 은빛 활을 네 번 시험했다. 처음 두 번의 과녁은 나무였고, 세 번째는 야수였으며, 네 번째는 불의한 사람들의 도시였다.[6]

f. 아르테미스가 이런 일을 마무리하고 그리스로 돌아오니, 암니소스 님프들이 그녀의 암사슴의 멍에를 벗기고, 털을 쓰다듬어 주었다. 그리고 빨리 자라는 잎이 세 개인 풀을 먹였으며, 황금 여물통에 든 물을 마시게 했다. 암사슴이 먹는 풀은 헤라의 목초지에서 가져온 것인데, 제우스의 말도 이 풀을 먹었다.[7]

g. 한번은, 테티스의 아들인 강의 신 알페이오스가 감히 아르테미스 여신을 사랑하게 되어 그리스를 가로질러 여신을 쫓아왔다. 이에 아르테미스는 엘리스의 레트리니로 피해 버렸다(어떤 이는 더 멀리 시라쿠사 부근의 오르튀

기아 섬까지 갔다고 전한다). 거기서 아르테미스는 자신뿐 아니라 님프 모두의 얼굴에 흰 진흙을 발라, 그녀와 나머지를 구분할 수 없게 만들었다. 알페이오스는 어쩔 수 없이 비웃음을 받으며 쫓겨나듯 물러나야 했다.[8]

h. 아르테미스는 자신과 같이 시종들한테도 똑같이 완벽한 순결을 요구했다. 제우스가 이들 가운데 뤼카온의 딸 칼리스토를 유혹했을 때, 아르테미스는 그녀가 아이를 가졌음을 알아챘다. 그녀를 곰으로 변신시키고, 사냥개 무리에게 쫓아가라고 소리쳤다. 만약 제우스가 천상으로 끌어올리지 않았더라면 칼리스토는 사냥을 당해 죽고 말았을 것이다. 제우스는 나중에 칼리스토를 별들 사이에 별자리로 그려 넣었다. 그러나 어떤 이는 제우스 자신이 칼리스토를 곰으로 바꿨고, 질투심이 불타는 헤라가 아르테미스로 하여금 실수로 그녀를 사냥하도록 만들었다고 전한다. 칼리스토의 아들 아르카스는 무사히 태어나 아르카디아인들의 조상이 됐다.[9]

i. 또 다른 경우로, 아리스타이오스의 아들 악타이온은 어느 날 오르코메노스[2] 부근의 바위에 기대고 서 있다가 우연히 아르테미스 여신이 가까운 시내에서 목욕하는 모습을 지켜보게 됐다. 그가 나중에 친구들한테 아르테미스가 자기가 있는 데서 벌거벗은 모습을 드러냈다고 자랑할까 봐 아르테미스 여신은 악타이온을 수사슴으로 변신시키고, 사냥개 50마리와 함께 그를 갈가리 찢었다.[10]

1] 칼리마코스: 『아르테미스 찬가』 1 ff.
2] 같은 곳: 26 ff.
3] 같은 곳: 40 ff.
4] 같은 곳: 47 ff.

---

2) 오르코메노스Orchomenus: 고대 그리스에서 이런 이름의 도시가 여러 곳에 있었다.

5] 같은 곳: 69 ff.
6] 같은 곳: 110 ff.
7] 같은 곳: 162 ff.
8] 파우사니아스: 『그리스 여행기』 6. 22. 5; 핀다로스의 「퓌티아 제전 송가」 2. 12에 대한 고전 주석자.
9] 휘기누스: 『시적 천문학』 2. 1; 아폴로도로스: 『비블리오테카』 3. 8. 2.
10] 휘기누스: 『신화집』 181; 파우사니아스: 9. 2. 3.

＊

1. 그리스인들은 '은빛 활의 처녀Maiden of the Silver Bow'를 올림포스 신들 가족의 명부에 집어넣었다. 그녀는 '아르테미스 삼신Artemis Triad' 가운데 제일 나이 어린 일원이었다. 그리고 '아르테미스'는 '세 모습 달의 여신'이 가진 여러 호칭 가운데 하나였다. 이에 따라 그녀는 자신의 암사슴에게 삼위일체의 상징인 잎이 세 개인 풀을 먹일 권리를 가지고 있었다. 그녀의 은빛 활은 초승달을 의미한다. 그런데, 올림포스의 아르테미스는 처녀 이상이다. 이를테면 에페소스에서, 아르테미스는 두 번째 위격인 님프, 즉 남성 배우자를 거느린 주신제의 아프로디테로서 숭배를 받았다. 그리고 아르테미스의 주요한 표상은 대추야자(14. a 참고), 수사슴, 꿀벌(18. 3 참고)이었다. 그녀의 산파술은, 죽음의 화살이 그런 것처럼, 노파의 일이다. 그리고 아홉 살짜리 여사제들은 달의 죽음의 숫자가 3 곱하기 3이라는 사실을 일깨운다. 아르테미스는 크레테 섬의 '야생의 숙녀Lady of the Wild Things'를 떠올리게 하는데, 이는 태곳적 토템 사회의 최고위 님프-여신인 듯하다. 악타이온이 그녀를 놀라게 했다는 목욕 의례, 전차에 매단 뿔 달린 암사슴(125. a 참고), 오르튀기아의 메추라기(14. 3 참고) 등은 모두 처녀보다는 님프에 더 잘 어울린다. 악타이온은 헬레네스 도래 이전 시대 수사슴 숭배의 신성한 왕이었던 것 같다. 그는 '커다란 한 해'의 절반인 50개월에 이르는 통치 기간이 끝나면 갈가리 찢겨 죽었다. 그의 공동 왕 또는 후계자가 나머지 기간을 통치했

다. 님프는 당연하게도 살해 전이 아니라, 살해 후에 목욕을 했다. 아일랜드와 웨일스 신화에는 이와 유사한 의례 관습이 차고 넘친다. 그리고 기원후 1세기까지도 아르카디아의 뤼카이온Lycaeum 산에서는 정기적으로 수사슴의 가죽을 쓴 남자를 추적해 죽였다(플루타르코스:『그리스인에 관한 물음』39). 사냥개는, 켈트족 신화의 '지옥의 사냥개'처럼, 빨간색 귀를 가진 흰 놈이었을 것이다. 아르테미스한테서 도망친 다섯 번째 뿔 달린 암사슴이 있었다(125. a 참고).

2. 알페이오스가 아르테미스를 뒤쫓았다는 신화는, 알페이오스가 아레투사[3]를 뒤쫓다가 실패했다는 이야기를 본뜬 것 같다. 후자의 경우, 아레투사는 샘물이, 알페이오스는 강이 됐다(파우사니아스: 5. 7. 2). 이 신화는 또 흰진흙, 즉 석고를 설명하기 위해 발명한 것일 수도 있다. 아르테미스가 달아나 도착한 레트리니와 오르튀기아의 '아르테미스 알페이아Artemis Alpheia' 여사제들은 '하얀 여신[4]'을 기려 얼굴에 진흙을 발랐다. 알프alph는 흰색과 곡물을 동시에 뜻한다. 알포스alphos는 나병, 알페Alphe는 이득, 알퓌톤alphiton은 통보리이다. 알피토Alphito는 암퇘지 모습의 흰색 곡식의 여신이었다. 아테나이에서 제일 유명한 아르테미스 조각상은 '흰 이마의 여신the White-browed'이라고 불렸다(파우사니아스: 1. 26. 4). 아르테미스의 의미는 불확실하다. 아르테메스artemes에서 온 '팔다리가 튼튼한'이란 뜻일 수 있으며, 스파르테인

---

3) 아레투사Arethusa: 시칠리아 섬의 님프. 강의 신 알페이오스의 구애를 피해 도망치다 샘이 됐고, 다시 강의 신이 샘으로 들어오자 땅의 갈라진 틈으로 스며들어 시칠리아 섬의 시라쿠사까지 흘러가 그곳의 샘이 됐다. 나중에 시라쿠사의 수호신이 됐다.

4) 하얀 여신White Goddess: 이 책의 저자인 로버트 그레이브스가 유럽 지역의 고대 여신으로 새로 제안한 여신. '탄생과 사랑, 죽음의 하얀 여신'으로, '어머니 여신'과 비슷하다. 그레이브스는 웨일스와 아일랜드 신화를 중심으로 여러 유럽 신화 속에 등장하는 다양한 여신들의 면모 뒤에 이른바 하얀 여신이 자리 잡고 있으며, 이는 달의 여러 단계와 연결된다고 주장했다. 1948년에 처음 출간한 책에서 이런 주장을 종합했으며, 그의 이런 제안은 많은 논란을 낳았다. 책의 원제는 『하얀 여신: 시적 신화의 역사적 문법The White Goddess: a Historical Grammar of Poetic Myth』이다.

들이 그녀를 아르타미스Artamis라고 부른 것을 보면, 아르타오artao에서 온 '저미는 여자'일 수도 있다. 혹은 아이로airo와 테미스themis에서 온 '높은 지위의 의장議長'일지도 모른다. 세상의 모든 물은 달에서 흘러나온다고 믿었기에, '테미스' 음절은 '물'을 뜻할 수 있다.

3. 오르튀기아는 '메추라기의 섬'을 뜻하며, 델로스 섬 부근에 있다. 이곳은 아르테미스한테도 신성한 땅이다(14. a 참고).

4. 칼리스토의 신화는, 작은 두 소녀가 앗티케에 있는 브라우론Brauron 시의 아르테미스 축제에 암곰의 모습으로 차려입고 등장했던 것에 대한 설명이다. 또 아르테미스와 거대한 곰의 전통적인 연관성도 설명한다. 그러나 이 신화의 최초 형태는 제우스가 아르테미스를 유혹했다는 내용이었을 수 있다. 아르테미스는 이에서 벗어나기 위해 처음에는 곰으로 변신했고 다음에는 얼굴에 석고를 하얗게 발랐지만 소용이 없었다는 것이다. 원래 별들은 아르테미스가 다스렸지만, 제우스에게 이를 빼앗겼다.

5. 브론테스가 털을 뽑힌 이유는 불확실하다. [그리스의 시인이자 문법학자인] 칼리마코스Callimachus는 이 사건과 관련해 널리 알려진 그림을 장난스럽게 묘사했을지도 모른다. 그 그림에는 퀴클롭스의 가슴에 물감이 벗겨져 있었다.

6. '야생의 숙녀', 즉 모든 토템 씨족의 보호자로서, 아르테미스는 매년 토템 짐승과 새, 식물을 번제燔祭의 제물로 받았다. 칼뤼돈의 파트라이Patrae 시에서는 이런 희생 제의가 고전시대까지 이어졌다(파우사니아스: 4. 32. 6). 여신은 거기서 '아르테미스 라프리아Laphria'라고 불렸다. 펠로폰네소스 반도 서남부 멧세니아Messene에서도 쿠레테스Curetes가 토템 씨족의 대표로서 비슷하게 제물을 태워 올렸다(4. 32. 9). 아나톨리아 남부 내륙 히에라폴리스Hierapolis에도 또 다른 제의가 기록으로 남아 있다. 거기에서는 여신의 신전

안에 만든 인공 숲의 나무에 제물을 매달았다고 한다(루키아노스: 『시리아의 여신에 관하여』 41).

7. 올리브나무는 아테나 여신에게, 대추야자[5]는 이시스와 라트 여신에게 신성했다. 필자가 소장하고 있는 중기 미노스 문명의 구슬 인장을 보면, 야자나무 옆에 서 있는 여신은 야자나무 이파리로 된 치마를 입고 손에는 작은 야자나무 가지를 들고 있다. 그녀는 신성한 새해의 수송아지가 대추야자 열매 송이에서 태어나는 것을 지켜보고 있다. 나무의 반대쪽에는 죽어가는 소가 보인다. 묵은해를 상징하는 왕의 황소임이 분명하다.[6]

---

5) 대추야자date palm: 야자나무과의 상록 교목. 달고 영양가 높은 열매가 많이 열려 고대인들을 먹여 살린 생명의 나무이다. 성서의 종려나무가 바로 이 나무를 가리킨다. 큰 나무에서는 매년 70-90킬로그램의 열매를 생산한다고 한다. 한편, '야자나무'는 대추야자, 대왕야자(제주도 가로수), 기름야자 등을 통틀어 부른 말이다.

6) 서문 앞, 그림 참고.

23
헤파이스토스의 본성과 행적

　헤파이스토스는 대장장이 신으로, 태어날 때 어머니 헤라는 혐오감에 아이를 올림포스 높은 곳에서 아래로 떨어뜨렸다. 아이의 보잘것없는 생김새 탓에 당황했기 때문이다. 그러나 헤파이스토스는 이런 불행에도 몸을 상하지 않고 살아남았다. 바다에 떨어진 데다, 마침 테티스와 에우뤼노메가 가까이 있어 그를 구해준 덕분이다. 상냥한 두 여신은 물 아래 작은 동굴에서 그를 돌봤다. 헤파이스토스는 자기의 첫 번째 대장간을 거기에 만들어, 두 여신의 은혜에 보답하고자 온갖 종류의 예쁘고 유용한 물건을 만들어 주었다.[1]

　9년이 흐른 뒤 어느 날 헤라는 테티스를 만났다. 테티스는 마침 헤파이스토스가 만들어 준 브로치를 하고 있었기에, 헤라가 물었다. "저기요, 대체 어디에서 그렇게 멋진 것을 구하셨나요?"

　테티스는 망설였지만, 헤라는 기어코 진실을 털어놓게 만들었다. 이에 헤라는 즉시 헤파이스토스를 올림포스로 불러들여, 20개의 풀무가 밤낮으로 돌아가는 훨씬 더 좋은 대장간에서 일할 수 있게 했다. 헤라는 헤파이스토스를 무척이나 아꼈으며, 아프로디테와 결혼할 수 있게 도왔다.

b. 헤파이스토스는 어느 정도 헤라와 화해를 하게 됐다. 제우스가 자신에게 반란을 일으킨 헤라의 손목을 묶어 하늘에서 아래로 매달았을 때, 헤파이스토스는 감히 제우스를 비난하기까지 했다. 그러나 조용히 있었더라면 훨씬 더 좋았을 것이다. 화가 난 제우스가 곧장 그를 올림포스 산에서 두 번째로 내던져 버린 것이다. 헤파이스토스는 종일 추락했고, 이윽고 렘노스 섬의 땅에 내동댕이쳐지면서 두 다리가 부러졌다. 죽지 않는 신이었음에도, 섬 주민들이 그를 발견했을 때에는 몸 안에 생명이 얼마 남아 있지 않았다. 나중에 용서를 받아 올림포스에 돌아오기는 했지만, 그는 황금 목발이 있어야 걸을 수 있었다.[2]

c. 헤파이스토스는 못생기고 심술궂지만 팔과 어깨의 힘은 엄청났다. 그리고 누구도 넘볼 수 없는 손재주를 갖고 있었다. 그는 언젠가 대장간에서 자기를 도울 황금 기계 여인들을 만들기도 했다. 그들은 심지어 말도 하고, 그가 맡긴 아주 까다로운 일도 척척 해냈다. 황금 바퀴가 달린 세발솥도 여럿 만들어 자기 작업장 주위에 두었는데, 이놈들은 저절로 신들의 만남에 달려갔다가 돌아올 수 있었다.[3]

1] 호메로스: 『일리아스』 18. 394-409.
2] 같은 책: 1. 586-594.
3] 같은 책: 18. 368 ff.

＊

1. 헤파이스토스와 아테나 여신은 아테나이에서 신전을 공유했다. 헤파이스토스의 이름은 '낮에 빛나는 남자'(즉, 태양)라는 뜻의 헤메로-파이스토스hemero-phaistos가 시간이 흘러 이렇게 된 것일 수 있다. 이에 반해 아테나 여신은 '밤에 빛나는 여자'인 달의 여신이며, 대장장이를 비롯한 모든 기계

관련 기술의 후견인이었다. 청동기 시대에 모든 작업 도구와 무기, 가사 도구는 마법적인 속성을 갖고 있었고, 대장장이는 일종의 마법사였다는 사실을 요즘 사람들은 이해하기 어려울 것이다. 참고로, 달의 삼신 브리기트의 세 가지 위격(21. 4 참고) 가운데, 하나는 시인을, 다른 하나는 대장장이를, 세 번째는 의사를 감독했다. 여신이 권좌에서 쫓겨나면, 대장장이가 신의 자리로 승격됐다. 대장장이 신이 다리를 전다는 것은 아프리카와 스칸디나비아처럼 먼 지역에서까지 발견되는 전승이다. 원시 시대에 대장장이들은 달아나거나 적대 부족으로 넘어가지 못하게 일부러 불구로 만들었을 수 있다. 그러나 대장장이의 신비와 연결된 관능적인 주신제에서는 다리를 절뚝거리는 자고새 춤을 추기도 했다(92. 2 참고). 헤파이스토스가 아프로디테와 결혼했기에 그는 오직 1년에 한 번 봄 축제에서만 다리를 절었을 수 있다.

야금술은 에게 해의 섬 쪽에서 그리스로 처음 전해졌다. 정교하게 만들어진 헬라스 시기의 청동기와 황금을 수입했던 일을 고려하면, 헤파이스토스가 렘노스 섬의 작은 동굴에서 테티스와 에우뤼노메의 보호를 받았다는 신화를 이해할 수도 있다. 테티스와 에우뤼노메는 우주를 창조한 바다 여신의 호칭이다. 작은 동굴에서 9년 동안 있었다는 대목은 그의 달에 대한 복종을 보여 준다. 그의 추락은 케팔로스Cephalus(89. j 참고), 탈로스Talos(92. b 참고), 스키론Sciron(96. f 참고), 이피토스Iphitus(135. b 참고) 등의 그것과 마찬가지로 그리스 많은 지역의 신성한 왕이 자신의 통치가 끝났을 때 겪었던 일반적인 운명이다. 황금 목발이라고 한 것은 아마도 그의 신성한 발뒤꿈치가 땅바닥에 닿지 않게 하려 고안됐을 것이다.

2. 20개에 이르는 헤파이스토스의 세발솥은 펠로폰네소스의 고대 도시 티륀스Tiryns를 건설한 가스테로케이레스Gasterocheires(73. 3 참고)와 기원이 동일한 것으로 보인다. 솥은 태양을 상징하는 황금 원판에 다리가 세 개인데,

헤파이스토스가 아프로디테와 결혼하는 초기 도상의 둘레에 장식했을 것이 틀림없다. 참고로, [잉글랜드와 아일랜드 사이에 있는] 맨 섬의 전령관 문장紋章도 이런 형태이다. 세 개의 다리는 세 계절로 이루어진 한 해를 의미하며, 솥의 개수는 그의 통치 기간을 나타낸다. 그는 스무 번째 해가 시작될 때 죽는데, 그때가 태양시와 태음시가 가장 근접한 시점이다. 아테나이에서는 이런 순환을 기원전 5세기가 끝날 무렵 공식적으로 인정했지만, 이런 현상을 이미 수백 년 전에 발견했다(『하얀 여신』, 284쪽과 291쪽). 헤파이스토스는, 화산이 많은 시칠리아 북쪽 리파리 군도Lipari islands에 있는 불카누스의 대장간과 연결되기도 했다. 헤파이스토스 숭배의 본거지인 렘노스는 화산섬일 뿐 아니라, 모스퀼로스Moschylus 산 정상에서 아스팔트 성분의 검은 연기가 몇백 년 동안 끊임없이 분출했다(체체스: 『뤼코프론에 관하여』 227; 헤쉬키오스, '모스퀼로스' 항목). 메토디오스Methodius 주교의 저술을 보면, 비슷한 분출이 4세기에 뤼키아의 렘노스 산에서 있었다고 했는데, 이 화산은 1801년까지 꺼지지 않았다. 헤파이스토스는 이들 산 두 곳에 자신의 전당을 갖고 있다. 렘노스Lemnos(이 단어는 아마도 '헌주하는 여자'를 뜻하는 레이베인leibein에서 왔을 것이다)는 이곳 가모장제의 섬에서 '위대한 여신'을 부르는 이름이었다(헤카타이오스, 비잔티움의 스테파누스가 '렘노스' 항목에서 인용 149. 1 참고)

24
데메테르의 본성과 행적

곡식의 여신 데메테르를 모시는 여사제들이 침상의 비밀로 신부와 신랑을 입문시키기는 하지만, 막상 데메테르 여신한테는 남편이 없다. 젊고 명랑했던 시절, 결혼도 하지 않고서 남매 제우스에게 코레와 욕정 강한 이악코스를 낳아 준 적은 있다.[1] 여신은 또 카드모스와 하르모니아의 결혼식에서 티탄 신족 이아시오스 또는 이아시온과 사랑에 빠져 플루토스를 낳기도 했다. 잔치에서 물처럼 흐르는 넥타르에 마음의 불이 붙어, 연인들은 집을 빠져나와 세 번 쟁기질한 밭에 함께 누웠다. 이들이 돌아왔을 때, 제우스는 그들의 거동과 팔다리에 묻은 흙을 보고 무슨 일이 벌어졌는지 짐작했다. 제우스는 이아시오스가 감히 데메테르를 건드렸다면서 불같이 화를 내면서, 벼락으로 쳐 죽였다. 하지만 어떤 이는 이아시오스가 자기 형제인 다르다노스한테서 죽임을 당했다거나 자기 말들이 갈가리 찢었다고 한다.[2]

b. 데메테르는 온화한 영혼의 소유자였다. 매몰차게 대한 사람도 몇 명되지 않는다. 트로피아스의 아들인 에뤼시크톤이 그 몇 사람 가운데 하나다. 펠라스고이족이 여신을 위해 도티온에 가꿔놓은 숲에, 그가 친구 20명을 이끌고 감히 침범한 것이다. 이들은 그의 새로운 연회장에 쓸 재목을 얻

으려 신성한 나무를 베기 시작했다. 데메테르는 숲의 여사제인 니킵페의 모습으로 나타나 에리쉬크톤에게 멈추라고 부드럽게 명했다. 그가 도끼로 여사제를 위협하자, 데메테르 여신은 자신의 찬란한 실체를 드러냈다. 그리고 아무리 많이 먹어도 달랠 수 없는 허기로 영원히 고통받을 것이라고 선언했다. 에리쉬크톤은 집에 돌아와 매일 종일토록 게걸스레 먹기만 했다. 그러나 더 많이 먹을수록 더 배고프고 더 여위어 갔다. 이윽고 그의 부모는 가산을 탕진해 더는 자식에게 음식을 댈 수 없게 됐고, 그는 거리에서 오물을 먹는 거지가 됐다. 반대로, 크레테 섬의 판다레오스에게 데메테르는 절대로 배앓이를 하지 않을 것이라는 멋진 선물을 주었다. 그가 제우스의 황금 개를 훔쳐, 이아시오스를 죽인 것에 대해 앙갚음을 해주었기 때문이다.[31]

c. 데메테르는 나중에 페르세포네라고 불리게 되는 어린 코레를 빼앗겼을 때 그동안의 쾌활함을 영원히 잃어버렸다. 하데스는 코레와 사랑에 빠졌고, 제우스에게 달려가 그녀와 결혼하게 허락해 달라고 부탁했다. 제우스는 딱 잘라 거절함으로써 자기 맏형을 불쾌하게 할까 두려웠지만, 코레가 타르타로스로 가게 된다면 데메테르가 자신을 용서하지 않을 것 역시 알고 있었다. 이에 제우스는 '동의도 거부도 할 수 없다'는 교묘한 답변을 내놓았다. 하데스는 이에 용기를 얻어 대담하게도 초원에서 꽃을 꺾던 소녀를 납치했다. 장소는 아마 시칠리아의 엔나였거나, 앗티케의 콜로노스였을 것이다. 아니면, 헤르미오네, 크레테 섬의 어느 곳, 피사 근처, 레르나, 아르카디아의 페네오스, 보이오티아의 뉘사였을 수도 있다. 이곳들도 아니라면, 나중에 데메테르가 코레를 찾아 온 세상을 헤맸던 어느 멀리 떨어진 지역에서 납치됐을 수도 있다. 참고로, 데메테르의 사제들은 코레가 엘레우시스에서 잡혀갔다고 전한다. 여신은 9일 밤낮을 쉬지 않고 코레를 찾아다녔다. 먹지도 마시지도 않으면서 허공에 대고 아이의 이름을 불렀다. 여신이 얼

은 것이라고는 늙은 헤카테[1]가 전해준 소식뿐이었다. 어느 날 아침 일찍 코레가 "강간이요! 강간이요!"라고 외치는 소리를 들었고, 구하려고 달려가니 흔적조차 찾지 못했다는 것이다.[4]

d. 열 번째 날, 온코스의 말 떼 속에서 포세이돈을 불쾌하게 맞닥뜨린 일이 있고 나서, 데메테르는 변장을 하고 엘레우시스로 갔다. 그곳의 켈레오스 왕과 그의 아내 메타네이라는 여신을 따뜻하게 환대했다. 새로 태어난 왕자 데모포온에게 젖을 주는 유모가 돼 달라고 정중하게 부탁하기도 했다. 이들의 딸로, 다리를 저는 이암베는 야한 농담의 시로 여신을 위로했고, 젖이 마른 늙은 유모 바우보는 여신에게 보리죽을 마셔 보라 익살부리면서 권하기도 했다. 바우보는 산통이 시작되는 것처럼 신음하더니, 갑자기 자기 치마 밑으로 데메테르의 아들 이악코스를 낳는 흉내를 냈다. 이악코스가 어머니의 품으로 뛰어들어 뽀뽀를 하는 모습도 보여줬다.

e. 데메테르는 한 주전자 가득 들어 있던 민트로 향을 낸 보리죽을 벌컥벌컥 마셨다. 그런데 켈레오스 왕의 다른 아들 아바스가 이 모습을 보고 "아, 정말로 게걸스럽게 마시네요!"라고 놀렸다. 데메테르는 아이에게 오싹한 표정을 지어 보였고, 아바스는 도마뱀으로 변신하고 말았다. 미안해진 데메테르는 데모포온을 불사의 존재로 만들어 줌으로써 켈레오스 왕에게 도움을 주기로 마음먹었다. 그날 밤 여신은 죽을 운명을 태워 없애고자 아이를 불 위에 올렸다. 암픽튀온의 딸인 왕비 메타네이라는 이 과정이 끝나기 전에 우연히 의식을 행하던 방에 들어가게 됐다. 그 바람에 주문이 깨졌고, 데모포온이 죽고 말았다. "우리 집안은 참으로 운이 없구나!" 켈레오스

---

1) 헤카테Hecate: 마법의 여신. 교차로, 문턱, 건널목 등을 관장했고, 저승 문을 지킨다. '건너감'의 수호신인 셈이다. 아나톨리아에서 그리스로 건너온 여신으로, 촌락의 교차로나 건널목 등지에는 헤카테 여신상이 많이 세워졌다.

왕은 두 아들의 운명에 눈물을 흘리며 호소했다. 그 이후 왕은 뒤사울레스로 불리게 됐다. 데메테르가 말했다. "너의 눈물을 그치거라, 뒤사울레스야. 너에게는 아직 아들 셋이 더 있고, 그 가운데 트리프톨레모스에게 두 아들을 잃은 것을 잊을 만큼 아주 큰 선물을 주려 한다."

f. 아버지의 소 떼를 돌보던 트리프톨레모스는 데메테르를 알아보고 여신에게 필요한 소식을 전해 주었다. 열흘 전에 자기 형제인 양치기 에우몰포스와 돼지치기 에우불레오스가 들판에서 짐승들을 먹이고 있었는데, 갑자기 땅이 쩍 벌어지더니 눈앞에서 에우불레오스의 돼지를 집어삼켰다는 것이다. 그런 다음 무거운 발굽 소리와 함께 검은 말이 끄는 전차가 나타났고, 땅의 벌어진 틈으로 쑥 들어가 버렸다. 그런데 전차를 모는 이의 얼굴은 보이지 않았지만 오른손으로 비명을 지르는 소녀를 꽉 움켜쥐고 있는 것은 분명히 봤다. 에우몰포스는 이 이야기를 에우불레오스한테 듣고 슬픈 노래를 지었다고 했다.

g. 데메테르는 무언가를 확신하고 헤카테와 함께 모든 것을 보는 헬리오스를 찾아갔다. 이들의 추궁에 헬리오스는 하데스가 악당이라는 사실을 실토했다. 이는 그의 형제 제우스의 묵인 아래 이뤄진 일임에 의심의 여지가 없었다. 데메테르의 분노는 극에 달했고, 올림포스로 돌아가는 대신 지상을 떠돌면서 나무가 열매를 맺지 못하고 가축이 새끼를 낳지 못하게 만들었다. 이에 모든 인간이 절멸될 지경에 이르렀다. 제우스는 부끄러움에 직접 엘레우시스의 데메테르를 찾아가지 못하고, 처음에는 이리스를 통해 메시지를 보냈다. (데메테르는 이를 무시했다.) 제우스는 다음으로 올림포스 신들로 사절단을 꾸려 위로의 선물과 함께 보내 화해를 간청했다. 그러나 데메테르는 올림포스로 돌아가지 않겠다면서 코레가 돌아올 때까지 대지는 황무지로 남을 것이라고 맹세했다.

h. 이제 제우스에게 남은 선택지는 하나뿐이었다. 그는 헤르메스를 보내 하데스에게 이렇게 전했다. "코레를 돌려보내지 않는다면, 우리 모두는 완전히 망할 겁니다!" 그리고 데메테르한테는 이렇게 알렸다. "딸을 되찾게 될 겁니다. 다만 하나, 그 아이가 죽은 자의 음식을 맛보지 않아야만 합니다."

i. 코레는 납치되고 나서 줄곧 빵 부스러기조차 먹지 않겠다고 버텼다. 하데스는 어쩔 수 없이 짜증을 숨긴 채 부드럽게 말했다. "아가야, 여기서는 네가 행복하지 않아 보이는구나. 더구나 네 엄마가 너를 위해 울고 있단다. 그래서 너를 집으로 돌려보내기로 했단다."

j. 코레는 눈물을 멈췄고, 헤르메스는 그녀가 자신의 전차에 오르는 걸 도왔다. 그러나 코레가 엘레우시스로 막 떠나려는 순간, 하데스의 정원사들 가운데 하나인 아스칼라포스는 큰 소리로 콧방귀를 뀌듯 조롱했다. "코레 아가씨가 과수원에서 석류를 따고는 일곱 알을 먹는 걸 봤습니다. 아가씨가 죽은 자의 음식을 맛보았다는 것을 어디 가서도 증언할 수 있습니다." 하데스는 히죽거리면서 아스칼라포스에게 자기 전차의 뒷자리에 타라고 명했다.

k. 엘레우시스에서, 데메테르는 코레를 기쁨에 얼싸안았다. 그러나 석류에 대한 이야기를 듣고, 예전보다 더 낙담해 이렇게 말했다. "앞으로 올림포스에 돌아가지도 않겠다. 대지에 내린 저주도 거두지 않겠다." 제우스는 하데스와 데메테르, 자신의 어머니인 레아를 설득해 데메테르에게 간청하게 했다. 이윽고 타협이 이뤄졌다. 코레는 1년 가운데 세 달을 하데스와 함께 보내야 하는데, 이때 '타르타로스의 여왕'으로서 페르세포네라는 호칭을 가진다는 것이다. 나머지 아홉 달은 데메테르의 처소에서 지낼 수 있게 됐다. 헤카테는 이런 조정이 지켜질 수 있도록 코레를 계속 지켜보겠다고 나섰다.

l. 데메테르는 마침내 집으로 돌아가겠다면서 물러섰다. 엘레우시스를 떠나기 전, 여신은 트리프톨레모스, 에우몰포스, 켈레오스 왕에게 종교적 비의를 전수해 주었다. (페라이의 왕인 디오클레스에게도 함께 전했다. 그가 쉬지 않고 내내 부지런히 코레를 찾아 헤맸기 때문이다). 아스칼라포스한테는 고자질에 따른 벌을 주었다. 구멍에 떨어뜨린 다음 엄청나게 큰 바위로 덮어 버린 것이다. 그는 나중에 헤라클레스의 도움으로 구멍에서 풀려나게 되는데, 그러자 여신은 그를 쇠부엉이로 변신시켜 버렸다.[5] 데메테르는 아르카디아의 페네아티스 사람들에게도 온갖 곡물을 상으로 주었다. 여신이 포세이돈한테 난폭한 짓을 당한 뒤 그들의 집에서 휴식을 취했기 때문이다. 그런데 이들에게 여신은 콩을 심는 것은 금했다. 퀴아미테스라는 사람이 처음으로 감히 콩을 심었는데, 케핏소스 강 옆에 그의 성소가 세워졌다.[6]

m. 여신은 트리프톨레모스에게 곡물 종자, 나무 쟁기, 큰 뱀이 끄는 전차를 주었다. 그리고 그를 온 세상 곳곳으로 보내 사람들에게 농경 기술을 가르치게 했다. 여신은 라리온 평원에서 처음으로 그에게 가르침을 주었는데, 이런 까닭에 어떤 이는 그를 라로스 왕의 아들이라고 한다. 그리고 데메테르 여신은 케핏소스 강의 제방에서 자신을 친절하게 대접해 준 퓌탈로스에게 무화과나무를 선물했다. 이는 앗티케에서는 처음 보는 나무였고, 여신은 그에게 재배법도 가르쳐 주었다.[7]

1] 아리스토파네스: 『개구리』 338; 『오르페우스 찬가』 51.

2] 호메로스: 『오뒷세이아』 5. 125-128; 디오도로스 시켈로스: 『역사총서』 5. 49; 헤시오도스: 『신들의 계보』 969 ff.

3] 베르길리우스의 『아이네이스』 3. 167에 대한 세르비오스; 휘기누스: 『신화집』 250; 칼리마코스: 『데메테르 찬가』 34 ff.; 안토니노스 리베랄리스: 『변신』 11; 파우사니아스: 『그리스 여행기』 10. 30. 1.

4] 휘기누스: 『신화집』 146; 디오도로스 시켈로스: 5. 3; 소포클레스의 『콜로노스의 오이디푸스』 1590에 대한 고전 주석자; 아폴로도로스: 『비블리오테카』 1. 5. 1; 헤시오도스의 『신들의 계보』 914에 대한 고전 주석자; 파우사니아스: 6. 21. 1과 1. 38. 5; 코논: 『이야기』 15; 『호메로스의 데메테르 찬가』 17.

5] 아폴로도로스: 1. 5. 1-3과 12; 『호메로스의 데메테르 찬가』 398. ff와 445. ff.

6) 파우사니아스: 8. 15. 1과 1. 37. 3.
7) 「호메로스의 데메테르 찬가」 231-274; 아폴로도로스: 1. 5. 2; 『오르페우스교 글조각 모음』 50; 휘기누스:
『신화집』 146; 오비디우스: 『변신 이야기』 5. 450-563과 『로마의 축제들』 4. 614; 니칸드로스: 『테리아카』;
파우사니아스: 1. 14. 2와 37. 2.

*

1. 코레, 페르세포네, 헤카테는 '한 여신의 세 모습the Goddess in Triad'이었음
이 분명하다. 각각 처녀, 님프, 노파의 여신에 해당한다. 이때는 오직 여성
만이 농경의 비의를 실행에 옮길 수 있었던 시기였다. 코레는 푸른 곡식을,
페르세포네는 여문 이삭을, 헤카테는 수확한 곡식을 의미한다. 헤카테는 잉
글랜드 시골의 '마귀할멈'이다. 그러나 데메테르는 그 여신의 일반적인 호
칭이었으며, 페르세포네라는 이름이 코레한테 붙으면서 전체 이야기가 혼
란스러워졌다. 데메테르가 세 번 쟁기질한 들판에서 일을 벌였다는 신화는
최근까지도 발칸 반도에 이어진 풍작을 기원하는 의식을 가리킨다. 곡물의
여사제는 풍작을 빌기 위해 가을 파종 때 신성한 왕이랑 공개적으로 짝을
지었을 터이다. 앗티케에서는 봄에 처음 쟁기질을 했고, 여름 수확 뒤에 더
가벼운 쟁기 날로 교차 방향으로 두 번째 쟁기질을 했다. 마지막으로 가을
에 경작의 신들에게 제물을 바치면서 원래 방향으로 쟁기질을 했다. 마지
막 쟁기질은 지금의 10-11월에 걸쳐 있는 퓌아넵시온의 달에 이뤄졌으며,
파종을 위한 사전 준비이다(헤시오도스: 『일과 날』 432-433, 460, 462; 플루타르코
스: 『이시스와 오시리스에 관하여』 69; 『콜로테스에 반대하며』 22).

2. 페르세포네('파괴를 가져오는 여자'라는 뜻으로, 페로phero와 포노스phonos에
서 왔다)는 아테나이에서 페르세파타Persephatta('파괴를 결정하는 여자'라는 뜻
으로, 프테르시스ptersis와 에파프토ephapto에서 왔다)로, 로마에서는 프로세르피나
Proserpina('무서운 이')라고 불렸다. 페르세포네는 신성한 왕을 제물로 바칠 때

부르는 님프의 호칭이었던 것 같다. '헤카테(100개)'라는 호칭은 그가 통치한 100개의 태음월과 100배의 수확을 지칭하는 것으로 보인다. 왕이 벼락을 맞거나 말에게 물려, 또는 후계자의 손에 죽임을 당하는 것은 원시 그리스에서 그의 일반적인 운명이었다.

3. 하데스의 코레 납치는 헬레네스의 남성 삼신이 헬레네스 도래 이전의 세 모습 여신과 강제로 결혼한다는 전체 신화의 한 부분이다. 이 신화에서 제우스는 헤라를, 제우스 또는 포세이돈은 데메테르를, 하데스는 코레를 취했다. 아일랜드 신화에서도 브리안Brian, 이우카르Juchar, 이우카르바Jucharba가 세 모습 여신인 에이레Eire, 포드라Fodhla, 반바Banbha와 결혼했다(7. 6과 16. 1 참고). 하데스의 코레 납치는 원시 시대 남성이 여성의 농경적 비의를 빼앗은 것을 지칭하기도 한다. 데메테르가 인류에게 곡물을 주지 않겠다고 한 대목은, 이노Ino가 보이오티아의 왕 아타마스Athamas의 수확을 망칠 음모를 꾸몄던 일에 대한 또 하나의 판본일 뿐이다(70. c 참고). 더욱이, 코레 신화는 여성 모습의 곡물 꼭두각시를 겨울에 땅에 묻었던 관습의 이유를 설명해 준다. 이 꼭두각시는 초봄에 다시 꺼내는데, 싹이 난 상태로 나온다.[2] 이런 헬레네스 이전 시대 관습은 고전기에도 시골 지역에서 계속 이어졌으며, 도기 그림은 이런 관습이 있었음을 분명히 보여 준다. 즉, 도기에는 남자들이 곡괭이를 사용해 흙더미에서 코레를 끄집어내거나, 도끼로 어머니 대지의 이마를 깨뜨려 여는 장면이 그려져 있다.

4. [영원한 배고픔의 벌을 받은] 트로피아스의 아들 에뤼시크톤의 이야기는 교훈적인 일화다. 라틴 지역이나 초기 아일랜드와 마찬가지로, 그리스인은 신성한 숲을 훼손하면 죽음의 벌을 받는다고 생각했다. 절박하면서도 만족

---

2) 이 꼭두각시가 한 철 동안 지하세계에 내려가 있어야 하는 코레인 셈이다.

시킬 수 없는 허기는, 나무 베기에 대한 적절한 처벌은 아닐 것이다. 참고로, 영국 엘리자베스 여왕 시대 사람들은 이런 것을 '심한 허기wolf'라고 불렀다. 에뤼시크톤의 이름은 '땅을 가르는 이'을 뜻하며, 이는 그의 진짜 죄가 감히 데메테르의 허락도 없이 아타마스처럼 땅에 쟁기질을 한 것임을 암시한다. 참고로, 가부장제를 지지하고 보리 빵을 도입한, 아테나이의 왕 케크롭스의 아들도 이런 이름을 가지고 있다(25. d 참고). 판다레오스가 황금 개를 훔쳤다는 대목은, 아카이아족이 농경 관련 제례를 개혁하려 했을 때 크레테인들이 그리스 본토에 개입했음을 암시한다. 이 개는 대지의 여신한 테서 얻은 것으로, 아카이아족의 상왕이 여신에게서 독립해 있음을 분명하게 보여 주는 증거로 보인다(124. 1 참고).[3]

5. 휠라스Hylas('삼림 지대의', 150. 1 참고), 아도니스(18. 7 참고), 리튀에르세스Lityerses(136. e 참고), 리노스Linus(147. 1 참고)의 신화를 보면, 초목의 여신을 달래기 위해 제물로 바쳐진 신성한 왕 또는 그를 대리한 소년을 위해 매년 애도 행사가 열렸음을 알 수 있다. 이와 꼭 닮은 대리자가, 큰 뱀이 끄는 전차를 타고 곡물 포대를 날랐다는 트리프톨레모스의 전설에 등장하는데, 그의 죽음이 부유함을 가져온다는 것을 상징하기 위해서다. 트리프톨레모스는 또한 쟁기질한 들녘에서 얻은 자식인 플루토스Plutus('부유한')이기도 했다. 그로부터 하데스를 가리키는 완곡한 호칭인 '플루토Pluto'가 나왔다. 트리프톨레모스(트리프톨마이오스triptolmaios, '세 번 대담한')는 감히 들판을 세 번 쟁기질하고 곡식의 여사제와 짝을 지은 신성한 왕에게 수여한 호칭이었을 수 있다. 데메테르가 농경 기술을 가르친 켈레오스 왕, 디오클레스, 에우몰

---

3) 여기에는 관련 내용이 없어 오기로 보인다. 판다레오스 이야기는 108장에 두루 보인다.

포스는 엘레우시스에서 데메테르를 경배하던 암픽튀온 연맹[4]의 수석 사제들을 의미한다. 참고로, 메타네이라Metaneira는 암픽튀온Amphictyon의 딸로 묘사된다.

6. 뮈케나이의 도시[5]인 엘레우시스('도래advent')는 위대한 '엘레우시스의 비밀 의식'이 열린 곳이다. 비밀 의식은 지금의 9-10월에 걸쳐 있는 보이드로미온Boedromion('도움을 얻으러 달려가는')의 달에 거행됐다. 데메테르의 황홀경에 빠진 입문자들은 성소의 안쪽 후미진 곳에서 남근처럼 생긴 물건을 여인의 장화에 대고 위아래로 움직이는데, 이는 데메테르가 이아시오스, 트리프톨레모스, 또는 제우스와 첫날밤을 치르는 것을 상징한다. 이에 엘레우시스는 에일뤼튀이에스Eilythyies('으쓱한 곳에서 날뛰는 여인')의 파생어가 세월이 흘러 변한 것임을 암시한다. 비법 전수자들은 양치기 복장을 하고 즐거움의 비명을 지르면서 등장해 키를 내보였다. 키 안에는 의례적 결혼의 열매로, 브리모Brimo('화난 이')의 아들인 아기 브리모스Brimus가 담겨 있었다. 브리모는 데메테르를 부르는 호칭이며, 브리모스는 플루토스의 동의어다. 그러나 의식 참가자들에게 가장 잘 알려진 이름은 이악코스Iacchus였다. 이는 이악코스라는 시끌벅적한 찬가에서 왔으며, 비밀 의식의 여섯 번째 날에 횃불 행렬이 데메테르의 신전에서 나올 때 이 찬가를 불렀다.

7. 에우몰포스는 아이를 데려왔던 노래하는 양치기이다. 트리프톨레모스는 소치기로, 암소 모습의 달의 여신인 이오Io를 모시고 있다(56. 1 참고).

---

4) 암픽튀온 연맹Amphictyonic League: 고대 그리스에서 도시국가 생성 이전의 먼 옛날부터 내려온 종교적 부족 연합을 말한다.

5) "뮈케나이의 도시"라고 했으나, 펠로폰네소스 반도 서북부의 뮈케나이와 그리스 본토의 아테나이 위쪽에 자리 잡은 엘레우시스는 지리적으로 떨어져 있다. 따라서 이 표현은 뮈케나이 문명(기원전 1600-1100년) 당시의 엘레우시스를 말하는 것으로 보인다. 뮈케나이 문명은 청동기 시대 막바지에 그리스 본토에서 처음으로 꽃을 피운 발달된 그리스 문명이다.

이오 여신은 곡물 종자에 물을 주는 존재다. 에우불레오스는 돼지치기로, 곡물에 싹이 나게 하는 암돼지의 여신인 마르펫사Marpessa(74. 4와 96. 2 참고), 포르키스Phorcis, 코이레Choere 또는 케르도Cerdo를 모셨다. 에우불레오스가 코레의 운명을 처음으로 밝혔는데, 이는 초기 유럽 신화에 '돼지치기'는 점쟁이 또는 마법사를 뜻했기 때문이다. 이에 오뒷세우스의 돼지치기(171. a 참고)인 에우마이오스Eumaeus('잘 찾는')는 디오스dios('신과 같은')라고 불렸다. 고전기에 이르러 돼지치기는 이미 오래전부터 예언술을 행하지 않았음에도, 여전히 돼지를 데메테르와 페르세포네를 위한 희생물로 땅의 갈라진 틈에 던져 넣었다. 에우불레오스는 데메테르의 가르침이라는 은혜를 받지 못했다고 전해지는데, 아마도 데메테르를 암돼지의 여신으로서 숭배하는 일이 엘레우시스에서 탄압받았기 때문일 것이다.

8. '라로스'는 '유산된 아이'나 '자궁'을 뜻하는 것으로 보이는데, 어느 쪽이든 왕에게는 부적절한 이름이다. 이는 거기서 곡물의 싹이 트는, 곡물 어머니 신의 자궁을 지칭하는 것일 터이다.

9. 이암베Iambe와 바우보Baubo는 단장격의 음보를 가진 음란한 노래를 의인화한 것이다. 엘레우시스의 비밀 의식에서 감정적인 긴장을 풀기 위해 이런 노래를 불렀다. 그러나 이암베, 데메테르, 바우보는 처녀, 님프, 노파의 익숙한 삼신을 형성하기도 한다. 그리스 신화에서 늙은 유모는 거의 언제나 노파로서 여신을 의미한다. 아바스는 도마뱀으로 변신했는데, 도마뱀은 가장 뜨겁고 메마른 곳에 살 뿐 아니라 물 없이 지낼 수 있기 때문이다. 이는 아이들에게 웃어른을 공경하고 신들을 숭배해야 한다고 가르치기 위한 도덕적 일화이다.

10. 데메테르가 데모포온Demophoön을 불사의 존재로 만들려 시도했다는 대목은, 메데이아Medea(156. d 참고)와 테티스(81. r 참고)의 신화와 아주 유사

하다. 이는 부분적으로 널리 퍼져 있던 원시적 관습과 연결된다. 갓 태어난 아이를 신성한 불로 둘러싸거나, 쇠판을 그 밑에 깔아 사악한 정령에 맞서 아이를 '정결하게 하는' 관습이 있었다. 이 신화는 또 부분적으로 신성한 왕을 위한 대리 제물(92. 7 참고)로 아이를 태워 죽이는 관습과도 연결된다. 이렇게 죽은 아이들은 불사의 운명을 받았다고 여겼다. 데모포온의 아버지 이름 '켈레오스'는 '딱따구리'나 '마법사'뿐만 아니라 '불태우는 사람'을 뜻할 수 있다.

11. 원시적 터부는 빨간색 음식에 기초를 두고 있다. 이는 오직 죽은 이들에게만 제공된다(170. 5 참고). 석류는 아도니스나 탐무즈Tammuz(18. 7 참고)의 피에서 솟아났다고 여겼다. 여덟 장 꽃잎의 진홍색 아네모네도 거기서 나왔다고 했다. 일곱 개의 석류 씨는, 아마도 농부들이 곡식의 파란 새순이 솟아나기를 기다리는 동안 일어나는 달의 일곱 단계 변화를 지칭하는 것일지 모른다. 그러나 석류를 먹는 페르세포네는 원래 [구약성서에서 죽어서 가는 곳을 뜻하는] 스올Sheol이다. 스올은 '지옥의 여신'으로 탐무즈를 먹어 치웠다. 그러는 동안 이슈타르Ishtar는 (그녀는 다른 겉모습의 스올 자신인데) 그의 혼령을 달래기 위해 눈물을 흘렸다. 헤라도 예전에 죽음의 여신이었기에 석류를 가지고 있었다.

12. [고자질쟁이] 아스칼라포스ascalaphos, 즉 쇠부엉이는 나쁜 조짐의 새였다. 그의 고자질 우화는 부엉이가 11월에 시끄럽게 우는 이유를 설명하려 만든 것이다. 그다음의 겨울 세 달 동안 코레가 지하세계로 내려가야 한다. 헤라클레스가 아스칼라포스를 풀어 준다(134. d 참고).

13. 데메테르가 퓌탈로스Phytalus에게 무화과를 선물했다는 대목은, 무화과 가루받이 촉진법의 시행이 농경 기술과 마찬가지로 이제는 여성의 특권이 아니게 되었음을 뜻할 뿐이다. 무화과는 야생 품종의 나뭇가지로 재배

용에 가루받이를 해줘야 한다. 참고로, 퓌탈로스의 가문은 앗티케에서 명문 가로 통한다(97. a 참고). 남자의 콩 심기에 대한 금기는 다른 곡식보다 더 오 랫동안 지속된 것으로 보인다. 이는 콩과 혼령의 밀접한 연관 때문이다. 로 마의 '만신 축제'에서는 콩을 혼령에게 던지는 관습이 있었다. 이렇게 던진 콩 가운데 어느 놈이 싹이 나서 자라고, 여인이 그렇게 자란 콩을 먹으면 혼 령의 아이를 가진다고 했다. 이에 따라 피타고라스 학설 신봉자들은 콩을 먹 으면 선조가 부활할 기회가 없어질 것이라 생각해 콩 먹는 것을 삼갔다.

14. 데메테르는 크레테 섬을 거쳐 그리스 앗티케의 토리코스Thoricus에 이 르렀다고 한다(『데메테르 찬가』 123). 가능성이 있는 얘기다. 크레테인들은 앗 티케에 자리를 잡고, 라우레이온Laureium에 처음으로 은광을 파기 시작했다. 게다가 엘레우시스는 뮈케나이의 영향력이 미치는 위치에 있었고, 디오도 로스 시켈로스(5. 77)는 엘레우시스와 비슷한 제의가 크놋소스에서 모든 주 민을 상대로 열렸다고 전했다. 그리고 크레테인들은 자기 선조들이 이 모 든 의례를 발명했다고 주장한다고도 전했다(5. 79). 그러나 데메테르의 기원 은 리비아에서 찾아야 한다.

15. 오비디우스의 기록을 보면, 코레가 포세이돈에게 납치될 때 꺾은 꽃 은 양귀비poppy였다. 머리쓰개에 양귀비 삭과poppyhead가 있는 여신의 성상 이 크레테의 가지Gazi에서 발굴됐다. 팔라이오카스트로Palaiokastro[6]에서 발굴 된 다른 여신상은 손에 양귀비를 들고 있다. 뮈케나이의 '아크로폴리스 보 물'에서 나온 금반지에는, 자리에 앉은 데메테르가 서 있는 코레에게 양귀 비 삭과 세 개를 주는 모습이 새겨져 있다. 양귀비 씨앗은 빵의 조미료로 썼으며, 양귀비는 주로 밭에서 자라기 때문에 자연스럽게 데메테르와 연결

---

6) 같은 지명이 여러 곳이라 어디인지 알기 어렵다. 다만, 크레테 섬 이라클리온 서쪽 마을일 수 있겠다.

됐다. 그러나 코레가 양귀비를 꺾거나 받는 것은 양귀비가 수면제 성분을 갖고 있으며 죽음 이후의 부활을 약속하는 진홍색이기 때문이다(27. 12 참고). 이제 코레가 올해의 잠을 위해 물러날 시간이다.

25
아테나의 본성과 행적

아테나는 수많은 것을 새로 발명했다. 아울로스, 트럼펫, 질그릇, 쟁기, 갈퀴, 소에 씌우는 멍에, 말의 굴레, 전차, 배 등이 아테나의 발명품이다. 여신은 셈법과 함께 요리와 옷감 짜기, 실잣기 등과 같은 여인들의 기술도 처음으로 가르쳐 주었다. 전쟁의 여신임에도, 아레스나 에리스와 같이 전투에서 즐거움을 찾지는 않는다. 전투보다는 평화적인 수단으로 분쟁을 조정하고 법을 지키는 것을 선호한다. 여신은 평화 시기에는 무장을 하지 않으며, 필요할 경우에는 보통 제우스한테 빌려 쓴다. 여신은 자비심도 대단하다. 아레오파고스에서 열리는 형사재판에서 배심원의 투표 결과가 가부 동수로 나오면, 여신은 항상 피고를 풀어주는 쪽에 자신의 캐스팅 보트를 던진다. 그러나 일단 전투에 돌입하게 되면, 여신은 심지어 아레스를 상대할 때라도 절대 지지 않는다. 아레스보다 전술과 전략에 있어 더욱 현실에 기반을 두고 있기 때문이다. 그래서 현명한 지휘관들은 언제나 그녀에게 조언을 구한다.[1]

b. 많은 신과 티탄 신족, 거인족이 아테나와 결혼하고자 했다. 그러나 여신은 모든 구애를 물리쳤다. 트로이아 전쟁 기간에 딱 한 번 일이 있었다.

여신은 제우스한테 무기를 빌리고 싶지 않았다. 당시 제우스는 중립을 선언한 상태였기 때문이다. 여신은 헤파이스토스에게 자신의 무기를 만들어 달라고 부탁했다. 헤파이스토스는 사랑 때문에 하는 일이라고 수줍게 말하면서 대가를 받지 않았다. 이 말이 담고 있는 뜻을 알아채지 못했기에, 여신은 그가 빨갛게 달아오른 쇠를 두드리는 모습을 지켜보려 대장간에 들어갔다. 그는 갑자기 돌아서 그녀에게 난폭한 짓을 하려 했다. 헤파이스토스는 보통 그렇게 천박하게 행동하지 않는데, 이번에는 악의적인 장난의 희생자였다. 얼마 전에 포세이돈이 그에게 아테나가 제우스의 허락을 받고 대장간에 오고 있다고 하면서, 그녀는 거친 사랑을 은근히 기대하고 있다고 한 것이다. 아테나가 힘으로 밀쳐내자 헤파이스토스는 그녀의 무릎 약간 위쪽 넓적다리에 정액을 쏟아냈다. 아테나는 양털을 한 움큼 쥐어 이를 닦아내고, 역겨워하면서 이를 멀리 던져버렸다. 이는 아테나이 부근 땅에 떨어졌고, 마침 그곳을 방문한 어머니 대지를 수태시키고 말았다. 어머니 대지는 헤파이스토스가 아테나를 통해 얻고자 한 아이를 자기가 낳게 된 것에 화가 났고, 아이 양육에 어떤 책임도 지지 않겠다고 선언했다.

c. "좋아요." 아테나가 말했다. "그 아이는 제가 직접 돌볼게요." 이에 여신은 아이가 태어나자마자 이를 넘겨받아 에리크토니오스라고 이름 지었다. 포세이돈이 자기 장난이 성공했다고 비웃는 걸 원하지 않았기에, 아이를 신성한 바구니에 숨겼다. 아테나는 이를 아테나이의 왕 케크롭스의 맏딸인 아글라우로스Aglauros에게 주면서 잘 지키라고 명했다.[21]

d. 케크롭스는 어머니 대지의 아들이며, 에리크토니오스와 마찬가지로 절반은 사람이고 절반은 큰 뱀이다. 참고로, 어떤 이는 케크롭스가 에리크토니오스의 아버지라고 추정한다. 케크롭스는 처음으로 아버지의 지위를 인정한 왕이며, 앗티케 최초의 왕인 악타이오스의 딸과 결혼했다. 그는 또

일부일처제를 도입하고, 앗티케를 열두 구역으로 나눴으며, 아테나에게 바치는 신전을 지었고, 산 제물을 바쳐 피 흘리는 일을 금하면서 대신 소박한 보리 빵을 올리게 했다.[3] 아내의 이름은 아그라울로스Agraulos였다. 세 딸을 두었는데 아글라우로스와 헤르세, 판드로소스였으며, 이들은 아크로폴리스 위에 있는 방 세 개짜리 집에 살았다. 어느 날 저녁, 세 딸은 아테나 여신의 신성한 바구니를 머리에 이고 축제에서 돌아왔다. 헤르메스가 아글라우로스에게 뇌물을 주면서 막내인 헤르세한테 접근할 수 있게 해달라고 했다. 헤르메스가 그 소녀와 뜨거운 사랑에 빠졌던 것이다. 아글라우로스는 헤르메스한테서 금덩어리를 받았지만, 아무 일도 하지 않았다. 아테나 여신이 그녀가 동생의 행운에 질투를 느끼게 만들었기 때문이다. 잔뜩 화가 난 헤르메스는 집 안으로 성큼성큼 걸어 들어가 아글라우로스를 돌로 만들고, 헤르세를 자기 뜻대로 했다. 헤르세는 이에 두 아들로 에오스의 연인 케팔로스와 '엘레우시스 비밀 의식'의 첫 전령인 케뤽스를 낳았다. 이런 일이 있고 난 다음, 헤르세와 판드로소스, 그리고 이들의 어머니 아그라울로스는 호기심을 이기지 못하고 맏딸 아글라우로스가 돌봤던 바구니의 뚜껑을 열어 안을 엿봤다. 바구니 안에는 다리 대신에 뱀의 꼬리가 붙은 아기가 있었고, 이들은 무서워 비명을 지르며 어머니부터 차례로 아크로폴리스에서 아래로 뛰어내렸다.[4]

e. 이런 불행한 사건에 대해 전해 듣고, 아테나 여신은 너무나 마음이 아파 도시의 요새 방비를 강화할 요량으로 아크로폴리스로 가져오고 있던 거대한 바위를 중간에 그냥 내버려두었다. 이게 뤼카벳토스 산[1]이 됐다. 여

---

1) 뤼카벳토스 산Mount Lycabettus: 그리스의 수도 아테네에 있는 산. 현대 그리스어로는 '리카베토스 언덕'이라고 한다. 백악기의 석회암 언덕으로 높이는 277미터이다. 주변에서 가장 높은 지점으로서, 아테네 시내가 한눈에 내려다보인다. 관광명소로 인기가 많으며, 케이블카를 타고 올라갈 수 있다.

신은 또 이 소식을 가져온 까마귀를 하양에서 검정으로 바꿔버렸으며, 앞으로 어떤 까마귀도 아크로폴리스에 가지 못하도록 했다. 에리크토니오스는 아테나의 아이기스 안에 담아 보호했다. 여신은 아이기스 안에 담긴 아이를 정성으로 키워 여신을 아이의 어머니라고 오해할 지경이었다. 아이는 자라 나중에 아테나이의 왕이 됐다. 그는 도시에서 아테나를 기리는 제례를 도입했고, 동료 시민들에게 은 사용법을 가르쳤다. 그의 모습은 하늘의 별 사이에 새겨져 마부자리가 됐다. 그가 네 마리의 말이 끄는 전차를 발명했기 때문이다.[5]

f. 아그라울로스의 죽음에 대해, 아주 다른 설명이 지금까지 내려온다. 외세의 침략으로 아테나이가 위기에 빠졌을 때, 왕비는 아크로폴리스에서 제 몸을 던졌다. 신탁에 복종한 것인데, 이렇게 해서 도시를 구했다. 이런 설명은 아테나이의 특별한 관습이 어디서 유래했는지 전해 준다. 그곳의 모든 젊은이는 처음으로 무장을 갖출 때면 아그라울로스의 신전을 찾아 도시에 생명을 바치겠다고 맹세했다.[6]

g. 아테나는 아르테미스만큼 몸가짐이 반듯하지만, 훨씬 더 너그럽기도 하다. 테이레시아스가 어느 날 우연히 여신이 목욕하는 모습을 보게 됐다. 놀란 여신은 손으로 테이레시아스의 눈을 가렸고 이에 그는 눈이 멀게 됐다. 여신은 보상으로 그에게 마음의 눈을 주었다.[7]

h. 기록상으로, 아테나 여신은 딱 한 번 심통 사나운 질투를 보여 준 적 있다. 이야기는 이렇다. 뤼디아 콜로폰의 공주 아라크네는 옷감 짜는 기술이 워낙 뛰어나 아테나 자신도 경쟁이 되질 않았다. 콜로폰은 원래 자주색 염료로 유명한 곳이다. 아라크네가 옷감을 짜면서 올륌포스 신들의 사랑 이야기를 담은 그림을 수놓아 보였고, 여신이 눈에 불을 켜고 살펴봤지만 도저히 흠결을 찾을 수가 없었다. 여신은 차가운 앙심을 품고 이를 갈가리

찢어버렸다. 이에 겁을 집어먹은 아라크네가 서까래에 목을 매달자, 아테나는 그녀를 자기가 제일 싫어하는 거미로 만들어 버렸다. 이때 밧줄도 거미줄이 됐는데, 아라크네는 그 위로 올라가 안식처를 얻었다.[8]

1] 체체스: 『뤼코프론에 관하여』 520; 헤쉬키오스, '힙피아' 항목; 베르길리우스의 『아이네이스』 4. 402에 대한 세르비오스; 핀다로스: 『올륌피아 제전 송가』 13. 79; 리비우스: 『로마 건국사』 7. 3; 파우사니아스: 『그리스 여행기』 1. 24. 3, 등; 호메로스: 『일리아스』 1. 199 ff.; 5. 736; 5. 840-863; 21. 391-422; 아이스퀼로스: 『자비로운 여신들』 753.

2] 휘기누스: 『시적 천문학』 2. 13; 아폴로도로스: 『비블리오테카』 3. 14. 6; 휘기누스: 『신화집』 166.

3] 파우사니아스: 1. 5. 3; 8. 2. 1; 아폴로도로스: 3. 14. 1; 스트라본: 『지리학』 9. 1. 20; 아리스토파네스: 『부(富)의 신』 773; 아테나이오스: 『현자들의 식탁』 555c; 에우스타티오스: 『호메로스에 관하여』 1156; 『파로스 대리석』 2-4행.

4] 아폴로도로스: 3. 14. 3과 6; 『그리스 비문 모음』 14. 1389; 휘기누스: 『신화집』 166.

5] 안티고노스 카뤼스티오스: 『놀라운 것에 대한 설명』 12; 칼리마코스: 『헤칼레』 1. 2. 3; 필로스트라토스: 『튀아나의 아폴로니오스의 생애』 7. 24; 휘기누스: 『시적 천문학』 2. 13; 『신화집』 274; 아폴로도로스: 3. 14. 1.

6] 수이다스와 헤쉬키오스, '아그라울로스' 항목; 플루타르코스: 『알키비아데스』 15.

7] 칼리마코스: 『팔라스의 목욕』.

8] 오비디우스: 『변신 이야기』 6. 1-145; 베르길리우스: 『농경시』 4. 246.

*

1. 아테나이인들은 자기네 여신의 처녀성이 도시의 천하무적을 상징한다고 생각했다. 그래서 아테나가 포세이돈(19. 2 참고)과 보레아스Boreas(48. 1 참고)한테 겁탈을 당했다는 초기 신화를 감췄다. 그리고 에리크토니오스Erichthonius, 아폴론, 뤼크노스Lychnus('등불')가 헤파이스토스를 통해 낳은 여신의 아들들이라는 것도 부인했다. 그들은 '에리크토니오스'라는 이름을 두고 에리온erion('양털')이나 에리스eris('불화')에 크토노스chthonos('땅')가 더해진 말이라고 하면서, 태고의 그림에 나오는 뱀 아이의 존재를 설명하기 위해 이런 탄생 신화를 발명해 냈다. 그림에서 뱀 아이는 여신의 아이기스 안에서 밖을 살짝 내다보고 있다. 에리크토니오스의 탄생에서 포세이돈이 나오는 부분은 원래 더 간단하고 직접적인 것이었는지 모른다. 그게 아니라면 에리크토

니오스가 포세이돈의 네 마리 말 전차를 왜 아테나이에 도입했겠는가?

2. 아테나는 세 모습 여신이었다. 그러나 중간 위격, 즉 '님프로서의 여신'이 탄압을 받고, 이와 관련된 신화가 아프로디테, 오레이튀이아Oreithyia(48. b 참고), 혹은 아레스의 딸 알킵페Alcippe(19. b 참고) 쪽으로 넘어가면서 상황이 달라졌다. 이제는 처녀와 노파 위격의 여신만 남았다. 염소 가죽을 입은 처녀는 전쟁에 특화돼 있었고(8. 1 참고), 노파는 신탁에 영감을 주고 모든 기술을 감독했다. 에리크토니오스는 아마도 일반적으로 얘기되듯 '많은 땅'이라기보다는 '히드의 땅에서 온'(18. 1 참고)을 뜻하는 에레크테우스Erechtheus(47. 1 참고)가 확장된 형태일 것이다. 아테나이인들은 그를 사람의 머리를 한 큰 뱀으로 묘사했다. 그는 노파의 뜻을 전해주는, 제물로 바쳐진 왕 또는 그의 혼령이기 때문이다. 이렇게 아테나는 노파 모습의 여신이기도 했기에 부엉이와 까마귀의 시중을 받았다. 아테나이의 고대 왕족은 자신들이 에리크토니오스와 에레크테우스의 후손이라고 주장하면서, 스스로 에레크테우스 가문Erechtheids[2]이라고 불렀다. 그들은 부적으로 황금 뱀을 지니고 다녔으며, 에레크테이온[3]에 신성한 뱀을 두었다. 그러나 에리크토니오스는 히드 관목이 덮인 산에서 불어오는 다산의 바람이기도 했으며, 아테나이의 모든 신혼부부는 많은 자식을 두라는 뜻에서 아테나 여신의 아이기스(또는 복제품)를 받았다(수이다스,[4] '아이기스' 항목).

3. 최고 수준의 크레테 항아리 가운데 일부는 여인들이 만든 것으로 알려져 있다. 그리고 의심의 여지 없이, 아테나 여신이 발명했다는 모든 유용

---

2) 아테나이 왕정 시절의 두 왕조 가운데 첫 번째 왕조이다.

3) 에레크테이온Erechtheion: 아테나이 아크로폴리스의 파르테논 신전의 북쪽으로 있는 이오니아식 신전. 에레크테우스와 아테나를 함께 모신다. 기원전 421~405년쯤 지어졌으며, 남쪽 앞면에 4개, 양쪽으로 하나씩, 모두 6개 세워져 있는 카뤼아티스caryatid(여인상 기둥)가 유명하다.

4) 수이다스Suidas: 고대 그리스에 관한 백과전서 성격의 사전.

한 도구들도 원래는 그랬을 것이다. 그러나 고전기에 이르러 그리스에서 장인은 남성이어야 했다. 은은 처음에는 금보다 더 가치 있는 금속이었다. 제련하기 더 어렵고, 하늘의 달에게 신성했기 때문이다. 페리클레스 시대에 아테나이가 누린 우월한 지위는 매장량이 풍부한 라우레이온의 은광 덕분이었다(24. 14 참고). 처음에 크레테인들이 개척했지만, 이 은광이 있어 아테나이는 식량을 수입하고 동맹을 확보할 수 있었다.

4. 케크롭스의 딸들이 아크로폴리스에서 뛰어내렸다고 한 대목은, 헬레네스 침략자들이 아테나이를 장악할 때 벌어진 일일 수 있다. 헬레네스는 아테나이를 장악한 다음 할리로티오스의 신화(19. b 참고)에서와 같이, 아테나이의 여사제들에게 일부일처제를 강요했다. 그들은 불명예보다는 죽음을 택했다. 그래서 아테나이 젊은이들이 아그라울로스의 전당에서 맹세를 했던 것이다. 왕비의 죽음에 대한 다른 이야기는 단순한 교훈적 일화에 불과하다. 아테나 여신의 비의를 훼손하지 말라는 경고이다. '아그라울로스'는 달의 여신이 가진 또 하나의 호칭이었다. 아그라울로스agraulos와 이를 살짝 바꾼 맏딸 아글라우로스aglauros는 똑같은 것을 뜻한다. 전자는 호메로스가 양치기에 붙인 별칭이고, 후자는 (헤르세herse와 판드로소스pandrosos와 같이) 달을 지칭한다. 이때 달은 초원에 생기를 되찾아 주는 이슬의 원천이다. 아테나이에서 소녀들은 한여름 보름달이 뜰 때 신성한 목적을 위해 밖으로 나가 이슬을 받아 모았다. 참고로, 똑같은 관습이 지난 세기까지 잉글랜드에서도 있었다. 이 축제를 헤르세포리아Hersephoria, 즉 '이슬 모으기'라고 했다. 아그라울로스 또는 아그라울레Agraule는 사실 아테나 자신의 호칭이었고, 퀴프로스는 나중까지 아그라울레에게 인간 제물을 바치며 숭배했다(포르퓌리오스: 「채식주의에 관하여」 30). 뮈케나이에서 출토된 금반지에는 세 명의 여사제가 신전으로 나아가는 모습이 새겨져 있다. 앞장선 둘은 이슬을 뿌리고

있으며, 세 번째 여사제는 (짐작건대, 왕비 아그라울로스일 텐데) 팔꿈치에 나뭇가지가 묶여 있다. 이런 의식은 아마도 크레테에서 비롯됐을 것이다. 헤르메스가 헤르세를 유혹하기 위해 아글라우로스에게 금덩이를 주었다고 대목은, 여신의 조각상, 즉 돌로 변한 아글라우로스 앞에서 이뤄진 여사제들의 의례적 성매매[5]를 지칭하는 것이 틀림없다. 이런 경우에 들고 다닌 신성한 바구니 안에는 남근의 뱀과 이와 비슷한 다른 주신제 물건이 들어 있었을 터이다. 의례적 성매매는 달의 여신 추종자들이 행했으며, 크레테, 퀴프로스, 시리아, 소아시아, 팔레스타인에서 이뤄졌다.

5. 아테나 여신의 까마귀 축출은 크로노스 추방, 즉 올림포스 체제의 승리에 대한 신화적 변형이다. 크로노스는 '까마귀'를 뜻한다(6. 2 참고). 그리고 여기서는 올림포스 체제의 도입이 엉뚱하게도 케크롭스 덕분이라고 나온다. 사실 케크롭스는 펠라스고이족의 조물주인 거대한 뱀 오피온Ophion이자 북풍의 신 보레아스이다(1. 1 참고). 까마귀의 색깔이 바뀌는 것은, 아테나에 해당하는 웨일스 쪽 여신인 브란웬Branwen('흰 까마귀')을 떠올리게 한다. 그녀는 브란Bran의 누이다(57. 1 참고). 아테나한테는 '코로니스Coronis'라는 별칭도 있었던 것으로 보인다.

6. 아테나의 아라크네 복수는 단순히 멋진 우화가 아닐 수 있다. 아테나이와 뤼디아-카리아 주민들 사이에 벌어진 초기 상업적 경쟁을 기록한 것일 수 있다는 얘기다. 뤼디아-카리아 쪽은 제해권을 쥐고 있었으며, 크레테 출신이었다. 크레테 섬의 밀레토스Cretan Miletus에서 거미 표상이 그려진 인

---

5) 의례적 성매매ritual prostitution: 다산을 기원하거나 신적인 결혼을 기리면서 성교 등을 벌이는 종교 의식을 이른다. 근동Near East의 수메르, 바빌로니아 등지에서 실재했던 것으로 보이며, 「구약성경」에도 흔적이 남아 있다. '신성한 성매매sacred prostitution'라고도 하며, 행위에 따른 대가를 주지 않는 경우에는 '신성한 성적 의례sacred sexual rites'라는 표현도 쓴다.

장이 수도 없이 발굴됐다. 이곳은 [아나톨리아 반도] 카리아의 밀레토스Carian Miletus의 모태가 된 도시로, 고대 세계 최대의 염색 모직물 수출 도시였다. 무더기로 발굴된 거미 인장은 기원전 2000년쯤 이곳에서 공공 의류 산업이 번창했음을 암시한다. 얼마 동안, 밀레토스는 이문이 쏠쏠한 흑해 교역을 장악했고, 이집트 북부 나우크라티스Naucratis에서 대규모 사업도 펼쳤다. 아테나는 거미에 질투를 느낄 이유가 충분했다.

7. 호메로스의 작품 안에는 분명한 모순이 존재한다. '배들의 목록'6) (『일리아스』 2. 547 ff)을 보면, 아테나는 에레크테우스Erechtheus를 아테나이에 있는 자신의 화려한 신전 안에 머물게 했다. 그런데 『오뒷세이아』(7. 80)에는, 아테나 여신이 아테나이로 가서 그의 튼튼한 집, 즉 아크로폴리스의 에레크테이온 신전으로 들어갔다. 객관적인 사실은, 여신의 신상을 모셔놓은 여왕의 궁전 안에는 신성한 왕의 구역도 있었다는 것이다. 크레테와 '뮈케나이의 그리스'에는 신전이 없었다. 오직 집안에 마련해 놓은 전당과 신탁의 동굴만 있었다.

---

6) 호메로스 『일리아스』 2장에 나오는 긴 목록을 말한다. 그리스 전역에서 트로이아 원정에 누가 몇 척의 배를 끌고 참여했는지 나열하고 있다. 때로 각 지휘자의 가문에 대한 상세한 설명도 들어 있다. 『일리아스』 읽기의 첫 번째 관문이라 할까, 길고 지루하게 느낄 수 있다.

26
판의 본성과 행적

그리스 남신과 여신들 가운데 몇몇은 강력한 힘을 가졌음에도 올림포스 12신 가운데 자기 이름을 올리지 못했다. 이를테면 판은 생기조차 잃은 채 아르카디아의 시골에서 보잘것없이 사는 데 만족했다. 다른 경우는 어떤가. 하데스, 페르세포네, 헤카테는 자신들이 올림포스에서 환영받지 못한다는 것을 알고 있었다. 어머니 대지는 너무 늙었고, 손자와 증손자의 집안일을 돌보는 데 붙잡혀 있었다.

b. 어떤 이는 헤르메스가 드뤼옵스의 딸 드뤼오페를 통해 판의 아버지가 됐다고 전한다. 헤르메스가 님프 오이네이스한테서 얻었다고도 하고, 숫양의 모습으로 찾아가 오뒷세우스의 아내 페넬로페한테서 얻었다고도 한다. 염소의 신 아말테이아한테서 얻은 아들이라는 말도 있다.1) 그는 뿔과 수염, 꼬리, 염소의 다리를 가지고 태어났고 워낙 흉하게 생겨 그의 어머니가 겁을 먹고 달아났다고 한다. 이에 헤르메스가 신들의 즐거움을 위해 그를 올림포스로 데려갔다. 그러나 판은 제우스가 함께 젖을 먹고 자란 젖형제였고 따라서 헤르메스보다 나이가 더 많다. (다른 이들은) 오뒷세우스가 없는 동안 페넬로페가 모든 구혼자들과 관계를 맺고 판을 낳았다고 전하는데,

젖형제 이야기를 보면 판은 그녀보다 훨씬 나이가 많다. 또 다른 이들은 판이 크로노스와 레아의 아들이라고 주장하며, 제일 엉뚱한 이야기로 제우스와 휘브리스의 아들이라는 말까지 떠돈다.[2]

c. 판은 아르카디아에 살았는데, 거기서 양 떼, 소 떼, 벌집을 지키면서 지냈다. 산의 님프들이 벌이는 잔치에 가서 놀기도 했고, 사냥꾼들이 사냥감 쫓는 걸 돕기도 했다. 그는 오후에 낮잠 자는 것을 다른 무엇보다 사랑했으며, 늘 느긋하고 게을렀다. 방해하는 사람한테는 앙갚음을 했는데, 숲속이나 작은 동굴에서 갑자기 소리를 질러 그들의 머리카락이 곤두서게 만들었다. 아르카디아 사람들은 판을 공경하기는커녕, 종일 사냥터를 뛰어다니고 빈손으로 돌아오면 판을 해총squill으로 매질하기도 했다.[3]

d. 판은 여러 님프를 유혹하기도 했는데, 이를테면 에코는 그에게 이윈크스를 낳아 주었다. 에코는 나중에 나르킷소스를 사랑해 불행한 결말을 맞이한다. 무사 여신들의 유모인 에우페메와 어울려 황도 12궁 궁수자리의 크로토스를 자식으로 얻었다. 판은 디오뉘소스의 술 취한 마이나데스 모두와 짝을 지었다고 자랑하기도 했다.[4]

e. 한번은 그가 순결한 피튀스를 범하려 했는데, 그녀는 전나무로 변신해 겨우 벗어날 수 있었다. 그후로 판은 전나무 가지를 화관으로 쓰고 다녔다. 다른 경우로, 그는 순결한 쉬링크스를 뤼카이온 산에서 라돈 강까지 쫓아간 적이 있다. 그녀는 그곳에 이르러 갈대로 변신했다. 판은 그녀를 다른 갈대와 구분할 수 없게 되자, 아무렇게나 갈대 몇 줄기를 잘라 그것으로 팬파이프Pan-pipe를 만들었다. 사랑의 모험에서 판이 가장 크게 성공한 것은 셀레네를 유혹한 일이다. 털투성이의 검은 염소 모습을 말끔하게 씻은 흰 양털로 위장했기에 가능했다. 셀레네는 그가 누구인지 모른 채 등에 올라타라는 말을 따랐고, 그가 원하는 대로 하게 두었다.[5]

f. 올림포스 신들은 판의 단순하고 소란을 좋아하는 기질 탓에 그를 경멸했음에도 그의 힘을 이용해 먹었다. 아폴론은 달콤한 말로 구슬려 예언의 기술을 얻었고, 헤르메스는 그가 떨어뜨려 놓은 팬파이프를 그대로 베껴자신의 발명품이라 하면서 아폴론에게 팔았다.

g. 판은 유일하게 우리 시대에 죽은 신이다. 그가 죽었다는 소식은 타모스라는 사람이 들었다. 그는 뱃사람으로 이오니아 해의 팍시 섬을 거쳐 이탈리아로 가고 있었다. 신의 목소리가 바다 건너에서 들려왔다. "타모스야, 거기 있느냐? 팔로데스에 도착하거든 위대한 신 판이 죽었다고 널리 알리거라!" 타모스는 그렇게 했고, 그 소식에 비통과 탄식이 해안에 넘쳐났다.[6]

1] 「호메로스의 판 찬가」 34 ff.; 테오크리토스의 『전원시』 1. 3에 대한 고전 주석자; 헤로도토스: 『역사』 2. 145; 에라토스테네스: 『카타스테리스모이』 27.
2] 「호메로스의 판 찬가」; 같은 곳; 베르길리우스의 『농경시』 1. 16에 대한 세르비오스; 두리스, 체체스의 인용: 『뤼코프론에 관하여』 772; 아폴로도로스: 『비블리오테카』 1. 4. 1; 에우리피데스의 『레소스』 30에 대한 고전 주석자.
3] 테오크리토스: 『전원시』 1. 16; 에우리피데스: 『레소스』 36; 헤쉬키오스, '아그레오스 테오크리토스' 항목 : 『전원시』 7. 107.
4] 오비디우스: 『변신 이야기』 3. 356-401; 휘기누스: 『신화집』 224; 『시적 천문학』 2. 27.
5] 루키아노스: 『신들의 대화』 22. 4; 오비디우스: 『변신 이야기』 1. 694-712; 베르길리우스의 『농경시』 3. 392에 대한 필라르귀리우스.
6] 플루타르코스: 『신탁이 침묵하는 이유』 17.

*

1. 판의 이름은 보통 파에인paein('풀을 먹이다')에서 비롯됐다고 본다. 판은 아르카디아의 다산 숭배에서 '악귀' 또는 '곧추선 남자'를 의미하며, 이는 북서 유럽의 마녀 숭배와 많이 닮았다. 그는 염소 가죽을 입고 마이나데스의 선택받은 연인으로 높은 산에서 벌어지는 주신제 술판에 참여했다. 그리고 조만간 이런 특혜에 대해 자신의 죽음으로 대가를 치른다.

2. 판의 탄생에 대한 설명은 엄청나게 다양하다. 헤르메스는 이런 주신

제의 중심이 되는 남근의 돌에 깃들어 있는 힘이었기에(14. 1 참고), 양치기들은 자기네 신인 판을 헤르메스가 딱따구리와 함께 낳은 아들이라고 생각했다. 그리고 딱따구리가 나무를 두드리는 것은 반가운 여름비의 전조라고 생각됐다. 헤르메스가 오이네이스Oeneis를 통해 판을 얻었다는 신화는, 원래 마이나데스는 포도주 말고 다른 취할 거리를 사용했지만(27. 2 참고), 따로 설명할 필요가 없다.[1] 그의 어머니라고 하는 페넬로페의 이름('거미줄로 얼굴을 덮은')은 마이나데스가 주신제에 참여하면서 특정 형태의 전쟁 그림을 몸에 그렸다는 것을 암시한다. 이는 오리의 별종인 페넬로페penelope의 줄무늬를 떠올리게 한다. 플루타르코스(『신들의 복수가 늦는 이유』 12)는 마이나데스가 오르페우스를 살해한 일로 인해 남편들한테서 문신을 새기는 벌을 받았다고 전했다(28. f 참고). 런던박물관에 있는 한 도기 그림에는, 한 마이나스의 다리와 팔에 거미줄 패턴의 문신이 새겨져 있다(목록 E. 301). 헤르메스가 숫양의 모습으로 페넬로페를 방문했거나, 페넬로페가 모든 구혼자들에 의해 수태됐다는 대목(171. 1 참고), 그리고 판이 마이나데스 무리 모두와 각각 짝을 지었다는 이야기는 모두 주신제 술판의 문란한 속성을 지칭한다. 전나무의 여신 피튀스Pitys 또는 엘라테Elate를 기리는 주신제 술판은 그처럼 문란했다(78. 1 참고). 아르카디아 산악 부족은 그리스에서 가장 원시적이었고(1. 5 참고), 부근의 문명화된 부족은 이들을 공개적으로 경멸했다.

　　3. 판의 아들이라고 하는 개미잡이 새[2]는 봄 철새로 뱀 소리를 내는 새[3]이

---

1) '오이네이스'는 '포도주의'라는 뜻이다.

2) 개미잡이 새wryneck: 딱따구리과의 새. 나무줄기의 썩은 부분은 부리로 떼어내고 긴 혀로 개미를 잡아먹는다. 한국에서는 4-5월에 찾아와서 9월까지 번식하는 여름새이다. 개미, 딱정벌레, 벌, 나비, 거미 따위를 잡아먹는다.

3) 뱀 소리를 내는 새snake-bird는 가마우지를 뜻하기도 하지만, 개미잡이가 버드나무에 둥지를 틀고, 뱀의 쉭 소리를 낸다는 설명(152. 2)이 있어, 그냥 '뱀 소리를 내는 새'로 옮겼다.

다. 성적 매력과 연관해 등장한다(56. 1과 152. 2 참고). 해총Squill에는 피부를 자극하는 독이 있다. 이 독은 생쥐와 큰 쥐를 쫓는 데 쓰는 값진 것으로, 의식에 참여하기 전에 하제와 이뇨제로 사용했다. 이렇게 해서 해총은 사악한 기운을 몰아내는 것을 상징하게 됐고(플리니우스: 『자연 탐구』 20. 39), 사냥 결과가 신통치 않으면 해총으로 판의 조각상을 매질했다(108. 10 참고).

4. 판이 셀레네를 유혹했다는 대목은 달빛 아래 열린 오월제 전야의 주신제를 지칭하는 게 틀림없다. 거기에서는 젊은 '오월의 여왕Queen of the May'이 곧추선 남자의 등에 올라타고 그와 푸른 숲에서 결혼식을 올린다. 이맘때쯤이면, 아르카디아에서는 숫양 숭배가 염소 숭배를 대체했다(27. 2 참고).

5. 이집트 사람 타모스Thamus는 의식에서 나오는 비가인 "타모스 판-메가스 테트네케Thamus Pan-megas Tethnēce(가장 위대한 탐무즈Tammuz가 죽었다!)"를 잘못 이해한 것으로 보인다. 이를 '타모스야, 위대한 판이 죽었다!'라고 이해한 것이다. 어쨌든, 기원후 1세기 후반 델포이의 사제였던 플루타르코스는 이를 믿고 책에 실었다. 그런데 거의 100년 뒤에 파우사니아스가 그리스를 여행할 때, 여전히 많은 사람이 판의 전당과 제단, 신성한 동굴, 신성한 산을 찾고 있었다.

27
디오뉘소스의 본성과 행적

헤라의 명령으로, 티탄 신족은 제우스의 갓 태어난 아들을 붙잡아 갈가리 찢었다. 아이는 뿔이 났고 뱀을 관처럼 머리에 두르고 있었는데, 갖가지 모습으로 변신하면서 피하려 했지만 소용이 없었다. 티탄 신족은 찢어진 조각들을 가마솥 안에 넣고 끓였다. 그러는 동안 디오뉘소스의 피가 떨어진 땅에서는 석류나무의 싹이 자라났다. 그러나 그의 할머니 레아가 나타나 조각들을 솥에서 건져내 다시 합쳤고, 드디어 되살아났다. 제우스가 페르세포네에게 아이를 맡겼고, 그녀는 아기를 오르코메노스의 아타마스 왕과 그의 아내 이노에게 데려갔다. 페르세포네는 이들에게 아이를 여인들의 생활 구역에서 소녀로 위장해 키워 달라고 부탁했다. 그러나 헤라를 속일 수는 없었다. 왕 부부에게 광기에 빠지는 벌을 내렸고, 아타마스 왕은 아들 레아르코스를 수사슴으로 오인해 죽였다.[1]

b. 이에 제우스의 지침에 따라, 헤르메스는 임시로 디오뉘소스를 새끼 염소 또는 숫양으로 모습을 바꿔 헬리콘의 뉘사 산의 님프 마크리스, 뉘사, 에라토, 브로미에, 박케에게 맡겼다. 이들은 디오뉘소스를 동굴에서 돌보면서 응석도 받아 주고, 벌꿀을 먹여 키웠다. 나중에 제우스는 고마움의 뜻에

서 이들의 모습을 별들 사이에 그려 넣고 휘아데스 성단이라 이름 붙였다. 디오뉘소스는 주로 포도주 덕분에 찬양을 받는데, 그가 포도주를 발명한 곳이 바로 여기 뉘사 산이다.[2]

그가 어른이 됐을 때, 교육 탓에 여자처럼 연약함에도 헤라는 제우스의 아들이라는 것을 알아채고 그를 광기에 몰아넣었다. 디오뉘소스는 온 세상을 방랑했으며, 곁에는 그의 개인 교사 실레노스와 사튀로스 및 마이나데스의 사나운 무리가 함께 했다. 이들의 무기는 담쟁이덩굴이 휘어 감긴 지팡이로 끝에 솔방울이 달려 있는데, 이를 튀르소스라고 불렀다. 칼과 뱀, 공포심을 불러일으키는 울림판자도 무기로 가지고 다녔다. 디오뉘소스는 포도나무를 가지고 이집트로 배를 타고 갔으며, 파로스에서 프로테우스 왕의 환대를 받았다. 파로스 맞은편, 나일 삼각주의 리비아인들 사이에는 몇몇 아마조네스 여왕들이 있었다. 디오뉘소스는 그들을 초대해 티탄 신족에 함께 맞서 싸워, 이전에 쫓겨났던 암몬 왕을 복귀시키자고 제안했다. 디오뉘소스는 이렇게 티탄 신족을 물리치고 암몬 왕을 복귀시켰는데, 이것이 그의 수많은 군사적 성공 가운데 첫 번째 승리였다.[3]

c. 디오뉘소스는 그다음에 동쪽으로 방향을 틀어 인도로 향했다. 유프라테스 강에 가려는데 다마스코스의 왕이 막아섰다. 디오뉘소스는 산 채로 그의 가죽을 벗기고 담쟁이덩굴과 포도나무로 강을 건너는 다리를 건설했다. 다음으로, 그의 아버지 제우스가 보낸 호랑이가 티그리스 강을 건너게 도와주었다. 디오뉘소스는 중간에 수많은 저항을 뚫고 인도에 도착해 그곳 전체를 정복했다. 그는 그들에게 포도 재배 기술을 가르치고, 법률을 제정하고 위대한 도시들을 세웠다.[4]

d. 돌아오는 길에 아마조네스 부족들이 그를 막아섰다. 디오뉘소스는 이들 무리를 패퇴시켜 에페소스까지 추적했다. 일부는 그곳의 아르테미스 신

전 안에 겨우 피난처를 얻었으며, 거기에는 지금도 그들의 후손이 살고 있다. 다른 아마조네스는 사모스 섬까지 달아났지만, 디오뉘소스는 배를 타고 이들을 따라갔다. 적들을 수없이 베어, 그 전장을 지금은 판하이마라고 부른다. 플로이온 부근에서 디오뉘소스가 인도에서 가져온 코끼리의 일부가 죽었고, 그놈들의 뼈를 지금도 볼 수 있다.[5]

e. 다음으로, 디오뉘소스는 프뤼기아를 거쳐 에우로페로 돌아왔다. 할머니 레아는 프뤼기아에서 그가 광기에 빠져 있는 동안 저지른 수많은 살해의 죄를 정화시켜 주고, 자신의 비밀 의식에 입문시켰다. 디오뉘소스는 이어 트라케를 침략했다. 그러나 그의 군사가 스트뤼몬 강의 입구에 도착하자마자, 에도니족의 왕 뤼쿠르고스가 소몰이 막대를 들고 격렬하게 저항해 디오뉘소스를 제외한 군사 전부를 사로잡았다.[1] 디오뉘소스는 바다로 뛰어들어 테티스의 작은 동굴에 몸을 숨겼다. 레아는 이런 전세 역전에 화가 나서, 포로들의 탈출을 도왔고 뤼쿠르고스 왕을 광기에 빠지게 했다. 그는 자신의 아들 드뤼아스가 포도나무를 베고 있다고 믿어 아들을 도끼로 쳐서 죽였다. 그는 제정신이 들기 전에 주검의 코와 귀, 손가락, 발가락을 가지치듯 잘라내기도 했다. 트라케의 모든 땅이 그의 죄에 경악해 황량해졌다. 디오뉘소스는 바다에서 돌아온 뒤 뤼쿠르고스 왕을 죽여야 땅이 회복될 것이라고 선언했다. 에도니족은 그를 판가이온 산으로 끌고 가서 야생마에 매달아 찢어 죽였다.[6]

f. 디오뉘소스는 트라케를 평정했지만 거기서 멈추지 않았으며, 드디어 널리 사랑받는 보이오티아에 이르렀다. 신은 거기서 테바이를 방문해, 키타

---

1) 머리말 도입부에 소개된 일화다. 필자는 광대버섯을 먹고 취해 있었기에 이렇게 쉽게 붙잡혔을 것이라 추측했다.

이론 산에서 열리는 술잔치로 여인들을 불러 모았다. 테바이의 왕 펜테우스는 그의 방종한 모습을 싫어해 디오뉘소스는 물론이고 그를 따르는 마이나데스도 모두 체포했다. 그러나 펜테우스 왕도 광기에 사로잡혔고, 디오뉘소스 대신에 황소에게 족쇄를 채웠다. 마이나데스는 다시 한번 달아났고, 광기에 빠져 산 위로 올라가 송아지 여러 마리를 찢었다. 포도주와 종교적 황홀경으로 불타올라 펜테우스 왕의 팔다리를 하나씩 찢었다. 그의 어머니 아가우에가 이 소란을 이끌었고, 아들의 머리도 직접 비틀어 떼어 냈다.[기]

g. 오르코메노스에는 술잔치 참여를 거부한 여인들이 있었다. 미뉘아스의 세 딸인 알키토에, 레우킵페, 아르십페가 그들이다. 아르십페는 아리스팁페 또는 아르시노에라고도 한다. 디오뉘소스가 소녀의 모습을 하고 나타나 직접 초대했음에도 이를 거부했다. 이에 디오뉘소스는 차례로 사자, 황소, 흑표범으로 거듭 변신했고, 여인들은 실성해 버렸다. 레우킵페는 자기 아들 힙파소스를 제물로 바쳤는데, 아이는 제비뽑기로 뽑혔다. 세 자매는 그 아이를 갈가리 찢어 걸신들린 듯 먹고, 광기에 빠져 산야를 미끄러지듯 달렸다. 마침내 헤르메스가 이들을 새로 바꿔 버렸다. 어떤 이는 디오뉘소스가 이들을 박쥐로 바꿨다고 전한다.[8] 오르코메노스에서는 매년 힙파소스 살해에 대한 속죄의 의미로, 아그리오니아('야만에 대한 반대')라는 제례를 열었다. 디오뉘소스를 추종하는 여인들은 이 제례에서 그를 찾아다니는 흉내를 낸 다음, 그가 무사 여신들과 함께 어디 멀리 나가 있음이 틀림없다고 하면서 둥그렇게 앉아 수수께끼를 낸다. 이윽고 디오뉘소스 사제가 신전에서 칼을 들고 뛰어나와 처음 붙잡은 여인을 죽인다.[9]

h. 보이오티아 전체가 디오뉘소스의 신성을 인정하게 되자, 그는 이제에게 해의 섬들로 여행을 떠났다. 디오뉘소스는 어디를 가든 기쁨과 공포

를 퍼뜨렸다. 이카리아에 이르렀을 때 디오뉘소스는 그동안 타고 다니던 배를 더는 쓸 수 없었다. 이에 낙소스로 가고 있다고 하는 튀레니아 해 출신 뱃사람들한테서 배 한 척을 빌렸다. 그러나 이들은 사실 해적이었으며, 디오뉘소스가 신이라는 사실을 모르고 아시아로 방향을 틀었다. 그를 거기서 노예로 팔아 버리려 했다. 디오뉘소스는 배의 갑판에서 포도나무가 자라 돛대를 휘어 감고, 담쟁이덩굴이 배의 온갖 밧줄을 칭칭 감아 버리게 만들었다. 자신은 사자로 변신하면서 배의 노를 뱀으로 바꾸었으며, 배 안을 야수의 환영과 아울로스 소리로 가득 채웠다. 겁에 질린 해적들은 배에서 뛰어내려 돌고래가 됐다.[10]

i. 드디어 낙소스에 이르렀고, 디오뉘소스는 거기서 테세우스한테서 버림받은 사랑스러운 아리아드네를 만났다. 신은 그녀와 지체 없이 결혼했고, 아리아드네는 오이노피온, 토아스, 스타퓔로스, 라트로미스, 에우안테스, 타우로폴로스를 낳았다. 나중에 디오뉘소스는 신부의 화관을 별들 사이에 그려 넣었다.[11]

j. 디오뉘소스는 낙소스에서 아르고스로 건너가 페르세우스에게 벌을 내렸다. 그는 디오뉘소스를 적대하더니 그의 추종자들을 많이 죽이기까지 했다. 이에 디오뉘소스는 아르고스 여인들을 실성하게 만들었고, 여인들은 자기 젖먹이를 날로 먹었다. 마침내 페르세우스는 서둘러 자신의 잘못을 인정하고 디오뉘소스를 기리는 신전을 지어 그를 달랬다.

k. 디오뉘소스는 온 세상이 자신을 숭배하도록 만든 다음, 마지막에 천상으로 올라갔다. 그는 이제 '위대한 12신Twelve Great One'의 하나로 제우스의 오른쪽에 앉았다. 자신을 내세우지 않는 여신인 헤스티아가 자기 자리를 그에게 양보한 덕분이다. 헤스티아는 올륌포스 가족 내의 질투 어린 다툼에서 벗어날 핑계를 찾아 즐거워했으며, 그리스의 모든 도시에서 언제든

조용한 환대를 받는다는 것도 알고 있었다. 사람들은 헤스티아가 찾아와 주길 언제나 소원했던 것이다. 디오뉘소스는 다음으로 레르네를 거쳐 타르타로스로 내려갔다. 그는 거기서 페르세포네에게 도금양을 뇌물로 줘서 자신의 죽은 어머니 세멜레를 풀어 주게 했다. 세멜레는 아들과 함께 트로이젠에 있는 아르테미스 신전으로 올라갔다. 다른 혼령들이 질투하거나 기분 상하지 않도록, 디오뉘소스는 어머니의 이름을 바꿔 동료 올림포스 신들에게 튀오네라고 소개했다. 제우스는 그녀가 편하게 쓸 수 있는 처소를 마련해 주었고, 헤라는 화가 났지만 침묵을 지켰다.[12]

1] 에우리피데스: 『박코스의 여신들』 99-102; 오노마크리토스, 파우사니아스의 인용: 8. 37. 3; 디오도로스 시켈로스: 『역사총서』 3. 62; 『오르페우스 찬가』 45. 6; 알렉산드리아의 클레멘스: 『그리스인에게 고함』 2. 16.

2] 아폴로도로스: 『비블리오테카』 3. 4. 3; 휘기누스: 『신화집』 182; 아라토스의 『현상』에 대한 테온 177; 디오도로스 시켈로스: 3. 68-69; 아폴로니오스 로디오스: 『아르고 호 이야기』 4. 1131; 베르길리우스의 『시선』 6. 15에 대한 세르비오스.

3] 아폴로도로스: 3. 5. 1; 아이스퀼로스: 『에도니아 사람들』, 글조각; 디오도로스 시켈로스: 3. 70-71.

4] 에우리피데스: 『박코스의 여신들』 13; 테오필로스, 플루타르코스의 인용: 『강에 관하여』 24; 파우사니아스: 『그리스 여행기』 10. 29. 2; 디오도로스 시켈로스: 2. 38; 스트라본: 『지리학』 11. 5. 5; 필로스트라토스: 『튀아나의 아폴로니오스의 생애』 2. 8-9; 아리아노스: 『인디카』 5.

5] 파우사니아스: 7. 2. 4-5; 플루타르코스: 『그리스인에 관한 물음』 56.

6] 아폴로도로스: 3. 5. 1; 호메로스: 『일리아스』 6. 130-140.

7] 테오크리토스: 『전원시』 26.; 오비디우스: 『변신 이야기』 3. 714 ff.; 에우리피데스: 『박코스의 여신들』 여러 곳.

8] 오비디우스: 『변신 이야기』 4. 1-40; 390-415; 안토니노스 리베랄리스: 『변신』 10; 아일리아노스: 『다양한 역사』 3. 42; 플루타르코스: 『그리스인에 관한 물음』 38.

9] 플루타르코스: 같은 곳.

10] 『호메로스의 디오뉘소스 찬가』 6 ff; 아폴로도로스: 3. 5. 3; 오비디우스: 『변신 이야기』 3. 577-699.

11] 아폴로니오스 로디오스에 대한 고전 주석자: 3. 996; 헤시오도스: 『신들의 계보』 947; 휘기누스: 『시적 천문학』 2. 5.

12] 아폴로도로스: 3. 5. 3; 파우사니아스: 2. 31. 2.

*

1. 디오뉘소스의 기묘한 행적을 설명해 줄 실마리는 유럽과 아시아, 북아프리카 전역으로 번진 포도나무 숭배다. 포도주는 그리스인이 발명한 게

아니다. 처음에는 크레테 섬에서 항아리에 담아 수입했던 것으로 보인다. 포도나무는 흑해 남부 연안에서 자생했으며, 포도 재배는 그곳에서부터 팔레스타인을 거쳐 리비아의 뉘사Nysa 산으로 전해졌고, 같은 경로로 크레테 섬에 전해졌다. 페르시아를 거쳐 인도로 전해졌고, '호박 길'2)을 통해 청동기 시대에 브리튼 섬으로 넘어왔다. 소아시아와 팔레스타인의 포도주 주신제는 트라케와 프뤼기아의 맥주 주신제와 똑같은 황홀경을 특징으로 한다. 참고로, 가나안의 초막절은 원래 디오뉘소스를 기리는 주신제였다. 디오뉘소스의 승리는 포도주가 어디에서나 다른 취할 거리를 대체했다는 것을 뜻한다(38. 3 참고). [고대 그리스 저술가] 페레퀴데스Pherecydes(178)를 보면, 뉘사는 '나무'를 뜻한다.

2. 디오뉘소스는 한때 달의 여신 세멜레보다 덜 중요한 존재였으며(14. 5 참고), 세멜레의 주신제에 제물로 바쳐질 운명이었다. 세멜레는 튀오네Thyone 또는 코뤼토Cotytto라고 불리기도 했다(3. 1 참고). 디오뉘소스가 아킬레우스처럼(160. 5 참고) 소녀로 길러졌다는 대목은, 소년들을 '어둠 속에서' (스코티오이scotioi), 다시 말해 여인들의 구역에서 사춘기까지 키웠던 크레테의 관습을 떠올리게 한다. 그의 호칭 가운데 하나가 덴드리테스Dendrites('나무 젊은이')였다. 나무에서 갑자기 푸른 새싹이 터지듯 돋아나고 온 세상이 욕정으로 흥분할 때, '봄의 축제'가 그의 해방3)을 기념해 열린다. 디오뉘소스는 어떤 뿔인지 특정하지 않으려고 그냥 머리에 뿔이 난 아이라고 묘사된다. 숭배하는 장소에 따라 그것은 염소, 수사슴, 황소, 숫양 등 어떤 것의 뿔도 될 수 있었다. 아폴로도로스는 헤라의 노여움을 피하려 그가 새끼 염

---

2) 호박길Amber Route: 호박 산지로 유명한 발트해로부터 지중해까지 이어지는 경로다. 이책에서 가끔씩 등장한다.
3) 어른이 돼 여인들의 구역에서 벗어나는 일을 말하는 듯하다.

소로 되었다고 전했는데, 이는 크레테에서 아주 큰 뿔을 가진 야생 염소인 디오뉘소스-자그레우스[4]를 숭배했음을 암시한다. '에리포스Eriphus'('새끼 염소')는 그의 호칭 가운데 하나였다(헤쉬키오스, '에리포스' 항목). 베르길리우스 (『농경시』 2. 380-384)는 거의 모든 곳에서 염소를 디오뉘소스에게 제물로 바치는데 이는 "염소가 포도나무를 갉아 상처를 내기 때문"이라고 전했다. 하지만 이는 잘못된 설명이다. 디오뉘소스는 염소뿐 아니라 다른 짐승과도 연결됐다. 아타마스 왕이 헤라 탓에 실성해 죽인 레아르코스의 경우, 디오뉘소스는 수사슴과 연결된다. 그런데 트라케에서 디오뉘소스는 흰 황소였다. 그러나 아르카디아에서는 헤르메스가 그를 숫양으로 변신시켰다. 이는 아르카디아 사람들은 양치기였으며, 태양이 그들의 '봄 축제'에 양자리에 들기 때문이다. 헤르메스가 아기 디오뉘소스의 양육을 맡겼던 휘아데스 Hyades('비 뿌리는 이')는, 디오뉘소스의 의식을 묘사하는 과정에서 '키가 큰', '다리를 저는', '열정적인', '으르렁거리는', '맹렬한' 존재들이라는 새 이름을 얻었다. 헤시오도스(테온의 인용:『아라토스에 관하여』 171)는 휘아데스의 원래 이름이 파이쉴레Phaesyle('여과된 빛'?), 코로니스Coronis('까마귀'), 클레이아 Cleia('유명한'), 파이오Phaeo('어둑한'), 에우도레Eudore('너그러운') 등이었다고 기록했다. 휘기누스Hyginus의 명단(『시적 천문학』: 2. 21)도 어느 정도 비슷하다. 디오뉘소스라는 이름 뒤에 붙은 뉘소스Nysus는 '다리를 저는'을 뜻한다. 산에서 열린 이들 맥주 주신제에서 신성한 왕은 자고새처럼 다리를 절었던 것으로 보인다. 페사크Pesach('다리를 저는', 23. 1 참고)라고 불린 가나안의 '봄 축제'에서도 그랬다. 님프 마크리스가 그에게 벌꿀을 먹여 키웠고, 마이나

---

4) 자그레우스Zagreus: 오르페우스 비교祕敎에서 디오뉘소스와 동일시되며 숭배됐다. 제우스와 페르세포네 사이에서 태어났으나, 헤라의 명을 받은 티탄 신족에게 사지가 갈가리 찢겨 죽었지만 남아 있는 심장을 통해 세멜레의 몸에서 디오뉘소스로 환생했다고 한다. 30장 참고.

데스가 담쟁이덩굴이 휘감긴 전나무 가지를 디오뉘소스의 지팡이인 튀르소스thyrsos로 사용했다는 대목은 아주 옛날에는 취하기 위해 무엇을 먹었는지 암시한다. 담쟁이덩굴로 가미하고, 벌꿀 술로 단맛을 낸 가문비나무 맥주가 바로 그것이다. '넥타르'는 벌꿀을 발효해 만든 벌꿀 술이며, 신들은 호메로스의 올림포스에서 이를 즐겨 마셨다.

3. 제인 해리슨은 '포도주의 신 디오뉘소스'가 [아나톨리아의 풍요의 신] 사바지오스라고 불렸던 '맥주의 신 디오뉘소스'를 바탕으로 나중에 합성한 것이라고 처음으로 지적했다(『프롤레고메나Prolegomena』 8장). 해리슨은 'tragedy'(비극)가, 베르길리우스(같은 곳)가 얘기했듯이 트라고스tragos('염소')에서 온 게 아니라, 아테나이에서 맥주 양조에 쓴 곡물인 '스펠트밀'을 뜻하는 트라고스tragos에서 왔을 수 있다고 주장했다. 그녀는 또, 초기 도기 그림에 디오뉘소스의 동료로 '염소 인간'이 아니라 '말 인간'이 등장하며, 그의 포도 바구니는 처음에는 키였다고 덧붙였다. 사실, 리비아와 크레테의 염소는 포도주와 연결돼 있었다. 반면, 헬라스 시기의 말은 맥주 및 넥타르와 연결됐다. 그래서 디오뉘소스 군대에 대항했던 뤼쿠르고스는 야생마에 갈가리 찢긴 것이다. 여기서 야생마라고 한 것은 암말 머리의 여신을 모시는 여사제들이었다. 또 이런 죽음은 초기 디오뉘소스의 운명이었다. 뤼쿠르고스의 이야기는 드뤼아스('떡갈나무') 살해 뒤 그의 땅에 신의 저주가 엄습했다는 관련성 없는 설명이 들어가면서 혼란스러워졌다. 둘은 서로 맥락이 다르다. 드뤼아스는 매년 죽임을 당했던 떡갈나무 왕이었다. 그의 튀어나온 부분을 자르는 것은, 그의 혼령이 가까이 오는 것을 막는 데 도움이 된다고 했다(153. b와 171. i 참고). 그리고 아무 까닭 없이 신성한 떡갈나무를 베면 죽음의 벌을 받았다. 코튓토는 그녀를 기려 에도니족의 의례를 올렸던 여신의 이름이었다(스트라본: 10. 3. 16).

4. 디오뉘소스는 거대한 사자, 황소, 뱀으로 현현했는데, 이들 동물이 1년을 셋으로 나눈 달력의 각 계절을 상징하기 때문이다(31. 7; 75. 2와 123. 1 참고). 그는 겨울에 뱀으로 태어났고(그래서 뱀의 관을 썼다), 봄에 사자가 됐으며, 한여름에는 황소, 염소 또는 수사슴이 되어 죽임을 당해 사람들의 먹을거리가 됐다. 티탄 신족이 그를 습격했을 때도 이렇게 변신했다(30. a 참고). 오르코메노스 사람들 사이에서는 흑표범이 뱀의 자리를 대신한 듯 보인다. 그의 비밀 의식은 오시리스의 것과 닮았다. 그가 이집트를 방문했다는 얘기는 여기에서 나왔다.

5. 헤라가 디오뉘소스와 그의 음주벽에 대해 보여 준 혐오감은 펜테우스와 페르세우스가 보여 준 적대감과 같은 맥락으로 보인다. 이는 모두 의례에서 포도주를 마시고 무녀 마이나데스가 요란한 옷차림새를 하는 것에 대한 보수적 반대를 반영한 것이다. 이런 모습은 트라케에서 아테나이, 코린토스, 시퀴온Sicyon, 델포이 등을 비롯한 문명화된 도시로 번져 갔다. 기원전 7세기 말과 8세기 초, 코린토스의 참주 페리안드로스Periander와 시퀴온의 참주 클레이스테네스Cleisthenes, 아테나이의 참주 페이시스트라토스Peisistratus는 마침내 이런 숭배를 승인하기로 하고 공식적인 디오뉘소스 축제를 시작했다. 비록 일부 신들은 여전히 '술에 취하지 않은 제물'을 요구했지만, 이에 디오뉘소스와 그의 포도나무가 천상에서도 받아들여졌다는 말이 나왔다. 디오뉘소스는 기원전 5세기 말에 이르러 마침내 헤스티아를 쫓아내고 올림포스 12신의 자리에 올랐다. 그러나 퓔로스Pylus에 있는 네스토르Nestor의 궁전에서 출토되어 최근 판독된 서판을 보면, 디오뉘소스는 기원전 13세기에 이미 신적인 지위를 갖고 있었다. 그렇다고 해도 디오뉘소스는 반인 반신의 지위를 벗어난 적이 없었다. 그가 매년 부활한다는 무덤이 델포이에 계속해 남아 있었고(플루타르코스: 『이시스와 오시리스에 관하여』 35), 그곳에

서 사제들은 아폴론을 디오뉘소스의 불멸하는 부분으로 여겼다(28. 3 참고).
힛타이트의 바람 신이 쿠마르비Kumarbi한테서 태어났다고 했듯이(6. 6 참고),
그가 제우스의 넓적다리에서 다시 태어났다는 이야기는, 그가 가진 본래의
가모장제 배경과 갈라서는 것이다. 남자한테서 다시 태어난다는 의례로는
유대인의 입양식이 잘 알려져 있다(구약성서 「롯기」 3. 9). 이는 힛타이트에서
유래한 것이다.

6. 디오뉘소스가 초승달 모양의 배를 타고 항해를 했으며, 해적을 혼내
주었다는 이야기는 노아의 방주 전설을 낳았던 것과 똑같은 도상에 바탕을
두고 있는 것으로 보인다. 사자와 뱀, 그밖의 다른 짐승들은 그의 계절적 현
현이다. 디오뉘소스는 사실 데우칼리온[5]이다(38. 3 참고). 펠로폰네소스 남
쪽 브라지아이Brasiae의 라코니아 사람들은 그의 출생과 관련해 정통에서 벗
어난 설명을 내놓았다. 카드모스가 세멜레와 그의 아들을 방주에 가두었고,
방주는 흘러 브라지아이에 도착했지만 세멜레는 거기서 죽어 땅에 묻혔고
이노가 디오뉘소스를 키웠다는 것이다(파우사니아스: 3. 24. 3).

7. 파로스Pharos는 나일 삼각주 앞의 작은 섬으로, 그 해안에서 프로테우
스Proteus도 디오뉘소스와 똑같은 변신을 겪었다(169. a 참고). 거기에는 청동
기 시대 유럽에서 가장 큰 항구가 있었다(39. 2와 169. 6 참고). 이는 크레테,
소아시아, 에게 해의 여러 섬, 그리스, 팔레스타인의 상인들이 모여드는 중

---

5) 데우칼리온Deucalion: 프로메테우스의 아들. 제우스가 일으킨 대홍수 이후에 아내 퓌르라와 함께 유일하
게 살아남아 인류의 조상이 됐다. 세상이 황금시대·은시대를 지나 청동기 시대에 이르러 인간들이 타락
하자, 제우스는 대홍수를 일으켰다. 앞일을 내다보는 프로메테우스는 아들 데우칼리온 부부에게 커다란
배를 만들어 대홍수에 대비하게 했다. 이들의 맏아들 헬렌은 모든 그리스인의 조상으로 여겨진다. 세 아
들 아이올로스, 크수토스, 도로스가 각각 그리스 주요 부족의 시조가 됐기 때문이다. 아이올로스는 아이
올리스족의 시조가 됐고, 크수토스의 아들 이온과 아카이오스는 이오니아족과 아카이아족의 시조가, 도
로스는 도리에이스족의 시조가 됐다. 이 부족들은 모두 자신들을 헬렌의 후손이라는 뜻으로 '헬레네스'
라고 불렀다.

심이었다. 여기서부터 포도나무 숭배는 사방팔방으로 퍼져 나갔을 것이다. 디오뉘소스의 리비아 전역戰役 이야기는 그리스의 동맹국들이 리비아에서 번성했던 가라만테스Garamantes에 보낸 군사적 지원을 기록한 것일 수 있다 (3. 3 참고). 인도 전역은 알렉산드로스 대왕이 술김에 인더스 강으로 진군한 것에 대한 상상의 역사로 여겨져 왔다. 하지만 더 오래전 이야기라는 점에서 포도나무가 동쪽으로 퍼져 나간 것에 대한 기록으로 보는 게 맞겠다. 디오뉘소스가 프뤼기아를 방문하고, 거기에서 레아가 그를 비교에 입문시켰다는 대목은, 사바지오스 또는 브로미오스Bromius로서 디오뉘소스를 기렸던 그리스 의례가 프뤼기아에서 비롯된 것임을 암시한다.

8. 북쪽 왕관자리는 아리아드네의 신부 화관인데, '크레테의 왕관'으로도 불렀다. 아리아드네는 크레테의 달의 여신이었으며, 그녀가 디오뉘소스를 통해 포도처럼 낳은 자식으로는 오에노피온, 토아스, 스타퓔로스, 타우로폴로스, 라트로미스, 에우안테스 등이 있다. 이들은 키오스 섬, 렘노스 섬, 트라케 반도 등지에 사는 헬라스 부족들에게 이름을 준 선조들이다(98. o 참고). 포도나무 숭배는 크레테를 거쳐 그리스와 에게 해로 넘어왔으며, '포도주'를 뜻하는 오이노스oinos도 크레테 말이다. 이 때문에 디오뉘소스는 크레테의 자그레우스와 자주 혼동을 일으킨다. 자그레우스도 태어날 때 비슷하게 여러 조각으로 찢겼다(30. a 참고).

9. 펜테우스의 어머니인 아가우에는 맥주 술잔치를 다스렸던 달의 여신이다. 세 자매가 힙파소스를 찢어 죽였다는데, 이때 세 자매는 님프 모습의 '세 모습 여신'이다. 이 이야기는 웨일스 남서부 디페드Dyfedd의 왕자인 프윌Pwyll에 대한 웨일스 신화와 아주 흡사하다. 거기 신화에서는 리안논Rhiannon이 오월제 전야에 망아지를 게걸스럽게 먹는데, 그게 실제로는 자기 아들 프리데리Pryderi('걱정')였다. 이때 리안논은 리간토나Rigantona('위대한

여왕')의 잘못 전해진 형태이다. 포세이돈도 망아지 형태로 아버지인 크로노스에게 잡아먹히는데, 아마 더 이른 시기의 판본에서는 어머니 레아에게 잡아먹혔을 것이다(7. g 참고). 이 신화의 의미는 고대 의식이 더 질서를 갖춘 디오뉘소스의 술잔치로 대체됐다는 것이다. 고대 의식에서는 암말 머리의 마이나데스가 매년 바쳐지는 소년 제물을 갈가리 찢어 날것으로 먹었다. 이때 소년 제물은 사바지오스 또는 브로미오스 등 갖가지 이름으로 불렸다. 소년이 아니라 망아지를 죽였다고 함으로써 이런 변화는 더욱 이채를 띠게 됐다.

10. 디오뉘소스의 피에서 싹이 났다는 석류나무는 탐무즈-아도니스-림몬Rimmon의 나무이기도 하다. 열매가 익으면 쪼개져 벌어지는 게 상처 같고, 속에 있는 붉은 씨앗이 드러난다. 이는 죽음과 부활의 약속을 상징한다. 부활은 그것이 헤라 또는 페르세포네의 손에 들려 있어야 한다(24. 11 참고).

11. 디오뉘소스가 세멜레를 구출하고 튀오네('격노한 여왕')로 이름을 바꾼 대목은 아테나이에서 열린 의식을 묘사한 그림에서 유추한 것이다. 그 의식은 '사나운 여인들Wild Women'에게 바치는 무도장에서 열렸으며, 노래와 피리 소리에 맞춰 춤을 추었고, 바구니에서 꽃잎을 꺼내 흩뿌렸다. 한 사제는 세멜레를 소환했다. 옴팔로스omphalos, 즉 인공의 흙더미에서 솟아올라 '봄의 정령'인 젊은 디오뉘소스의 시중을 받으라고 기원한 것이다(핀다로스: 『글조각 모음』 75. 3). 델포이에서도 비슷한 오름 의식이 오직 여인들만의 진행으로 거행됐는데, 이는 '여자 영웅의 축제'라는 뜻의 헤로이스Herois라고 불렀다(플루타르코스: 『그리스인에 관한 물음』 12; 아리스토파네스: 『개구리』 373-396, 고전 주석자와 함께). 트로이젠의 아르테미스 신전에서도 그런 의식이 있었을 것으로 추정된다. 달의 여신은 서로 다른 세 가지 모습을 가지고 있다는 것

을 잊지 말아야 한다. 존 스켈턴[6]은 이렇게 썼다.

다이아나는 푸른 이파리 속에 있고
루나는 밝고 빛나고
페르세포네는 지옥 속에 있네

사실, 세멜레는 코레, 즉 페르세포네가 가진 또 하나의 이름이었다. 그녀가 땅에서 올라오는 장면은 그리스 도기 그림에 수없이 등장한다. 이들 가운데 일부는 사튀로스가 곡괭이를 들고 여자 영웅이 땅에서 나오도록 돕고 있다. 사튀로스의 등장은 이것이 펠라스고이족의 의식이었다는 것을 말해준다. 그들이 파낸 것은 아마도 추수 뒤에 묻어 둔 곡식 인형으로 이제는 파랗게 싹이 나 있었을 것이다. 코레는 당연히 천상으로 올라가지는 못했다. 그녀는 데메테르와 함께 땅 위를 돌아다녔고, 시간이 되면 지하세계로 돌아가야 했다. 그러나 디오뉘소스에게 올륌포스 신의 지위가 주어지자마자, 그의 처녀 어머니의 성모승천Assumption은 종교적 교의가 됐다. 일단 여신의 지위에 오르자, 그녀는 코레와 더는 혼동되지 않았다. 코레는 여자 영웅으로 여전히 오르고 내리기를 계속했기 때문이다.

12. 포도나무는 '성스러운 나무 달력'의 열 번째 나무였다. 포도나무의 달은 9월에 해당하는데, 이때 포도 수확 축제가 열렸다. 담쟁이덩굴은 열한 번째 나무다. 이는 10월에 해당하며, 이때 마이나데스는 담쟁이의 이파리를 씹어 그 취한 기분에 술잔치를 열어 흥청댔다. 담쟁이덩굴은 빨간색 염

---

6) 존 스켈턴John Skelton: 15세기 초 활약한, 영국 튜더 왕조 시절의 계관시인. 영국을 방문한 에라스무스에게 영국 문단에서 누구도 따를 수 없는 대문호라는 찬사를 들었다.

27. 디오뉘소스의 본성과 행적 **223**

료를 얻을 수 있다는 점에서도 중요하다(52. 3 참고). 다른 네 가지의 신성한 나무도 그렇다. 연지벌레가 사는 엘El 신의 가시떡갈나무, 아르고스를 세운 포로네우스Phoroneus의 오리나무, 디오뉘소스의 포도나무와 석류나무 등이 그것이다. 비잔틴의 수도사 테오필로스Theophilus(루게로스: 『수공예에 관하여』 ch. 98)는 이렇게 말했다. "시인과 예술가들은 담쟁이덩굴을 사랑했다. 거기 에는 비밀스러운 힘이 숨어 있기 때문이다. …… 그 가운데 하나를 알려 주 겠다. 수액이 올라오는 3월, 담쟁이덩굴 줄기에 송곳으로 구멍을 몇 군데 내면 끈끈한 액체가 흘러나온다. 이것을 오줌과 섞어 끓이면 핏빛으로 변 한다. '진홍색lake'이라고 불리는 것으로, 그림 그리기와 채색에 유용하다." 붉은색 염료는 풍작을 기원하는 남성 조각상(파우사니아스: 2. 2. 5)과 신성한 왕의 얼굴을 칠하는 데 사용됐다(170. 11 참고). 로마에서도 이런 관습이 이 어져 승리한 장군의 얼굴에 붉은 칠을 했다. 승리한 장군은 마르스 신을 대 변했다. 마르스는 '봄의 신 디오뉘소스'였다가, 나중에 로마의 '전쟁의 신' 으로 특정됐다. 또 마르스 신을 따라 3월의 이름, 'March'가 나왔다. 영국의 왕들은 지금도 국가 행사에서 건강하고 괜찮게 보이려고 얼굴을 살짝 붉게 칠한다. 더구나 그리스 담쟁이는 포도나무나 플라타너스와 마찬가지로 이 파리가 다섯 갈래로 갈라지는데, 이는 대지의 여신 레아의 창조적인 손을 상징한다(53. a 참고). 도금양은 죽음의 나무였다(109. 4 참고).

04

수많은 신들

28
오르페우스

오르페우스는 트라케의 오이아그로스 왕과 무사 칼리오페의 아들로, 가장 유명한 시인이자 음악가였다. 아폴론 신이 그에게 뤼라를 주었으며, 무사이들이 그 사용법을 가르쳤다. 이에 그의 연주에 살아 있는 야수가 넋을 잃었고 나무와 바위도 음악 소리를 따라 자기 자리를 옮겼다. 트라케의 조네 시에는, 수많은 산 떡갈나무가 지금도 오르페우스가 막 그곳을 떠났을 때 그의 음악에 맞춰 춤췄던 대열 그대로 서 있다.[1]

b. 이집트에 다녀온 뒤, 오르페우스는 아르고 호 원정대에 동참했다. 콜키스까지 항해해 가는 경로에서, 오르페우스의 음악은 그들이 많은 난관을 극복할 수 있게 도왔다. 돌아오는 길에 어떤 이는 아그리오페라고 부르는 에우뤼디케와 결혼해, 트라케의 야만적인 키코네스 사람들 사이에 정착했다.[2]

c. 어느 날, 에우뤼디케는 페네이오스 강의 계곡 속 템페 부근에서 그녀를 겁탈하려 하는 아리스타이오스와 맞닥뜨렸다. 그녀는 달아나다가 뱀을 밟게 됐고, 그에 물려 목숨을 잃었다. 그러나 오르페우스는 아내를 데려오려고 용감하게 타르타로스로 내려갔다. 테스프로티아의 아오르논에 입구

가 있는 통로를 통해 내려갔다. 도착하자마자, 그는 뱃사공 카론, 케르베로스, 세 명의 '죽음의 심판관'을 구슬픈 음악으로 사로잡았다. 지옥에 떨어진 사람들이 받고 있던 고문도 잠시 멈추게 했다. 무엇보다 하데스의 차가운 심장을 어느 정도 달래 에우뤼디케를 위쪽 세상으로 데려가도 좋다는 허락을 얻었다. 하데스는 조건 하나를 달았다. 아내가 햇볕 아래로 안전하게 돌아갈 때까지 뒤를 돌아보지 말아야 한다는 것이다. 에우뤼디케는 오르페우스의 뒤를 쫓아 올라갔다. 어두운 통로가 이어졌고, 그의 뤼라 소리를 따라가야 했다. 오르페우스는 드디어 태양 아래에 이르렀고, 아내가 여전히 자기 뒤에 있는지 확인하려고 뒤를 돌아봤다. 그는 그렇게 아내를 영원히 잃어버렸다.[3]

d. 디오뉘소스가 트라케를 침략했을 때, 오르페우스는 그를 기리는 대신 트라케 사람들에게 다른 신성한 비의를 가르치면서 인신 제물이 나쁜 것이라고 역설했다. 사람들도 그의 말에 귀를 기울였다. 오르페우스는 매일 아침 판가이온 산의 정상에 올라 새벽을 맞이하고는 했으며, 헬리오스Helius를 아폴론이라 이름 붙이면서 그가 모든 신 가운데 가장 위대하다고 역설했다. 화가 난 디오뉘소스는 마케도니아의 데이온에서 마이나데스로 하여금 오르페우스를 공격하게 했다. 먼저 자기 남편들이 오르페우스가 사제로 봉직하고 있는 아폴론 신전에 들어갈 때까지 기다렸다가, 밖에 쌓여 있던 무기를 틀어쥐고 들이닥쳐 자기 남편들을 죽이고 오르페우스의 팔다리를 찢었다. 그의 머리는 헤브로스 강에 던져 버렸지만, 노래를 멈추지 않은 채 둥둥 떠서 바다로 흘러갔고 마침내 레스보스 섬에 다다랐다.[4]

e. 무사 여신들은 눈물을 떨어뜨리면서 오르페우스의 흩어진 팔과 다리를 그러모아 올륌포스 산의 발치에 있는 레이베트라에 묻었다. 그곳 나이팅게일이 지금도 이 세상 어느 곳보다 더 달콤하게 노래하는 것은 이 때문

이다. 마이나데스는 헬리콘 강에서 오르페우스의 피를 씻어 내려 했지만, 강의 신은 땅 밑으로 들어가 숨어 버렸다. 그러고는 거의 약 6.4킬로미터만큼이나 물러나 바퀴라는 새로운 이름으로 모습을 드러냈다. 그렇게 강의 신은 오르페우스 살해의 방조자가 되는 것을 피했다.[5]

f. 오르페우스는 마이나데스의 난잡함을 비난하면서 동성애를 설파했다고 전한다. 이에 아프로디테도 디오뉘소스만큼이나 화를 냈다. 하지만 여신의 동료 올림포스 신들은 그의 살해가 정당화되는 것에 동의할 수 없었고, 디오뉘소스가 마이나데스를 땅 밑에 뿌리박은 떡갈나무로 바꿔 그들의 목숨을 구한 것도 불만이었다. 학살에서 살아남은 트라케 남자들은 사제 살해에 대한 경고로 아내들의 몸에 문신을 새겼다. 이런 관습은 현재까지 이어지고 있다.[6]

g. 오르페우스의 머리와 관련해, 먼저 렘노스 섬의 큰 뱀이 질투심에 공격했다. (아폴론 신이 즉시 이놈을 돌로 만들어 버렸다.) 그다음, 오르페우스의 머리는 안팃사의 동굴에서 휴식을 취할 수 있었다. 참고로, 그 동굴은 디오뉘소스에게 신성한 곳이다. 오르페우스의 머리는 거기서 밤낮으로 예언을 쏟아냈고, 델포이와 그뤼네이온, 클라로스 등지에 있는 아폴론의 신탁소에 인적이 끊길 지경이 됐다. 이에 아폴론은 동굴을 찾아 오르페우스의 머리에 대고 소리쳤다. "예언은 나의 일이다. 더는 방해하지 말라. 너의 노래는 그동안 참을 만큼 참았다!" 그 뒤로 오르페우스의 머리는 입을 다물었다.[7] 오르페우스의 뤼라는 비슷하게 레스보스 섬으로 흘러갔고, 거기서 아폴론 신전에 모셔졌다. 아폴론 신과 무사이의 주선으로 하늘에 뤼라 별자리가 생겼다.[8]

h. 어떤 이는 오르페우스의 죽음을 두고 완전히 다른 설명을 전한다. 그가 신들의 비밀을 발설했다면서 제우스가 벼락을 내리쳐 죽였다는 것이다.

오르페우스는 사실 트라케에서 아폴론의 비밀 의식을 시작했다. 아이기나에서는 헤카테의 비의를, 스파르테에서는 '지하의 데메테르'의 비의를 시작했다.[9]

1] 핀다로스: 『퓌티아 제전 송가』 4. 176, 고전 주석자와 함께; 아이스퀼로스: 『아가멤논』 1629-1630; 에우리피데스: 『박코스의 여신도들』 561-564; 아폴로니오스 로디오스: 『아르고 호 이야기』 1. 28-31.
2] 디오도로스 시켈로스: 『역사총서』 4. 25; 휘기누스: 『신화집』 164; 아테나이오스: 『현자들의 식탁』 13. 7.
3] 휘기누스: 같은 곳; 디오도로스 시켈로스: 같은 곳; 파우사니아스: 『그리스 여행기』 9. 30. 3; 에우리피데스: 『알케스티스』 357, 고전 주석자와 함께.
4] 아리스토파네스: 『개구리』 1032; 오비디우스: 『변신 이야기』 11. 1-85; 코논: 『이야기』 45.
5] 아이스퀼로스: 『밧사리데스』, 에라토스테네스의 인용: 『카타스테리스모이』 24; 파우사니아스: 9. 30. 3-4.
6] 오비디우스: 같은 곳; 코논: 같은 곳; 플루타르코스: 『신들의 복수가 늦는 이유』 12.
7] 루키아노스: 『몽매한 자들에게』 2; 필로스트라토스: 『영웅담』 5. 704; 『튀아나의 아폴로니오스의 생애』 4. 14.
8] 루키아노스: 같은 곳; 에라토스테네스: 『카타스테리스모이』 24; 휘기누스: 『시적 천문학』 2. 7.
9] 파우사니아스: 9. 30. 3; 2. 3. 2; 3. 14. 5.

*

1. 오르페우스의 노래하는 머리는, 참수된 오리나무의 신 브란Bran을 떠올리게 한다. 『마비노기온Mabinogion』을 보면, 브란의 머리는 북부 웨일스 할레치Harlech의 바위 위에서 달콤하게 노래했다. 오리나무 껍데기로 만든 장례용 피리에 대한 우화로 보인다. 오르페우스의 이름이 '강기슭에서'라는 뜻의 오프뤼오에이스ophruoeis에서 온 것이라면, 이는 그리스 신화에서 브란에 해당하는 포로네우스[1](57. 1 참고) 또는 크로노스를 부르는 호칭일 수 있다. 그리고 페네이오스 강과 다른 여러 강의 '기슭에서 자라는' 오리나무를 지칭하는 것일 수도 있다. 오르페우스의 아버지 오이아그로스Oeagrus('야생

---

1) 포로네우스Phoroneus: 아르고스의 전설적 건설자. 강의 신 이나코스의 아들로, 제우스의 사랑을 받고 암소로 변해 헤라의 학대를 받은 이오와 남매 사이다.

마가목의')의 이름도 같은 방향을 가리키고 있다. 마가목(프랑스어로 알리지에 alisier)과 오리나무(스페인어로 알리소aliso)는 양쪽 모두 헬레네스 도래 이전 강의 여신 할뤼스Halys 또는 알뤼스Alys 또는 엘리스Elis의 이름을 갖고 있었기 때문이다. 이 여신은 영웅이 죽으면 가는 낙원 엘뤼시온Elysium 섬의 여왕으로, 포로네우스, 크로노스, 오르페우스가 죽어서 거기로 갔다. 지옥의 입구가 있다는 아오르논은 나폴리 부근의 아베르누스[2]인데, 이는 켈트어 아발론Avalon('사과나무 섬', 31. 2 참고)의 이탈리아식 변형이다.

2. 오르페우스는 구식의 13자음 알파벳을 사용했다고 디오도로스 시켈로스는 전했다. 나무를 움직이게 하고 야수를 음악으로 사로잡았다는 전설은, 계절 나무와 상징 동물의 순서를 지칭하는 것으로 보인다(52. 3; 132. 3과 5 참고). 오르페우스는 신성한 왕으로서 하지에 떡갈나무 숲에서 벼락에 맞아 죽었다. 다시 말해 양날 도끼로 죽임을 당했다. 그리고 황소 숭배의 마이나데스가, 자그레우스의 경우처럼, 그의 주검을 여러 조각으로 잘랐다(30. a 참고). 아니면 악타이온처럼, 수사슴 숭배의 마이나데스가 그렇게 했다(22. i 참고). 마이나데스는 사실 무사 여신들을 지칭한다. 고전기 그리스에서 문신을 새기는 관습은 트라케에 한정돼 있었으며, 오르페우스 살해 장면을 담은 도기 그림에 있는 어느 마이나스의 팔뚝에는 작은 수사슴 문신이 새겨져 있다. 여기 오르페우스는 디오뉘소스 숭배와 충돌하지 않았다. 그 자신이 예전에 디오뉘소스였고, 문명화된 뤼라가 아니라 자연 그대로의 오리나무 피리를 불었다. 그래서 프로클로스[3](플라톤의 『국가』에 대한 주석: 398쪽)

---

2) 아베르누스Avernus: 이탈리아 나폴리 부근에 있는 화산 분화구로, 둘레가 3.2킬로미터에 이른다. 로마인들은 이곳을 지옥의 입구로 생각했다. 반면, 오르페우스가 그곳을 통해 지옥으로 내려갔다는 아오르논 Aornum은 그리스 본토 서북부 에페이로스Epirus 지역의 테스프로티아에 있다. 참고로, 아발론은 아서 왕이 죽어서 간 곳이다.

3) 프로클로스Proclus: 기원후 5세기에 활동한 그리스 철학자.

는 이렇게 적었다.

"오르페우스는 디오뉘소스 제례에서 주역을 맡았기 때문에 그 신과 똑같은 운명을 겪었다고 한다."

그리고 아폴로도로스(i, 3, 2)는 디오뉘소스의 비밀 의식을 만든 게 오르페우스였다고 주장했다.

3. 태양신을 최고신All-father으로 모시는 새로운 숭배는, 기원전 14세기 유일신을 섬기는 아케나톤[4]의 사제들이 이집트에서 도망쳐 와서 에게 해 북부 지역에 전한 것으로 보인다. 이 때문에 오르페우스가 이집트로 갔다는 말이 나왔다. 이런 숭배는 소포클레스의 기록(『글조각』 523과 1017)에서도 보인다. 거기에는 태양을 "트라케의 말 타는 이들에게 소중한, 연배가 제일 높은 불꽃" 그리고 "신들의 조상이고 모든 사물의 아버지"라고 언급했다. 보수적인 트라케 사람들은 이에 무력으로 저항했으며, 일부 지역에서는 유혈 탄압을 받았던 것으로 보인다. 그러나 나중에 이집트 복장을 입은 오르페우스교 사제들은, 그의 것이라면서 황소의 살을 날로 먹었던 반신반인을 '디오뉘소스'라고 불렀다. 이들은 또 불멸의 태양신을 아폴론이라는 이름으로 불렀다. 이들은 감성의 신인 디오뉘소스와 지성의 신 아폴론을 구분하기도 했다. 오르페우스의 머리가 디오뉘소스의 성소에 모셔진 반면, 뤼라는 아폴론 쪽에 모셔진 것은 이런 사정 때문이다. 오르페우스의 머리와 뤼라는 모두 레스보스 섬으로 떠내려갔다고 했는데, 그곳은 서정시 음악의

---

[4] 아케나톤Akhenaton: 이크나톤Iknaton이라고도 한다. 고대 이집트 제18 왕조의 왕(재위 기원전 1379년경-1362년경)으로 아톤을 유일신으로 신봉했다. 최초의 일신교 신자이며, 이집트의 다신교의 전통에서는 이단이었던 셈이다.

본고장이었다. 역사상 실재한 가장 오래된 음악가인 기원전 7세기의 테르판드로스Terpander는 레스보스 섬의 도시 안팃사Antissa 출신이다. 큰 뱀이 오르페우스의 머리를 공격했다고 한 대목은, 더 이른 시기의 신탁의 영웅이 안팃사에서 오르페우스의 침입에 저항했다는 것을 암시한다. 그게 아니면 필로스트라토스[5]가 보다 직접적으로 기술했듯, '퓌톤 아폴론Pythian Apollo'이 이에 저항한 것일 수도 있다.

4. 에우뤼디케가 뱀에 물려 죽고, 오르페우스가 그다음으로 아내를 다시 태양 아래로 데려오는 데 실패했다는 이야기는, 오직 후기 신화에만 나온다. 이는 오르페우스가 타르타로스에서 환영받았음을 보여 주는 그림들에서 잘못 추론한 결과로 보인다. 그림에서 오르페우스는 뱀의 여신 헤카테 또는 아그리오페('야만적인 얼굴')를 음악으로 매료해, 모든 혼령들이 오르페우스교 비의에 입문하도록 놔두었다. 디오뉘소스가 그의 어머니 세멜레를 찾아 타르타로스로 내려가는 장면의 다른 그림들도 이런 잘못된 추론을 거들었다(27. k. 참고). 오르페우스는 그의 사제였던 것이다. 그리고 에우뤼디케 자신이 뱀에 물려 죽은 게 아니라, 그녀에게 바치는 희생자들이 그렇게 죽었다(33. 1 참고).

5. 오리나무의 달은 신성한 나무 순서에서 네 번째 달이다. 그다음으로는 버드나무의 달이 이어지는데, 이는 헬리케Helice('버드나무', 44. i 참고) 여신의 물의 마법과 연관이 있다. 헬리콘 강의 이름도 버드나무에서 왔다. 이 강은 그리스 중부 파르낫소스 산을 휘감아 흐르며, 영감을 주는 '세 명의 산의 여신'인 무사이에게 신성하다. 오르페우스가 델포이의 신전 벽화에서 버드나무에 기대서 그 나뭇가지를 만지는 모습으로 등장하는 것도 이 때

---

5) 필로스트라토스Philostratus: 3세기에 활동한 그리스 소피스트.

문이다(파우사니아스: 10. 30. 3). 그리스의 오리나무 숭배는 매우 이른 시기에 탄압을 받았지만 그 자취는 고전시대 문학에 남아 있다. 마녀 여신인 키르케Circe가 사는 죽음의 섬은 오리나무로 둘러쳐져 있었고(호메로스: 『오뒷세이아』 5. 64와 239), 콜키스에는 버드나무 숲에 키르케의 무덤이 있었다(아폴로니오스 로디오스: 3. 220, 152. b 참고). 베르길리우스를 보면, 파에톤Phaëthon의 누이들은 모두 오리나무 덤불로 변했다(42. 3 참고)

6. 이것이 오르페우스의 참수가 오리나무 가지치기에 대한 비유에 불과하다고 얘기하는 것은 아니다. 신성한 왕은 주검 훼손을 피할 수 없었으며, 트라케 사람들은 아마 현대 보르네오 섬 북서부 사라왁 주의 이반 다야크족Iban Dayak과 똑같은 관습을 가지고 있었을 것이다. 남자가 머리 사냥[6]의 원정을 성공적으로 마치고 돌아오면, 이 부족의 여인들은 이 전승 기념물을 쌀농사의 풍작을 가져오는 수단으로 사용했다. 잘린 머리가 노래하고 애도하며 질문에 답한다고 여겼다. 안전한 곳에 두고 돌보다가 마침내 신탁을 주는 전당에 모셨다. 머리는 거기에서 모든 중요한 일에 조언을 해주었으며, 에우뤼스테우스Eurysteus, 브란, 아담의 머리와 같이 외적의 침략을 물리쳤다(146. 2 참고).

---

6) 머리 사냥headhunting: 사람을 죽인 다음 그의 머리를 떼어내 보존하는 일을 이른다. 오세아니아, 아시아 여러 곳, 아프리카, 유럽 등 광범위한 지역에서 관찰된다. 중세 유럽의 아일랜드와 앵글로-스코틀랜드 접경 지역에서도 있었다. 인류학자들의 집중 연구 대상이 됐으며, 주로 종교 의례와 관련된 것으로 해석하고 있다. 다야크족은 유럽인들 사이에 그들의 머리 사냥 풍습으로 유명했으며, 19세기 후반 부족 대표들이 모여 머리 사냥 전통을 공식적으로 폐지하기로 약속했다. 한편, 이는 신체 일부를 수집하는 행동 Human trophy collecting의 한 형태이기도 하다. 임진왜란 당시 왜군이 만든 코 무덤nose tomb도 그 사례이다. '미군의 일본군 전사자 주검 훼손American mutilation of Japanese war dead'이라 하여, 태평양 전쟁 당시 미군 병사들도 일본군 신체 일부를 수집했다.

29
가뉘메데스

가뉘메데스는 트로이아에 이름을 준 트로스 왕의 아들로, 살아 있는 청년 가운데 가장 아름다웠다. 이에 신들은 그를 선택해 제우스의 음료(넥타르)를 따르는 이가 되게 했다. 제우스가 가뉘메데스를 잠자리 동무로도 원했기에, 독수리 깃털로 스스로를 위장해 트로이아 평원에서 그를 납치했다는 말도 있다.[1]

b. 나중에, 헤르메스는 제우스를 대신해 트로스 왕에게 아들을 잃은 것에 대한 보상으로 헤파이스토스가 만든 황금 포도나무와 준마 두 마리를 주었다. 그러면서 가뉘메데스가 불멸의 존재가 됐으며, 늙음의 고통을 면제받았다고 알려 주었다. 또, 아들이 손에 황금 사발을 들고 미소를 지으면서 '천상의 아버지'에게 넥타르를 따라 주고 있다고 전했다.[2]

c. 어떤 이는 에오스가 자기 애인으로 삼고자 먼저 가뉘메데스를 납치했으며, 제우스가 이를 빼앗아 갔다고 전한다. 어찌 됐든, 이번 일은 헤라와 그녀의 딸인 헤베에 대한 모욕이었음이 분명하다. 그때까지 신들에게 음료를 따르는 일은 헤베의 몫이었기 때문이다. 그러나 헤라는 제우스를 짜증나게 하는 것 말고 할 수 있는 게 없었고, 제우스는 가뉘메데스의 모습을

별들 사이에 물병자리로 그려 넣었다.[3]

1] 호메로스: 『일리아스』 20. 231-235; 아폴로도로스: 『비블리오테카』 3. 12. 2; 베르길리우스: 『아이네이스』 5. 252 ff; 오비디우스: 『변신 이야기』 10. 155 ff.
2] 에우리피데스의 『오레스테스』 1391에 대한 고전 주석자; 호메로스: 『일리아스』 5. 266; 『호메로스의 아프로디테 찬가』 202-217; 아폴로도로스: 2. 5. 9; 파우사니아스: 『그리스 여행기』 5. 24. 1.
3] 아폴로니오스 로디오스에 대한 고전 주석자: 3. 115; 베르길리우스: 『아이네이스』 1. 32, 고전 주석자와 함께; 휘기누스: 『신화집』 224; 베르길리우스: 『농경시』 3. 304.

＊

1. 가뉘메데스Ganymedes가 신들에게 포도주 따르는 일을 했고 그의 죽음에 대한 보상으로 트로스 왕에게 말 두 마리를 주었다는 이야기는, 새로운 왕이 자신의 신성한 결혼을 준비하고 있는 모습을 담은 도상을 잘못 해석한 데서 비롯된 것 같다. 참고로, 가뉘메데스는 초기 신화에서 제우스한테만 음료를 따른 것은 아니었다. 가뉘메데스가 들고 있었다는 사발에는 선왕先王의 혼령에게 부어 줄 제주祭酒가 들어 있었을 터이다. 그림에서 새로운 왕은 자기 직무를 수행하는 사제에게 저항의 시늉만 할 뿐인데, 이 사제를 호색한 제우스로 오해한 것으로 보인다. 한 신화학자는 옆에서 기다리고 있던 신부를 에오스Eos로 오해했는데, 이 학자는 에오스가 라오메돈Laomedon의 아들이자 나중에 매미가 된 티토노스Tithonus를 납치했던 일을 떠올렸던 것이다. 이는 에우리피데스(『트로이아 여인들』 822)가 라오메돈을 가뉘메데스의 아버지라고 했기 때문이다. 문제의 도상은 펠레우스[1]와 테티스의 결혼식을 보여 준다고 할 수도 있다. 신들이 열두 왕좌에 앉아 이를 바라보

---

1) 펠레우스: 프티아의 왕. 아르고 호 원정대, 칼뤼돈의 사냥, 헤라클레스의 트로이아 원정 등에 동참한 영웅이다. 바다의 님프 테티스와 결혼하여 아킬레우스를 낳았다. 펠레우스와 테티스의 결혼식에 불화의 여신 에리스가 사과 하나(파리스의 황금 사과)를 던져 넣었는데, 이것이 트로이아 전쟁의 숨은 도화선이 됐다.

고 있었다. 두 마리의 말은 왕이 가짜로 죽고 난 다음 재탄생하는 의식에 활용됐던 것으로 보인다(81. 4 참고). 독수리가 가뉘메데스를 납치했다는 대목은, 카에레의 흑색상 도기[2]를 보면 나름의 설명을 찾을 수 있다. 독수리가 새로 왕좌에 오른, 제우스라는 이름을 가진 왕의 넓적다리를 향해 날아가는데, 이때 독수리는 그가 부여받은 신적 권력을 상징한다. 신적 권력은 왕의 카ka 또는 다른 자아가 부여받았다. 태양의 매가 파라오의 즉위식에서 내려오는 것도 바로 이와 같다. 그러나 가뉘메데스의 젊음에 대한 전승은, 도상에 나오는 왕이 오직 하루만 통치하는 왕의 대행자, 즉 섭정interrex이었음을 암시한다. 파에톤(42. 2 참고), 자그레우스(30. 1 참고), 크뤼십포스Chrysippus(105. 2 참고) 등이 그랬다. 이에 제우스의 독수리가 그를 왕이 되게 했을 뿐 아니라 그를 잡아채 올륌포스로 데려갔다는 말이 나온다.

2. 왕이 독수리의 등을 타거나 독수리로 변신해 천상으로 올라갔다는 이야기는 널리 퍼진 종교적 환상이다. 아리스토파네스는 『평화』(1 ff.)에서 자신의 주인공이 쇠똥구리의 등을 타고 하늘로 올라갔다고 하면서 이를 풍자했다. 켈트족의 영웅 루Lugh는, 그는 『마비노기온』에 루 로Llew Llaw로 나오는데, 후계자가 한여름에 그를 죽이자 독수리가 돼 천상으로 날아갔다. 바빌로니아 영웅 에타나Etana는 이라크 남부 고대 도시 키시Kish에서 신성한 결혼식을 올린 다음 독수리의 등을 타고 이슈타르Ishtar가 있는 천상의 궁정으로 갔으나 바다에 떨어져 익사했다. 그런데 에타나의 죽음은 이카로스Icarus의 경우(92. 3 참고)처럼 일반적인 한 해 마지막의 제물로 바쳐진 게 아니었

---

2) 카이레의 흑색상 도기Caeretan black-figured vase: '카이레의 물항아리Caeretan hydria'라고도 한다. 이탈리아 에트루리아의 고대 도시 카이레Caere에서 발굴된 도기로, 흑색상 방식은 붉은색 바탕에 인물이 검게 나온다. 기원전 6세기에 제작됐으며, 현재까지 약 2만 점이 전해진다. 휘드리아hydria(물항아리)는 고대 그리스 도기의 한 종류로, 한 개의 수직 손잡이와 두 개의 수평 손잡이가 붙어 있다. 암포라(두 개의 손잡이가 달린 항아리) 등과 함께 널리 사용됐다.

다. 그의 통치 기간에 있었던 흉작에 대한 처벌이었다. 그는 풍작을 가져오는 마법의 풀을 찾기 위해 날고 있었던 것이다. 그의 이야기는 독수리와 큰 뱀의 계속되는 투쟁 이야기와 엮이게 된다. 이때 독수리와 뱀의 투쟁은 길어지는 낮과 짧아지는 낮, 왕과 후계자의 투쟁이다. 그리고 루 로의 신화에서처럼, 독수리는 낮이 가장 짧은 동지에는 마지막 숨을 몰아쉴 정도로 쪼그라들었다가, 점차 마법적으로 생명과 힘을 새롭게 회복한다. 구약성서 「시편」 103장 5절에는 이런 문장이 있다. "네 청춘을 독수리같이 새롭게 하시는도다."

3. 제우스와 가뉘메데스 신화는 그리스와 로마에서 커다란 인기를 얻었다. 성인 남성의 소년에 대한 열정적 사랑을 종교적으로 정당화해 주었기 때문이다. 그때까지 남색은 여신 숭배의 극단적 형태로서만 용인되고 있었다. 이를테면, 퀴벨레의 남성 추종자들은 여신과 함께한다는 황홀한 일체감을 얻고자 스스로 거세하고 여인들처럼 옷을 입었다. 남색의 사제 무리는 레바논 남부 튀로스Tyre, 예루살렘 북부 항구 욥바Joppa, 터키 남부 히에라폴리스Hierapolis의 '위대한 여신'의 신전에서 따로 그 지위를 인정받았다. 바빌론 유수 직전까지 예루살렘에서도 그랬다(구약성서 「열왕기상」 15장 12절, 「열왕기하」 23장 7절). 그러나 아폴로도로스는 고대의 시인 타뮈리스Thamyris(21. m 참고)가 이런 새로운 열정을 처음 선보였다고 했지만, 이는 가모장제에 대한 가부장제의 승리를 더욱 두드러지게 만들었다. 남자들은 동성애적 로맨스라고 하는 새로운 영역을 발견했기에, 이제 그리스 철학은 남자들이 여인들의 도움 없이 즐길 수 있는 지적 놀이가 됐다. 플라톤은 이를 최대한 활용했고, 어린 학생들을 향한 자신의 감상적인 감정을 정당화하기 위해 가뉘메데스 신화를 이용했다(『파이드로스』 255c). 그런데 다른 저작(『법률』 1권 636c)에서 플라톤은 남색을 자연에 반하는 것이라고 비판했으며, 제우스가

이에 탐닉했다는 신화를 두고 "크레테의 사악한 날조"라고 했다. (여기서 플라톤은 비잔티움의 스테파누스['하르파기아Harpagia' 항목]의 지지를 받았다. 스테파누스는 크레테의 미노스 왕이 "제우스한테서 법률을 받아서" 가뉘메데스를 자신의 잠자리 동무로 납치해 왔다고 전했다.) 플라톤 철학의 확산과 함께, 그때까지 지적으로 지배적이었던 그리스 여성은 무보수 노동자와 아이 양육자의 지위로 퇴보했다. 제우스와 아폴론이 지배적인 신인 곳이라면 어디든 그랬다.[3]

4. 가뉘메데스의 이름은 적절하게도 결혼을 앞둔 상황에서 생기는 자기 욕망의 기쁜 꿈틀거림을 지칭한다. 그것은 잠자리 동무가 따라주는 넥타르를 마시고 새로 채워지는 제우스의 욕망이 아니다. 그러나 그의 이름은 라틴어에서 카타미투스catamitus가 됐고, 여기에서 남색의 상대 소년을 뜻하는 영어 단어 '케터마이트catamite'가 생겨났다. 그런데, 이는 동성애적 욕정의 수동적 대상을 뜻한다.

5. 물병 별자리인 아카리오스Aquarius는 가뉘메데스와 동일시되지만, 원래 나일 강의 수원을 관장하는 이집트의 신이었다. 이 신은 큰 병에서 포도주가 아니라 물을 쏟아냈다(핀다로스: 『글조각 모음』 110). 그러나 그리스인들은 나일 강에 별 관심이 없었다.

6. 제우스의 넥타르에 대해, 후기 신화학자들은 초자연적인 붉은 포도주라고 묘사한다. 그러나 이는 사실 원시시대의 갈색 벌꿀 술이었다(27. 2 참고). 신들의 맛있는 음식인 암브로시아는 보리와 기름, 잘게 썬 과일로 만든 죽이었을 것으로 보인다(98. 7 참고). 왕들이 이런 죽을 실컷 먹는 동안, 가난한 백성들은 아스포델(31. 2 참고), 아욱, 도토리 등으로 근근이 먹고 살았다.

---

3) 이 책이 1950년대 나왔다는 점을 고려하면, 초보적이나마 이러한 페미니즘적 접근과 해석은 신선하게 느껴진다. 실제 이 책의 가모장제 논의 등이 페미니즘 진영에 지적 자극을 주었다는 평가도 있다.

30
자그레우스

제우스는 남몰래 페르세포네를 통해 아들 자그레우스를 얻었다. 그녀가 삼촌인 하데스한테 납치당해 지하세계로 끌려가기 전의 일이다. 그는 레아의 아들들인 크레테 섬의 쿠레테스에게 이다 산의 동굴에 있는 아이의 요람을 지키게 했다. 어떤 이는 쿠레테스를 코뤼반테스라고 불렀다. 쿠레테스는 요람 주위를 이리저리 뛰면서 가지고 있던 무기를 두드렸다. 딕테가 제우스 주위에서 이리저리 뛰었던 것과 다르지 않았다. 그러나 제우스의 적인 티탄 신족은 다른 이들이 알아채지 못하게 석고로 자기 몸을 하얗게 칠하고, 쿠레테스가 잠들 때까지 기다렸다. 한밤중에 그들은 아이들 장난감을 주면서 자그레우스를 꾀어냈다. 장난감은 솔방울이나 울림판자, 황금사과, 거울, 뼈 구슬, 실타래 등이었다. 그들이 자기를 죽일 듯이 공격하자 자그레우스는 용기를 내보였다. 그들을 속이려 변신을 거듭했다. 염소가죽 외투를 입은 제우스가 됐고, 비를 뿌리는 크로노스가 됐다. 또 사자, 말, 뿔이 달린 뱀, 호랑이, 황소로 변신했다. 황소로 변신한 순간 티탄 신족은 뿔과 다리를 꽉 붙잡고, 이빨로 갈가리 찢어, 그 살코기를 날것으로 먹어 치웠다.

b. 아테나 여신은 이런 소름 끼치는 만찬이 끝나기 직전에 끼어들어 자

그레우스의 심장을 구해낼 수 있었다. 여신은 심장을 석고상 안에 넣고 거기에 생명을 불어넣었다. 이렇게 해서 자그레우스는 불멸의 존재가 됐다. 그의 뼈는 그러모아 델포이에 묻었고, 제우스는 티탄 신족을 벼락으로 내려쳐 죽였다.[1]

1] 디오도로스 시켈로스: 『역사총서』 5. 75. 4; 논노스: 『디오뉘소스 이야기』 6. 296과 27. 228; 하르포크라티온, '아포마톤(본보기)' 항목; 체체스: 『뤼코프론에 관하여』 355; 호메로스의 『일리아스』 2. 735에 대한 에우스타티오스; 피르미쿠스 마테르누스: 『불경한 종교의 오류에 관하여』 6; 에우리피데스: 『크레타인들 글조각』, 475, 『오르페우스교 글조각 모음』(케른 편집, 34).

*

1. 이 신화는 고대 크레테에서 매년 소년을 제물로 바쳤던 일과 관련이 있다. 황소의 왕인 미노스Minos를 대신하는 제물이었다. 소년은 단 하루 동안 왕위에 올랐으며, 다섯 계절을 분명하게 보여 주는 춤을 지켜본 다음 날 것으로 먹혔다. 다섯 계절은 사자, 염소, 말, 뱀, 그리고 수송아지로 표현됐다. 티탄 신족이 자그레우스Zagreus를 꾀어내려 썼던 모든 장난감은 철학적 오르페우스교 신자들이 사용하던 물건이었다. 이들은 이런 희생 제의의 전통을 물려받았지만, 소년 대신에 수송아지를 날것으로 먹었다. 울림판자는 돌이나 도기 조각에 구멍을 낸 것으로 노끈의 끝을 잡고 돌리면 돌풍이 일어나듯 큰 소리를 냈다. 실타래는 쿠레테스Curetes한테 젖은 석고를 바르는 데 썼을 것이다. 쿠레테스는 자신의 첫 머리카락을 잘라 여신 카르Car에게 바친 젊은이들이었다(95. 5 참고). 이들은 코뤼반테스Corybantes라고도 불렀는데, 볏이나 갈기가 있는 춤꾼이란 뜻이다. 자그레우스가 받은 다른 선물은, 참석자들이 신과 하나가 된다고 믿었던 종교 의식이 어떠했는지 알려 주는 실마리이다. 이를테면, 솔방울은 여신을 지칭하는 고대의 표상으로, 티

탄 신족이 여신을 기려 그를 제물로 바쳤다(20. 2 참고). 거울은 종교 의식 입문자 각각의 반대편 자아, 즉 혼령을 상징했다. 황금사과는 가짜 죽음 뒤에 엘뤼시온에 들어가는 통행증이고, 뼈 구슬은 예언의 힘을 의미한다(17. 3 참고).

2. 크레테 찬가가 '딕테 동굴' 부근 팔라이오카스트로Palaiokastro에서 몇 년 전에 발견됐다. 이는 제일 위대한 젊은이를 뜻하는 '크로노스 같은 사람 Cronian One'에게 바치는 것이었다. 그는 악령들 앞에서 춤을 추다가 곡물과 가죽의 다산, 고기잡이의 성공을 위해 뛰어내렸다. 찬가에 언급된 감춰진 교사들은 "그대, 영생의 소년을 레아의 옆구리에서 얻었다"고 했는데, 제인 헤리슨은 『테미스Themis』에서 이들이 단지 제물을 죽이고 먹는 시늉만 했다고 지적했다. 이때 제물은 자기네 비밀 조직에 들어오는 입문자였다고도 했다. 입문 의식에 이런 가짜 죽음이 있었다는 것은 세계 여러 지역에서 보고되고 있으며, 실제 인신 공양의 전통에 바탕을 두고 있는 것으로 보인다. 그리고 자그레우스의 역법적 변환은 토템 종교의 다른 일반적인 존재들과 그를 구분하도록 만드는 지점이다.

3. 자그레우스의 여러 변신의 마지막에 다른 신화에 없던 호랑이가 나오는 대목은, 그를 디오뉘소스와 동일시했다는 것으로 설명이 된다(27. c 참고). 디오뉘소스의 죽음과 부활에서도 날것이 아니라 삶은 고기였고, 아테나 대신에 레아의 이름이 나오지만, 결국 이야기의 전개는 동일하다. 디오뉘소스도 태어날 때 뿔과 뱀의 머리털이 있었기에(27. a 참고) 뿔이 난 뱀이었다고 할 수 있고, 오르페우스교 추종자들은 황소 모습의 디오뉘소스를 성찬으로 먹었다. 자그레우스는 변신 과정에서 "염소가죽 외투를 입은 제우스"로도 모습을 바꾸는데, 이는 제우스 또는 그를 대신한 아이가 천상으로 올라가면서 염소 아말테이아Amaltheia(7. b 참고)의 생가죽으로 만든 외투

를 입었기 때문이다. "비를 뿌리는 크로노스"라고 한 대목은, 기우제에서 올림판자를 사용했다는 것을 암시한다. 이런 맥락에서 티탄 신족은 '백묵의 남자들'을 뜻하는 티타노이Titanoi였으며, 희생자의 혼령이 자기들을 알아보지 못하게 위장한 쿠레테스 자신들이었다. 나중에 인신 공양이 과거의 일이 됐을 때, 제우스는 인육을 먹는 사람에게 벼락을 던지는 것으로 묘사된다. '일곱-날 주의 주인들'을 뜻하는 티타네스Titanes는 '백묵의 남자들'인 티타노이와 혼동을 일으켰는데, 이는 그들의 제우스에 대한 적대감 때문이다. 한때 자기들이 섬기는 신의 고기를 먹던 오르페우스교 신자들은, 이제 다시는 어떤 종류의 고기도 입에 대지 않았다.

4. 자그레우스-디오뉘소스는 남부 팔레스타인에서도 알려져 있었다. 라스 샴라 서판[1]을 보면, 아슈타르는 바알 신이 지하세계에서 죽은 이들의 음식을 먹어 쇠약해져 있는 동안 잠시 천상의 왕좌를 차지했다. 아슈타르는 아직 어린아이였기에 왕좌에 앉을 때 발이 발 받침대에 닿지 않았다. 바알 신은 머지않아 돌아왔고, 곤봉으로 그를 죽였다. '모세의 율법Mosaic Law'은 아슈타르를 기려 입문 잔치를 여는 것을 금했다. "너는 염소 새끼를 그 어미의 젖으로 삶지 말지니라." 명령은 세 번 반복된다(「출애굽기」 23장 19절; 34장 26절; 「신명기」 14장 21절).

---

1) 라스 샴라 서판Ras Shamra Tablets: 북부 시리아의 작은 마을 라스 샴라(고대 도시 우가리트Ugarit가 있던 곳)에서 발굴된 쐐기문자 서판. 1929년 처음 발굴됐으며, 기원전 14세기 이전의 것으로 추정된다. 구약성서 등 고대 종교 연구의 중요 자료이다.

31
지하세계의 신들

타르타로스로 들어가는 정문은 큰 바다 옆에 있는 검정 포플러 숲 안에 있다. 혼령이 그곳으로 내려갈 때, 경건한 친척들은 죽은 이의 혀 밑에 동전 한 닢을 넣어 준다. 혼령은 이 동전으로 카론에게 뱃삯을 치를 수 있다. 자린고비 카론은 구멍이 숭숭 뚫린 배에 그를 태워 스튁스 강을 건네준다. 누구나 꺼리는 스튁스 강은 타르타로스로 넘어가는 서쪽 경계를 이루며,[1] 지류로는 아케론과 플레게톤, 코퀴토스, 아오르니스, 레테 등이 있다. 돈이 없는 혼령들은 부근 강둑에서 영원히 기다려야 한다. 다만, 안내자인 헤르메스의 눈길을 피해 몰래 뒷문으로 기어 내려갈 수는 있다. 뒷문으로는 라코니아의 타이나로스[2] 또는 테스프로티아의 아오르논이 있다. 머리가 세 개인, 혹은 어떤 이는 50개라고 하는 케르베로스라는 개가 스튁스 강의 맞은쪽 강변을 지킨다. 아직 살아 있는 침입자 또는 달아나는 혼령을 언제든 먹어 치울 태세다.[3]

b. 타르타로스의 첫 번째 구역에는 음산한 '아스포델 평원'이 펼쳐져 있다. 거기서 영웅의 영혼은 다른 어중이떠중이 무리에 뒤섞여 목적도 없이 이리저리 돌아다닌다. 이들 어중이떠중이는 박쥐처럼 찍찍거렸으며, 오직

오리온 신만이 혼령이 된 사슴을 사냥하러 무턱대고 뛰어다닌다.[4] 누구도 타르타로스 전체를 다스리는 자리보다는 땅 한 뙈기 없는 농부의 노예로 살고자 할 것이다. 그들에게도 즐거움이 하나 있었으니, 산 자가 그들에게 부어 주는 피의 헌주를 마시는 일이다. 이를 마실 때, 그들은 자신이 거의 다시 살아난 것 같은 기분을 느낀다. 이런 초원 너머에는 에레보스[1]와 하데스 및 페르세포네의 궁전이 자리 잡고 있다. 들어가는 방향으로 궁전의 왼편에는 흰 사이프러스[2]가 레테의 깊고 잔잔한 곳에 그림자를 드리웠고, 보통 혼령들은 거기 모여들어 그 물을 마셨다. 비의를 전수받은 영혼들은 이 물을 피하고 대신, 하얀 포플러나무의 그림자가 드리워진 기억의 강의 물을 마셨다. 이렇게 하면 다른 이들보다 더 유리한 입장에 선다.[5] 바로 옆에 있는 세 갈래 길이 만나는 지점에서, 새로 도착한 혼령들은 매일 미노스, 라다만튀스,[3] 아이아코스[4]로부터 심판을 받았다. 라다만튀스는 아시아인을, 아이아코스는 유럽인을 각각 심판했다. 둘 모두 어려운 사건은 미노스의 도움을 받았다. 각각의 평결이 나오면, 혼령은 세 갈래 길 가운데 하나를 따라가야 한다. 선하지도 악하지도 않다면, 다시 아스포델 평원으로 돌아가는 길로 간다. 악한 사람은 타르타로스의 벌받는 곳으로, 선한 사람은 엘뤼시온의 과수원으로 이어진 길을 간다.

---

1) 에레보스Erebus: 암흑의 신. 철학적 창조 신화(이 책 4장)에는, 어둠과 혼돈이 결합해 밤과 낮, 공기의 신과 함께 에레보스가 태어났다고 전한다. 이렇게 태초에 세상이 만들어질 때 등장한 뒤에는, 거의 타르타로스의 어두운 곳을 가리키는 말로만 나온다.

2) 사이프러스cypress: 편백나무과의 상록침엽수. 애도의 상징으로 묘지에 많이 심었다.

3) 라다만튀스Rhadamanthys: 현명한 왕이자 저승의 심판관. 제우스와 에우로페 사이에서 난 아들로 미노스, 사르페돈과 형제지간이다. 어머니 에우로페가 나중에 크레테 왕과 결혼했기에, 라다만튀스가 그곳의 왕위를 이어받았다. 그는 크레테를 공정하게 다스렸고, 죽어서도 지하세계에서 심판관이 됐다.

4) 아이아코스Aeacus: 아이기나 섬의 전설적인 왕. 제우스와 강의 신 아소포스의 딸 아이기나 사이에 태어났다. 모든 그리스 사람들 중에 가장 경건한 사람으로 칭송받았으며, 사후에 라다만튀스, 미노스와 함께 저승의 심판관이 된다.

c. 크로노스가 다스리는 엘뤼시온은 하데스의 영토 부근에 있으며, 그 입구는 기억의 강에 가까이 있지만 완전히 붙어 있는 것은 아니다. 그곳은 해가 저물지 않고, 추위와 눈이 없는 행복의 땅이다. 놀이와 음악, 잔치가 멈추지 않으며, 거기 사는 사람들은 원하면 언제든 지상에 다시 태어날 수 있다. 근처에 세 번 태어나고 세 번 엘뤼시온에 온 사람들을 위한 '행운의 섬'도 있다.[6] 그러나 어떤 이는 흑해에 레우케라고 부르는 또 하나의 '행운의 작은 섬'이 있다고 전한다. 이는 다뉴브 강 입구 맞은편에 있으며, 나무가 빽빽하고 온갖 짐승들이 가득하다. 거기에는 헬레네와 아킬레우스의 혼령이 마시고 떠들면서 즐겼으며, 트로이아 전쟁에 참여했던 영웅들을 기린 호메로스의 시를 낭송하기도 한다.[7]

d. 하데스는 잔인했고 자신의 자리를 잃지 않으려 조심했다. 이에 그는 볼 일이 있거나 갑작스러운 욕정에 사로잡힐 때를 빼고는 지상으로 거의 올라가지 않는다. 언젠가 하데스는 님프 민테를 유혹하려 했다. 자신의 황금 전차와 이를 끄는 네 마리의 흑마가 뿜어내는 화려함으로 님프를 사로잡았고, 별다른 어려움 없이 성공을 앞두고 있었다. 그런데 여왕 페르세포네가 때마침 나타나 민테를 달콤한 향기를 내는 민트로 변신시켰다. 또 다른 경우로, 하데스는 님프 레우케를 겁탈하려 했지만, 마찬가지로 페르세포네는 그녀를 기억의 강 옆에 서 있는 하얀 포플러나무로 변신시켰다.[8] 하데스는 자기 백성 가운데 누구도 달아나지 못하게 단속했고, 타르타로스에 온 사람 가운데 살아서 돌아가 거기가 어떤 곳인지 전해준 사람이 거의 없다. 그가 신들 가운데 제일 많이 미움을 받는 것은 이 때문이다.

e. 하데스는 저 위쪽 세상이나 올륌포스에서 무슨 일이 벌어지고 있는지 단편적인 소식 외에는 전혀 모른다.[9] 그 소식이란 것도 인간들이 손으로 땅을 두드리면서 맹세와 저주로 하데스를 부를 때 들려오는 것뿐이다. 그가

자기 소유물 가운데 제일 아끼는 물건은 투명 투구이다. 이는 퀴클로페스를 풀어 주라는 제우스의 명에 그가 동의하자, 그들이 감사의 표시로 만들어 준 것이다. 땅 아래 숨겨진 보석과 귀한 쇠붙이의 재물은 모두 그의 것이다. 그러나 그는 그리스의 몇몇 어둑어둑한 신전을 빼고는 땅 위에 가진 것은 아무것도 없다. 혹시 스페인 남쪽 해안의 에뤼테이아 섬에 있는 소 떼가 그의 것일 수 있지만, 어떤 이는 실제 그것도 헬리오스 소유라고 한다.[10]

f. 이와 반대로, 여왕 페르세포네는 우아하면서도 자비롭다. 그녀는 하데스에게 충실하지만, 남편과 사이에 자식이 없다. 남편보다는 마녀들의 여신인 헤카테와 같이 있는 것을 더 좋아한다.[11] 제우스는 헤카테를 매우 깊게 공경했기에 그녀가 언제나 누려 왔던 고대의 힘을 언제나 존중했다. 무엇이든 인간이 갈망하는 것을 주거나 혹은 그것을 주지 않는 힘 말이다. 헤케테는 사자와 개, 암말의 몸통과 머리 세 개씩을 가지고 있다.[12]

g. 에리뉘에스 자매 또는 복수의 여신들이라고 하는 티시포네, 알렉토, 메가이라는 함께 에레보스에 산다. 이들은 제우스를 비롯한 다른 모든 올림포스 신들보다 더 오래된 존재이다. 그들의 임무는 누군가의 오만에 대한 사람들의 호소를 듣고, 이를 엄하게 벌하는 것이다. 젊은이가 늙은이에게, 자식이 부모에게, 주인이 손님에게, 집주인 또는 시 위원회가 탄원자에게 오만하다고 하면, 이들은 귀를 쫑긋 세운다. 그러고는 이런 죄를 저지른 사람을 도시에서 도시로, 나라에서 나라로, 잠시도 틈을 주지 않고 끈질기게 뒤쫓아 가서 벌을 내린다. 에리뉘에스 자매는 노파들인데, 생김새 또한 기괴하다. 뱀의 머리카락에 개의 머리, 칠흑같이 검은 몸통, 박쥐의 날개, 핏발이 선 눈을 가지고 있다. 손에는 놋쇠로 징을 박은 매를 들고 다녔으며, 이들에게 잡힌 죄인은 고통 속에서 죽어간다.[13] 대화 중에 그들의 이름을 부르는 것은 현명하지 못하다. 이런 까닭에 그들은 보통 에우메니데스

Eumenides라 불린다. 이는 '자비로운 여신들'이라는 뜻이다. 하데스를 '부유한 신'이라는 뜻의 플루톤Pluton이나 플루토Pluto라고 부르는 것과 비슷하다.

1] 파우사니아스: 『그리스 여행기』 10. 28. 1.
2] 아폴로도로스: 『비블리오테카』 2. 5. 2; 스트라본: 『지리학』 8. 5. 1.
3] 호메로스: 『일리아스』 8. 368; 헤시오도스: 『신들의 계보』 311; 아폴로도로스: 같은 곳; 에우리피데스: 『헤라클레스』 24.
4] 호메로스: 『오뒷세이아』 11. 539; 11. 572-575; 11. 487-491.
5] 『페텔리아에서 발견된 오르페우스교 서판』
6] 플라톤: 『고르기아스』 523a-526d; 핀다로스: 『올륌피아 제전 송가』 2. 68-80; 헤시오도스: 『일과 날』 167. ff.
7] 파우사니아스: 3. 19. 11; 필로스트라토스: 『영웅담』 10. 32-40.
8] 스트라본: 8. 3. 14; 베르길리우스의 『시선』 7. 61에 대한 세르비오스.
9] 호메로스: 『일리아스』 9. 158-159; 20. 61.
10] 호메로스: 『일리아스』 9. 567 ff.; 아폴로도로스: 2. 5. 10; 핀다로스의 『이스트미아 제전 송가』 6. 32에 대한 고전 주석자.
11] 아폴로니오스 로디오스: 『아르고 호 이야기』 3. 529; 오비디우스: 『변신 이야기』 14. 405; 테오크리토스의 『전원시』 2. 12에 대한 고전 주석자.
12] 헤시오도스: 『신들의 계보』 411-452.
13] 아폴로도로스: 1. 1. 4; 호메로스: 『일리아스』 9. 453-457; 15. 204; 19. 259; 『오뒷세이아』 2. 135와 17. 475; 아이스퀼로스: 『자비로운 여신들』 835와 『제주를 바치는 여인들』 290과 924; 에우리피데스: 『오레스테스』 317 ff.; 『오르페우스교 찬가』 58. 5.

*

1. 신화학자들은 옛날 그리스 주민들이 가진 사후 세계에 대한 서로 모순되는 시각을 조화롭게 하나로 묶어 내려 갖가지 노력을 기울였다. 첫 번째 시각으로, 혼령은 자기 무덤이나 지하 동굴, 땅속 갈라진 틈에 살고 있으며, 큰 뱀이나 쥐, 박쥐의 모습을 하고 있지만 인간으로 환생하지는 못한다고 생각했다. 두 번째, 신성한 왕의 혼령이 그의 주검이 묻힌 음침한 섬에서 보란 듯이 걸어 다닌다는 시각이 있었다. 세 번째, 혼령이 콩이나 땅콩, 물고기 안으로 들어가고 장래의 어머니가 될 사람이 이를 먹으면 다시 사람으로 태어난다고 생각했다. 네 번째, 혼령은 태양이 뜨지 않는 북쪽 끝으로 가며, 기껏해야 다산의 바람으로서 돌아올 수 있을 뿐이라는 것이다. 다섯

번째, 이들은 태양이 바다 속으로 저무는 서쪽 끝으로 가고, 정령들의 세상은 우리와 다를 게 없다는 것이다. 여섯 번째, 혼령들은 그가 어떻게 살았느냐에 따라 벌을 받는다고 봤다. 여기에 오르페우스교는 마지막으로 영혼이 환생한다는 윤회론을 추가했다. 이들은 마법 공식을 사용하면 윤회를 일부 통제할 수 있다고 봤다.

2. 페르세포네와 헤카테는 헬레네스 도래 이전 시대의 부활의 희망을 대변한다. 반면, 하데스는 헬레네스적 사고인 죽음의 불가피성을 의미한다. 크로노스는 피의 과거를 갖고 있음에도 엘뤼시온의 즐거움을 계속해서 누린다. 그것이 언제나 신성한 왕의 특권이었기 때문이다. 메넬라오스[5](『오뒷세이아』 4. 561)도 똑같은 즐거움을 약속받는데, 그가 특별히 선하거나 용감해서 그런 게 아니다. 스파르테 달의 여신의 여사제인 헬레네Helen와 결혼했기 때문이다(159. 1 참고). 시인 호메로스가 쓴 형용사 아스포델로스asphodelos는 오직 레이모네스leimōnes('초원')만 수식하는데, 아마도 '재가 되어 사라지지 않은 것의 골짜기에 있는'을 뜻할 것이다(아a=않는, 스포도스spodos=재, 엘로스elos=골짜기). 즉, 주검이 태워진 뒤에도 사라지지 않고 남은 영웅의 혼령을 말한다. 그리고 도토리를 먹는 아르카디아를 제외하면, 아스포델asphodel의 뿌리와 씨앗은 그런 혼령들에게 바치는 제물이었으며, 곡식이 도입되기 전까지 그리스의 주요 식량원이기도 했다. 아스포델은 심지어 물이 없는 섬에서도 무성하게 자라며, 혼령은 신들과 마찬가지로 식습관이 보수적이다.[6] 엘뤼시온은 '사과-땅'을 뜻하는 것으로 보인다. 알리지에alisier는 마가목을 뜻하는 골족Gaul 이전 시대의 단어이다. 아서 왕 전설의 '아발론Avalon'

---

5) 메넬라오스Menelaus: 스파르테의 왕. 미녀 헬레네의 남편이자 아가멤논의 동생이다. 트로이아의 왕자 파리스가 데려간 아내를 되찾기 위해 형인 아가멤논과 함께 트로이아 전쟁을 일으킨다.
6) 생전에 먹던 것만 먹는다는 뜻이다.

과 라틴어의 '아베르누스Avernus' 또는 '아볼누스Avolnus'도 그러하다. 이들 둘은 인도유럽어의 어근 아볼abol에서 왔고, 이는 사과apple를 뜻한다[28. 1과 그 각주 참고].

3. 케르베로스는 그리스에서 아누비스에 해당했다. 아누비스는 리비아 죽음의 신 네프튀스[7]의 아들로 개의 머리를 가졌으며, 영혼을 지하세계로 인도했다. 유럽 민간 전승에서, 일부 리비아에서 기원한 것이지만, 천벌받을 자의 영혼을 사냥개 떼가 큰 소리로 짖으면서 북쪽 지옥으로 몰아간다. 사냥개의 이름은 안눔Annwm, 헤르네Herne, 아서Arthur, 가브리엘Gabriel이다. 이 신화는 기러기가 여름에 북극권 내에 있는 번식지로 요란한 소리를 내면서 날아가는 모습에서 비롯됐다. 케르베로스는 처음에는 악타이온Actaeon을 물어 죽인 사냥개 떼처럼 머리가 50개였지만(22. 1 참고), 나중에는 자신의 주인인 헤카테와 같이 머리가 세 개라고 했다(134. 1 참고).

4. 스튁스 강('증오')은 아르카디아에 있는 작은 개울인데, 그 물에 치명적인 독이 있다고 했다. 오직 후기 신화학자들만 스튁스가 타르타로스에 있다고 했다. 스튁스 강의 지류인 아케론('끊임없는 재난')과 코퀴토스('통곡')는 죽음의 고통을 묘사하는 상상의 이름들이다. 아오르니스('새가 없는')는 이탈리아의 '아베르누스'를 그리스어로 잘못 옮긴 것이다. 레테는 '망각'을, 에레보스는 '뒤덮인'을 뜻한다. 플레게톤('불타오르는')은 화장 풍속을 지칭하지만, 죄인은 용암에 던져져 타는 벌을 받는다는 이야기도 가리킬 듯하다. 타르타로스는 헬레네스 도래 이전 시대 단어 타르tar의 반복인 것 같다.

---

7) 네프튀스Nephthys: 고대 이집트의 여신. 오시리스, 하로에리스(일명 대大 호루스), 세트, 이시스와 함께 천신天神 누트와 지신地神 게브 사이에서 태어났다. 흔히 세트의 아내로 알려져 있는데, 원래는 오시리스를 사랑하여 아누비스Anubis를 낳았다. 세트가 오시리스를 살해하고 주검을 들판에 흩뿌리자, 세트를 버리고 시신을 수습해 오시리스를 부활시켰다. 아누비스는 죽은 자의 심장을 저울에 달았으며, 개 또는 자칼의 머리를 하고 있다.

타르는 서쪽에 있는 장소의 명칭에 간혹 등장한다. 타르타로스에 대해 극악하다는 느낌은 나중에 생긴 것이다.

5. 검은 포플러는 죽음의 여신에게 신성하다(51. 7과 170. 1 참고). 반면 하얀 포플러, 즉 사시나무는 '재생의 여신'으로서 페르세포네 혹은 헤라클레스에게 신성하다. 헤라클레스의 경우는 그가 지옥을 약탈했기 때문이다(134. f 참고). 사시나무 이파리가 나오는 황금 머리 장식이 기원전 네 번째 천년기의 메소포타미아 무덤에서 발굴됐다. 오르페우스교 서판에는 기억의 강 옆에 있는 나무의 이름을 따로 특정하지 않았다. 그 나무는 레우케가 변신한 하얀 포플러일 것으로 보이지만, 지혜의 표상인 견과가 열리는 나무일 수도 있다(86. 1 참고). 흰 사이프러스 나무는 부패하지 않는다고 해서 집안에서 쓰는 상자나 관에 사용했다.

6. 하데스는 펠로폰네소스 반도에 있는 엘리스Elis의 멘테Menthe 산의 발치에 자신의 신전을 갖고 있었다. 그가 님프 민테Minthe('민트mint')를 유혹했다는 이야기는 장례 의식에서 민트를 사용했던 데서 추론했을 것이다. 이는 부패의 악취를 덮으려 쓴 것인데, 로즈마리와 도금양도 함께 사용했다. 데메테르가 엘레우시스에서 마신 보리죽에도 민트 향이 들어갔다(24. e 참고). 하데스가 에뤼테이아('붉은 땅')에 있는 태양의 소 떼를 가지고 있으며, 이는 그곳에서 태양이 밤의 죽음과 만났기 때문이라고 하지만, 이 맥락에서는 하데스보다 크로노스 또는 게뤼오네우스Geryon가 소 떼와 연결되는 경우가 훨씬 더 많았다(132. 4 참고).

7. 헤시오도스의 설명을 보면, 헤카테는 원래의 세 모습 여신으로서 하늘과 지상, 타르타로스에서 최고 지위에 있었다. 그러나 헬레네스 사람들은 여신이 창조적인 힘을 잃고 파괴적인 힘만 갖고 있다고 강조했다. 그러다 마침내 특히 세 갈래 길이 만나는 곳에서 열리는 검은 마법의 비밀 의식

에서만 기도를 올리는 여신이 됐다고 했다. 제우스가 그녀의 본래 능력, 즉 모든 인간에게 원하는 것을 줄 수 있는 힘을 부인하지 않았다는 대목은, 모두가 계속 무서워하던 텟살리아의 마녀들에 보내는 일종의 감사 선물이다. 헤카테의 머리가 사자, 개, 말 등 세 개였다는 대목은 확실히 고대에 1년을 셋으로 나눈 것을 지칭한다. 케르베로스의 머리도 그러했다. 여기서 개는 개의 별 시리우스Sirius와 연결된다.

8. 헤카테의 동료인 에리뉘에스는, 금기를 깨고 난 뒤에 찾아오는 찌르는 듯한 양심의 가책을 의인화한 것이다. 처음에는 모욕, 불복종, 어머니에 대한 폭력에 대한 금기에 한정돼 있었고(105. k와 114. 1 참고), 탄원자와 손님을 홀대하는 것은 헤스티아 여신에 불복하고 욕보이는 일이었다. 이들은 본래 화로의 여신인 헤스티아의 보호 아래 있었기 때문이다.

9. 레우케는 흑해에서 가장 큰 섬이지만 실제 면적은 아주 작다. 그곳은 지금 나무 한 그루 없는 루마니아의 유형지이다(164. 3 참고).

32
튀케와 네메시스

튀케는 제우스의 딸로, 인간 각자의 운명이 어떨지 결정하는 힘을 제우스한테서 받았다. 어떤 사람한테는 풍요의 뿔에서 꺼낸 선물을 쌓아 주고, 누군가에게는 그들이 가진 모든 것을 빼앗는다. 튀케는 주거나 빼앗는 것에 대해 어떠한 책임도 지지 않았고, 오직 우연일 뿐이라는 걸 보여 주려 공 던지기 곡예를 하면서 돌아다녔다. 어떤 때는 올라가고, 어떤 때는 떨어졌다. 그러나 튀케 여신의 선물을 받은 사람이 재물을 떠벌려 자랑하면서 그 일부를 신에게 바치지 않고 동료 시민의 가난을 덜어주지 않는다면 고대의 여신 네메시스가 개입해 그에게 창피를 준다.[1] 네메시스는 집이 앗티케의 람노스에 있으며, 한 손에는 사과나무 가지를, 다른 손에는 바퀴를 들고 다녔다. 수사슴으로 장식한 은관을 썼으며, 회초리를 허리띠에 달고 다녔다. 그녀는 오케아노스의 딸로, 아프로디테에 버금가는 미모를 갖고 있다.

b. 어떤 이는 제우스가 언젠가 한 번 네메시스와 사랑에 빠져 땅을 건너고 바다를 뚫고 그녀를 쫓아다닌 적이 있다고 한다. 그녀가 끊임없이 모습을 바꿨지만, 제우스는 백조로 변신해 마침내 그녀를 범했으며, 그녀가 낳은 알에서 트로이아 전쟁을 불러일으킨 헬레네가 태어났다고 했다.[2]

1] 핀다로스: 『올륌피아 제전 송가』 22. 1-2; 헤로도토스: 『역사』 1. 34와 3. 40; 아폴로니오스 로디오스: 『아르고 호 이야기』 4. 1042-1043; 소포클레스: 『필록테테스』 518.
2] 파우사니아스: 『그리스 여행기』 1. 33. 3; 호메로스의 『퀴프리아』, 아테나이오스의 인용 334b; 아폴로도로스: 『비블리오테카』 3. 10. 7.

＊

1. 튀케Tyche('운명')는 디케[1]와 아이도스Aedos(자연법Natural Law 또는 정의Justice, 그리고 수치Shame를 인격화한 신)처럼 초기 철학자들이 인위적으로 발명한 신성이다. 이에 반해 네메시스('당연한 법령due enactment')는 '삶-속-죽음'의 님프 여신이었으며(18. 3 참고), 철학자들은 튀케 여신에 대한 도덕적 통제로서 네메시스를 새롭게 정의했다. 로마에서 네메시스에 해당하는 포르투나Fortuna(보르툼나vortumna의 변형, '1년을 한 바퀴 돌리는 여인')의 이름을 보면, 그녀가 들고 다니는 수레바퀴가 원래 태양년[2]을 의미한다는 것을 짐작할 수 있다. 바퀴가 절반을 돌면, 신성한 왕은 행운의 정점에 오른 것이기에 죽을 운명이었다. 여신이 머리에 쓴 관에 새겨진 악타이온의 수사슴(22. i 참고)이 이를 나타낸다. 그러나 바퀴가 나머지 절반을 모두 돌았을 때 그는 자신을 대신하고 있던 경쟁자에게 복수한다. 여신의 회초리는 예전에 열매와 곡식의 풍작을 위해 거행한 의례의 매질에 사용됐다. 그리고 사과나무 가지는 왕이 엘뤼시온에 들어가는 통행증이었다(53. 5; 80. 4; 133. 4 참고).

2. 제우스가 쫓아다닌 네메시스(62. b 참고)는 인간의 자만에 대한 신적인 징벌을 뜻하는 철학적 개념이 아니다. 네메시스는 본래의 님프 여신으

---

1) 디케Dike 또는 Dice: 정의의 여신. 제우스와 티탄 여신이자 율법의 여신인 테미스Themis 사이에서 태어난 계절의 여신들(호라이Horae) 가운데 하나이다. 나머지 계절의 여신으로는 에우노미아Eunomia(질서의 여신), 에이레네Eirene(평화의 여신)가 있다.

2) 태양년solar year은 지구가 태양을 한 바퀴 도는 시간으로, 365일 5시간 48분 46초에 이른다. 반면, 태음력lunar year은 태음월 12달로 354일 8시간이며, 태양력보다 약 11일이 짧다.

로 보통 레다Leda라고 불렸다. 헬레네스 이전 시대 신화에서, 여신은 신성한 왕을 추적했다. 왕이 계절마다 변신을 거듭했음(30. 1 참고)에도 여신 자신도 그에 따라 변신해 각각에 차례로 대응했고, 하지에 그를 먹어 치웠다. 그러나 헬레네스 시대 신화에는 둘의 처지가 정반대가 됐다. 여신이 달아나며 모습을 바꿨지만, 왕은 추적해 마침내 그녀를 범했다. 제우스와 메티스(9. d 참고), 펠레우스와 테티스(81. k 참고)의 신화가 그런 경우다. 네메시스가 가진 수레바퀴의 바퀴살에는 필요한 계절적 변신이 나타났을 터이다. 그런데 호메로스의 『퀴프리아』에는 오직 물고기 한 마리와 "다양한 짐승들"이라고만 언급돼 있다(89. 2 참고). '레다'는 레토Leto 또는 라토나Latona의 다른 형태인데, 제우스가 아니라 퓌톤이 쫓아다녔다. 백조는 여신에게 신성하다(에우리피데스: 『타우리케의 이피게네이아』 1095 ff.). 이는 하얀 깃털 때문이고, 백조가 날면서 V 자 대형을 짓는 게 여성을 상징하기 때문이기도 하다. 한여름에 번식을 위해 북쪽으로 날아가면서 죽은 왕의 영혼을 데려간다고 생각했던 것도 영향을 미쳤다(33. 5와 142. 2 참고).

3. 철학적인 네메시스는 앗티케 지역 람노스에서 숭배를 받았다. 파우사니아스를 보면(1. 33. 2-3), 페르시아의 총사령관이 그곳에 앗티케 정복을 기리는 대리석 전승 기념비를 세우려 했지만 살라미스 해전의 패배 소식에 그냥 물러나야만 했다. 이에 앗티케 사람들은 그 대리석으로 지역의 님프 여신인 네메시스의 신상을 만들었다. 이 사건 이후 네메시스는 매년 진행되는 죽음 드라마의 '당연한 법령'이라기보다 '신적인 복수'를 의인화한 신이 되었던 것으로 보인다. 어쨌든 호메로스에게 네메시스nemesis는 줄 것은 제대로 줘야 하고 맡은 일은 제대로 해야 한다는, 단순히 따뜻한 인간적 감정을 담은 단어였다. 그러나 님프 여신인 네메시스는 아드라스테이아Adrasteia('벗어날 수 없는', 스트라본: 13. 1. 13)라는 호칭을 갖고 있는데, 이는 제

우스의 유모인 물푸레나무 님프의 이름이기도 하다(7. b 참고). 그리고 물푸레나무 님프와 에리뉘에스는 자매 사이로, 똑같이 우라노스의 피에서 태어났다. 이런 사정이 어떻게 네메시스가 복수의 관념에 육체를 부여했는지 어느 정도 설명해 준다. 물푸레나무는 여신이 계절마다 바꾸는 여러 모습 가운데 하나이며, 목가적인 추종자들에게 중요한 나무였다. 이 나무가 뇌우와 함께 양이 새끼를 낳는 달과 연관돼 있기 때문이다. 이 달은 신성한 한 해의 세 번째 달이다(52. 3 참고).

4. 네메시스는 오케아노스의 딸이라고 한다. 그녀는 사과나무 가지를 든 님프 여신으로서, 바다에서 태어난 아프로디테이고 에리뉘에스의 자매이기 때문이다(18. 4 참고).

33
바다 신의 자식들

50명의 네레이데스[1]는 바다의 여신 테티스[2]를 시중드는 온화하고 인정 많은 존재들로, 인어의 형상을 하고 있다. 네레우스와 님프 도리스가 낳은 딸들이다. 네레우스는 예언의 힘을 가진 바다의 노인으로 변신의 능력을 갖고 있다.[ㄱ]

b. 포르키데스는 또 한 명의 현명한 바다의 노인인 포르퀴스[3]와 케토가 낳은 자식들로 네레이데스의 사촌이다. 포르키데스로는 라돈, 에키드나, 그리고 리비아에 사는 고르고네스 세 자매, 그라이아이 세 자매가 있다. 어떤 이는 헤스페리데스 세 자매도 여기에 넣는다. 고르고네스 세 자매는 스테이노, 에우뤼알레, 메두사를 말하는데, 이들 모두 한때 아름다웠다. 그러나 어느 날 밤 메두사는 포세이돈과 함께 잠자리에 들었고, 아테나 여신은 격

---

1) 네레이데스Nereides: 이들 가운데 포세이돈의 아내가 된 암피트리테, 영웅 아킬레우스를 낳은 테티스 등이 유명하다. 바다의 수많은 물결들을 의인화한 것으로 보는 견해도 있다. 3장 각주 참고.

2) 원문에는 '테티스Thetis'라고 나오지만, 테튀스Tethys일 수도 있겠다. 앞의 테티스는 바다 님프인 네레이데스의 하나로 아킬레우스의 어머니가 된다. 뒤의 테튀스는 가이아와 우라노스의 딸인 티탄 여신으로, 오라비인 오케아노스와 결혼해 수많은 강의 어머니가 됐다.

3) 포르퀴스Phorcys: '바다의 노인'으로 불리는 바다의 신 가운데 하나. 네레우스와 형제 사이다. 누이인 바다 괴물 케토와 결합하여 포르키데스Phorcides('포르퀴스의 자식들')라고 불리는 괴물들을 자식으로 두었다.

분했다. 이들이 여신의 신전에서 즐겼기 때문이다. 여신은 메두사를 쏘아보는 눈, 커다란 이빨, 앞으로 쭉 내민 혀, 놋쇠 같은 누런 발톱, 뱀의 머리카락에 날개까지 달린 괴물로 만들어 버렸다. 그를 본 사람은 누구든 돌이 됐다. 나중에 페르세우스가 메두사의 머리를 베었을 때 포세이돈의 자식 크뤼사오르와 페가소스가 메두사의 주검에서 튀어나왔다. 당시 아테나 여신은 그 머리를 자신의 아이기스에 붙였다. 누구는 아이기스 자체가 메두사의 살가죽이며, 아테나 자신이 벗겨낸 것이라고 한다.2]

c. 그라이아이 세 자매는 아름다운 얼굴에 백조를 닮았지만, 태어날 때부터 백발이었고 하나의 눈과 하나의 이빨을 셋이 번갈아 가면서 썼다. 이들의 이름은 에뉘오, 펨프레도, 데이노이다.3]

d. 헤스페리데스 세 자매는 이름이 헤스페레, 아이글레, 에뤼테이스이다. 이들은 서쪽 끝에 있는 과수원에서 살고 있다. 이는 '어머니 대지'가 헤라에게 준 것이다. 어떤 이는 이들을 밤의 신의 딸들이라고 하고, 다른 이들은 아틀라스와 헤스페로스의 딸인 헤스페리스의 자식이라고 전한다. 이들은 달콤하게 노래한다.4]

e. 에키드나는 절반은 아름다운 여인이지만, 나머지 절반은 얼룩덜룩한 큰 뱀이다. 그녀는 한때 아리미의 깊은 동굴에서 사람을 날것으로 먹으며 살았고, 남편 튀폰4)에게 한 떼의 무서운 괴물들을 낳아 주었다. 나중에 100개의 눈을 가진 아르고스가 잠든 틈을 타서 그녀를 죽였다.5]

f. 라돈은 전체가 뱀이다. 그런데 인간의 말을 할 줄 안다. 헤스페리데스의 황금 사과나무를 지켰지만, 나중에 헤라클레스의 활에 죽었다.6]

---

4) 튀폰Typhon: 무서운 힘을 가진 거대한 괴물. 상반신은 인간이고 하반신은 뱀의 모습을 하고 있으며, 제우스는 튀폰과 싸워 극적으로 승리했다. 36장 참고.

g. 네레우스, 포르퀴스, 타우마스, 에우뤼비아, 케토는 모두 '어머니 대지'가 폰토스에게 낳아 준 자식들이다. 이에 포르키데스와 네레이데스는 자기들이 하르퓌이아이와 사촌이라 주장한다. 하르퓌이아이는 타우마스와 바다 님프 엘렉트라의 딸들로, 금색 머리칼에 빠른 날개를 가졌다. 에리뉘에스가 벌을 줄 수 있도록 죄인들을 낚아채 갔고, 크레테 섬의 동굴 안에 살았다.[7]

1] 호메로스: 『일리아스』 18. 36 ff.; 아폴로도로스: 『비블리오테카』 1. 2. 7.
2] 헤시오도스: 『신들의 계보』 270 ff.와 333 ff.; 아폴로도로스: 2. 4. 3; 오비디우스: 『변신 이야기』 4. 792-802; 아폴로니오스 로디오스 4. 1399에 대한 고전 주석자; 에우리피데스: 『이온』 989 ff.
3] 헤시오도스: 『신들의 계보』 270-274; 아폴로도로스: 2. 4. 2.
4] 헤시오도스: 『신들의 계보』 215와 518; 디오도로스 시켈로스: 『역사총서』 4. 27. 2; 에우리피데스: 『헤라클레스』 394.
5] 호메로스: 『일리아스』 2. 783; 헤시오도스: 『신들의 계보』 295 ff.; 아폴로도로스: 2. 1. 2.
6] 헤시오도스: 『신들의 계보』 333-335; 아폴로니오스 로디오스: 『아르고 호 이야기』 4. 1397; 아폴로도로스: 2. 5. 11.
7] 아폴로도로스: 1. 2. 6; 헤시오도스: 『신들의 계보』 265-269; 호메로스: 『오뒷세이아』 20. 77-78; 아폴로니오스 로디오스: 2. 298-299.

＊

1. 달의 여신의 호칭인 에우뤼노메Eurynome('널리 다스림' 또는 '널리 방랑하는')를 보면, 이 여신은 하늘과 땅의 통치자임이 분명하다. 반면, 에우뤼비아Eurybia('넓은 힘')는 바다의 통치자이고, 에우뤼디케Eurydice('넓은 정의')는 뱀을 움켜잡고 있는Serpent-grasping 지하세계의 통치자이다. 남자 제물을 에우뤼디케라는 호칭의 달의 여신에게 바쳤으며, 제물은 뱀의 독으로 죽였을 것으로 보인다(28. 4; 154. b와 168. e 참고). 포르키데스인 에키드나가 아르고스Argus의 손에 죽는 것은 아마도 아르고스 시의 뱀의 여신 숭배에 대한 탄압을 지칭할 것이다. 그녀의 형제 라돈은 신탁의 뱀으로, 모든 낙원을 돌아다니며, 똬리를 틀어 사과나무를 감싸기도 했다(133. 4 참고).

2. 바다의 통치자 에우뤼비아의 다른 호칭들 가운데, 테티스Thetis('처리하는 이') 또는 그 변형인 테튀스Tethys도 있었다. 케토Ceto도 이런 호칭이며, 바다 괴물인 헤브라이의 라하브Rahab 또는 바빌로니아의 티아마트Tiamat에 해당한다(73. 7 참고). 네레이스Nereis도 물이 있는 영역의 여신이다. 엘렉트라는 고대인들이 무척 귀하게 여긴 바다 산물인 호박[5]을 가져다주었다(148. 11 참고). 타우마스는 굉장했고, 도리스는 너그러웠다. 네레우스는, 일명 프로테우스Proteus('첫 번째 사람')라고도 하는데, 예언의 힘을 가진 '바다의 노인'이다. 네레이스에서 그 이름을 가져왔으며, 반대가 아니다. 네레우스는 신탁의 신성한 왕으로 연안 섬에 묻힌 것으로 보인다(133. d 참고). 그는 초기 도기 그림에 물고기 꼬리에 몸통에서 사자, 수사슴, 독사가 튀어나오는 모습으로 등장한다. 프로테우스는 『오뒷세이아』에서 신성한 왕이 태어나서 죽을 때까지 통과하는 계절을 표시하기 위해 비슷하게 모습을 바꿨다(30. 1 참고).

3. 50명의 네레이데스는 50명으로 이뤄진 달의 여신 여사제 무리였던 것으로 보인다. 이들의 마법 의식은 풍어를 보장했다. 고르고네스는 '세 모습 여신Triple-goddess'의 전형으로, 사납게 찡그린 얼굴에 쏘아보는 눈, 드러낸 이빨 사이로 혓바닥을 내민 모습의 예방의 가면을 얼굴에 썼다. 이는 낯선 사람들에게 겁을 줘 이 여신의 비밀 의식에 접근하지 못하게 하기 위해서였다(73. 9 참고). '호메로스의 아들들'[6]은 타르타로스에 사는 고르곤 하나만 알고 있었다(『오뒷세이아』 11. 633-635). 그리고 고르곤의 머리는 오뒷세우

---

[5] 호박琥珀, amber은 나무에서 나오는 송진이 땅속에 파묻혀 오랜 기간에 걸쳐 화석화된 것으로, 송진이 화석화된 광물의 일종인데, 필자가 이를 "바다 산물sea product"이라 설명한 대목은 이해하기 어렵다. 다만, 호박은 문지르면 전기가 발생해, 엘렉트라Electra에서 '전기electricity'가 나왔다.

[6] 호메로스의 시를 암송한 씨족 또는 길드를 일컫는 '호메리다이Homeridae'를 말하는 것으로 보인다. 이들 이야기는 이 책 163장 해설에 자세히 나온다.

스에게 공포의 대상이었다(『오뒷세이아』 11. 634). 아테나 여신은 이를 자신의 아이기스에 달았다. 당연히 그 뒤에 숨겨진 신들의 비밀에 접근하지 말라는 경고의 뜻이었다. 그리스의 빵 굽는 이들은 고르곤 가면을 화덕에 그려 넣고는 했다. 엉뚱한 사람들이 화덕을 열어 굽던 빵을 망치지 않도록 하기 위해서였다. 고르고네스의 이름, 즉 스테이노Stheino('힘센'), 에우뤼알레Euryale('널리 돌아다니는'), 메두사Medusa('교활한 이')는 달의 여신의 호칭들이다. 오르페우스교에서는 달의 얼굴을 '고르곤의 머리'라고 불렀다.

4. 포세이돈이 메두사를 통해 페가소스를 자식으로 얻었다는 대목은, 그가 데메테르를 겁탈해 아리온이라는 말을 낳게 했다는 대목을 떠올리게 한다. 당시 데메테르는 암말로 위장하고 있었으며, 이 일로 데메테르는 분노하게 된다(16. f 참고). 두 신화는 모두 포세이돈의 헬레네스 사람들이 어떻게 강제로 달의 여신 여사제들과 결혼했는지 묘사한다. 여사제들의 고르곤 가면을 무시했으며, 신성한 말 숭배의 기우제를 빼앗아 버렸다. 그러나 데메테르의 가면은 여전히 아르카디아 북동부 페네오스Pheneus의 돌 상자 안에 보존돼 있었고, 데메테르의 사제는 이를 얼굴에 쓰고 '지옥의 정령'을 막대기로 때리는 의식을 거행했다(파우사니아스: 8. 15. 1).

5. [포세이돈의 자식] 크뤼사오르Chrysaor는 데메테르의 초승달 표시, 황금 낫, 또는 굽은 칼이었다. 여신의 배우자가 여신을 대행할 때 이를 지참했다. 이번 판본에서 아테나 여신은 제우스의 협력자이다. 그의 머리에서 다시 태어났고, 옛날 종교의 배반자였다(9. 1 참고). 호메로스는 하르퓌이아이Harpies 세 자매를 폭풍을 의인화한 것으로 봤지만(『오뒷세이아』 20. 66-78), 갑작스러운 파괴의 능력에서 하르퓌이아이는 '세 모습 여신'인 초창기 아테나 여신이었다. '세 백발 자매'인 그라이아이Graeae도 마찬가지다. 이들의 이름인 에뉘오Enyo('호전적인'), 펨프레도Pemphredo('말벌'), 데이노Deino('끔찍한')를

보면 이를 알 수 있다. 이들이 눈과 이빨 하나를 함께 썼다는 대목은, 신성한 그림을 잘못 해석한 데서 왔다(73. 9 참고). 이들과 닮았다고 하는 백조는 유럽 신화에서 죽음의 새이다(32. 2 참고).

6. 포르퀴스Phorcys는 주검을 먹어 치우는 '암퇘지의 여신' 포르키스Phorcis의 남성 명사다(74. 4와 96. 2 참고). 포르퀴스는 라틴어에서 하데스의 호칭인 오르쿠스Orcus 또는 돼지를 뜻하는 포르쿠스porcus로 이어졌다. 고르고네스Gorgons와 '백발 자매'는 통틀어 포르키데스Phorcides라고 불렸는데, 이는 여신의 비밀 의식을 더럽히는 것은 죽음을 뜻하기 때문이다. 반면, 포르퀴스가 가진 예언의 지혜는 암퇘지의 신탁을 지칭하는 것이 틀림없다(24. 7 참고).

7. 헤스페리데스는 케토와 포르퀴스, 또는 밤의 신의 자식들이라고 한다. '서쪽 끝The Far West'에서 하늘을 받치고 있는 티탄 신족 아틀라스의 자식들이라는 얘기도 있다(39. 1과 133. e 참고). 그런데 헤스페리데스의 이름은 석양을 가리킨다. 그때 하늘은 녹색, 노란색, 빨간색으로 물든다. 사과나무가 한창 열매를 맺을 때도 그러하다. 태양은, 절반이 진홍색으로 익은 사과처럼 수평선으로 허리가 잘릴 때, 서쪽 파도 속에서 극적인 죽음을 맞이한다. 태양이 사라지고 나면, 개밥바라기Hesperus가 뜬다. 이 별은 사랑의 여신 아프로디테에게 신성하다. 사과는 그녀의 여사제가 왕을 꾀어내려 주는 선물이다. 이때 왕은 태양을 대리하며, 사랑의 노래 속에서 죽임을 당한다. 사과를 가로로 반을 자르면, 가운데 오각형의 별이 나온다.

34
에키드나의 자식들

　에키드나는 튀폰에게 무시무시한 자식들을 낳아 주었다. 머리 세 개 달린 '지옥의 사냥개' 케르베로스, 레르네에 사는 머리가 여러 개 달린 물뱀 휘드라, 머리는 사자이고 몸통은 뱀이고 불을 내뿜는 염소인 키마이라, 게뤼온의 머리 둘 달린 사냥개 오르트로스 등이다. 오르트로스는 자기 어머니와 동침해 스핑크스와 네메아의 사자를 자식으로 얻었다.[1]

1] 헤시오도스: 『신들의 계보』 306 ff.

＊

　1. 케르베로스(31. a와 134. e 참고)는 원래 '죽음의 여신' 헤카테Hecate 또는 헤카베Hecabe였던 것으로 보인다(168. 1 참고). 도리에이스족은 이를 개의 머리를 한 이집트 신 아누비스Anubis와 연결해 생각했다. 아누비스는 영혼을 지하세계로 안내한다. 케르베로스는 암캐로 묘사되는데, 개가 주검의 살을 먹고 달밤에 길게 소리 내면서 울기 때문이다.
　2. 키마이라Chimaera는 한 해를 세 계절로 나누는 역법의 상징인 것으로

보인다. 이 역법에서 각 계절의 표상은 사자, 염소, 뱀이었다.

3. 오르트로스Orthrus(132. d 참고)는 에키드나Echidna를 통해 키마이라, 스핑크스(105. e 참고), 휘드라Hydra(60. h와 124. c 참고), 네메아의 사자(123. b 참고)를 자식으로 얻었다. 이런 오르트로스는 아테나이에서 새해의 시작을 알리는 시리우스, 즉 개의 별이었다. 그는 야누스Janus와 같이 두 개의 머리를 가지고 있다. 이는 새롭게 개혁된 아테나이 역법에는 계절이 세 개가 아니라 두 개이기 때문이다. 오르트로스의 아들인 사자가 앞쪽 절반을, 딸인 큰 뱀이 두 번째 계절을 상징한다. 염소 표상이 사라지면서, 키마이라는 스핑크스에 자리를 물려주었다. 스핑크스는 날개 달린 사자의 몸통에 뱀의 꼬리를 가지고 있다. 아테나이의 개혁 역법에서 새해는 태양이 사자자리에 이르고, 개의 별이 태양과 함께 뜨는 개의 날이 올 때 시작된다. 이에 오르트로스는 양쪽을, 즉 앞쪽으로 새해를, 뒤쪽으로 묵은해를 바라봤다. 달력의 여신 카르데아Cardea도 그러했는데, 로마인들은 이런 이유로 카르데아를 포스트보르타Postvorta와 안테보르타Antevorta라고 불렀다.[1] 오르트로스는 '이른'을 뜻하는데, 짐작건대 새해의 시작을 알리기 때문일 것이다.

---

1) 각각 '포스트'와 '안테'가 붙어 뒤와 앞의 방향을 나타낸다.

35
기간테스의 반란

제우스가 자기들 형제인 티탄 신족을 타르타로스에 가둬버리자, 거대하고 무서운 기간테스 일부가 격분해 천상을 공격하기로 음모를 꾸몄다. 이들은 머리털과 수염이 길었고, 다리는 뱀의 꼬리였다. 트라케의 플레그라에서 어머니 대지한테서 태어났고, 그 수가 스물넷에 이른다.[1]

b. 아무런 사전 경고도 없이, 이들은 바위와 불타는 나무를 틀어쥐고 산꼭대기에서 위쪽으로 집어던졌다. 올륌포스 신들은 곤경에 빠졌다. 헤라는 어떤 신도 기간테스를 죽일 수 없을 것이라고 침울하게 예언했다. 그러나 오직 한 사람, 사자 가죽을 쓴 인간은 가능하다고 덧붙였다. 적을 앞질러 지상의 비밀 장소에서 자라는 어떤 불사의 약초를 찾지 못한다면 그마저도 안 될 것이라고 했다. 제우스는 즉시 아테나와 상의했고, 그녀를 헤라클레스에게 보내 일을 어떻게 풀어가야 하는지 정확히 알렸다. 헤라클레스는 사자 가죽을 쓴 인간으로, 헤라가 지칭한 사람이 확실했다. 제우스는 에오스, 셀레네, 헬리오스에게 잠시 빛을 거두라고 명했다. 희미한 별빛 아래서 제우스는 지상을 더듬어 나갔고, 드디어 아테나가 알려 준 지점에서 약초를 찾아내 안전하게 천상으로 가져왔다.

c. 올림포스 신들은 이제 기간테스와 전투를 벌일 수 있었다. 헤라클레스는 첫 화살을 적들의 지도자인 알퀴오네우스에게 쐈다. 그는 바닥으로 떨어졌지만, 되살아나 벌떡 일어섰다. 거기가 자기 고향인 플레그라였기 때문이다. 아테나는 소리쳤다. "서두르거라, 뛰어난 헤라클레스야! 저놈을 다른 나라로 끌고 가야 한다." 헤라클레스는 알퀴오네우스의 어깨를 잡아 트라케의 경계 너머로 끌고 가 거기서 곤봉으로 해치웠다.

d. 포르퓌리온은 기간테스들이 쌓아놓은 거대한 바위 피라미드에서 도약해 천상으로 뛰어들었다. 신들 가운데 누구도 버티지 못했다. 오직 아테나만이 방어 자세를 잡았다. 포르퓌리온은 아테나를 쓱 지나쳐 곧장 헤라에게 달려들어 목을 졸라 죽이려 했다. 포르퓌리온은 때마침 에로스가 날린 화살에 간을 맞아 부상을 입었다. 그의 살의는 욕정으로 바뀌어, 헤라의 우아한 예복을 찢어 벗겼다. 제우스는 아내가 겁탈을 당할 위기에 처한 것을 보고 분노가 극에 달했다. 앞으로 달려 나가면서 벼락을 내려쳐 포르퓌리온을 쓰러뜨렸다. 그가 다시 벌떡 일어서자 이번에는 아슬아슬하게 때를 맞춰 플레그라로 돌아온 헤라클레스가 화살을 날려 치명상을 입혔다. 그러는 동안 에피알테스가 아레스를 두들겨 무릎을 꿇게 만들었다. 다행히 아폴론이 그놈의 왼쪽 눈을 화살로 맞추고 큰소리로 헤라클레스에게 알렸다. 헤라클레스는 즉시 그놈의 오른쪽 눈에 화살 하나를 더 꽂아 넣었다. 이에 에피알테스는 죽음을 맞이했다.

e. 디오뉘소스는 자기 지팡이로 에우뤼토스를 쓰러뜨렸고, 헤카테는 횃불로 클뤼티오스의 털을 그슬렸고, 헤파이스토스는 구기에 든 쇳물로 미마스를 데게 했으며, 아테나는 욕정 가득한 팔라스를 돌로 으스러뜨렸다. 그러나 이렇게 신들이 기간테스에게 부상을 입힌다고 해도, 마지막 죽음의 일격은 헤라클레스의 몫이었다. 평화를 사랑하는 여신들인 헤스티아와 데

메테르는 싸움에 참여하지 않았지만, 일이 어떻게 될까 걱정하면서 손을 꼭 쥐고 서 있었다. 그래도 운명의 여신들은 놋쇠 절굿공이를 휘둘러 좋은 효과를 봤다.[2]

　f. 남은 기간테스는 기가 꺾여 지상으로 달아났고, 올림포스의 신들은 이들을 뒤쫓았다. 아테나는 엔켈라도스에게 커다란 바위를 던져 납작하게 만들었고, 이것이 시칠리아가 됐다. 포세이돈은 삼지창으로 터키 남서부 코스 섬의 일부를 떼어내 폴뤼부테스에게 던져 묻어 버렸다. 그리고 이것이 니쉬로스라는 근처의 작은 섬이 됐다.[3]

　g. 남아 있는 기간테스는 아르카디아의 트라페주스 부근 바토스에서 마지막으로 저항했다. 거기 땅은 지금도 불타오르고, 농부가 쟁기질을 하다가끔 기간테스의 뼈를 발견하기도 한다. 헤르메스는 하데스에게서 투명 투구를 빌려 쓰고 힙폴뤼토스를 쓰러뜨렸으며, 아르테미스는 화살로 그라티온을 꿰뚫었다. 운명의 여신들은 절굿공이로 아그리오스와 토아스의 머리를 깨뜨렸다. 아레스는 창으로, 제우스는 벼락으로 나머지를 처리했다. 물론 헤라클레스는 이들 기가스가 하나씩 쓰러질 때마다 불려와 마지막을 장식했다. 어떤 이는 이 전투가 이탈리아의 쿠마이 부근 '플레그라 평원'[1]에서 벌어졌다고 전한다.[4]

　h. 땅에서 태어난 사튀로스인 실레노스는 자기 제자인 디오뉘소스의 편에서 전투에 참가했다고 주장한다. 엔켈라도스를 죽이고, 자기의 늙은 짐 당나귀의 울음소리로 기간테스 사이에 공포를 퍼뜨렸다고 했다. 그러나 실레노스는 보통 술에 취해 있고, 진실과 거짓을 구분하지 못한다.[5]

---

1) 쿠마이Cumae는 고대 그리스에서 이탈리아 본토에 처음으로 건설한 식민도시이며, 나폴리 서쪽에 위치해 있다. 플레그라 평원Phlegraean Plain의 이탈리아 지명은 '캄피 플레그레이Campi Flegrei'이다.

1) 아폴로도로스: 『비블리오테카』 1. 6. 1; 휘기누스: 『신화집』, 서문Proem.
2) 아폴로도로스: 1. 6. 2.
3) 아폴로도로스: 같은 곳; 스트라본: 『지리학』 10. 5. 16.
4) 파우사니아스: 『그리스 여행기』 8. 29. 1-2; 아폴로도로스: 같은 곳; 디오도로스 시켈로스: 『역사총서』 4. 21.
5) 에우리피데스: 『퀴클롭스』 5 ff.

*

1. 이는 호메로스 시대 이후에 나온 이야기로, 변질된 형태로 전해진다. 에로스와 디오뉘소스도 싸움에 참여했다고 하는데, 이들은 올림포스 신들 가운데 나중에 추가된 신들이다(15. 1-2와 27. 5 참고). 헤라클레스가 올림포스 편에서 활약했다고 하지만, 이는 그가 오이타Oeta 산에서 장작에 타서 죽어 신의 반열에 들기 이전이다(147. h 참고). 이번 신화는 트라페주스에서 나오는 매머드 뼈(그곳 지역 박물관에 가면 지금도 볼 수 있다)와 근처 바토스의 화산 불을 설명하려는 것이다. 아르카디아, 트라케, 팔레네, 쿠마이에도 화산이 있다. 아테나와 포세이돈이 기간테스 둘을 그 밑에 묻었다는 시칠리아와 니쉬로스의 섬들에도 화산 불이 나온다.

2. '기간테스의 반란' 이야기는 역사적 사건에 바탕을 두고 있는 것으로 보인다. 즉, 비非 헬레네스 산악 부족들이 단결해 어떤 헬레네스 요새를 습격했으나 헬레네스에 복속된 연맹들이 이를 물리친 일이 있었을 터이다. 보통 한 쌍으로 여기는 '알로아다이Aloadae의 반란'(37. b 참고)도 마찬가지다. 천하무적의 헤라클레스와 대조되는 힘없고 겁먹은 신들의 모습, 그리고 전투의 익살맞은 대목은 신화보다는 대중적 허구에 가깝다.

3. 그러나 이 이야기 속에는 종교적 요소도 숨어 있다. 기간테스는 그들의 뱀 꼬리가 증명하고 있듯, 피와 살을 가진 존재가 아니라 땅에서 태어난 정령이다. 따라서 오직 마법의 약초를 가져야만 물리칠 수 있다. 어떤 신화

학자도 약초의 이름을 언급하지 않았지만, 아마도 악몽에 특효약인 에피알티온ephialtion이었을 것이다. 기간테스의 지도자 에피알테스Ephialtes는 문자 그대로는 '올라타는 남자'라는 뜻이다(라틴어는 인쿠부스incubus). 포르퓌리온Porphyrion이 헤라의 목을 조르고 범하려 하고, 팔라스가 아테나를 범하려 했다는 대목에서, 이 신화가 성적인 악몽이 엄습한다면 언제든 '구원자 헤라클레스'에게 가호를 빌어야 한다는 지혜와 주로 관련된 것임을 암시한다.

4. 알퀴오네우스Alcyoneus('힘센 당나귀')는 아마도 북아프리카에서 남유럽으로 몰아치는 열풍인 시로코sirocco의 정령, 즉 '야생 당나귀 신의 숨결, 또는 튀폰'(36. 1 참고)일 것이다. 이것은 사람들에게 악몽과 살해의 욕구, 겁탈을 가져온다. 이것 때문에 짐 당나귀의 울음소리로 기간테스를 궤멸시켰다고 하는 실레노스의 주장이 훨씬 더 터무니없게 들리는 것이다(20. b 참고). 미마스Mimas('흉내')는 사람들을 속이는 꿈의 그럴듯함을 지칭하는 것 같다. 힙폴뤼토스Hippolytus('우르르 몰려가는 말 떼')는 고대에 무서운 꿈은 암말 머리의 여신 탓이라고 했던 것을 떠올리게 한다. 북유럽에서는, '악몽의 여신과 그녀의 아홉 겹'으로 고통을 받는 사람은 오딘 신을 부르며 기도했다. 나중에는 성 스위톨드St. Swithold가 그 자리를 이어받았다.

5. 헤라클레스가 약초를 어떻게 사용했는지는 새로운 신과 오래된 신 사이의 우주적 규모의 싸움을 그린 바빌로니아 신화를 통해 추론할 수 있다. 거기서 헤라클레스에 해당하는 마르두크는 약초를 쥐고 자기 콧구멍에 끼워 여신 티아마트의 유독한 냄새를 막았다. 여기서는 알퀴오네우스의 숨결을 막아야 했다.

36
튀폰

　기간테스의 패배에 복수하기 위해, '어머니 대지'는 타르타로스와 동침해 곧장 킬리키아의 '코뤼키아 동굴'에서 네 번째인 막내 아이 튀폰을 낳았다. 이제껏 태어난 괴물 가운데 가장 컸다.[1] 넓적다리 아래로는 똬리를 튼 큰 뱀이고, 그의 팔은 양쪽으로 100리그(약 556킬로미터)씩이나 펼쳐졌으며, 손 대신 무수한 뱀의 머리를 갖고 있었다. 야수 같은 당나귀 머리는 하늘의 별에 닿았고, 거대한 날개는 태양을 가릴 수 있었으며, 두 눈에는 불꽃이 번쩍였고, 입으로는 불타는 바위를 토해냈다. 튀폰이 올륌포스 산으로 들이닥치자, 신들은 겁에 질려 이집트로 달아나 거기서 동물로 변신해 숨었다. 제우스는 숫양이 됐고, 아폴론은 까마귀, 디오뉘소스는 염소, 헤라는 흰 암소, 아르테미스는 고양이, 아프로디테는 물고기, 아레스는 맷돼지, 헤르메스는 따오기로 각각 변신했다.

　b. 아테나 여신만이 자기 자리를 지켰으며, 제우스에게 겁쟁이라고 핀잔을 주었다. 이에 제우스는 자기 진짜 모습으로 돌아와 튀폰에게 벼락을 날렸고, 곧장 이어서 자기 할아버지 우라노스를 거세할 때 사용했던 것과 똑같은 부싯돌 낫을 크게 한 번 휘둘렀다. 부상을 입고 비명을 지르면서, 튀

폰은 시리아를 넘어 북쪽으로 보이는 카시우스 산[1]으로 달아났다. 거기서 제우스와 튀폰은 뒤엉켜 격투를 벌였다. 튀폰은 무수한 뱀 사리를 둘로 나눠 제우스를 옥죄고, 낫을 빼앗아 제우스의 손과 발의 힘줄을 잘라냈다. 그러고는 코뤼키아 동굴로 그를 끌고 갔다. 제우스는 불사의 존재라 죽지 않았으나 손가락 하나 움직일 수 없었고, 튀폰은 힘줄을 곰 가죽 아래 숨기고 뱀의 꼬리를 가진 누이 괴물 델퓌네에게 지키게 했다.

c. 제우스의 패배 소식에 신들 사이에는 당혹감이 엄습했다. 그러나 헤르메스와 판은 몰래 동굴로 갔다. 판은 무서운 소리를 질러 괴물 델퓌네에게 겁을 주었고, 그동안 헤르메스는 재빨리 힘줄을 빼냈다. 이렇게 해서 제우스는 팔다리의 힘줄을 되찾았다.[2]

d. 하지만 어떤 이는 델퓌네를 속여 힘줄을 빼낸 것은 카드모스였다고 한다. 그녀에게 신나는 음악을 연주해 주려면 뤼라 줄로 그 힘줄이 필요하다고 하면서 그가 괴물을 꾀었고, 아폴론이 그녀를 쏴 죽였다는 것이다.[3]

e. 제우스는 올륌포스로 돌아와 날개 달린 말이 끄는 전차에 올라 한 번 더 벼락을 내리치며 튀폰을 추적했다. 튀폰은 뉘사 산으로 달아났고, 거기서 세 운명의 여신은 그에게 힘을 되찾게 해주는 것이라면서 덧없음의 과일을 주었다. 이는 조만간 죽을 운명이 되도록 하는 과일이었다. 튀폰은 트라케의 하이모스 산에 도착했고, 거기 산을 통째로 들어 제우스에게 던졌다. 제우스는 벼락으로 맞받아쳤고, 산은 다시 날아가서 괴물 위로 떨어졌다. 튀폰은 크게 부상을 입었고, 그때 튀폰이 흘린 피 때문에 하이모스 산은 지금의 이름을 갖게 됐다.[2] 튀폰은 시칠리아 쪽으로 달아났고, 제우스는 아

---

1) 카시우스 산Mount Casius: 시리아와 터키 접경지대에 있는 석회암 산으로 높이는 1,736미터. 근동 신화의 주요 무대이다. 제벨 아크라Jebel Aqra라고도 한다.
2) 하이모스Haemus라는 이름에는 '피'라는 뜻이 있다.

이트나 산을 튀폰 위로 던져 싸움을 끝냈다. 그 산의 꼭대기에서는 오늘날까지 불이 뿜어져 나온다.[4]

1] 헤시오도스: 『신들의 계보』 819 ff.; 핀다로스: 「퓌티아 제전 송가」 1. 15 ff.; 휘기누스: 『신화집』 152.
2] 아폴로도로스: 『비블리오테카』 1. 6. 3.
3] 논노스: 『디오뉘소스 이야기』 1. 481 ff.; 아폴로니오스 로디오스: 『아르고 호 이야기』 2. 706.
4] 아폴로도로스: 같은 곳; 핀다로스: 같은 곳.

*

1. '코뤼키아Corycia'는 '가죽 주머니'라는 뜻이라고 하는데, 아마도 바람을 주머니에 가둬 둔다는 고대의 관습에서 비롯한 것으로 보인다. 아이올로스Aeolus도 그렇게 했고(170. g 참고), 중세의 마녀들도 그랬다. 코뤼키아 동굴은 델포이에 하나가 또 있는데, 거기에서는 델퓌네와 짝을 이루는 뱀이 튀폰이 아니라 퓌톤이었다. 퓌톤('뱀')은 파괴적인 북풍을 의인화한 것이다. 바람은 으레 뱀의 꼬리로 묘사됐다. 북풍은 카시우스 산에서 시리아로 불어왔고, 그리스에서는 하이모스 산에서 불어왔다(21. 2 참고). 반면, 튀폰은 '놀라서 멍하게 만드는 연기'를 뜻하며, 그의 겉모습은 화산 분출을 묘사한 것이다. 제우스가 튀폰을 마침내 아이트나 산 아래 묻었다고 한 까닭이다. 그러나 튀폰의 이름은 남부 사막에서 불어와 리비아와 그리스에 큰 피해를 주는 열풍 시로코를 의미하기도 한다. 열풍은 화산재 냄새를 실어왔고, 이집트인들은 이를 사막 당나귀로 그렸다(35. 4와 83. 2 참고). 튀폰은 세트 신이 내쉬는 숨결이라고 했는데, 세트는 오시리스를 불구로 만들었다. 튀폰도 제우스를 똑같이 불구로 만들었다. 양쪽은 모두 결국 죽임을 당했는데, 이런 유사함이 퓌톤과 튀폰을 혼동하게 만들었다.

2. 신들이 이집트로 달아났다는 대목은 루키아노스가 지적했듯이(『희

생에 관하여』14) 짐승의 모습을 한 신들에 대한 이집트인들의 숭배를 설명하기 위해 발명한 것이다. 제우스-암몬은 숫양(133. j 참고), 헤르메스-토트는 따오기 또는 두루미(52. 6 참고), 헤라-이시스는 암소(56. 2 참고), 아르테미스-파슈트는 고양이 등으로 계속 이어진다. 그러나 이는 또한 기원전 2000년 직전의 화산 분출이 에게 해 남부 테라Thera라는 큰 섬의 절반을 집어삼키자 겁먹은 사제와 여사제들이 에게 해의 여러 섬에서 대탈출을 벌인 역사적 사건을 지칭하는 것일 수 있다. 고전기 그리스에서는 아직 고양이를 길들여 집에서 키우지 않았다. 바빌로니아 창조 서사시인 「에누마 엘리쉬Enúma Elish」도 이 전설에 영향을 미친 것으로 보인다. 이 서사시가 실린 다마스키오스³⁾의 초기 판본을 보면, 여신 티아마트와 그녀의 배우자 아프수,⁴⁾ 이들의 아들 뭄미Mummi('혼란')는 새로 태어난 삼신, 즉 에아Ea, 아누Anu, 벨Bel에 맞서고자 킨구Kingu를 비롯한 다른 많은 괴물을 풀어 준다. 이에 삼신은 공포에 사로잡혀 달아나지만, 벨 신은 곧장 형제들을 규합하고 지휘해 티아마트의 군대를 물리친다. 티아마트의 머리를 곤봉으로 부수고, '넙치처럼' 두 조각으로 잘라 버린다.

3. 제우스와 델퓌네, 곰 가죽의 신화는 '위대한 여신'에게 당한 제우스의 굴욕을 기록한 것이다. 위대한 여신은 암곰으로 숭배를 받았으며, 제일 중요한 신탁소는 델포이에 있었다. 역사적인 상황은 알려져 있지 않지만, 보이오티아의 카드메이아 사람들은 제우스 숭배를 유지하는 일에 관여했던 것으로 보인다. 세 운명의 여신이 튀폰에게 준 "덧없음의 과일"은 보통 말

---

3) 다마스키오스Damascius: 6세기 신플라톤주의 철학자를 지칭하는 것으로 보이지만, 확실하지 않다.

4) 아프수Apsu: 바빌로니아 창조 신화에 등장하는 신들의 아버지이자 민물의 신. 바빌로니아 창세 서사시 에누마 엘리쉬에 등장한다. 그는 여신이자 짠물(바다)의 신인 티아마트Tiamat와 결합해 라흐무Lahmu 등 최초의 신들을 낳았다.

하는 죽음의 사과인 것 같다(18. 4; 32. 4; 33. 7 등 참고). 이 신화의 원형 힛타이트 판본을 보면, 뱀 일뤼운카Illyunka는 폭풍의 신을 물리치고, 그의 눈과 심장을 빼앗는다. 그러나 그는 나중에 책략으로 이를 되찾는다. '신들의 회의Divine Council'는 여신 이나라Inara를 찾아가 복수를 요구한다. 이나라 여신은 일뤼운카를 잔치에 초대했다. 여신이 잔뜩 먹은 일뤼운카를 밧줄로 묶자마자 폭풍의 신이 나타나 그를 해치운다.

4. 카시우스 산은 힛타이트의 돌의 거인인 울리쿰미Ullikummi의 이야기에 나오는 핫지Hazzi 산이다. 이 거인은 엄청난 속도로 자라났으며, 아버지 쿠마르비Kumarbi는 그에게 70명에 이르는 천상의 신들을 파괴하라고 명했다. 폭풍의 신, 태양의 신, 아름다움의 여신과 이들의 동료 신 전체가 나서도 울리쿰미를 죽일 수 없었다. 마침내 '지혜의 신'인 에아Ea가 원래 땅과 하늘을 가를 때 썼던 칼을 사용해 괴물의 다리를 자르고 바다로 던져 버렸다. 이 이야기의 몇 가지 요소들이 튀폰의 신화뿐 아니라 알로아다이의 신화에 등장한다. 이들은 비슷하게 빨리 자랐으며, 천상으로 올라가는 사다리로 산을 활용했다(37. b 참고). 카드메이아 사람들Cadmeians이 이런 신화를 소아시아에서 그리스로 가져왔을 가능성이 크다(6. 1 참고).

37
알로아다이

　에피알테스와 오토스는, 이피메데이아가 혼외자로 낳은 아들들이다. 트리옵스의 딸인 이피메데이아는 포세이돈과 사랑에 빠져, 해변에 쪼그리고 앉아 손으로 바닷물을 떠올려 자기 무릎에 붓고는 했다. 그렇게 그녀는 아이를 갖게 됐다. 에피알테스와 오토스는 함께 알로아다이로 불린다. 어머니가 곧이어 알로에우스와 결혼했기 때문이다. 이때 알로에우스는 아버지 헬리오스의 도움으로 보이오티아 아소피아의 왕이 돼 있었다. 알로아다이는 매년 옆으로 한 큐빗[1]씩, 위로는 한 길씩 자랐다. 아홉 살이 됐을 때, 옆으로 아홉 큐빗[약 450센티미터]에 위로 아홉 길의 거인이 됐고, 올림포스 신들에게 전쟁을 선포했다. 에피알테스는 헤라를 범하겠다고 스튁스 강에 맹세했고, 오토스도 아르테미스를 범하겠다고 맹세했다.[1]

　b. 처음에는 전쟁의 신 아레스를 잡아야 한다고 결정하고, 이들은 트라케로 갔다. 아레스의 무기를 빼앗고 그를 묶어, 놋쇠 통에 넣어 가두었다. 그러고는 통을 그들의 계모인 에리보이아의 집에 숨겼다. 이피메데이아는

---

1) 큐빗cubit: 고대 그리스의 길이 단위로 팔꿈치에서 가운뎃손가락까지의 거리를 이른다. 약 50센티미터.

이미 죽고 없었다. 이제 그들의 올림포스 포위 공격이 시작됐다. 옷사 산 위에 펠리온 산을 얹어 공격을 위한 고지를 만들었고, 바닷물이 넘칠 때까지 산을 계속 바다로 던지겠다고 위협했다. 이렇게 되면 낮은 지대는 물에 잠길 것이 뻔했다. 이들의 끝없는 자신감은 신과 인간 누구도 자기들을 죽일 수 없을 것이라는 예언에서 왔다.

c. 아폴론의 충고에 따라, 아르테미스는 알로아다이에게 전갈을 보냈다. 포위를 풀면 자신이 낙소스 섬에 가서 그들을 만날 것이며, 거기서 오토스의 품에 안기겠다고 했다. 오토스는 뛸 듯이 기뻐했지만, 에피알테스는 헤라한테서 이런 전갈을 받지 못해 질투에 빠졌다. 이들은 낙소스 섬에 함께 갔는데, 거기서 그만 잔혹한 다툼이 폭발하고 말았다. 에피알테스는 자신이 형이니까 먼저 아르테미스와 즐겨야 한다고, 그렇지 않으면 항복을 받아들일 수 없다고 고집했다. 둘의 말다툼은 격렬해졌다. 아르테미스가 하얀 암사슴으로 변신하자 둘은 각자 투창을 들었고, 그녀에게 창을 던져 자신이 더 뛰어난 명사수임을 증명하려 했다. 아르테미스는 바람처럼 빠르게 이들 사이를 스쳐 달렸고, 알로아다이는 창을 날렸다. 하지만 둘이 던진 창은 아르테미스 대신 한쪽을 꿰뚫었고, 또 반대쪽도 꿰뚫었다. 이렇게 둘은 갑자기 죽었고, 예언은 지켜졌다. 어떤 사람이나 신들도 이들을 죽일 수 없다고 했던 예언 말이다. 그들의 주검은 보이오티아 안테돈에 묻혔다. 그러나 낙소스 섬 주민들은 지금도 이들을 영웅으로 기린다. 보이오티아 아스크라를 건설했으며 인간 가운데 처음으로 헬리콘 산의 무사이를 숭배했다고 이들의 행적을 기념한다.[2]

d. 이렇게 올림포스의 포위는 풀렸고, 헤르메스는 아레스를 찾아 나섰다. 에리보이아한테 그를 풀어 주라 명했다. 아레스는 놋쇠 통에서 나왔지만, 반쯤 죽은 상태였다. 반면, 타르타로스로 내려간 알로아다이의 영혼은

살아 있는 독사로 된 밧줄로 기둥에 꽁꽁 묶였다. 둘은 서로 등을 맞댄 채 앉아 있는데, 님프 스튁스가 기둥 꼭대기에 무섭게 걸터앉아 있다. 이들이 맹세를 지키지 못했기 때문이다.[3]

1] 아폴로도로스: 『비블리오테카』 1. 7. 4; 파우사니아스: 『그리스 여행기』 2. 3. 8; 핀다로스: 『퓌티아 제전 송가』 4. 88-92.
2] 호메로스: 『오뒷세이아』 11. 305-320; 『일리아스』 5. 385-390; 파우사니아스: 9. 29. 1-2.
3] 아폴로도로스: 1. 7. 4; 휘기누스: 『신화집』 28.

*

1. 이 신화는 '기간테스의 반란'의 또 다른 대중적 판본이다(35. b 참고). 에피알테스Ephialtes라는 이름과 올륌포스 공격, 헤라 위협, 천하무적의 예언 등이 양쪽 판본에 똑같이 나온다. 에피알테스와 오토스Otus는 '생식기를 강하게 하는 여자'가 낳은 '타작마당의 아들들'이다. 이들은 '세 가지 얼굴', 다시 말해 헤카테의 손자이며, 야성의 무사 여신들의 숭배자이다. 그리고 이들은 악령, 즉 잠자는 여인을 짓눌러 숨이 막히게 하고 범한다는 난잡한 악몽을 의인화한 것이다. 브리튼 전설 속 악몽의 신과 마찬가지로, 이들은 아홉이라는 숫자와 관련이 있다. 신화는 디오도로스 시켈로스가 기록한 희미한 역사적 일화(5. 50 ff.)와 겹치면서 혼동을 일으킨다. 그의 기록을 보면, 텟살리아 사람인 알로에우스Aloeus는 아들들을 보내 트라케인들로부터 어머니 이피메데이아Iphimedeia와 누이 판크라티스Pancratis('모든 힘')를 찾아오도록 했다. 트라케 쪽에서 모녀를 낙소스 섬으로 끌고 갔던 것이다. 아들들은 원정에 성공했지만, 섬의 분할을 두고 다투다가 서로를 죽였다고 한다. 비잔티움의 스테파누스는 텟살리아의 알로에이온Aloeium의 이름이 알로아다이Aloadae로부터 왔다고 기록했지만, 초기 신화학자들은 이들을 보이오티아

사람이라고 생각했다.

2. 쌍둥이가 서로를 죽이는 장면은 하얀 여신의 사랑을 얻기 위한, 신성한 왕과 그의 후계자 사이의 끝없는 경쟁을 떠올리게 한다. 이들도 상대방의 손에 번갈아 죽음을 맞이한다. '타작마당의 아들들'이라 불렸으며 제우스의 번개로 인한 파괴를 벗어났다는 점에서, 이들 형제는 떡갈나무 숭배보다는 곡식 숭배에 연결된다. 이들이 타르타로스에서 받는 벌은, 테세우스와 페이리토오스Peirithous(103. c 참고)와 마찬가지로, 역법과 관련된 고대 상징에서 추론한 것으로 보인다. 거기에는 쌍둥이가 기둥의 양쪽 옆에 서로 등을 맞대는 방향으로, '망각의 의자' 위에 앉아 있었을 것이다. 기둥의 꼭대기에는 '삶 속의 죽음의 여신'이 걸터앉아 있는데, 이 기둥은 신성한 왕의 통치가 끝나고 후계자가 즉위하는 한여름을 표시한다. 이탈리아에서는 이와 동일한 상징이 두 개의 머리를 가진 야누스Janus가 됐다. 그러나 이탈리아의 새해는 1월January에 시작했다. 두 개의 머리를 가진 시리우스가 태양과 함께 떠오르는 때, 즉 7-8월이 아니었다(34. 3 참고).

3. 아레스가 열세 달 동안 갇혀 있었다는 대목은 연결 지점을 찾기 힘든 신화적 파편이다. 생성된 시점도 짐작하기 어렵다. 다만, 텟살리아-보이오티아 연합과 트라케 사이에서 맺어진 1년간의 휴전을 지칭할 가능성은 있다. 펠라스고이족의 1년은 열세 달이었다. 휴전협정에서 양쪽은 전쟁의 상징물을 '헤라 에리보이아Hera Eriboea'의 신전 안에 있는 놋쇠 통에 맡겼을 것이다. 펠리온 산, 옷사 산과 올륌포스 산은 모두 텟살리아 동쪽에 있다. 이들 산은 트라케 반도Thracian Chersonese에서 멀리 보이는데, 아마도 휴전협정으로 끝난 그 전쟁이 바로 여기에서 벌어졌을지 모른다.

38
데우칼리온의 대홍수

'데우칼리온의 대홍수'는 오귀고스의 홍수를 비롯한 다른 홍수와 구분하기 위해 이렇게 부른다. 이는 제우스가 펠라스고스의 아들인 불경한 뤼카온에 분노해 일으킨 홍수다. 뤼카온은 아르카디아를 처음으로 문명화했고, '제우스 뤼카이오스'[1]에 대한 숭배를 시작한 장본인이다. 그러나 한 소년을 제물로 바쳐 제우스의 분노를 샀다. 이에 제우스는 그를 늑대로 변신시키고, 그의 집을 번개로 내리쳤다. 뤼카온이 아들을 22명 두었다는 말도 있고, 50명이라는 얘기도 있다.[1]

b. 뤼카온의 아들들이 범죄를 저질렀다는 소식이 올림포스에 전해지고, 제우스는 가난한 여행자로 변장해 몸소 이들을 방문했다. 그들은 뻔뻔하게도 내장 수프를 제우스에게 내놓았다. 양과 염소의 내장에 형제인 뉙티모스의 창자를 섞어 넣은 것이었다. 제우스는 속지 않았고, 혐오스러운 만찬이 펼쳐지던 탁자를 쓸어버렸다. 그곳은 그 뒤부터 트라페주스라고 불렀다.

---

1) 제우스의 별칭으로, '늑대 같은'이라는 뜻이다.

제우스는 이들 모두를 늑대로 변신시키고, 뉙티모스는 다시 살려냈다.²⁾

c. 제우스는 올림포스로 돌아오면서 역겨움에 지상에 거대한 홍수가 일어나게 했다. 인간 종족을 모두 쓸어버릴 의도였다. 그러나 [텟살리아 지역] 프티아의 왕 데우칼리온은 카우카소스²⁾에 있는 아버지인 티탄 신족 프로메테우스를 방문했다가 그로부터 미리 경고를 받았다. 이에 데우칼리온은 방주를 만들고 먹을거리를 채웠으며, 에피메테우스의 딸인 아내 퓌르라와 함께 배에 올랐다. 남풍의 신이 찾아오고, 비가 내리기 시작했다. 강물은 으르렁거리면서 바다로 흘러갔다. 바다는 엄청난 속도로 불어나더니 해안과 평원의 모든 도시를 쓸어버렸다. 이윽고 몇몇 산봉우리를 빼고는 온 세상이 물에 잠겼다. 데우칼리온과 퓌르라를 빼고, 죽을 운명의 모든 생명체가 지상에서 사라졌다. 방주는 아흐레 동안 물 위를 떠다녔고, 마침내 물이 빠지면서 파르낫소스 산에 닿았다. 어떤 이는 아이트나 산이나 아토스 산, 텟살리아의 오트뤼스 산이라고 전한다. 데우칼리온은 탐사를 위해 날려 보낸 비둘기 덕분에 안도의 한숨을 쉬었다는 얘기가 전해진다.³⁾

d. 안전하게 상륙한 다음, 이들은 피난자의 수호자인 '아버지 제우스'에게 제물을 바쳤다. 이어 기도를 하려 케핏소스 강가에 있는 테미스의 전당으로 내려갔다. 거기 지붕에는 아직도 해초가 드리워져 있었고, 제단은 불이 꺼져 차가웠다. 이들은 겸손하게 인류는 새로 태어나야 한다고 간청했다. 제우스는 멀리서 이들의 목소리를 듣고, 헤르메스를 보내 그들에게 무엇을 요청하든 당장 이루어질 것이라고 전했다. 테미스 여신은 몸소 나타나 이렇게 말했다. "너희들은 얼굴을 가리고 어머니의 뼈를 뒤로 던지거

---

2) 카우카소스Caucasus: 카스피 해와 흑해 사이에 있는 산맥으로, 아시아와 유럽의 경계를 이룬다. 프로메테우스가 인간에게 불을 전해주고 유배가 있던 곳이다. '캅사스'라고도 한다. 그리스 신화에 멀리 떨어진 고난의 땅의 느낌으로 간혹 등장한다. 영어식 독법은 '코카서스'.

라!" 데우칼리온과 퓌르라는 서로 어머니가 다르고 둘 모두 지금은 저 세상 사람이기에, 티탄 여신은 '어머니 대지'를 지칭한 것이라고 결론 내렸다. '어머니의 뼈'란 강기슭에 있는 돌멩이일 것이라 생각했다. 이에 이들은 얼굴을 가리고 웅크려 돌멩이를 집어 들고 어깨너머로 던졌다. 데우칼리온이 던진 돌멩이는 남자가 됐고, 퓌르라 쪽은 여자가 됐다. 이렇게 인류는 다시 태어났다. 그 이후로 많은 언어에서 '인간(라오스laos)'과 '돌(라아스laas)'은 단어가 아주 비슷해졌다.4]

e. 데우칼리온과 퓌르라만 이번 대홍수에서 살아남은 건 아니었다. 제우스의 아들인 메가로스는 두루미의 울음소리에 잠에서 깨어, 두루미가 하라는 대로 게라니아 산의 꼭대기로 갔다. 거기는 끝내 홍수에 잠기지 않았다. 홍수를 피한 또 한 사람은 펠리온의 케람보스이다. 님프들이 그를 투구풍뎅이로 바꿨고, 그는 파르낫소스 산 정상까지 날아갔다.5]

f. 비슷하게, 파르낫소스 도시 주민들도 늑대들의 긴 울음소리에 깨어나 그들을 따라 산꼭대기로 올라갔다. 이 도시는 포세이돈의 아들로 점술을 발명한 파르낫소스가 건설했다. 주민들은 새로 건설한 도시에 늑대를 따라 뤼코레아라는 이름을 붙였다.6]

g. 조만간 홍수는 별 도움이 되지 않는다는 게 드러났다. 파르낫소스 사람들 일부가 아르카디아로 이주해, 뤼카온의 혐오스러운 짓을 다시 시작했기 때문이다. 오늘날까지도 소년을 '제우스 뤼카이오스Lycaean Zeus'에게 제물로 바치고, 제물의 창자를 다른 것들과 섞어 끓인 뒤 시냇가에서 양치기 무리에 대접한다. 소년의 창자를 먹은 양치기는 (제비뽑기로 뽑는데) 늑대처럼 길게 울었으며, 떡갈나무에 옷을 벗어 걸어두고 시내를 헤엄쳐 건너가 늑대인간werewolf이 된다. 그는 8년 동안 늑대 떼 속에서 지냈는데, 그동안 사람을 잡아먹지 않았다면 마지막에 사람으로 돌아오고, 시내를 헤엄쳐 건

너와 자기 옷을 되찾아 입는다. 그리 멀지 않은 과거, 다마르코스라는 이름의 남부 아르카디아 파라시아 사람은 늑대들과 8년을 함께 지낸 다음 인간 모습을 되찾았고, 연습을 열심히 해서 10년째 되는 해에 올륌피아 제전의 권투 경기에서 우승했다.[7]

h. 이번 데우칼리온은 크레테의 아리아드네와 남매 사이이며, '오졸리아의 로크리스'의 왕인 오레스테우스의 아버지이다. 오레스테우스가 살던 시기에, 하얀 암캐가 막대기를 낳았다. 오레스테우스는 이를 땅에 심었는데 자라나 포도나무가 됐다. 데우칼리온의 다른 아들인 암픽튀온은 디오뉘소스를 잘 대접했고, 처음으로 포도주에 물을 섞어 마셨다. 그러나 그의 장남이며 가장 유명한 아들은 역시 모든 그리스인의 아버지인 헬렌이다.[8]

1] 아폴로도로스: 『비블리오테카』 3. 8. 1; 파우사니아스: 『그리스 여행기』 8. 2. 1; 게르마니쿠스 카이사르의 『아라테아』 89에 대한 고전 주석자; 오비디우스: 『변신 이야기』 1. 230 ff.

2] 아폴로도로스: 같은 곳; 체체스: 『뤼코프론에 관하여』 481; 파우사니아스: 8. 3. 1; 오비디우스: 『변신 이야기』: 1. 230 ff.

3] 오비디우스: 같은 책 1. 317; 에우리피데스의 『오레스테스』 1095에 대한 고전 주석자; 휘기누스: 『신화집』 153; 베르길리우스의 『시선』 6. 41에 대한 세르비우스; 핀다로스의 『올륌피아 제전 송가』 9. 42에 대한 고전 주석자; 플루타르코스: 『어느 동물이 더 재주가 좋은가?』 13.

4] 아폴로도로스: 1. 7. 2; 오비디우스: 『변신 이야기』: 1. 260-415.

5] 파우사니아스: 1. 40. 1; 오비디우스: 『변신 이야기』: 7. 352-356.

6] 파우사니아스: 10. 6. 1-2.

7] 파우사니아스: 8. 2. 3과 6. 8. 2; 플리니우스: 『자연 탐구』 8. 34; 플라톤: 『국가』 8권 565d.

8] 파우사니아스: 10. 38. 1; 호메로스에 대한 에우스타티오스[에우스타티오스의 『호메로스에 관하여』를 지칭하는 듯하다]: 1815; 아폴로도로스: 1. 7. 2.

*

1. 제우스와 소년의 창자 이야기는 신화라기보다는 교훈적 일화이다. 고대 아르카디아의 식인 관행에 대해 그리스의 더 문명화된 지역에서 느꼈던

혐오감을 표현한 것이다. 이는 당시에도 제우스의 이름으로 계속 이어지고 있었으며, "야만적이고 비정상적인"이라고 평했다(플루타르코스: 「펠로피다스의 생애」). 뤼카온Lycaon과 동시대 사람인 아테나이의 케크롭스(25. d 참고)는 짐승 제물조차 삼가면서 보리 빵만 바쳐 대조적이었다. 책의 저자는 제우스가 결코 동의한 적이 없다고 했지만, 뤼카온의 종교 의식은 늑대 떼에 인간 왕을 보내, 더는 양 떼와 소 떼를 해치지 않게 하려는 의도로 진행한 것으로 보인다. '뤼카이오스Lycaeus'는 '암늑대의'를 뜻하지만, '빛의'라는 뜻도 가지고 있다('빛의'라는 뜻은 모두 lykaios가 아니라 lykeios과 관련됨). 뤼카온 신화에 번개가 등장한다는 점에서, 아르카디아의 제우스는 애초 비를 내리게 하는 신성한 왕으로 시작했음을 알 수 있다. 그 왕은 신적인 암늑대, 즉 달의 여신을 섬겼으며, 늑대 떼는 그 달을 향해 길게 울었다.

2. 태음월로 100개월 또는 태양년으로 여덟 해인 '커다란 한 해Great Year'는 절반씩 똑같이 나눠 신성한 왕과 그 후계자에게 돌아갔다. 뤼카온의 아들 50명은, 신성한 왕의 통치 기간에 한 달에 한 명씩일 것인데, 내장 수프를 먹었을 터이다. 22라는 숫자는 뤼카온의 후손이라고 주장하면서 내장 먹기 잔치에 참여해야 하는 집안이 22곳에 이르렀다는 사정에서 나온 것일 수 있다. 그러나 아마도 22개의 5년 주기 루스트라lustra[3]를 지칭할 가능성이 더 크다. 이는 또 다른 순환인 110년 주기 순환을 이루는데, 이 기간 동안 특정 여사제 집단이 대를 이어 승계하면서 통치했다.

3. '데우칼리온Deucalion의 대홍수' 신화는 헬라스인들이 아시아에 가져온 것으로 보인다. 기독교 성경의 노아의 전설과 유래가 동일하다. 노아의 포도주 발명은 유대인 교훈담의 주제였고, 이는 카시트족Kassite과 셈족 정복자

---

3) 루스트라lustra: 5년 단위를 이르는 표현이다. 단수는 lustrum이다.

가 가나안 사람들을 노예로 삼은 일을 정당화하는 과정에서 부수적으로 나온 것이다. 그러나 데우칼리온이 포도주를 발명했다는 주장을 그리스인들은 인정하지 않았다. 그들에게는 디오뉘소스가 있었기 때문이다. 그래도 데우칼리온은 아리아드네와 남매 사이로 묘사됐는데, 아리아드네는 디오뉘소스를 통해 여러 포도나무 숭배 부족의 어머니가 돼 있었다(27. 8 참고). 그의 이름도 '새 포도주의 뱃사람'이란 뜻이다(데우칼리온은 데우코스deucos와 할리에우스halieus에서 왔다). 데우칼리온 신화는 기원전 3000년 무렵의 메소포타미아 홍수를 기록한 것이다. 그리고 바빌로니아, 시리아, 팔레스타인에서 가을에 열린 새해 잔치에 대한 기록이기도 하다. 사람들은 잔치를 열어 파르나피슈팀Parnapishtim에서 달콤한 새 포도주가 쏟아져 나오는 것을 기념하면서 이를 방주 제작자들에게 바쳤다. (바빌로니아의 『길가메시 서사시』를 보면) 그와 그의 가족은 방주를 타고 여신 이슈타르Ishtar가 보낸 대홍수에서 살아남았다. 방주는 달의 배(123. 5 참고)였으며,[4] 잔치는 겨울비를 기원하는 수단으로 추분에 가장 가까운 초승달 뜨는 날에 열렸다. 이슈타르는 그리스 신화에서 퓌르라Pyrrha라고 불렀다. 이는 푸레사티Puresati(블레셋 사람들Philistines)의 여신-어머니 이름이다. 그런데, 푸레사티는 소아시아 동남부 킬리키아Cilicia를 거쳐 기원전 1200년경 팔레스타인에 도착한 크레테 사람들을 일컫는다. 그리스에서 퓌르라pyrrha는 '불타듯 붉은'을 뜻하며, 지금도 와인에 쓰는 형용사이다.

4. '수메르 대홍수' 전설의 주인공은 베롯소스[5]가 기록한 크시수트로스Xisuthros이다. 크시수트로스의 방주는 아라라트Ararat 산에 도착했다. 이들 모

---

4) 여기에는 관련 내용이 없다. 오기로 보인다.
5) 베로소스Berossus: 기원전 3세기에 활동한 바빌로니아의 작가.

든 방주는 아카시아나무로 지었는데, [이집트의] 이시스도 이 나무로 오시리스의 주검을 싣는 배를 만들었다.

5. 성난 신이 대홍수를 일으켜 인간의 사악함을 벌한다는 신화는, 후기 그리스인들이 포이니케 또는 유대인들한테서 빌려온 것으로 보인다. 그러나 데우칼리온이 상륙했다고 전해지는 그리스, 트라케, 시칠리아에 있는 산들의 목록이 서로 다르다는 점은 고대 대홍수 신화가 후기의 북부 그리스 홍수 전설 위에 겹쳐졌음을 암시한다. 가장 오래된 그리스 판본에는, 테미스 여신이 제우스의 동의를 먼저 받지도 않고 인류를 새로 태어나게 했다. 이에 대홍수는, 바빌로니아와 마찬가지로, 제우스가 아니라 테미스가 일으켰다고 생각했을 가능성이 있다.

6. 돌이 사람으로 바뀐다는 대목은 아마도 헬라스가 동방에서 들여온 또 다른 수입품일 것이다. 세례 요한도 히브리어 단어 바님banim과 아바님abanim을 이용한 말재간에서 비슷한 전설을 언급한 적이 있다. 하느님은 사막의 돌로 아브라함에게 자식들을 내줄 수 있다고 선언했다(「마태복음」 3장 3-9절과 「누가복음」 3장 8절)

7. 하얀 암캐, 즉 달의 여신 헤카테가 데우칼리온의 아들 오레스테우스Orestheus의 통치 기간에 포도나무 줄기를 낳았다는 이야기는 아마 가장 오래된 그리스의 포도주 신화일 것이다. 오레스테우스가 왕으로 있던 지역인 오졸리아의 이름은 '포도나무 새싹'이라는 뜻의 오조이ozoi에서 유래했다고 한다(147. 7 참고). 뤼카온 왕의 사악한 아들 가운데 하나의 이름도 오레스테우스이다. 신화학자들이 내장 수프와 데우칼리온 대홍수의 신화를 서로 억지로 연결하면서 벌어진 일로 보인다.

8. 데우칼리온의 다른 아들인 암픽튀온Amphictyon의 이름은 암픽튀오니스Amphictyonis의 남성형이다. 이 여신의 이름으로 유명한 북부 지역 연합인 '암

픽튀온 연맹Amphictyonic League'이 설립됐다. 스트라본, 칼리마코스, 에우리피데스의 『오레스테스』에 대한 고전 주석자의 기록을 보면, 이 연맹은 아르고스의 아크리시오스Acrisius가 조직했다(73. a 참고). 문명화된 그리스인들은 방종한 트라케 사람들과 달리 물을 타지 않은 포도주를 삼갔다. 동맹의 회원국 회담이 테르모퓔라이Thermopylae 부근 안텔라Antela에서 포도 수확기에 열렸는데, 거기에서는 물을 탄 포도주를 마셔 논쟁 와중에 벌어질 수 있는 유혈사태를 예방했을 터이다.

9. 데우칼리온의 아들 헬렌Hellen은 전체 헬레네스 종족의 조상으로, 헬레네스라는 이름이 그에게서 왔다(43. b 참고). 이름을 보면, 그는 왕의 대리인으로, 헬레Helle나 헬렌Hellen 또는 헬렌Helen, 또는 달의 여신인 셀레네Selene의 여사제 아래 있었다. 파우사니아스(3. 20. 6)를 보면, 처음으로 헬레네스Hellenes라고 불린 부족은 텟살리아에서 왔으며, 거기서는 헬레Helle를 숭배했다(70. 8 참고).

10. 아리스토텔레스(『기상학』 1. 14)는 데우칼리온의 대홍수가 "고대 그리스(그라이키아Graecia), 다시 말해 도도나Dodona와 아켈로오스Achelous 강 언저리에서" 일어났다고 했다. 그라이키graeci는 '노파 신의 숭배자들'을 뜻하며, 짐작건대 도도나의 대지의 여신을 말하는 것 같다. 이곳의 대지의 여신은 그라이아이로서 삼신으로 존재했다(33. d 참고). 아카이아족이 비정상적인 폭우에 목초지가 물에 잠겨 어쩔 수 없이 펠로폰네소스 반도를 침략했다고 하는 견해도 있다. 헬레 숭배(62. 3; 70. 8; 159. 1 참고)가 그라이아이 숭배를 몰아낸 것 같다.

11. 투구풍뎅이는 하下이집트에서 불사의 표상이었다. 나일 강의 범람에서 살아남기 때문이다. 오시리스라고 자임하는 파라오는 투구풍뎅이 모양의 태양 배에 올라탔으며, 투구풍뎅이를 제식에 사용하는 일은 팔레스타인,

에게 해, 에트루리아, 발레아레스 제도Balearic Islands까지 번져갔다. 안토니노스 리베랄리스[6]도 니칸드로스[7]를 인용하면서 케람보스Cerambus 또는 테람보스Terambus의 신화를 언급했다.

<hr />

6) 안토니노스 리베랄리스Antoninus Liberalis: 3세기에 활동한 그리스의 문법학자.
7) 니칸드로스Nicander: 기원전 2세기에 활동한 그리스의 시인.

39
아틀라스와 프로메테우스

　인류를 창조한 프로메테우스는 티탄 신족 에우뤼메돈의 아들, 또는 이아
페토스가 님프 클뤼메네와 결합해 얻은 아들이다. 어떤 이는 그를 일곱 티
탄 신족에 집어넣기도 한다. 형제로는 에피메테우스, 아틀라스, 메노이티오
스가 있다.[1]

　b. 형제들 가운데 맏이인 거대한 아틀라스는 모든 바다의 깊이를 알고
있었다. 아프리카와 아시아를 합친 것보다 더 크고 가파른 벼랑의 해안으
로 둘러싸인 왕국을 다스렸다. 그 땅 아틀란티스는 '헤라클레스의 기둥' 너
머에 있으며, 저 멀리 열매가 가득 열리는 섬들이 사슬처럼 이어져 가로막
고 있어 우리 대륙과 단절돼 있다. 아틀라스의 백성들은 중앙의 거대한 평
원에 수로를 파고 곡식을 심었다. 바다 쪽 일부를 빼고는 주위를 빠짐없이
에워싼 언덕에서 내려오는 물이 평원을 적셨다. 이들은 궁전, 목욕탕, 경주
장, 커다란 항구를 지었고, 신전을 모셨다. 전쟁도 벌였는데, 서쪽으로 다른
대륙까지 나아갔을 뿐 아니라 동쪽으로는 이집트와 이탈리아에 이르렀다.
이집트인들은 아틀라스가 포세이돈의 아들이며, 그의 쌍둥이 형제 다섯 쌍
이 모두 모여 기둥 꼭대기에 제물로 바친 황소의 피에 걸고 형제의 우애를

맹세했다고 했다. 처음에 이들은 지극히 덕이 높았으며, 불굴의 인내심으로 금과 은이 가져다주는 엄청난 부의 짐을 견뎌냈다. 그러나 언젠가부터 탐욕과 잔혹함이 이들을 사로잡았고, 아테나이인들이 제우스의 허락 아래 남들 도움 없이 이들에게 패배를 안기고 그들의 패권을 끝장냈다. 동시에 신들은 대홍수를 일으켜 하루 밤낮 동안 아틀란티스 전역이 물에 잠기게 했다. 이에 항구와 신전은 진흙더미에 파묻혔고, 바다는 배가 다닐 수 없게 됐다.[2]

c. 아틀라스와 메노이티오스는 이 재앙에서 탈출한 다음, 크로노스와 티탄 신족이 올륌포스 신들과 벌인 전쟁에 동참했다. 제우스는 이 전쟁에서 메노이티오스를 벼락으로 죽여 타르타로스로 내려 보냈다. 그러나 아틀라스는 살려주는 대신 영원히 하늘을 어깨에 짊어지라는 선고를 내렸다.[3]

d. 아틀라스는 플레이아데스, 휘아데스, 헤스페리데스를 자식으로 두었다. 전쟁 이후로 하늘을 계속 짊어지고 있었는데, 헤라클레스가 그를 잠시 쉬게 한 적이 한 번 있다. 어떤 이는 페르세우스가 고르곤의 머리를 보여 줘 그가 돌로 변해 아틀라스 산이 됐다고 한다. 그러나 이는 페르세우스가 헤라클레스의 먼 조상이라는 점을 잊고서 하는 말이다.[4]

e. 프로메테우스는 아틀라스보다 현명하기에 크로노스에 대한 반란의 결과를 예견하고 제우스의 편에서 싸우려 했다. 에피메테우스한테도 그렇게 하자고 설득했다. 그는 진정으로 자기 종족 가운데 가장 현명한 데다, 제우스의 머리에서 태어나는 것을 도와준 아테나 여신한테서 건축과 천문학, 수학, 항해술, 의약, 야금술을 비롯해 여러 유용한 기술을 배웠다. 프로메테우스는 이렇게 배운 것을 고스란히 인류에게 전해 주었다. 제우스가 인류 전체를 없애기로 결심했을 때도, 프로메테우스의 간곡한 요청에 그냥 넘어갔다. 그러나 제우스는 인간들의 힘과 재능이 점차 커가자 더 성이 났다.[5]

f. 어느 날 시퀴온에서 말다툼이 벌어졌다. 제물로 바친 황소의 어느 부분을 신에게 바쳐야 하고, 어느 부분을 인간의 몫으로 남겨둬야 하는지를 둘러싼 논쟁이었다. 프로메테우스는 중재자가 되어 달라는 초대를 받았다. 그는 황소의 가죽을 벗기고 해체한 다음, 그 가죽을 꿰매 주둥이가 달린 주머니를 두 개 만들어 방금 자른 것을 채워 넣었다. 한쪽 주머니에는 살코기를 모두 담았지만 그 위에 소의 위장을 덮어 밑에 감췄다. 위장은 어떤 짐승이라도 제일 손이 덜 가는 부위다. 다른 쪽 주머니에는 뼈를 넣었는데, 역시 두툼한 지방층 밑에 숨겼다. 프로메테우스는 둘 가운데 하나를 선택하라고 했고, 제우스는 쉽게 속아 뼈와 지방만 들어 있는 주머니를 골랐다. (이는 지금도 여전히 신들의 몫이다). 제우스는 등 뒤에서 웃고 있던 프로메테우스에게 인류한테 불을 주지 못하게 함으로써 응징했다. "그놈들이 자기 살코기를 날것으로 먹게 하라!" 제우스는 소리 질렀다.[6]

g. 프로메테우스는 즉시 아테나에게 가서 남몰래 올륌포스에 들어갈 수 있게 해달라고 간청했다. 아테나는 청을 들어주었다. 프로메테우스는 도착하자마자 불타는 태양의 전차로 횃불을 밝히고, 곧장 거기에서 발갛게 타는 숯 조각을 깨뜨려 떼어냈다. 그는 이를 커다란 회향fennel 줄기의 가운데 빈 곳에 담았다. 프로메테우스는 횃불을 끈 뒤 몰래 빠져나왔고, 마침내 인류에게 불을 전해 주었다.[7]

h. 제우스는 징벌을 맹세했다. 헤파이스토스에게 명해 진흙으로 여자를 만들게 했고, 사방의 바람 신들에게 거기에 생명을 불어넣게 했다. 올륌포스의 모든 여신이 그녀를 꾸미게 했다. 이 여자가 피조물 가운데 가장 아름다운 판도라다. 제우스는 그녀를 헤르메스의 호위 아래 에피메테우스에게 선물로 보냈다. 그러나 에피메테우스는 제우스한테서 어떤 선물도 받지 말라는 경고를 이미 형으로부터 들었기에 공손하게 사양했다. 이에 제우스는

더욱 화가 났고, 프로메테우스를 벌거벗겨 카우카소스 산맥의 기둥에 사슬로 묶어 버렸다. 여기에 탐욕스러운 독수리가 해가 뜨고 질 때까지 그의 간을 파먹었다. 해를 거듭해도 고통은 끝나지 않았다. 밤마다 그의 간이 다시 회복되었기 때문이다. (물론, 밤에도 그는 잔혹한 서리와 추위에 시달려야 했다.)

i. 제우스는 자신이 앙심을 품어 보복했다는 점을 인정하고 싶지 않아, 이런 야만적 행동의 핑계로 거짓말을 퍼뜨렸다. 아테나가 몰래 사랑을 나누려 프로메테우스를 올림포스로 불러들였다는 것이다.

j. 에피메테우스는 형이 당한 일을 보고 놀라 서둘러 판도라와 결혼했다. 제우스는 판도라를 아름다운 겉모습만큼이나 바보스럽고 말썽을 피우고 게으르게 만들었다. 그런 여인을 한 줄로 세우면 길게 이어질 텐데, 판도라가 그 처음인 셈이다. 머지않아 판도라는 항아리를 하나 열었다. 프로메테우스가 에피메테우스에게 열지 말라고 경고했던 항아리였다. 앞서 그는 고생고생 해가며 인류를 괴롭힐 수 있는 모든 재앙을 그 안에 가뒀다. 늙음, 노고, 병마, 광기, 악덕, 격정 따위가 들어 있었다. 판도라가 뚜껑을 열자 이런 것들이 한꺼번에 쏟아져 나왔고, 에피메테우스와 판도라의 온몸을 찔러 댔다. 그리고 인간들을 공격했다. 그런데 프로메테우스가 함께 항아리에 가뒀던 '거짓 희망Delusive Hope'이, 거짓말의 힘으로 인간들이 한꺼번에 자살하는 것을 막았다.[8]

1] 에우스타티오스: 『호메로스에 관하여』 987; 헤시오도스: 『신들의 계보』 507 ff.; 아폴로도로스: 『비블리오테카』 1. 2. 3.
2] 플라톤: 『티마이오스』 24e-25d와 『크리티아스』 112e-120d.
3] 호메로스: 『오뒷세이아』 1. 52-54; 헤시오도스: 같은 곳; 휘기누스: 『신화집』 150.
4] 디오도로스 시켈로스: 『역사총서』 4. 27; 아폴로도로스: 2. 5. 11; 오비디우스: 『변신 이야기』 4. 630.
5] 아이스퀼로스: 『사슬에 묶인 프로메테우스』 218, 252, 445 ff., 478 ff., 228-236.
6] 헤시오도스: 『신들의 계보』 521-564; 루키아노스: 『신들의 대화』 1과 『카우카소스의 프로메테우스』 3.
7] 베르길리우스의 『시선』 6. 42에 대한 세르비우스.

8) 헤시오도스: 『일과 날』 42-105와 『신들의 계보』 565-619; 아폴로니오스 로디오스의 2. 1249에 대한 고전 주석자.

*

1. 후기 신화학자들은 아틀라스Atlas를 북서 아프리카에 있는 아틀라스 산을 단순히 의인화한 것이라 이해했다. 그 산의 꼭대기는 하늘을 떠받치고 있는 것처럼 보였다. 그러나 호메로스는 아틀라스가 그 위에 올라가 창공을 떠받치고 있는 기둥은 멀리 대서양에 있다고 봤다. 헤로도토스는 나중에 아틀라스를 기려 그 바다 이름을 대서양Atlantic Ocean으로 지었다. 아틀라스는 아마도 한 주의 둘째 날의 티탄 신으로 처음 등장했을 것이다. 지상의 물에서 창공의 물을 갈라낸 신이었다. 그리스에 내리는 비는 대부분 대서양 쪽에서, 특히 별이 된 아틀라스의 딸들, 즉 휘아데스 성단이 태양과 함께 떠오르는 곳에서 온다. 아틀라스의 집이 서쪽에 있는 것도 일부는 이 때문이다. 헤라클레스가 그의 어깨에서 하늘을 넘겨받은 것은 두 가지 의미가 있다(133. 3-4와 123. 4 참고).

2. 이집트의 아틀란티스 전설은 대서양 해안을 따라 지브롤터에서 스코틀랜드 북서부 헤브리디스 제도까지, 그리고 서아프리카 요루바족 사이에서 지금도 민담으로 전해진다. 그런데 이는 단순히 공상으로 치부할 수 없으며 기원전 3000년 무렵부터 내려온 것으로 보인다. 플라톤의 판본에는, 솔론Solon이 [이집트] 델타의 사이스Saïs에서 친구인 리비아 사제들한테서 들었다는 이야기가 나온다. 거기에는 아테나이가 선두에 선 헬레네스 동맹이 어떻게 미노스 문명의 크레테인들을 패퇴시켰는지 하는 설명이 포함돼 있다(98. 1 참고). 당시 크레테인들은 이집트와 이탈리아까지 영향력을 확장하고 있었다. 그뿐 아니라 그 이야기에는 케프티우Keftiu('바다 사람들', 크레테인

들과 그 연맹을 뜻한다)가 파로스Pharos 섬에 건설한 거대한 항구(27. 7과 169. 6 참고)가 어떻게 몇 길이나 되는 물속에 가라앉았는지 나온다. 이는 아마도 해저 지진의 결과일 터인데, 잠수부들이 최근에 그 흔적을 다시 찾아냈다. 이 항구는 외부 및 내부 정박지로 구성돼 있으며, 둘을 합해 약 250에이커, 약 1,011제곱미터 규모나 된다(가스통 종데Gaston Jondet, 『고대 파로스 섬의 잠긴 항구Les Ports submergés de l'ancienne le de Pharos』, 1916). 이렇게 아틀란티스가 파로스 섬을 말하는 것이라면, 아틀라스를 가끔씩 이아페토스Japetus의 아들이라 하는 것도 설명된다. 이아페토스는 구약성서 「창세기」의 야벳Japhet이기 때문인데, 유대인들은 야벳을 노아의 아들이자 '바다 사람들 동맹'의 선조라고 여겼다. 아틀라스를 간혹 그리스 뱃사람들의 후원자인 포세이돈의 아들이라고 한 것도 같은 맥락이다. 노아는 데우칼리온Deucalion이다(38. c 참고). 그리스 신화에서는 이아페토스가 데우칼리온의 할아버지로 나오지만, 노아가 가나안 부족에게 그들의 이름을 준 조상이었다는 것이 중요하다. 가나안 부족은 그리스에 아틀란티스 전설이 아니라 메소포타미아의 대홍수 전설을 전해 주었다. 플라톤의 설명에 나오는 몇 가지 세부 사항을 통해, 그가 다른 나라가 아니라 크레테인들을 묘사하고 있음을 확실히 알 수 있다. 기둥에 황소를 제물로 바치고, 아틀라스의 궁전에 냉수와 온수가 따로 나왔다는 대목이 이에 해당한다. 아틀라스와 마찬가지로, 크레테인들은 "모든 바다의 깊이를 알고 있었다". 디오도로스의 기록을 보면(5. 3), 그리스 지역 대부분이 커다란 홍수로 파괴되면서 아테나이인들은 자신들이 이집트에 사이스라는 도시를 건설했다는 사실을 잊어버렸다고 한다. 파로스 섬의 항구가 물에 잠긴 뒤 아테나이인들이 사이스 도시와 맺고 있던 종교적 연결이 끊어지면서 이렇게 이야기가 뒤죽박죽된 것으로 보인다. 사이스 도시에서는 리뷔에 여신 네이트Neith를 숭배했다. 그녀는 아테나 또는 [카르타고의 여신] 타니트Tanit와 다르지 않다.

3. 플라톤의 이야기는 아틀란티스에 엄청나게 많은 코끼리가 있었다는 대목에서 혼란을 준다. 이는 파로스 섬을 통해 그리스 쪽으로 상아 수입이 아주 많았음을 언급한 것일 수 있지만, 아마도 오래된 전설에서 가져왔을 것으로 보인다. 비록 플라톤의 영향으로 자연스럽게 대중의 관심은 대서양에 집중됐지만, 아틀란티스 민담에서 그 소재지는 수많은 논란의 주제였다. 최근까지 '대서양 중앙해령'을 아틀란티스의 흔적이라고 생각했다. (이는 아이슬란드에서 [포르투갈 앞] 아조레스Azores 군도까지, 그다음 남동쪽으로 굽어 [아프리카 서부] 어센션Ascension 섬과 [희망봉 서쪽] 트리스탄다쿠냐Tristan da Cunha 제도까지 이어진다.) 그러나 해양학 탐사 결과, 꼭대기를 제외하고는 모든 바닷속 산마루들은 모두 최소 600만 년 동안 물에 잠겨 있었던 것으로 확인됐다. 대서양에서 중간에 사라진 것으로 알려진 큰 유인도는 한 곳뿐이다. 지금은 잉글랜드와 덴마크 사이 도거 뱅크Dogger Bank라고 부르는 대지臺地가 그곳이다. 그러나 대구잡이 그물에 걸려 올라온 뼈와 도구를 보면, 그런 재앙은 구석기 시대에 벌어진 것임을 알 수 있다. 이 섬이 사라졌다는 소식이 유럽으로 전해지려면, 생존자들이 그 넓고 거친 바다를 표류하면서 건너와야 하는데, 그 가능성은 무척 낮아 보인다. 그쪽보다 리비아 출신의 고도로 문명화된 신석기 시대 이주민이 다른 재앙의 기억을 대서양 연안에 전했을 가능성이 훨씬 더 높다. 이들은 보통 통로형 무덤의 건설자로 알려져 있다.

4. 이들은 농경 부족이었고, 기원전 2000년 무렵 그레이트 브리튼 섬까지 들어왔다. 이들은 튀니스Tunis와 모로코Morcco를 거쳐 서쪽으로 나아갔으며, 이어 북쪽으로 방향을 틀어 포르투갈과 그 너머로 갔다. 그러나 이들이 대규모 이주에 나선 이유는 아직 제대로 규명되지 않았다. 웨일스의 아틀란티스 전설이라 할 수 있는 '사라진 디페드 왕국' 이야기는 (이 왕국이 웨

일스 앞바다인 카디건 만Cardigan Bay에 있었다고 하지만 이는 불가능한데) 거친 바다가 바다의 벽을 무너뜨리고 16개의 도시를 파괴했다고 전한다. 아일랜드의 히 브라질Hy Brasil, 브르타뉴Bretagne의 이스Ys 시, 콘월Cornwall의 리오네스Lyonesse 땅(이는 콘월과 시칠리아 섬 사이에 있었다고 하는데, 역시 불가능한 얘기다), 프랑스의 베르트 섬le Verte['녹색 섬'], 포르투갈의 베르지 섬Ilha Verde[역시 '녹색 섬'] 등이 모두 이런 전설의 변형이다. 그런데, 만약 이집트 사제들이 솔론에게 재앙은 서쪽 끝Far West에서 일어났으며 그 생존자들은 '헤라클레스의 기둥 Pillars of Heracles 너머로' 갔다고 전해 주었다면, 아틀란티스가 어디인지 쉽게 특정할 수 있다.

5. 디오도로스 시켈로스는 아틀란티스 사람들의 나라가 [리비아의 지중해 연안에 있었다는 전설의 호수] 트리토니스Tritonis 너머 서쪽에서 가장 문명화된 곳이라 언급했다(131. m 참고). 헤로도토스가 후에 서술한 가모장제 부족이었던 리비아의 아마조네스족은 그들한테서 케르네Cerne 시를 빼앗았다. 디오도로스의 전설은 고고학적으로 시점을 특정할 수 없지만, 그는 그것이 리비아의 에게 해 및 트라케 침략 이전이라고 했다. 이 침략은 기원전 3000년 이후에는 일어날 수 없는 일이었다. 만약 아틀란티스가 '서부 리비아'였다면, 그것이 사라지게 한 것은 두세 가지 경우밖에 없다. 하나는 유명한 '메소포타미아와 오귀고스의 대홍수Mesopotamian and Ogygian Floods'를 일으킨 것과 같은 기록적인 폭우(38. 3-5 참고)였을 수 있고, 다른 하나는 북서쪽에서 불어오는 강풍과 함께 닥친 큰 물결일 수 있다. 이런 큰 물결은 실제 12-13세기에 네덜란드의 많은 부분을 쓸어버렸고 그 결과 네덜란드 북부 조이데르 해가 생겼다.[1] 아틀란티스는 실제로 트리토니스 호수 형성 당시

---

1) [원저자 주] 이 기사가 작성된 뒤에도, 역사의 재앙은 계속 되풀이되고 있다.

물에 잠겼을지도 모른다(8. a 참고). 이 호수는 한때 리비아 저지대의 수천 제곱킬로미터를 뒤덮고 있었던 것으로 보이며, 아마도 북쪽으로 시르테 만 서편에 이르렀을 것이다. 스퀼락스[2]는 여기를 '트리토니스 만'이라고 불렀으며, 위험한 암초가 많고 여러 섬이 사슬처럼 연결돼 있었을 것으로 보인다. 참고로, 지금은 이곳에 제르바Jerba와 케르켄나 열도Kerkennahs만이 물 밖으로 고개를 내밀고 있다.

6. 디오도로스는 트리토니스 호수의 중앙에 섬이 하나 남아 있다고 언급했는데(131.1 참고), 이는 아마도 사하라 사막의 참바 부 루바Chaamba Bou Rouba였을 것이다. 디오도로스는 아마조네스와 아틀란티스에 대해 설명하면서 이런 대재앙을 염두에 두면서 이렇게 썼다(3. 55). "지진의 결과로, 바다 쪽으로 튀어나온 리비아의 일부가 트리토니스 호수를 집어삼켜 사라지게 했다는 말이 있다." 그가 살던 당시까지 트리토니스 호수가 존재했다는 점에서, 그가 실제로 들은 말은 아마도 다음과 같았을 것이다. "서부 지중해에서 일어난 지진의 결과로 바다가 리비아의 일부를 집어삼켰고, 트리토니스 호수가 만들어졌다." 조이데르 해와 보이오티아 중앙의 코파이스Copais 호수는 지금은 매립돼 흔적만 있다. 스퀼락스는 그리스 고전기에 트리토니스 호수가 1,500제곱킬로미터에 걸쳐 있다고 했지만, 지금은 소금 습지로 줄어들어 알제리 북동부 멜거 호수Chott Melghir와 튀니지 남부 제리드 호수Chott el Jerid만 남아 있다. 만약 이것이 아틀란티스였다면, 땅에서 쫓겨난 농부들 가운데 일부는 서쪽 모로코로, 다른 일부는 남쪽 사하라 사막 건너로, 나머지는 동쪽 이집트와 그 너머로 내몰리면서 자기들 이야기를 널리 퍼뜨렸을 것이다. 물론 일부는 호숫가에 남았을 것이지만 말이다. 플라톤의 코끼리는

---

2) 스퀼락스Scylax; 기원전 5세기에 활동한 그리스의 지리학자.

아마 이 지역에서도 발견되었을 것이며, 그곳에 대해 바다에 친숙하지 않은 이집트인들은 풍문으로만 전해 들었다.

7. 열 명이나 되는 포세이돈의 쌍둥이 아들들이 아틀라스에 대한 충성을 맹세했다고 하는데, 이들은 크레테와 동맹을 맺은 '케프티우' 왕국의 파로스 섬의 대표자들이었을 터이다. 뮈케나이 시대에는 이중 통치가 일반적인 규칙이었다. 스파르테의 카스토르Castor와 폴뤼데우케스Polydeuces, 멧세니아의 이다스Idas와 륑케우스Lynceus, 아르고스의 프로이토스Proetus와 아크리시오스Acrisius, 티륀스Tiryns의 헤라클레스와 이피클레스Iphicles, 테바이의 에테오클레스Eteocles와 폴뤼네이케스Polyneices 등이 그 사례이다. 포세이돈의 아들이 탐욕과 잔혹함을 보였다고 하는데, 이는 크놋소스의 함락 다음일 것이다. 그때는 상업적 질서가 붕괴하고 상거래는 해적질로 바뀌었다.

8. 프로메테우스의 이름은 '사전 숙고fore thought'를 뜻한다고 하지만, 이는 산스크리트어 프라만타pramantha를 그리스에서 잘못 해석한 데서 비롯된 것 같다. 프라만타는 만卍 자를 말하며, 때로 프로메테우스가 발명했다고 하는 부싯막대를 뜻하기도 한다. 이탈리아 남부 고대 도시인 투리이Thurii에서 '제우스 프로메테우스'는 부싯막대를 들고 있는 모습으로 그려졌다. 프로메테우스는 인도-유럽 지역의 민속 영웅으로 [소아시아 서남부] 카리아Caria의 영웅인 팔라메데스Palamedes와 혼동을 일으켰다. 그도 (여신의 북돋움을 받아) 모든 문명의 기술을 만들어 전달했다. 바빌로니아의 에아Ea 신과도 혼동을 일으켰다. 에아 신은 킨구Kingu(크로노스와 비슷)의 피로 훌륭한 인간을 창조했다고 한다. 그러는 동안 어머니 여신 아루루Aruru는 진흙으로 열등한 인간을 만들었다. 산스크리트 서사시『바가바타 푸라나Bhagavata Purana』에 나오는 프라만투Pramanthu와 만투Manthu 형제는 프로메테우스와 에피메테우스('뒤늦은 생각after thought')의 원형일 수 있다. 비록 데모폰Demophon과 퓔리스Phyllis

의 이야기에 바탕을 두고 있지만(167. j 참고), 헤시오도스가 전하는 프로메테우스, 에피메테우스, 판도라 이야기는 순수한 신화가 아니라 반여성주의 우화인데, 아마도 자기가 발명했을 것이다. 판도라('모두 주는')는 대지의 여신 레아였고, 이 이름으로 아테나이와 다른 곳에서 숭배를 받았다(아리스토파네스: 『새』 971; 필로스트라토스, 『튀아나의 아폴로니오스의 생애』 6. 39). 염세적인 헤시오도스는 인간의 죽을 운명과 모든 삶의 고통이 판도라 때문이며, 아내들의 바보 같고 꼴사나운 행동도 판도라 때문이라고 비난했다. 황소 제물을 신과 인간 사이에 나눴다는 그의 이야기도 똑같이 비신화적이다. 즉 프로메테우스가 벌을 받는 이유와 이례적으로 짐승의 넓적다리뼈와 기름 덩이만 떼어내 신들에게 제물로 바치는 이유를 설명하기 위해 발명한 익살스러운 일화일 뿐이다. 「창세기」에도 넓적다리뼈가 성스러운 것이라 했는데, 천사가 씨름 시합에서 야곱의 다리를 절게 만들었던 일을 근거로 든다. 판도라의 항아리(상자가 아니다)에는 원래 날개 달린 영혼이 들어 있었다.

9. 그리스의 섬 주민들은 지금도 커다란 회향풀의 가운데 빈 부분에 불을 담아 옮긴다. 프로메테우스가 카우카소스 산맥에서 사슬에 묶였다는 대목은 헬레네스 부족들이 카스피 해에서 그리스로 이주할 때 가져온 전설로 보인다. 산꼭대기 위에 서리를 뒤집어 쓴 거인이 누워 있고, 그 주변에 독수리 떼가 둘러싸고 있다는 전설이 있었다.

10. 아테나이인들은 자기네 여신이 프로메테우스를 연인으로 삼았다는 이야기를 애써 부인했다. 이에 거기에서는 그를 헤파이스토스와 동일시했을 가능성이 있다. 헤파이스토스는 또 다른 불의 신이자 발명가였고, 아크로폴리스에서 아테나와 함께 신전을 공유하고 있었기 때문이다. 무엇보다 헤파이스토스와 관련해 같은 이야기가 이미 존재하고 있었다(25. b 참고).

11. 메노이티오스('무너진 힘')는 떡갈나무 숭배의 신성한 왕이다. 이 이

름은 아마도 그에 대한 의례적 불구 만들기를 지칭하는 것 같다(7. 1과 50. 2 참고).

12. 오른쪽으로 꺾인 십자 표지[swastika [만卐 자]는 태양을 상징하고, 왼쪽으로 꺾인 것[卍 모양]은 달을 상징한다. 리비요 베르베르Libyo-Berber의 후손인 서아프리카의 아칸족에서는, 지금도 이것은 세 모습 여신 응가메N'Game를 상징한다(이 책 서문의 끝 부분 참고).

40
에오스

밤이 끝날 무렵이면 언제나, 장밋빛 손가락에 샤프란 색 옷을 입은 에오스가 동쪽에 있는 자신의 침상에서 일어난다. 그리고 람포스와 파에톤이라는 말이 끄는 전차에 타고 올륌포스에 올라, 자신의 오라비 헬리오스가 오고 있다고 알린다. 에오스는 티탄 신족 휘페리온과 테이아의 딸이다. 헬리오스가 나타나면 그녀는 헤메라가 되어, 오라비와 여정을 함께한다. 이윽고 헤스페라로서 서쪽 끝 큰 바다의 해안에 자신들이 안전하게 도착했음을 세상에 알린다.1]

b. 언젠가 아레스가 에오스의 침대에서 뒹굴었는데, 이를 본 아프로디테가 에오스에게 저주를 내려 끊임없이 젊은 인간 남자를 그리워하도록 만들었다. 이에 에오스는 부끄러워하면서 남몰래 인간 남자를 차례로 유혹하기 시작했다. 첫 상대는 오리온이었고, 다음은 케팔로스였으며, 이어 멜람푸스의 손자인 클레이토스를 유혹했다. 그런데 에오스는 이미 티탄 신족인 아스트라이오스와 결혼해 북풍, 서풍, 남풍의 신뿐만 아니라 포스포로스를 자식으로 두고 있었다. 어떤 이는 하늘의 다른 모든 별도 이들 둘의 자식이라고 한다.2]

c. 마지막으로, 에오스는 트로스 또는 일로스의 아들들인 가뉘메데스와

티토노스를 납치해 왔다. 제우스가 그녀로부터 가뉘메데스를 빼앗아 가자, 에오스는 대신 티토노스를 불사의 몸으로 만들어 달라고 간청했다. 제우스는 그 청을 들어 주었다. 그러나 에오스는 영원한 젊음도 함께 청해야 한다는 것을 깜빡했다. 예전에 셀레네는 엔뒤미온에게 영원한 젊음이라는 선물을 받아준 적이 있다. 이걸 빠뜨려서 티토노스는 매일 늙어 갔고, 백발이 됐으며, 몸은 쪼그라들고, 목에서는 새된 소리가 났다. 에오스는 그를 돌보는 일에 지쳐 침실에 가둬 버렸다. 결국 티토노스는 거기서 매미가 됐다.[3]

---

1) 호메로스: 『오뒷세이아』 5. 1과 23. 244-246; 테오크리토스: 『전원시』 2. 148.
2) 아폴로도로스: 『비블리오테카』 1. 4. 4; 호메로스: 『오뒷세이아』 15. 250; 헤시오도스: 『신들의 계보』 378-382.
3) 아폴로니오스 로디오스에 대한 고전 주석자: 3. 115; 「호메로스의 아프로디테 찬가」 218-238; 헤시오도스: 『신들의 계보』 984; 아폴로도로스: 3. 12. 4; 호라티우스: 『서정시』 3. 20; 오비디우스: 『로마의 축제들』 1. 461.

*

1. 새벽의 처녀 신은 헬레네스의 공상이었지만, 신화학자들은 마지못해 2세대 티탄 여신으로 받아들였다. 두 마리 말이 끄는 전차를 타고, 태양의 도래를 알리는 일은 신화보다 우화에 가깝다.

2. 에오스가 끊임없이 젊은 인간 남자와 연애를 한다는 것도 역시 우화이다. 연인들은 새벽을 맞아 새롭게 관능적 열정을 되찾고, 남자는 새벽에 가장 많이 흥분에 사로잡힌다. 에오스와 아스트라이오스Astraeus가 짝꿍이 됐다는 우화는 복잡한 게 아니다. 새벽이 오면 별들은 동쪽에서 그 빛을 잃고, 새벽의 바람인 아스트라이오스[1]는 별들이 뿜어져 나오는 것처럼 등장

---

1) 아스트라이오스는 보통 황혼의 신으로 불리는데, 필자는 '새벽의 바람dawn wind'이라고 표현하고 있다.

한다. 바람을 다산을 가져다주는 전령으로 생각했기 때문에, 에오스는 아스트라이오스와 함께 하늘에 홀로 남아 있는 샛별을 낳았다. (아스트라이오스는 케팔로스Cephalus의 또 다른 이름이었다. 케팔로스도 에오스를 통해 샛별을 자식으로 두었다는 이야기가 있다.) 이야기는 철학적으로 이어진다. 개밥바라기는 샛별과 동일하며, 저녁은 새벽의 마지막 모습이므로, 모든 별은 에오스한테서 태어나야 한다는 것이다. 새벽의 바람을 빼고 다른 모든 바람도 마찬가지로 에오스한테서 태어나야 한다. 그러나 이런 우화는 달의 여신인 에우뤼노메Eurynome가 보레아스를 낳았다는 신화와 모순된다(1. 1 참고).

3. 그리스 미술에서, 에오스와 헤메라Hemera는 서로 구분되지 않는 캐릭터이다. 우화 작가는 티토노스Tithonus가 '연장 허가'(테이노teinō와 오네onē에서 왔다)를 뜻한다고 여겼다. 에오스의 간청에 따른 생명 늘려 주기로 본 것이다. 그러나 티토노스는 에오스 자신의 다른 이름인 티토네Titonē의 남성형일 가능성이 더 크다. 이는 '낮'을 뜻하는 티토titō(체체스: 『뤼코프론에 관하여』 941)와 '여왕'을 말하는 오네onē에서 왔다. 그렇다면 티토노스는 '낮의 여왕의 동반자'를 뜻하게 된다. 매미는 낮이 더워지면 곧바로 활동을 시작한다. 황금 매미는 소아시아의 그리스의 식민지에서 태양의 신인 아폴론의 표상이었다.

'새벽'이 '황혼'과 결합해 바람의 신들을 낳았다는 신화는, 우리 입장에서는 이해가 쉽지 않다. 우리에게 바람은 큰 비(태풍)와 겨울(북풍한설, 봄바람) 정도만 떠올리게 할 뿐이지만, 고대 그리스인들에게 바람은 풍작과 다산을 가져다주는 전령이기도 하다.

41
오리온

오리온은 보이오티아의 도시 휘리아의 사냥꾼으로, 살아 있는 인간 가운데 가장 잘생긴 남자였다. 그는 포세이돈과 에우뤼알레의 아들이다. 어느 날 키오스 섬의 휘리아에 갔을 때, 그는 디오뉘소스의 아들 오이노피온의 딸인 메로페와 사랑에 빠졌다. 오이노피온은 섬에 들끓는 야수를 잡아준다면 딸과 결혼을 허락하겠다고 약속했다. 오리온은 열심히 사냥에 나섰고, 매일 저녁이면 메로페에게 짐승 가죽을 가져다주었다. 마침내 과업을 완수하고 딸을 달라고 하자, 오이노피온은 숲속에 아직도 사자와 곰, 늑대가 돌아다닌다는 소문을 들먹이면서 딸을 주지 않았다. 사실은 그 자신이 딸과 사랑에 빠져 있기 때문이었다.

b. 어느 날 밤, 넌더리가 난 오리온은 오이노피온의 포도주를 잔뜩 마셨다. 포도주는 그의 가슴에 불을 질렀고, 그는 메로페의 침실에 뛰어들어 강제로 범했다. 날이 밝고 이를 알게 된 오이노피온은 자기 아버지 디오뉘소스의 이름을 부르면서 도움을 청했다. 디오뉘소스는 사튀로스를 보냈고, 사튀로스는 오리온이 잠들 때까지 더 많은 포도주를 마시게 부추겼다. 이에 오이노피온은 오리온의 두 눈을 멀게 하고 해변으로 쫓아버렸다. 그런데

눈먼 자가 시력을 되찾을 수 있다는 신탁이 있었다. 동쪽으로 가서, 헬리오스가 처음 큰 바다에서 떠오르는 지점에 서서 눈을 그쪽으로 향하면 된다고 했다. 오리온은 즉시 작은 배를 타고 노를 저어 바다로 나아갔고, 퀴클롭스의 망치 소리를 따라 가다가 렘노스 섬에 도착했다. 거기서 그는 헤파이스토스의 대장간에 들어가 케달리온이라는 이름의 도제를 붙잡아 어깨에 강제로 태워 길 안내자로 삼았다. 케달리온은 들과 산을 넘어 오리온을 이끌었고 마침내 동쪽 끝 큰 바다에 이르렀다. 거기서 에오스는 그와 사랑에 빠졌고, 오라비 헬리오스는 당연히 그의 시력을 되찾아 주었다.

c. 에오스 신과 함께 델로스 섬을 방문한 다음, 오리온은 오이노피온에게 복수하기 위해 키오스 섬으로 돌아갔지만 어디에서도 그를 찾을 수 없었다. 헤파이스토스가 만들어 준 지하 방에 숨어 있었기 때문이다. 오이노피온이 자기 할아버지 미노스 왕의 보호를 받으러 갔을지 모른다고 생각한 오리온은 크레테 섬까지 배를 타고 갔다. 오리온은 거기에서 자신과 똑같이 사냥을 좋아하는 아르테미스를 만났다. 아르테미스는 그에게 복수는 잊고 대신 자기와 함께 사냥을 다니자고 설득했다.[1]

d. 그런데 오리온과 에오스가 신성한 델로스 섬에 머물 때, 오리온은 자기 침실로 오라는 에오스의 초대를 거절하지 않았다. 새벽의 여신은 이런 무분별한 행동을 잊지 않고 있어 지금까지도 매일 얼굴을 붉힌다. 더구나 오리온은 자기가 온 세상의 야수와 괴물들을 모두 없애버릴 것이라고 떠벌렸다. 아폴론은 오리온의 이런 처신을 알고 있었고, 무엇보다 누이 아르테미스가 에오스처럼 될까 두려웠다. 이에 아폴론은 '어머니 대지'를 찾아가, 오리온이 떠벌린 것을 되풀이해 비난했다. 이렇게 해서 오리온을 추적할 무시무시한 전갈이 풀려났다. 오리온은 처음에는 화살로, 이어 칼을 뽑아 휘두르며 전갈을 공격했지만, 인간의 무기로는 그 갑옷을 뚫지 못했다.

오리온은 바다로 뛰어들었고, 에오스가 자신을 지켜줄 것이라는 바람으로 델로스 섬 쪽으로 헤엄을 쳤다. 아폴론은 이때 아르테미스에게 큰소리로 알렸다. "저기 멀리 오르튀기아 섬 가까이, 바다에서 까닥거리는 검은 물체가 보이느냐? 칸다온이라고 하는 악당이다. 그놈이 조금 전에 너의 휘페르보레아 무녀인 오피스를 유혹했다. 그놈을 화살로 꿰어야 한다!" 칸다온은 오리온의 보이오티아 별명이지만, 아르테미스는 이를 몰랐다. 여신은 주의를 집중해 겨냥하여 화살을 날렸다. 화살 맞은 사냥감을 찾아 가져온 다음에야, 아르테미스는 자신이 오리온의 머리를 꿰뚫었다는 사실을 알게 됐다. 그녀는 너무나 슬퍼 아폴론의 아들인 아스클레피오스에게 오리온을 되살려 달라고 간청했다. 의술의 신은 그러겠다고 했지만, 일을 끝마치기 전에 제우스의 벼락을 맞고 죽고 말았다. 아르테미스는 오리온의 모습을 별들 사이에 그려 넣었는데,[1] 전갈 별자리는 이를 영원히 뒤쫓는다. 그의 혼령은 이미 '아스포델 평원'으로 내려가 버려, 그 이상은 할 게 없었다.

e. 하지만 어떤 이는 전갈이 오리온을 찔러 죽였다고 전한다. 아르테미스는 오리온이 자신의 처녀 동무인 일곱 플레이아데스 자매를 범하려 했기에 성이 났다고 덧붙인다. 이들 자매는 아틀라스와 플레이오네의 딸들로, 쫓아오는 오리온을 피해 보이오티아 평원을 건너 도망쳤고 신들은 이들을 비둘기로 변신시켰고, 나중에 그 모습을 별들 사이에 그려 넣었다. 그러나 이는 잘못된 설명이다. 플레이아데스는 처녀가 아니기 때문이다. 이들 가운데 셋은 제우스와 관계를 가졌고, 둘은 포세이돈, 하나는 아레스와 함께 누웠다. 그리고 일곱 번째는 코린토스의 시쉬포스와 결혼했다. 일곱 번

---

1) 오리온자리Orion: 겨울철 남쪽 하늘에서 보이는 별자리로, 전체 약 60여 개의 별들을 한데 묶어 부르는 별자리이다. 찌그러진 커다란 'H' 모양이며, 중간에 나란히 빛나는 별 세 개를 오리온의 허리띠라고 한다. 겨울 밤하늘의 왕자로서, 가장 찾기 쉬운 별자리로 꼽힌다.

째는 별자리에 들지도 못했다. 시쉬포스가 신이 아니라 그냥 인간이기 때문이다.[2]

f. 다른 이들은 오리온의 출생과 관련해 아래와 같이 이상한 이야기를 전한다. 이는 (가끔씩 우리온이라 쓰는) 오리온의 이름과 그가 어머니 대지의 아들이라는 전승을 나름대로 설명해 보려는 의도에서 나온 것이다. 꿀벌을 치는 가난한 농부 휘리에우스는 젊어서는 아이를 가지지 않겠다고 서약했고, 이제는 늙어 아이를 가질 수도 없었다. 어느 날 제우스와 헤르메스가 변장하고 그를 방문했다. 신들은 농부한테서 후한 대접을 받고 가장 많이 받고 싶은 선물이 무엇인지 물었다. 농부는 깊이 한숨을 내쉬면서 무척이나 아이를 원하지만 이제는 불가능하다고 답했다. 신들은 황소를 제물로 바치고, 그 가죽에 오줌을 누고 난 다음 이를 아내의 무덤 안에 묻으라고 알려 주었다. 농부는 그렇게 했고, 아홉 달 뒤에 아이가 태어났다. 그래서 아이에게 우리온('오줌 누는 남자')이라 이름 붙였다. 그리고 정말로 오리온 별자리는 뜰 때와 질 때 각각 비를 뿌린다.[3]

1] 호메로스: 『오뒷세이아』 11. 310; 아폴로도로스: 『비블리오테카』 1. 4. 3-4; 파르테니오스: 『에로티카』 20; 루키아노스: 『집에 관하여』 28; 테온: 『아라토스에 관하여』 638; 휘기누스: 『시적 천문학』 2. 34.
2] 아폴로도로스: 같은 곳.
3] 베르길리우스의 『아이네이스』 1. 539에 대한 세르비오스; 오비디우스: 『로마의 축제들』 5. 537 ff.; 휘기누스: 『시적 천문학』 2. 34.

＊

1. 오리온 이야기는 세 가지 혹은 네 가지 서로 무관한 신화가 함께 얽힌 것이다. 어리둥절하게 들릴 수도 있겠지만, 첫 번째는 오이노피온Oenopion 신화다. 이는 임기가 끝났음에도 왕좌에서 물러나지 않으려는 신성한 왕에 관한 신화다. 그는 왕좌에 오를 새로운 후보자가 의례적 전투를 마치고 예

전처럼 잔치를 열어 여왕과 결혼까지 했음에도 여전히 버틴다. 그러나 새로운 왕은 섭정일 뿐이다. 단 하루 동안 통치한 뒤 살해당하고, 마이나데스가 이를 먹어 치운다(30. 1 참고). 예전 왕은 무덤 속에서 죽은 척하고 있다가 여왕과 다시 결혼하고 자신의 통치를 이어간다(123. 4 참고).

2. 퀴클롭스의 망치 소리가 별 상관도 없이 상세하게 나오는 대목은, 오리온의 눈이 멀게 된 이유를 설명한다. 다시 말해, 오뒷세우스Odysseus가 술취한 퀴클롭스의 눈을 지지는 장면(170. d 참고)이 담긴 신화적 그림이 헬레네스의 우화와 결합한 것으로 보인다. 그 우화에서 티탄 신족의 태양신은 매일 저녁 적들에 의해 눈이 멀게 되고, 다음날 새벽의 여신에 의해 시력을 회복한다. 오리온('산 위에 사는 이')은 사실 여기서 휘페리온Hyperion('높은 데 사는 이')과 동일하다. 오리온이 모든 야수를 없애겠다고 떠벌린 것은 의례적 전투(123. 1 참고)를 지칭하는 것뿐만 아니라, 떠오르는 태양에 대한 우화이기도 하다. 태양이 떠오르면 모든 야수는 자기 소굴로 돌아간다(구약성서 「시편」 106장 22절과 비교하라).

3. 플루타르코스는 세트 신이 여름에 제일 뜨거울 때, 이시스와 오시리스의 아들인 '어린아이 호루스Child Horus'를 죽이려 전갈을 보냈다는 신화를 전한다. 이는 오리온이 전갈에 물려 죽고, 아르테미스가 아스클레피오스Asclepius에게 간청하는 대목의 이해를 돕는다(플루타르코스: 『이시스와 오시리스에 관하여』 19). 호루스는 죽지만, 태양의 신 라Ra는 그를 되살려 냈고, 호루스는 나중에 아버지 오시리스의 죽음에 대해 복수한다. 초기 신화에서는 오리온도 되살아났을 터이다. 오리온은 또한 부분적으로 '바빌로니아의 헤라클레스'라고 할 수 있는 길가메시이기도 하다. 길가메시는 「달력의 열 번째 서판 서사시」에서 전갈 인간들의 공격을 받는다. 이 신화는 해가 전갈자리에서 뜰 때 신성한 왕이 입는 치명상에 관한 것이다. 정확히 어느 계절에

부상을 입는지는 신화가 얼마나 오래됐는지에 달려 있다. 황도 12궁이 형성되는 시기라면 전갈자리는 8월의 궁이었을 것이다. 그러나 고전기에는 춘분점 세차의 영향으로 10월에 해당한다.

4. 오리온의 죽음에 대한 또 하나의 판본이 힛타이트의 라스 샴라 서판[2])에 기록돼 있다. 전쟁의 여신 아나트Anat 또는 아나타Anatha는 잘생긴 사냥꾼 아카트Aqhat와 사랑에 빠졌다. 그런데 사냥꾼이 자기 활을 여신에게 주지 않겠다고 거절하자, 여신은 흉포한 야트판Yatpan에게 활을 훔쳐 달라고 부탁했다. 야트판은 서투른 일처리로 사냥꾼을 죽였을 뿐만 아니라 활을 바다에 빠뜨리고 말았다. 이 신화의 천문학적 함의는 오리온자리와 활자리가 매년 봄에 두 달 내내 남쪽 수평선 아래로 가라앉는다는 것이다. 여기서 활자리는 그리스인들이 '개자리'라고 불렀던 것의 일부다. 이 이야기는 그리스에서 주신제를 지내는 아르테미스의 여사제들이 자기네 오르튀기아 섬을 찾아온 호색한 방문자를 죽였다는 전설에 녹아 들어간 것으로 보인다. 오피스Opis는 아르테미스 자신의 별칭이었다. 이집트에서는 오리온 별자리가 돌아오면 여름 더위가 시작되기 때문에, 혼란스럽게도 오리온은 호루스의 적인 세트 신과 동일시됐으며, 별자리 위의 밝은 별 두 개는 그가 타던 당나귀의 귀라고 생각했다.

5. 오리온의 탄생 신화는 아마도 그냥 웃긴 이야기는 아니며, 필레몬Philemon과 바우키스Baucis 신화에 바탕을 둔 것으로 보인다(오비디우스: 『변신 이야기』 8. 670-724). 이는 오리온의 고대 이름인 우리온Urion의 첫 번째 음절에 대해, 마치 우로스ouros, 즉 호메로스 시대의 오로스oros('산')가 아니라 우레인ourein('소변을 보다')에서 온 것처럼 설명하고 있다. 그러나 그리스인들도

---

2) 북부 시리아에서 출토된 쐐기문자 서판. 30장 각주 참고.

원시 아프리카의 비를 부르는 마법에 대해 알고 있었을 것이다. 거기서는 황소 가죽에 오줌을 누면서 마법을 걸었다. 그리고 오리온은 물의 신인 포세이돈의 아들이다. 이것은 그가 비를 가져오는 힘을 가지고 있다는 것을 명백하게 암시한다.

6. 플레이아데스Pleiades의 이름은 어근 플레이plei('항해하다')에서 왔으며, 항해에 좋은 날씨가 다가오는 계절에 이들이 하늘에 나타나는 것과 관계가 있다. 그러나 핀다로스가 말한 펠레이아데스Peleiades('비둘기 떼')가 아마 원래 형태일 것이다. 휘아데스Hyades가 새끼 돼지이기 때문이다. 별무리에서 일곱 번째 별은 기원전 2000년이 끝날 무렵 그 빛을 잃어버린 것 같다(67. j 참고). 휘기누스(『신화집』192)는 엘렉트라Electra가 '다르다노스Dardanus 가문'이 멸망하자 슬픔 속에 모습을 감췄다고 적었다. 오리온이 플레이아데스 자매를 헛되이 뒤쫓았다는 이야기는, 황소 별자리 안에 있는 플레이아데스 자매의 별무리가 오리온 별자리가 다시 나타나기 직전에 수평선 위로 떠오르는 것을 언급한 것이다.

42
헬리오스

헬리오스는, 암소 눈의 에우뤼파잇사라고도 불리는 테이아와 티탄 신족 휘페리온의 자식이다. 그리고 그는 셀레네, 에오스와 남매 사이다. 수탉 울음소리가 그를 깨웠고, 그래서 수탉은 그에게 신성한데, 에오스가 그의 출발을 알리면 헬리오스는 네 마리 말이 끄는 전차를 몰고 매일 하늘을 건너간다. 동쪽 끝에 있는 콜키스 부근의 장대한 궁전을 출발해, 똑같이 장대한 서쪽 끝 궁전까지 간다. 거기서 마구를 풀어 준 그의 말들은 '축복받은 자들의 섬'에서 풀을 뜯는다.[1] 헬리오스는 세상을 휘감고 있는 큰 바다[1)]를 따라 항해해 집으로 돌아온다. 헤파이스토스가 만들어 준 황금 나룻배에 전차와 말들을 싣고 가는데, 그동안 그는 안락한 선실에서 밤새 잠을 잔다.[2]

b. 헬리오스는 지상에서 일어나는 모든 것을 볼 수 있지만, 특별히 관찰력이 좋은 건 아니다. 심지어 오뒷세우스의 부하들이 자신의 신성한 소 떼를 훔쳐가는 것도 눈치채지 못했을 정도다. 헬리오스는 이런 소 떼를 여럿

---

1) 우라노스와 가이아 사이에서 태어났다고도 하는 대양의 신 오케아노스Oceanus를 지칭한다. 필자는 신의 면모를 강조할 때 '오케아노스Oceanus'라고 하고, 보통은 그의 영어 표현인 '오션Ocean[또는 Ocean Stream]'을 사용했는데, 이것은 보통 '큰 바다'로 옮겼다.

갖고 있는데, 각각 350마리씩 무리를 이룬다. 시칠리아 섬에 있는 놈들은 그의 딸 파이투사와 람페티아가 돌보고 있지만, 제일 좋은 소 떼는 스페인의 에뤼테이아 섬에 있다.[3] 로도스 섬은 그의 소유로 누구도 건드릴 수 없다. 이런 일이 있었다. 제우스가 섬과 도시를 여러 신에게 나눠줄 때, 헬리오스를 깜빡했다. 제우스는 말했다. "아이쿠! 전부 새로 시작해야 하겠네."

헬리오스는 공손하게 말을 받았다. "아닙니다, 폐하. 오늘 보니 소아시아 남쪽으로 바다에 새로운 섬이 올라온다는 신호가 있었습니다. 저는 그것으로 충분히 만족합니다."

c. 제우스는 운명의 여신 가운데 하나인 라케시스를 불러 섬이 새로 생기면 헬리오스의 것이 될 것임을 확인하는 증인이 되게 했다.[4] 로도스 섬이 바다 위로 떠오르자, 헬리오스는 이를 달라 해서 얻었고, 거기서 님프 로데를 통해 아들 일곱과 딸 하나를 얻었다. 어떤 이는 로도스 섬은 예전부터 있었으며, 제우스가 보낸 거대한 홍수로 잠겨 있다가 이제야 다시 떠오른 것이라고 말한다. 텔키네스 무리가 거기 로도스에 살고 있었고, 포세이돈은 이들 가운데 하나인 님프 할리아와 사랑에 빠졌다. 그녀를 통해 포세이돈은 님프 로데와 여섯 아들을 얻었다. 여섯 아들이 퀴테라에서 파포스로 가고 있던 아프로디테를 모욕하자, 여신은 이들을 미치광이로 만들어 버렸다. 이들이 자기 어머니를 범하고 이런 역겨운 행각을 이어갔기에, 포세이돈은 결국 이들을 수장해 버렸다. 이들은 동방의 악령이 됐다. 할리아는 바다로 몸을 던졌고, 레우코테아라는 신이 됐다. 코린토스의 멜리케르테스를 자식으로 낳은 이노에 대해서도 같은 이야기가 있기는 하다. 텔키네스는 홍수가 닥쳐올 것이라 예견하고 배를 타고 뤼키아를 비롯해 사방으로 흩어졌다. 로도스 섬에 대한 소유권도 포기했다. 이에 로데는 유일한 상속자로 남았고, 헬리오스와 낳은 일곱 아들이 다시 솟아난 섬을 다스렸다. 이

들은 유명한 천문학자가 됐으며, 유일한 누이인 엘렉트뤼오는 처녀로 죽어 지금 반신반인으로 숭배를 받고 있다. 이들 가운데 하나인 악티스는 동족 살해죄로 추방당해 이집트로 달아났다. 그는 거기서 아버지 헬리오스의 북돋움을 받아 헬리오폴리스 시를 건설하고, 이집트인들에게 처음으로 점성술을 가르쳤다. 로도스 사람들은 헬리오스를 기려 거상을 세웠다. 이는 높이가 70큐빗[약 350미터]이나 됐다. 제우스는 헬리오스의 영토에 시칠리아의 새로 생긴 섬도 더해 주었다. 이는 기간테스와 전쟁을 벌이던 와중에 던졌던 바위였다.

d. 어느 날 아침, 헬리오스는 아들 파에톤의 응석에 지고 말았다. 그동안 파에톤은 태양의 전차를 몰아 보게 해달라고 끊임없이 아버지를 괴롭혔다. 파에톤은 누이 프로테와 클뤼메네에게 자기가 얼마나 멋진 사람인지 보여 주고 싶었다. 그리고 자식을 맹목적으로 사랑하는 어머니 로데도 그에게 용기를 주었다. (로데의 이름은 확실하지 않다. 두 딸의 이름으로 불리는 경우가 많기 때문이다.) 누이들이 파에톤을 위해 멍에를 씌워 주었지만, 그는 질주하는 백마들을 제압할 힘이 없었다. 그는 처음에는 땅에서 너무 높이 전차를 몰아 모두가 추위에 떨어야 했고, 다음에는 너무 가까이 몰아 들판을 그슬렸다. 제우스는 발끈하여 벼락을 던졌고, 그는 죽어 이탈리아 북부 포po 강으로 떨어졌다. 누이들은 슬픔에 겨워 포 강의 기슭에서 포플러나무로 변해 버렸고, 이 나무는 호박 눈물을 흘린다. 어떤 이는 누이들이 오리나무로 변했다고 전한다.[5]

1]「호메로스의 헬리오스 찬가」 2와 9-16; 「호메로스의 아테나 찬가」 13; 헤시오도스: 「신들의 계보」 371-374; 파우사니아스: 「그리스 여행기」 5. 25. 5; 논노스: 「디오뉘소스 이야기」 12. 1; 오비디우스: 「변신 이야기」 2. 1 ff.와 106 ff.; 휘기누스: 「신화집」 183; 아테나이오스: 「현자들의 식탁」 7. 296.

2] 아폴로도로스: 「비블리오테카」 2. 5. 10; 아테나이오스: 11. 39.

3] 호메로스: 『오뒷세이아』 12. 323과 375; 아폴로도로스: 1. 6. 1; 테오크리토스: 『전원시』 25. 130.
4] 핀다로스: 「올림피아 제전 송가」 7. 54 ff.
5] 핀다로스의 「올림피아 제전 송가」 6. 78에 대한 고전 주석자; 체체스: 『킬리아데스』 4. 137; 휘기누스: 『신화집』 52, 152, 154; 에우리피데스: 『힙폴뤼토스』 737; 아폴로니오스 로디오스: 『아르고 호 이야기』 4. 598 ff.; 루키아노스: 『신들의 대화』 25; 오비디우스: 『변신 이야기』 1. 755 ff.; 베르길리우스: 『시선』 6. 62; 디오도로스 시켈로스: 『역사총서』 5. 3; 아폴로도로스: 1. 4. 5.

*

1. 태양의 신을 달의 신 아래에 두는 것은 초기 그리스 신화의 주목할 만한 특징이다. 헬리오스는 심지어 올림포스 신도 아니고 단지 티탄 신의 아들일 뿐이었다. 참고로, 나중에 아폴론이 헬리오스의 자리를 빼앗고, 자신이 지혜의 신이 된 다음에 상황은 바뀐다. 제우스의 경우도 비슷하다. 제우스는 나중에 힛타이트 및 코린토스의 신 테수프Tesup(67. 1 참고), 그리고 다른 동방의 여러 태양신으로부터 태양의 특징을 일부 가져오지만, 이는 천둥과 번개를 다루는 것에 견주면 별로 중요하지 않았다. 헬리오스의 가축에서 350이라는 소 떼의 머릿수는 그가 위대한 여신의 보호 아래 있다는 점을 상기시킨다. 삭망월을 열두 번 꽉 채우고, 누만 역법Numan year[2]에서처럼(켄소리누스: 20) 여기에서 오시리스, 이시스, 세트, 호루스, 네프튀스Nephthys 각각에게 신성한 5일을 빼면, 350일이 나오기 때문이다. 이는 달의 숫자인 50에 7을 곱한 것이기도 하다. 헬리오스의 딸들이라 하는 것도 사실은 달 여신의 여사제들이며, 소는 초기 유럽 신화에서 태양보다는 달과 관련된 짐승이다. 헬리오스의 어머니라고 하는 암소의 눈을 한 에우뤼파잇사Euryphaessa는 달의 여신이다. 참고로, 『오뒷세이아』에는 그를 휘페리

---

2) 로마의 전설적인 2대 왕인 누마 폼필리우스Numa Pompilius를 지칭하는 것으로 보인다. 로물루스에 이어 왕위에 올랐으며, 역법을 개혁해 1년을 12개월로 나누고, 제전일 등을 제정했다고 한다.

온Hyperion이라 했다(170. u 참고). 태양의 전차가 하늘을 가로질러 간다는 우화는 헬레네스적인 성격을 드러낸다. 닐손은『원시적 시간 관념』(1920)에서 씨족의 조상 숭배가 고전기 그리스까지도 오직 달의 운행에 맞춰져 있었다는 점을 보여 주었다. [농경법을 기술한『일과 날』의 저자] 헤시오도스의 보이오티아 농경 사회에서도 그러했다. 티륀스에서 발굴된 금반지와 뮈케나이의 아크로폴리스에서 나온 다른 유물들을 보면, 여신이 자기 머리 위에 있는 달과 태양을 모두 통제하고 있음을 알 수 있다.

2. 파에톤Phaëthon은 헬리오스 자신의 또 다른 이름이기도 하지만(호메로스:『일리아스』11. 735와『오뒷세이아』5. 479), 파에톤 이야기는 전차 알레고리 위에 교훈적 우화가 새로 접목된 경우이다. 아버지라면 여자 말을 듣고 아들의 버릇을 망치진 않아야 한다는 것이다. 그러나 이런 우화는 보기만큼 그렇게 간단한 게 아니다. 이 신화는 왕자를 매년 제물로 바쳤다는 것을 지칭하고 있어 신화적으로 중요하다. 제물 의식은 항성년[3]에 들지 않고 지상에 속한다고 생각한 단 하루, 즉 낮이 가장 짧은 동지 다음날에 거행됐다. 신성한 왕은 그날 해가 지면 죽는 척을 한다. 소년 섭정은 즉시 왕의 호칭과 신하들, 신성한 도구들을 이어받고 여왕과 결혼식도 올린다. 그리고 24시간 뒤 죽임을 당한다. 트라케에서는 말로 변장한 여인들이 갈가리 찢었고(27. d와 130. 1 참고), 코린토스를 비롯한 다른 곳에서는 미친 말이 끄는 태양의 전차의 꼬리에 매달려 끌려 다니다가 죽었다. 그런 다음 곧장 예전의 왕은 숨어 있던 무덤에서 나와(41. 1 참고) 죽은 소년의 후계자가 된다. 글라우코스Glaucus(71. a 참고), 펠롭스Pelops(109. j 참고), 힙폴뤼토스Hippolytus('말

---

3) 항성년恒星年sidereal year: 태양계 밖의 멀리 있는 항성(혹은 별자리)을 기준으로 지구가 공전하는 데 걸리는 시간이다. 회귀년tropical year(또는 태양년solar year)보다 약간 길다.

의 우르르 몰려감', 101. g 참고)의 신화는 하나같이 이런 관습을 말하는 것이다. 이는 힛타이트인들이 바빌론에 가져온 것으로 보인다.

3. 검은 포플러는 헤카테에게 신성하다. 반면 하얀 포플러는 부활을 약속했다(31. 5와 134. f 참고). 이에 파에톤의 누이들이 포플러나무로 변신했다는 대목은, 여사제들이 부족 왕의 신탁소에서 의식을 거행했던 음산한 섬을 가리킨다. 누이들이 오리나무로 변했다는 얘기도 있다는 것이 이런 해석에 더욱 힘을 싣는다. 오리나무는 키르케의 아이아이아 섬Aeaea('울부짖는')을 빙 둘러 자라고 있기 때문이다. 이곳은 [이탈리아 북부] 포 강 입구에서 멀지 않는 아드리아 해의 초입에 있는 음산한 섬이다(호메로스: 『오뒷세이아』 5. 64와 239). 오리나무는 신탁의 영웅이자 불을 발명한 포로네우스Phoroneus에게 신성하다(57. 1 참고). 청동기 시대, 태양신에게 신성한 호박은 발트 해로부터 지중해까지 전해졌고, 포 강의 골짜기는 그 길의 종착점이었다(148. 9 참고).

4. 로도스 섬은 달의 여신 다나에Danaë의 소유였다. 이 여신은 카메이라Cameira, 이알뤼사Ialysa, 린다Linda로 불렸으며(60. 2 참고), 나중에 황소로서 숭배받던 힛타이트의 태양 신 테수프Tesup한테 밀려나 로도스 섬도 넘겨주었다(93. 1 참고). 다나에는 할리아Halia('바다의'), 레우코테아Leucothea('하얀 여신'), 엘렉트뤼오Electryo('호박')와 동일시될 수 있다. 포세이돈의 아들 여섯과 딸 하나, 그리고 헬리오스의 일곱 아들은 행성의 신들, 즉 티탄 신족이 다스리는 7일의 일주일을 가리킨다(1. 3 참고). 악티스Actis는 헬리오폴리스Heliopolis를 건설하지 않았다. 이는 온Onn 또는 아우니스Aunis이며, 이집트에서 가장 오래된 도시 가운데 하나다. 그리고 그가 이집트인들에게 점성술을 가르쳤다는 주장은 터무니없는 소리다. 그래도 트로이아 전쟁 이후, 로도스 사람들은 한동안 파라오가 인정한 유일한 해상 무역상이었다. 여기에 로도스

쪽은 태양신 라Ra 숭배의 중심지인 헬리오폴리스와 종교적 연결 지점이 있었던 것으로 보인다. '헬리오폴리스의 제우스'는 몸통 싸개 위에 일곱 행성의 신들이 그려진 반신상으로, 로도스 섬 쪽의 영향을 강하게 받았을 것이다. 스페인 토르토사Tortosa와 포이니케의 뷔블로스Byblos에서 발굴된 비슷한 조각상도 그러하다(1. 4 참고).

05

신화, 인간과 함께하다

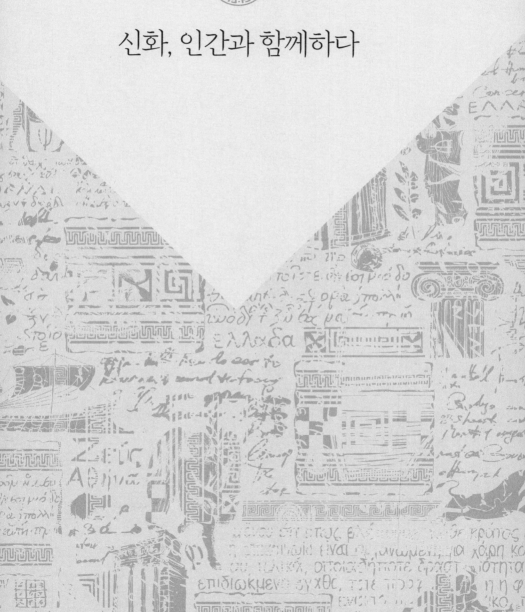

43
헬렌의 아들들

헬렌[1]은 데우칼리온의 아들로 오르세이스와 결혼해 텟살리아에 정착했다. 맏아들 아이올로스가 그 땅을 이어받았다.[1]

b. 헬렌의 막내아들 도로스는 파르낫소스 산으로 이주해, 거기서 최초의 도리에이스족 공동체를 건설했다. 둘째 아들 크수토스는 형제들이 자신을 절도죄로 고소하자 아테나이로 달아나, 거기서 에레크테우스의 딸 크레우사와 결혼했다. 둘은 이온과 아카이오스를 낳았다. 이렇게 해서 헬레네스 나라 가운데 가장 유명한 네 곳, 즉 아이올리스, 이오니아, 아카이아, 도리스 백성들이 모두 헬렌의 후손들이다. 그러나 크수토스는 아테나이에서 제대로 자리를 잡지 못했다. 에레크테우스가 죽고 조정자로 선정되자, 그는 첫째 처남인 케크롭스 2세가 정통 왕위 계승자라고 선언했다. 그러나 이런 결정은 많은 반대에 부닥쳤고, 크수토스는 도시에서 추방당해 지금은 아카이아라 부르는 아이기알로스에서 죽었다.[2]

c. 아이올로스는 케이론의 딸인 예언자 테아를 유혹했다. 그녀를 누구는

---

1) 여자 이름처럼 들리지만 헬렌Hellen은 남자이며, 트로이아 전쟁의 헬레네Helene와 다른 인물이다.

테티스라고 부르며, 아르테미스의 사냥 동무였다. 테아는 자신이 수태했다는 걸 알게 되면 케이론으로부터 큰 벌을 받을 것이라고 두려워했다. 그렇다고 감히 아르테미스에게 도움을 간청하지도 못했다. 그러나 포세이돈은 자기 친구인 아이올로스를 돕고자 임시로 그녀를 에우입페라는 암말로 변신시켰다. 그녀가 망아지 멜라닙페를 낳자, 포세이돈은 이를 여자 아기로 바꿨다. 포세이돈은 테아의 모습을 별들 사이에 그려 넣었는데, 지금은 이를 말자리라고 부른다. 아이올로스는 멜라닙페를 데려다 아르네라는 새로운 이름을 주고, 데스몬테스라는 사람에게 맡겼다. 그는 마침 아이가 없어 기쁜 마음으로 입양했다. 케이론은 이 모든 것을 알지 못했다.

d. 포세이돈은 아르네를 유혹했다. 포세이돈은 그동안 아르네를 계속 지켜보고 있었고, 아르네가 성인이 되자 곧장 그렇게 했다. 데스몬테스는 딸이 아이를 가진 것을 알고, 두 눈을 멀게 하고 빈 무덤에 가둬 버렸다. 그러고는 겨우 목숨을 유지할 만큼의 빵과 물만 넣어 주었다. 거기서 아르네는 쌍둥이 아들을 낳았는데, 데스몬테스는 하인들에게 짐승들이 잡아먹도록 아이들을 펠리온 산에 내다 버리라고 명했다. 하지만 이카리아의 소몰이꾼이 쌍둥이를 발견해 구출했다. 둘 가운데 하나는 외할아버지를 꼭 빼닮아 이름도 아이올로스라고 붙였다. 다른 하나는 보이오토스라는 이름에 만족해야 했다.

e. 그러는 동안, 이카리아의 왕인 메타폰토스는 아이를 낳지 못하는 아내 테아노에게 1년 안에 후손을 낳지 못하면 이혼하겠다고 위협했다. 남편이 신탁소에 가고 없는 사이에 그녀는 소몰이꾼에게 도움을 청했고, 그는 왕비에게 두 업둥이를 데려다 주었다. 메타폰토스가 돌아오자 그녀는 자기가 낳은 아이들이라면서 보여 주었다. 그런데 테아노는 나중에 쌍둥이 아들을 낳아 자신도 아이를 낳을 수 있다는 것을 증명했다. 그러나 업둥이들

은 신의 자식이라 당연히 다른 쌍둥이보다 훨씬 더 훌륭하게 자랐다. 메타폰토스 왕은 아이올로스와 보이오토스를 자기 아들이 아니라고 의심할 이유가 없었기에, 당연히 이들을 더욱 사랑했다. 왕비 테아노는 질투심에 불타올랐다. 그녀는 남편이 다시 집을 비울 때를 노렸다. 이번에는 '아르테미스 메타폰티나'의 성역에서 열리는 희생 제의였다. 그녀는 자기 아들들에게 형들이랑 같이 사냥을 떠나 사고로 위장해 그들을 죽이라고 명했다. 그러나 테아노의 음모는 실패로 끝났다. 이들이 벌인 싸움에서 포세이돈이 자기 아들들을 도왔기 때문이다. 아이올로스와 보이오토스는 공격한 자들의 주검을 궁전으로 가져왔고, 이를 본 테아노는 사냥칼로 스스로 목숨을 끊었다.

f. 이렇게 되자, 아이올로스와 보이오토스는 달아나 양아버지인 소몰이꾼에게 갔다. 거기서 포세이돈은 몸소 이들에게 실제 부모가 누구인지 알려 주면서, 이들에게 데스몬테스를 죽이고 어머니를 구출하라고 명했다. 아르네는 아직도 무덤 속에서 고통을 겪고 있던 것이다. 이들은 한 치의 주저함도 없이 명을 따랐다. 포세이돈은 이에 아르네의 시력을 돌려주었다. 아르네와 두 아들은 이카리아로 갔다. 메타폰토스 왕은 테아노가 자신을 속였다는 사실을 알게 됐고, 아르네와 결혼하고 정식으로 그녀의 아들들을 자신의 후계자로 입양했다.[3]

g. 모든 일이 몇 년 동안 잘 흘러갔다. 하지만 메타폰토스가 아르네를 버리고 재혼을 결심하면서 상황은 달라졌다. 아이올로스와 보이오토스는 오랜 다툼에서 어머니 편을 들었고, 결국 새로운 왕비 아우톨뤼테를 죽이고 말았다. 모든 것을 버리고 달아나야 했다. 보이오토스는 아르네와 함께 할아버지인 아이올로스의 궁전에서 새로운 안식처를 얻었다. 할아버지는 손자에게 자기 왕국의 남쪽을 떼어주고, 그곳에 아르네라는 새 이름을 붙였

다. 그곳의 주민들은 지금도 보이오티아 사람이라 부른다. 텟살리아의 도시 두 곳도 아르네의 이름을 가져다 붙였으며, 나중에 한 곳은 카이로네이아가 됐다.[4]

h. 아이올로스는 그러는 동안 많은 친구와 함께 항해를 이어갔다. 서쪽으로 나아갔고, 시칠리아 부근 튀레니아 해에 있는 일곱 개의 에올리에 제도[아에올리아 제도Aeolian Islands]를 손에 넣었다. 거기에서 그는 신들의 믿을 만한 친구이자 바람의 관리자로 유명해졌다. 그의 집은 리파라에 있었다. 이는 떠다니는 섬으로, 깎아지른 듯한 절벽이 있어 그 안에 바람들을 가둬두었다. 그는 아내 에나레테와 함께 여섯 아들과 여섯 딸을 두었다. 자식들은 놋쇠로 된 벽으로 둘러싸인 궁전에서 모두 함께 살았고, 서로 사이가 아주 좋았다. 잔치와 노래, 왁자지껄한 웃음이 영원할 것처럼 이어졌다. 그러나 어느 날 아이올로스는 막내아들 마카레오스가 누이 카나케와 함께 눕는다는 것을 알게 됐다. 이에 경악한 그는 근친상간 사랑의 열매를 개떼에게 던져 주고, 카나케에게 스스로 목숨을 끊도록 칼을 보냈다. 그런데 아이올로스는 모든 아들과 딸들이 인간의 근친상간으로 신들이 불쾌해한다는 경고를 이제껏 들어본 적이 없었다는 것을 알게 됐다. 더구나 이들은 이미 아무런 죄책감 없이 서로 짝을 지었고, 서로를 남편과 아내로 생각하고 있었다. 근친상간을 올륌포스 신들의 특권이라 생각하는 제우스의 분노를 사지 않으려, 아이올로스는 자식들을 서로 떼어내고 남은 아들 가운데 넷은 다른 곳으로 이주하도록 명했다. 이들은 이탈리아와 시칠리아에 도착해 각자 유명한 왕국을 건설했으며, 모두가 우아함과 정의로움에 있어 아버지에 견줄 만했다. 유일하게 장남만 집에 남아 리파라 섬의 왕좌를 이어받을 아이올로스의 후계자가 됐다. 그러나 누구는 마카레오스와 카나케는 암핏사라는 딸을 낳았고, 그녀는 나중에 아폴론 신의 사랑을 받았다고 전한다.[5]

i. 제우스는 바람을 그냥 내버려두면 언젠가 대지와 바다를 공중으로 쓸어 날려버릴까 걱정했다. 이에 제우스는 여러 바람을 가둬 두었고, 헤라의 원대로 아이올로스에게 관리를 맡겼다. 아이올로스의 임무는 여러 바람이 하나씩 밖으로 나오게 하는 것이다. 나오는 차례는 그의 자유재량이었으며, 몇몇 올륌포스 신들의 요청에도 신중하게 따랐다. 폭풍이 필요하면, 그는 절벽 면에 창을 꽂아서 구멍을 만들고, 거기를 통해 바람이 새어나오게 했다. 아이올로스는 무척이나 신중하고 유능해, 그에게 죽음의 시간이 찾아왔음에도 제우스는 그를 타르타로스로 보내지 않고 '바람의 동굴' 안에 있는 왕좌에 앉혔다. 아이올로스는 지금도 거기 있다. 헤라는 그가 책무를 다한 만큼 신들의 잔치에 동참해도 된다고 주장했지만, 다른 올륌포스 신들은 이를 허락하지 않았다. 특히 포세이돈은 바다와 그 위의 공기를 제 것이라 생각해 폭풍을 일으킬 권리를 다른 사람에게 주지 않으려 했다.[6]

1] 아폴로도로스: 『비블리오테카』 1. 7. 3.
2] 헤로도토스: 『역사』 1. 56; 파우사니아스: 『그리스 여행기』 7. 1. 2.
3] 휘기누스: 『신화집』 186; 『시적 천문학』 2. 18.
4] 디오도로스 시켈로스: 『역사총서』 4. 67. 6; 파우사니아스: 9. 40. 3.
5] 오비디우스: 『헤로이데스』 11; 호메로스: 『오뒷세이아』 10. 1 ff.; 휘기누스: 『신화집』 238; 플루타르코스: 『영웅전』 28; 디오도로스 시켈로스: 5. 8; 파우사니아스: 10. 38. 2.
6] 호메로스: 『오뒷세이아』 같은 곳; 베르길리우스: 『아이네이스』 1. 142-145.

*

1. 가부장제의 헬레네스patriarchal Hellenes가 그리스를 침략할 때 이오니아족과 아이올리스족은 최초의 두 물결이었다. 이들은 이미 거기 살고 있던 헬라스인들Hellads의 영향을 받아들여 세 모습 여신을 숭배하고 그에 맞춰 사회적 관습도 바꿨다. 그 결과 그리스인(그라이코이graikoi, '백발의 여신, 즉 노파 신의 숭배자들')이 됐다. 나중에 아카이아족과 도리에이스족은 가부장제 법

규와 부계 상속제를 설정하는 데 성공했다. 그래서 이들 두 부족은 아카이오스Achaeus와 도로스Dorus를 공동 조상인 헬렌의 1세대 아들들이라 묘사했다. 그런데 헬렌Hellen의 이름은 달의 여신 헬레Helle 또는 헬렌Helen의 남성형 명사다. 「파로스 섬 연대기Parian Chronicle」를 보면, 이렇게 그리스에서 헬레네스로 변화한 것은 기원전 1521년에 일어났다. 충분히 합리적인 연대 추정이다. 아이올로스Aeolus와 이온Ion은 당시 2세대로 밀려나면서 도둑질하는 크수토스Xuthus의 아들들이라 했다. 아이올리스족과 이오니아족이 주신제를 여는 달의 여신 아프로디테에게 몰두하고 있어, 이런 식으로 이들을 비난한 것이다. 아프로디테의 신성한 새는 크수토스xuthos('참새')였다. 이 여신의 여사제들은 여자는 아버지와 남편의 소유물이라는 가부장제적 시각에 전혀 관심이 없었다. 에우리피데스는 아테나이에 살지만 충성스러운 이오니아족이었기에 이온을 아카이오스Achaeus와 도로스의 손위 형이라 묘사했다. 심지어 아폴론 신의 아들이라고도 했다.[2]

2. 포세이돈의 멜라닙페Melanippe 유혹, 그의 암말 머리를 한 데메테르 유혹(16. f 참고), 아이올로스의 에우입페Euippe 유혹은 모두 같은 사건을 지칭하는 것으로 보인다. 아이올리스족이 헬레네스 도래 이전 선주민의 말 숭배 중심지를 점령한 사건 말이다. 아르네Arne가 눈이 멀고 무덤에 갇히고, 거기서 아이올로스와 보이오토스Boeotus를 낳았으며, 쌍둥이를 야수들이 들끓는 산에 버렸다는 신화는 당시 익숙했던 도상에서 유추한 것으로 보인다. 도상은 다나에Danaë(73. 4 참고)와 안티오페Antiope(76. a 참고)를 비롯해 비슷한 여러 신화를 표현하는 것이었다. '어머니 대지'를 모시는 여사제 하나가 톨

---

2) 그리스 신화를 보면, 가끔 가계도를 살펴야 할 때가 있다. 아마도 '헬렌과 그 자식들'이 가계도가 가장 많이 필요한 대목이 아닐까 한다. 특히 두 명의 아이올로스가 동시에 등장해 약간 혼란스럽기도 하다. 가계도를 보면서, 네 부족의 지리적 위치를 지도에서 찾아보는 것도 입체적 이해에 도움이 될 것이다.

로스tholus 무덤[3) 안에서 웅크리고 앉아 새해의 쌍둥이를 양치기들에게 주고 있는 광경인데, 비밀 의식의 일부를 표현한 것이다. 톨로스 무덤은 재탄생을 약속하는 것처럼 언제나 동쪽으로 문을 냈다. 이들 양치기는 산비탈에서 버려진 아이를 발견했으며 아이는 신성한 동물의 젖을 빨고 있었다고 보고하라는 사전 지시를 받았다. 이때 신성한 동물은 암소나 암돼지, 암염소, 암캐, 암늑대 등을 말한다. 어떤 야수들이 쌍둥이의 목숨을 구했느냐는 대목은 새로 태어난 신성한 왕이 계절에 따라 어떻게 변신할지 보여 준다 (30. 1 참고).

3. 바람을 가둬둔 일과 리파라Lipara에서 벌어진 근친상간을 빼면, 이번 신화의 나머지는 모두 부족 이주에 관한 것이다. 신화학자들은 여러 아이올로스를 완전히 혼동했다. 하나는 헬렌의 [맏]아들이고, 다른 하나는 아이올리스족을 3세대 그리스인으로 만들기 위해 크수토스의 아들이라고 했다. 세 번째 아이올로스는 첫째의 손자이다.

4. 호메로스 시대의 신들은 아이올로스의 아들과 딸들이 벌인 근친상간에 대해 조금도 비난받을 일이라고 여기지 않았다. 이에 그와 에나레테Enarete는 친인척의 엄숙한 질서에 묶여 있는 인간이 아니라, 마치 티탄 신족처럼 보인다. 여기에 이들의 아들과 딸들은 여섯 쌍이 되는데, 하늘의 일곱 천체와 신성한 한 주의 일곱 날을 담당하는 것처럼 보인다(1. d 참고). 이렇게 본다면, 이들이 물 위에 떠다니는 섬에 있는 난공불락의 궁전에서 아무런 걱정 없이 먹고 마시고 입었다는 것, 다시 말해 신과 같은 존재였다는 게 해명이 된다. 참고로, 델로스 섬도 아폴론이 태어나기 전에 떠다니는 섬

---

3) 톨로스tholos를 말하는 것으로 보인다. 고대의 원형 건축물로, 특히 뮈케나이 문명에서 천정이 둥근 지하 납골당을 지칭한다.

이었다(14. 3 참고). '[막내아들의 이름] 마카레오스Macareus'는 '행복한'을 뜻하는데, 오직 신들만이 행복했다. 이제 로마의 신화학자들이 짐을 떠안게 됐다. 아이올로스를 사람으로 만들어야 했고, 그를 일깨워 자식들의 행동을 심각하게 바라보게 해야 했다. 신화를 이렇게 수정하면서, 새롭게 두 가지 설명이 가능해졌다. 어떻게 아이올리스 왕국이 이탈리아와 시칠리아에 세워졌는지, 그리고 왜 이탈리아 관습에는 강아지를 희생 제물로 바치는지 설명할 수 있게 된 것이다. '카나케Canache'는 '개 짖는'을 뜻하며, 그녀의 아기는 개떼에게 던져진 것이다. 오비디우스는 이 이야기를 소스트라투스의 『에트루리아 역사』의 2권에서 가져왔을 것이 틀림없다(플루타르코스: 『영웅전』 28).

5. 바람은 원래 헤라의 소유물이었으며, 남신은 바람에 대해 아무런 힘도 발휘할 수 없었다. 실제 디오도로스의 설명을 보면, 아이올로스는 단순히 섬 주민들에게 항해에서 돛을 사용하는 방법을 가르쳤고, 불 속에서 기미를 포착해 어떤 바람이 불어올지 예언했을 뿐이다. 바람을 죽은 이들의 정령이라 생각했기에, 이를 통제하는 일은 죽음 여신의 대리인들이 반드시 지키려 하는 특권 가운데 하나이다. 잉글랜드, 스코틀랜드, 브르타뉴의 마녀들은 16-17세기까지도 바람을 통제하며 이를 선원들에게 팔았다. 그러나 도리에이스족은 빈틈없이 꼼꼼했다. 그들은 호메로스의 시대가 되기 전에 이미 아이올리스족 이름의 기원이 된 시조 아이올로스를 작은 신의 경지까지 올리고, 헤라를 제치고 그에게 바람을 통제하는 임무를 맡겼다. 그의 이름을 딴 에올리에 제도Aeolian Islands는 실제 바람이 강하고 날씨가 변덕스럽기로 악명 높은 지역이다(170. g 참고). 제우스와 포세이돈의 사제들은 새로운 신을 만드는 것을 반대했기에 이런 타협을 마지못해 받아들였을 것으로 보인다. 보수적인 헤라 여신 추종자들도 바람은 빼앗길 수 없는 여신의 소유물이라 생각했기 때문에, 이런 타협에 동의했을 게 분명하다.

44
이온

아폴론은 아테나이의 프로퓔라이아 아래 동굴에서 크레우사와 남몰래 동침했다. 그녀는 에레크테우스의 딸이면서, 무엇보다 크수토스의 아내이다. 크레우사가 아들을 낳자 아폴론은 델포이로 아이를 몰래 데려가 신전에 딸린 하인으로 삼았다. 사제들은 그를 이온이라 불렀다. 크수토스는 후손이 없었고, 한참을 지나 마침내 델포이 신탁소에 어떻게 하면 후손을 얻을 수 있을지 물었다. 놀랍게도, 그는 성소를 떠나 처음 만나는 사람이 그의 아들이라는 얘기를 들었다. 그가 바로 이온이었고, 크수토스는 여러 해 전 델포이의 문란한 디오뉘소스 주신제에서 마이나스를 만난 일을 떠올리며 그녀가 낳은 자식일 것이라고 결론 내렸다. 이온은 아니라고 할 수 없었고, 그를 자기 아버지로 받아들였다. 그러나 크레우사는 자기는 아이가 없는데 남편이 따로 밖에서 아들을 낳았다는 얘기에 화가 났다. 이에 이온에게 독이 든 포도주를 주면서 그를 죽이려 했다. 그런데 이온은 먼저 신들에게 제주祭酒를 뿌렸고, 비둘기 한 마리가 날아와 뿌려진 포도주를 맛봤다. 비둘기가 죽어 음모가 들통이 나자, 크레우사는 아폴론 신의 제단이 있는 성소로 달아났다. 앙심을 품은 이온이 그녀를 끌어내려 하자, 한 여사제가 끼어들었다. 마이나스한테 얻은 아들이라는 크수토스의 믿음을 깨지 말아야 했지만, 크레우사가 아폴론을 통해 그를 낳았다는 출생의 비밀을 알려 준 것이다. 크수토스는 당시 크레우사를 통해 도로스와 아카이오스를 자식으로 얻게 될 것이라는 약속을 받아 둔 상태였다.

b. 나중에 이온은 아이기알로스의 왕인 셀리노스의 딸 헬리케와 결혼했다. 장인의 왕좌도 이어받았다. 그리고 에레크테우스가 죽자 아테나이의 왕으로 선출됐다. 아테나이에서는 직업에 따라, 농부와 장인, 사제, 군인 등으로 네 계급을 나눴는데, 헬리케와 이온이 낳은 아들들의 이름을 따라 계급이름을 불렀다.[1]

1] 파우사니아스: 『그리스 여행기』 7. 1. 2; 에우리피데스: 『이온』; 스트라본: 『지리학』 8. 7. 1; 코논: 『이야기』 27.

*

1. 이런 연극적인 신화는 이오니아족이 도리에이스족과 아카이아족보다 우월하다는 것을 입증하겠다고 만든 것이다(43. 1 참고).[1] 자기들이 아폴론 신의 후손이라고 내세우려는 뜻도 숨어 있다. 그러나 동굴 속 크레우사 Creusa는 아마도 새해의 아기 또는 아기들을 양치기에게 건네주는 여신일 것이다(43. 2 참고). 이 양치기를 그렇게 차려입은 아폴론 신이라 오해한 것이다. 헬리케Helice는 버드나무를 말하는데, 이는 다섯 번째 달의 나무이며 '세 자매의 무사이'에게 신성하다. 이들 여신을 모시는 여사제는 모든 마술이나 물의 마법에 버드나무를 사용했다(28. 5 참고). 이오니아족은 자발적으로 헬리케에게 복종했던 것으로 보인다.

1) 앞 43장에서 도로스는 헬렌의 막내아들이며, 둘째 아들 크수토스는 이온과 아카이오스를 낳았다고 나온다.

45
알퀴오네와 케윅스

알퀴오네는 바람의 관리자인 아이올로스와 아이기알레의 딸이다. 새벽별의 아들인 트라키스 케윅스와 결혼했다. 둘은 함께 있으면 너무나 행복했기에, 알퀴오네는 감히 자신을 헤라, 남편을 제우스라고 불렀다. 이는 당연히 올륌포스의 제우스와 헤라를 성나게 했고, 그들은 신탁을 얻으려 배를 타고 가던 케윅스 위로 폭풍우를 내렸다. 배는 부서졌고, 그는 목숨을 잃었다. 한시도 떨어지지 않으려 했지만 알퀴오네는 트라키스에 남아 있었고, 남편의 죽음에 세상 둘도 없는 슬픔에 빠졌다. 남편의 혼령이 그녀를 찾아오자, 알퀴오네는 바다로 몸을 던졌다. 이들을 불쌍히 여긴 어떤 신이 둘 모두를 물총새로 바꿔 주었다.

b. 이제, 매년 겨울이 오면 암컷 물총새가 큰 소리로 울면서 죽은 짝을 데리고 묻어 줄 장소로 온다. 그러고는 동갈치 가시로 아주 촘촘하게 둥지를 지어 바다 위에 띄우고, 거기에 알을 낳는다. 얼마 뒤 새끼가 알을 깨고 나온다. 암컷 물총새는 이 모든 일을 '할퀴온 기간'에 해낸다. 이는 동지 전의 일곱 날과 그다음의 일곱 날을 말하는데, 그동안 아이올로스는 바람들이 바다를 쓸고 다니지 못하게 금한다.

c. 어떤 이는 케윅스가 갈매기로 바뀌었다고 한다.[1]

1] 아폴로도로스: 『비블리오테카』 1. 7. 3; 아리스토파네스의 『새』 250에 대한 고전 주석자; 호메로스의 『일리아스』 9. 562에 대한 고전 주석자와 에우스타티오스; 플리니우스: 『자연 탐구』 10. 47; 휘기누스: 『신화집』 65; 오비디우스: 『변신 이야기』 11. 410-748; 루키아노스: 『할퀴온』 1.; 플루타르코스: 『어느 동물이 더 재주가 좋은가?』 35.

*

1. 할퀴온halcyon, 즉 물총새의 둥지 전설과 관련해, 사실 자연사 연구에서는 근거를 찾을 수 없다. (할퀴온은 어떤 둥지도 틀지 않고, 물가의 구멍 속에 알을 낳는다.) 할퀴온의 둥지는 오직 동지에 탄생하는 새로운 신성한 왕과 관련돼 있을 뿐이다. 새로운 신성한 왕은 여왕이 그의 어머니인 달의 여신을 대신해 예전 왕의 주검을 음산한 섬으로 가져다 놓은 뒤에 태어난다. 그러나 동지에 달의 모양이 일정한 게 아니기 때문에, '해마다'는 '커다란 한 해마다'로 이해해야 한다. 이는 100번의 태음월을 1년으로 삼은 것인데, 그 마지막에는 태음력과 태양력이 대략 일치하고, 신성한 왕의 임기가 끝난다.

2. 호메로스는 할퀴온을 알퀴오네Alcyone(80. d 참고)와 연결했는데, 알퀴오네는 멜레아그로스Meleagros의 아내 클레오파트라Cleopatra의 호칭이면서(『일리아스』 9. 562), 바람의 관리자 아이올로스의 딸(43. h 참고)이기도 하다. 따라서 할퀴온은 일반적으로 생각하듯 '바다의 사냥개'라는 뜻의 할-퀴온hal-cyon이 아니라, '악을 물리치는 여왕'이라는 뜻의 알퀴-오네alcy-one를 뜻한다. 알퀴오네 및 케윅스Ceyx의 신화와 제우스 및 헤라가 이들을 벌을 주는 방식을 보면, 이런 방식으로 어원을 파악해야 근거가 더 뚜렷해진다. 비록 갈매기가 애처롭게 울고, 퀴프로스 섬의 할퀴온(160. g 참고)과 마찬가지로, 바다의 여신인 아프로디테 또는 레우코테아Leucothea(170. y 참고)에게 신성

한 짐승이기는 하지만, 전설의 갈매기 부분은 특별히 주목할 필요는 없다. 기원전 2000년이 끝나갈 무렵, 아이올리스족의 뱃사람들은 제우스를 숭배하는 아카이아족 세력에 복속된 것 같다. 그동안 아이올리스 쪽은 헬레네스 도래 이전 시대의 달 여신을 자기들의 신적인 조상이자 보호자로서 섬겨 왔지만, 이제 억지로 올림포스 종교를 받아들일 수밖에 없었다. 체체스의 기록을 보면([호메로스의 『일리아스』 이전의 사건을 다룬 『안테-호메리카』 102 ff.와 『킬리아데스』 1. 474), '제우스'는 그때까지 작은 왕들에게 붙이는 호칭이었을 뿐이었지만(68. 1 참고) 그 이후로 홀로 '하늘의 아버지 신'이라는 자리에 올랐다. 그러나 크레테 섬에서는 제우스가 매년 다시 태어나고 죽는다는 고대의 신비한 전통이 기독교 시대까지 이어졌다. 그리고 제우스의 여러 무덤이 크놋소스와 이다 산, 딕테 산에 남아 있었다. 이들 지역은 각각 제우스 숭배의 중심지였다. 칼리마코스는 분개해 『제우스 찬가』에서 이렇게 썼다. "크레테 사람들은 언제나 거짓말쟁이입니다. 그들은 심지어 당신의 무덤을 짓기도 합니다. 오, 주인님! 당신이 죽지 않습니다, 영원히 사십니다." 이는 일부 구약성서 「디도서」 1장 12절에 인용돼 있다(7. 6 참고)

3. 플리니우스는 할퀴온의 둥지에 대한 여러 주장을 세밀하게 다뤘다. 그런데 이 둥지라는 건 [18세기 스웨덴 식물학자] 린네Linnaeus가 할퀴오네움halcyoneum이라 부른 식충류로 보인다. 플리니우스는 할퀴온이 거의 보이지 않으며, 동지와 하지, 그리고 플레이아데스 성단이 질 때만 보인다고 전했다. 이는 할퀴온이 원래 달의 여신이 현시한 것임을 증명한다. 달의 여신은 동지에는 '죽음 속의 삶의 여신'이었다가, 하지에는 '삶 속의 죽음의 여신'이 된다. 그리고 달의 여신은 커다란 한 해마다, 11월 초 펠레이아데스 별이 질 때, 신성한 왕에게 죽음의 소환장을 보낸다.

4. 그래도 또 하나의 알퀴오네가 있다. 플레이오네Pleione('배타는 여왕')와

아틀라스의 딸이며, 플레이아데스 일곱 별의 맨 앞에 있다(39. d 참고). 5월에 플레이아데스 별이 태양과 함께 뜨면, 비로소 그 해의 항해가 시작된다. 이 별이 지면, 그 해의 항해도 끝나고, (플리니우스가 할퀴온 관련 대목에서 지적했듯이) 놀랄 만큼 차가운 북풍이 불어온다. 케윅스가 죽는 상황을 보면, 뱃사람으로 유명했던 아이올리스족은 '알퀴오네'라 부르면서 여신을 숭배했음을 알 수 있다. 그 여신이 바위와 거친 날씨에서 자신을 지켜 주었기 때문이다. 그런데 제우스는 그녀의 권능을 무시하면서 벼락을 던져 케윅스의 배를 부쉈다. 그래도 할퀴온한테는 여전히 폭풍을 가라앉히는 신비한 힘이 있다고 믿었다. 그리고 죽은 할퀴온을 말려 제우스의 번개를 막는 부적으로 삼았다. 아마도 번개라는 게 한 번 때린 것은 다시 때리지 않는다는 믿음에 그렇게 했을 것이다. 지중해는 보통 동지 즈음에 평온한 기후가 이어지곤 한다.

46
테레우스

테레우스는 아레스의 아들로, 트라케 백성들을 다스렸다. 당시 백성들은 포키스의 다울리스 마을을 차지하고 있었다. 어떤 이는 그가 메가리스에 있는 파가이의 왕이었다고 한다.[1] 테레우스는 판디온을 위해 국경 분쟁의 중재자로 활약하기도 했다. 판디온은 아테나이의 왕이자 쌍둥이 부테스와 에레크테우스의 아버지이다. 국경 분쟁이 끝나고, 테레우스는 판디온의 딸 프로크네와 결혼해 아들 이튀스를 얻었다.

b. 불행하게도, 테레우스는 아내의 여동생 필로멜라의 목소리에 매혹됐고, 그녀와 사랑에 빠졌다. 그리고 한 해 뒤 프로크네를 다울리스에 있는 궁전 근처 허름한 오두막집에 숨겨두고, 판디온 왕에게 그녀가 죽었다고 알렸다. 판디온은 테레우스를 위로하면서 주저하지 않고 프로크네의 빈자리를 생각해 필로멜라를 아내로 주었다. 딸을 아테나이 호위병과 함께 다울리스로 보냈는데, 테레우스는 필로멜라가 궁전에 도착하자 곧장 호위병을 살해하고 강제로 그녀를 범했다. 프로크네는 곧바로 그 소식을 전해 들었지만, 당장 어떻게 할 길이 없었다. 테레우스가 사전에 그녀의 혀를 자르고 노예 구역에 가둬버렸기 때문이다. 그녀는 그곳에서 필로멜라를 위한 신부

예복의 무늬에 비밀 메시지를 엮어 넣어 연락을 시도했다. 메시지는 간단했다. "프로크네가 노예들과 함께 있다."

c. 그러는 동안, 테레우스에게 경고를 보내는 신탁이 하나 나왔다. 이튀스가 혈족의 손에 죽을 것이라는 내용이었다. 그의 동생 드뤼아스가 왕좌를 차지하려 음모를 꾸민다고 의심해, 테레우스는 불시에 도끼로 그를 내리쳐 죽였다. 같은 날, 필로멜라는 신부 예복에 엮어 넣은 메시지를 읽었다. 그녀는 노예 구역으로 달려갔고, 방 하나에 빗장이 질러져 있는 것으로 보고, 문을 깨뜨려 프로크네를 구해 냈다. 프로크네는 알아들을 수 없는 말로 웅얼거리기만 했다.

"오, 테레우스에게 복수할 수만 있다면. 그놈은 언니가 죽었다고 해놓고 나를 범했어!" 필로멜라는 고통스럽게 울부짖었다.

프로크네는 혀가 없어 뭐라 대답을 할 수 없었지만, 가만히 있지는 않았다. 거기를 빠져나온 다음 아들 이튀스를 붙잡아 죽였다. 그러고는 테레우스가 돌아와 먹게 하려 창자를 꺼내 구리 가마솥에 삶았다.

d. 테레우스가 누구의 살을 맛보았는지 깨달았을 때, 그는 드뤼아스를 죽인 도끼를 움켜쥐고 궁전에서 달아난 자매를 뒤쫓기 시작했다. 그는 금방 그들을 따라잡았고, 이들 자매를 죽이려는 순간 신들이 이들 셋을 모두 새로 바꿨다. 프로크네는 제비가 됐다. 필로멜라는 나이팅게일이, 테레우스는 후투티가 됐다. 포키스 사람들이 말하길, 테레우스를 두려워해, 어떤 제비도 다울리스와 그 주위에 둥지를 틀지 않으며, 어떤 나이팅게일도 노래하지 않는다. 하지만 후투티 새가 "푸? 푸?('어디? 어디?')"라고 하면서 그녀를 찾아 날개를 파닥이면, 혀가 없는 제비는 비명을 지르며 빙빙 돌며 날았다. 그러는 동안 나이팅게일은 아테나이로 되돌아가 끊임없이 "이투! 이투!"라고 울면서 슬퍼했다. 어쨌든 자기 때문에 이튀스가 죽었기 때문이다.[2]

e. 그러나 어떤 이는 테레우스가 매로 변했다고 전한다.[3]

1) 아폴로도로스: 『비블리오테카』 3. 14. 8; 투퀴디데스: 『펠로폰네소스 전쟁사』 2. 29; 스트라본: 『지리학』 9. 3. 13; 파우사니아스: 『그리스 여행기』 1. 41. 8.

2) 아폴로도로스: 3. 14. 8; 논노스: 『디오뉘소스 이야기』 4. 320; 파우사니아스: 1. 5. 4; 1. 41. 8과 10. 4. 6; 휘기누스: 『신화집』 45; 소포클레스의 『테레우스』의 글조각; 호메로스의 『오뒷세이아』 19. 418에 대한 에우스타티오스: 오비디우스: 『변신 이야기』 6. 426-674; 제1 바티칸 신화학자: 217.

3) 휘기누스: 『신화집』 45.

*

1. 이런 요란한 사랑 이야기는 트라케-펠라스고스족의 여러 벽화를 설명하기 위해 발명된 것 같다. 벽화는 포키스Pocis 침략자들이 다울리스Daulis('털복숭이의') 마을의 한 신전 안에서 발견한 것으로, 그 지역에서 사용하는 여러 예언 방법을 표현하고 있었다.

2. 프로크네Procne의 혀를 잘라냈다고 한 대목은, 여성 예언자가 월계수 이파리를 씹고 무아지경에 빠진 걸 보여 주는 장면을 오해한 결과이다. 그녀의 얼굴은 고통이 아니라 황홀경에 일그러져 있으며 잘려져 나간 듯 보인 혀는 사실 남성 사제가 그녀에게 넘겨준 월계수 이파리이다. 이때 남성 사제는 그녀의 거친 횡설수설을 해석해 주는 역할을 한다. 신부 예복에 글자를 엮어 넣었다고 한 것도 다른 장면을 오해한 것이다. 여사제는 신탁의 막대를 한 움큼 쥐어 흰 천 위에 던졌다. 이와 관련된 켈트족 방식은 타키투스(『게르마니아Germania』 10)가, 스퀴타이 방식은 헤로도토스(4. 67)가 이미 묘사한 바 있다. 여사제는 글자 모양을 찾아 읽어냈다.[1] 테레우스Tereus가 이튀스Itys의 살을 먹은 것은, 버드나무의 여사제가 왕을 위해 제물로 바친 아이

---

1) 흩어진 막대의 모양에서 글자를 찾아 읽는 것은 우리나라 무속인의 쌀점 등과 비슷하다.

의 내장을 보고 거기서 어떤 조짐을 읽어내는 것을 말한다. 테레우스와 신탁 대목은, 아마도 그가 신전 안에서 양가죽을 깔고 잠자는 장면에서 비롯됐을 터이다. 그런데 이는 꿈속에서 예언을 얻는 모습이다(51. g 참고). 아마 그리스인들이었다면 이들을 이렇게 오해하지 않았을 것이다. 드뤼아스Dryas 살해 대목은 아마도 떡갈나무와 그 밑에 사제들이 있는 장면에서 비롯됐을 것이다. 사제들은 드루이드교 방식으로, 사람이 죽을 때 나무에서 떨어지는 방식을 보고 어떤 조짐을 읽어냈다. 프로크네가 제비로 변신했다는 대목은, 깃털 달린 예복을 입은 여사제가 제비의 비행을 보고 조짐을 읽어내는 장면에서 추론했을 터이다. 필로멜라Philomela가 나이팅게일로, 테레우스가 후투티로 변신한 것도 마찬가지로 잘못된 해석의 결과로 보인다. 테레우스의 이름은 '관찰자'를 뜻하며, 이는 남자 점쟁이가 후투티 그림에 등장했다는 것을 암시한다.

3. 두 가지 장면을 더 추정할 수 있다. 뱀 꼬리의 신탁 영웅에게 피의 제물을 바치는 장면이 있었을 것 같다. 한 젊은이가 꿀벌에게 신탁을 묻는 장면도 가능하다. 이들은 각각 프로크네와 필로멜라의 오누이인 에레크테우스Erechtheus와 고대의 가장 유명한 벌치기인 부테스Butes이다(47. 1 참고). 이들 모두의 어머니는 제욱십페Zeuxippe로 '말에 멍에를 메우는 여인'을 뜻한다. 의심할 여지 없이 암말 머리의 데메테르다.

4. 휘기누스를 제외한 모든 신화학자는 프로크네가 나이팅게일이 되고, 필로멜라는 제비가 됐다고 했다. 이는 어떤 초기 시인이 저지른 실수를 어설프게 바로잡으려는 시도임이 틀림없다. 즉 테레우스가 프로크네가 아니라 필로멜라의 혀를 잘라냈다고 했던 실수 말이다. 후투티 새는 깃털 관모가 있어 왕의 새로 여겼고, 둥지가 악취로 악명이 높아 특별히 테레우스의 이야기와 잘 맞아 떨어진다. 코란에는 후투티 새가 솔로몬 왕에게 예언의

비밀을 전했다고 나온다.

5. 다울리스는 새 숭배의 중심지였던 것으로 보인다. 이곳은 포코스Phocus
가 나중에 여기에 새로 나라를 세우면서 그의 이름을 따라 포키스Phocis라고
불렀다. 포코스는 오르뉘티온Ornytion('달의 새', 81. b 참고)의 아들이라고 한다.
여기에서는 크수토스Xuthus('참새', 43. 1 참고)라는 왕도 있었다. 휘기누스는
테레우스가 매가 됐다고 했는데, 매는 이집트와 트라케, 북서 유럽에서 왕
의 새이다.

47
에레크테우스와 에우몰포스

　판디온 왕은 프로크네와 필로멜라, 외손자 이튀스에게 무슨 일이 닥쳤는지 알고 비통함에 제 명을 채우지 못하고 죽었다. 그의 쌍둥이 두 아들 부테스와 에레크테우스는 유산을 나눠, 에레크테우스는 아테나이의 왕이 됐고, 부테스는 아테나와 포세이돈 양쪽을 모시는 사제가 됐다.[1]

　b. 에레크테우스는 아내 프락시테아를 통해 아들 넷을 얻었고, 그들 가운데 케크롭스가 그의 후계자가 된다. 딸은 일곱이었다. 프로토고니아, 판도라, 케팔로스의 아내 프로크리스, 크레우사, 오레이튀이아, 삼촌 부테스와 결혼한 크토니아, 그리고 막내 오티오니아가 그들이다.[2]

　c. 어느 날, 포세이돈은 몰래 오레이튀이아와 보레아스의 딸인 키오네와 사랑을 나눴다. 키오네는 에우몰포스라는 아들을 낳았는데, 보레아스가 화를 낼까 두려워 아이를 바다에 던졌다. 포세이돈은 에우몰포스를 돌보다가 에티오피아의 해안에 데려다주었다. 거기서 아이는 바다의 여신 암피트리테가 낳은 딸이자, 에우몰포스의 배다른 누이가 되는 벤테시퀴메의 집에서 자랐다. 에우몰포스가 어른이 되자, 벤테시퀴메는 그를 자기 딸 가운데 하나와 결혼시켰다. 그러나 그가 딸들 가운데 다른 이와 사랑에 빠졌기에, 그녀는 그를 트라케로 내쫓아버렸다. 에우몰포스는 거기서 자기를 보호해 주

던 테귀리오스 왕을 몰아낼 음모를 꾸미다 실패해 아테나이 북서쪽 엘레우시스로 달아나야 했다. 여기서 그는 행실을 고쳐 데메테르와 페르세포네의 비밀의식을 수행하는 사제가 됐다. 나중에 그는 헤라클레스를 비밀의식에 입문시켰고, 그에게 노래하고 뤼라 켜는 법을 가르치기도 했다. 에우몰포스는 뤼라를 아주 훌륭하게 다뤘고, 펠리아스의 장례 제전에서 열린 아울로스 경연에서 우승하기도 했다. 엘레우시스에서 그의 공동 여사제는 켈레오스 왕의 딸들이었다. 그의 경건함이 널리 알려지면서, 테귀리오스 왕은 죽어가면서 그를 용서했고, 트라케의 왕좌도 물려주었다.³⁾

d. 아테나이와 엘레우시스 사이에 전쟁이 터졌을 때, 에우몰포스는 대규모의 트라케 병력을 이끌고 와서 엘레우시스 쪽을 도왔다. 자기 아버지 포세이돈의 이름으로 앗티케 지역 전체의 왕좌에 오르겠다는 야심이었다. 아테나이인들 사이에 두려움이 몰려왔고, 에레크테우스 왕은 신탁을 청했다. 승리하려면 막내 딸 오티오니아를 아테나 여신에게 제물로 바쳐야 한다는 신탁이 나왔다. 오티오니아는 제 스스로 제단에 올라갔고, 이 모습을 지켜본 두 언니 프로토고니아와 판도라도 스스로 목숨을 끊었다. 예전에 그들 가운데 누구든 제명대로 살지 못한다면 나머지도 따라 죽을 것이라 맹세했기 때문이다.⁴⁾

e. 이어진 전투에서, 이온은 아테나이인들을 승리로 이끌었다. 에레크테우스는 달아나는 에우몰포스를 내리쳐 죽였다. 포세이돈은 제우스에게 복수를 간청했고, 제우스는 즉시 에레크테우스를 벼락으로 내리쳐 죽였다. 그러나 누구는 포세이돈이 마크라이에서 삼지창으로 쳐서 입을 벌리고 있는 대지 속으로 떨어뜨렸다고 전한다.

f. 전쟁이 끝나고, 평화의 조건에 따라 엘레우시스인들은 자기네 비밀의식을 빼고는 모든 것에서 아테나이에 복종해야 했다. 에우몰포스와 관련해, 어린 아들 케뤽스가 사제의 자리를 이어받았고, 그 후손들은 지금도 엘레

우시스에서 커다란 세습적 특혜를 누리고 있다.[5]

g. 아테나이 쪽은, 이온이 에레크테우스를 이어 다스렸다. 세 딸의 자기 희생에 대해서는 포도주 없이 제주를 땅에 뿌리는 의식이 오늘날까지 이어지고 있다.[6]

1) 오비디우스: 『변신 이야기』 6. 675 ff.; 아폴로도로스: 『비블리오테카』 2. 15. 1.
2) 오비디우스: 같은 곳; 수이다스, '파르테노이' 항목; 아폴로도로스: 같은 곳; 휘기누스: 『신화집』 46.
3) 플루타르코스: 『망명에 관하여』 17; 아폴로도로스: 2. 5. 12; 테오크리토스: 『전원시』 24. 110; 휘기누스: 『신화집』 273; 파우사니아스: 『그리스 여행기』 1. 38. 3.
4) 아폴로도로스: 3. 15. 4; 휘기누스: 『신화집』 46; 수이다스: 같은 곳.
5) 파우사니아스: 7. 1. 2와 1. 38. 3; 에우리피데스: 『이온』 277 ff.
6) 소포클레스의 『콜로노스의 오이디푸스』 100에 대한 고전 주석자.

*

1. 에레크테우스Erechtheus와 에우몰포스Eumolpus의 신화는 아테나이의 엘레우시스 정복과 엘레우시스 비밀 의식의 트라케-리비아 유래에 관한 것이다. 아테나이인들이 한여름의 꿀벌 님프를 위해 주신제를 열어 숭배한다는 것도 이번 이야기에 들어 있다. 부테스가 그리스 신화에서 에륙스Eryx 산을 무대로 한 꿀벌 숭배와 연결되기 때문이다(154. d 참고). 그리고 그의 쌍둥이 형제 에레크테우스('산산조각 내는 이'가 아닌 '히드 너머로 서둘러 가는 남자')는 '주도적인 여신Active Goddess'인 여왕벌의 남편이다. 트라케의 테귀리오스Tegyrius 왕의 이름마저도 꿀벌과 연관이 있다. 이는 '벌집 보호자'라는 뜻이며, 아테나이는 꿀이 많이 나는 걸로 유명했다. 그리고 나중에 테귀리오스의 왕국은 에레크테우스의 증손자가 물려받았다.

2. 에레크테우스의 고귀한 세 딸은, 그의 조상 케크롭스[1]의 세 딸과 마

---

1) 본문에 나오는 에레크테우스의 아들과 동명이인으로, 아테나이의 전설적 왕이다.

찬가지로, 펠라스고이족의 '세 모습 여신'이며, 중요한 자리에서는 이들에게 제주를 올렸다. 아테나 여신에게 바칠 제물이 되는 오티오니아Otionia('귀 덮개가 있는')는, 부엉이의 여신인 아테나 자신을 지칭하는 게 확실하다. 프로토고니아Protogonia는 창조의 여신 에우뤼노메(1. 1 참고)를, 판도라Pandora는 대지의 여신 레아(39. 8 참고)를 지칭한다. 가모장제에서 가부장제로 넘어가는 와중에, 아테나 여신의 여사제 일부가 포세이돈에게 제물로 바쳐졌을 수 있다(121. 3 참고).

3. 포세이돈의 삼지창과 제우스의 벼락은 원래 같은 무기다. 즉 양날 도끼를 뜻하는 신성한 라브뤼스labrys이다. 포세이돈이 바다의 신이 되고, 제우스가 벼락의 권능을 자기 것이라 주장하면서, 비로소 서로 구분되기 시작했다(7. 7 참고).

4. 부테스는 아르고 호 원정대에 이름을 올렸지만(148. 1 참고), 실제 에레크테우스 가문Erechtheid Family 소속은 아니다. 그러나 아테나이의 부테이 후손들Buteids[2]은 아테나이 사회로 밀고 들어갔고, 기원전 6세기에 이르러 가업으로서 '아테나 폴리아스Athene Polias'와 '포세이돈 에레크테우스Poseidon Erechtheus'의 사제직을 장악했다(파우사니아스: 1. 26. 6). 여기서 포세이돈 에레크테우스는 헬레네스의 포세이돈과 오래된 펠라스고이족 영웅의 혼합인 셈이다. 이렇게 상황이 바뀜에 따라 신화도 손질했고, 더불어 테세우스 신화도 함께 손을 봤다(95. 3 참고). 그들은 앗티케의 부테스와 자기네 조상인 보레아스의 아들인 트라케의 부테스를 하나로 묶었다. 후자는 낙소스를 식민지로 삼고, 텟살리아를 공격하면서 라피타이족Lapithes의 공주인 코로니스Coronis를 범했다(50. 5 참고)(디오도로스 시켈로스: 5. 50).

---

2) '부테스의 후손Butadae'을 말한다.

48
보레아스

오레이튀이아는 아테나이 왕인 에레크테우스와 그의 아내 프락시테아의 딸이다. 그녀는 어느 날 일릿소스 강가에서 춤을 추며 빙글 돌고 있었는데, 보레아스가 그녀를 납치해 에르기네스 강 근처 바위로 데려갔다. 거기서 그는 어두운 구름의 망토를 주위에 두르고 그녀를 범했다. 보레아스는 아스트라이오스와 에오스의 아들이며, 남풍 및 서풍의 신과 형제 사이다.[1]

b. 앞서 보레아스는 오랫동안 오레이튀이아에 연정을 품고 거듭 그녀에게 구혼했다. 그러나 에레크테우스는 헛된 약속으로 이를 계속 미뤘고, 보레아스는 마침내 말로 하다가 시간만 낭비했다고 불평하면서 폭력을 사용한 것이다. 그런데 어떤 이는 다른 이야기를 전한다. 오레이튀이아가 테스모포리아 축제[1]에 참가하던 중에 일을 당했다고 한다. 당시 그녀는 바구니를 들고 아크로폴리스의 오르막길을 올라 '아테나 폴리아스'의 신전으로 올라가는 축제 행렬을 따라가고 있었다. 이때 보레아스가 황갈색 날개 아

---

1) 테스모포리아Thesmophoria 축제: 데메테르를 위해 매년 열리는 축제로 여성만 참여했으며, 비밀 의례가 행해졌다.

래로 그녀를 숨기고 빙그르르 돌면서 어디론가 데려가 버렸다. 물론 주위 사람들은 이를 보지 못했다.

c. 보레아스는 트라케의 키코네스족의 도시로 그녀를 데려갔다. 그녀는 거기에서 보레아스의 아내가 됐고, 쌍둥이 아들 칼라이스와 제테스를 낳았다. 아들들은 어른이 되면서 날개가 생겼다. 딸도 둘을 낳았는데, 키오네는 나중에 포세이돈에게 에우몰포스를 낳아 주었고, 클레오파트라는 하르퓌이아이한테 괴롭힘을 당한 피네우스 왕과 결혼했다.[2]

d. 보레아스는 다리가 뱀의 꼬리를 하고 있으며, 하이모스 산의 동굴에 산다. 아레스는 그 산의 구석진 일곱 곳을 마구간 삼아 자기 말을 넣어둔다. 그러나 보레아스는 스트뤼몬 강의 옆에도 집이 있다.[3]

e. 언젠가, 보레아스는 검은 갈기의 씨말로 변신해 암말 열두 마리에 올라탄 적이 있다. 암말들은 다르다노스의 아들인 에리크토니오스 소유의 암말 3,000마리 가운데 일부로, 스카만드로스 강가의 목초지에서 풀을 뜯고 있었다. 이 결합으로 열두 마리의 암망아지가 태어났고, 이들은 익은 이삭 위를 달려도 서 있는 곡식이 꺾이지 않으며, 물마루 위도 가볍게 달릴 수 있었다.[4]

f. 아테나이인들은 보레아스를 자기네 사촌으로 여긴다. 언젠가 크세르크세스Xerxes 왕의 함대를 물리쳐 달라고 기원해 효험을 보자, 일릿소스 강 기슭에 멋진 신전을 지어 바쳤다.[5]

1] 아폴로도로스: 『비블리오테카』 3. 15. 1-2; 아폴로니오스 로디오스: 『아르고 호 이야기』 1. 212 ff.
2] 오비디우스: 『변신 이야기』 6. 677 ff.; 호메로스의 『오뒷세이아』 14. 533에 대한 고전 주석자; 아폴로도로스: 3. 15. 3.
3] 파우사니아스: 『그리스 여행기』 5. 19. 1; 칼리마코스: 『아르테미스 찬가』 114와 『델로스 찬가』 26과 63-65.
4] 호메로스: 『일리아스』 20. 219 ff.

*

1. 뱀의 꼬리를 가진 보레아스는 북풍의 신으로, 조물주 오피온Ophion의 또 다른 이름이었다. 오피온은 '창조의 여신'인 에우뤼노메Eurynome 또는 오레이튀이아Oreithyia와 함께 춤을 추었고 그녀를 수태하게 했다(1. a 참고). 오피온과 에우뤼노메가, 또는 보레아스와 오레이튀이아가 짝을 이루는 것과 마찬가지로, 에레크테우스도 본래의 아테나와 짝을 이뤘다. 오레이튀이아가 그녀를 위해 춤을 췄던 '아테나 폴리아스Athene Pōlias('도시의')'는 '아테나 폴리아스Athene Polias'였을 수 있다. 후자는 '암망아지 아테나Athene The Filly'로 말 숭배 지역의 여신이며, 보레아스-에레크테우스의 사랑을 받았다. 그래서 아테나이인들의 사촌이 됐다. 보레아스 숭배는 리비아에서 유래한 것으로 보인다. 이 지점에서 헤르메스가 오레이튀이아의 전신이라 할 수 있는 헤르세Herse와 사랑에 빠졌다는 점을 기억해야 한다. 헤르세는 아크로폴리스로 가는 비슷한 행진에서 신성한 바구니를 들고 있었으며, 헤르메스가 그녀를 범했음에도 아테나 여신은 불쾌해하지 않았다. 테스모포리아는 주신제 축제로, 한때 여사제들은 축제에서 풍작을 기원하려 공개적인 성매매를 행했던 것으로 보인다(24. 1 참고). 그 바구니 안에는 남근을 상징하는 물건이 들어 있었다(25. 4 참고).

2. 원시 사회에서, 아이는 죽은 선조의 부활이라는 믿음이 있었다. 그가 갑작스럽게 불어 닥친 세찬 바람으로 여인의 자궁 안으로 들어온다는 것이다. 이런 믿음은 암말의 여신에 대한 관능적 숭배를 통해 면면히 이어졌다. 호메로스의 권위가 워낙 높아, 교육받은 로마인들조차 스페인 암말은 엉덩이를 바람 부는 쪽으로 돌리면 새끼를 밴다고 믿었다. 플리니우스도 그랬

다(플리니우스: 『자연 탐구』 4. 35와 8. 67). 바로Varro와 콜루멜라[2]도 같은 현상을 언급했고, [황제를 자문했던 로마 신학자] 락탄티우스는 기원후 3세기 말에 성령Sanctus Spiritus에 의한 성처녀의 수태를 이와 비슷하다고 했다.

3. 보레아스는 겨울에 하이모스Haemus 산맥과 스트뤼몬Strymon 강[3]에서 불어온다. 그리고 꽃과 함께 봄이 찾아오면, 보레아스가 그동안 앗티케의 모든 땅을 수정시킨 것처럼 보인다. 그러나 보레아스는 거꾸로는 불지 못하기 때문에, 오레이튀이아 겁탈의 신화는 북풍 숭배가 아테나이에서 트라케 쪽으로 퍼져 갔다는 것을 기록한 것 같다. 이 신화는 트라케로부터, 아니면 아테나이로부터 직접 트로아스Troad 지역으로 전해졌다. 그곳에 있던 암말 3,000마리의 주인은 에리크토니오스인데, 이는 에레크테우스와 동의어이다(158. g 참고). 암망아지 열두 마리는 네 마리 말의 전차 세 대를 끌었을 것이다. 세 대의 전차는 봄과 여름, 가을 등 1년을 삼등분한 것에 대응한다. 하이모스 산은 괴물 튀폰이 달아났던 곳이기도 하다(36. e 참고).

4. 소크라테스는 신화에 대한 이해가 없었기에 오레이튀이아 겁탈 신화의 핵심을 놓쳤다. 그는 그런 이름을 가진 공주가 일릿소스 강 근처 절벽이나 '아레스의 언덕' 위에서 놀다가 사고로 밑으로 떨어져 죽은 것이라는 의견을 내놓았다(플라톤: 『파이드로스』 6. 229b). 보레아스 숭배는 그의 페르시아 함대 파괴를 기념하기 위해 나중에 아테나이에서 되살아났다(헤로도토스: 7. 189). 보레아스는 기원전 4세기 스파르테의 침략에 맞선 메갈로폴리스Megalopolis를 도와 거기서도 매년 제물을 받았다(파우사니아스: 8. 36. 3).

---

2) 콜루멜라Columella: 1세기 로마 제국의 농경 관련 저술가.
3) 하이모스 산맥은 트라케 북쪽, 지금의 발칸 반도 불가리아 북부에 가로로 놓인 산맥이다. 스트뤼몬 강은 지금의 스트루마Struma 강으로, 불가리아를 출발해 그리스를 거쳐 에게 해로 들어간다. 보레아스가 여기서 불어온다고 하니, 우리 겨울에 만주 벌판에서 불어오는 삭풍朔風이 되는 셈이다.

49
알로페

아르카디아의 케르퀴온 왕은 헤파이스토스의 아들로, 알로페라는 아름다운 딸이 있었다. 알로페는 포세이돈의 유혹을 받았고 아버지 몰래 아들을 낳았다. 그녀는 유모에게 아기를 산에 버리라고 명했다. 한 양치기가 암말이 젖을 물리고 있는 아기를 발견해 양 떼 우리로 데려왔다. 그런데 아기가 높은 집안에서 태어났다는 걸 보여 주는 화려한 배내옷에 눈길이 쏠렸고, 다른 양치기가 나서 아이를 기르겠다고 하면서 배내옷을 갖겠다고 고집을 피웠다. 두 양치기가 다투기 시작했고, 누구 하나는 죽겠구나 싶어 동료들은 이들을 케르퀴온 왕에게 데려갔다. 케르퀴온은 배내옷을 가져와 보라 했고, 한눈에 그게 자기 딸의 옷에서 끊어 낸 것임을 알아봤다. 유모는 겁을 집어먹었고, 제가 한 일을 왕에게 고했다. 이에 케르퀴온은 알로페를 가두고 아이는 다시 내버리라고 명했다. 아기는 이번에도 암말이 젖을 물렸고, 두 번째 양치기가 이를 발견했다. 양치기는 아기가 왕의 자식이라는 것을 알았기에 자기 오두막으로 데려가 키웠고, 이름은 힙포토오스라고 붙였다.[1]

b. 테세우스가 케르퀴온을 죽였을 때, 그는 힙포토오스를 아르카디아의

왕좌에 앉혔다. 알로페는 그전에 이미 감옥에서 죽어 엘레우시스에서 메가라로 가는 길 옆, 케르퀴온의 씨름장 근처에 묻혀 있었다. 포세이돈은 그녀의 무덤을 샘으로 바꾸고, 알로페라고 이름 붙였다.[2]

1] 휘기누스: 『신화집』 38과 187.
2] 파우사니아스: 『그리스 여행기』 1. 39. 3; 아리스토파네스: 『새』 533; 휘기누스: 『신화집』 187.

*

1. 이 신화는 두 가지를 빼면 익숙한 유형이다(43. c; 68. d; 105. a 등 참고). 힙포토오스Hippothous가 두 번 버려지고, 처음에 양치기들이 다퉜다는 대목은 다른 신화에 나오지 않는다. 이런 파격은 도상 연쇄icon-sequence를 잘못 이해한 결과로 보인다. 거기에는 양치기들이 쌍둥이 왕자를 발견하고, 이들 쌍둥이가 어른이 된 뒤 서로 다투는 모습이 담겨 있었을 것이다. 펠리아스Pelias와 넬레우스Neleus(68. f 참고), 프로이토스Proetus와 아크리시오스Acrisius(73. a 참고), 에테오클레스Eteocles와 폴뤼네이케스Polyneices(106. b 참고) 등이 그런 경우다.

2. 알로페Alope는 암여우 모습을 한 달의 여신이다. 텟살리아의 알로페 시가 여신으로부터 이름을 받았다(페레퀴데스, 비잔티움의 스테파누스가 인용, '알로페' 항목). 암여우는 또한 멧세니아Messenia의 표상이기도 하다(89. 8과 146. 6 참고). 신화학자는 아마도 실수로 힙포토오스가 입었던 배내옷에 대해 알로페의 옷에서 잘라 낸 것이라고 기록한 것 같다. 이는 씨족이나 가문의 문양이 새겨진 기저귀였을 것이다(10. 1과 60. 2 참고).

50
아스클레피오스

코로니스는, 익시온의 남매[1]이자 라피타이족의 왕인 플레귀아스의 딸이다. 그녀는 텟살리아의 베오베이스 호수 옆에서 살았고, 그곳에서 발을 씻곤 했다.[1]

b. 아폴론 신은 그녀의 연인이 됐고, 눈처럼 흰 깃털의 까마귀에게 그녀를 지키라고 하고는 일을 보러 델포이로 갔다. 그러나 코로니스는 아르카디아 엘라토스의 아들인 이스퀴스에 대한 내밀한 연정을 오랫동안 품고 있었다. 이에 이미 아폴론의 아기를 갖고 있음에도 그를 자신의 침실에 들였다. 흥분한 까마귀가 이런 사실을 보고하고 불침번 잘 섰다는 칭찬을 듣기위해 델포이로 출발하려 했지만, 아폴론은 이미 코로니스의 부정을 꿰뚫고있었다. 아폴론은 이스퀴스가 코로니스에게 접근할 때 그의 눈알을 쪼지않았다고 까마귀에게 저주를 내렸다. 까마귀는 검게 변했고, 그 뒤로 그의모든 후손은 검게 태어났다.[2]

c. 아폴론이 누이 아르테미스에게 자신이 받은 모욕에 대해 한탄하자,

---

1) 익시온은 플레귀아스의 아들로 자주 나오며, 그러면 익시온과 코로니스는 남매지간이다. 원문은 "익시온의 형제Ixion's brother"라고 해서, 마치 익시온이 플레귀아스와 형제 사이인 것처럼 되어 있다. 이에 '익시온의 남매'로 옮겼다.

아르테미스는 코로니스에게 화살 한 통을 전부 쏘아 응징했다. 나중에 아폴론은 그녀의 주검을 가만히 내려다봤고 갑작스러운 회한에 사로잡혔다. 그러나 이제 그녀를 다시 되살릴 수는 없었다. 그녀의 혼백은 타르타로스를 이미 내려갔으며, 주검은 화장용 장작더미에 올려놓고 마지막 향료까지 뿌린 상태였다. 아폴론이 정신을 되찾았을 때는 이미 장작에 불까지 붙어 있었다. 그러자 아폴론은 헤르메스에게 코로니스의 자궁에서 아직 살아 있는 아기를 불 속에서 꺼내 달라고 부탁했다.[3] 아들이었고, 아폴론은 아스클레피오스라고 이름을 붙였다. 아기를 켄타우로스 케이론의 동굴로 데려가 거기서 의약과 사냥의 기술을 가르쳤다. 퀼로스라고도 부르는 이스퀴스를 두고, 어떤 이는 제우스의 번개를 맞아 죽었다고 하고, 다른 이들은 아폴론이 직접 활을 쏘아 죽였다고 전한다.[4]

d. 에피다우로스 사람들은 전혀 다른 이야기를 전한다. 코로니스의 아버지인 플레귀아스는 그 이름을 딴 도시를 건설하고 거기로 그리스 전역의 최고 전사들을 불러 모아 노략질로 먹고살았다. 어느 날, 플레귀아스는 에피다우로스에 이르러 땅의 생김새와 그곳 사람들의 대비 태세를 염탐했다. 이때 그의 딸 코로니스도 아버지 모르게 아폴론의 자식을 가진 채 같이 와 있었다. 에피다우로스에 있는 아폴론 전당에서 코로니스는 아르테미스와 운명의 여신들의 도움을 받아 아들을 낳았다. 그녀는 곧바로 아기를 텃티온 산에 내다버렸다. 그래서 지금은 거기 풀들이 약효가 뛰어나기로 유명하다. 아레스타나스라는 염소치기는 암캐와 함께 암염소가 한 마리씩 없어진 것을 알고 찾아 나섰다. 그런데 이놈들이 교대로 한 아기에게 젖을 물리고 있는 것을 발견했다. 염소치기가 막 아이를 들어 올리려 하자, 주변을 가득 채운 밝은 빛이 이를 막았다. 신들의 신비를 확인한 염소치기는 경건하게 뒤로 물러났고, 그렇게 아스클레피오스는 자기 아버지인 아폴론의 보호

아래 남았다.[5]

e. 아스클레피오스는 치료의 기술을 아폴론과 케이론 양쪽에서 배웠다고 에피다우로스 사람들은 전한다. 그는 외과수술과 약의 사용에 아주 뛰어난 기술을 갖게 되어 지금은 의술의 창시자로 공경을 받고 있다. 그는 아픈 사람을 치료하는 데 그치지 않았다. 아테나 여신은 그에게 고르곤 자매 메두사의 피가 담긴 작은 병을 두 개 주었다. 메두사의 왼쪽 옆구리 정맥에서 뽑아낸 피는 죽은 사람을 되살릴 수 있었다. 오른쪽 옆구리에서 뽑아낸 것은 곧바로 죽음에 이르게 했다. 다른 이들은 아테나와 아스클레피오스 둘이서 피를 나눴다고 전한다. 그는 이를 목숨을 건지는 데 쓰고, 그녀는 목숨을 빼앗고 전쟁을 부추기는 데 쓴다. 아테나는 예전에 에리크토니오스에게 이 피를 두 방울 준 적이 있으며, 역시 한 방울은 사람을 죽이고 다른 한 방울은 사람을 살릴 수 있었다. 그리고 그의 뱀 몸통에 작은 병을 황금 노끈으로 단단히 묶어 두었다.[6]

f. 아스클레피오스가 죽음에서 다시 살려낸 사람으로는 뤼쿠르고스, 카파네우스, 튄다레오스 등이 있다. 그가 누구를 살릴 때 하데스가 제우스에게 자기 백성을 도둑맞고 있다고 불평했는지는 알려지지 않았다. 다시 말해, 튄다레오스가 부활하고 나서인지, 글라우코스인지, 힙폴뤼토스인지, 오리온인지 알 수는 없다. 다만, 이것만은 확실하다. 그는 금덩이로 뇌물을 받았다고 비난을 받았고, 그는 환자와 함께 제우스의 번개를 맞아 죽었다.[7]

g. 하지만, 제우스는 나중에 아스클레피오스를 되살려 냈다. 이렇게 해서 케이론의 딸 에우입페가 경솔하게 내놓은 예언이 실현됐다. 에우입페는 아스클레피오스가 신이 되고, 죽임을 당하고, 신성을 되찾게 된다고 예언하면서 두 번이나 운명이 바뀐다고 했던 것이다. 제우스는 아스클레피오스가 치유력이 있는 뱀을 들고 있는 모습을 별들 사이에 새겼다.[8]

h. 멧세니아 지역 사람들은 아스클레피오스가 멧세니아에 있는 트릿카 토박이였다고 주장한다. 아르카디아 사람들은 그가 텔푸사에서 태어났다고 하고, 텟살리아 쪽에서는 그가 텟살리아의 트릿카 출신이라고 주장한다. 스파르테인들은 버드나무 둥치로 그의 조각상을 만들었기 때문에 그를 아그니타스라고 부른다. 시퀴온 사람들은 노새 수레를 타고 있는 뱀의 형상으로 아스클레피오스를 기린다. 시퀴온에서 그의 조각상은 왼손에 피스타치오 소나무의 솔방울을 쥐고 있다. 반면 에피다우로스에서는 왼손을 뱀의 머리 위에 올려두고 있다. 양쪽 모두 오른손은 홀을 들고 있다.[9]

i. 아스클레피오스는 포달레이리오스와 마카온이라는 자식을 두었다. 이들은 의사로 트로이아 전쟁 당시 그리스 군으로 참전했다. 빛나는 휘기에이아도 그의 자식이다. 로마 시대에는 그를 아이스쿨라피오스라고 불렀으며, 크레테인들은 폴뤼에이도스가 아니라 그가 미노스의 아들인 글라우코스를 되살려 냈다고 말한다. 무덤 안에서 뱀이 그에게 알려 준 어떤 약초를 사용해 글라우코스를 살렸다는 것이다.[10]

1] 스트라본: 『지리학』 9. 5. 21과 14. 1. 40.
2] 파우사니아스: 『그리스 여행기』 2. 26. 5; 핀다로스: 『퓌티아 제전 송가』 3. 25 ff.; 아폴로도로스: 『비블리오테카』 3. 10. 3.
3] 핀다로스: 『퓌티아 제전 송가』 3. 8 ff.; 파우사니아스: 같은 곳; 휘기누스: 『신화집』 202; 오비디우스: 『변신 이야기』 2. 612 ff.
4] 아폴로도로스: 3. 10. 3; 휘기누스: 같은 곳과 『시적 천문학』 2. 40.
5] 파우사니아스: 9. 36. 1과 2. 26. 4; 『그리스 비문 모음』 4. 1. 28.
6] 디오도로스 시켈로스: 『역사총서』 5. 74. 6; 아폴로도로스: 3. 10. 3; 타티아노스: 「그리스인에게 고함」; 에우리피데스: 『이온』 999 ff.
7] 아폴로도로스: 3. 10. 3-4; 루키아노스: 『춤에 관하여』 45; 휘기누스: 『신화집』 49; 에라토스테네스, 휘기누스의 인용: 『시적 천문학』 2. 14; 핀다로스: 『퓌티아 제전 송가』 3. 55 ff., 고전 주석자와 함께.
8] 게르마니쿠스 카이사르: 『아라토스의 「현상」에 관하여』 77 ff.; 오비디우스: 『변신 이야기』 642 ff.; 휘기누스: 같은 곳.
9] 파우사니아스: 2. 26. 6; 8. 25. 6; 3. 14. 7과 2. 10. 3; 스트라본: 14. 1. 39.
10] 호메로스: 『일리아스』 2. 732; 휘기누스: 『시적 천문학』 2. 14.

＊

1. 이 신화는 북부 그리스와 앗티케, 그리고 펠로폰네소스 반도를 무대로 펼쳐진 종교적 정치 상황에 관한 것이다. 이들 지역에서는 아폴론 신의 이름으로 헬레네스 도래 이전의 치유 관련 종교가 탄압을 받았다. 거기에서는 원래 달의 여신 여사제들이 주재해 각 지역의 신탁 성소에서 종교 의식이 거행됐다. 이들 성소에는 뱀이나 까마귀, 갈까마귀로 환생한 지역의 영웅들을 모셨으며, 이런 영웅들 가운데는 포로네우스Phoroneus도 있었다. 포로네우스는 켈트족의 갈까마귀 신인 브란 또는 브론과 동일시할 수 있다(57. 1 참고). 뱀의 꼬리를 가진 에리크토니오스도 그런 영웅이며(25. 2 참고), 크로노스Cronus도 그러했다(7. 1 참고). 이 경우 크로노스는 코로노스Coronus('까마귀crow' 또는 '갈까마귀')의 여러 형태 가운데 하나인데, 코로노스는 라피타이족Lapith 왕의 이름으로 두 번이나 등장한다(78. a 참고). 아스클레피오스Asclepius('끊임없이 온화한')는 치료의 영웅들의 혜택을 받고자 하는 마음에 이들 모든 영웅에 주는 찬사의 호칭이었을 터이다.

2. 아테나 여신은 이런 종교 의식의 후원자였으므로, 애초부터 아테나는 처녀로 여길 수 없었다. 죽은 영웅은 언제나 아테나의 아들이자 동시에 애인이었기 때문이다. 아테나는 신탁의 까마귀 또는 갈까마귀였기 때문에 '코로니스Coronis'라는 호칭을 얻었다. 치유의 힘 덕분에 '휘기에이아Hygieia'라는 호칭도 가졌다. 아테나 여신이 쓰는 만병통치의 약초는 익시아Ixias, 즉 겨우살이였다. 이 단어는 애인 이스퀴스Ischys('힘')와 익시온Ixion('강력한 토박이')의 이름과 밀접히 연결돼 있다(63. 1 참고). 동유럽 지역의 겨우살이, 즉 꼬리겨우살이는 떡갈나무의 기생식물이며, 서유럽 쪽 변종처럼 포플러 또는 사과나무에는 기생하지 않는다. 아스클레피오스의 로마식 이름인 '아이스쿨라피오스Aesculapius'는 '식용 떡갈나무에 달려 있는 것', 즉 겨우살이를

뜻하는 것으로 보이는데, 아마 이들 둘을 함께 부르는 초기 호칭이었을 것이다. 겨우살이는 떡갈나무의 생식기로 여겼으며, 드루이드교 사제들은 종교 의식에서 황금 낫으로 가지를 잘라내면서 상징적인 거세의 몸짓을 해보였다(7. 1 참고). 겨우살이 열매의 끈적거리는 즙은 떡갈나무의 정액이라 엄청난 재생의 효험을 가졌다고 믿었다. 제임스 프레이저 경은 『황금 가지 *Golden Bough*』에서 아이네이아스Aeneas는 겨우살이를 손에 들고 지하세계로 내려갔으며, 이에 제 뜻대로 지상으로 올라올 힘을 잃지 않았다고 지적했다. 글라우코스를 무덤에서 되살린 "어떤 약초"도 겨우살이였을 가능성이 높다. 이스퀴스, 아스클레피오스, 익시온, 폴뤼에이도스는 사실 신화적으로 모두 동일한 캐릭터이다. 즉 제물로 바쳐진 떡갈나무 영웅한테서 잘라 낸 생식기에 깃들어 있는 치유의 힘을 의인화한 것이다. 이스퀴스의 다른 이름 '퀼로스Chylus'조차 '식물 또는 열매의 즙'을 뜻한다.

3. 아테나가 고르곤의 피를 아스클레피오스와 에리크토니오스에게 나눠 준 대목은 이런 종교적 치료 의식이 일종의 비밀이었고, 여사제들이 그 비밀을 수호했음을 암시한다. 그 비밀의 내용을 들여다보는 것은 죽음을 의미한다. 고르곤의 머리는 꼬치꼬치 캐묻는 자에 대한 공식적인 경고이다(73. 5 참고). 반면, 제물로 바쳐진 떡갈나무 왕이나 그의 아이 대리인의 피는 겨우살이 즙과 함께 그 자리에서 사람들에게 나눠주었을 것이다.

4. 아폴론의 신화학자들은 그의 누이 아르테미스가 이스퀴스의 살해에 책임이 있는 것으로 만들었다. 아르테미스는 원래 아테나와 똑같이 그녀를 기려 떡갈나무의 왕이 죽임을 당하는 여신이었다. 신화학자들은 또한 제우스가 이스퀴스와 아스클레피오스를 벼락으로 죽였다고 전했다. 실제로 모든 떡갈나무의 왕들은 양날 도끼 아래에서 죽임을 당했다. 양날 도끼는 나중에 벼락으로 공식화됐으며, 그들의 주검은 보통 모닥불에 던져졌다.

5. 아폴론은 까마귀에 저주를 내리고, 이스퀴스와 불륜을 저질렀다는 이유로 코로니스를 태워 죽였으며, 아스클레피오스를 자신의 아들이라고 주장했다. 그런 다음 케이론Cheiron과 함께 그에게 치료의 기술을 가르쳤다. 다른 말로 하면 이렇다. 아폴론의 헬레네스 사제들은 텟살리아의 까마귀 신탁소와 영웅을 비롯해 모든 것을 장악하고 달의 여신 여사제 무리를 몰아냈으며, 여신 숭배를 탄압했다. 이 과정에서 마그네시아의 동맹 부족인 켄타우로스족의 도움을 받았는데, 이들은 대대로 라피타이족과 적대적이었다. 아폴론은 그렇게 훔친 까마귀 또는 갈까마귀를 점술의 표상으로 계속 간직했다. 그런데 그의 사제들은 환자의 고통을 진단하는 데 있어 수수께끼 같은 새 울음소리보다 해몽이 더욱 간단하고 효과적이라는 것을 발견했다. 이와 동시에 아르카디아, 멧세니아, 텟살리아, 아테나이에서는 더는 겨우살이를 신성한 용도로 사용하지 않게 됐다. 이스퀴스는 떡갈나무가 아니라 소나무(엘라토스)의 아들이 됐다. 이런 이유로 시퀴온의 아스클레피오스 조각상에는 손에 피스타치오 솔방울이 들려 있는 것이다. 코로니스라는 이름의 또 다른 라피타이 공주가 있는데, 그녀는 아테나이의 부타다이Butadae 가문의 시조인 부테스Butes한테 겁탈당했다(47. 4 참고).

6. 아스클레피오스가 뱀의 형상을 했다는 대목은 그가 신탁의 영웅이었다는 점을 보여 준다. 에리크토니오스도 뱀의 형상을 했고, 아테나 여신은 그에게도 고르곤의 피로 죽은 자를 살릴 능력을 주었다. 그런데 에피다우로스에 있는 그의 신전에는 원기 회복의 상징으로 길들인 뱀이 몇 마리가 보관돼 있었다(파우사니아스: 2. 28. 1). 이는 뱀이 매년 허물을 벗기 때문이다(160. 11 참고). 염소 치기가 아기를 보고 새로운 왕이라며 환호하려고 할 때, 아스클레피오스에게 젖을 물리고 있는 암캐는 헤카테 또는 헤카베가 틀림없다(31. 3; 38. 7; 134. 1; 168. n과 1 참고). 그리고 그의 그림에는 항상 이 암캐

가 함께 등장하는데, 케이론이 사냥을 가르쳤다는 대목이 이를 설명해 줄 것 같다. 암캐와 함께 그에게 젖을 물린 암염소는 '염소 아테나'가 틀림없다. 그 여신의 아이기스 안에서 에리크토니오스가 피난처를 얻었다(25. 2 참고). 아스클레피오스가 원래 쌍둥이였다면, 그 형제는 분명 에리크토니오스일 것이다. 펠리아스가 암말의 젖을 먹는 동안 넬레우스가 암캐의 젖을 먹었던 것과 비슷하다(68. d 참고).

7. 아테나가 올림포스의 제우스의 충성스러운 처녀 딸로 다시 태어날 때, 여신은 아폴론의 전례를 좇아 예전에 친했던 까마귀에게 저주를 내려야 했다(25. e 참고).

8. 버드나무는 강력한 달 마법의 나무였다(28. 5; 44. 1과 116. 4 참고). 버드나무 껍질에서 뽑아낸 쓴 약은 아직도 류머티즘에 특별한 효험이 있다. 눅눅한 골짜기에 사는 스파르테인들은 훨씬 더 류머티즘에 걸리기 쉬웠을 것이다. 스파르테의 아스클레피오스는 특정 품종 버드나무, 이름하여 아그누스 카스투스agnus castus와 관련이 있는데, 그 가지를 다산을 기원하는 아테나이의 테스모포리아 축제에서 기혼 여성의 침대에 뿌렸다(48. 1 참고). 뱀을 쫓으려 그렇게 했을 수도 있지만(아리아노스: 『동물 탐구』 9. 26), 그래도 뱀 모습의 혼령을 북돋우려는 마음이 앞섰을 것이다. 아스클레피오스의 사제들도 불임 치료에 특화돼 있었을 것으로 짐작된다.

51
신탁

그리스와 그리스 권역[1]에는 신탁소가 많다. 가장 오래된 곳은 그리스 북서부 '도도나의 제우스' 신탁소이다. 아주 오래전 검은 비둘기 두 마리가 이집트 테바이에서 출발했다. 한 마리는 리비아 암몬에, 다른 하나는 도도나에 도착했다. 두 마리 모두 떡갈나무에 내려앉아 여기가 제우스의 신탁소가 될 것이라고 선포했다. 도도나의 경우, 제우스의 여사제들은 비둘기의 구구 하는 소리, 떡갈나무 이파리의 바스락거리는 소리, 또는 나뭇가지에 매달아 놓은 놋쇠 그릇이 철커덕거리는 소리를 들었다. 제우스는 올림피아에 또 하나의 유명한 신탁소를 갖고 있다. 그곳에서는 그의 사제들이 제물의 내장을 보고 나서 질문에 답한다.[1]

　b. 델포이 신탁소는 처음에는 '어머니 대지'의 것이었다. 여신은 다프니스를 자신의 여자 예언자로 임명했다. 다프니스는 삼발이 의자에 앉아 예

---

1) 그리스 권역Greater Greece: 그리스의 영향권이 닿는 지중해 전역을 지칭하는 듯하다. 또는 '그리스권Great Greece'를 뜻하는 '마그나 그라이키아Magna Graecia'를 말하는 것일 수도 있겠다. 로마인들은 남부 이탈리아의 해안 지역을 이렇게 불렀다. 여기에는 그리스, 그 가운데서도 아카이아족 이주민이 많았다. 이들은 기원전 8세기부터 넘어오기 시작했으며, 고대 로마 문명에 큰 영향을 끼쳤다.

언의 연기를 마셨으며, 여사제 퓌티아는 지금도 그렇게 한다. 어떤 이는 어머니 대지가 나중에 자기 자리를 티탄 여신 포이베 또는 테미스에게 물려주었고, 여신은 이를 다시 아폴론에게 넘겨줬다고 전한다. 그리고 아폴론은 직접 템페에서 가져온 월계수 나뭇가지로 전당을 지었다고 덧붙인다. 그러나 다른 이들은 아폴론이 퓌톤을 죽인 다음 신탁소를 어머니 대지로부터 빼앗았고, 휘페르보레오이 사제인 파가소스와 아귀이에우스가 거기서 아폴론 숭배를 시작했다고 전한다.

c. 델포이 전당은 처음에 꿀벌의 밀랍과 깃털로 만들었다는 말이 있다. 두 번째는 양치식물 줄기를 꼬아 만들었고, 세 번째는 월계수 나뭇가지로 지었다. 그리고 헤파이스토스가 청동으로 네 번째 전당을 만들어 고운 소리로 우는 황금 새를 만들어 지붕에 앉혔다고 한다. 하지만, 어느 날 대지가 이를 집어삼켜 버렸다. 그리고 다섯 번째는 다듬은 돌로 만들었지만, 58번째 올륌피아드의 해에 불에 타버렸다. 그리고 새로 지은 전당이 지금까지 내려온다고 한다.[2]

d. 아폴론은 델포이 외에도 수많은 신탁의 전당을 갖고 있다. 뤼케이온[2] 안에 있던 것과 아르고스 시의 아크로폴리스 위에 있는 것이 유명하다. 두 곳 모두 여사제가 관장했다. 그러나 보이오티아의 이스메니온에서는 남자 사제가 내장을 살펴 신탁을 내렸다. 콜로폰 부근 클라로스에서는 아폴론의 예언가가 비밀의 우물물을 마시고 신탁을 운문으로 읊었다. 텔멧소스와 다른 곳에서는 꿈을 푸는 해몽으로 신탁을 내렸다.[3]

---

2) 뤼케이온Lycaeum: 뤼케움Lyceum이라고도 하며, '리시움'으로도 옮겨 읽는다. 원래 아테나이의 동쪽 교외 지역에 있는 아폴론 신전으로, 점차 운동과 군사훈련, 철학 토론 등을 위한 공적 장소가 됐다. 소크라테스 등 많은 철학자들이 철학 논쟁을 벌이던 무대였으며, 기원전 334년 아리스토텔레스가 여기에 철학 학교(소요학파)를 세웠다. 철학 학교는 기원전 86년 로마 장군 술라가 아테나이를 침략하는 와중에 파괴됐다.

e. 데메테르의 여사제들은 파트라이에서 아픈 이들에게 신탁을 주었다. 줄에 매달아 여신의 우물 속으로 내려뜨린 거울에서 신탁을 얻었다. 파라이에서, 병에 걸린 사람은 헤르메스에게 구리 동전을 바치면서 신탁을 청하고, 장터를 떠나자마자 처음 우연히 듣는 말 속에 헤르메스의 신탁이 들어 있다고 한다.[4]

f. 헤라 여신은 파가이 부근에 유서 깊은 신탁소를 갖고 있다. 어머니 대지도 여전히 아카이아 북동부의 아이게이라에서 신탁을 내린다. 이는 '검은 포플러의 장소'라는 뜻이며, 거기서는 여신의 여사제가 다른 모든 인간에게 치명적인 독이 되는 황소의 피를 마신다.[5]

g. 이밖에 영웅의 신탁소도 아주 많다. 헤라클레스 신탁소가 아카이아의 부라에 있는데, 거기서는 주사위 네 개를 던져 답을 내준다.[6] 그리고 수없이 많은 아스클레피오스 신탁소에는 아픈 이들이 신탁과 치료를 받기 위해 모여든다. 거기서 아픈 이들은 단식 또는 절식 뒤에 꾸는 꿈에서 치료법을 전달받는다.[7] 테바이의 암피아라오스와 말로스의 암필로코스 신탁소는 아스클레피오스의 방식을 따른다. 암필로코스 신탁소는 몹소스와 함께 세웠으며, 현존하는 가장 영험한 신탁소이다.[8]

h. 파시파에도 라코니아의 탈라마이에 신탁소를 가지고 있다. 스파르테 왕들이 이를 후원하며, 거기서도 꿈속에서 신탁을 받는다.[9]

i. 어떤 신탁소는 다른 곳처럼 쉽게 신탁을 내주지 않는다. 이를테면, 레바데이아의 트로포니오스 신탁소가 그렇다. 트로포니오스는 아르고 호 원정대 에르기노스 왕의 아들로, 그 신탁소에서는 여러 단계를 거쳐야 한다. 탄원자는 며칠 전부터 자신을 정화해야 한다. 이어 '행운의 신Good Fortune'과 어떤 '수호신Good Genius'에게 헌정한 건물에 묵으면서, 헤르퀴나 강에서만 씻고 트로포니오스와 그의 유모 '데메테르 에우로페' 및 다른 신들에게 제

물을 바쳐야 한다. 트로포니오스는 언제나 신성한 살코기만 먹었으며, 특히 자신의 형제인 아가메데스의 혼령에게 제물로 바친 숫양의 고기를 좋아한다. 이들 형제는 함께 델포이의 아폴론 신전을 지은 것으로 유명하다.

j. 신탁을 청할 몸과 마음을 갖추면, 탄원자는 열세 살짜리 두 소년의 인도를 따라 강으로 내려가 몸을 씻고 기름을 바른다. 다음으로, '레테의 물'이라 부르는 샘의 물을 받아 마신다. 이는 자기 과거를 잊는 데 도움을 준다. 근처에 있는 '기억의 물'이라 부르는 샘의 물도 마신다. 이는 그동안 보고 들은 것을 기억하게 돕는다. 성긴 신발을 신고, 아마포 튜닉을 입고, 희생 제물처럼 머리끈을 묶은 채, 탄원자는 신탁의 땅 구덩이 안으로 다가간다. 구덩이는 약 7미터 깊이로 거대하며 빵 굽는 단지를 닮았다. 탄원자가 사다리를 타고 내려가면 바닥에 좁은 구멍이 나온다. 탄원자는 한쪽 손에는 벌꿀을 바른 보리 빵을 쥔 상태로 구멍에 자기 두 다리를 집어넣는다. 누군가 그의 발목을 확 잡아당기고, 그는 거센 강물의 소용돌이에 빠진 것처럼 끌려 들어간다. 어둠 속에서 무언가가 머리를 내리쳐 거의 죽을 지경이 된다. 이윽고 보이지 않는 누군가가 여러 신비로운 비밀과 함께 그의 미래를 알려 준다. 그의 말이 끝나자마자, 탄원자는 모든 몸의 감각과 분별력을 잃어버린다. 이내 사람들은 그를 다리부터 먼저 구덩이 바닥으로 끌어 올리는데, 손에 쥐었던 꿀을 바른 빵은 사라지고 없다. 이어 사람들은 그를 이른바 '기억의 의자'에 앉히고, 들은 말을 되풀이하게 한다. 아직 어지러운 상태지만, 그를 신탁소 수호신의 집으로 돌려보내면 마침내 모든 과정이 끝난다. 탄원자는 거기에서 정신을 수습하고, 웃을 힘도 되찾는다.

k. 이곳 신탁소의 여러 수호신 가운데 하나로 보이지 않는 발표자가 있다. 크로노스의 '황금시대'부터 있었다. 달에서 내려와 신탁과 입문 의식을 책임지고 있으며, 세상 모든 곳에서 징벌자, 감시자, 구원자로 일하고 있다.

그는 뱀의 형상을 한 트로포니오스의 혼령에게 신탁을 청하는데, 혼령은 탄원자의 꿀을 바른 빵을 대가로 받고 신탁을 내려준다.[10]

1] 헤로도토스: 『역사』 2. 55와 8. 134; 할리카르낫소스의 디오뉘시오스: 『고대 로마사』 1. 15; 호메로스: 『오뒷세이아』 14. 328; 아이스퀼로스: 『사슬에 묶인 프로메테우스』 832; 수이다스, '도도나' 항목; 소포클레스: 『오이디푸스 왕』 900.
2] 아이스퀼로스: 『자비로운 여신들』 1-19; 파우사니아스: 『그리스 여행기』 10. 5. 3-5.
3] 파우사니아스: 2. 24. 1; 플루타르코스: 『퓌르로스』 31; 헤로도토스: 8. 134와 1. 78; 타키투스: 『연대기』 2. 54.
4] 파우사니아스: 7. 21. 5와 22. 2.
5] 스트라본: 『지리학』 8. 6. 22; 플리니우스: 『자연 탐구』 28. 41; 아폴로도로스: 『비블리오테카』 1. 9. 27.
6] 파우사니아스: 7. 25. 6.
7] 같은 책: 2. 27. 2.
8] 같은 책: 1. 34. 2; 헤로도토스: 8. 134.
9] 플루타르코스: 『클레오메네스』 7; 파우사니아스: 3. 26. 1.
10] 파우사니아스: 9. 39. 1-5; 플루타르코스: 『소크라테스의 신령에 관하여』 22와 『달의 표면에 나타나는 얼굴』 30.

*

1. 모든 신탁은 원래 어머니 대지Earth-goddess가 내렸다. 어머니 대지가 가진 권위가 워낙 높아 가부장제 침략자들도 여신의 전당을 장악하면 언제나 거기에 남자 사제들을 임명하거나 그냥 여사제들이 계속 전당을 돌보게 했다. 이런 식으로 제우스는 도도나와 이집트 서부 사막 시와Siwwa 오아시스의 암몬에서 떡갈나무 신탁 숭배를 넘겨받았다. 원래 이곳 떡갈나무는 디아Dia 또는 디오네Dione에게 신성했다. 이는 유대의 여호와가 이슈타르Jshtar의 아카시아acacia 신탁 숭배를 넘겨받은 것과 비슷하다(구약성서 「역대기 상」 14. 15). 아폴론도 델포이와 아르고스의 전당을 이런 식으로 빼앗았다. 아르고스의 경우, 여자 예언자는 완전한 자유를 누렸다. 델포이의 경우, 남자 사제가 여자 예언자와 신자 사이에 개입해 그녀가 두서없이 말한 것을 6보운율의 시로 번역했다. 도도나에서는, 비둘기의 여사제와 제우스의 남자 예언

자 양쪽 모두 신탁을 전했다.

2. 델포이에 있는 어머니 대지의 성소는 크레테 사람들이 건설한 것이다. 이들은 자기네 신성한 음악, 의식, 춤, 달력을 헬레네스Hellenes에게 유산으로 남겼다. 어머니 대지의 크레테 식 홀sceptre인 양날 도끼를 라브뤼스labrys라 불렀는데, 이를 따라 고전기에 이르기까지 델포이에서는 사제 무리를 라브뤼아다이Labryadae라고 불렀다. 신전을 꿀벌의 밀랍과 깃털로 만들었다는 대목은, 벌꿀 신Bee이자(7. 3; 18. 3; 47. 1 참고) 비둘기 신Dove(1. b와 62. a 참고)으로 여겼던 여신과 관련이 있다. 양치식물로 지은 신전은, 하지와 동지가 되면 양치식물 씨앗이 생기게 한다는 마법의 힘을 떠올리게 한다(제임스 프레이저는『황금 가지』에서 이 주제에 몇 쪽이나 할애했다). 월계수 나무로 지은 전당은 여자 예언자와 그 동료들이 주신제에서 씹었던 월계수 잎과 관련이 있을 것이다. 다프니스Daphnis는 다포이닛사Daphoenissa('피 흘리는 이')의 축약형이다. 다프네Daphne가 다포이네Daphoene의 축약형인 것과 같다(21. 6과 46. 2 참고). 청동으로 된 전당을 땅이 집어삼켰다는 대목은 단순히 델포이 노래에서 네 번째 단계를 표시하는 것 같다. '런던 다리가 무너졌다'는 노래처럼, 이 노래는 전당을 새로 짓는 데 연달아 쓴 여러 재료가 모두 별로였다는 것을 표현했을 것이다. 물론 청동으로 된 전당은 지하 톨로스tholos와 관련된 것일 수도 있다. 이는 죽은 영웅의 무덤으로, 그는 사제의 몸에 붙어 신탁을 내린다. 톨로스는 벌집 모양의 혼령 집으로 아프리카에서 유래해 팔레스타인을 거쳐 그리스로 전해진 것으로 보인다. '엔돌의 마녀'도 비슷한 전당에 자리를 잡고 있으며, 아담의 혼령도 헤브론Hebron에서 신탁을 내렸다. 필로스트라토스는『튀아나의 아폴로니오스의 생애』 6. 11에서 황금 새를 언급하면서, 이를 세이렌siren과 같은 개미잡이 새라고 묘사했다. 그러나 핀다로스는 이를 나이팅게일이라고 했다(『글조각』, 아테나이오스 인용 290e). 그 새가

신탁의 나이팅게일을 의미하는지, 아니면 사랑의 마법(152. a 참고)과 비를 내리게 하는(프로클로스에 대한 마리노스 28) 개미잡이 새인지, 지금도 논란의 여지가 있다.

3. 내장을 살펴 점을 치는 것은, 인도-유럽 쪽의 점치는 방식으로 보인다. 네 개의 발가락뼈 주사위를 던져 점을 치는 것은 아마 그 유래가 알파벳과 관련돼 있을 것이다. 굴려 나올 수 있는 각 발가락뼈의 네 면에, 숫자가 아니라 어떤 '표시'를 했다고 하기 때문이다. 열두 개의 자음과 네 개의 모음은 그리스 알파벳을 가장 단순하게 줄일 수 있는 형태이다.[3] ('오설리번 의'라고 불렀던, 아일랜드의 오검[4] 점치기도 이와 비슷하다). 그러나 고전기에는 각 발가락뼈에 1, 3, 4, 6 등의 숫자만 표시했다. 모든 가능한 숫자 조합의 의미는 사전에 체계적으로 정리돼 있었다. 꿈을 풀어 예언하는 일은 세계 어디에나 있다.

4. 아폴론의 사제들은 델포이의 여사제 퓌티아에게 처녀성을 강요했다. 이들을 아폴론의 신부로 여겼기 때문이다. 이들 가운데 하나가 어떤 신도와 정을 통했다는 추문이 나면, 그녀는 신부복을 입은 채로 50세가 될 때까지 계속 성소에 남아 있어야 했다. 황소의 피에는 치명적인 독성이 있다고 여겼다. 거기에 마법의 힘이 있다고 믿었기 때문이다(155. a 참고). 신성한 황소의 피는 가끔 부족 전체를 축성하는 데도 사용됐다. 「출애굽기」 24장 8절에서 그랬던 것과 같이, 황소 피는 물을 많이 섞은 뒤 비료로 밭에 흩뿌리기도 했다. 대지 여신Earth의 여사제는 어머니 대지Mother Earth가 마시는 것은

---

3) 네 면의 주사위 네 개라면 모두 16개의 표시가 가능하고, 자음 열두 개와 모음 네 개를 더하면 16개가 된다.

4) 오검Ogham 문자: 아일랜드 언어를 적기 위해 사용된 중세 초기 자모(알파벳). 현재까지 아일랜드와 서부 브리튼에 400여 개의 비문이 남아 있다. 원래 20개의 자모로 구성돼 있었는데, 나중에 5개가 추가됐다고 한다.

무엇이든 마실 수 있었다.

5. 헤라, 파시파에, 이노는 모두 세 모습 여신의 호칭이다. 여사제가 앉은 삼발이 의자는, 이 여신이 가진 세 가지 위격이 상호 의존함을 상징한다.

6. 트로포니오스 신탁소에서 신탁을 얻는 절차는 아이네이아스가 손에 겨우살이를 들고 아베르노스Avernus로 내려가 자기 아버지 앙키세스Anchises에게 예언을 청했던 일을 떠올리게 한다. 오뒷세우스가 테이레시아스Teiresias에게 예언을 청한 것도 이와 비슷하다. 참고로, 파우사니아스는 본인이 직접 그 신탁소를 방문하기도 했다. 이런 절차는 이들 신화가 일반적인 입문 의식과 관련이 있음도 보여 준다. 입문 의식에서, 초심자는 가짜 죽음을 경험하고 거짓 혼령한테서 신비로운 지침을 받는다. 그리고 새로운 씨족, 즉 비밀 조직의 일원으로 다시 태어난다. 플루타르코스는 트로포니오스 숭배자들Trophoniads, 즉 어두운 동굴에 사는 비교 전수자들은 이 올림포스 이전의 크로노스 시대부터 있었다고 지적하면서, 올바르게도 이들을 사모트라케 섬의 비밀 의식을 거행했던 '이다 산의 닥튈로이'[5]와 짝을 지었다.

7. 검은 포플러는 파가이Pagae에서 죽음의 여신에게 신성했다. 페르세포네는 서쪽 끝에 검은 포플러 숲을 가지고 있었다(파우사니아스: 10. 30. 3, 이 책 170. 1 참고).

8. 암필로코스와 몹소스는 서로를 죽였지만, 이들의 혼령은 하나의 공동 신탁소를 세우는 데 동의했다(169. e 참고).

---

5) 닥튈로이Daktyles(또는 Dactyls): 크레테 섬의 이다 산에 살았던 정령들이다. 보통 '이다 산의 닥튈로이 Idaean Daktyles'라고도 불린다. 철과 불을 이용한 금속 기술을 맨 처음 발견한 존재로 신성시되었으며, 주술과 관련된 신비한 마법적 존재로 여겨진다. 53장 참고.

52
알파벳

　세 운명의 여신Three Fates이 첫 알파벳의 모음 다섯 개와 자음 B와 T를 발명했다. 어떤 이는 포로네우스의 누이 이오가 그랬다고 한다. 나우플리오스의 아들인 팔라메데스가 나머지 열한 개의 자음을 발명했다. 그리고 헤르메스가 이들 음가sound를 쐐기 모양을 이용해 자모Character로 정리했다. 두루미가 쐐기 대형으로 날기 때문이다. 헤르메스는 이를 그리스에서 이집트로 가져다주기도 했다. 이는 펠라스고이족의 알파벳으로, 카드모스가 보이오티아로 다시 가져왔다. 또한, 펠라스고이족인 아르카디아의 에우안드로스는 이를 이탈리아에 전해 주었고, 거기서 그의 어머니 카르멘타가 우리에게 익숙한 라틴 알파벳의 열다섯 개 자모를 만들었다.

　b. 다른 자음은 나중에 '사모스 섬의 시모니데스'와 '시칠리아의 에피카르모스'가 그리스 알파벳에 추가했다. 그리고 두 개의 모음, 장음 O와 단음 E는 아폴론의 사제들이 추가했으며, 그 결과 아폴론의 신성한 뤼라는 일곱 개의 현에 하나씩 모음을 갖게 됐다.

　c. 알파alpha는 열여덟 글자의 처음에 위치한다. 알페alphe는 명예를, 알파이네인alphainein은 발명하다를 뜻하기 때문이다. 또 알페이오스Alpheius 강이

모든 강 가운데 가장 중요하기 때문이다. 게다가 카드모스가 글자 순서를 바꾸면서도 알파는 그 자리에 그대로 두었다. 그가 그렇게 한 것은 알레프가 포이니케 말로 거세한 수소를 뜻하며, 보이오티아는 소의 땅이기 때문이다.[1]

1] 휘기누스: 『신화집』 277; 세비야의 이시도루스: 『어원』 8. 2. 84; 필로스트라토스: 『영웅담』 10. 3; 플리니우스: 『자연 탐구』 7. 57; 호메로스의 『일리아스』 19. 593에 대한 고전 주석자; 플루타르코스 『심포시아카』 9. 3.

*

1. 그리스 알파벳은 크레테의 상형문자를 단순화한 것이다. 문자 알파벳은 기원전 18세기 이집트에서 크레테의 영향을 받아 처음으로 발전했다는 데 학자들이 널리 동의하고 있다. 이는 플리니우스가 언급한 아리스티데스 Aristides의 전승과도 호응한다. 아리스티데스는 메노스Menos('달')라는 이집트인이 알파벳을 "아르고스의 왕인 포로네우스Phoroneus의 통치 15년 전에" 발명했다고 전했다.

2. 그런데 개선된 포이니케 알파벳이 그리스로 소개되기 이전에, 그리스에는 달 여신의 여사제들이 갖고 있던 종교적 비밀로서 알파벳이 이미 존재했다는 증거가 있다. 이때 달 여신은 이오 또는 세 운명의 여신을 말한다. 이미 존재했던 알파벳은 달력과 밀접하게 연결돼 있으며, 각 글자는 문자 자모가 아니라 여러 나무에서 잘라 낸 작은 가지로 나타냈다는 증거도 있다. 나무는 한 해의 각 달을 대표하는 수종들이었다.

3. 고대 아일랜드 알파벳은 처음에는 어디 적을 수 있는 게 아니었으며, 모든 글자에 나무 이름이 붙어 있었다. 카이사르가 저술한 골족의 드루이드교 사제들이 사용했던 것도 이러했다. 이 문자는 처음 나오는 세 자음의

이름을 붙여 베트-루이스-니온Beth-luis-nion('자작나무, 마가목, 물푸레나무')이라고 불렀다. 문자 기록을 보면, 프뤼기아에서 유래한 듯한데, 펠라스고이족과 라틴 알파벳과 마찬가지로 자음 13개와 모음 5개로 이뤄져 있다. 원래 순서는 A, B, L, N, O, F, S, H, U, D, T, C, E, M, G, Ng 또는 Gn, R, I로 이어진다. 헤르메스도 이런 순서로 했을 가능성이 있다. 중세 아일랜드 학자들은 손가락 마디로 각 글자를 뜻하게 하는 방식으로 수화를 만들었다. 말로 하는 암호도 만들었다. 자음은 각각 13개월의 '28일짜리 한 달'을 의미한다. 동지 이틀 뒤에 시작해, 다음과 같이 이어진다.

1	12월 24일	B	자작나무 또는 야생 올리브
2	1월 21일	L	마가목
3	2월 18일	N	물푸레나무
4	3월 18일	F	오리나무 또는 층층나무
5	4월 15일	S	버드나무; SS(Z), 자두나무
6	5월 13일	H	산사나무 또는 팥배나무
7	6월 10일	D	떡갈나무 또는 테레빈 나무
8	7월 8일	T	호랑가시나무 또는 지중해 떡갈나무
9	8월 5일	C	호두나무; CC(Q), 사과나무, 유럽 마가목, 또는 모과나무
10	9월 2일	M	포도나무
11	9월 30일	G	담쟁이덩굴
12	10월 28일	Ng 또는 Gn	갈대 또는 불두화나무
13	11월 25일	R	딱총나무 또는 도금양

4. 기원전 400년경, 종교적 혁명의 결과로 새로운 역법에 조응하기 위해 알파벳 순서는 B, L, F, S, N, H, D, T, C, Q, M, G, Ng, Z, R의 순서로 바뀌었

다. 이는 '헤라클레스 오그미오스Heracles Ogmius'[1) 또는 '태양 얼굴의 오그마 Ogma'[2)와 연결되는 알파벳이다. 초기 알파벳이 포로네우스와 연결되는 것과 비슷하다(132. 3 참고).

5. 각각의 모음은 한 해를 넷으로 나누는 것과 연결된다. 즉, O(가시금작나무)는 춘분, U(히드)는 하지, E(포플러)는 추분을 뜻한다. A(전나무 또는 야자나무)는 탄생의 나무, I(주목나무)는 죽음의 나무로서 하지를 공유한다. 나무의 이런 순서는 그리스와 로마 신화뿐 아니라, 그리고 모든 유럽 지역과 필요한 부분을 약간 수정한 시리아 및 소아시아의 신성한 전통에서 절대적이다. 여신 카르멘타[3)(86. 2와 132. 6 참고)가 모음뿐 아니라 B와 T를 발명했다. 이들 두 개의 자음은 역법과 연관된 것으로, 한 해의 절반을 각각 지칭한다. 신성한 왕과 그의 후계자는 한 해를 절반씩 나눠 가졌다.

6. 두루미는 헤르메스에게 신성한 새이다(17. 3과 36. 2 참고). 헤르메스는 아폴론이 빼앗아 가기 전까지 시인들의 보호자였다. 발명 초기 알파벳 자모는 쐐기 모양이었다. 팔라메데스('고대의 지혜')는 자신의 신성한 두루미와 함께 다니며(마르티알리스: 「풍자시」 13. 75), [아나톨리아 서남부 고대 국가] 카리아Caria에서 이집트 신 토트[4)에 해당했다. 토트는 두루미와 비슷한 따오기

---

1) 오그미오스Ogmius(또는 Ogmios): 켈트족 신화에 나오는 웅변의 신. 사자 가죽을 걸치고 다니는 등 그리스 신화의 헤라클레스와 여러모로 닮았다. 그러나 설득의 힘을 사용한다는 점에서 구별된다. 본문의 '헤라클레스 오그미오스'는 '헤라클레스'를 호칭으로 사용한 표현으로 보인다.

2) 오그마Ogma: 아일랜드 신화에 나오는 웅변의 신. 중세 초기에 사용된 아일랜드 알파벳, 즉 오검 문자 ogham를 발명했다고 전한다. 켈트족의 신화적 영웅인 오그미오스와 관련된 캐릭터로 보인다.

3) 카르멘타Carmenta: 로마 신화의 출산과 예언의 여신이며, 라틴 알파벳을 발명했다. 여신의 이름은 라틴어 카르멘carmen('마법, 주문, 예언', 영어 단어 charm의 어원)에서 왔다. 에반드로스의 어머니이며, 휘기누스는 그녀가 그리스 알파벳 15개를 라틴 알파벳으로 바꿨다는 전설을 전했다.

4) 토트Thoth: 이집트 신화의 지혜와 정의의 신. 원래는 달의 신으로 달력을 주관했으나, 나중에는 과학·예술·의학·수학·천문학·점성술 등 지식과 지혜를 탄생시킨 학문 일반의 신이 됐다. 글자를 발명해 서기書記의 신으로도 불렸다. 흔히 사람의 몸과 이비스ibis(따오기 종류)의 머리를 가진 서기관으로 표현된다. 『사자死者의 서書』에서 오시리스 앞에서 죽은 자의 심장을 저울에 달아 그 무게를 기록하는 역할을 했다. 그리스 신화의 헤르메스와 동일시된다.

와 함께 다니며 글자를 발명했다(162. s 참고). 헤르메스는 초기 헬레네스 사회에서 토트 신에 해당한다. 시모니데스와 에피카르모스가 알파벳에 새 글자를 추가했다는 것은 신화가 아니라 역사적 사실이다. 물론 그들이 왜 그렇게 했는지는 지금도 의문으로 남아 있다. xi(x)와 psi(ψ)를 추가한 것은 불필요했으며, 기음(H)과 디감마digamma(F)를 없앤 것은 문자 기록의 질을 떨어뜨렸다.

7. 이렇게 글자 이름은 아일랜드의 베트-루이스-니온에 보존됐다. 이는 그리스에서 스페인을 통해 아일랜드로 전해졌다는 게 전통적 생각이다(132. 5 참고). 글자 이름은 태고의 그리스에서 아르카디아의 하얀 여신 알피토Alphito를 기리는 주문으로도 쓰였다. 알피토는 고전기에 이르러 아이들을 겁주는 도깨비 정도로 격이 떨어졌다. 카드모스가 글자 순서를 바꿔 지금의 ABC 순서로 굳어졌다고 하지만, 이 순서는 포이니케 상인들이 신중하게 틀리게 배열해 놓은 것에서 비롯된 것으로 보인다. 이들은 교역을 위해 비밀 알파벳을 사용했는데, 진짜 순서를 드러내면 여신을 모욕할 것이라고 두려워했다.

이는 복잡하면서 중요한 주제로, 『하얀 여신』에서 길게 다뤘다(1-15, 21장).

8. 아폴론 신의 사제들이 신의 뤼라에 모음을 추가했다는 이야기는, 아마도 기원전 1세기 알렉산드리아의 철학자 데메트리오스Demetrius가 언급한 것과 관련이 있어 보인다. 그는 「문체에 관하여On Style」라는 논문에서 이렇게 적었다.

"이집트에서 사제들은 일곱 개의 모음을 연이어 발음하는 방식으로 신들에게 바치는 찬가를 불렀다. 그 소리는 듣는 이들에게 아울로스와 뤼라를 연

주하는 듯한 강력한 음악적 인상을 남겼다. …… 그러나 이 주제를 더 다루
는지 않는 게 좋겠다."

이 기록은, 아폴론의 전당에서 긴장을 푸는 뤼라 음악에 모음을 사용했
음을 암시한다.

53
닥튈로이

　어떤 이는 레아가 제우스를 낳으면서 산통을 덜고자 손가락으로 땅바닥을 세게 눌렀고, 거기서 닥튈로이가 솟아올랐다고 전한다. 레아의 왼손에서 여자 다섯이 나왔고, 오른손에서 남자 다섯이 나왔다. 그러나 보통은 이들이 제우스가 태어나기 오래전부터 프뤼기아의 이다 산에서 살았다고 한다. 그리고 어떤 이는 님프 앙키알레가 오악소스 근처 딕테 동굴에서 이들을 낳았다고 한다. 남자 닥튈로이는 대장장이였고, 근처 베레퀸토스 산에서 처음으로 철을 발견했다. 이들의 누이들은 사모트라케 섬에 정착해, 마법의 주문으로 거기 사람들을 무척 놀라게 했으며, 오르페우스에게 위대한 여신 Goddess의 비밀 의식을 가르쳤다. 그들의 이름은 철저하게 비밀에 부쳐졌다.[1]

　b. 다른 이들은 남자 닥튈로이는 크레테에서 제우스의 요람을 지키던 쿠레테스였다고 한다. 그들은 그다음에 [펠로폰네소스 동부] 엘리스로 와서 크로노스를 달래기 위해 신전을 지어 올렸다. 이들의 이름은 헤라클레스, 파이오니오스, 에피메데스, 이아시오스, 아케시다스이다. 헤라클레스는 야생 올리브를 북쪽의 휘페르보레오이에서 엘리스 지역의 올륌피아로 가져왔고, 거기서 자기 동생들이 달리기 경주를 하게 했다. 이것이 올륌피아 제전

의 기원이다. 그는 파이오니오스가 승리하자, 야생 올리브 가지로 관을 만들어 씌워 주었다고도 한다. 그 뒤 이들은 올리브의 푸른 이파리로 만든 침대에서 잠을 잤다. 그러나 사실은 이와 다르다. 야생 올리브가 승리자의 왕관으로 사용된 것은 일곱 번째 올림피아드부터였다. 그때 델포이 신탁이 이피토스에게 그때까지 승리의 상으로 사과나무 가지를 주던 것을 올리브로 바꾸라고 명했다.[2]

c. 아크몬, 담나메네우스, 켈미스는 닥튈로이의 최고 연장자 셋의 호칭이다. 어떤 이는 켈미스가 레아를 모욕했다는 이유로 철로 변하는 벌을 받았다고 전한다.[3]

1] 디오도로스 시켈로스: 『역사총서』 5. 64; 소포클레스: 『귀먹은 사튀로스들』, 스트라본의 인용: 10. 3. 22; 아폴로니오스 로디오스: 『아르고 호 이야기』 509와 1130.
2] 파우사니아스: 『그리스 여행기』 5. 7. 4; 트랄레스의 플레곤: 『그리스 역사 글조각』 3. 604.
3] 아폴로니오스 로디오스에 대한 고전 주석자: 1. 1129; 오비디우스: 『변신 이야기』 4. 281.

＊

1. 닥튈로이Dactyls 신화는 손가락을 의인화한 것이다. 헤라클레스의 올림피아 경주는 엄지를 접고 나머지 네 손가락으로 탁자를 두드려 보이며 아이들에게 들려주던 우화이다. 이 경주에서는 언제나 집게손가락이 이긴다. 오르페우스교의 비밀스러운 가르침은 달력 순서로 배열된 마법적 나무에 바탕을 두고 있었는데, 이들 나무는 몸짓 언어에서 손가락 마디가 하나씩 할당돼 있었다.[1] 이들 나무에는 오르페우스교의 달력-알파벳도 하나씩 짝을 지었으며, 이는 프뤼기아에서 유래한 것으로 보인다(52. 3 참고). 1월에 해

---

1) 손가락 마디는 14개(엄지 2개 포함)인데, 이른바 마법의 나무는 13개이다.

당하는 야생 올리브는 엄지손가락의 첫 번째 마디에 해당하며, 남성적 힘의 자리라서 헤라클레스라고 불렀을 것이다. 여기 나오는 헤라클레스는 몸에서 나뭇잎이 자란다고 했다(팔라이파토스: 37). 서구의 대중적인 손가락 이름에는 이런 체계가 작동한다. 예를 들어, 에피메데스인 가운뎃손가락은 '바보의 손가락'이라 한다. 이아시오스인 약지는 '약 손가락'이라 한다. 손금 보기에서 부르는 손가락 이름에서도 이 체계가 작동한다. 이를테면 에피메데스는 사투르누스이다. 사투르누스는 제우스와 벌인 전쟁에서 바보스러운 모습을 보였다. 그리고 이아시오스는 치료의 신인 아폴론이다. 집게손가락은 경주를 이긴 유피테르, 즉 제우스에게 돌아간다. 새끼손가락은 메르쿠리우스, 즉 헤르메스인데 마법의 손가락이다. 원시 유럽 전역에서 야금을 할 때는 항상 주문을 외웠으며, 이에 대장장이들은 오른손 손가락이 자기네의 닥튈로이라고 주장했다. 이때 왼쪽은 여자 마법사들의 몫이라 했다.

2. 닥튈로이 손위 삼형제라고 하는 아크몬과 담나메네우스, 켈미스의 이름은 대장간 기술을 지칭한다. 그리고 이것은 아이들에게 들려주던 또 다른 우화이기도 하다. 모루 위를 망치로 두드리듯 엄지 위를 집게손가락으로 두드리고, 뜨거운 쇳조각인 것처럼 가운뎃손가락의 끝을 이들 사이로 미끄러지게 하면서 이야기를 들려주었을 것이다. 철은 멀리 흑해 남부 해안지대에서 프뤼기아를 거쳐 크레테로 전해졌다. 켈미스는 제련된 철을 의인화한 것인데, 대장장이의 후원자인 위대한 여신 레아를 무척 불쾌하게 했을 것이다. 레아를 섬기는 종교는 철의 제련과 철제 무기를 쓰는 도리에 이스족의 도래와 함께 위축되기 시작했다. 레아는 오직 금, 은, 구리, 납, 주석만 땅이 주는 귀한 금속으로 인정했던 것이다. 철 성분의 운석 덩어리는 하늘에서 뚝 떨어진 것이니 무척 귀한 것인데도 인정하지 않았다. 처음 철을 발견했다는 베레퀸토스 산에도 이런 운석이 떨어졌을 것이다. 가공하지

않은 철광석 덩어리가 크레테 섬의 고대 도시 파이스토스Phaestus의 신석기 시대 유적에서 테라코타 여신상, 조개껍데기, 제물을 담는 그릇 옆에서 발굴됐다. 초기 이집트 철은 모두 운석에서 뽑은 것이라, 니켈 함량이 높고 거의 녹이 슬지 않았다. 켈미스가 레아를 모욕한 일로 인해 가운뎃손가락에는 디기타 임푸디카digita impudica[2] 라는 이름이 붙었다.

3. 올림피아 제전은 달의 여신 헤라의 여사제가 되는 특전을 위해 소녀들이 벌인 달리기 경주에서 유래했다(파우사니아스: 5. 16. 2). 그리고 경주가 파르테니오스Parthenios 달('처녀의 달')에 열렸으니, 연례행사였을 것이다. 제우스가 헤라와 결혼했을 때, 다시 말해 아카이아족이 그리스에 신성한 왕이라는 새로운 질서를 가져왔을 때(12. 7 참고), 두 번째 달리기 경주가 열렸다. 이번에는 젊은 남자들이 여사제의 배우자가 되는 위험한 특전을 위해 경주에 참여했다. 이는 달의 신이 아닌 태양의 신이, 즉 엘리스 지역의 왕이 되는 일이었다. 이카리오스Icarius(160. d 참고)와 다나오스Danaus(60. m 참고)의 전례에 따라, 안타이오스Antaeus가 딸의 구혼자들에게 달리기 경주를 시킨 것은 바로 이를 말한다(핀다로스: 「퓌티아 제전 송가」 9).

4. 나중에 올림피아 제전은 해마다가 아니라 4년마다 열렸다. 소녀들의 달리기 경주는 올림피아 제전 2주 전이나 2주 후에 따로 축제를 벌여 진행했다. 달리기 경주의 우승자가 새로운 여사제와 올리는 결혼식에서 신성한 왕의 지위가 수여됐다. 이는 고전기에 승리자가 계속해서 신적인 명예를 받았던 것에서 그 흔적이 남아 있다. 경기의 승리자는 헤라클레스 또는 제우스의 올리브 관을 쓰고, '헤라클레스 왕'이라 외치는 경례를 받으면서, 영국 봄 축제의 놀이인 나뭇잎 잭Jack o'Green처럼 나뭇잎 세례 속에서 춤을 추

---

2) '뻔뻔한 손가락'을 뜻하는 라틴어로, 현대의 가운뎃손가락 욕은 그 연원이 그리스까지 올라가는 셈이다.

며 행진하고, 공회당에 이르러 제물로 바친 황소의 고기를 먹었다.

5. 올림피아 제전에서 원래 상으로 수여했던 사과 한 알 또는 사과나무 가지는 예정대로 그가 후계자한테 죽임을 당하더라도 진짜 죽지는 않을 것이라는 불사의 약속이었다. 플루타르코스(『심포시아카』 5. 2)는 원래 올림피아 제전에는 유일하게 달리기 경주만 있었지만 반드시 패자의 죽음으로 끝나는 일대일 전투도 한 차례 같이 열렸다고 전했다. 올림피아 제전이 제우스와 크로노스가 엘리스의 소유권을 둘러싸고 벌인 씨름 시합과 함께 시작됐다는 이야기는 바로 이 전투를 신화적으로 기록한 것이다(파우사니아스: 5. 7). 제우스와 크로노스의 시합은 왕과 그의 후계자가 한여름에 벌인 전투였다. 전투의 결과는 이미 정해져 있었다. 후계자는 창으로 무장하고 전투에 임했다.

6. 핀다로스(「올림피아 제전 송가」 3. 33)의 고전 주석자는 코마르코스 Comarchus를 인용하면서 이렇게 정리했다. 엘리스에서 새해는 동지에 가장 가까운 보름달이 뜨는 날 시작되며, 두 번째 새해는 한여름에 시작된다. 그렇다면 짐작건대 새로운 '제우스-헤라클레스', 다시 말해 달리기 경주의 승자는 지난해의 후계자 '크로노스-이피클레스'를 한겨울에 죽였을 것이다.[3] 이에 헤라클레스가 올림피아 제전을 처음 제정하고, "산 정상에 많은 눈이 쌓여 있는 계절에" 음산한 '크로노스의 언덕'이라고 이름 붙였다고 했다(핀다로스: 「올림피아 제전 송가」 10. 49).

7. 고대에, 제우스-헤라클레스는 한여름에 후계자한테 죽임을 당하기 직전에 떡갈나무 잎의 세례 속에서 사과나무 가지를 받았다. 앞서 그는 지난 한겨울에 왕을 상징하는 야생 올리브 가지를 받은 바 있다. 사과나무를

---

3) 이피클레스는 헤라클레스의 쌍둥이 동생으로 '2인자' 정도의 의미일 것이다.

야생 올리브로 대신한 것은, 이런 죽음의 전투가 폐지됐음을 암시한다. 이때 야생 올리브는 악령을 몰아내는 나무다. 수여하는 나무의 변화는 절반씩 나뉘었던 한 해가 '커다란 한 해a Great Year'로 전환했음도 시사한다. 이는 한겨울에 시작됐는데, 이때는 태양시와 태음시가 일치해 태양신과 달의 신의 결혼식이 열리기 좋다. 그리고 커다란 한 해는 각각 4년에 해당하는 두 번의 올림피아드로 나뉜다.[4] 왕과 그의 후계자는 8년에 이르는 이 기간에 차례로 또는 동시에 함께 통치한다. 고전기에 이르러 태양의 전차 경주가 가장 중요한 종목이 됐지만, 달리기 경주에서 우승하고 나뭇잎 세례를 받는 일은 여전히 어쨌든 불운을 가져올 수 있다고 여겼다. 피타고라스는 친구들에게 제전에 나가 겨뤄 보라고 하면서도 거기서 이기지는 말라고 충고했다. 공회당에서 먹었다는 승리의 수소는 아테나이의 부포니아Buphonia 축제[5]와 마찬가지로 분명히 왕을 대신해 제물로 바쳐진 놈이었을 것이다(21. 13 참고). 한편, 올림피아 제전의 전차 경주는 그 신화적 전거를 펠롭스가 힙포다메이아Hippodamia를 얻기 위해 그녀의 아버지 오이노마오스Oenomaus와 전차 경주를 벌였다는 이야기에 두고 있다(109. 3 참고).

8. 올림피아는 뮈케나이 문명의 무대가 아니었다. 아카이아족 이전의 신화는 따라서 크레테에서 전해진 게 아니다. 이는 펠라스고이족의 것으로 보인다.

---

4) 올림피아 제전 개최에 따른 시간 단위다.
5) 스키로포리온Skirophorion의 달(6-7월)에 아크로폴리스에서 수소를 제물로 바친 제의이다.

54
텔키네스

아홉 텔키네스는 개의 머리에 물갈퀴가 있는 손을 가졌으며, 바다 신의 자식으로 로도스 섬 출신이다. 이들은 거기에 카메이로스, 이알뤼소스, 린도스 등 여러 도시를 건설했다. 그리고 크레테 섬으로 이주해 그곳의 첫 주민이 됐다. 레아는 아기 포세이돈을 이들에게 맡겼고, 이들은 포세이돈의 삼지창을 벼려 만들었다. 이보다 훨씬 전에 크로노스를 위해 톱니가 있는 낫을 만들었고, 크로노스는 이것으로 아버지 우라노스를 거세했다. 신의 조각상도 이들이 처음 만들었다.

b. 그러나 제우스는 이들을 홍수로 죽여야겠다고 마음먹었다. 이들이 날씨의 질서를 어지럽히고, 마법의 안개를 끼게 하며, 유황과 스튁스의 강물로 곡식을 망치고 있었기 때문이다. 아르테미스의 경고를 받고, 이들은 모두 바다 건너로 달아났다. 누구는 보이오티아로 건너가 테우멧소스에 아테나 신전을 지었고, 누구는 시퀴온으로, 누구는 뤼키아로 갔다. 다른 이들은 오르코메노스로 건너갔는데, 악타이온을 갈가리 찢은 사냥개가 바로 이들이었다. 제우스는 테우멧소스의 텔키네스를 홍수로 죽였다. 비록 새로 신전을 지어 그를 달래려 했지만, 아폴론은 늑대로 위장해 뤼키아의 텔키네스

를 죽였다. 오르코메노스에서는 더는 이들을 찾을 수 없다. 시퀴온에 아직 일부가 살아 있다는 소문이 있다.[1]

1] 호메로스에 대한 에우스타티오스, 771-772; 오비디우스: 『변신 이야기』 7. 365-367; 디오도로스 시켈로스: 『역사총서』 3. 55. 2-3; 스트라본: 『지리학』 14. 2. 7; 칼리마코스: 『델로스 찬가』 31; 베르길리우스의 『아이네이스』 4. 377에 대한 세르비오스.

*

1. 아홉 텔키네스Telchines는 바다 신의 자식들이고 아르테미스의 사냥개 역할을 했으며, 마법의 안개를 피웠고, 다나이데스 가운데 카메이라Cameira, 이알뤼사Ialysa, 린다Linda(60. d 참고)의 이름을 딴 세 도시를 건설했다는 이야기는, 이들이 원래 달의 여신 다나에Danaë의 소산이라는 것을 암시한다. 아홉 텔키네스는 다나에가 가진 세 위격의 각각이 셋씩 나타난 셈이다(60. 2 참고). 그리스 문법학자들은 '텔킨Telchin'이 텔게인thelgein('마법을 걸다')에서 유래했다고 봤다. 그러나 튀레니아 해의 스퀼라[1]를 그린 그림이나 튀레니아 배의 뱃머리 장식 상에는 여자와 개, 물고기가 똑같이 나온다는 점을 볼 때, 그리고 스퀼라는 크레테 섬에도 집이 있다는 점을 미뤄 보면(91. 2 참고), 텔킨은 '튀렌Tyrrhen' 또는 '튀르센Tyrsen'의 변형일 가능성도 있다. 리비아인들은 엘과 아르를 혼동했으며, 다음 자음은 기식음과 치찰음 사이에 있는 소리였다. 텔키네스는 그리스, 크레테, 뤼디아, 에게 해 섬의 초기 가모장 사회에서 숭배를 받은 것 같다. 이들은 나중에 가부장제의 헬레네스 침략자들의 박해를 받았고, 흡수되거나 아니면 서쪽으로 이주를 떠나야 했다.

---

1) 튀레니아 해의 스퀼라Scylla the Tyrrhenian: 바다 괴물 스퀼라Scylla는 상체는 처녀이지만 하체는 여러 마리의 사나운 개가 이빨을 드러내고 짖어대는 모습으로 그려진다. 튀레니아 해the Tyrrhenian Sea는 이탈리아 서부의 시칠리아 섬 부근의 바다이다.

이들의 뿌리는 동아프리카였을지 모른다.

2. 마법의 안개는 버드나무 주문으로 생겨났다. 스튁스 강물(31. 4 참고)은 너무나 신성해 말의 발굽으로 만든 컵으로 마시지 않는다면 한 방울만으로도 죽음에 이르렀을 것이다. 이를 보면 그것이 아르카디아의 암말 머리 여신에게 신성한 것임을 알 수 있다. 알렉산드로스 대왕은 스튁스 강물로 독살됐다고 한다(파우사니아스: 8. 18. 2). 텔키네스가 이를 마법에 사용했다는 대목은, 이들의 추종자들이 노나크리스Nonacris('아홉 봉우리') 산 가까이에서 계속 살았다는 것을 암시한다. 그곳은 한때 그리스에서 가장 중요한 종교적 중심이었다. 올륌포스의 신들조차 가장 엄숙한 맹세는 스튁스를 걸고 했다.

55
엠푸사이

엠푸사이라고 불리는 더러운 악령은 헤카테의 자식들로, 당나귀 엉덩이에 놋쇠 슬리퍼를 신고 다닌다. 어떤 이는 그게 아니라 이들이 한쪽은 당나귀 다리를, 다른 쪽은 놋쇠 다리를 하고 있다고 전한다. 이들의 취미는 여행자들을 놀라게 하는 것이지만, 욕을 퍼부으면 쫓아버릴 수도 있다. 욕을 들으면 비명을 지르며 달아나기 때문이다. 엠푸사이는 암캐, 암소, 아름다운 처녀로 변신한다. 처녀의 모습으로 밤중이나 낮잠 자는 동안 남자와 동침하고, 그가 죽을 때까지 생명력을 빨아먹는다.[1]

1] 아리스토파네스: 『개구리』 288 ff.; 『여인들의 민회』 1056과 1094; 『그리스 마법 파피루스』 4. 2334; 필로스트라토스: 『튀아나의 아폴로니오스의 생애』 4. 25; 수이다스, '엠푸사이' 항목.

*

1. 엠푸사이Empusae('침입자')는 탐욕스러운 유혹의 여자 악령이다. 아마도 팔레스타인에서 그리스로 건너온 개념으로 보인다. 팔레스타인에서는 릴림Lilim('릴리트Lilith의 자식들')이라 부르며, 당나귀 엉덩이를 하고 있다. 여기서

당나귀는 음란함과 잔인함을 상징한다. 릴리트('삑 소리 내는 부엉이')는 가나안의 헤카테였으며, 유대인들은 중세까지도 그녀로부터 자신을 보호하기 위해 부적을 썼다. 헤카테는 타르타로스의 진짜 통치자로(31. f 참고), 놋쇠 샌들을 신었다. 반면 황금 샌들은 아프로디테가 신었다. 헤카테의 딸들, 즉 엠푸사이는 이 전례를 따랐다. 이들은 암캐뿐 아니라 아름다운 처녀나 암소로 변신할 수 있었다. '암캐 헤카테'는 세 모습 달의 여신의 한 구성원으로, 아프로디테 또는 암소 눈의 헤라와 동일한 여신이었기 때문이다.

56
이오

    이오는 강의 신 이나코스의 딸로, '아르고스의 헤라'의 여사제였다. 판과 에코의 딸인 이윙크스가 주문을 걸어, 제우스는 이오와 사랑에 빠졌다. 헤라는 남편의 부정을 비난하고, 주문을 걸었던 이윙크스를 개미잡이 새로 변신시켜 벌하였다. 그러나 제우스는 거짓말을 했다. "나는 결코 이오를 건드리지 않았소!" 그러면서 제우스는 이오를 흰 암소로 변신시켰고, 헤라는 이에 그 암소를 달라고 했다. 그녀는 암소를 아르고스 파놉테스에게 주면서 이렇게 명했다. "이 짐승을 남들 모르게 네메아의 올리브나무에 묶어 두어라!" 그러나 제우스는 그녀를 다시 데려오도록 헤르메스를 보냈고, 자신이 직접 딱따구리로 변신해 네메아까지 앞장서 갔다. 어떤 이는 뮈케나이까지 갔다고 전한다. 헤르메스는 세상에서 제일 똑똑한 도둑이지만, 아르고스가 가진 100개의 눈을 모두 피해 이오를 훔쳐낼 순 없다는 것을 잘 알았다. 이에 그는 아울로스를 불어 아르고스를 잠재운 다음, 돌덩이로 내리치고 머리를 잘라내고서야 이오를 풀어줄 수 있었다. 헤라는 헤르메스의 괘씸한 행동을 잊지 않으려 아르고스의 눈을 공작새 꼬리에 가져다 붙였다. 당연히 이오도 잊지 않았다. 이오에게는 등에를 풀어 그녀를 쏘면서 세상 끝까지 따라다니게 했다.

b. 이오는 처음에는 도도나로 갔고 곧이어 그녀를 따라 이름을 붙인 이오니아 해[1]의 바다에 도착했다. 거기서 뒤로 돌아 북쪽으로 하이모스 산으로 갔고, 다뉴브 삼각지대를 거쳐 해가 뜨는 방향으로 흑해 해변을 따라 걸어 크림 반도 보스포로스 해협[2]을 건넜다. 휘브리스테스 강을 따라 카우카소스에 있는 그 발원지까지 올라갔다. 거기에는 프로메테우스가 여전히 바위에 묶여 있었다. 이오는 콜키스, 칼뤼베스족의 땅, 트라케의 보스포로스 해협을 건너 유럽으로 되돌아왔다.[3] 이오는 등에한테 쫓겨 멈출 수가 없었다. 그녀는 빠른 걸음으로 소아시아로 넘어가, 터키 남부 타르소스와 이스라엘 서부 항구 욥바까지 갔고, 이어서 카스피 해 남부 메디아, 아프가니스탄 북부 박트리아, 인도까지 갔다. 그리고 아라비아를 남서 방향으로 통과하고, 인도 보스포로스(바브엘만데브 해협)[4]을 건너, 에티오피아에 도착했다. 이오는 피그미족과 두루미들이 끝없이 전쟁을 벌이고 있는 나일 강의 발원지에서 출발해, 이집트에 이르러 마침내 쉴 곳을 찾았다. 제우스는 거기에서 이오를 다시 사람 모습으로 되돌려 주었으며, 그녀는 텔레고노스와 결혼한 다음 에파포스를 낳았다. 그는 제우스의 아들이다. 제우스가 어떤 목

---

1) 이오니아 해Ionian Sea: 그리스(발칸 반도 남부)의 서해안과 이탈리아 반도 남해안 및 시칠리아 섬 동해안에 둘러싸인 해역. 우리의 '황해'와 같이 그리스에서 이탈리아로 넘어가는 바다이다. 시칠리아 섬 건너편으로 튀레니아 해(이 바다도 신화에 거듭 나온다)가 있으며, 오트란토 해협을 넘어가면 아드리아 해가 있다. 지도를 잠시만 봐도 한눈에 들어온다.

2) '크림 반도의 보스포로스 해협Crimean Bosphorus'이라고 했지만, 크림 반도 동쪽의 케르치Kerch 해협(흑해와 아조프 해 연결)을 말하는 것 같다. 크림 반도는 우크라이나 남쪽에 붙어 흑해 쪽으로 돌출한 반도로, 둥글넓적한 흑해의 북쪽에 있다. 반면, 보스포로스 해협은 흑해 남서쪽에 있다. 뒤에도 '인도 보스포로스'라는 표현이 나오는 걸 보면, '보스포로스'는 그냥 '중요한 해협'의 뜻으로 쓴 것도 같다.

3) 북쪽 크림 반도, 서쪽 콜키스, 남서쪽 보스포로스 해협 등 흑해를 한 바퀴 돈 셈이다.

4) 바브엘만데브 해협Babel-Mandeb St.: 아라비아 반도 남서부(예멘)와 아프리카(지부티) 사이에 있는 해협. 너비 32킬로미터. 인도양의 아덴 만灣과 홍해를 연결한다. 거친 바다에 나가는 '눈물의 관문'이라는 뜻에서 이런 이름이 붙었다. '바브'는 문, '만데브'는 눈물을 뜻한다.

적으로 그녀를 건드렸기 때문이다. 그리고 이오는 이시스를 데메테르라고 부르면서 이시스 제례의 기초를 닦았다. 신의 황소 아피스라는 소문이 돌았던 에파포스는 이집트를 통치했고, 리뷔에[5]라는 딸을 두었다. 리뷔에는 나중에 포세이돈을 통해 아게노르와 벨로스를 낳았다.[1]

c. 그러나 어떤 이는 이오가 보오사울레라고 부르는 에게 해 서부 에우보이아 섬의 동굴에서 에파포스를 낳았다고 전한다. 그리고 이오는 거기에서 등에에 쏘여 죽었다고 덧붙인다. 암소 모습이었을 적에, 이오는 그 색깔이 흰색에서 보랏빛 빨강으로, 보랏빛 빨강에서 검정으로 변했다는 말도 있다.[2]

d. 다른 이들은 완전히 다른 이야기를 전한다. 이아페토스의 아들인 이나코스가 아르고스를 다스리면서 이오폴리스 시를 건설했다. 아르고스에서는 한때 이오라는 이름으로 달을 숭배했기 때문에 이런 이름이 나왔다. 이나코스는 달을 기려 자기 딸 이름도 이오로 했다. 그런데 서방의 왕인 '제우스 피코스'가 이오를 납치하도록 부하를 보냈고, 궁전에 도착하자마자 이오를 범했다. 이오는 리뷔에라는 딸을 낳은 다음, 이집트로 도망쳤다. 그러나 제우스의 아들인 헤르메스가 그곳을 다스리고 있다는 걸 알고, 계속 달아나 시리아의 실피온 산에 이르러 슬픔과 수치심 속에 죽었다. 한편, 이나코스는 딸을 찾아 이오의 오라비들과 친척을 보내면서 빈손이면 돌아오지 말라고 명했다. 이들은 트리프톨레모스를 길잡이 삼아 "이오의 정령이 편히 쉬기를!" 하고 울부짖으면서 시리아의 모든 대문을 두드렸다. 마침

---

5) '리뷔에Libya'는 아게노르Agenor와 벨로스Belus의 어머니이며, 아프리카 북부, 이집트 서쪽의 고대 국가 리비아의 이름이 그에게서 나왔다. 신화 속 인물을 말할 때는 '리뷔에'로, 고대 국가 또는 지역을 말할 때는 현대 국가 이름인 '리비아'로도 옮겼다. 영어로 같은 철자지만, 현대 국가 '리비아'를 지리적으로 연상하는 게 책읽기에 도움이 될 것이라 판단했다.

내, 이들은 실피온 산에 도착했고, 암소 환영이 나타나 이렇게 말했다. "여기에 저, 이오가 있어요." 이들은 이오가 그곳에 묻혀 있음에 틀림없다고 확신하고, 그곳에 두 번째 이오폴리스를 세웠다. 그 도시를 지금은 안티오케이아라고 부른다. 이오를 기려, 이오폴리스 사람들은 해마다 똑같은 방식으로 울면서 서로의 대문을 두드린다. 아르고스 사람들도 매년 그녀를 위해 곡을 한다.[3]

1] 칼리마코스: 『새에 관하여』 글조각, 100; 아폴로도로스: 『비블리오테카』 2. 1. 3; 휘기누스: 『신화집』 145; 수이다스, '이오' 항목; 루키아노스: 『신들의 대화』 3; 모스코스: 『전원시』 2. 59; 헤로도토스: 『역사』 1. 1과 2. 41; 호메로스: 『일리아스』 3. 6; 아이스퀼로스: 『사슬에 묶인 프로메테우스』 705 ff.와 『탄원하는 여인들』 547 ff.; 에우리피데스: 『타우리케의 이피게네이아』 382; 체체스: 『뤼코프론에 관하여』 835 ff.
2] 스트라본: 『지리학』 10. 1. 3; 비잔티움의 스테파누스, '아르구라' 항목; 수이다스, '이시스' 항목.
3] 요하네스 말랄라스: 『연대기』 2. 28, 딘도르프 편집.

*

1. 이 신화는 여러 가닥으로 구성돼 있다. 아르고스 사람들은 암소로서 달을 숭배했다. 뿔 모양의 초승달이 모든 물의 원천이며, 따라서 소 여물도 거기서 나온다고 믿었기 때문이다. 이오가 세 가지 색을 띠었다는 대목도 달과 연결된다. 흰색은 초승달, 빨강은 한가위 보름달, 검정은 그믐달이다. 따라서 이는 달의 여신이 거치는 세 순환 주기, 즉 처녀-님프-노파를 의미한다(90. 3 참고).[6] 이오는 달이 바뀌는 것처럼 자신의 색깔을 바꿨다. 그러나 신화학자들은 '빨강'을 '보라색'으로 바꿨다. 이는 이온ion이 그리스어로 보라색 꽃을 뜻하기 때문이다. 딱따구리가 떡갈나무를 두드리면, 비를 내려

---

6) 서문부터 계속 나오는 개념이다. 어쩌면 이 책의 핵심 주장일 수도 있겠다. 우리는 달과 거듭 멀어져, 팔월 한가위나 정월 대보름, 그리고 미국의 달 착륙 정도만 남아 있지만, 고대인에게 달은 농사와 역법 등에 있어 절대적으로 중요했다.

달라고 그렇게 두드린다고 생각했다. 그리고 이오는 비를 내리게 하는 달의 여신이었다. 소치기들은 늦여름에 비가 제일 간절했다. 등에가 소 떼를 공격해 소들이 거의 미칠 지경이 되기 때문이다. 아프리카에서 소 떼를 모는 부족들은 지금도 등에의 공격을 받으면 곧장 다른 목초지로 서둘러 옮긴다. 아르고스의 이오 여사제들은 매년 어린 암소 춤을 췄던 것으로 보인다. 춤을 추면서 등에에 쫓겨 고통스러워하는 모습을 흉내 냈고, 빨리 비가 내려 고통을 덜어 주기를 기원했다. 그러는 동안 옆에서는 딱따구리 남자들이 "이오! 이오!"하면서 떡갈나무 대문을 두드렸다. 이것이 코스Cos 섬 여인들이 암소로 변했다는 신화의 유래일 것이다(137. s 참고). 에우보이아, 보스포로스, 흑해, 시리아, 이집트에 건설된 아르고스 식민지에서는 모두 비를 기원하는 춤을 췄다. 개미잡이 새는 달 여신의 주된 주신제 관련 새로, 버드나무에 둥지를 튼다. 이에 물의 마법과 관련이 있다(152. 2 참고).

2. 이오의 전설은 이런 의례의 동쪽 전파를 설명하기 위해 발명됐다. 그리스의 이오 숭배와 이집트의 이시스 숭배, 시리아의 아스타르테Astarte 숭배, 인도의 칼리Kali 숭배가 서로 비슷한 점을 설명하려 발명한 것이기도 하다. 그리고 이 전설에는 관련이 없는 이야기가 두 가지 접목됐다. 하나는 신성한 달-암소가 별들의 보호를 받으면서 하늘을 이리저리 떠돌아다닌다는 이야기이다. 이와 관련해 '푸른 스트리퍼Green Stripper'라는 유사한 아일랜드 전설이 있다. 다른 하나는 헬레네스의 침략을 이끌던 이들이 달의 여신 여사제들을 범했다는 것이다. 이들은 자신을 제우스라고 불렀고, 지역 부족민들은 이런 일에 경악했다. 이오는 '암소 눈의Cow-eyed' 헤라가 가진 또 하나의 이름이었는데도 이제 헤라는 제우스의 아내로서 이오에 대한 질투에 불타는 것으로 묘사됐다. 이오를 애도하는 아르고스의 축제는 데메테르가 페르세포네를 위해 애통해하는 것을 떠올리게 한다. 이오는 신화에서

데메테르와 동일시됐기 때문이다. 게다가, 3년마다 데메테르의 비밀 의식이 코린토스 부근 켈레아이Celeae('부름')에서 열렸고, 이는 엘레우시스Eleusis의 왕인 켈레오스Celeus('딱따구리')의 형제가 창설한 것이라고 한다. 헤르메스는 '제우스 피코스Picus'('딱따구리')의 아들이라 한다. 이는 판이 님프 드뤼오페Dryope('딱따구리')가 낳은 헤르메스의 아들이라 하는 것과 비슷하다. 참고로 아리스토파네스는 『새』(480)에서 제우스가 딱따구리로부터 홀을 훔쳤다고 비난했다. 판의 로마 신화 이름인 파우누스Faunus는 피코스Picus('딱따구리')의 아들이다. 키르케는 자기 사랑을 받아 주지 않자 파우누스를 딱따구리로 바꿔 버렸다(오비디우스:『변신 이야기』14. 6). 크레테에 있는 파우누스 무덤에는 이런 묘비명이 있다. "여기 제우스이기도 했던 딱따구리가 잠들어 있다."(수이다스, '피코스' 항목) 이들 셋은 모두 비를 내리게 하는 양치기의 신이다. 리뷔에Libya의 이름은 비를 뜻하고, 겨울비는 리비아 쪽에서 그리스로 온다.

3. 제우스가 에파포스Epaphus를 아들로 얻었다는 대목은, 제우스를 숭배하는 아카이아족이 지중해 남동부의 모든 해양 부족에 대한 지배권을 주장했음을 암시한다. 에파포스는 리뷔에, 아게노르Agenor, 벨로스Belus, 아이귑토스Aegyptus, 다나오스Danaus의 선조가 되기 때문이다.

4. 피그미족과 두루미의 신화는 키가 큰 목축 부족과 관련이 있는 것으로 보인다. 이들 부족은 소말릴랜드Somaliland에서 나일 강 계곡 상류로 침범해 들어와, 원주민인 피그미족을 남쪽으로 밀어냈다. 이들은 당시 '두루미'라고 불렸다. 지금과 마찬가지로 오랫동안 한쪽 다리로 서 있곤 했기 때문이다. 반대쪽 손으로 다른 다리의 발목을 쥐고 창에 기대어 섰다.

57
포로네우스

처음으로 시장 거리를 만들고 이를 사람들로 채운 건 이오의 오라비인 포로네우스다. 그는 강의 신 이나코스와 님프 멜리아의 아들이다. 그곳 이름은 포로니콘에서 나중에 아르고스로 바뀌었다.[1] 포로네우스는 프로메테우스가 불을 훔친 이후 처음으로 그 사용법을 발견한 사람이기도 하다. 그는 님프 케르도와 결혼했고, 펠로폰네소스 반도 전체를 통치했으며, 헤라 숭배를 개시했다. 그가 죽고, 아들인 펠라스고스, 이아소스, 아게노르가 펠로폰네소스 반도를 나눠 가졌다. 다른 아들 카르는 도시 메가라를 세웠다.[1]

1] 휘기누스: 『신화집』 143과 274; 아폴로도로스: 『비블리오테카』 2. 1. 1; 파우사니아스: 『그리스 여행기』 1. 39. 4-6; 2. 15. 5와 4. 40. 5.

---

*

1. 그리스인들은 시장을 발명했다는 뜻에서 포로네우스Phoroneus의 이름을 '가격을 가져온 사람'이라는 뜻으로 이해했다. 그의 이름은 아마 페아리

---

1) 이에 포로네우스가 아르고스의 건설자라는 전설이 있다.

누스Fearinus('한 해의 새벽', 즉 봄)를 의미했을 것이다. 그 변형으로는 브란Bran, 바른Barn, 베른Bergn, 브론Vron, 에프론Ephron, 그웨른Gwern, 페아른Fearn, 브렌누스Brennus 등이 있다. 그는 오리나무[4월]의 정령으로서 이나코스Inachus의 아들로 그려진다. 오리나무는 강가에서 자라기 때문이다. 오리나무는 신성한 한 해의 네 번째 달을 주재한다(28. 1과 5; 52. 3과 170. 8 참고). 이 기간에는 '봄의 불 축제'가 열린다. 그의 어머니 멜리아는 물푸레나무의 님프이다. 물푸레나무는 신성한 한 해에서 오리나무의 바로 직전[달3월]의 나무로, '불빛을 가져온다'고 한다. 원시시대 인류는 번개를 맞은 나무에서 처음으로 불을 얻었기 때문이다. 그는 신탁의 영웅이기도 해서, 까마귀와 관련이 있다(50. 1 참고). 포로네우스가 불 사용법을 발견했다는 대목은, 고대 대장장이와 옹기장이가 오리나무 숯을 애용했다는 사실로 설명할 수 있을 것이다. 오리나무 숯은 다른 어떤 나무보다 강한 열을 낸다. 케르도Cerdo('이득' 또는 '기술')는 데메테르의 여러 호칭 가운데 하나이다. 데메테르가 족제비 또는 여우 모습을 하고 있을 때 이렇게 부르며, 두 짐승은 모두 예언과 관련이 있다고 여겼다. 반면 '포로네우스'는 크로노스의 별칭이었던 것으로 보인다. 크로노스도 까마귀 및 오리나무와 관련이 있으니(6. 2 참고), 포로네우스는 '일곱 번째 날'의 티탄 신족인 셈이다. 포로네우스의 왕국을 그의 아들 펠라스고스Pelasgus, 이아소스Jasus, 아게노르Agenor가 나눠 가진다는 이야기는 크로노스의 왕국을 제우스, 포세이돈, 하데스가 나눠 가진 일을 떠올리게 한다. 그렇지만 이는 아카이아족 도래 이전의 펠로폰네소스 반도 분할을 이야기하는 것일 수 있다.

2. 카르Car는 크레Q're 또는 카리오스Carius, 아니면 위대한 신 케르Ker이다. 그의 호칭은 달의 어머니 신인 '아르테미스 카리아Caria' 또는 '아르테미스 카뤼아티스Caryatis'에서 유래한 것으로 보인다.

58
에우로페와 카드모스

아게노르는 리뷔에가 포세이돈을 통해 낳은 아들이며, 벨로스와 쌍둥이다. 아게노르는 이집트를 떠나 가나안 땅에 정착했다. 그는 거기서 아르기오페라고도 부르는 텔레팟사와 결혼해 카드모스, 포이닉스, 킬릭스, 타소스, 피네우스를 자식으로 두었다. 딸 하나도 있었는데, 에우로페였다.[1]

b. 제우스는 에우로페와 사랑에 빠졌다. 헤르메스를 보내 아게노르의 소 떼를 튀로스의 해변으로 몰아가게 했다. 에우로페와 그녀의 동무들이 종종 찾던 곳이다. 제우스는 눈처럼 흰 황소로 변신해 소 떼 속에 자리 잡았다. 작으면서도 보석 같은 뿔에 그 사이로 한 줄 검은무늬가 있으며, 목 밑으로는 살집이 두툼했다. 에우로페는 아름다운 황소에 한눈에 반했고, 새끼 양처럼 온순하다는 걸 알게 되면서 두려움도 사라졌다. 입에 꽃을 물리거나 뿔에 화관을 씌우면서 같이 놀기 시작했다. 결국 에우로페는 그의 어깨 위에 올라탔고, 소가 그녀를 태우고 바닷가로 느긋하게 걸어가도록 내버려두었다. 그런데 갑자기 황소가 물속으로 들어가 헤엄치기 시작했고, 그녀는 뒤로 멀어지는 해변을 보면서 두려움에 사로잡혔다. 한 손으로는 오른쪽 뿔을 꽉 붙잡고, 다른 손은 아직도 꽃바구니를 들고 있었다.[2]

c. 제우스는 크레테의 고르튀나 해변으로 걸어 올라갔고, 이번에는 독수리로 변신해 샘물 옆 버드나무 덤불 안에서 에우로페를 범했다. 어떤 이는 늘 푸른 플라타너스 아래였다고도 한다. 에우로페는 제우스의 세 아이를 낳았다. 미노스, 라다만튀스, 사르페돈이 그들이다.[3]

d. 아게노르는 아들들을 내보내 에우로페를 찾도록 했다. 찾지 못하면 돌아오지 말라 명했다. 이들은 한꺼번에 출발했지만, 황소가 어디로 갔는지 전혀 몰랐기에 각자 흩어져 다른 방향으로 갔다. 포이닉스는 리비아 너머 서쪽으로 가서 지금의 카르타고에 도착했고, 그곳 사람들은 그의 이름에 따라 포이닉스인들이라고 불렸다. 그러나 아게노르가 죽자 가나안으로 돌아와 알페시보이아와 결혼해 아도니스를 얻었다.[4] 가나안은 그를 기려 포이니케(페니키아)로 이름을 바꿨다. 킬릭스는 휘파카이아족의 땅으로 갔고, 그곳은 그의 이름을 따라 킬리키아가 됐다.[5] 피네우스는 튀니아로 갔는데, 이는 흑해로부터 마르마라 해를 나누는 보스포로스 해협의 유럽 쪽 반도이다. 그는 거기에서 나중에 하르퓌이아이한테 큰 고통을 겪게 된다. 타소스와 그의 추종자들은 처음에는 올륌피아로 갔고, 거기서 '튀로스의 헤라클레스'에게 청동상을 바쳤다. 청동상은 높이가 10엘레[약 11미터]에 이르렀고, 곤봉과 활을 들고 있었다. 이들은 나중에 에게 해 북부 타소스 섬으로 옮겨가 그곳에 식민지를 건설하고 매장량이 풍부한 금광에서 일했다. 이상은 모두 암피트뤼온의 아들인 헤라클레스가 그리스에서 태어나기 다섯 세대 전에 벌어진 일이다.[6]

e. 카드모스는 텔레팟사와 함께 로도스 섬으로 배를 타고 갔다. 그는 거기에서 놋쇠 가마솥을 린도스의 아테나에게 봉헌했으며, 포세이돈의 신전을 짓고 이를 돌볼 세습 사제들을 남겨두고 떠났다. 카드모스 일행은 다음에 닿은 에게 해 남쪽 테라[오늘날의 '산토리니']에도 비슷한 신전을 지었다.

이들은 계속 나아가 마침내 트라케의 에도니족의 땅에 이르렀고, 그들의 환대를 받았다. 여기서 텔레팟사가 갑자기 죽어, 그의 장례를 치른 다음 카드모스와 그의 부하들은 걸어서 델포이 신탁소를 찾아갔다. 에우로페가 어디 있는지 물었지만, 여사제 퓌티아는 카드모스에게 누이 찾는 일을 포기하고, 대신 암소를 따라가 거기가 어디든 그놈이 지쳐 주저앉는 곳에 새로운 도시를 건설하라고 일렀다.

f. 카드모스는 델포이를 출발해 포키스로 이어지는 길을 따라 가던 중, 펠라곤 왕을 위해 일하는 소몰이꾼들을 우연히 마주쳤고, 그들에게서 양쪽 옆구리에 흰 보름달 무늬를 가진 암소 한 마리를 샀다. 그는 동쪽으로 잠시도 쉬지 못하게 암소를 몰아 보이오티아를 지났고, 이윽고 암소는 지금 테바이 도시가 있는 곳에 주저앉았다. 카드모스는 거기에 아테나 여신의 조각상을 세우고 이를 아테나의 포이니케식 이름인 온가라고 불렀다.[ㄱ]

g. 카드모스는 지체 없이 암소를 아테나 여신에게 제물로 바쳐야 한다고 부하들에게 경고했다. 그러면서 이들을 파르낫소스 산에 있으며 지금은 '카스탈리아의 샘'이라고 부르는 '아레스의 샘'으로 보내 정화수를 떠오게 했다. 그러나 거대한 뱀이 샘을 지키고 있다는 건 몰랐다. 뱀은 카드모스의 부하들 대부분을 죽였고, 카드모스는 바위로 그놈의 머리를 깨뜨려 복수했다. 아테나에게 제물을 바치자마자, 여신이 나타나 그가 한 일을 칭찬하면서 뱀의 이빨을 땅에 뿌리라고 명했다. 여신의 명을 따르자, 무장을 한 스파르토이, 즉 '뿌려진 자들'이 서로 무기를 쟁강 하고 울리면서 한꺼번에 솟아났다. 카드모스는 이들 사이에 돌 하나를 던졌고, 서로 상대가 돌을 던졌다면서 싸움을 벌이기 시작했다. 싸움은 격렬해졌고, 마지막에는 에키온, 우다이오스, 크토니오스, 휘페레노르, 펠로로스 등 다섯만 남았다. 이들은 모두 하나같이 카드모스를 따르겠다고 했다. 그러나 아레스는 뱀의 죽음에

대한 대가를 요구했고, 카드모스는 신들의 법정에서 커다란 한 해 동안 아레스의 노예가 돼야 한다는 선고를 받았다.[8]

1) 아폴로도로스: 『비블리오테카』 3. 1. 1; 휘기누스: 『신화집』 178과 19; 파우사니아스: 『그리스 여행기』 5. 25. 7; 아폴로니오스 로디오스: 『아르고 호 이야기』 2. 178.
2) 오비디우스: 『변신 이야기』 2. 836 ff.; 모스코스: 『전원시』 2. 37-62.
3) [크레테 섬의 도시] 고르튀나Gortyna의 동전; 테오프라스토스: 『식물의 역사』 1. 9. 5; 휘기누스: 『신화집』 178.
4) 휘기누스: 같은 곳; 아폴로도로스: 3. 1. 1과 14. 4.
5) 헤로도토스: 『역사』 7. 91.
6) 파우사니아스: 5. 25. 7; 헤로도토스: 4. 47과 2. 44.
7) 파우사니아스: 9. 12. 1-2.
8) 휘기누스: 178; 아폴로도로스: 3. 4. 1-2.

*

1. 본문에 등장하는 가계도에는 수많은 변형이 있어 혼란스럽다. 이를테면 타소스Thasus를 포세이돈 또는 킬릭스Cilix의 아들이라 하기도 하고(아폴로도로스: 3. 1. 1), 티튀오스Tityus의 아들이라는 이야기도 있다(핀다로스: 「퓌티아 제전 송가」 4. 46). 아게노르Agenor는 포이니케의 영웅 크나스Chnas이며, 그는 「창세기」에서 '가나안Canaan'으로 등장한다. 많은 가나안 관습은 동아프리카에서 유래했음을 암시하고 있으며, 실제 가나안 사람들은 원래 우간다에서 하下 이집트로 내려왔을 수 있다. 아게노르의 아들들이 여러 곳으로 흩어졌다는 이야기는, 가나안의 여러 부족이 기원전 두 번째 천년기 초기에 아리안과 셈족 침략자들에 밀려 서쪽으로 밀려갔음을 기록한 것으로 보인다.

2. 이나코스의 아들들이 달의 암소인 이오를 찾아 돌아다녔다는 신화(56. d 참고)는, 아게노르의 아들들이 에우로페를 찾아 떠났다는 이야기에 영향을 주었다. 포이닉스Phoenix는 포이닛사Phoenissa('붉은, 또는 피 묻은 이')의 남

성형으로, 이는 '삶-속-죽음의 여신'으로서 달을 부르는 호칭이다. 에우로 페는 보름달과 동의어인 '넓은 얼굴'을 뜻하며, [그리스 중부의] 레바데이아 Lebadeia에서 달의 여신 데메테르를 부르는 호칭이었다. 에우로페는 [레바논 의 도시] 시돈Sidon에서 아스타르테Astarte의 호칭이기도 했다. 하지만, 이 단어 가 (에우보이아euboea의 본을 따라서) 에우르-오페eur-ope가 아니라 에우-로페eu-rope라면, 이는 '버드나무에 좋은', 다시 말해 '물기가 촉촉한'을 뜻하기도 한 다. 버드나무는 신성한 한 해의 다섯 번째 달을 다스리며(52. 3 참고), 마녀의 마법과 연관성이 있다(28. 5 참고). 버드나무는 또, 유럽 전역에서, 특히 다섯 번째 달에 있는 오월 전야에 열리는 풍작 기원 의식과 관련이 있다. 아게노 르의 어머니 리뷔에, [카드모스의 어머니] 텔레팟사Telephassa, 텔레팟사의 다른 이름인 아르기오페Argiope, 포이닉스의 아내 알페시보이아Alphesiboea는 모두 달의 여신을 일컫는 호칭이다.

3. 제우스가 에우로페를 범한 이야기는, 초기 헬레네스 부족이 크레테 섬을 점령한 것으로 기록한 것이다. 이는 또한 헬레네스 도래 이전에 있었 던 그림에서 유추한 것이기도 하다. 그림에는 달의 신 여사제가 여신에게 제물로 바칠 태양신의 황소를 의기양양하게 올라타고 있는 모습이 담겨 있 었다. 이런 장면이 틀로 찍혀 있는 여덟 장의 파란색 유리판이 뮈케나이의 미데아Midea 시에서 발굴됐다. 이는 풍작 기원 의식의 일부로 보이는데, 그 런 의식에서는 사람들은 에우로페의 오월 화환을 들고 행진했다(아테나이오 스: 678쪽 a-b). 제우스가 독수리로 변신해 에우로페를 범한 것은, 그가 뻐꾸 기로 변신해 헤라를 범한 것을 떠올리게 한다(12. a 참고). (헤쉬키오스의 기록 을 보면) 실제 헬라Hella는 '에우로피아Europia'라는 호칭으로 불리고 있었다. 크레테와 코린토스Corinth에서는 에우로페를 헬로티스Hellotis라 불렀으며, 이 는 헬리케Helice('버드나무')를 암시한다. 헬레Helle(43. 1과 70. 8 참고)와 헬렌Helen

은 동일한 신적 캐릭터이다. 칼리마코스는 「헬레네를 위한 축혼가」에서 플라타너스도 헬렌에게 신성하다고 언급했다. 이 나무의 신성함은 그 이파리가 다섯 갈래로 뾰족해 여신의 손을 의미하고(53. a 참고), 매년 나무껍질이 벗겨진다는 데 있었다. 그러나 아폴론이 이를 제 것으로 만들었다(160. 11 참고). [포이니케의 신] 에슈문Eshmun도 타니트Tanit(네이트Neith)의 손 벌린 모습의 표상을 제 것으로 삼았다(21. 3 참고).

4. 에우로페의 이야기는 크레테 출신 헬레네스의 포이니케 침략을 기념한 것일 가능성도 있다. 요하네스 말랄라스가 다음과 같이 썼을 때, [레바논의 도시] 튀로스Tyre의 '사악한 밤' 이야기는 꾸며낸 게 아닐 것이다. "크레테의 왕인 타우로스Taurus('황소')는 아게노르와 그의 아들들이 부재한 틈을 타서 해전에서 이기고 튀로스를 침략했다. 이들은 이날 밤에 도시를 장악하고 많은 포로를 끌고 갔다. 에우로페도 그렇게 끌려갔다. 튀로스 사람들은 매년 이날을 기억하면서 '사악한 밤'이라 불렀다."(『연대기』 2. 30쪽, 딘도르프 편집) 헤로도토스의 기록(1. 2)도 말랄라스와 일치한다(160. 1 참고).

5. '튀로스의 헤라클레스Tyrian Herades'는 올륌포스에서 테세우스Theseus의 숭배를 받기도 했지만, 이는 본래 멜카르트Melkarth 신을 말한다. 셈족의 말을 하는 작은 부족이 시리아 평원에서 [아나톨리아 남서부] 카리아Caria의 카드메이아Cadmeia로 넘어온 것으로 보인다. 카드모스는 '동쪽'을 뜻하는 셈족 말이다. 이들은 거기에서 두 번째 천년기가 끝날 무렵 보이오티아로 건너와 테바이를 장악하고 그 나라의 주인이 됐다. '뿌려진 자들'과 카드모스의 아레스 노예 신화는, 카드메이아 침략자들이 토착민인 펠라스고이족들 사이에 벌어진 내전에 성공적으로 개입함으로써 보이오티아를 안전하게 확보했다는 것을 암시한다. 이 신화는 또한, 이들이 신성한 왕이 8년 동안 통치한다는 그 지역의 규칙을 받아들였다는 것도 암시한다. 카드모스가 뱀을

죽인 것은 아폴론이 델포이에서 퓌톤을 죽인 것과 같은 의미다(21. 12 참고). 뿌려진 자들의 이름인 에키온Echion('독사'), 우다이오스Udaeus('대지의'), 크토니오스Chthonius('땅의'), 휘페레노르Hyperenor('땅을 뚫고 나오는 사람'), 펠로로스Pelorus('뱀') 등은 모두 신탁의 영웅들의 특징을 나타낸다. 그러나 '펠로로스'라는 이름은, 그냥 테바이 사람만 그런 게 아니라, 모든 펠라스고이 사람들도 이런 식으로 태어났다고 주장했다는 것을 암시한다. 펠라스고이족의 공동 축제는 펠로리아Peloria였다(1. 2 참고). 이아손Jason이 용의 이빨을 뿌린 곳은 콜키스가 아니라 아마도 이올코스Iolcus 또는 코린토스였을 것이다(152. 3 참고).

6. 트로이아와 안티오케이아도 신성한 암소가 선택한 장소에 세워졌다고 한다(158. h와 56. d 참고). 그러나 이런 일이 실제 있었을 가능성은 낮아 보인다. 대신, 사전에 골라둔 장소의 제한된 영역에 암소를 풀어놓고, 그놈이 앉은 자리에 달의 여신의 신전을 세웠을 것으로 보인다. 암소에 대한 전략적이고 상업적인 감각은 아직 그렇게 많이 발달하지 않았다.

59
카드모스와 하르모니아

카드모스가 '카스탈리아의 샘'의 뱀을 죽인 것을 속죄하기 위해 아레스 밑에서 8년 동안 노예로 지내는 동안, 아테나 여신이 그를 위해 보이오티아의 땅을 안전하게 지켜 주었다. 카드모스는 '뿌려진 자들'의 도움을 받아 테바이의 아크로폴리스를 짓고, 자신을 기려 그 이름을 '카드메이아'라고 지었다. 제우스가 예전에 이아시온에게 가르친 비밀 의식에 입문한 뒤, 카드모스는 하르모니아와 결혼했다. 하르모니아는 아프로디테와 아레스의 딸이다. 어떤 이는 카드모스가 사모트라케 섬을 방문했을 때 아테나가 그에게 그녀를 주었다고 전한다.1)

b. 이는 올림포스 신들이 처음 참석한 인간의 결혼식이었다. 지금의 테바이 시장 자리에 있었던 카드모스의 집에는 이들을 위해 열두 개의 황금 왕좌가 설치됐다. 신들은 모두 선물을 가져왔다. 아프로디테는 하르모니아에게 헤파이스토스가 만든 유명한 금목걸이를 선물했다. 그런데 이는 원래 제우스가 카드모스의 누이인 에우로페에게 사랑의 선물로 준 것이었다. 금목걸이를 한 사람은 상대를 꼼짝달싹 못하게 하는 아름다움을 지니게 된다.2) 아테나는 입는 사람에게 신적인 품위를 부여하는 황금 예복과 함께 갖

가지 아울로스 한 세트를 선물했다. 헤르메스는 뤼라를 선물했다. 카드모스가 하르모니아에게 준 선물은 또 다른 화려한 예복이었다. 이아시온의 어머니인 엘렉트라는 그녀에게 위대한 여신을 섬기는 의례를 가르쳤다. 데메테르는 결혼식 와중에 세 번 쟁기질한 밭에서 이아시온이랑 함께 누웠는데, 이를 통해 보리 수확의 풍년을 보장했다. 테바이인들은 지금도 무사 여신들이 이 행사에서 아울로스를 연주하고 노래를 불렀던, 그리고 아폴론이 뤼라를 켰던 장소가 어디인지 가리켜 보이곤 한다.3]

c. 나이가 들어 카드모스는 테바이의 왕좌에서 물러나 도시에서 조용히 살았다. 이는 아레스를 달래기 위한 것인데, 아레스는 아직도 자기 뱀을 죽인 일에 화가 풀리지 않았다. 그는 왕좌를 손자 펜테우스에게 물려주었다. 펜테우스는 카드모스의 딸인 아가우에와 뿌려진 자들 가운데 하나인 에키온의 자식이다. 그러나 펜테우스는 어머니 아가우에한테 죽임을 당했으며, 이때 디오뉘소스는 카드모스와 하르모니아가 어린 암소가 끄는 전차를 타고 야만인 무리를 다스리게 될 것이라고 예언했다. 이들 야만인은 많은 그리스 도시를 약탈할 것이고, 마지막에 아폴론의 신전을 약탈하다가 거기에서 신의 벌을 받게 될 것이라는 말도 덧붙였다. 그리고 아레스가 카드모스 부부를 뱀으로 변신시켜 구출해 낼 것이며, 이들은 '축복받은 자들의 섬'에서 영원히 행복하게 살 것이라고도 예언했다.4]

d. 이에 카드모스와 하르모니아는 엔켈레이오이족의 땅으로 옮겨갔다. 그들이 일뤼리아의 공격을 받을 때 디오뉘소스의 조언에 따라 카드모스 부부를 자기네 통치자로 선택했기 때문이다. 마침 아가우에는 펜테우스를 살해한 뒤 일뤼리아의 궁정으로 피신해, 그곳의 뤼코테르세스 왕과 결혼까지 한 상태였다. 그녀는 부모님이 엔켈레이오이 군대를 지휘한다는 얘기를 듣고, 뤼코테르세스를 죽이고 왕국을 아버지 카드모스에게 바쳤다.5]

e. 예언이 모두 실현되고, 늙은 카드모스와 하르모니아는 예정대로 푸른 점이 박힌 검은 뱀으로 변했다. 제우스는 이들을 '축복받은 자들의 섬'으로 보냈다. 그런데 어떤 이는 아레스가 이들을 사자로 변신시켰다고 한다. 그들의 주검은 카드모스가 건설한 일뤼리아의 부토에 시에 묻혔다. 왕위는 늙어서 본 자식 일뤼리오스가 이어받았다.[6]

1] 파우사니아스: 『그리스 여행기』 9. 5. 1; 디오도로스 시켈로스: 『역사총서』 5. 48; 아폴로도로스: 『비블리오테카』 3. 4. 2.
2] 디오도로스 시켈로스: 5. 49와 4. 65. 5; 핀다로스: 『퓌티아 제전 송가』 3. 94; 파우사니아스: 9. 12. 3; 페레퀴데스, 아폴로도로스의 인용; 3. 4. 2.
3] 디오도로스 시켈로스: 5. 49; 파우사니아스: 9. 12. 3.
4] 휘기누스: 『신화집』 6; 아폴로도로스: 3. 4. 2; 에우리피데스: 『박코스의 여신도들』 43과 1350 ff.
5] 휘기누스: 『신화집』 184와 240.
6] 오비디우스: 『변신 이야기』 4. 562-602; 아폴로도로스: 3. 5. 4; 알렉산드리아의 헤파이스티온: 『운율에 관하여』 1; 아폴로니오스 로디오스: 『아르고 호 이야기』 4. 517.

*

1. 올륌포스 12신의 참석 아래 이뤄진 카드모스Cadmus와 하르모니아 Harmonia의 결혼은 우선 펠레우스Peleus와 테티스Thetis의 결혼과 평행을 이룰 정도로 아주 흡사하다(81. 1 참고). 이들의 결혼은 카드메이아 사람들['카드모스의 백성']의 테바이 정복을 헬레네스Hellenic 전체가 인정했음을 기록한 것으로 보인다. 이러한 인정은 카드메이아 사람들이 아테나이인들의 후원을 받고, 품위 있게 사모트라케Samothrace의 비밀 의식에 입문한 다음에 이뤄졌을 것이다. 카드모스가 부토에Buthoë 시를 건설한 대목은, 일뤼리아족Illyria이 자신들도 그리스의 일원이라 주장하면서 올륌피아 제전의 참여를 요구했다는 것을 뜻한다. 카드모스가 일뤼리아에서 뱀의 모습으로 그려졌다면, 거기에는 그를 모신 신탁소가 있었을 터이다. 카드모스 부부가 변신했다고

하는 사자는, 아마 '위대한 여신'의 상징적 조각상을 떠받치는 쌍둥이 받침대였을 것이다. 뮈케나이의 유명한 사자의 문[1]처럼 말이다. 신화학자는 그가 통치 기간이 끝날 때 죽임을 당하지 않고 주민들과 함께 다른 식민지로 떠날 수 있었다고 전한다(117. 5 참고).

---

1) 사자의 문Lion Gate: 뮈케나이 성채의 주요 출입구로, 뮈케나이 문명의 영광을 보여 준다. 거대한 문의 천장 쪽 상인방 위에 3미터 높이의 돌조각으로 사자 두 마리가 서 있어 '사자의 문'이라 불린다. 상인방 위에 삼각 공간을 만든 '무게를 덜어 주는 삼각 구조relieving triangle'로 유명하다. 유네스코 세계문화유산으로 지정돼 있다.

60
벨로스와 다나이데스

벨로스 왕은 테바이스에 있는 켐미스를 다스렸다. 그는 리뷔에가 포세이돈을 통해 낳은 아들로, 아게노르와 쌍둥이 형제이다. 그의 아내 앙키노에는 네일로스의 딸로, 아이귑토스와 다나오스 쌍둥이 형제와 셋째 아들 케페우스를 낳았다.[1]

b. 아이귑토스는 자기 왕국으로 아라비아를 받았지만, 멜람포데스의 나라를 정복해 자기 이름을 따라 이집트라고 이름 붙였다. 리비아, 아라비아, 포이니케 등의 여인들을 통해 50명의 아들을 얻었다. 다나오스는 리비아[1]를 다스렸고, 다나이데스라고 부르는 50명의 딸을 두었다. 딸들은 여러 여인을 통해 태어났다. 나이아데스,[2] 하마드뤼아데스,[3] 엘레판티스와 멤피스의 이집트 공주들, 에티오피아 여인 등이 이들을 낳았다.

---

1) '리뷔에Libya'는 신화 속 인물을 말할 때는 '리뷔에'로, 고대 국가를 말할 때는 '리비아'로 옮겼다. 56장 각주 참고.

2) 나이아데스Naiades[영어 Naiads]: 호수, 샘, 강 등 민물에 깃든 물의 님프. 바다(특히 지중해와 에게 해)의 님프인 네레이데스와 구별된다. 나무의 님프 하마드뤼아데스처럼, 이들도 자신들이 깃든 샘이나 연못이 말라 버리면 죽고 만다. 단수형 '나이아스'.

3) 하마드뤼아데스Hamadryades[영어 Hamadryads]: 나무의 님프. 특정한 나무와 결합되어 태어나서 그 나무와 운명을 같이 한다. 다른 전승에는, 이들이 모두 여덟 명으로 각기 다른 나무를 관장한다고 한다.

c. 벨로스가 죽은 뒤 쌍둥이는 유산을 둘러싸고 다툼을 벌였다. 아이귑토스는 화해의 신호로 50명의 왕자와 50명의 공주의 합동결혼식을 올리자고 제안했다. 다나오스는 음모를 의심해 거절했다. 아이귑토스가 다나이데스 모두를 죽이려 한다고 두려워하던 차에 이를 뒷받침해 주는 신탁이 나왔고, 다나오스는 서둘러 리비아에서 달아날 준비를 시작했다.[2]

d. 아테나 여신의 도움을 받아, 그는 자신과 딸들이 타고 갈 배를 지었다. 그전에 한 번도 없었던 뱃머리가 둘인 배였고, 이들은 배에 올라 로도스 섬을 거쳐 그리스를 향해 나아갔다. 로도스에서 다나이데스는 아테나 여신을 위한 신전을 지었고, 다나오스는 신전에 여신의 조각상을 바쳤다. 다나이데스 가운데 셋은 그 섬에 머물던 중 불귀의 객이 됐다. 린도스, 이알뤼소스, 카메이로스 도시가 이들의 이름을 따라 새로운 이름을 얻었다.[3]

e. 이들은 로도스 섬을 출발해 펠로폰네소스 반도로 나아갔고, 아르고스 남쪽 레르네 부근에 상륙했다. 거기서 다나오스는 신들이 자신을 아르고스의 왕으로 선택했다고 선언했다. 당연히 아르고스의 왕 겔라노르는 이를 비웃었지만, 백성들은 그날 밤 이에 대해 의논하기 위해 모였다. 만약 백성들이 새벽까지 결정을 기다려보자고 하지 않았다면, 아테나가 자신을 돕고 있다는 다나오스의 선언에도 불구하고 겔라노르는 틀림없이 왕좌를 지켰을 것이다. 그런데 새벽이 되자 늑대 한 마리가 언덕에서 거리낌 없이 내려와 도시 성벽 근처에서 풀을 뜯던 소 떼를 공격해 우두머리 황소를 물어 죽였다. 백성들은 이를 하나의 전조로 봤다. 그의 선언을 따르지 않으면 그가 폭력으로 왕좌를 차지할 것이라 결론 내리고, 겔라노르에게 평화롭게 물러나라고 설득했다.

f. 다나오스는 그 늑대가 아폴론 신이 변신한 것이라고 확신해 아르고스에서 유명한 전당을 '늑대 같은 아폴론'에게 바쳤다. 그는 아주 강력한 통

치자였기에, 그리스 전역의 펠라스고이족이 스스로를 다나오스 백성들이라 불렀다.[4] 그는 또한 아르고스에 성채를 지었고, 딸들은 테스모포리아라고 부르는 이집트의 데메테르 비밀 의식을 거행하면서 이를 펠라스고이족 여인들에게 가르쳤다. 그러나 도리에이스족의 침략 이후, 테스모포리아는 아르카디아족을 빼면 더는 펠로폰네소스 반도에서 거행되지 않았다.[4]

g. 다나오스는 아르골리스 지역이 오랜 가뭄으로 고통받고 있다는 사실을 알게 됐다. 이나코스가 그 땅을 헤라의 것이라고 결정한 데 성이 나서, 포세이돈이 모든 강과 시내를 말려 버렸기 때문이다. 다나오스는 다른 이들은 그들 나름의 방식으로 포세이돈을 달래도록 하고, 따로 딸들을 물을 찾아 내보냈다. 딸들 가운데 하나인 아뮈모네가 숲속에서 사슴을 쫓다 우연히 잠자는 사튀로스를 깨웠다. 그는 벌떡 일어나 아뮈모네를 겁탈하려 했고, 그녀는 포세이돈에게 도와 달라고 기원했다. 포세이돈은 이 소리를 듣고 삼지창을 사튀로스에게 던졌다. 사튀로스는 달아나고, 삼지창은 바위에 박혀 부르르 떨었다. 이에 포세이돈 자신이 아뮈모네와 함께 누웠고, 그녀도 아버지의 지시를 이행할 수 있어 기뻤다. 포세이돈은 그녀가 물을 찾고 있다는 얘기를 듣고, 자신의 삼지창을 가리키면서 바위에서 그걸 빼보라 했다. 그녀가 그렇게 하자, 삼지창이 박혀 있는 구멍에서 세 갈래로 물이 뿜어져 나왔다. 지금은 아뮈모네라 부르는 이 샘이 레르네 강의 발원지이다. 이 강은 한여름에도 물이 마르지 않는다.[5]

h. 에키드나는 아뮈모네 샘 부근 플라타너스 아래에서 괴물 휘드라를 낳았다. 휘드라는 근처 '레르네 호수'에 살았으며, 살인자들은 정화를 위해 그

---

4) 다나오스 백성들Danaans은 좁은 의미로 '아르고스인', 넓은 의미로 '그리스인'을 의미한다.

곳을 찾았다. 그래서 "레르네의 악마들"이라는 속담이 나왔다.[6]

i. 아이귑토스는 자기 아들들을 아르고스로 보내면서 다나오스와 그의 가족 전체를 벌줄 때까지 돌아오지 못하게 했다. 이들은 도착하자마자, 다나오스에게 예전의 결심을 되돌려 딸들과 결혼할 수 있게 해달라고 간청했다. 하지만 이들은 결혼식 날 밤에 딸들을 죽이려 마음먹고 있었다. 다나오스가 이번에도 거절하자, 그들은 아르고스를 포위했다. 아르고스의 성채에는 샘이 없었다. 다나이테스는 우물 파는 법을 발명해 훗날 신성한 우물 네 곳을 포함해 여러 우물에서 나온 물을 도시에 공급했다. 따라서 이때는 성채에 물이 없었다. 어차피 갈증에 항복해야 할 수밖에 없음을 내다보고, 다나오스는 아이귑토스의 아들들에게 포위를 풀어 주면 곧장 그들의 요청을 들어주겠다고 약속했다.[7]

j. 합동결혼식 준비가 시작됐다. 다나오스는 각각 짝을 지었는데, 신랑과 신부 어머니 지위가 같아 짝을 지은 경우도 있고, 이름이 비슷해서 그렇게 한 경우도 있었다. 그렇게 해서 클레이테는 클레이토스와, 스테넬레는 스테넬로스와, 크뤼십페는 크뤼십포스와 각각 결혼했다. 그러나 대부분은 투구에서 제비를 뽑아 결정했다.[8]

k. 결혼 피로연이 진행되는 동안, 다나오스는 비밀스럽게 뾰족한 핀을 딸들에게 나눠주고, 이를 머리카락 속에 감추라고 일렀다. 한밤중에 딸들은 자기 남편의 심장을 찔렀다. 오직 한 사람이 살아남았는데, 아르테미스 여신의 조언에 따라 휘페름네스트라는 륑케우스를 죽이지 않았다. 그가 그녀의 처녀성을 지켜 주었기 때문이다. 그녀는 그가 12킬로미터 떨어진 도시 륑케이아로 달아나게 도와주기도 했다. 휘페름네스트라는 그에게 안전하게 도착하면 신호로 봉화를 올려 달라 부탁했고, 이에 호응해 성채에서도 봉화를 올리겠다고 약속했다. 아르고스인들은 아직도 이때 일을 기념해

매년 봉화를 올린다. 새벽이 되고, 다나오스는 휘페름네스트라가 복종하지 않았음을 알게 됐다. 딸은 재판에서 목숨을 잃을 처지였으나, 아르고스의 재판관들은 그녀를 풀어 주었다. 그녀는 이에 '늑대 같은 아폴론'의 전당에 있는 '승리의 아프로디테'에게 조각상을 올렸으며, '설득 잘하는 아르테미스'에게 성소를 바쳤다.[9]

l. 살해당한 아이귑토스의 아들들의 머리는 레르네에 묻혔고 몸은 성대한 장례식을 거쳐 아르고스의 성벽 아래에 묻혔다. 아테나와 헤르메스가 제우스의 허락 아래 다나이데스를 레르네 호수에서 정화했으나, '죽음의 재판관들'은 이들에게 유죄를 선고하고 체와 같이 구멍 난 항아리에 영원히 물을 채우게 하는 벌을 내렸다.[10]

m. 륑케우스와 휘페름네스트라는 다시 맺어졌다. 다나오스는 나머지 딸들도 정화의 날 정오가 되기 전까지 서둘러 제 짝을 찾아 맺어 주기로 마음먹고, 구혼자들을 불러 모았다. 지금은 아페타라고 부르는 거리에서 출발하는 달리기 경주를 연다고 알렸다. 우승자가 먼저 아내를 고를 수 있고, 다른 이들도 등수에 따라 차례로 선택할 수 있다고 했다. 그러나 참여자가 많지 않았다. 살해자와 결혼하면 나중에 자신도 목숨이 위태로워질지 모른다고 생각했기 때문이다. 그러나 결혼식의 첫날밤이 신랑에게 아무런 일 없이 지나가자, 더 많은 구혼자가 나타났고 다음날 달리기 경주가 한 번 더 열렸다. 이들 결혼으로 태어난 후손들이 다나오스 백성들로 자리를 잡았다. 아르고스 사람들은 지금도 휘메나이아 경주를 열어 이를 기념한다. 륑케우스는 나중에 다나오스 왕을 죽이고 그를 대신해 나라를 통치했다. 그는 그때 살해당한 형제들의 복수를 위해 처제들도 함께 죽이려 했으나, 아르고스 사람들이 반대해 그렇게 하지 못했다.[11]

n. 그러는 동안, 아이귑토스는 그리스를 방문했다가, 아들들에게 닥친 운

명을 전해 듣고 아로에로 달아났다. 그는 거기서 죽어 파트라이에 있는 세라피스의 성소에 묻혔다.[12]

o. 아뮈모네는 포세이돈을 통해 아들 나우플리오스를 낳았다. 그는 유명한 항해자로 큰곰자리를 보고 항로를 찾는 법을 발명해 냈다. 그리고 도시 나우플리오스를 건설해, 자기 할아버지와 함께 항해했던 이집트 선원들이 정착할 수 있게 했다. 그는 '배 파괴자 나우플리오스'의 선조이기도 하다. 이들은 거짓 봉화를 올려 적의 배를 유인해 파괴하곤 했다.[13]

1] 헤로도토스: 『역사』 2. 91; 에우리피데스, 아폴로도로스의 인용: 2. 1. 4.

2] 아폴로도로스: 『비블리오테카』 2. 1. 5; 휘기누스: 『신화집』 168; 호메로스에 대한 에우스타티오스 37.

3] 휘기누스: 같은 곳; 아폴로도로스: 2. 1. 4; 헤로도토스: 2. 234; 디오도로스 시켈로스: 『역사총서』 5. 58. 1; 스트라본: 『지리학』 14. 2. 8.

4] 파우사니아스: 『그리스 여행기』 2. 38. 4와 19. 3; 에우리피데스, 스트라본의 인용: 8. 6. 9; 스트라본: 같은 곳; 헤로도토스: 2. 171; 플루타르코스: 『헤로도토스의 악의에 관하여』 13.

5] 휘기누스: 『신화집』 169; 아폴로도로스: 2. 1. 4.

6] 파우사니아스: 2. 37. 1과 4; 스트라본: 8. 6. 8.

7] 휘기누스: 『신화집』 168; 아폴로도로스: 2. 1. 5; 스트라본: 8. 6. 9.

8] 아폴로도로스: 같은 곳; 휘기누스: 『신화집』 170.

9] 아폴로도로스: 같은 곳; 파우사니아스: 2. 25. 4; 19. 6과 21. 1.

10] 아폴로도로스: 같은 곳; 루키아노스: 『바다신들의 대화』 6; 휘기누스: 『신화집』 168; 오비디우스: 『헤로이데스』 14; 호라티우스: 『서정시』 3. 11. 30.

11] 핀다로스: 『퓌티아 제전 송가』 9. 117 ff.; 파우사니아스: 3. 12. 2; 휘기누스: 『신화집』 170; 베르길리우스의 『아이네이스』 10. 497에 대한 세르비오스.

12] 파우사니아스: 7. 21. 6.

13] 아폴로니오스 로디오스: 『아르고 호 이야기』 1. 136-138; 아라토스의 『현상』 27에 대한 테온; 파우사니아스: 4. 35. 2.

＊

1. 이번 신화는 그 옛날 헬라스 이주민들이 팔레스타인에서 로도스 섬을 거쳐 그리스로 넘어왔음을 기록한 것이다. 또 이들이 펠로폰네소스 반도에 처음으로 농경을 들여왔음도 기록하고 있다. 이들 가운데는 리비아와 에티오피아 출신의 이주민도 포함돼 있다는 주장이 있는데, 실제 그럴 것 같다

(6. 1과 8. 2 참고). 벨로스는 구약성서의 바알 신[5]이며, 성서 「외전」의 벨 신Bel이다. 벨로스는 자기가 내쫓은 수메르의 달의 여신 벨릴리Belili에서 자기 이름을 가져 왔다.

2. 세 다나이데스가 로도스 섬의 주요한 세 도시에 이름을 주었다고 했는데, 이들은 '세 모습 달의 여신'인 다나에였다. 이들은 텔키네스('마법을 거는 이들')로도 알려졌다(54. 1과 73. 4 참고). 린다Linda, 카메이라Cameira, 이알뤼사Halysa의 이름은 리노데오우사Iinodeousa('린넨 실로 묶는 이'), 카타메리조우사catamerizousa('나눠주는 이'), 이알레미스트리아Ialemistria('울부짖는 여인') 등이 세월을 거치면서 마모된 형태로 보인다. 이들은 사실 익숙한 세 운명의 여신, 즉 모이라이이다. 양쪽이 완전히 똑같은 기능을 하고 있다. 모이라이는 클로토Clotho, 라케시스Lachesis, 아트로포스Atropos로 알려져 있다(10. 1 참고). 린넨 실과 관련해, 여신이 조심스럽게 길이를 잰 실의 한쪽 끝으로 인간을 묶은 뒤 매년 실을 풀어주고, 시간이 되면 실을 잘라 그의 영혼을 죽음에 내준다는 것이 고전적인 설명이다. 그런데 원래 우는 아기한테는 린넨 기저귀를 채운다. 기저귀에는 씨족이나 가문의 문양이 수 놓여 있고, 거기가 아이에게 주어진 사회 속 운명의 장소이다.

3. 다나에의 수메르 이름은 담 키나Dam-kina이다. 히브리인들은 그녀를 디나Dinah(「창세기」 34장)라고 불렀으며, 남성형은 단Dan이다. 달의 신 여사제들은 보통 50명이 돼야 완전한 한 무리를 이룬다고 봤다. 그리고 이들의 의무는 땅이 마르지 않게 하는 것이다. 비를 뿌리는 주문이든 물길을 내는 관개나 우물 파기든 방법은 상관없었다. 이런 이유로 다나이데스의 이름은 그

---

[5] 바알Baal: 구약성서에서 유대인의 신을 제외하고 가장 많이 언급되는 신이라고 한다. 유대인은 항상 가나안에서 숭배되는 이 풍요의 신에게 매력을 느꼈다. 바알이란 원래 '주인'을 뜻하며, 바알 신에게 인신 제사를 올렸다는 기록(「예레미야서」 19장 5)이 전한다. 참고로, 가나안의 주신은 바알의 아버지인 엘이었다.

리스어 다노스dānos('바싹 마른') 및 다노스danos('선물')와 연결된다. 둘의 첫 음절 속 a는 때로 길게 때로 짧게 발음한다. 아게노르와 벨로스가 쌍둥이라는 대목은, 다나오스와 아이깁토스가 그런 것처럼, 아르고스의 왕권 승계 구조를 지칭한다. 거기서는 공동 왕은 각각 최고위 여사제와 결혼하고 50개의 태음월, 즉 '커다란 한 해Great Year'의 절반 동안 통치한다. 최고위 여사제들은 달리기 경주를 통해 뽑으며(이것이 올림피아 제전의 유래이다), 격년으로 50번째 달이나 49번째 달이 끝날 때 개최된다(53. 4 참고). 새해맞이 달리기 경주가 아르고스와 마찬가지로, 올림피아(53. 3 참고), 스파르테(160. d 참고), 예루살렘(후크Hooke: 『초기 셈족 종교 의식의 유래Origin of Early Semitic Rituals』 1935, 53쪽), 바빌론(랭던Langdon: 「창조 서사시Epic of Creation」, 57-58행)에서 신성한 왕을 위해 열렸다. 태양의 왕은 재빨라야 했다.

4. 휘드라Hydra(34. 3과 60. h 참고)는 나중에 헤라클레스에게 죽임을 당하기는 하지만, 이렇게 물을 공급하는 여사제 무리를 신화한 것으로 보인다(124. 2-4 참고). 다나이데스의 신화는 그녀들의 성소를 장악하려는 헬레네스의 두 번에 걸친 시도를 기록한 것일 수 있다. 첫 번째는 완전히 실패했고, 두 번째 시도는 성공해 헬레네스 지도자는 최고위 여사제와 결혼한 뒤 물의 여사제들을 족장들에게 아내로 나눠준 것이다. "아페타Apheta라고 부르는 거리"는 최고위 여사제 자리를 놓고 겨루는 여인들 경주의 출발점이었을 터이다. 그런데 신성한 왕의 자리를 위한 남자들의 경주에서도 이를 사용했을 것이다(53. 3과 160. d 참고). 륑케우스Lynceus는 멧세니아에서 왕의 호칭이기도 했으며(74. 1 참고), '스라소니lynx의'라는 뜻이다. 스라소니는 일종의 사자인 카라칼caracal이며, 날카로운 시력으로 유명하다.

5. '아이깁토스'와 '다나오스'는 테바이 공동 왕의 초기 호칭인 것으로 보인다. 신성한 왕의 머리를 도시로 들어오는 길에 매장해 적의 침략에 대

비하는 관습이 널리 퍼져 있었기에(146. 2 참고), 아이귑토스 아들들의 머리를 레르네Lerna에 묻었다고 하는 대목은, 아마 신성한 왕들의 머리를 누대에 걸쳐 거기 묻었다는 얘기일 것이다. 이집트인을 멜람포데스Melampodes('검은 발')라 불렀는데, 씨 뿌리는 계절에 나일 강의 검은 진흙 밭을 첨벙거리며 돌아다녔기 때문이다.

6. 다나이데스가 존속 살해에 대한 처벌로 밑 빠진 항아리에 영원히 물을 붓는 벌을 받았다는 이야기는, 나중에 자리 잡은 일부일처제의 영향이 작용한 것으로 보인다. 그러나 이 이야기의 유래가 되는 성상에서, 그녀들은 필요한 의식을 진행하고 있었다. 땅에 물을 뿌리는 것인데, 이는 공명하는 마법으로 비를 내리게 하는 의식이었다(41. 5와 68. 1 참고). 다나이데스 무리가 사라지고 나서도 수백 년 동안 체 또는 물이 새는 항아리는 현명한 여인을 다른 이들과 구분하는 표시였다. 필로스트라토스는 『튀아나의 아폴로니오스의 생애』에서 "손에 체를 든 여인들이 감히 무지한 소몰이꾼들을 위해 소를 치료해 준다면서 돌아다닌다"고 했다.

7. 휘페름네스트라Hypermnestra와 륑케우스의 봉홧불은 아르고스의 봄 축제에 태양신의 승리를 기념하기 위해 밝히는 불이었을 터이다. 아르고스에서 신성한 왕은 기다란 바늘에 심장이 찔려 죽었을 수도 있다. 이는 상대적으로 자비로운 끝내기였다.

8. 테스모포리아Thesmophoria('마땅한 제물')는 아테나이에서 열리는 농경 관련 주신제로(48. b 참고), 거기에는 신성한 왕 또는 그 대리인의 잘린 남근을 바구니에 담고 행진하는 순서가 포함돼 있었다. 더 문명화된 시대에 이는 남근 모양의 덩어리 빵과 살아 있는 뱀으로 대체됐다. '아폴론 뤼키오스Apollo Lycius'는 '늑대 같은 아폴론'보다는 '빛의 아폴론'을 의미하는 듯하지만, 두 가지 개념은 늑대가 보름달 또는 밤에 길게 우는 습성을 통해 서로 연결된다.

61
라미아

벨로스에게는 라미아라는 아름다운 딸이 있었다. 리비아에서 최고였다. 제우스는 라미아가 잘 따라준 것에 대한 보답으로 독특한 능력을 주었다. 마음대로 눈알을 빼고 넣고 하는 능력이었다. 라미아는 제우스와 함께 여러 아이를 낳았지만, 스퀼라를 빼고 모두 질투로 흥분한 헤라한테서 죽임을 당했다. 라미아는 복수에 나서 다른 사람들의 아이들을 죽였고, 너무나 잔혹하게 행동해 그녀의 얼굴은 악몽에 나올 법한 모습으로 바뀌었다.

b. 나중에, 그녀는 엠푸사이와 어울리게 됐다. 젊은 남자와 동침하고, 그가 잠들었을 때 피를 빨았다.[1]

1] 디오도로스 시켈로스: 『역사총서』 20, 41; 수이다스, '라미아' 항목; 플루타르코스: 『호기심에 관하여』 2; 아리스토파네스의 『평화』 757에 대한 고전 주석자; 스트라본: 『지리학』 1. 11. 8; 호메로스에 대한 에우스타티오스 1714; 아리스토텔레스: 『니코마코스 윤리학』 7권 5장.

*

1. 라미아Lamia는 리비아의 사랑과 전투의 여신 네이트Neith였다. 아나타 Anatha 그리고 아테나이Athene라고도 했으며(8. 1과 21. 5 참고), 아카이아족은

이 신에 대한 숭배를 탄압했다. 아르카디아의 알피토Alphito처럼, 라미아는 결국 아이들을 겁주는 도깨비가 됐다(52. 7 참고). 그녀의 이름 라미아는 라뮈로스lamyros('게걸스러운')와 유사하다. 이는 라이모스laimos('식도')에서 온 단어다. 이에 여자라면 '음탕한'이다. 라미아의 못생긴 얼굴은 비밀 의식을 벌이는 동안 여사제들이 쓰는 악귀를 물리치는 고르곤 가면을 말한다(33. 3 참고). 그 비밀 의식에는 유아 살해가 필수적인 부분이었다. 라미아가 눈을 뺐다 넣었다 할 수 있었다는 대목은, 아마도 영웅에게 눈을 내밀면서 마법의 시력을 주려 하는 여신의 그림에서 유추했을 것이다(73. 9 참고). 엠푸사이는 여자 악령들이다(55. 1 참고).

62
레다

어떤 이는 제우스가 네메시스에 반해 그녀를 쫓았을 때, 그녀는 달아나 물에 뛰어들어 물고기가 됐다고 전한다. 제우스는 비버로 변신해 물결을 일으키면서 그녀를 뒤쫓았다. 네메시스는 해변으로 뛰어올랐고 여러 짐승으로 변신했지만 제우스를 떨쳐낼 수 없었다. 그가 더 사납고 재빠른 짐승으로 따라서 변신했기 때문이다. 마침내, 기러기로 변신해 하늘로 날아올랐는데, 제우스는 백조로 변신해 앗티케의 람노스에서 의기양양하게 교미했다. 네메시스는 체념하여 깃털을 흔들었고, 이윽고 스파르테에 이르렀다. 이윽고 거기에서 튄다레오스 왕의 아내 레다가 그곳 습지에서 히아신스 색깔의 알을 발견하고 집으로 가져와 상자 안에 숨겼다. 드디어 트로이아의 헬레네가 알을 깨고 나왔다.[1] 그러나 다른 어떤 이는 먼 옛날 알 하나가 유프라테스 강에 뚝 떨어졌던 것처럼, 이 알이 달에서 떨어졌다고 전한다. 강에 떨어졌던 알은 물고기가 강변으로 끌어갔고, 비둘기가 품었다. 그리고 '시리아의 사랑의 여신'이 알을 깨고 나왔다.[2]

b. 다른 이들은 백조로 변신한 제우스가 독수리에 쫓기는 척하면서 네메시스한테 날아와 그녀의 품 안에 안겼다고 전한다. 제우스는 그녀를 겹탈

했고, 일정한 시간이 지나 네메시스는 알 하나를 낳았다. 헤르메스는 레다가 두 다리를 벌리고 의자에 앉아 있을 때 넓적다리 사이에 알을 가져다 두었다. 이렇게 해서 레다가 헬레네를 낳은 것이 됐고, 제우스는 이런 술책을 기념하려 백조자리를 하늘에 그려 넣었다.[3]

c. 하지만 가장 일반적인 설명은, 제우스가 백조의 모습으로 에우로타스 강변에서 레다와 어울렸다는 것이다. 레다는 알을 낳았고, 거기서 헬레네, 카스토르, 폴뤼데우케스가 알을 깨고 나왔다. 레다는 그 결과로 네메시스 여신으로 신격화됐다.[4] 그런데 레다의 남편 튄다레오스도 같은 날 밤에 그녀와 동침했다. 이에 따라 일부에서는 이들 셋이 모두 제우스의 자식들이며, 두 번째 알에서 헬레네와 함께 태어난 클뤼타임네스트라까지도 그렇다고 한다. 하지만, 다른 이들은 헬레네만 제우스의 딸이고 카스토르와 폴뤼데우케스는 튄다레오스의 아들들이라 기록했다.[5] 또 다른 쪽에서는 카스토르와 클뤼타임네스트라는 튄다레오스의 자식이며, 헬레네와 폴뤼데우케스는 제우스의 자식이라고 주장한다.[6]

1] 아테나이오스, 호메로스의 『퀴프리아』 334b를 인용하면서; 아폴로도로스: 『비블리오테카』 3. 10. 7; 삽포: 『글조각』 105; 파우사니아스: 『그리스 여행기』 1. 33. 7; 에라토스테네스: 『카타스테리스모이』 25.
2] 아테나이오스: 『현자들의 식탁』 57 f.; 플루타르코스: 『심포시아카』 2. 3. 3; 휘기누스: 『신화집』 197.
3] 휘기누스: 『시적 천문학』 2. 8.
4] 락탄티우스: 『오비디우스의 「변신 이야기」에 나온 이야기들』 1. 21; 휘기누스: 『신화집』 77; 제1 바티칸 신화학자: 78과 204.
5] 호메로스: 『오뒷세이아』 11. 299; 『일리아스』 3. 426; 에우리피데스: 『헬레네』 254, 1497과 1680.
6] 핀다로스: 『네메아 제전 송가』 10. 80; 아폴로도로스: 3. 10. 6-7.

*

1. 네메시스는 님프 모습의 달의 여신이었다(32. 2 참고). 사랑과 추적의 신화가 처음 등장했을 때 네메시스가 신성한 왕을 추적했다. 왕은 산토끼,

물고기, 꿀벌, 쥐로 계절적 변신을 거듭하지만, 결국 잡아먹히고 만다. 산토끼, 물고기, 새, 밀알로 변신할 때도 있었다. 그러나 가부장제의 승리와 함께 이런 추적 관계는 정반대로 뒤집혔다. '석탄처럼 까만 스미스'라는 영국 민요와 같이, 이제 여신은 제우스한테서 달아난다(89. 2 참고). 예전에 여신은 물고기를 잡기 위해 수달 또는 비버로 변신했다. 카스토르의 이름('비버')은 이런 신화가 남긴 흔적임이 분명하다. 반면, 폴뤼데우케스의 이름('엄청 달콤한 포도주')은 추적이 벌어지는 동안 축제에 푹 빠진 인물의 기록이다.

2. 라다Lada는 [아나톨리아 해안 지역의 고대 국가] 뤼키아Lycia(바꿔 말하면 크레테)의 말로 '여자'를 뜻한다고 한다. 그리고 레다Leda는 델로스 섬에서 아폴론과 아르테미스를 낳은 라토나Latona 또는 레토Leto 또는 라트Lat였다(14. 2 참고). 히아신스 색깔의 알이 나오는 대목은 드루이드교의 피처럼 붉은 부활절 알을 떠올리게 한다. 이는 글레인glain이라고 불렸으며, 사람들은 이것을 찾아 매년 바닷가를 뒤졌다. 켈트족 신화에서 이는 바다의 뱀의 모습을 한 여신이 낳은 것이다. 알을 레다의 넓적다리 사이에 가져다 두었다는 대목은, 아마도 여신이 출산 의자에 앉아 있고 아폴론의 머리가 자궁에서 빠져나오고 있는 그림에서 유래한 것으로 보인다.

3. 헬렌(아)Helen(a)과 헬레Helle 또는 셀레네Selene 등은 모두 달의 여신의 지역적 변형이다(43. 1; 70. 8과 159. 1 참고). 휘기누스는 이들이 루키아노스가 다룬 시리아 여신과 동일하다는 점을 강조했다. 그러나 휘기누스의 설명은 혼란스럽다. 오피온 뱀과 짝을 맺고 나서 우주의 알을 낳고 비둘기의 모습으로 변신해 물 위에서 알을 품은 것은 여신 자신이었다. 여신은 본래 허공Void에서 일어났다(1. a 참고). 헬레네 여신은 스파르테 부근에 두 개의 신전을, 테라프나이Therapnae에 하나의 신전을 갖고 있다. 펠로폰네소스 아르골리스 지역 덴드라Dendra에도 하나 있는데, 이는 여신의 로도스 섬의 전당

처럼 나무 숭배와 연결돼 있다(88. 10 참고). 폴룩스(10. 191)는 헬레네포리아 Helenephoria라고 부르는 스파르테 축제를 언급했다. 이는 아테나이에서 열리는 아테나 여신의 테스모포리아 축제(48. b 참고)와 아주 많이 닮았으며, 축제가 열리는 동안 어떤 말하기 어려운 물건을 헬레네helene라고 부르는 특별한 바구니에 담아 운반한다고 했다. 헬레네 여신이 직접 그런 바구니를 들고 있는 모습이 돋을새김으로 남아 있다. 거기엔 여신 옆에 디오스쿠로이가 지키고 있다. 바구니 안에 넣었다는 물건은 아마도 남근 상징물이었을 것이다. 그녀는 주신제의 여신이다.

4. 제우스가 동정심을 일으켜 네메시스를 속였는데, 네메시스는 펠로폰네소스인들의 백조 숭배의 여신이었다. 제우스는 똑같은 방법으로 헤라도 속였다. 헤라는 크레테인들의 뻐꾸기 숭배의 여신이었다(12. a 참고). 이 신화는 헬레네스 전사들이 크레테 섬이나 펠라스고이족의 도시에 도래한 것을 지칭하는 것 같다. 이들은 처음에 위대한 여신에게 경의를 표하면서 여신의 여사제들에게 고분고분 복종하는 배우자를 제공했다. 그러나 결국 그녀로부터 최고 통치권을 빼앗아 갔다.

63
익시온

　익시온은 라피타이의 왕인 플레귀아스의 아들로, 에이오네우스의 딸인 디아와 결혼하기로 동의했다. 신부에게 값진 선물을 주기로 약속하고, 에이오네우스를 잔치에 초대했다. 그러나 궁전 앞에 숯불로 가득 채운 함정을 만들었고, 아무 의심도 않던 에이오네우스는 함정에 빠져 죽고 말았다.

　b. 덜 중요한 신들은 이를 극악무도한 행동이라 생각해 익시온의 정화를 거절했지만, 제우스는 사랑에 빠졌을 때 자신이 똑같이 나쁘게 행동했기에, 그를 정화해 주었을 뿐 아니라 자신의 식사 자리에 초대하기도 했다.

　c. 익시온은 고마워하기는커녕 헤라를 유혹할 계획까지 세웠다. 헤라가 제우스의 빈번한 불륜에 대한 복수의 기회를 갖게 돼 좋아할 것으로 짐작한 것이다. 제우스는 이런 익시온의 의도를 읽고서 구름으로 가짜 헤라를 만들었다. 익시온은 술에 취해 가짜 헤라와 쾌락에 빠졌고, 한참 선을 지난 뒤에야 그것이 속임수임을 알아챘다. 이런 와중에 제우스가 갑자기 나타났고, 그는 헤르메스에게 명령해 익시온을 사정 두지 않고 매질하게 했다. 익시온이 "은인을 존경해야 합니다"라고 거듭 말할 때까지 매질이 이어졌다. 그다음에 헤르메스는 명령대로 하늘을 지나 끊임없이 구르는 불 바퀴에 그

를 매달았다.

d. 나중에 네펠레라고 불린 가짜 헤라는 익시온의 아들로 켄타우로스를 낳았다. 버림받은 아이는 나중에 어른이 된 뒤, 마그네시아의 암말들에 붙어 켄타우로스족을 낳게 했다고 전한다. 이들 가운데 가장 저명한 이는 학식 깊은 케이론이다.[1]

1] 아폴로니오스 로디오스에 대한 고전 주석자: 3, 62; 휘기누스: 『신화집』 33과 62; 핀다로스: 「퓌티아 제전 송가」 2, 33-89, 고전 주석자와 함께; 루키아노스: 『신들의 대화』 6; 에우리피데스의 『포이니케 여인들』 1185에 대한 고전 주석자.

✻

1. 익시온Ixion의 이름은 이스퀴스ischys('힘')와 이오io('달')에서 왔지만(52. 2 참고), 익시아스ixias('겨우살이')도 암시한다. 그는 떡갈나무의 왕으로서 겨우살이 생식기를 가지고 있으며(50. 2 참고), 벼락의 신을 대변한다. 그는 의례적으로 비를 뿌리는 달의 여신과 결혼식을 올리고, 그다음 매질을 당한다. 그의 피와 정액으로 대지를 비옥하게 하려는 것이다(116. 4 참고). 이어 도끼로 머리가 잘리고, 거세를 당하고, 사지를 벌려 나무에 매달리고, 불에 구워진다. 이런 절차가 끝나면 친척들이 그를 성찬으로 삼아 먹는다. 에이온Eion을 호메로스는 강의 별칭으로 썼지만, 디아Dia의 아버지는 ['에이온'과 연관된] 에이오네우스뿐 아니라 데이오네우스Deioneus('약탈자')라고도 불렀다.

2. 떡갈나무 숭배의 달의 여신은 디아('하늘의')로 알려져 있었다. 디아는 도도나에서 모신 떡갈나무 여신의 호칭이며(51. 1 참고), 따라서 제우스의 아내 헤라의 호칭이기도 하다. 옛날 왕들은 스스로를 제우스라고 부르고(45. 2; 68. 1과 156. 4 참고), '비를 머금은 구름'의 디아와 결혼했다. 이런 사실은 올륌포스의 사제들을 당연히 불쾌하게 만들었다. 사제들은 사지를 벌린 라

피타이Lapith 왕의 종교 의식 그림을 왕이 불경한 짓을 저질러 벌을 받고 있다고 오해했고, 그래서 구름의 일화를 발명해 냈다. 에트루리아Etruria에서 발굴된 거울을 보면, 익시온은 사지를 벌린 채 불 바퀴에 묶여 있고, 발밑에는 버섯 부싯깃이 놓여 있다. 다른 곳에서 익시온은 '다섯 번' 묶여 있는데, 아일랜드 영웅 쿠로이Curoi도 쿠 훌린Cuchulain을 이렇게 묶었다. 바퀴 테두리에 등이 닿게 하고 몸통을 뒤로 구부려(필로스트라토스: 『튀아나의 아폴로니오스의 생애』 7. 12), 발목 두 곳과 손목 두 곳, 목 등 모두 다섯 곳을 묶었다. 『사자의 서Book of the Dead』의 오시리스도 그랬다. 이런 자세는 유럽의 한여름 축제에서 언덕 아래로 굴리는 불타는 바퀴를 떠오르게 한다. 이는 태양이 그 정점에 이르렀고, 이제부터 동지까지 내려가는 일만 남았다는 의미이다. 익시온의 함정은 비유가 아니다. 왕은 자신을 대신할 희생 제물이 필요했고, 전쟁 포로라면 좋겠지만 그게 어렵다면 함정에 걸린 여행자를 사용했다. 이 신화는 제우스를 숭배하는 헬레네스가 라피타이족, 플레귀아족Phlegyans, [익시온이 낳았다는] 켄타우로스족 등과 함께 맺은 조약을 기록한 것으로 보인다. 이들 부족은 헬레네스 여행자들을 붙잡아 종교 의식에서 살해하고, 헬레네스 여인들을 납치해 감으로써 조약을 깼다. 헬레네스는 공식적인 사죄를 요구했고, 기필코 받아냈다.

3. 말은 달에 신성했다. 비를 내리도록 하려고 목마 춤을 췄는데, 여기에서 켄타우로스족은 반은 말이고 반은 사람이라는 전설이 만들어진 것으로 보인다. 그리스에서 켄타우로스족에 대해 가장 이른 표현은 두 남자의 허리가 말의 몸통에 붙어 있는 모습으로, 아르고스의 헤라이온Heraeum에서 출토된 뮈케나이 보석에 그려져 있다. 이들은 서로 얼굴을 마주하면서 춤을 추고 있다. 이와 비슷하게 둘이 짝을 이룬 모습이 크레테의 구슬 인장에도 나온다. 크레테에는 원래 말 숭배가 없었기에, 모티프가 그리스 본토에서

넘어온 게 확실하다. 오래된 고대 미술에서 사튀로스도 목마를 탄 사람으로 그려지다, 나중에 염소 모습으로 나타난다. 익시온의 아들인 켄타우로스는 뱀의 꼬리를 가진 신탁의 영웅이었을 터이다. 이에 보레아스가 암말과 짝을 짓는 이야기가 켄타우로스에 붙어 있다(48. e 참고).

64
엔뒤미온

엔뒤미온은 제우스와 님프 칼뤼케의 미남 아들이다. 카리아 출신이지만, 아이올리스족이다. 엘리스 왕국에서 클뤼메노스를 쫓아냈다. 그의 아내는 이피아낫사, 휘페립페, 크로미아, 네이스 등 여러 이름으로 알려져 있지만, 네 아들을 낳아 주었다고 한다. 그는 자신을 깊이 사랑한 셀레네를 통해 50명의 딸을 두었다.[1]

b. 엔뒤미온은 어느 조용한 밤에 카리아의 라트모스 산에 있는 동굴에서 잠들어 있었다. 이때 셀레네가 그를 처음 봤고, 그의 곁에 누워 감은 눈에 부드럽게 키스했다. 그다음부터는 얘기가 몇 갈래로 나뉜다. 먼저, 어떤 이는 엔뒤미온이 나중에 같은 동굴로 돌아와 꿈꾸지 않는 깊은 잠에 빠졌다고 전한다. 그는 이 잠에서 아직도 깨어나지 않았는데, 나이 들어가는 것을 너무나 싫어해 스스로 원했다고 한다. 아니면 제우스가 헤라와 무슨 일을 꾸민다고 의심해 그렇게 만들었거나, 셀레네가 엔뒤미온의 자식을 더 낳는 것보다 그에게 부드럽게 키스하는 것을 더 좋아했기 때문이다. 어떤 경우든, 그는 단 하루도 나이를 먹지 않았으며, 볼에 젊음의 홍조가 떠나지 않았다. 그러나 다른 이들은 그가 올림피아에 묻혔으며, 거기서 그의 네 아들이

빈 왕좌를 차지하기 위해 달리기 경주를 했다고 전한다. 경기에서는 에페이오스가 이겼다.[2]

c. 달리기 시합에서 패배한 아들 가운데 하나인 아이톨로스는 나중에 아르카스의 아들인 아잔의 장례 제전에서 전차 경주에 참여했다. 이는 그리스에서는 처음 열린 장례 제전이었다. 관중들은 경주로에 들어가지 말아야 한다는 것을 몰랐기에, 아이톨로스의 전차는 사고로 포로네우스의 아들 아피스를 쳐서 치명상을 입히고 말았다. 현장에 있던 살모네우스는 아이톨로스를 코린토스 만 건너로 추방했다. 거기서 아이톨로스는 도로스와 그의 형제들을 죽이고 지금은 그를 따라 아이톨리아라고 부르는 땅을 정복했다.[3]

1] 아폴로도로스: 『비블리오테카』 1. 7. 5-6; 파우사니아스: 『그리스 여행기』 5. 8. 1과 1. 2.
2] 아폴로도로스: 1. 7. 6; 테오크리토스의 『전원시』 3. 49에 대한 고전 해석자; 키케로: 『투스쿨룸 대화』 1. 38; 파우사니아스: 5. 1. 3.
3] 파우사니아스: 8. 4. 2-3과 5. 1. 6; 아폴로도로스: 1. 7. 6; 스트라본: 『지리학』 8. 3. 33.

✳

1. 이 신화는 아이올리스족의 우두머리가 어떻게 엘리스를 침략했는지, 또 그가 펠라스고이족 달의 여신인 헤라의 대리인과 한 결혼을 어떻게 받아들였는지도 기록한 것이다. 헤라의 대리인은 50명에 이르는 물의 여사제 무리의 우두머리를 뜻하며, 엔뒤미온Endymion의 아내 이름들은 모두 달의 별칭이다(60. 3 참고). 그의 통치가 끝나면, 그는 예정대로 희생 제물로 바쳐지고, 올륌피아에서 영웅의 전당을 받는다. 올륌피아가 속한 도시 피사Pisa는 뤼디아(또는 크레테) 말로 '사적인 휴식 장소'를 뜻한다고 한다. 물론 달의 여신이 쉬는 곳이다(베르길리우스 10. 179에 대한 세르비오스).

2. 엔뒤미온의 이름은 엔뒤에인enduein(라틴어: 인두케레inducere)에서 왔으며, 달이 왕을 유혹하는 것을 지칭한다. 이렇게 보면, [남자 피를 빨아먹는] 엠푸사이인 것처럼 보인다(55. a 참고). 그러나 고대인들은 그 이름이 솜눔 에이 인둑툼somnum ei inductum, 즉 '그에게 내려진 잠'을 지칭하는 것이라고 설명한다.

3. 아이톨로스Aetolus는, 펠롭스Pelops와 마찬가지로, 올륌피아 경주장을 돌아 전차를 몰면서 태양의 흉내를 냈을 것이다(69. 1 참고). 그리고 그가 사고로 아피스Apis를 죽였다는 이야기는, 엘리스의 아이톨리아 식민화를 설명하기 위해 만들었으며, 매년 발생하는 전차 사고를 표현한 그림에서 추론했을 것으로 보인다. 그 사고에서는 왕을 대신하는 제물이 죽었다(71. 1과 109. 4 참고). 에페이오스Epeius('계승자')가 우승한 일은 그 이전에 벌어진 일이다(53. 3 참고). [엔뒤미온이 잠들었던] 카리아의 라트모스 산에 엔뒤미온의 성소가 있었다는 사실은 아이올리스족 이주민들이 엘리스에서 건너와 거기 정착했다는 것을 암시한다. 엔뒤미온이 헤라와 의례적 결혼식을 올린 것은, 익시온의 경우와 마찬가지로, 제우스의 사제들을 불쾌하게 만들었을 것이다(63. 2 참고).

4. 아피스는 아피오스apios에서 나온 명사다. 이는 호메로스 시대의 형용사로 보통 '멀리 떨어져 있는'을 뜻한다. 그러나 펠로폰네소스 반도(아이스퀼로스: 「탄원하는 여인들」 262)에서는 '배나무의'를 뜻한다(74. 6 참고).

65
퓌그말리온과 갈라테이아

퓌그말리온은 벨로스의 아들로, 아프로디테를 사랑했다. 여신과 같이 누울 수는 없기에 그는 아프로디테의 상아 조각상을 만들어 그의 침대에 누였다. 그는 자신을 불쌍히 여겨 달라고 여신에게 기도했다. 아프로디테는 거기에 생명을 불어넣어 갈라테이아가 되게 했다. 갈라테이아는 퓌그말리온에게 파포스와 메타르메를 낳아 주었다. 파포스가 퓌그말리온의 후계자가 됐으며, 파포스의 아들 키뉘라스는 퀴프로스 섬의 도시 파포스를 건설하고, 거기에 유명한 아프로디테의 신전을 지었다.[1]

1] 아폴로도로스: 『비블리오테카』 3. 14. 3; 오비디우스: 『변신 이야기』 10. 243 ff.; 아르노비오스: 『이교도들에 반대하여』 6. 22.

*

1. 퓌그말리온Pygmalion은 파포스Paphos에서 아프로디테의 여사제와 결혼했으며, 퀴프로스의 왕좌를 지키는 방법으로서 여신의 흰 조각상(「사무엘상」 19장 13절 참고)을 자신의 침실에 두었던 것으로 보인다. 실제 이 여사제가

낳은 아들이 퓌그말리온의 자리를 이어받았다면, 퓌그말리온은 퀴프로스인들 가운데 처음으로 부계 승계를 시행한 왕이 됐을 것이다. 그러나 퓌그말리온도, 손자인 키뉘라스Cinyras가 그렇게 했듯(18. 5 참고), 8년에 걸친 자신의 통치 기간이 끝났을 때 여신의 조각상을 넘겨주지 않으려 했을 가능성이 더 높다. 그리고 다른 아프로디테 여사제와 결혼함으로써 통치 기간을 연장했을 것이다. 그런데 두 번째 결혼한 여사제는 엄밀히 따지면 그의 딸이다. 그녀가 왕좌를 이어받을 여자 상속인이기 때문이다. 이 여사제의 이름을 메타르메Metharme('변화')라고 했는데, 이런 획기적 변화를 표시하고 있다.

66
아이아코스

　강의 신 아소포스는 라돈 강의 딸인 메토페와 결혼했다. 아소포스를 두고, 누구는 오케아노스와 테튀스의, 누구는 포세이돈과 페로의, 다른 이들은 제우스와 에우뤼노메의 아들이라 전한다. 아무튼 아소포스는 이 결혼으로 두 아들과 열두 명 또는 스무 명의 딸을 얻었다.[1]

　b. 아소포스의 딸들 가운데 여럿이 제우스, 포세이돈, 아폴론에게 다양한 상황에서 끌려가 겁탈을 당했다. 언젠가 막내딸 아이기나도 사라졌다. 그녀는 제우스에게 예전에 당했던 테베의 쌍둥이 동생이다. 아소포스는 딸을 찾아 나섰고, 코린토스에 이르러 이번에도 제우스가 범인이라는 것을 알게 됐다. 격노한 아소포스는 더 맹렬히 추격했고, 드디어 아이기나를 품고 있는 제우스를 어떤 나무 안에서 찾아냈다. 제우스는 무장을 하지 않고 있었기에, 창피하게도 덤불 속으로 달아나야 했다. 눈길이 닿지 않는 곳에 이르러 뒤쫓던 아소포스가 그냥 지나갈 때까지 바위로 변신해 있었다. 이윽고 제우스는 올림포스로 몰래 돌아와 성벽의 안전한 곳에 자리를 잡고 아소포스에게 벼락을 퍼부었다. 아소포스는 아직도 그때 입은 부상으로 움직임이 둔하고, 불에 탄 석탄재가 덩어리로 강바닥에서 나온다.[2]

c. 이렇게 아이기나의 아버지를 처리하고, 제우스는 남몰래 당시 오이노네 또는 오이노피아라고 불리는 섬으로 그녀를 데려갔다. 거기서 제우스는 독수리 또는 불꽃의 모습으로 그녀와 함께 누웠다. 사랑의 정령들이 침상 위를 맴돌면서 사랑의 선물을 내렸다.[3] 일정한 시간이 흐르고, 아이기나는 아들 아이아코스를 낳았다. 헤라는 나중에 이를 알고 화가 나서, 오이노네 섬의 모든 주민을 파괴하기로 마음먹었다. 아이아코스가 그곳의 왕으로 있었기 때문이다. 아이아코스는 당시 그곳을 아이기나 섬으로 바꿔 부르고 있었다. 헤라는 뱀 한 마리를 시냇물 한 곳에 풀어 놓았고, 뱀은 물을 더럽히면서 수천 개의 알을 낳았다. 알에서 깨어난 뱀은 사방으로 퍼져 섬 안에 있는 모든 시내와 강으로 기어갔다. 섬 전체로 두터운 어둠과 나른한 열기가 번져 갔다. 역병을 일으키는 남풍의 신이 넉 달 이상 계속 불어왔다. 곡식과 풀이 말라 갔고, 기근이 뒤따랐다. 포도주까지 떨어지자 주민들은 극심한 갈증에 사로잡혔다. 제일 가까운 시내까지 기어서 가더라도, 독이 든 물을 마시고 죽을 뿐이었다.

d. 제우스에게 간청해도 소용이 없었다. 수척해진 탄원자들과 이들의 희생 제물이 제우스의 제단 바로 앞에서 쓰러져 죽었고, 마침내 더운 피를 가진 생물이라고는 거의 하나도 살아남지 못했다.[4]

e. 어느 날 아이아코스의 기도에 천둥과 번개로 응답이 왔다. 아이아코스는 이런 상스러운 조짐에 용기를 얻어, 제우스에게 빈 땅을 다시 채워 달라고, 근처 떡갈나무 위로 곡식 낟알을 나르는 개미 떼만큼이나 많은 백성을 내려 달라고 간청했다. 그 나무는 도도나의 도토리에서 자라난 것으로, 제우스에게 신성했다. 아이아코스의 기도에 응답하는지, 나무가 가늘게 떨었다. 바람 한 점 불지 않았음에도 넓게 벌어진 나뭇가지에서 바스락거리는 소리가 났다. 아이아코스는 두려웠지만 달아나는 대신 나무줄기와 그

아래 땅에 계속 입을 맞췄다. 그날 밤, 아이아코스는 꿈을 꿨다. 수많은 개미가 신성한 떡갈나무에서 땅바닥으로 떨어지더니, 사람으로 변해 일어섰다. 그는 잠에서 깼고, 한낱 환상에 불과한 헛꿈이라 생각했다. 그런데 갑자기 아들 텔라몬이 밖에서 불러내 나가 보니, 사람들이 떼를 지어 몰려오는 게 보였다. 그들의 얼굴은 꿈에서 본 것과 똑같았다. 뱀과 전염병이 사라지고, 비가 내려 말라 버린 시내를 모두 채웠다.

f. 아이아코스는 제우스에게 감사하는 뜻에서 버려졌던 도시와 땅을 새로 찾아온 사람들에게 나눠 주었다. 그는 이들을 '개미'라는 뜻의 뮈르미돈이라 불렀으며, 이들의 후손은 아직도 개미와 같이 절약, 인내, 끈기를 보여 준다. 나중에 이 뮈르미돈인들은 아이기나 섬에서 추방당해 펠레우스를 따라갔으며, 트로이아 전쟁에서 아킬레우스와 파트로클로스 옆에서 함께 싸웠다.[5]

g. 그러나 어떤 이는 아킬레우스의 동맹인 뮈르미돈인들의 이름이 뮈르미돈 왕을 기리기 위한 것이었다고 전한다. 뮈르미돈 왕의 딸인 에우뤼메두사가 개미의 모습을 하고 있던 제우스의 유혹을 받았다는 것이다. 이것이 텟살리아에서 개미가 신성한 이유이다. 다른 이들은 뮈르멕스라는 이름의 님프에서 왔다고 한다. 그녀의 동무인 아테나 여신이 쟁기를 발명했을 때, 자기가 그것을 만들었다고 떠벌렸다가 벌로 개미로 바뀌었다는 것이다.[6]

h. 아이아코스는 메가라의 엔데이스와 결혼했으며, 그는 경건함으로 널리 명성을 얻고 큰 존경을 받아 누구나 그를 만나 보고 싶어 했다. 바위를 가라앉히고 위험한 암초로 섬을 둘러싸서 아이기나 섬을 에게 해에서 가장 접근하기 어려운 섬으로 만들었음에도, 스파르테와 아테나이의 모든 고귀한 영웅들이 혹시나 있을 해적의 약탈에 맞서 그의 지휘 아래 싸우겠다

고 앞다퉈 나섰다.7) 한번은 모든 그리스인이 가뭄으로 고통받은 적이 있었다. 펠롭스가 아르카디아의 스튐팔로스 왕을 살해해서, 또는 아테나이인들이 안드로게우스를 살해해 생긴 가뭄이었다. 델포이 신탁은 이렇게 나왔다. "아이아코스가 너희를 위해 기도하도록 부탁하라." 이에 모든 도시가 아이아코스에게 전령을 보냈다. 아이아코스는 자기 섬에서 제일 높은 판헬레니오스 산에 올라, 제우스 사제처럼 예복을 갖춰 입고 신들에게 희생 제물을 바치면서 가뭄을 끝내 달라고 기도했다. 그의 기도에 신들이 화답했다. 천둥이 울리더니 구름이 하늘을 덮고, 사나운 빗줄기가 그리스 땅 전체를 흠뻑 적셨다. 이에 아이아코스는 판헬레니오스 산에 성소를 마련해 제우스에게 바쳤고, 그 뒤부터 산 정상에 구름이 끼면 언제나 비가 내렸다.8)

i. 아폴론과 포세이돈은 트로이아의 성벽을 세울 때 아이아코스를 데려갔다. 그 일에 인간이 함께하지 않으면, 도시가 난공불락이 될 것이고 그러면 그곳 사람들이 신들을 거역할 것임을 알았기 때문이다. 그들의 일을 거의 끝낼 무렵, 회색 눈의 뱀 세 마리가 성벽을 기어오르려 했다. 두 마리는 지금 막 신들이 완성한 쪽을 기어오르다 굴러 떨어져 죽었다. 세 번째 뱀은 큰 소리를 내면서 아이아코스가 일하는 쪽으로 달려들어 기필코 성안으로 들어갔다. 이에 아폴론은 트로이아가 한 번 이상 무너질 것이며, 아이아코스의 아들들이 정복자들 사이에 끼어 있을 것이라고 예언했다. 첫 번째와 네 번째 세대가 함께 그럴 것이라 했는데 나중에 정말로 텔라몬과 아이아스Ajax가 그랬다.9)

j. 아이아코스, 미노스, 라다만튀스는 모두 제우스의 아들들이다. 제우스는 모든 자식 가운데 최소한 이들에게만은 늙음이라는 짐을 벗겨 주고 싶어 했다. 하지만 운명의 여신들은 이를 허용하지 않았고, 제우스는 이를 품위 있게 받아들여 다른 올륌포스 신들에게 좋은 모범이 됐다.10)

k. 아이아코스는 죽고 나서 타르타로스의 세 재판관 가운데 하나가 됐다. 그는 망령들에게 법을 집행했으며, 신들 사이에 다툼이 있을 때는 이를 중재하도록 불려 올라가기도 했다. 어떤 이는 그가 타르타로스의 열쇠를 지키면서, 통행료를 매기고, 헤르메스가 아트로포스의 청구와 어긋나게 혼령을 데려왔는지 점검한다고 전한다.[11]

1] 아폴로도로스: 『비블리오테카』 3. 12. 6; 디오도로스 시켈로스: 『역사총서』 4. 72.

2] 디오도로스 시켈로스: 같은 곳; 핀다로스: 「이스트미아 제전 송가」 8. 17 ff.; 칼리마코스: 『델로스 찬가』 78; 아폴로도로스: 같은 곳; 스타티우스의 『테바이스』 7. 215에 대한 락탄티우스.

3] 아폴로도로스: 3. 12. 6; 핀다로스: 같은 곳; 호메로스의 『일리아스』 1. 7에 대한 고전 주석자; 핀다로스: 「네메아 제전 송가」 8. 6; 오비디우스: 『변신 이야기』 6. 113.

4] 휘기누스: 『신화집』 52; 오비디우스: 『변신 이야기』 7. 520 ff.

5] 오비디우스: 『변신 이야기』 7. 614 ff.; 휘기누스: 같은 곳; 아폴로도로스: 같은 곳; 파우사니아스: 『그리스 여행기』 2. 29. 2; 스트라본: 『지리학』 8. 6. 19와 9. 5. 9.

6] 베르길리우스의 『아이네이스』 2. 7와 4. 402에 대한 세르비우스; 알렉산드리아의 클레멘스: 『귀인에게 보내는 연설』 2. 39. 6.

7] 아폴로도로스: 3. 12. 6; 핀다로스: 「네메아 제전 송가」 8. 8 ff.; 파우사니아스: 2. 29. 5.

8] 디오도로스 시켈로스: 4. 61. 1; 알렉산드리아의 클레멘스: 『스트로마테이스』 6. 3. 28; 파우사니아스: 2. 30. 4; 테오프라스토스: 『날씨 신호』 1. 24.

9] 핀다로스: 「올림피아 제전 송가」 8. 30 ff., 고전 주석자와 함께.

10] 오비디우스: 『변신 이야기』 9. 426 ff.

11] 같은 책: 13. 25; 핀다로스: 「이스트미아 제전 송가」 8. 24; 아폴로도로스: 3. 12. 6; 루키아노스: 『신들의 대화』 20. 1; 「카론」 2; 「지옥 항해」 4.

*

1. 아폴론과 포세이돈에 의해 겁탈당했다는 아소포스Asopus의 딸들은, 펠로폰네소스 반도 북동쪽의 아소포스 골짜기에 있던 달의 여신 여사제 무리였을 것이다. 아이올리스족이 그곳의 비옥한 땅을 점령했다. 아이기나의 겁탈은 이어 벌어진 아카이아족의 아소포스 골짜기 상류 도시 플리오스Phlius 정복을 기록한 것으로 보인다. 그들의 이웃들이 코린토스에 군사적 도움을 요청했으나 성공하지 못한 일도 기록에 포함된 것 같다. 아소포스의 어

머니라고 하는, 에우뤼노메와 테튀스는 달의 여신을 부르는 고대의 호칭이었다(1. a와 d 참고). 그리고 '페로Pero'는 페라pera, 즉 가죽 주머니(36. 1 참고)를 지칭하고, 따라서 '아이기나Aegina'와 마찬가지로 아테나의 염소 가죽 아이기스aegis와 연결된다.

2. 아이아코스Aeacus 신화는 [그리스 중부] 프티오티스Phthiotis 지역의 뮈르미돈인들이 아이기나 섬을 점령한 것과 관련이 있다. 뮈르미돈인들의 표상이 바로 개미였다. 그전에 아이기나 섬은 염소 숭배의 펠라스고이족이 차지하고 있었던 것 같다. 침략자에 대한 이들의 적개심이 헤라가 시냇물에 독을 풀었다는 대목에 기록돼 있다. 스트라본의 기록을 보면, 아이기나 섬은 돌로 뒤덮여 있고 섬 주민들은 자신을 뮈르미돈인이라 불렀다. 밭을 갈려면 개미처럼 돌을 파내야 하고, 혈거인으로 살았기 때문이다(스트라본: 8. 6. 16). 그런데 스트라본은 언제나 신화에 대한 합리적 설명을 찾았지만, 충분히 깊이 들어간 적이 별로 없다. 텟살리아의 뮈르멕스Myrmex 신화는 유래가 단순하다. 프티오티스의 뮈르미돈인들은, 개미들이 그런 것처럼, 자기네 여사제인 여왕개미에게 무척이나 충실했다. 이에 제우스 숭배의 헬레네스 대표자는 그들의 여사제가 결혼하면 개미가 돼야 했다. 만약 뮈르멕스가 사실 북부 그리스의 어머니 여신의 호칭이라면, 뮈르멕스 자신이 쟁기를 발명했다고 주장하는 건 당연하다. 소아시아에서 건너온 이주민들이 농경을 시작했고, 헬레네스가 아테나이에 이른 것은 그다음이기 때문이다.

3. 프티오티스 출신의 아이기나 섬 이주민들은 나중에 자기네 신화를 아소포스 강 플리오스에서 넘어온 아카이아족 침략자들의 신화와 합쳤다. 이들 플리오스인들은 도도나의 떡갈나무 숭배에 대해 여전히 충실했다(51. a 참고). 그래서 개미가 땅속에서 나오는 게 아니라, 나무에서 떨어지는 것이라 묘사했다.

4. 초기 신화에서, 아이아코스는 제우스에게 기원하는 것이 아니라 살모네우스Salmoneus가 사용했던 마법을 부려 비바람을 오게 했을 것이다(68. 1 참고). 그가 타르타로스에서 미노스와 라다만튀스와 같이 법을 집행했다는 대목은, 아이기나의 법 규정이 그리스의 다른 지역에서도 적용됐음을 암시한다. 이는 아마도 형사 법규보다 상업 쪽이었을 것이다. 고전기에 귀금속의 표준 무게 단위로 아이기나의 탈란톤talent를 널리 사용했다는 사정을 고려해 볼 때 더욱 그렇다. 이는 크레테 섬에서 유래했으며, 100파운드의 무게가 나간다.

67
시쉬포스

시쉬포스는 아이올로스의 아들로, 아틀라스의 딸인 메로페와 결혼했다. 메로페는 플레이아데스의 하나이다. 둘은 자식으로 글라우코스, 오르뉘티온, 시논을 낳았고, 코린토스 지협에 좋은 소 떼를 갖고 있었다.[1]

b. 부근에 키오네의 아들인 아우톨뤼코스가 살았다. 그의 쌍둥이 형제 필람몬은 아폴론의 아들이지만, 아우톨뤼코스는 자기가 헤르메스의 아들이라 주장했다.[2]

c. 아우톨뤼코스는 과거에 도둑질의 명수였다. 헤르메스가 훔친 짐승은 무엇이든 변신시키는 힘을 주었기 때문이다. 뿔이 있으면 없는 놈으로, 검은색이면 흰색으로, 그리고 반대로도 바꿀 수 있었다. 시쉬포스는 자기 소 떼가 조금씩 줄어드는 동안 거꾸로 아우톨뤼코스의 소 떼는 불어나는 것을 알아챘지만, 도둑질을 증명할 방법이 없었다. 그러다 시쉬포스는 모든 소의 발굽 안쪽에 짜맞춘 글자로 'SS'를 새겨 넣었다. 어떤 이는 '아우톨뤼코스가 훔쳐간'이라고 새겼다고 한다. 그날 밤 아우톨뤼코스는 평상시와 같이 소를 훔쳤지만, 다음날 새벽이 되자 소의 발굽 자국이 길을 따라 선명하게 드러났다. 이는 도둑질의 증거로 충분했고, 시쉬포스는 이웃들을 불러 이를

보여 주고 증인이 되도록 했다. 시쉬포스는 아우톨뤼코스의 외양간을 찾아가, 발굽을 봐서 도둑맞은 소들을 골라냈다. 그는 증인들이 도둑에게 따지도록 남겨 둔 채 재빨리 대문을 통해 집 안에 들어갔다. 그리고 밖에서 논쟁이 계속되는 동안 아우톨뤼코스의 딸이자 아르고스의 라에르테스의 아내가 될 안티클레이아를 유혹했다. 그녀는 이 일로 오뒷세우스를 낳았다. 이렇게 잉태된 과정을 보면, 오뒷세우스가 으레 보여 주는 교묘함과 그의 별명 '휩시퓔론'이 어디서 왔는지 넉넉히 알 수 있다.[3]

d. 시쉬포스는 나중에 코린토스로 알려진 에퓌라를 건설하고 버섯에서 생겨난 사람들로 도시를 채웠다. 다만 메데이아가 왕국을 그에게 선물로 주었다는 말도 있다. 그의 동시대인들은 그를 지상 최악의 무뢰한으로 여겼다. 그래도 그가 코린토스의 상업과 항해를 발전시켰다는 점은 인정했다.[4]

e. 아이올로스가 죽자, 살모네우스Salmoneus가 텟살리아의 왕좌를 빼앗아 갔다. 정당한 상속자인 시쉬포스가 델포이에 가서 구한 신탁은 이렇게 나왔다. "조카딸에게서 아이들을 얻어라. 그러면 그들이 네 복수를 할 것이다." 이에 시쉬포스는 살모네우스의 딸 튀로를 유혹했다. 그러나 튀로는 나중에 시쉬포스가 자신에 대한 사랑이 아니라 아버지에 대한 미움 때문에 그랬다는 것을 우연히 알게 됐고, 그에게 낳아 주었던 두 아들을 죽였다. 시쉬포스는 라릿사의 시장 장터로 가서 (주검을 펼쳐놓고 살모네우스가 근친상간 뒤 살해했다고 거짓 고발하고?) 그를 텟살리아에서 추방했다.[5]

f. 제우스가 아이기나를 납치하자, 아버지인 강의 신 아소포스는 그녀를 찾아 코린토스까지 왔다. 시쉬포스는 아이기나에게 무슨 일이 있었는지 잘 알고 있었지만, 아소포스가 마르지 않는 샘을 코린토스의 성채에 주겠다고 약속해야만 말해 주겠다고 했다. 아소포스는 이에 따라 아프로디테 신전 뒤에 페이레네 샘이 솟아나게 했다. 지금은 거기 신전에 무장한 아프로디

테의 조각상이 있으며, 태양신과 '활을 든 에로스' 조각상도 있다. 이에 시쉬포스는 그가 알고 있는 것을 모두 알려 주었다.[6]

g. 제우스는 아슬아슬하게 아소포스의 공격을 벗어난 다음, 형 하데스에게 시쉬포스를 타르타로스로 끌고 가서 신의 비밀을 팔아먹은 것에 대해 영원한 형벌을 주라고 명했다. 그러나 시쉬포스는 겁먹지 않았다. 그는 교활하게도 하데스에게 수갑 사용법을 보여 달라고 꼬드겼고, 하데스가 수갑을 차 보이자 재빨리 이를 잠가 버렸다. 이렇게 해서 하데스는 시쉬포스의 집에 며칠 동안 갇혀 있어야 했고, 그동안 세상 누구도 죽지 않은 황당한 일이 벌어졌다. 머리가 잘리거나 갈가리 찢긴 사람조차 목숨이 붙어 있었다. 마침내 자기 관심사에 위협을 느낀 아레스가 서둘러 그의 집을 찾아 하데스를 풀어 주고, 시쉬포스를 하데스의 손아귀에 넘겼다.

h. 하지만 시쉬포스는 거꾸로 새로운 꾀를 냈다. 타르타로스로 내려가기 전에, 그는 아내 메로페에게 자신을 땅에 묻지 말라고 말해 두었다. 그러고는 '하데스의 궁전'에 도착하자마자, 곧장 페르세포네에게 달려가 자신은 땅에도 묻히지 못한 사람이라 여기에 있을 자격이 없고 스튁스 강에서 멀리 떨어져 있어야 한다고 말했다. "위쪽 세상으로 돌아가게 해주세요." 시쉬포스는 간청했다. "제 육신이 땅에 묻히도록 하고, 장례를 게을리 한 놈들을 혼내겠습니다. 지금 제가 여기 있는 건 정말 말이 안 됩니다. 사흘 안에 돌아오겠습니다." 페르세포네는 속임수에 넘어갔고, 그의 청을 들어 주었다. 시쉬포스는 한 번 더 햇볕 아래로 돌아왔고, 곧장 페르세포네와 한 약속을 지키지 않았다. 결국 헤르메스가 불려 왔고, 힘으로 그를 끌고 갔다.[7]

i. 그가 살모네우스의 명예를 훼손했기 때문일까, 아니면 제우스의 비밀을 팔아먹었기 때문일까, 그것도 아니면 그가 항상 약탈로 먹고살고 종종 그를 믿는 여행자들을 살해했기 때문일까? 어쨌든 시쉬포스는 본보기가

되는 가혹한 처벌을 받았다.[8] 어떤 이는 시쉬포스의 이력에 종지부를 찍은 사람이 바로 테세우스라고 전한다. 그러나 이는 보통 테세우스의 업적에 포함되지 않는다. '죽음의 재판관들'은 그에게 커다란 바위를 보여 주었다. 제우스가 아소포스한테서 달아나면서 변신했던 돌덩이만 한 크기였다. 재판관들은 그에게 돌덩이를 산등성이까지 굴려 올려 반대편 비탈로 굴려 내려가게 하라고 명령했다. 그러나 그는 이제껏 한 번도 이에 성공하지 못했다. 거의 정상에 이르자마자, 부끄럼 모르는 바위의 무게 탓에 그는 뒤로 밀렸다. 그러면 바위는 다시 출발 지점까지 굴러 내려갔다. 시쉬포스는 지친 몸을 이끌고 돌아가, 다시 처음부터 시작해야 했다. 그럴 때마다 시쉬포스는 땀으로 목욕을 했으며, 먼지구름이 머리 위로 일었다.[9]

j. 메로페는 플레이아데스 가운데 유일하게 남편이 지하세계에 있다는 게 부끄러웠다. 더구나 남편은 범죄자였다. 이에 밤하늘에서 별이 된 다른 여섯 자매를 떠나 다시는 나타나지 않았다. 그리고 코린토스 지협에 있는 넬레우스 무덤의 소재는 비밀로 남아 있다. 시쉬포스가 그의 아들인 네스토르에게조차 알려 주지 않았기 때문이다. 이에 코린토스인들은 시쉬포스 무덤의 소재에 대해서도 누가 물어보든 똑같이 말해 주지 않는다.[10]

1] 아폴로도로스: 『비블리오테카』 1. 9. 3; 파우사니아스: 『그리스 여행기』 2. 4. 3; 베르길리우스의 『아이네이스』 2. 79에 대한 세르비오스.
2] 휘기누스: 『신화집』 200.
3] 폴뤼아이노스: 『전략론』 6. 52; 휘기누스: 『신화집』 201; 수이다스, '시쉬포스' 항목; 소포클레스: 『아이아스』 190; 소포클레스의 『필록테테스』 417에 대한 고전 주석자.
4] 아폴로도로스: 1. 9. 3; 오비디우스: 『변신 이야기』 7. 393; 에우멜로스, 파우사니아스의 인용: 2. 3. 8; 호메로스: 『일리아스』 6. 153; 아리스토파네스의 『아카르나이 구역민들』 390에 대한 고전 주석자; 소포클레스의 『아이아스』 190에 대한 고전 주석자; 체체스: 『뤼코프론에 관하여』 980; 오비디우스: 『헤로이데스』 12. 203; 호라티우스: 『풍자시』 2. 17. 12.
5] 휘기누스: 『신화집』 60.
6] 파우사니아스: 2. 5. 1.
7] 테오그니스: 712 ff.; 호메로스의 『일리아스』에 대한 에우스타티오스 487, 631과 1702.

8) 베르길리우스의 『아이네이스』 6. 616에 대한 세르비오스; 스타티우스의 『테바이스』 2. 380에 대한 고전 주석자; 휘기누스: 『신화집』 38.

9) 호메로스의 『일리아스』 1. 180에 대한 고전 주석자; 파우사니아스: 10. 31. 3; 오비디우스: 『변신 이야기』 4. 459; 호메로스: 『오뒷세이아』 11. 593-600.

10) 오비디우스: 『로마의 축제들』 1. 175-176; 에우멜로스, 파우사니아스의 인용: 2. 2. 2.

＊

1. '시쉬포스Sisyphus'를 그리스인들은 '매우 현명한'을 뜻한다고 이해했다. 하지만 헤쉬키오스는 철자를 세세포스Sesephus로 적었고, 지금은 시쉬포스를 힛타이트의 태양신 테수프Tesup의 그리스식 변형으로 추정하고 있다. 테수프는 로도스 섬의 태양신 아타뷔리오스Atabyrius와 동일하며(42. 4와 93. 1 참고), 그에게 신성한 동물은 황소다. 이런 황소가 나오는 작은 청동 조각과 돋을새김 유물로, 제작 시점이 기원전 14세기까지 거슬러 올라가는 것들이 발굴됐는데, 거기에는 홀과 함께 옆구리에는 두 개의 원판이, 엉덩이에는 세 잎 문양이 새겨져 있다. 태양신의 표시된 소 떼를 강탈하는 것은 그리스 신화의 단골 소재다. 오뒷세우스의 동무들도 했고(170. u 참고), 알퀴오네우스도 했으며, 같은 시대의 헤라클레스도 빠지지 않았다(132. d와 w 참고). 그러나 아우톨뤼코스Autolycus가 시쉬포스의 소를 훔치면서 마법을 사용했다는 대목은 야곱Jacob과 라반Laban의 이야기를 떠올리게 한다(『창세기』 29장과 30장). 야곱은 아우톨뤼코스와 같이 소의 색깔을 원하는 대로 바꿀 수 있는 재주가 있었고, 그래서 라반의 소 떼가 줄어들었다. 코린토스와 가나안의 문화적 연결고리는 아마도 힛타이트일 것이다. 이들의 연결은 니소스Nisus(91. 1 참고), 오이디푸스(105. 1과 7 참고), 알카토오스Alcathous(110. 2 참고), 멜리케르테스Melicertes(70. 2 참고)의 신화에 드러난다. 알퀴오네우스도 코린토스에서 왔다.

2. 시쉬포스가 밀어야 했던 "부끄럼 모르는 바위"는 원래 태양의 원판이었다. 그리고 그가 바위를 굴려 올렸던 언덕은 천상의 둥근 천장이었다. 이는 무척 익숙한 도상이었다. 코린토스에서 태양 숭배는 굳건했다. 헬리오스와 아프로디테는 차례로 아크로폴리스를 보유했으며, 그곳 신전을 공유했다고 전해진다(파우사니아스: 2. 4. 7). 게다가 시쉬포스는 타르타로스에서 언제나 익시온의 옆에 자리를 잡았고, 익시온의 불 바퀴는 태양의 상징이다. 이를 보면, 왜 에퓌라 사람들이 버섯에서 솟아났다고 했는지 설명이 된다.[1] 더불어 버섯이 익시온 불 바퀴의 종교 의식에 쓰는 부싯깃이었고(63. 2 참고), 태양신은 자신의 한 해를 새로 열기 위해 불에 태운 인간 제물을 요구했다는 것도 일부 설명이 된다. 안티클레이아Anticleia를 유혹했다는 대목은, 아마 헬리오스와 아프로디테의 결혼식 그림에서 추론했을 것이다. 신화학자의 시쉬포스에 대한 적개심은, 앗티케에서 펠로폰네소스 반도를 잇는 좁은 코린토스 지협에 비非 헬레네스 주민을 전략적으로 정착시킨 것에 대한 헬레네스의 혐오감이 반영된 것이다. 시쉬포스가 하데스를 속여 먹은 대목은, 아마도 신성한 왕이 자신의 임기가 끝났음에도 퇴위를 거부한 것을 지칭하는 것 같다(170. 1 참고). 태양과 황소 문양으로 판단하건대, 시쉬포스는 두 번의 '커다란 한 해' 동안 통치하는 데 성공했다. 이는 홀과 태양 원판으로 표현돼 있다. 그는 '세 모습 여신'의 승인도 받았는데, 이는 세 잎 문양으로 표현돼 있다. 오뒷세우스의 별명인 휩시퓔론Hypsipylon은 휩시퓔레Hypsipyle의 남성형 명사인데, 이는 아마도 달의 여신의 호칭일 것이다(106. 3 참고).

3. 시쉬포스와 넬레우스는 아마도 외부 침략을 막는 부적의 의미로 코린

---

1) 태양과 버섯이 어떻게 연결되는지 이해가 쉽지 않다. 다만 헬리오스와 아프로디테가 신전을 공유했다고 하고, 둘이 결혼까지 했다고 본문에 나오는 것을 고려하면, 헬리오스의 태양과 아프로디테의 다산이 연결되는 것일 수도 있겠다. 버섯은 우후죽순처럼 한꺼번에 빨리 자란다.

토스 지협의 전략 지점에 매장됐을 것이다(101. 3과 146. 2 참고). 살모네우스에 대한 시쉬포스의 복수 부분에서, 휘기누스의 기록에 망실된 부분이 있어, 필자가 뜻이 통하게 한두 줄을 집어 넣었다(본문의 e 문단 마지막 줄 괄호 안).

4. 코린토스 성채의 페이레네 샘은 결코 마르지 않았다(파우사니아스 2. 5. 1; 스트라본 7. 6. 21). 벨레로폰테스Bellerophontes가 페가소스를 데려다 이 물을 마시게 했다(75. c 참고). 페이레네는 도시의 성문 밖, 시장 장터에서 코린토스 만의 항구 레카이온Lechaeum으로 가는 길에 있는 샘의 이름이기도 했다. 페이레네Peirene('고리버들의') 여신이 죽은 아들 때문에 슬피 울다가 샘으로 바뀌었다고 한다. 그녀의 아들은 켄크리아스Cenchrias('점박이 뱀')로, 아르테미스가 무심결에 죽였다. 신화학자들은 그 여신을 아켈로오스Achelous 또는 오이발로스Oebalus의 딸이라고 기록했다(파우사니아스: 같은 곳). 아소포스와 메토페의 딸이라고도 했다(디오도로스 시켈로스: 4. 72). '코린토스 청동'은 빨갛게 달아오른 쇠를 이 샘물에 담갔을 때 그만의 독특한 색깔을 띠었다(파우사니아스: 2. 3. 3).

5. 플레이아데스의 일곱 개 별 가운데 하나가 고전시대 초기에 사라졌다. 이에 이를 설명할 필요가 있었다(41. 6 참고).

6. 그래도 의문은 남는다. 'SS'는 정말로 시쉬포스의 짜맞춘 글자였을까? 신화를 표현한 도상에는 아마 시쉬포스가 도둑맞은 양과 소의 발자국을 조사하는 장면이 그려져 있었을 것이다. 그런데 양과 소는 "발굽이 갈라져 있어", 그 발자국은 CƆ로 그려져 있었을 가능성이 크다. 이 기호는 생성 초기의 그리스 필기 문자에서 SS를 의미했으며, 태음월의 절반 두 개가 결합된 것으로 읽었을 수 있다. 이렇게 읽으면 이는 달이 차고 기우는 것, 증가와 감소, 축복과 저주 등을 암시하는 게 된다. "발굽이 갈라져 있는" 짐승은 달에게 바쳐진 존재였다. 「레위기」는 초승달 축제에 제물로 이놈들을 써야 한

다고 되어 있다. 그래서 SS는 시쉬포스가 아니라 달의 신인 셀레네, 다른 경우엔 아프로디테를 지칭했을지 모른다. 시쉬포스는 태양의 왕으로서 단순히 여신의 신성한 짐승 떼를 맡아 지켰을 뿐이다(42. 1 참고). CƆ 문양은 보름달을 의미하며 (이는 단순한 태양 원판을 의미하는 O와 구분되는데), 카드모스를 테바이 건립지로 안내한 신성한 암소의 양쪽 옆구리에는 이 문양이 표시돼 있었다(58. f 참고).

68
살모네우스와 튀로

살모네우스는 아이올로스와 에나레테의 아들 또는 손자이다. 그는 얼마 간 텟살리아를 다스리다가 아이올리스족 이주민을 이끌고 엘리스 지역의 동쪽 변경으로 옮겼다. 그는 거기 에니페우스 강의 발원지 부근에 살모니아 시를 건설했다. 이 강은 알페이오스의 지류이다.[1] 살모네우스는 자기 백성들의 미움을 받았고, 무척이나 오만해 자신이 제우스라고 선언하면서 제우스에 올릴 제물을 가로챌 정도였다. 심지어 그는 제우스에게 벼락을 던지라며 전차 뒤에 놋쇠 가마솥을 가죽으로 묶고 살모니아 거리를 돌아다니면서 떡갈나무 횃불을 하늘에 던지기까지 했다. 이렇게 던진 횃불 탓에 불이 붙어 운이 나쁜 백성들이 피해를 입었고, 왕은 백성들이 이 횃불을 번개로 착각하길 바랐다. 어느 맑은 날, 제우스는 진짜 벼락을 던져 살모네우스를 죽였을 뿐 아니라 그의 전차와 도시 전체를 불태웠다.[2]

b. 살모네우스의 아내 알키디케는 오래전에 아름다운 딸 튀로를 낳으면서 죽었다. 튀로는 그의 계모 시데로에게 맡겨졌고, 계모는 가족이 텟살리아에서 쫓겨난 것은 그 아이 탓이라면서 심하게 괴롭혔다. 튀로는 [아버지 살모네우스에게 복수하기 위해 의도적으로 관계를 맺은 것을 알고] 나중에 사악한

삼촌 시쉬포스에게 낳아 준 두 아들을 죽였다. 그녀는 이제 에니페우스 강과 사랑에 빠져 매일같이 강기슭을 돌아다니면서 외로움에 눈물을 흘렸다. 강의 신은 튀로의 구애에 우쭐해지기까지 했지만 막상 그녀를 아주 차갑게 대했다.

c. 포세이돈은 이런 터무니없는 상황을 이용하기로 마음먹었다. 강의 신으로 위장하고 에니페우스 강과 알페이오스 강이 합류하는 지점에서 만나자고 튀로를 불렀다. 그리고 거기에서 그녀를 마법의 잠에 빠지게 했다. 그러는 동안, 검은 물결이 산처럼 일어나고 물결의 물마루를 휘어 자신의 못된 짓을 가렸다. 튀로는 잠에서 깨고 나서야 자신이 속아 겁탈당했음을 알고 경악했다. 그러나 포세이돈은 웃으면서, 집에 가서는 침묵을 지키라고 튀로에게 말했다. 대신 뛰어난 쌍둥이 아들을 얻게 될 것이라고 했다. 아버지로는 강의 신보다 자신이 훨씬 낫다는 말도 빠뜨리지 않았다.[3]

d. 튀로는 어떻게든 비밀을 지켰지만 약속받은 쌍둥이를 낳고 나서는 어쩔 수가 없었다. 시데로의 노여움이 두려워 아이들을 산에 내버렸다. 한 말지기가 지나가다 아이들을 보고 데려갔는데, 머지않아 그의 번식용 암말이 쌍둥이 형의 얼굴을 찼다. 그의 아내가 아이들을 키웠는데, 얼굴을 맞은 아이는 암말의 젖을 빨게 했고 이름을 펠리아스라고 붙였다. 다른 아이는 넬레우스라고 불렀는데, 암캐한테서 야만적인 본성을 얻었다. 암캐의 젖을 먹게 한 것이다. 그러나 어떤 이는 쌍둥이들이 나무 궤짝에 담겨 에니페우스 강을 따라 흘러 내려왔다고 한다. 펠리아스와 넬레우스는 진짜 어머니가 누구인지 알게 됐고, 또 어머니가 얼마나 부당한 대접을 받았는지 듣고 복수를 위해 길을 나섰다. 시데로는 헤라의 신전으로 피신했지만, 펠리아스는 제단의 뿔을 꽉 붙잡고 있는 시데로를 내리쳤다. 그는 여신을 여러 차례 모욕했는데, 이번 일이 그 처음이다.[4]

e. 튀로는 나중에 이올코스 시를 세운 삼촌 크레테우스와 결혼했다. 이 결혼으로 튀로는 아이손을 낳았고, 아이손은 아르고 호 원정대인 이아손의 아버지가 된다. 한편, 크레테우스는 펠리아스와 넬레우스를 양자로 입양했다.[5]

f. 크레테우스가 죽은 뒤, 쌍둥이는 다투기 시작했다. 펠리아스는 이올코스의 왕좌를 차지하고 넬레우스를 추방했다. 아이손은 궁전에 가둬 버렸다. 넬레우스는 크레테우스의 손자인 멜람푸스와 비아스를 데리고 아카이아, 프티오티스, 아이올리스족이 뒤섞인 무리를 이끌어 멧세니아의 땅으로 갔다. 거기서 그는 퓔로스에서 원주민 렐레게스족을 몰아내고, 도시의 명성을 드높여 이제는 그를 도시의 건설자로 여길 정도였다. 그는 클로리스와 결혼했다. 그러나 그의 열두 자식은 네스토르를 빼고 모두 나중에 헤라클레스에게 죽임을 당했다.[6]

1) 아폴로도로스: 『비블리오테카』 1. 7. 3; 휘기누스: 『시적 천문학』 2. 20; 스트라본: 『지리학』 8. 3. 32.
2) 디오도로스 시켈로스: 『역사총서』 4. 68. 1; 아폴로도로스: 1. 9. 7; 휘기누스: 『신화집』 61.
3) 아폴로도로스: 1. 9. 8; 호메로스: 『오뒷세이아』 11. 235 ff.; 루키아노스: 『바다신들의 대화』 13.
4) 아폴로도로스: 같은 곳; 호메로스의 『오뒷세이아』 11. 253에 대한 에우스타티오스; 소포클레스: 『튀로』, 아리스토텔레스의 인용: 『시학』 16장 1454b 25.
5) 파우사니아스: 『그리스 여행기』 4. 2. 3; 아폴로도로스: 1. 9. 11; 휘기누스: 『신화집』 12.
6) 헤시오도스: 『신들의 계보』 996; 에우리피데스의 『알케스티스』 255에 대한 고전 주석자; 디오도로스 시켈로스: 4. 68. 6; 파우사니아스: 4. 2. 3; 36. 1과 10. 29. 3; 호메로스: 『일리아스』 11. 682.

*

1. 카뤼스티오스의 안티고노스[1] (『놀라운 것에 대한 설명』 15)는 텟살리아 지역 크란논Crannon에는 비를 내리게 하는 청동 수레가 있었다고 기록했다. 그

1) 카뤼스티오스Carystius의 안티고노스Antigonus: 기원전 3세기에 활동한 그리스의 저술가.

곳에서는 가뭄이 들면 사람들이 이 수레를 울퉁불퉁한 길바닥으로 몰아 덜 컹거리면서 쇠가 부딪치는 소리를 내게 했다. (크란논 동전에 그려져 있듯이) 수레에 실은 항아리 안에 담아 놓은 물이 이리저리 튀어나오게도 했다. 그렇게 하면 언제나 비가 왔다고 안티고노스는 적었다. 따라서 살모네우스가 뇌우를 부르려 전차를 몰았다는 이야기는 일반적인 종교의식이었을 것이다. 물기 없는 호리병에 조약돌을 넣고 흔들어 달가닥 소리를 내기, 떡갈나무 대문 두드리기, 상자 안에 돌멩이를 넣고 이리저리 굴리기, 춤추기, 방패 두드리기, 울림판자 흔들기 등도 모두 같은 행동이었다. 살모네우스가 범죄자로 그려진 것은, 오직 아카이아족이 제우스의 인격화를 금지했을 때만 그랬다(45. 2 참고). 다나이데스의 체Sieves(60. 6 참고)와 아르고스의 암소 춤(56. 1 참고)을 살펴보면, 비를 내리게 하는 것은 원래 여성의 특권이었다. 이는 지금도 일부 아프리카 원시 부족들 사이에 남아 있다. 이를테면 헤레로 사람들과 다마라 사람들이 그렇다. 그러나 이런 특권은 여왕이 신성한 왕에게 자신의 대리인으로 행동하도록 허락하면서 왕의 손에 넘어갔다(136. 4 참고).

2. 튀로Tyro는 [포이니케의] 튀로스Tyre 사람들과 [이탈리아 서쪽] 튀레니아 족Tyrrhenians 또는 튀르세니아족Tyrsenians의 '여신 어머니Goddess-mother'였다. 아마 티륀티안 사람들Tirynthians의 여신 어머니일 수도 있다. '튀로'는 헬레네스 도래 이전의 이름일 것이며, 그리스어에 튀르시스tyrsis('성벽으로 두른 도시')라는 말을 남겼다. 여기서 '참주tyranny'의 개념이 나왔다. 튀로가 시데로 Sidero에게 학대를 받았다는 대목은 안티오페가 디르케로부터 당한 일을 떠올리게 한다. 양쪽 이야기는 아주 많이 닮았다(76. a 참고). 이 신화는 원래 포이니케의 도시 시돈Sidon이 이웃인 튀로스 시를 탄압한 일을 기록한 것으로 보인다. 강물은 그 안에 들어가 목욕하는 신부를 수태시킨다고 여겼다. 더불어 목욕은 생리나 출산이 끝나고 하는 정화의 의식이기도 했다. 튀로

가 에니페우스Enipeus를 흠모했다는 대목은 에니페우스에게 처녀성을 가져가라고 기원했음을 뜻할 수 있다. 트로이아 평야를 흐르는 강 스카만드로스Scamander에서도 그랬다(137. 3 참고). 포세이돈이 튀로를 겁탈했다는 대목은 살모네우스의 후손들이 어떤 때는 '에니페우스의 아들들'이고 다른 때는 '포세이돈의 아들들'이라 불리는 이유를 설명하려 한 것이다. 그런데 사실 전자는 이들이 그곳 출신이라 그렇게 불렸고, 후자는 그들의 뛰어난 항해 능력 덕분이다. 튀로가 이전에 시쉬포스의 유혹을 받은 일은 코린토스의 태양 숭배가 살모니아Salmonia에 도입되었음을 암시한다. 안티오페 역시 시쉬포스와 결혼으로 연결된다(76. b 참고).

3. 튀로가 쌍둥이를 담아 에니페우스 강에 띄워 흘려보낸 궤짝은 오리나무로 만들었을 터이다. 레아 실비아Rhea Silvia도 오리나무 궤짝에 담아 로물루스와 레무스를 티베르 강에 흘려보냈다. 펠리아스Pelias와 넬레우스Neleus의 다툼은 왕과 후계자가 한 왕국에서 49개월 또는 50개월 동안 교대로 통치하는 체계가 무너진 것을 기록한 것으로 보인다. 이는 에테오클레스Eteocles와 폴뤼네이케스Polyneices, 아크리시오스Acrisius와 프로이토스Proetus, 아트레우스Atreus와 튀에스테스Thyestes, 그리고 이와 유사한 두 왕의 다툼에도 모두 해당된다(69. 1; 73. a와 106. b 참고).

4. 시데로가 붙잡았다는 제단의 뿔은 암소의 여신 헤라, 아스타르테Astarte, 이오, 이시스, 이집트 호루스의 아내 하토르Hathor의 도상에 관례적으로 붙어 있는 뿔을 말한다. 펠리아스는 아카이아족 정복자로, 남부 텟살리아에서 이뤄지던 아이올리스족의 여신 숭배를 강제로 재편성했던 것으로 보인다. 팔레스타인에서는 뿔이 붙인 제단이 달-암소 여신과 그녀의 황금송아지가 폐위된 뒤에도 없어지지 않았다. 요압Joab이 이를 붙잡았다(「열왕기상」 2. 28 등).

69
알케스티스

알케스티스는 펠리아스의 딸 가운데 가장 아름다웠고, 수많은 왕과 왕자의 구혼을 받았다. 이들의 구혼을 거절해 정치적 지위가 흔들릴까 걱정되고, 어차피 한 사람 이상은 누구도 만족시킬 수 없다는 것을 알고 있기에, 펠리아스는 이렇게 선언했다. 멧돼지와 사자에 멍에를 메워 전차에 연결한 다음 이를 몰아 경주로를 도는 사람에게 알케스티스를 아내로 주겠다고 알렸다. 이에 페라이의 왕 아드메토스는 아폴론 신을 불러 물었다. 앞서 아폴론은 제우스의 명을 받아 한 해 동안 그의 밑에서 소몰이꾼으로 일하게 되었다. "제가 그동안 신께 존경을 담아 대우했습니까?" 아폴론은 대답했다. "그렇다. 이에 고마움의 뜻에서 그동안 너의 모든 암양이 쌍둥이 새끼를 낳게 해주었다." 아드메토스는 간청했다. "그렇다면 마지막으로 제게 은혜를 베풀어 주십시오. 펠리아스가 내건 조건을 실행할 수 있게 도와주십시오. 알케스티스를 신부로 얻고 싶습니다." 아폴론은 대답했다. "너를 도우면 나도 기쁠 것이다." 헤라클레스가 멧돼지 길들이기에 손을 빌려주었고, 머지않아 아드메토스는 멧돼지와 사자가 끄는 전차를 몰아 이올코스에 있는 경주로를 돌았다.[1]

b. 아드메토스가 알케스티스와 결혼식을 올리기 전에 왜 관습적인 아르테미스 희생 제의를 빠뜨렸는지는 알려져 있지 않다. 여하튼 여신은 곧장 그를 벌했다. 포도주에 얼굴이 붉게 물든 채, 그는 향수를 바르고 화관을 쓰고 그날 밤 신부의 방에 들어갔지만 오싹해 뒷걸음질 칠 수밖에 없었다. 초야의 침상에서 그를 기다리는 건 사랑스러운 알몸의 신부가 아니었다. 쉿 소리를 내는 뱀들이 매듭처럼 뒤엉켜 있었다. 아드메토스는 아폴론 신을 외치면서 달아났다. 아폴론은 그를 위해 아르테미스와 상의했고, 그는 즉시 빠뜨렸던 제물을 바쳤다. 모든 일이 잘 풀렸다. 여기에 아폴론은 아르테미스의 약속까지 받아 냈다. 아드메토스가 죽을 때 가족 가운데 한 사람이 자발적으로 죽는다면, 그는 죽지 않을 것이라고 약속했다.

c. 운명의 날은 아드메토스가 생각한 것보다 빨리 찾아왔다. 어느 날 아침 헤르메스가 궁전으로 날아와 그를 타르타로스로 데려가려 했다. 모두 깜짝 놀라 어쩔 줄을 몰랐지만, 아폴론은 그를 위해 약간의 시간을 벌었다. 세 운명의 여신이 술을 마시게 만들어, 그의 생명 실을 자르는 걸 늦춘 것이다. 아드메토스는 서둘러 늙은 부모에게 달려가, 무릎을 움켜잡고, 생명의 남은 조각을 양보해 달라고 차례로 매달렸다. 그러나 두 사람은 지금도 삶에서 큰 즐거움을 얻고 있다면서 딱 잘라 거절했다. 아들한테 다른 사람들처럼 자기 정해진 운수에 만족해야 한다고 덧붙였다.

d. 그러자 알케스티스는 남편에 대한 사랑으로 독약을 마셨고, 그녀의 영혼은 타르타로스로 내려갔다. 그러나 페르세포네는 아내가 남편 대신 죽는 것은 사악한 일이라 생각했다. "저 위로 돌아가거라!" 여신은 소리를 질렀다.[2]

e. 어떤 이는 다른 이야기를 전한다. 하데스가 몸소 아드메토스를 데리러 왔고, 남편이 달아나자 알케스티스가 그를 대신하겠다고 자원했다는 것

이다. 이때 헤라클레스가 새로운 야생 올리브나무 곤봉을 들고 갑자기 나타나 그녀를 구했다.[3]

1] 휘기누스: 『신화집』 50; 아폴로도로스: 『비블리오테카』 3, 10, 4; 칼리마코스: 『아폴론 찬가』 47-54; 에우
리피데스의 『알케스티스』 2에 대한 고전 주석자; 풀겐티우스: 『신화』 1, 27.

2] 아폴로도로스: 1, 9, 15.

3] 에우리피데스: 『알케스티스』.

*

1. 사자와 멧돼지를 한 전차에 동시에 멍에로 연결하는 일은 테바이 신화의 주제이다(106. a 참고). 그러나 신화의 원래 의미는 불분명하다. 사자와 멧돼지는 '신성한 한 해Sacred Year'의 앞뒤 절반씩을 각각 상징하는 짐승이었다. 에트루리아Etruria 도기에도 계속 함께 등장한다. 그리고 신성한 왕과 후계자 사이에서 반복되는 갈등을 평화적으로 해결하라는 신탁이 있었던 것 같다. 다시 말해 왕국을 둘로 나눠 두 사람이 동시에 다스리라고 한 것이다. 아르고스에서 프로이토스와 아크리시오스가 결국 그렇게 했다(73. a 참고). 왕국을 나누지 않고 두 사람이 번갈아 다스리는 것보다 그쪽이 더 낫다는 것이다. 테바이에서 폴뤼네이케스와 에테오클레스가 이렇게 했지만, 결과가 좋지는 않았다(106. b 참고). 전차를 타고 경주로를 도는 것은 왕이라는 증거이다(64. 3 참고).

2. 아르테미스는 일부일처제 결혼에 적대적이었다. 여신은 헬레네스 도래 이전의 숭배 대상이었으며, 그때는 여인들이 자기 씨족이 아니라면 되는 대로 짝을 지었다. 이에 헬레네스는 결혼식에서 희생 제물을 바치고 순결한 산사나무 횃불을 밝혀 아르테미스 여신을 달랬다. 이번 신화는 가부장제에 따른 아내의 순장이 있었음을 입증하며, 에우아드네Evadne(106. 1 참

고)와 [트로이아 공주] 폴뤽세네Polyxena(168. k 참고)의 신화도 그러하다. 순장은 남편 죽은 여인의 재혼을 금지하는 인도-유럽 관습에서 생겨났다. 재혼 금지가 풀리자 순장은 시들해졌다(74. a 참고).

3. 이번 신화의 첫 번째 판본에서, 페르세포네는 알케스티스Alcestis의 희생에 반대했다. 페르세포네는 가모장제의 입장을 대표한다. 두 번째 판본에서는 헤라클레스가 이를 막았는데, 그는 제우스의 뜻을 실현할 도구로 선택된 것이다. 헤라클레스가 언젠가 지옥을 약탈하고 테세우스를 구출한 적이 있기 때문에 선택됐다(103. d 참고). 물론 이는 가부장제적 윤리에 바탕을 둔 것이다. 야생 올리브나무는 그리스에서 나쁜 기운을 몰아낸다고 했다(119. 2 참고). 이탈리아와 북부 유럽에서 자작나무가 그런 구실을 했다(52. 3 참고).

70
아타마스

아이올리스족의 아타마스는 시쉬포스와 살모네우스의 형제로, 보이오 티아 전역을 다스렸다. 헤라의 명령에 따라 그는 네펠레와 결혼했다. 그녀 는 제우스가 라피타이족의 익시온을 속이려고 헤라와 똑같이 만든 환영인 데, 이제는 올림포스의 공회당을 홀로 떠돌고 있었다. 네펠레는 두 아들 프 릭소스와 레우콘, 그리고 딸 헬레를 낳았다. 네펠레가 자신을 항상 업신여 기는 것에 분개하던 차에, 아타마스는 카드모스의 딸 이노와 사랑에 빠졌 다. 라퓌스티온 산 초입에 있는 궁전으로 이노를 남몰래 데려왔고, 그는 이 노를 통해 레아르코스와 멜리케르테스를 자식으로 얻었다.

b. 궁전의 하인들에게서 이노의 일을 알게 되자, 네펠레는 격분해 올림 포스로 돌아가 헤라에게 자신이 모욕을 당했다고 호소했다. 헤라는 네펠레 의 편을 들어 이렇게 맹세했다. "나의 영원한 복수가 아타마스와 그의 가문 에 떨어질 것이다!"

c. 네펠레는 이에 라퓌스티온 산으로 찾아가 사람들에게 헤라의 맹세를 알리면서 아타마스의 죽음을 요구했다. 그러나 보이오티아 남자들은 헤라 보다 아타마스를 더 두려워해, 네펠레의 말을 듣지 않았다. 보이오티아의

여인들은 이노를 몹시 사랑했고, 이노는 이들에게 곡식 종자가 싹이 트지 않도록 남편들 몰래 바짝 말리도록 했다. 이노는 싹이 날 때가 됐음에도 곡식의 잎사귀가 올라오지 않을 것이라 예언했고, 아타마스는 델포이 신탁소에 무엇이 잘못됐는지 물어보게 사람을 보내려 했다. 그녀는 그전에 이미 아타마스의 전령들에게 뇌물을 줘 가짜 대답을 가져오게 했다. 네펠레의 아들인 프릭소스를 라퀴스티온 산에서 제우스에게 제물로 바쳐야만 땅에 다시 곡식이 열릴 것이라고 거짓 신탁을 아뢰도록 한 것이다.

d. 프릭소스는 미남 청년으로, 삼촌인 크레테우스의 아내 비아디케가 그를 흠모하고 있었다. 프릭소스가 그녀의 구애를 퇴짜 놓자 비아디케는 그가 자기를 겁탈하려 했다고 고소했다. 보이오티아 남자들은 비아디케의 말을 믿었고, 아폴론 신이 속죄를 위한 제물로 현명한 선택을 했다고 칭송하면서 프릭소스의 죽음을 요구했다. 이에 아타마스는 큰 소리로 울면서 프릭소스를 산꼭대기로 데려갔다. 아들의 목을 막 자르려는 순간, 마침 옆을 지나던 헤라클레스가 달려와 아타마스의 손에서 희생 제의에 쓰는 냉혹한 물건을 비틀어 빼앗았다. 헤라클레스는 외쳤다. "나의 아버지 제우스는 인간 제물을 혐오하신다!" 그럼에도 만약 헤라 또는 어떤 이가 말하듯이 제우스의 명을 받아 헤르메스가 보내온 날개 달린 황금 숫양이 갑자기 올림포스에서 내려오지 않았다면, 프릭소스는 죽고 말았을 것이다.

"제 등에 타세요!" 숫양이 외쳤고, 프릭소스는 이에 따랐다.

"저도 데려가요!" 헬레가 간청했다. "저를 아버지의 처분에 맡겨 둔 채 떠나지 마세요."

e. 프릭소스는 여동생을 자기 뒷자리로 끌어올렸고, 숫양은 동쪽으로 날아 헬리오스가 자기 말을 쉬게 하는 콜키스의 땅을 향했다. 오래지 않아, 헬레가 어지러워하더니 잡고 있던 손을 놓치고 말았다. 그녀는 유럽과 아시

아 사이 해협에 떨어졌고, 그녀를 기려 이곳을 헬레스폰트[1]라고 부르게 됐다. 프릭소스는 콜키스에 안전하게 도착했고, 거기서 숫양을 '구조자 제우스'에게 제물로 바쳤다. 숫양의 황금 양털은 한 세대 뒤에 아르고 호 원정대가 이를 찾아오면서 유명해진다.

f. 라퓌스티온 산의 기적에 압도당해, 아타마스의 전령들은 이노의 뇌물을 받아 델포이에서 가짜 신탁을 가져왔다고 실토했다. 곧장 이노와 비아디케가 부린 모든 농간이 백일하에 드러났다. 네펠레는 이에 다시 한번 아타마스의 죽음을 요구했다. 프릭소스가 했던 희생 제물의 머리 끈을 아타마스의 머리에 씌워야 한다고도 했다. 헤라클레스의 다시 개입하고서야 겨우 그는 목숨을 지킬 수 있었다.

g. 그러나 헤라는 아타마스에 대해 몹시 화가 나 있었기에, 그를 광기에 빠지도록 만들었다. 이는 네펠레의 일뿐만 아니라, 이노가 아기 디오뉘소스를 숨겨 줬던 일을 아타마스가 묵인했기 때문이다. 제우스가 세멜레를 통해 얻은 바로 그 혼외자가 소녀로 위장해 그의 궁전에서 살았던 것이다. 아타마스는 갑자기 자기 활을 잡고 소리 질렀다. "봐라, 저기 흰 수사슴이다. 내가 활을 쏠 동안 물러나 있거라." 이렇게 말하고는 그는 레아르코스를 화살로 꿰뚫었고, 아직 가늘게 떨고 있는 아들을 갈가리 찢었다.

h. 이노는 둘째 아들 멜리케르테스를 낚아채고 달아났다. 이노도 그의 광기에 희생당할 뻔했다. 다행히 아기 디오뉘소스가 잠시 아타마스의 눈을 멀게 했고, 이에 그는 암염소를 이노로 착각하고 매질하기 시작했다. 이

---

1) 다르다넬스 해협Dardanelles Str.을 말한다. 이는 터키 서부, 마르마라 해海와 에게 해(지중해)를 연결하는 해협이다. 길이 60킬로미터에 너비 1-6킬로미터 크기이다. 평균 수심은 약 54미터(중앙부는 약 90미터)이다. 고대에는 '그리스의 문호'라는 뜻으로 헬레스폰토스Hellespontus 또는 헬레스폰트Hellespont라고 했다. 마르마라 해 위쪽으로 보스포로스 해협이 있으며, 해협 입구의 동쪽에 트로이아가 있었다.

노는 '몰루로스의 바위'까지 달아났으나, 거기에서 바다로 뛰어들어 죽었다. 이 바위는 나중에 악명 높은 장소가 됐다. 야만적인 스키론이 거기서 이방인들을 떨어뜨려 죽였기 때문이다. 그러나 제우스는 이노가 디오뉘소스에게 베푼 친절을 잊지 않고 그녀의 혼령이 타르타로스로 내려가게 놔두지 않고, 레우코테아 여신으로 만들어 주었다. 제우스는 또 그녀의 아들 멜리케르테스를 팔라이몬 신으로 만들고, 돌고래의 등에 태워 코린토스 지협으로 보냈다. 시쉬포스가 그를 기려 이스트미아 제전[2]을 창설했으며 지금도 거기서 4년마다 열리고 있다.

i. 아타마스는 보이오티아에서 쫓겨났고, 이제 자식도 없었다. 그의 남은 아들 레우콘이 병들어 죽었기 때문이다. 그는 델포이 신탁소를 찾아가 어디에서 살아야 하는지 물었고, 이런 답을 들었다. "들짐승이 네게 만찬을 내주는 곳이라면 어디든 좋다." 아타마스는 물이나 음식도 없이 정처 없이 북쪽으로 떠돌았고, 황량한 텟살리아 평원에서 양 떼를 습격해 게걸스레 먹는 늑대 떼와 맞닥뜨렸다. 그가 다가가자 늑대들은 달아났고, 그와 그의 굶주린 부하들은 남아 있는 양고기로 배를 채울 수 있었다. 아타마스는 신탁을 떠올리고, 코린토스의 손자뻘 조카인 할리아르토스와 코로네아를 자식으로 입양한 다음 도시를 건설해 알로스라고 이름 붙였다. 이 이름은 그의 방랑 또는 그의 하녀 알로스에서 나왔다. 그리고 그의 나라는 아타마니아라고 불렸다. 나중에 그는 테미스토와 결혼해 새로 가정을 꾸렸다.[11]

j. 어떤 이들은 다른 이야기를 전한다. 아타마스와 네펠레의 결혼 이야기

2) 이스트미아 제전Isthmian Games: 고대 그리스에서 헬레네스 전역이 참여해 열린 운동 제전으로, 코린토스 지협Isthmus of Corinth에서 열렸기에 이런 이름을 갖게 됐다. '이스트미아Isthmia'는 '지협'을 뜻하는 보통명사이기도 하다. 올륌피아 제전Olympic Games이 개최되는 해의 1년 전과 1년 후에 각각 열려, 2년 주기로 개최됐다. (본문에는 4년마다 열렸다고 하는데 필자의 착오로 보인다.) 한편 퓌티아 제전Pythian Games은 올륌피아 제전이 열리는 해의 2년 뒤에 열렸다. 21장 각주에 네 4가지 제전을 표로 정리해 두었다.

는 모두 빼버리고, 아타마스와 이노가 결혼해 레아르코스와 멜리케르테스를 낳았다고 전한다. 그런데 어느 날 이노가 사냥을 나갔다가 돌아오지 않았다. 찢기고 피가 묻은 겉옷을 발견하고, 아타마스는 그녀가 들짐승에 죽임을 당했다고 확신했다. 그러나 사실은 스라소니의 공격을 받았을 때 이노는 갑작스레 '박코스 신의 흥분'에 사로잡힌 것이다. 이노는 스라소니의 목을 조르고, 이빨과 손톱으로 껍질을 벗긴 뒤 생가죽만 걸친 채 거기를 벗어났다. 그리고 파르낫소스Parnassus 산에서 벌어진 술잔치에 오랫동안 어울려 있었다. 반면 아타마스는 슬픔의 시간을 얼마간 가진 다음 테미스토와 결혼했고, 이듬해 그녀는 쌍둥이 아들을 낳았다. 그런 다음에야 아타마스는 이노가 아직 살아 있다는 사실을 알게 됐다. 그는 즉시 이노에게 사람을 보내, 궁전의 아이들 방으로 데려왔다. 테미스토에게는 이렇게 말했다. "지난번 키타이론 산을 습격할 때 잡아 온 포로가 있는데, 아이 돌보는 보모로 하면 좋을 것 같소." 그러나 테미스토는 머지않아 하녀들에게서 내막을 전해 들었고, 아이들 방을 찾아가 누구인지 모르는 척하면서 이노에게 말했다. "듣거라. 유모는 나의 두 아들에게 흰색 양털 옷을 입혀 주도록 하라. 불운한 전 부인 이노의 아이들을 위해서도 애도의 옷을 입혀 주거라. 내일까지 해야 한다."

k. 다음 날 테미스토는 자기 호위병에게 왕실의 아이들 방에 몰래 들어가 다른 두 아이는 놔두고 애도의 옷을 입은 쌍둥이를 죽이라고 명령했다. 그러나 이노는 테미스토의 의도를 이미 짐작하고 있었다. 자기 아들들에게는 흰색 옷을, 테미스토의 아들들에게 애도의 옷을 입혔던 것이다. 그렇게 테미스토의 쌍둥이는 살해당했고, 이 소식을 들은 아타마스는 실성하고 말았다. 그는 레아르코스를 수사슴으로 착각해 활을 쏴 죽였다. 이노는 멜리케르테스를 데리고 탈출했지만 바다로 뛰어들었고, 불사의 존재가 됐다.

l. 다른 사람들은 프릭소스와 헬레가 익시온과 네펠레의 자식들이라고 전한다. 어느 날 남매는 숲속을 돌아다니다 박코스 신의 흥분에 사로잡힌 어머니를 우연히 만났다. 어머니는 뿔을 잡고 황금 숫양을 몰아가고 있었다. 그녀는 웅얼거렸다. "보거라. 여기 너희들의 사촌 테오파네의 아들이 있다. 테오파네는 구혼자가 너무 많아 포세이돈께서 그녀를 암양으로 만들고 자신은 숫양이 변신했단다. 그렇게 암양과 숫양은 크루밋사 섬에서 어울렸지."

"어머니, 구혼자들은 어떻게 됐어요?" 어린 헬레가 물었다.

"그들은 늑대가 됐지. 그리고 밤새도록 테오파네를 그리며 길게 울고 있단다. 이제 더는 질문하지 말고, 너희 둘은 이 숫양의 등에 올라타 콜키스의 왕국으로 날아가거라. 그곳은 헬리오스의 아들 아이에테스가 다스리고 있단다. 도착하거든 곧장 이 숫양을 아레스에게 제물로 바치거라."

m. 프릭소스는 어머니의 이상한 지시를 따랐다. 그리고 황금 양털을 콜키스에 있는 아레스의 신전에 걸어 두었고, 용 한 마리가 이를 지켰다. 여러 해가 지나, 그의 아들 프레스본 또는 퀴티소로스가 콜키스에서 오르코메노스로 와서 속죄의 제물로 바쳐지고 있던 아타마스를 구출해 냈다.[2]

1) 파우사니아스: 『그리스 여행기』 1. 44. 11; 9. 34. 4-5; 23. 3; 아폴로도로스: 『비블리오테카』 1. 7. 3과 3. 4. 3; 휘기누스: 『신화집』 2와 4; 『시적 천문학』 2. 20; 소포클레스의 『아타마스』의 글조각; 논노스: 『디오뉘소스 이야기』 10. 1 ff.; 호메로스의 『일리아스』 7. 86에 대한 고전 주석자; 같은 글에 대한 에우스타티오스; 오비디우스: 『변신 이야기』 4. 480-541; 『어원 대사전』 70. 8; 비잔티움의 스테파누스, '아타마이나' 항목.
2) 휘기누스: 『신화집』 1, 3, 5와 88; 에우리피데스의 「이노」 글조각; 헤로도토스: 『역사』 7. 197; 파우사니아스: 9. 34. 5.

*

1. 이번 신화에는 아타마스Athamas의 이름이 텟살리아의 황무지에 건설됐다고 전해지는 아타마니아Athamania 시와 연결돼 있다. 그러나 이 이름은

아트Ath('높은')와 아마에인amaein('수확하다')에서 온 것으로 보인다. 이렇게 되면 아타마스는 '높은 곳의 수확하는 이에게 바쳐진 왕'을 뜻한다. 즉 한가위 보름달의 여신에게 바쳐진 왕인 셈이다. 두 아내, 이노와 네펠레의 충돌은 아마도 곡식의 여신 이노를 숭배하는 보이오티아의 초기 이오니아족 정착자들과 목축의 아이올리스족 침략자들 사이의 충돌일 것이다. 이오니아족의 여신 이노의 농경의례를 아이올리스족의 천둥 신과 그의 아내 네펠레Nephele(즉 비구름)의 의례로 바꾸려는 시도가 있었으며, 이는 여사제들이 곡식 종자를 바짝 말려버린 일로 인해 수포로 돌아간 것 같다.

2. 아타마스와 프릭소스Phrixus의 신화는 매년 산에서 왕 또는 왕의 대리인을 제물로 바쳤던 일을 기록하고 있다. 처음에는 숫양의 털을 걸친 소년을, 나중에는 그냥 숫양을 바쳤다. 이러한 희생 제의는 양치기들이 '춘분Spring Equinox'에 여는 새해맞이 기우제의 일부로 진행했다. 제우스에게 숫양을 바치는 제의는 라퓌스티온Laphystium 산에서 그리 멀지 않은 펠리온Pelion 산의 정상에서 4월에 열렸다. 4월이면, 황도 12궁에서 양자리[3]가 동쪽 지평선 위에 떠오른다. 그 지역의 명망가들이 흰 양가죽을 뒤집어쓰고 힘겹게 산 정상까지 올라가곤 했다(디카이아르코스: 2. 8). 이런 의식은 지금도 거기에서 제물처럼 무엇을 바치면 검은 양의 가면을 쓴 노인이 부활한다는 내용으로 거행되고 있다(148. 10 참고). 죽음에 이르게 될 아이들에게 애도의 옷을 입히도록 명령했던 대목은, 희생자는 검은 양털을 걸쳤고 사제와 다른 참여자들은 흰 양털을 걸쳤다는 것을 암시한다. 비아디케Biadice의 프릭

---

3) 양자리Aries 또는 Ram: 황도黃道 12궁의 제1궁으로, '백양궁白羊宮'이라고도 한다. 가을 남쪽 하늘의 별자리로 페르세우스, 황소 등의 별자리에 둘러싸여 있다. 2000년 전에는 이 별자리에 춘분점이 있어, 봄을 알리는 별자리로 통했다. 태양이 이 별자리에 들어가면 여러 가지 행사가 열렸다. 참고로 지금은 지구 자전축의 세차운동 때문에 춘분점이 물고기자리로 이동해 있다.

소스 사랑은, 가나안 신화에서 보디발Potiphar의 아내가 요셉Joseph을 사랑했던 일을 떠올리게 한다. 거의 동일한 이야기가 안테이아Anteia와 벨레로폰테스Bellerophontes(75. a 참고), 크레테이스Cretheis와 펠레우스Peleus(81. g 참고), 파이드라Phaedra와 힙폴뤼토스Hippolytus(101, a-g 참고), 퓔로노메Phylonome와 테네스Tenes(161. g 참고)의 신화에도 나온다.

3. 네펠레('구름')는 헤라가 아타마스에게 준 선물이고 헤라와 똑같은 모습으로 창조됐다고 하는 대목은, 원래 판본에 아이올리스족의 왕인 아타마스가 전임자 익시온(63. 1 참고) 및 형제 살모네우스(68. 1 참고)와 마찬가지로 천둥의 신이라 자임했음을 암시한다. 그가 테미스토(에우리피데스의 판본에선, 테미스토가 이노의 경쟁자로 나온다)와 결혼했을 때, 그녀가 천둥 신의 아내 자리를 차지했다.

4. 이노는 레우코테아Leucothea 여신이 됐는데, 레우코테아는 '하얀 여신White Goddess'이다. 이노가 파르낫소스 산에서 오랫동안 술잔치에 어울렸다는 대목은 그녀가 무사 세 여신Triple Muse 가운데 하나임을 보여 준다. 그녀의 이름('강건하게 만드는 여인')은 남근상의 주신제와 곡식의 튼튼한 성장을 암시한다. 매년 겨울 씨 뿌리기에 앞서 소년들을 이노에게 피의 제물로 바쳤을 것이다. 제우스 자신이 이노가 디오뉘소스를 잘 돌봐 준 것에 감사해 그녀를 신으로 만들었다고 하고, 아타마스는 그녀를 기려 농경 관련 이름을 갖고 있다. 다른 말로 하면, 이오니아족 농부들은 아이올리스족 양치기들과의 종교적 차이를 자기네한테 유리한 방식으로 신화에 녹여 냈다.

5. 하지만 이 신화는 초기 숭배의 여러 요소를 이것저것 엮은 메들리이기도 하다. 아타마스가 이노를 암염소로 착각하는 장면은, 나중에 '새끼염소 디오뉘소스' 숭배로 발전한 신성한 자그레우스 숭배를 암시한다(30. 3 참고). 그가 레아르코스Learchus를 수사슴으로 착각해 활을 쏘고 갈가리 찢는

대목은 신성한 악타이온 숭배를 암시한다(22. 1 참고). 이노의 둘째 아들 멜리케르테스는 '가나안의 헤라클레스'인 멜카르트Melkarth('도시의 수호자'), 일명 몰록Moloch이다. 몰록은 새로 태어난 태양 왕으로 돌고래 등을 타고 지협isthmus으로 왔으며, 4년의 통치 기간이 끝나 죽게 되면 '이스트미아 장례 제전'에서 이를 기념한다. 에게 해 북동부 테네도스Tenedos 섬에서는 아이들을 멜리케르테스에게 제물로 바쳤으며, 코린토스에서도 그렇게 했을 것이다(156. 2 참고). 예루살렘에서 몰록에게도 그렇게 했다(「레위기」18장 21절과 「열왕기상」11장 7절).

6. 제우스가 맑은 하늘의 신이 되어 여신이 가진 태양의 특징을 빼앗았을 때가 되자 비로소 양털은 황금빛을 띠었다. 이에 제1 바티칸 신화학자[4]는 이를 "제우스가 그것을 걸치고 하늘로 올라가는" 양털이라고 했다. 그런데 제우스가 뇌우를 불어오는 신이었을 때 이는 자주빛 나는 검정색Purple-Black이었다(시모니데스: 「글조각」21).

7. 신화의 여러 판본 가운데 한 곳에서(힙피아스: 「글조각」12), 이노는 아테나 여신의 호칭 가운데 하나인 고르고피스Gorgopis('단호한 얼굴의')라고 불렸다. 여행자를 절벽 아래로 던져 죽이는 야만적인 스키론은 그 이름을 아테나 여신 행진에서 들었던 흰색의 햇빛 가리개parasol에서 가져왔다. 이는 더 정확히 말하면 '달빛 가리개paralune'[5]일 것이다. 몰루로스의 바위는 달의 여신 아테나 또는 이노를 기려 신성한 왕이나 그 대리인을 바다로 던졌던 절벽이었던 게 확실하다. 그러는 동안 햇빛 가리개는 떨어지는 속도를 줄이는 데 도움이 됐을 것으로 보인다(89. 6; 92. 3; 96. 3과 98. 7 참고)

---

4) 바티칸 신화학자Vatican Mythographer: 1401년에 발견된 라틴어 신화 기록 텍스트를 작성한 익명의 저자.
5) 'para(가리개, '-을 막는')와 'lune(달)'의 합성어다.

8. 헬레Helle의 익사는 이노의 죽음과 평행을 이룬다. 둘 모두 달의 여신이며, 신화는 상반된 의미를 갖고 있다. 이는 달이 밤에 저무는 것을 말하면서도 동시에 제우스의 태양 숭배를 위해 헬레의 달 숭배를 포기하는 것도 의미한다. 그리고 둘은 모두 똑같이 바다의 여신들이다. 헬레는 두 바다의 연결지점에 자기 이름을 주었고, 이노-레우코테아는 갈매기의 모습으로 나타나 오뒷세우스를 익사에서 구했다(170. y 참고).

9. 아타마스의 종족은 서술된 것과 반대로 보이오티아의 라퓌스티온 산과 아타마니아에서 텟살리아의 라퓌스티오스Laphystius 산과 아타마니아로 이주했을 가능성이 아주 높다. 그는 형제 시쉬포스의 왕국인 코린토스와 견고하게 연결돼 있었고, 이른바 '아타마스의 평원'이 있었던 '코파이스 Copais 호수'의 동쪽에 아크라이피아Acraephia 시를 건설했다고 한다(비잔티움의 스테파누스, '아크라이피아' 항목; 파우사니아스: 9. 24. 1). 보이오티아의 여러 도시도 그의 아들들이 건설했다고 전해졌다. 그는 그럴싸하게 오르코메노스 Orchomenus의 왕인 미뉘아스의 아들로 그려졌다. 정말 그랬다면 아타마스는 '코파이스 평원Copaic Plain'과 라퓌스티온 산을 지배할 힘을 가졌을 것이다 (아폴로니오스 로디오스에 대한 고전 주석자: 1. 230; 아폴로니오스 로디오스에 대한 헬라니코스의 주석: 3. 262). 그리고 중간에 낀 아테나이와 테바이에 맞서 코린토스와 연맹을 맺었을 것이다. 아타마니아 사람들이 북쪽으로 떠돌아 텟살리아로 들어갔다는 이야기는 오르코메노스와 테바이 사이에 벌어진 전쟁의 재앙 때문이었을 가능성이 있다. 이 전쟁은 헤라클레스의 이야기에 기록돼 있다(121. d 참고). 네펠레가 산에서 격노하는 모습은 미뉘아스Minyas의 딸들이 라퓌스티온 산에서 박코스 신의 흥분에 사로잡힌 장면을 떠올리게 한다 (뤼코프론의 『알렉산드라』 1237에 대한 고전 주석자). 이는 오르코메노스에서 아그리오니아Agrionia 축제의 유래가 됐다고 한다.

71
글라우코스의 암말

글라우코스는 시쉬포스와 메로페의 아들이며, 벨레로폰테스의 아버지다. 테바이 부근의 포트니아이에 살았고, 아프로디테의 힘을 업신여겨 암말들이 새끼를 낳지 못하게 했다. 이렇게 하면 다른 경쟁자들보다 더 힘찬 말을 얻을 수 있을 것이라 기대한 것이다. 그는 전차 경주에만 열성을 쏟았다. 아프로디테는 성이 났다. 제우스에게 글라우코스가 암말에게 인간의 살을 먹일 지경에 이르렀다고 호소했다. 제우스는 글라우코스를 막기 위해서라면 무슨 일을 벌여도 좋다고 허락했고, 아프로디테는 밤에 암말들을 이끌고 나와 자신에게 신성한 우물에서 물을 마시게 하고, 그 가장자리에 자라난 힙포마네스라고 부르는 풀을 뜯게 했다. 이아손이 이올코스의 해변에서 펠리아스를 기리는 장례 제전을 개최하기 직전이었고, 아프로디테는 이를 노렸던 것이다. 경기에서 글라우코스가 암말들에게 멍에를 메워 전차에 연결하자마자 말들은 날뛰면서 전차를 뒤집었고, 고삐에 뒤엉킨 글라우코스를 매단 채 달리기 시작했다. 그는 경기장 저 끝까지 끌려갔고, 말들은 그를 산 채로 먹었다.[1] 어떤 이는 이런 일이 이올코스가 아니라 포트니아이에서 벌어졌다고 전한다. 다른 이들은 아타마스의 아들 멜리케르테스의 죽음으로 비탄에 빠져 스스로 바다로 뛰어들었다고 한다. 글라우코스는 멜리케르테스가 죽은 뒤에 얻은 이름이라고 하는 이야기도 있다.[2]

b. 글라우코스의 혼령은 타락십포스, 즉 말 겁주는 사람으로 불린다. 혼령은 지금도 아버지 시쉬포스한테 처음 전차 모는 기술을 배웠던 코린토스 지협을 떠돌고 있으며, 이스트미아 제전에서 말을 겁주는 일을 즐기고 있다. 그 탓에 많은 사람들이 죽는다. 또 한 명의 말 겁주는 사람은 펠롭스가 죽인 뮈르틸로스이다. 그의 혼령은 올륌피아의 경기장을 떠돌고 있으며, 거기 전차 몰이꾼들은 사고를 피하려 그에게 제물을 바친다.[3]

1] 호메로스: 『일리아스』 6. 154; 아폴로도로스: 『비블리오테카』 2. 3. 1; 파우사니아스: 『그리스 여행기』 6. 20. 9; 휘기누스: 『신화집』 250과 273; 오비디우스: 『이비스』 557; 에우리피데스의 『오레스테스』 318과 『포이니케 여인들』 1131에 대한 고전 주석자; 아일리아노스: 『동물의 본성』 15. 25.
2] 스트라본: 『지리학』 9. 2. 24; 아테나이오스: 『현자들의 식탁』 7. 296-297.
3] 파우사니아스: 6. 20. 8.

*

1. 뤼쿠르고스Lycurgus의 신화(27. e 참고)와 디오메데스Diomedes의 신화(130. b 참고)는, 헬레네스 도래 이전에 신성한 왕이 자신의 통치 기간이 끝나면 암말로 분장한 여인들에 의해 갈가리 찢겼다는 것을 암시한다. 헬레네스 시대에 접어들어, 이런 의식은 네 마리 말이 끄는 전차에 매달려 끌려 다니다가 죽는 것으로 바뀌었다. 힙폴뤼토스(101. g 참고), 라이오스Laius(105. d 참고), 오이노마오스Oenomaus(109. j 참고), 압데로스Abderus(130. 1 참고), 헥토르(163. 4 참고)와 그 밖의 많은 신화에서 이런 모습이 반복해 나타난다. 바빌로니아의 신년 축제에서는, 네 마리 말이 끄는 전차를 제어하는 사람도 없이 길거리에 풀어놓았다. 왕이 죽어 없는 동안 벌어질 혼란을 상징적으로

보여 주기 위함이다. 짐작건대, 전차에는 꼭두각시 기수가 말고삐에 뒤엉킨 채 매달려 있었을 것이다. 이 축제 동안, 태양신 마르두크가 왕으로 육화해 바다 괴물 티아마트와 싸우느라 지옥에 가 있다고 믿었다(73. 7 참고). 만약 바빌로니아의 의식이 그리스 쪽과 그 유래가 같다면, 아이 섭정이 왕이 죽는다는 하루 동안 왕의 왕좌와 침대를 이어받았을 것이다. 그리고 다음 날 새벽 파에톤(42. 2 참고)과 힙폴뤼토스(101. g 참고) 신화에서와 같이 전차 뒤에 매달렸을 것이다. 왕은 이제 다시 왕좌에 앉는다.

2. 글라우코스Glaucus의 신화는 통상적이지 않다. 그는 전차에 매달려 끌려다녔을 뿐 아니라 암말에 먹혔다. 그가 아프로디테를 업신여겼고 암말들이 새끼를 낳지 못하게 했다는 대목은, 테바이의 관능적 축제를 탄압하려는 가부장제적 시도가 있었음을 암시한다. 이 축제는 포트니아이Potniae('강력한 이들'), 다시 말해 세 모습 달의 여신을 기리는 것이었다.

3. 타락십포스Taraxippus는 아주 오래된 왕 조각상으로 경주로의 첫 번째 회전 구간을 표시했던 것으로 보인다. 전차 몰이꾼이 끼어들어 회전 구간의 안쪽 자리를 차지하려 할 때 경기장이 처음인 말들은 조각상을 보고 놀라 제대로 말을 듣지 않았다. 그런데 이는 이전 왕이나 그의 섭정을 위해 전차가 부서지는 장소이기도 했다. 전차는 차바퀴 고정 쐐기를 빼냄으로써 부서뜨렸다(109. j 참고).

4. 글라우코스('잿빛 녹색')는 어떤 의미에서 포고령을 가지고 코린토스 지협을 매년 방문한 미노스의 대리인이었을 수도 있다(90. 7 참고). 그리고 또 다른 의미에서 코린토스 왕의 포이니케식 호칭인 멜리케르테스(멜카르트, '도시의 수호자')였을 수도 있다. 그는 이론적으로 매년 새로 태어나, 돌고래의 등을 타고 그곳에 도착했으며(70. 5와 87. 2 참고), 자신의 통치 기간이 끝나면 바다에 내던져졌다(96. 3 참고).

72
멜람푸스

미뉘아스 사람 멜람푸스는 크레테우스의 손자로 멧세니아의 퓔로스에 살았다. 그는 처음으로 예언의 힘을 받은 인간이었으며, 처음으로 의사로 일했고, 처음으로 그리스에서 디오뉘소스 신전을 지었고, 처음으로 물을 타서 포도주를 누그러뜨렸다.[1]

b. 그가 깊이 아끼는 형제 비아스가 그들의 사촌 페로를 사랑했다. 그러나 구혼자가 너무 많아 그녀의 아버지 넬레우스는 퓔라코스 왕의 소 떼를 퓔라케에서 몰아내는 사람에게 딸을 주겠다고 약속했다. 퓔라코스는 이 소 떼를 자신의 외아들 이피클로스를 빼고는 세상 무엇보다 소중하게 여겨, 잠들지 않고 다가갈 수도 없는 개의 도움을 받아 몸소 지켰다.

c. 이제 그는 새들의 말을 알아들을 수 있었다. 어느 날 한배에서 난 새끼 뱀들이 감사의 뜻으로 멜람푸스의 귀를 핥아 깨끗하게 해주었기 때문이다. 당시 멜람푸스는 자기 종자들의 손에서 새끼 뱀들을 목숨을 구해 주고, 죽은 어미는 경건하게 묻어 주었다. 게다가 알페이오스 강의 기슭에서 만난 아폴론 신은 그에게 희생 제물의 내장을 보고 예언하는 방법까지 가르쳐 주었다.[2] 이런 예지력을 통해 멜람푸스는 누구든 퓔라코스의 소 떼를 훔

치려 시도한 사람은 결국 이를 선물로 받게 되지만, 정확히 1년 동안 감옥에 갇혀 있어야 한다는 점을 알게 됐다. 비아스가 절망에 빠져 있어, 멜람푸스는 모두가 잠든 한밤중에 필라코스의 외양간을 찾아갔다. 그러나 그가 암소 한 마리에 손을 대자마자 개가 다리를 물었고, 필라코스는 곧장 달려와 그를 감옥에 가둬 버렸다. 물론 멜람푸스는 이런 일을 모두 예상하고 있었다.

d. 감옥에 갇힌 지 1년이 되기 전날 밤, 멜람푸스는 나무좀 벌레 두 마리가 자기 머리 위쪽에 있던 기둥 끝에서 이야기 나누는 소리를 들었다. 한 놈이 피곤한 목소리로 물었다. "우리가 며칠 동안 갉았지, 형?"

다른 벌레가 나무 갉던 것을 입안에 가득 문 채로 답했다. "그동안 우리는 잘해 왔어. 이런 쓸데없는 말로 시간을 낭비하지 않는다면, 내일 새벽이면 기둥이 쓰러질 거야."

멜람푸스는 즉시 소리를 질렀다. "필라코스, 필라코스, 제발 저를 다른 감방으로 옮겨 주세요." 필라코스는 멜람푸스가 벌레 말을 듣고 이런다는 소리에 비웃었지만, 요청은 들어주었다. 기둥은 얘기한 시간에 쓰러졌고, 마침 침상을 정리하던 여인들 가운데 하나가 깔려 죽었다. 필라코스는 멜람푸스의 예지력에 크게 놀랐고, 이렇게 말했다. "너를 풀어 주고, 소 떼도 주겠다. 대신 내 아들 이피클로스의 발기불능을 치료해 줘야 한다."

e. 멜람푸스는 그렇게 하겠다고 했다. 그는 황소 두 마리를 아폴론 신에게 제물로 바치면서 일을 시작했다. 기름 덩어리와 함께 넓적다리뼈를 태운 다음 남은 것들은 제단 옆에 두었다. 곧장 독수리 두 마리가 날아 내려왔고, 한 놈이 다른 쪽에게 말을 걸었다. "여기는 몇 년 만에 찾아오는 것 같아. 예전에 필라코스가 숫양을 거세하면 우리는 부수입을 챙겼지."

다른 놈이 얘기했다. "나도 똑똑히 기억해. 이피클로스가 아직 아이였을 때였지. 아이는 아비가 피 묻은 칼을 들고 자기한테 다가오자 겁을 먹었어. 아이는 자기도 거세를 당할까 봐 무서워했던 게 틀림없어. 어느 때보다도 크게 울었거든. 퓔라코스는 아들을 달래려고 달려가다가 잘 챙겨 둔다고 그 칼을 저기 신성한 배나무에 꽂아 넣었지. 그렇게 겁을 먹어 아들은 발기 불능이 된 거야. 봐! 퓔라코스는 아직도 그 칼을 그냥 놔두었어. 저기 칼이 그대로 나무에 꽂혀 있잖아. 이제는 나무가 자라 칼날은 파묻혔고, 겨우 손잡이 끝만 보이는군."

처음 말을 걸었던 독수리가 말을 받았다. "이피클로스의 증세를 고치려면 나무에서 칼을 빼내 숫양의 피로 생긴 녹을 긁어 낸 다음에 거기에 물을 섞어 열흘 동안 매일 그에게 먹여야 해."

다른 독수리가 답했다. "그러게 말이야. 그런데 저들은 우리보다 어리석은데, 누가 이런 약을 조제할 수 있겠어?"

f. 이렇게 해서 멜람푸스는 이피클로스를 치료할 수 있었고, 이피클로스는 금방 포다르케스라는 아들을 얻었다. 그는 먼저 소 떼와 다음으로 페로를 얻어, 아직 처녀인 페로를 형제 비아스에게 선물했다.[3]

g. 당시 아바스의 아들인 프로이토스는 아크리시오스와 함께 아르골리스를 공동으로 통치하는 왕이었다. 그는 스테네보이아와 결혼해 뤼십페, 이피노에, 이피아낫사 등 세 딸을 두었다. 그런데 어떤 이는 둘째와 셋째의 이름이 힙포노에와 퀴리아낫사였다고 한다. 문제는 이들 셋이 신이 내린 광증으로 고통을 받고 있었다는 점이다. 그들이 디오뉘소스를 모욕했기 때문인지, 아니면 사랑놀음에 탐닉함으로써 헤라를 모욕했기 때문인지, 그도 아니면 그들 아버지 나라의 수도인 티륀스에 있는 헤라의 조각상에서 금을 훔쳤기 때문인지 불확실하다. 어쨌든 세 딸은 실성해 등에에 쏘인 암소들처럼 산야를 이리저리 휘몰아치며 다녔고, 여행자들을 공격했다.[4]

h. 멜람푸스는 이런 소식을 접하고 티륀스로 가서 이들을 치료하겠다고 나섰다. 대신 프로이토스에게 왕국의 3분의 1을 대가로 달라고 했다.

프로이토스는 퉁명스럽게 답했다. "치료비가 터무니없이 비싸다." 이에 멜람푸스는 물러섰다.

그런데 광증은 아르고스 여인들 사이에 퍼져 나가, 대다수가 자기 아이들을 죽인 다음 집을 뛰쳐나갔고, 프로이토스의 세 딸과 함께 사납게 날뛰었다. 이제 어느 길도 안전하지 않았고, 양 떼와 소 떼도 큰 피해를 입었다. 이 여인들이 갈가리 찢어 날것으로 먹어 치웠기 때문이다. 사태가 이 지경에 이르자, 프로이토스는 급히 멜람푸스에게 사람을 보내 그가 말한 조건을 받아들이겠다고 전했다.

"아니죠, 아닙니다." 멜람푸스는 말했다. "병이 널리 퍼진 만큼 치료비도 올랐어요! 왕국의 3분의 1은 저를 주시고, 다른 3분의 1은 저의 형제인 비아스에게 주세요. 그러면 왕을 지금의 재앙에서 구해 드리겠습니다. 거절하신다면, 아르고스에서 단 한 명의 여인도 집에 남아 있지 않을 겁니다."

프로이토스가 동의하자, 멜람푸스는 이렇게 조언했다. "스무 마리의 붉은 거세한 수소를 헬리오스에게 바치겠다고 서약하세요. 서약하면서 무슨 말을 해야 하는지 알려 드리겠습니다. 그러면 모든 일이 잘될 겁니다."

i. 프로이토스는 그의 말을 좇아 딸들과 다른 여인들이 치료된다면 헬리오스에게 그만큼의 수소를 바치겠다고 서약했다. 헬리오스는 즉시 아르테미스에게 갔다. 그는 모든 것을 볼 수 있었기에, 아르테미스에게 그동안 제물 바치는 걸 빼먹은 왕들의 이름을 알려 주겠다고 약속했다. 대신 아르고스 여인들에게 내린 저주를 풀어 주도록 헤라를 설득해 달라고 했다. 때마침 아르테미스는 얼마 전에 헤라를 위해 님프 칼리스토를 사냥해 죽여 준 일이 있었다. 이에 헤라를 설득하는 일은 별 어려움이 없었다. 지상에서와

마찬가지로 하늘에서도 일은 이런 식으로 진행된다. 한마디로, 손이 손을 씻는다.

j. 멜람푸스는 비아스와 가려 뽑은 건장한 젊은이들의 도움을 받아 산야에 흩어져 있던 여인들을 시퀴온으로 데려왔다. 거기서 여인들의 광증이 사라지자 멜람푸스는 이들을 신성한 우물 안에 몸을 담그게 해 정화했다. 프로이토스 왕의 세 딸들은 이 무리 속에 없었기에, 멜람푸스와 비아스는 다시 길을 나서 아르카디아의 루시까지 추적했다. 그들은 거기서 스튁스 강이 내려다보이는 동굴에 숨어 있었기 때문이다. 거기서 뤼십페와 이피아낫사는 제정신을 차렸고 정화를 받았다. 그러나 이피노에는 돌아오는 길에 죽었다.

k. 그 뒤 멜람푸스는 뤼십페와, 비아스는 이피아낫사와 결혼했다. (비아스의 아내 페로는 얼마 전에 죽었다). 프로이토스 왕은 약속에 따라 이들에게 땅을 나눠 주었다. 그러나 어떤 이는 프로이토스의 진짜 이름이 아낙사고라스였다고 전한다.[5]

1] 아폴로도로스: 『비블리오테카』 2. 2. 2; 아테나이오스: 『현자들의 식탁』 2. 45.

2] 아폴로도로스: 1. 9. 11.

3] 호메로스: 『오뒷세이아』 11. 281-297, 고전 주석자와 함께; 아폴로도로스: 1. 9. 12.

4] 헤시오도스: 『여인들의 목록』; 아폴로도로스: 2. 4. 1; 디오도로스 시켈로스: 『역사총서』 4. 68; 베르길리우스의 『시선』 6. 48에 대한 세르비오스.

5] 아폴로도로스: 2. 2. 1-2; 바퀼리데스: 『우승 축가』 10. 40-112; 헤로도토스: 『역사』 9. 34; 디오도로스 시켈로스: 4. 68; 파우사니아스: 『그리스 여행기』 2. 18. 4; 4. 36. 3; 5. 5. 5와 8. 18. 3; 핀다로스의 「네메아 제전 송가」 9. 13에 대한 고전 주석자.

*

1. 뱀이 귀를 핥아 주었다는 얘기는 마법사들이 단골로 내놓는 주장이다. 이때 뱀은 신탁을 주는 영웅의 정령이 육화된 것이라고 한다('동물의 언

어', J. R. 프레이저: 『고고학 비평』1. 1888). 마법사들은 그렇게 해서 새와 벌레의 말을 알아들을 수 있다고 주장한다(105. g와 158. p 참고). 아폴론의 사제들은 이렇게 해서 예언의 힘을 얻게 됐다고 주장하는 데 있어 더 능숙했던 것 같다.

2. 이피클로스Iphiclus의 불능은 신화적이라기보다 사실에 바탕을 두었다. 갑작스러운 두려움으로 야기된 발기불능에 거세용 칼의 녹은 적절한 심리 치료일 수 있다. 교감의 마법 원리에도 부합한다. 아폴로도로스는 칼을 꽂아 놓은 나무가 떡갈나무였다고 전했다. 그러나 야생 배나무였을 가능성이 더 크다. 이는 펠로폰네소스 반도의 '하얀 여신White Goddess'에게 신성하며(74. 6 참고), 금욕의 달인 오월에 열매를 맺는다. 필라코스Phylacus는 여신의 나무에 상처를 입힘으로써 여신을 모욕한 것이다. 마법사가 처방법을 독수리한테 들었다고 하면, 효험 있는 처방이라는 믿음이 더 커졌을 것이다. 독수리는 전조를 보여 주는 중요한 새(119. i 참고)이기 때문이다. 그런데 페로Pero의 이름은, 이번 이야기의 핵심인 이피클로스의 불능을 지칭해 '불구가 된, 또는 결핍된'으로 해석해 왔다. 페로의 이름은 그녀의 바람 통제를 지칭해 '가죽 주머니'를 뜻하기도 했다(36. 1 참고).

3. '멜람푸스Melampus'는 필로스Pylus에서 온 아이올리스족의 지도자로, 가나안 출신 정착자들에게서 아르골리스Argolis의 일부를 빼앗아서 이원왕정 체제를 시작했던 것으로 보인다. 가나안 정착자들은 자신들을 '아바스의 아들'이라고 불렀다. 아바스Abas(셈족 말로 '아버지')는 [튀로스의 수호신] 멜카르트Melkarth 신을 말한다(70. 5 참고). 그가 잠들지 않는 개를 가진 필라코스('수호자')에게서 소 떼를 얻은 것은, 헤라클레스의 열 번째 과업을 떠올리게 한다. 그리고 이 신화는 소 떼 약탈을 통해 얻은 수익으로 신부를 사오는 헬레네스의 관습에 비슷하게 바탕을 두고 있다(132. 1 참고).

4. '프로이토스Proetus'는 조물주인 오피온의 또 다른 이름으로 보인다 (1. a 참고). 세 딸의 어머니인 스테네보이아는 암소로서 숭배한 달의 여신이었다. 다시 말해 이오인데, 이오도 똑같은 방식으로 미쳐 날뛰었다(56. a 참고). 이들의 이름은 라미아(61. 1 참고)와 힙폴뤼테처럼 달의 여신이 파괴의 면모를 드러낼 때를 가리키는 여러 호칭이다. 이 여신들의 사나운 암말은 신성한 왕의 통치 기간이 끝나면 그를 갈가리 찢었다(71. a 참고). 그러나 달의 여신 여사제들이 암말 차림새를 하고 벌였던 주신제는 이들이 암소 차림새로 비를 기원하는 등에 춤을 추었던 것과 구별해야 한다(56. 1 참고). 이와 함께 가을에 열린 염소 숭배의 술판과도 구별해야 한다. 이 술판에선 벌꿀 술, 포도주, 담쟁이덩굴 맥주에 잔뜩 취해 아이와 짐승을 갈가리 찢었다 (27. 2 참고). 아이올리스족이 루시Lusi에 있는 여신의 전당을 장악한 일이 여기에 신화 형태로 기록돼 있으며, 그 일로 인해 사나운 암말의 주신제가 끝났을 터이다. 데메테르가 포세이돈에게 겁탈당한 일(16. 5 참고)은 바로 이 사건을 기록한 것이다. 시퀴온Sicyon과 루시 사이에 있는 아르카디아족 전당에서는 뱀의 여신에게 제주를 부었는데, 이는 이피노에Iphinoë의 죽음 이야기에서 비롯된 것으로 보인다.

5. 델포이, 코린토스, 스파르테, 아테나이가 몇 세기 뒤에 무아지경에 빠지는 디오뉘소스의 포도주 의례를 공식적으로 인정한 것은, 이전의 더욱 원시적인 의식을 억제하는 데 목적이 있었다. 그리고 실제로 이를 통해, 그리스의 일부 야만적인 지역을 빼고, 인신을 먹거나 종교 의식에서 사람을 살해하는 일이 없어진 것 같다. 이를테면 아카이아의 파트라이Patrae에서 '아르테미스 트리다리아Artemis Tridaria'('제비뽑기를 세 번 정해 주는 이')는 매년 추수철을 맞아 열리는 주신제에서 담쟁이와 곡식으로 화관을 씌운 소년과 소녀를 제물로 바치도록 요구했다. 이는 멜라닙포스와 아르테미스의 여사

제인 코마이토Comaetho가 성소에서 사랑을 나눔으로써 신성모독을 저질렀기 때문이다. 이런 관습은 에우뤼퓔로스Eurypylus(160. x 참고)[1]가 트로이아에서 디오뉘소스의 조각상이 들어 있는 상자를 가져오면서 끝났다(파우사니아스: 7. 19. 1-3).

6. 멜람포데스Melampodes('검은 발')는 고전기에 이집트에서 흔한 이름이었다.(60. 5 참고). 그리고 멜람푸스가 새와 벌레의 말을 알아들었다는 이야기는 아이올리스족이 아니라 아프리카에서 유래한 것일 수 있다.

---

1) 이 부분에는 이와 관련된 내용이 없다.

73
페르세우스

아바스는 아르골리스의 왕이며, 다나오스의 손자다. 그는 전사로 명성이 높아 죽은 뒤에도 그의 방패만 보여 줘도 반란군들이 달아날 정도였다. 그는 아글라이아와 결혼해, 쌍둥이 아들 프로이토스와 아크리시오스를 얻었다. 아바스는 그의 왕국을 쌍둥이 형제에게 물려주면서 교대로 다스리라고 일렀다. 그러나 자궁 안에서 시작된 이들의 다툼은 점점 심해졌고, 급기야 프로이토스가 아크리시오스의 딸 다나에와 동침한 다음 가까스로 탈출하는 지경까지 이르렀다.[1] 아크리시오스가 자신의 통치 기한이 끝나도 왕좌를 넘겨주지 않았기에, 프로이토스는 뤼키아의 왕 이오바테스의 궁정으로 달아났다. 그는 거기서 왕의 딸 스테네보이아 또는 안테이아와 결혼했다. 그리고 머지않아 왕위 승계를 지원하는 뤼키아 군대를 이끌고 고국으로 돌아왔다. 피비린내 나는 전투가 벌어졌지만 어느 쪽도 승리하지 못했다. 이에 두 사람은 마지못해 왕국을 둘로 나눴다. 아크리시오스는 아르고스와 그 주변 지역을 차지했고, 프로이토스는 티륀스와 (지금은 뮈케나이의 일부가 된) 헤라이온, 미데아, 아르골리스의 해변을 차지했다.[2]

b. 거인족 퀴클로페스 일곱이 뤼키아에서부터 프로이토스를 따라왔다.

이들은 석공으로 먹고 살았기에 가스테로케이레스라고 불렸다. 이들은 거대한 성벽을 쌓아 티륀스를 요새로 만들었는데, 이때 노새 여럿이 함께 끌어도 꿈쩍도 하지 않는 엄청나게 큰 돌을 쌓아 올렸다.[3]

c. 아크리시오스는 아가닙페와 결혼해, 아들은 없고 딸 하나 다나에를 두었다. 프로이토스는 그 외동딸을 유혹했던 것이다. 그가 신탁소에 남자 후계자를 구할 방법을 묻자, 이런 신탁이 나왔다. "너는 아들이 없을 것이고, 너의 손자가 너를 죽일 것이다." 이런 운명을 피하고자, 아크리시오스는 놋쇠 문이 달린 성의 지하 감옥에 다나에를 가두고 사나운 개들로 지키게 했다. 이런 예방책에도 불구하고, 제우스는 황금 빗방울로 그녀에게 이르렀다. 이로 인해 다나에는 페르세우스라는 아들을 낳았다. 딸에게 벌어진 일을 알게 된 아크리시오스는 제우스가 아버지라는 것을 믿지 않았고, 대신 그의 형제 프로이토스가 다시 한번 그녀와 깊은 관계를 가진 것으로 의심했다. 감히 딸을 직접 죽일 생각은 못하고, 딸과 아기 페르세우스를 나무 궤짝에 가둬 바다에 던져 버렸다. 궤짝은 파도에 밀려 에게 해 남쪽 퀴클라데스 제도의 세리포스 섬까지 갔고, 딕튀스라는 어부의 그물에 걸렸다. 어부는 궤짝을 해안으로 끌고 갔고, 부숴 열었다. 다나에와 페르세우스는 아직 살아 있었다. 그는 이들을 즉시 그의 형제인 폴뤼덱테스 왕에게 데려갔고, 왕은 페르세우스를 자기 궁전에서 키웠다.[4]

d. 여러 해가 흘러 페르세우스는 어른이 됐고, 폴뤼덱테스에 맞서 어머니를 지켰다. 그가 신하들을 동원해 강제로 다나에와 결혼하려 한 것이다. 이에 폴뤼덱테스는 친구들을 불러 모아, 펠롭스의 딸인 힙포다메이아에게 구혼하려 한다면서 사랑의 선물로 내놓을 수 있게 각각 말 한 필씩 도와 달라고 요청했다. "세리포스는 작은 섬에 불과합니다." 그는 말했다. "본토의 부자 구혼자들 옆에서 가난한 모습을 보이고 싶지 않습니다. 그런데 고귀

한 페르세우스야, 너도 나를 도울 수 있겠느냐?"

페르세우스는 답했다. "아아, 저는 말도 없고, 말을 살 황금도 없어요. 만약 당신께서 제 어머니가 아니라 힙포다메이아와 결혼하고 싶으시다면, 당신이 말씀하시는 선물이라면 무엇이든 마련해 보겠습니다." 그는 경솔하게도 이렇게 덧붙였다. "필요하다면 고르곤 메두사의 머리라도 가져오겠습니다."

e. "그것이라면, 이 세상 어떤 말보다 더 기쁠 것 같구나." 폴뤼덱테스는 곧장 응답했다.[5] 고르곤 메두사는 머리카락이 뱀이었고, 커다란 이빨에 혀를 내밀고 있다. 너무나 흉하게 생겨, 이를 보는 사람이면 누구나 깜짝 놀라 돌로 변했다.

f. 아테나 여신은 세리포스 섬을 지나다 이들의 대화를 우연히 듣게 됐다. 메두사의 끔찍한 외양은 아테나의 책임이기에, 메두사에게 아테나는 불구대천의 적이었다. 이에 아테나는 페르세우스의 모험에 동행했다. 먼저 여신은 그를 사모스 섬의 도시 데익테리온으로 데려갔다. 거기엔 고르고네스 세 자매의 조각상이 전시돼 있어, 페르세우스가 메두사를 다른 불사의 고르고네스 자매인 스테노, 에우뤼알레와 구별해 낼 수 있도록 하려는 것이었다. 아테나이는 또 그에게 메두사를 절대로 직접 바라보지 말고 다른 데 비친 모습만 보라고 경고하면서 윤이 나는 방패를 챙겨 주었다.

g. 헤르메스도 페르세우스를 도와 메두사의 머리를 자를 수 있는 매우 단단한 낫을 주었다. 그러나 페르세우스는 날개 달린 샌들과 잘라 낸 목을 담을 마법의 주머니, 그리고 하데스 소유의 투명 투구가 필요했다. 이것들은 모두 스튁스 강의 님프들이 지키고 있어 직접 가서 가져와야 했다. 그런데 이들이 어디에 있는지는 오직 고르고네스의 자매인, 백조를 닮은 그라이아이 세 자매만 알고 있었다. 이들은 하나의 눈과 이빨을 셋이서 함께 사

용했다. 페르세우스는 아틀라스 산 아래에서 왕좌에 앉아 있는 이들을 찾아냈고, 그들 뒤로 살금살금 다가가 서로에게 건네던 눈과 이빨을 낚아챘다. 그러고는 스튁스 강의 님프들이 어디에 사는지 알려 줘야만 돌려주겠다고 윽박질렀다.6]

h. 페르세우스는 이렇게 샌들과 주머니, 투구를 님프들한테서 넘겨받아 서쪽으로 날아가 휘페르보레오이족의 땅에 이르렀다. 거기에는 고르고네스가 메두사 탓에 돌이 된 사람과 짐승들 사이에서 잠들어 있었다. 이 돌덩이들은 비바람에 많이 깎여 있었다. 페르세우스는 방패에 반사된 것에 눈길을 고정했고, 아테나가 그의 손을 잡고 이끌었으며, 그는 마침내 낫을 한 번 휘둘러 메두사의 목을 잘랐다. 그런데 놀랍게도 메두사의 주검에서 날개 달린 말 페가소스와 황금의 굽은 칼을 움켜쥔 전사 크뤼사오르가 완전히 자란 어른의 몸으로 튀어나왔다. 페르세우스는 이들이 아테나 신전 가운데 한 곳에서 포세이돈이 메두사와 함께해 잉태한 자식들이라는 것은 알지 못했지만, 더는 이들을 적으로 삼지 않기로 마음먹었다. 그는 서둘러 머리를 주머니에 담고 달아났다. 스테노와 에우뤼알레는 새로 태어난 조카들 탓에 잠에서 깨어나 페르세우스를 뒤쫓으려 했지만 투명 투구 때문에 그를 볼 수 없었다. 이에 페르세우스는 안전하게 남쪽으로 달아났다.7]

i. 해가 질 무렵, 페르세우스는 티탄 신족 아틀라스의 궁전 부근에서 도착했다. 아틀라스가 그를 푸대접하자, 페르세우스는 메두사의 머리를 보여 줘 아틀라스를 산으로 바꿔 버렸다. 다음 날 동쪽으로 방향을 틀어 리비아 사막을 건너 날아갔다. 헤르메스가 무거운 머리를 들고 갈 수 있게 도왔다. 여담이지만, 그는 그라이아이의 눈과 이빨을 트리톤 호수에 빠뜨렸다. 고르곤의 피 몇 방울도 사막 모래에 떨어뜨렸는데, 거기에서 독이 있는 뱀들이 한 떼 생겨났고, 이들 가운데 하나 때문에 나중에 아르고 호 원정대의 몹소

스가 죽는다.[8]

j. 페르세우스는 이집트의 나일 강 상류 켐미스에 내려앉아 잠시 휴식을 취했다. 거기에서는 지금도 페르세우스를 숭배한다. 다시 출발해 팔레스타인 해안 지대 필리스티아 해안을 따라 북쪽으로 올라갈 때, 절벽에 사슬로 묶여 있는 나체의 여인을 발견하고 곧장 사랑에 빠졌다. 여인은 안드로메다로, 욥바의 에티오피아인 왕 케페우스와 캇시오페이아의 딸이다.[9] 앞서 캇시오페이아는 자신과 딸이 네레이데스보다 더 아름답다고 떠벌렸고, 이에 네레이데스는 보호자인 포세이돈에게 큰 모욕을 당했다고 호소했다. 포세이돈은 홍수와 암컷 바다 괴물을 보내 필리스티아를 파괴했다. 케페우스가 암몬의 신탁소에 대처법을 물었고, 안드로메다를 괴물에게 제물로 바치는 것이 유일한 방법이라는 신탁이 나왔다. 신하들은 그에게 딸을 약간의 보석만 걸친 채 알몸으로 바위에 묶어 괴물의 먹이가 되게 하라고 거세게 요구했다.

k. 페르세우스가 안드로메다를 향해 날아가는데, 케페우스와 캇시오페이아가 근처 해안에서 걱정스럽게 딸을 지켜보고 있는 게 눈에 띄었다. 페르세우스는 그들 곁으로 내려와 서둘러 의논했고, 만약 그녀를 구하면 결혼해 그리스로 함께 가도 된다는 약속을 받았다. 페르세우스는 다시 날아올라 낫을 움켜쥐고 아래로 내리꽂듯 떨어지면서 괴물의 목을 단칼에 벴다. 괴물은 바다에 비친 그의 그림자를 보고 속아 아래만 보고 있었다. 페르세우스는 공격 직전에 괴물이 위쪽을 올려 보지 않을까 해서 주머니에서 고르곤의 머리를 꺼냈는데, 손에 묻은 피를 씻는 동안에 얼굴을 아래쪽으로 해서 머리를 해초 더미 위에 올려 두었다. (해초는 곧장 산호로 바뀌었다). 페르세우스는 제단을 세 개 쌓아 올려, 송아지, 암소, 황소를 각각 헤르메스와 아테나, 제우스에게 바쳤다.[10]

l. 케페우스와 캇시오페이아는 마지못해 그를 사위로 맞아들였다. 안드로메다가 고집을 부려 결혼식이 곧바로 열렸다. 그러나 축제 분위기는 오래가지 못했다. 벨로스 왕의 쌍둥이 형제인 아게노르가 무장한 무리를 이끌고 나타나 안드로메다를 자기에게 달라고 요구했기 때문이다. 캇시오페이아와 케페우스가 즉시 페르세우스와 한 약속을 깬 것을 보면, 캇시오페이아가 그를 불러온 게 틀림없었다. 그녀는 안드로메다의 결혼 약속은 어쩔 수 없는 사정에서 이뤄진 것일 뿐이고, 아게노르가 예전에 먼저 딸을 요구했다고 주장했다.

"페르세우스를 죽여야 해!" 캇시오페이아는 사납게 소리 질렀다.

m. 이어진 싸움에서 페르세우스는 많은 적을 쓰러뜨렸지만, 적의 숫자가 너무 많았다. 어쩔 수 없이 고르곤의 머리를 산호 밭에서 가져와 남아 있는 200명을 돌로 만들었다.[11]

n. 포세이돈은 케페우스와 캇시오페이아의 모습을 하늘의 별 사이에 그려 넣었다. 특히, 캇시오페이아는 배반에 대한 벌로 시장바구니에 묶여 있으며, 어떤 계절에는 위아래가 뒤집혀 바보스럽게 보인다. 반면, 아테나 여신은 나중에 안드로메다의 모습을 더욱 명예로운 별자리 안에 그려 넣었다. 그녀가 부모의 배신에도 불구하고 페르세우스와 결혼하겠다는 뜻을 굽히지 않았기 때문이다. 욥바 부근 절벽에는 아직도 그녀를 묶었던 사슬의 자국이 남아 있다. 괴물도 돌이 됐는데 그 뼈는 도시에 전시돼 있었는데, 마르쿠스 아이밀리우스 스카우루스Marcus Aemilius Scaurus가 이곳의 조영관 Aedileship으로 있으면서 로마로 가져갔다.[12]

o. 페르세우스는 안드로메다를 데리고 세리포스 섬으로 서둘러 돌아갔다. 도착해 보니, 다나에와 딕튀스는 폴뤼덱테스의 폭력적인 위협에 신전 안으로 피신해 있었다. 폴뤼덱테스는 당연히 힙포다메이아와 결혼할 생각

이 없던 것이다. 페르세우스는 곧장 폴뤼덱테스가 친구들과 연회를 열고 있는 궁전으로 찾아가서, 약속한 사랑의 선물을 가져왔다고 선언했다. 왁자지껄한 조소만 쏟아졌고, 페르세우스는 전에도 그랬듯이 눈길을 돌린 채 고르곤의 머리를 보여 줘 그들을 모두 돌로 만들어 버렸다. 큰 돌덩이들이 빙 둘러 있는 게 지금도 세리포스에 남아 있다. 그는 이제 메두사의 머리를 아테나 여신에게 바쳤으며, 여신은 이를 자신의 아이기스에 붙였다. 헤르메스는 샌들과 주머니, 투구를 스튁스 강의 님프들에게 돌려주었다.[13]

p. 페르세우스는 딕튀스를 세리포스의 왕좌에 오르게 한 다음, 어머니와 아내, 퀴클로페스 무리와 함께 아르고스를 향한 배에 올랐다. 아크리시오스는 이들이 온다는 소리를 듣고, 펠라스고이족의 라릿사로 달아났다. 그런데 페르세우스는 어쩌다 거기로 초대를 받게 됐다. 테우타미데스 왕이 죽은 아버지를 기려 장례 제전을 연 것이다. 페르세우스는 5종 경기에 참가했고, 원반던지기 종목에 이르러 원반은 바람과 신들의 뜻에 따라 제 궤도를 벗어나 아크리시오스의 다리를 때렸다. 그는 그렇게 죽었다.[14]

q. 페르세우스는 크게 슬퍼하면서 할아버지를 그 지역 아크로폴리스에 솟아 있는 아테나 신전에 묻었다. 그리고 아르고스를 다스리는 게 부끄러워 티륀스로 갔다. 그곳은 프로이토스의 아들 메가펜테스가 다스리고 있었다. 둘은 서로 왕국을 맞바꾸기로 했다. 이에 따라 메가펜테스는 아르고스로 옮겨가고, 페르세우스는 그대로 남아 티륀스를 다스렸다. 얼마 가지 않아 남에게 넘어갔던 프로이토스 왕국의 다른 두 부분도 되찾았다.

r. 페르세우스는 미데아를 요새화하고, 뮈케나이를 건설했다. 도시의 이름은 그가 목이 마를 때 버섯mycos이 갑자기 자라나 거기서 많은 물을 얻을 수 있었기 때문에 이렇게 붙였다. 퀴클로페스가 두 도시의 성벽을 쌓았다.[15]

s. 다른 이들은 완전히 다른 이야기를 전한다. 폴뤼덱테스는 다나에와 결혼하는 데 성공했고, 페르세우스를 아테나 신전에서 키웠다. 몇 년이 흐르고, 아크리시오스는 이들이 살아 있다는 소식을 듣고 이번에는 자기 손으로 직접 페르세우스를 죽이겠다고 마음먹고 세리포스 섬으로 건너왔다. 폴뤼덱테스는 중간에 개입해 양쪽이 상대를 죽이지 않겠다고 엄숙하게 맹세하도록 만들었다. 그러나 폭풍이 일어났고, 해변으로 끌어 놓은 아크리시오스의 배가 출항할 수 없는 일이 벌어졌다. 문제는 이런 와중에 폴뤼덱테스가 갑자기 죽었다는 점이다. 장례 제전이 열렸고, 페르세우스가 원반을 던졌는데 이것이 사고로 아크리시오스의 머리로 날아가 그를 죽게 만들었다. 페르세우스는 나중에 아르고스로 배를 타고 가서 그곳의 왕좌를 요구했지만, 프로이토스가 이를 빼앗아 갔다. 이에 페르세우스는 그를 돌로 만들었다. 이렇게 해서 그는 아르골리스 전체를 다스리게 됐지만, 메가펜테스가 아버지의 원수를 갚는다면서 그를 죽였다.[6]

t. 고르곤 메두사와 관련해, 그녀는 아테나 여신을 모욕했던 포르퀴스의 아름다운 딸이었다고 한다. 메두사는 전투에서 트리토니스 호수의 리비아 사람들을 이끌었다. 페르세우스는 아르고스에서 군대를 이끌고 왔고, 아테나의 도움을 받아 메두사를 암살했다. 야음을 틈타 그녀의 머리를 잘랐고, 아르고스의 장터의 흙더미 아래 이를 묻었다. 이 흙더미는 페르세우스의 딸 고르고포네의 무덤 가까이 있었다. 그녀는 남편이 죽은 다음 처음으로 재혼한 여자로 악명이 높다.[7]

1] 베르길리우스의 『아이네이스』 3. 286에 대한 세르비오스; 에우리피데스의 『오레스테스』 965에 대한 고전 주석자; 아폴로도로스: 『비블리오테카』 2. 2. 1과 4. 7.
2] 호메로스: 『일리아스』 6. 160; 아폴로도로스: 2. 2. 1; 파우사니아스: 『그리스 여행기』 2. 16. 2.
3] 파우사니아스: 2. 25. 7; 스트라본: 『지리학』 8. 6. 11.

4] 휘기누스: 『신화집』 63; 아폴로도로스: 2. 4. 1; 호라티우스: 『서정시』 3. 16. 1.

5] 아폴로도로스: 2. 4. 2.

6] 아폴로도로스: 같은 곳; 휘기누스: 『시적 천문학』 2. 12.

7] 핀다로스: 『퓌티아 제전 송가』 10. 31; 오비디우스: 『변신 이야기』 4. 780; 아폴로도로스: 2. 4. 3.

8] 에우리피데스: 『엘렉트라』 459-463; 휘기누스: 『시적 천문학』 2. 12; 아폴로니오스 로디오스: 『아르고 호 이야기』 4. 1513 ff.

9] 헤로도토스: 『역사』 2. 91; 체체스: 『뤼코프론에 관하여』 836; 스트라본: 1. 2. 35; 플리니우스: 『자연 탐구』 6. 35.

10] 아폴로도로스: 2. 4. 3; 휘기누스: 『신화집』 64; 오비디우스: 『변신 이야기』 4. 740 ff.

11] 휘기누스: 같은 곳; 오비디우스: 『변신 이야기』 5. 1-235; 아폴로도로스: 같은 곳.

12] 휘기누스: 『시적 천문학』 2. 9-10과 12; 요세푸스: 『유대인들의 전쟁』 3. 9. 2; 플리니우스: 『자연 탐구』 9. 4.

13] 스트라본: 10. 5. 10; 아폴로도로스: 2. 4. 3.

14] 에우리피데스의 『오레스테스』 953에 대한 고전 주석자; 아폴로도로스: 2. 4. 4.

15] 알렉산드리아의 클레멘스: 『그리스인에게 고함』 3. 45; 아폴로도로스: 2. 4. 4-5.

16] 오비디우스: 『변신 이야기』 5. 236-241; 휘기누스: 『신화집』 63과 244.

17] 파우사니아스: 2. 21. 6-8.

*

1. 아크리시오스Acrisius와 프로이토스Proetus의 신화는 아르고스의 이원왕정의 설립을 기록한 것이다. 그동안 매년 한여름에 왕이 죽고, 후계자가 한 해의 나머지를 다스렸는데, 이제는 각각이 차례로 49개월이나 50개월, 다시 말해 '커다란 한 해'(106. 1 참고)의 절반 동안 다스렸다. 나중에는 왕국을 절반으로 나눠 공동 왕들이 커다란 한 해 전체를 동시에 다스리는 방식으로 바뀐 것 같다. '커져 가는 해'의 밝은 정령과 '줄어가는 해'의 어두운 정령, 즉 그의 쌍둥이 후계자가 끝없는 경쟁을 벌인다는 초창기 생각이, 그리스와 로마뿐 아니라 켈트족과 팔레스타인 신화에도 구석구석 스며들어 있다.

2. 그런 쌍둥이가 「창세기」에도 두 번 나온다. 에서Esau와 야곱Jacob(「창세기」 25장 24-26절), 베레스Pharez(159. 4 참고)와 세라Zarah(「창세기」 38장 27-30절)가 그들이다. 이들이 자궁에서 서로 앞서려고 다툰 대목은, 아크리시오스와

프로이토스와 똑같다. 더 단순한 모트Mot와 알레인Aleyn의 팔레스타인 신화에서 쌍둥이는 여자를 두고 다퉜으며, 아크리시오스와 프로이토스도 그러했다. 켈트족 신화에서 이에 대응하는 인물도 그랬는데, 이를테면 『마비노기온』에 나오는 그윈Gwyn과 그위터Gwythur는 세상이 끝날 때까지 리르Llyr의 딸 크레이딜라드Creiddylad(리어Lear 왕의 딸 코르델리아Cordelia)와 결혼하기 위해 매년 오월제 전야에 결투를 벌였다. 각각의 경우, 다툼의 대상이 된 여인은 달 여신의 여사제이며 그녀와 결혼하면 왕위에 올랐다.

3. 일곱 가스테로케이레스Gasterocheires('손이 있는 불룩한 배')의 아르고스 및 티륀스 성벽 건설과 아크리시오스의 죽음은 성벽으로 둘러싼 도시의 그림에서 유추한 것처럼 보인다. 그림 속의 도시 성벽 위로는 일곱 개의 태양 원판이 그려져 있고, 각각은 머리가 없고 팔다리가 셋 있다(23. 2 참고). 신성한 왕은 날개가 달린 여덟 번째 태양 원판이 그의 신성한 발꿈치를 내리쳐 죽음에 이른다. 이는 7년 동안 매년 대리인이 왕을 대신해 죽었고, 8년째 되는 해에 여사제의 명에 따라 왕이 제물로 바쳐진 것을 의미할 것이다. 옆에는 그의 후계자, 페르세우스Perseus가 기다리고 있다.

4. 다나에Danaë와 페르세우스 모자가 궤짝에 갇혀 던져졌다는 신화는, 이시스, 오시리스, 세트, 어린아이 호루스의 신화와 관련이 있는 것 같다. 처음 나온 판본에서 프로이토스가 페르세우스의 아버지로 나오는데, 이렇게 되면 그가 아르고스의 오시리스가 되는 셈이다. 다나에는 그의 누이이자 아내인 이시스에 해당했고, 페르세우스는 어린아이 호루스였다. 그리고 아크리시오스는 질투에 빠진 세트에 해당하는데, 자신의 쌍둥이 오시리스를 죽였으며 나중에 호루스에게 복수를 당한다. 궤짝은 아까시나무로 만든 배로, 이시스와 호루스 모자는 이것을 타고 오시리스의 주검을 찾아 나일 강 삼각지를 뒤졌다. 비슷한 이야기가 세멜레Semele 신화(27. 6 참고)와 로이오

Rhoeo 신화(160. 7 참고)의 한 판본에 등장한다. 다만, 다나에가 놋쇠 지하 감옥에 갇혀 아이를 낳았다는 대목은 익숙한 새해 도상의 주제이다(43. 3 참고). 제우스가 황금 빗방울로 다나에를 잉태하게 했다는 대목은, 태양신과 달의 신이 결혼하는 종교 의식을 가리키는 게 분명하다. 이 의식을 통해 새해의 왕이 태어났다. 이는 또 목축 관련 비유로 읽을 수도 있다. 그리스 양치기들은 '물은 황금'이라 생각했고, 제우스는 대지, 즉 다나에에게 뇌우를 보냈다. '데익테리온Deicterion'의 이름은 고르곤의 머리를 거기서 페르세우스에게 보여 주었다는 것을 뜻한다.

5. 아르고스에서 벌어진 왕가 내부의 분쟁은, 카리아Caria에 있는 아르고스 식민지의 존재 탓에 복잡해졌다. 이번 신화와 함께 벨레로폰테스의 신화에서도 드러난다(75. b 참고). 기원전 1400년경 크놋소스가 붕괴할 때, 카리아의 해군이 얼마 동안 지중해를 주름잡았다. 페르세우스와 벨레로폰테스의 신화는 서로 밀접한 관련이 있다. 페르세우스는 날개 달린 샌들의 도움을 받아 괴물 메두사를 죽였다. 벨레로폰테스는 머리가 잘린 메두사의 주검에서 태어난 날개 달린 말을 타고 괴물 키마이라Chimaera를 죽였다. 양쪽의 위업은 헬라스를 침략한 자들이 달의 여신의 권능을 빼앗아 간 일을 기록한 것이다. 두 위업은 아주 오래된 보이오티아의 도기 그림에서 고르곤 머리를 한 암말의 모습으로 합쳐져 있다. 여기 나온 암말은 달의 여신이며, 그녀의 달력 상징이 키마이라였다. 그리고 고르곤 머리는 여신의 여사제들이 비의에 입문하지 않은 사람들을 겁주어 쫓아내려고 쓰는 예방의 가면이었다(33. 3 참고). 그런데 헬레네스는 여사제들한테서 이를 벗겨 냈다.

6. 이번 신화 두 번째, 더 단순한 판본에서, 페르세우스는 리비아 여왕과 전투를 벌이고 그녀의 목을 잘라 머리를 아르고스의 장터에 묻는다. 이는 아르고스의 리비아 정복, 그곳에 대한 가부장제 강요, 그리고 네이트Neith

여신의 비밀 의식 훼손에 대한 기록임에 틀림없다(8. 1 참고). 머리를 장터에 묻었다는 대목은, 신성한 유물을 상자 안에 넣어 잠그고, 거기 도시 사람들이 유물을 파내 가지 못하도록 그 위에 예방의 가면을 올려놓았음을 암시한다. 그 유물은 영국의 신화와 마찬가지로 돼지였을지 모른다. 『마비노기온』에는 루드Lud 왕이 작은 돼지 한 쌍을 돌 상자에 넣고 옥스퍼드의 카르팍스Carfax에 묻었다는 이야기가 나온다. 이는 브리튼 왕국 전체를 보호하는 부적이었다. 그런데 여기 나오는 돼지는 맥락상 어린아이의 완곡어법인지도 모른다.

7. 안드로메다의 이야기는 팔레스타인 성상에서 유추한 것일 수 있다. 거기에는 태양의 신 마르두크 또는 그의 전임자 벨이 백마를 타고 바다 괴물 티아마트를 죽이는 모습이 담겨 있다. 이 신화는 히브리 신화에도 들어 있다. 이사야는 여호와(마르두크)가 바다 괴물 라합을 칼로 조각냈다고 언급했다(「이사야」 51장 9절). 그런데 「욥기」 10장 13절과 26장 12절을 보면, 라합은 바다 신이었다. 이 도상을 보고 바위에 사슬로 묶여 있는 보석을 걸친 알몸의 안드로메다라고 했지만, 사실 아프로디테 또는 이슈타르 또는 아스타르테이다. 이 여신은 육감적인 바다의 여신으로 '남자들의 통치자'이다. 그런데 이 여신은 구조를 기다리는 게 아니다. 마르두크는 여신이 내뿜어 놓은 바다 뱀 티아마트를 죽이고, 더는 장난을 치지 못하도록 자기가 직접 여신을 묶어 둔 것이다. 바빌로니아 창조 서사시에서 대홍수를 보낸 것도 바로 이 여신이었다. 아스타르테는 바다의 여신으로서 팔레스타인 해안을 따라 어디에나 신전이 있었다. 트로이아에서 이 여신은 '아시아의 여왕'인 헤시오네Hesione였고, 헤라클레스는 또 다른 바다 괴물로부터 그녀를 구조했다고 전한다(137. 2 참고).

8. 그리스 식민지는 기원전 두 번째 천년기가 끝날 무렵 [나일강 상류] 켐

미스Chemmis에도 건설된 것으로 보인다. 이곳을 건너간 이주민들은 페르세우스를 켐Chem 신과 동일시했다. 그를 지시하는 상형문자는 날개 달린 새와 태양 원판이었다. 헤로도토스는 페르세우스의 어머니 다나에와 다나오스 백성들에 의한 아르고스의 리비아 침공이 연관이 있다는 점을 특별히 강조했다. 페르세우스와 버섯의 신화는, 도상에 나오는 영웅이 버섯을 조사하는 장면을 설명하려 꾸민 이야기로 보인다. 타오르는 태양 아래 버섯에서 불이 뿜어져 나오기도 하는데, 이를 물로 오해한 것이다. 이것은 영웅의 불 바퀴에 나오는 부싯깃이다(63. 2 참고).

9. 이번 신화의 두 번째, 더 단순한 판본은 페르세우스가 아크리시오스와 벌이는 다툼에 있어 다음 요소들이 비본질적인 것임을 암시한다. 그라이아이Graeae를 찾아가고, 눈과 이빨, 주머니, 낫, 어둠의 투구 등을 얻으며, 메두사의 머리를 베고 난 뒤 다른 고르고네스의 추적을 받는다는 대목이 별 관계가 없다는 얘기다. 필자는 『하얀 여신』(13장)에서 이런 동화적 요소들은 전혀 별개인 성상을 오독한 데서 비롯된 것이라 봤다. 그 도상에는 헤르메스가 익숙한 날개 달린 샌들을 신고 투구를 쓴 채 세 운명의 여신에게서 마법의 눈을 받고 있다(61. 1 참고). 이 눈은 인식이라는 선물을 상징한다. 헤르메스는 세 운명의 여신이 발명한 나무 알파벳을 능숙하게 다룰 수 있다. 여신들은 헤르메스에게 아일랜드 전설의 피온이 사용했던 것과 같은 점치기 이빨도 준다. 낫은 숲에서 알파벳을 의미하는 나뭇가지를 자르기 위한 것이고, 두루미 가죽 가방은 이것들을 안전하게 담기 위한 것이며, 고르곤 가면은 궁금해하는 사람을 겁줘 쫓아 버리기 위한 것이다. 헤르메스는 하늘을 날아 고르고네스의 신성한 숲이 있는 타르텟소스Tartessus로 간다(132. 3 참고). 고르곤 가면을 쓴 세 여신은 그를 추적하는 게 아니라 호위하면서 날아가고 있다. 저 아래 땅에서 여신이 다시 보이는데, 헤르메스가 배

운 것의 비밀스러움을 강조하기 위해 고르곤 얼굴을 반사하는 거울을 들고 있다(52. 7 참고). 헤르메스가 그라이아이, 스튁스 강의 님프들 , 투명 투구와 연관된다는 대목은, 헤르메스가 이 그림의 주인공이라는 주장을 뒷받침한다. 헤르메스와 페르세우스를 혼동한 것은 헤르메스가 죽음의 사자로서 '파괴자'를 뜻하는 프테르세우스Pterseus라는 호칭을 갖고 있었기 때문일 수 있다.

74
쌍둥이의 대립

폴뤼카온 가문의 남자 혈통이 다섯 대 만에 끊겼을 때, 멧세니아 사람들은 아이올로스의 아들 페리에레스를 초빙해 그들의 왕으로 삼았다. 그는 페르세우스의 딸 고르고포네와 결혼했다. 그녀는 남편보다 오래 살아 처음으로 재혼한 여인이 됐고, 새 남편은 스파르테의 오이발로스였다.[1] 그때까지 여인들은 남편이 죽으면 따라서 스스로 목숨을 끊는 게 관습이었다. 그리스 함대가 트로이아 해안에 도착했을 때 처음으로 해변에 뛰어내렸던 프로테실라오스의 아내인, 멜레아그로스의 딸 폴뤼도라도 그렇게 했다. 마르펫사도, 클레오파트라도 그렇게 했다. 퓔라코스의 딸 에우아드네도 남편이 테바이에서 죽자 화장 장작더미에 스스로 몸을 던졌다.[2]

b. 아파레우스와 레우킵포스는 고르고포네가 페리에레스를 통해 얻은 자식이며, 튄다레오스와 이카리오스는 그녀가 오이발로스를 통해 얻은 자식이다.[3] 튄다레오스는 아버지를 이어 스파르테의 왕좌에 올랐고, 이카리오스는 그의 공동 왕으로 있었다. 그러나 힙포코온과 그의 열두 아들이 이 둘을 쫓아냈다. 그런데 어떤 이는 이카리오스(나중에 오뒷세우스의 장인이 된다)가 힙포코온의 편을 들었다고 전한다. 튄다레오스는 아이톨리아의 테

스티오스 왕에게 달아났고, 그의 딸 레다와 결혼했다. 레다는 그의 자식으로 카스토르와 클뤼타임네스트라를 낳았고, 동시에 제우스의 자식 헬레네와 폴뤼데우케스도 낳았다.[4] 나중에 튄다레오스는 폴뤼데우케스를 입양했으며, 스파르테의 왕좌도 회복했다. 그는 아스클레피오스가 되살려 낸 사람들 가운데 하나이기도 하다. 그의 무덤은 지금도 스파르테에 남아 있다.[5]

c. 그러는 동안, 아버지가 다른 튄다레오스의 형제 아파레우스는 페리에레스를 이어 멧세니아의 왕좌에 올랐다. 레우킵포스는 그의 공동 왕으로 있으면서 작은 권력에도 만족하며 지냈다. 멧세니아 사람들은 레욱트라 시의 이름이 그의 이름에서 나왔다고 한다. 아파레우스는 아버지가 다른 누이 아레네를 아내로 삼았고, 이다스와 륑케우스를 아들로 얻었다. 사실 이다스는 포세이돈의 아들이다.[6] 레우킵포스의 딸들, 즉 레우킵피데스는 아테나의 여사제 포이베와 아르테미스의 여사제 힐라에이라였는데, 이들 둘은 사촌 이다스와 륑케우스와 약혼했다. 그러나 보통 디오스쿠로이로 알려진 카스토르와 폴뤼데우케스가 이들을 납치해, 이들에게서 아들을 얻었다. 이런 일로 두 쌍의 쌍둥이 사이의 쓰라린 대립이 시작됐다.[7]

d. 디오스쿠로이는 어떤 모험에서도 서로 결코 떨어지지 않았고, 스파르테의 자랑거리가 됐다. 카스토르는 군인이자 말 조련사로, 폴뤼데우케스는 그 시대 최고의 권투 선수로 유명했다. 둘 다 올륌피아 제전에서 우승했다. 그들의 사촌이자 경쟁자들도 역시 서로에게 헌신적이었다. 이다스는 륑케우스보다 훨씬 더 힘이 셌지만, 륑케우스도 날카로운 눈을 갖고 있어 어둠 속에서도 볼 수 있고, 땅에 묻혀 있는 보물도 어디 있는지 꿰뚫어 봤다.[8]

e. 에우에노스는 아레스의 아들로, 알킵페와 결혼해 마르펫사를 자식으로 두었다. 딸을 처녀로 남겨 두기 위해, 그는 구혼자들을 차례로 불러 자신

과 전차 경주를 하자고 했다. 승자는 마르펫사를 얻고, 패자는 머리를 내놔야 했다. 그러자 금방 에우에노스의 집 벽에는 머리가 잔뜩 매달리게 됐다. 마르펫사와 사랑에 빠진 아폴론은 이런 야만적인 관습을 혐오했으며, 자신이 에우에노스의 경주에 참여해 이런 일을 끝내려 했다. 그런데 이다스도 마르펫사에 연정을 품고 있어, 아버지 포세이돈에게 날개 달린 전차를 빌려 달라고 간청했다.[9] 아폴론이 미처 움직이기도 전에, 이다스는 아이톨리아로 전차를 몰아가 춤추는 무리 가운데 있던 마르펫사를 납치해 달아났다. 에우에노스는 추적했지만, 이다스를 따라잡을 수 없었다. 그는 치욕을 참을 수 없어, 자기 말을 죽이고 뤼코르마스 강에 몸을 던졌다. 그로부터 이 강을 에우에노스 강이라 부른다.[10]

f. 이다스가 멧세니아에 도착했을 때, 아폴론은 마르펫사를 빼앗으려 했다. 둘은 결투를 벌였지만, 제우스가 이들을 떼어 놓고 마르펫사가 누구와 결혼하고 싶은지 결정하도록 했다. 마르펫사는 이다스를 남편으로 선택했다. 나이를 먹어 늙으면 아폴론이 자기를 버릴 것임을 알고 있었기 때문이다. 아폴론은 이미 다른 많은 여인에게 그렇게 했다.[11]

g. 이다스와 륑케우스는 함께 칼뤼돈의 멧돼지 사냥에 참여했고, 아르고호 원정대와 함께 콜키스에도 다녀왔다. 어느 날 아파레우스가 죽고 난 뒤, 그들과 디오스쿠로이는 잠시 대립 관계를 벗어나 아르카디아로 함께 소 떼 약탈에 나섰다. 공격은 성공적이었고, 이다스가 전리품을 넷 사이에 나누는 사람으로 제비뽑기를 통해 뽑혔다. 그는 암소 한 마리를 넷으로 나눠 가장 먼저 먹는 사람이 전리품의 절반을 갖고, 두 번째로 먹은 사람이 나머지를 가진다고 규칙을 정했다. 그리고 다른 사람들이 경기를 시작할 준비도 갖추지 못한 상태에서, 이다스는 자기 몫을 씹지도 않고 삼키기 시작했다. 그러고는 륑케우스가 자기 몫을 삼키게 도왔다. 금방 마지막 조각까지 먹어

치운 다음, 이다스와 륑케우스는 소 떼를 몰고 멧세니아로 출발했다. 디오스쿠로이는 둘 가운데 더디게 먹던 폴뤼데우케스가 모두 먹을 때까지 그대로 뒤에 남았다. 그다음에 이들은 멧세니아로 달려가, 그곳 시민들에게 항의했다. 륑케우스는 이다스의 도움을 받았기에, 또 이다스는 다른 사람들이 준비를 마칠 때까지 기다리지 않았기에 그들의 몫을 몰수해야 한다고 주장했다. 이다스와 륑케우스는 포세이돈에게 제물을 바치기 위해 타위게토스 산에 올라가 있는 바람에 마침 거기에 없었다. 이에 디오스쿠로이는 문제가 된 소 떼와 함께 다른 약탈품까지 빼앗고, 떡갈나무의 움푹 꺼진 곳 안에 숨어 상대편이 돌아오길 기다렸다. 그러나 륑케우스는 타위게토스 산의 정상에서 이미 이들의 모습을 포착했고, 이다스는 산비탈을 달려 내려와 나무에 창을 던져 카스토르를 꿰뚫었다. 폴뤼데우케스는 복수를 위해 뛰어나갔고, 이다스는 아파레우스의 무덤에서 머릿돌을 떼어내 그를 향해 던졌다. 폴뤼데우케스는 많이 다쳤지만, 용케 창으로 륑케우스를 죽이는 데 성공했다. 바로 이때 제우스가 자기 아들을 위해 개입해, 이다스를 벼락으로 내리쳐 죽였다.[12]

h. 그러나 멧세니아 사람들은 카스토르가 륑케우스를 죽였고, 이다스는 비탄에 젖어 싸움을 멈추고 륑케우스를 땅에 묻기 시작했다고 전한다. 카스토르는 륑케우스가 그런 대우를 받을 자격이 없다면서, 무례하게도 이다스가 지금 막 세운 묘비를 부숴 버렸다. 그는 조롱했다. "어떤 여자도 네 동생보다는 잘 싸울 것이다." 이다스는 뒤로 돌아 카스토르의 배에 칼을 꽂아 넣었다. 폴뤼데우케스는 곧장 이다스에게 복수했다.[13]

i. 다른 이들은 아피드나에서 벌어진 싸움에서 카스토르에게 치명상을 입힌 것은 륑케우스였다고 전한다. 또 다른 쪽은 카스토르가 이다스와 륑케우스 형제가 스파르테를 공격했을 때 죽임을 당했다고 한다. 이밖에 디

오스쿠로이 모두 그 싸움에서 살아남았지만, 카스토르는 나중에 멜레아그로스와 폴뤼네이케스한테 죽임을 당했다는 얘기도 전한다.[4]

j. 최소한 다음 대목은 대체로 설명이 일치한다. 폴뤼데우케스는 두 쌍둥이들 가운데 마지막으로 살아남았고, 륑케우스에 대한 자신의 승리를 기념하기 위해 스파르테의 경주로 옆에 기념비를 세운 다음 제우스에게 기도했다고 한다. "아버지, 제가 형제보다 더 오래 살지 않도록 해주세요." 하지만 레다의 아들들 가운데 하나만 죽을 운명이었고, 더구나 카스토르의 아버지 튄다레오스는 필사의 인간이었기에, 제우스의 아들인 폴뤼데우케스는 때가 되자 하늘로 올라갔다. 그는 카스토르와 함께 하지 않는다면 불멸의 존재가 되지 않겠다고 고집해, 제우스는 이들이 하늘과 테라프네의 땅 밑에서 교대로 지낼 수 있게 허락했다. 여기에 더해 제우스는 이 형제의 모습을 별들 사이에 쌍둥이자리[1]로 그려 넣었다.[5]

k. 튄다레오스는 디오스쿠로이가 신이 되자, 메넬라오스를 스파르테로 불러들여 왕국을 물려주었다. 아파레우스도 다른 상속자가 없어, 네스토르가 멧세니아 전역을 다스리는 왕좌에 올랐다. 다만 아스클레피오스의 아들들이 다스리는 부분은 따로 있었다.[6]

l. 스파르테에는 지금도 디오스쿠로이가 살았던 집이 남아 있다. 이는 나중에 포르미오라는 사람의 소유가 됐는데, 어느 날 밤 디오스쿠로이가 퀴레네에서 온 이방인인 척하면서 그곳을 찾았다. 이들은 집주인에게 잠자리를 청하면서 자기들이 예전에 지냈던 방에서 쉴 수 있게 해달라고 간청했

---

1) 쌍둥이자리Gemini 또는 Twins: 겨울철 하늘 한가운데에 보이는 별자리로 황도 12궁 가운데 세 번째 별자리이다. 가장 북쪽에 있으므로 태양이 이 별자리에 들면 하지가 된다. 겨울부터 봄에 걸쳐 천정 근처를 지난다. 형은 2등성인 카스토르이고, 아우는 1등성인 폴뤼데우케스이다. 동아시아에서는 이를 북하北河라고 불렀다.

다. 그러나 포르미오는 집 안의 어디든 다 내줄 수 있지만, 유감스럽게도 그들이 말하는 방은 지금 자기 딸이 있다고 했다. 다음 날 아침, 소녀는 자기 물건들과 함께 사라져 버렸다. 텅 빈 방 안에는 디오스쿠로이의 조각상과 벤자민 풀이 탁자 위에 놓여 있었다.[17]

m. 포세이돈은 카스토르와 폴뤼데우케스 형제를 배가 난파된 뱃사람들의 구원자가 되도록 하고, 이들에게 순풍을 불게 하는 힘을 주었다. 뱃머리에서 흰 새끼 양을 제물로 바친다면, 이들은 곧장 하늘을 날아 찾아왔고, 참새 떼도 이들을 따라 왔다.[18]

n. 디오스쿠로이는 스파르테 함대와 함께 아이고스포타모이에서 싸웠고, 승자들은 이들을 기려 델포이에 황금 별 두 개를 높이 걸었다. 그러나 이 별들은 격렬한 레욱트라 전투가 벌어지기 직전에 어디론가 사라져 버렸다.[19]

o. 제2차 멧세니아 전쟁 기간, 멧세니아 사람 두 명이 디오스쿠로이의 흉내를 내는 바람에 디오스쿠로이의 분노를 샀다. 일은 이렇게 벌어졌다. 스파르테 군대는 반인반신들을 기리는 잔치를 벌이고 있었는데, 쌍둥이 창잡이가 흰 튜닉에 자주색 외투, 달걀 모양의 투구를 하고 병영을 향해 전속력으로 말을 타고 달려왔다. 스파르테 병사들은 이들을 숭배하기 위해 바닥에 엎드렸고, 디오스쿠로이 흉내를 낸 두 멧세니아 젊은이 고닙포스와 파노르모스는 많은 스파르테 병사를 죽였다. '멧돼지 무덤'의 전투가 끝나고, 디오스쿠로이는 야생 배나무 위에 앉아 있다가, 승리한 멧세니아 군대의 대장 아리스토메네스의 방패를 몰래 가져가 버렸다. 이 때문에 그는 후퇴하는 스파르테 군대를 밀어붙이지 못했고, 스파르테 쪽은 많은 생명을 구했다. 또 아리스토메네스가 야음을 틈타 스파르테를 공격할 때 디오스쿠로이와 이들의 누이 헬레네의 환영이 나타나 물러나게 했다. 나중에 카스토

르와 폴뤼데우케스는 멧세니아 사람들을 용서했다. 에파메이논다스[2]가 멧세니아 도시를 새로 건설할 때 이들에게 제물을 바쳤기 때문이다.[20]

p. 이들은 스파르테 제전에서 주인 노릇을 했으며, 전쟁의 춤과 전쟁 같은 음악을 발명했기 때문에 고대의 전투를 노래하는 모든 음유시인들의 후원자이기도 했다. 스파르테에 있는 힐라에이라와 포이베의 성소에서는 여사제 두 명을 지금도 레우킵피데스라고 부른다. 그리고 레다의 두 쌍둥이가 태어난 알이 지붕에 매달려 있다.[21] 스파르테인들은 두 개 가로축으로 연결한 나무 기둥 두 개로 디오스쿠로이를 표현한다. 그들의 공동 왕은 언제나 전쟁터에 나갈 때 이런 나무 기둥을 가져갔다. 언젠가 처음으로 공동 왕 가운데 하나만 스파르테 병사를 이끌고 출전했는데, 그럴 때는 다른 기둥 하나를 스파르테에 남겨 두도록 하는 법령이 제정됐다. 디오스쿠로이를 본 사람들 얘기에 따르면, 폴뤼데우케스의 얼굴에 권투를 하면서 생긴 흉터를 빼면 둘은 똑같이 생겼다고 한다. 그들은 옷도 똑같이 입었다. 각자 꼭대기에 별을 장식한 달걀 모양 투구를 쓰고, 창을 하나씩 쥐고, 백마를 탔다. 어떤 이는 이들이 타는 말이 포세이돈의 선물이라고 한다. 다른 이들은 폴뤼데우케스의 텟살리아산産 군마가 헤르메스의 선물이라고 전한다.[22]

1] 파우사니아스: 『그리스 여행기』 4. 2. 2와 3. 1. 4; 아폴로도로스: 『비블리오테카』 1. 9. 5.
2] 『퀴프리아』, 파우사니아스 인용: 4. 2. 5; 파우사니아스: 3. 1. 4.
3] 아폴로도로스: 1. 9. 5; 파우사니아스: 같은 곳.
4] 파우사니아스: 같은 곳; 아폴로도로스: 3. 10. 5-7.

2) 에파메이논다스Epaminondas: 테바이의 장군이자 정치가(기원전 410?-362년). 보이오티아 연맹의 해체를 노린 스파르테의 요구를 거부했고, 이를 응징하려 침입한 스파르테의 대군을 물리쳤다. 이에 스파르테의 패권이 무너졌다. 이듬해 펠로폰네소스에 원정해, 아르카디아와 멧세니아를 독립시켰다. 이 나라는 기원전 600년 멧세니아 전쟁의 패배 이래 230여 년 동안 스파르테에 복속돼 있었다. 그리스 정치 질서에 큰 변화를 가져왔으나, 그가 전사한 뒤 20여 년 뒤 알렉산드로스 대왕이 테바이를 휩쓸어 버렸다.

5) 파뉘아시스, 아폴로도로스의 인용: 3. 10. 3; 파우사니아스: 3. 17. 4.

6) 파우사니아스: 3. 26. 3과 4. 2. 3; 아폴로도로스: 3. 10. 3.

7) 아폴로도로스: 3. 11. 2; 휘기누스: 『신화집』 80.

8) 아폴로도로스: 같은 곳과 3. 10. 3; 호메로스: 『오뒷세이아』 11. 300; 파우사니아스: 4. 2. 4; 휘기누스: 『신화집』 14; 팔라이파토스: 『믿을 수 없는 이야기』 10.

9) 휘기누스: 『신화집』 242; 아폴로도로스: 1. 7. 8; 플루타르코스: 『영웅전』 40; 호메로스의 『일리아스』 9. 557에 대한 고전 주석자와 에우스타티오스.

10) 플루타르코스: 같은 곳; 아폴로도로스: 같은 곳.

11) 아폴로도로스: 1. 7. 9.

12) 아폴로도로스: 1. 8. 2; 1. 9. 16과 3. 11. 2; 테오크리토스: 『전원시』 22. 137 ff.; 핀다로스: 「네메아 제전 송가」 10. 55 ff.

13) 휘기누스: 『신화집』 80.

14) 오비디우스: 『로마의 축제들』 5. 699 ff.; 휘기누스: 『시적 천문학』 2. 22; 테오크리토스: 같은 곳; 호메로스의 『오뒷세이아』 11. 300에 대한 고전 주석자.

15) 파우사니아스: 3. 14. 7; 아폴로도로스: 3. 11. 2; 핀다로스: 「네메아 제전 송가」 10. 55 ff.; 루키아노스: 『신들의 대화』 26; 휘기누스: 같은 곳.

16) 아폴로도로스: 같은 곳; 파우사니아스: 4. 3. 1.

17) 파우사니아스: 3. 16. 3.

18) 휘기누스: 『시적 천문학』 2. 22; 에우리피데스: 『헬레네』 1503; 「호메로스의 디오스쿠로이 찬가」 7 ff.

19) 키케로: 『예언에 관하여』 1. 34. 75와 2. 32. 68.

20) 파우사니아스: 4. 27. 1; 4. 16. 2와 5. 27. 3.

21) 핀다로스: 「네메아 제전 송가」 10. 49; 키케로: 『연설에 관하여』 2. 8. 86; 테오크리토스: 『전원시』 22. 215-220; 파우사니아스: 3. 16. 1-2.

22) 플루타르코스: 『형제애에 관하여』 1; 헤로도토스: 『역사』 5. 75; 루키아노스: 『신들의 대화』 26; 휘기누스: 『시적 천문학』 2. 22; 알렉산드리아의 헤파이스티온: 8. 포티오스의 인용: 409.

*

1. 신성한 왕은 그의 후계자보다 뛰어난 존재이기에 보통 그를 신의 자식이라 묘사한다. 그러다 보니 그의 어머니는 인간 남편을 통해 [신성한 왕의] 언젠가 죽을 쌍둥이를 함께 낳았다고 했다. 헤라클레스는 알크메네Alcmene를 통해 태어난 제우스의 아들이지만, 쌍둥이 이피클레스Iphicles는 그녀의 남편 암피트뤼온Amphitryon의 아들이다. 비슷한 이야기가 라코니아Laconia 지역의 디오스쿠로이에도 나온다. 이들과 경쟁하는 멧세니아 지역의 이다스와 륑케우스 형제도 마찬가지다. 쌍둥이 사이에 완벽한 조화가 있었다는 얘기는 왕위 계승이 새로운 단계로 진입했다는 것을 나타낸다. 이제

후계자는 고관이자 최고위급 신하로서(94. 1 참고) 명목상 신성한 왕보다 더 작은 권력을 누렸다. 이런 까닭에 폴뤼데우케스가 아니라, 카스토르가 전쟁을 이끌었다. 카스토르는 심지어 자신과 이피클레스를 동일시하면서 헤라클레스에게 무술을 가르치기도 했다. 이다스가 아니라, 륑케우스가 날카로운 시력을 받은 것도 이 때문이다. 이원 왕정 체제가 정착한 다음에 이르러서야, 후계자는 자기의 쌍둥이 형제처럼 불멸의 존재가 되거나 인간 이상의 지위를 가진다고 인정받았다.

2. 스파르테는 멧세니아와 자주 전쟁을 벌였으며, 고전기에는 강력한 군사력을 갖고 있었기에 델포이 신탁에도 강한 영향을 끼쳤다. 이에 그리스 전역에 그들의 쌍둥이 영웅이 다른 어떤 쌍둥이들보다 '아버지 제우스'의 커다란 은혜를 입고 있다는 식으로 말하도록 한 것이다. 더구나 스파르테 왕국은 정말로 다른 경쟁자들보다 오래 살아남았다. 만약 그렇지 않았다면, 쌍둥이 별자리는 카스토르와 폴뤼데우케스 형제 대신에 헤라클레스와 이피클레스, 또는 이다스와 륑케우스, 또는 아크리시오스와 프로이토스를 기념했을 것이다. 카스토르 형제한테만 백마를 탈 특권이 있는 것은 아니었다. 영웅의 잔치를 받을 만한 영웅이라면 누구나 말을 탈 수 있었다. 영웅의 잔치는 해질녘에 열렸는데, 영웅의 후손들이 모여 거세한 수소 한 마리를 모두 먹어 치웠다. 이런 관습이 레프레오스Lepreus(138. h 참고)와 헤라클레스(143. a 참고)의 폭식 이야기를 낳았다. 이번 신화에 나온 쌍둥이 두 쌍의 폭식 이야기도 마찬가지다.

3. 스파르테의 공동 왕은 레우킵피데스와 결혼함으로써 왕위에 올랐다. 이들은 아테나와 아르테미스의 여사제들이라고 하며, 달의 이름을 받았는데, 사실은 달의 여신의 대리인들이었다. 그래서 도기 그림에 종종 디오스쿠로이가 셀레네의 전차를 따르는 모습이 나오는 것이다. 신성한 왕은 '차

오르는 해의 정령'으로서 자연스럽게 봄과 여름의 달 여신 아르테미스와 짝을 짓고, 후계자는 '기우는 해의 정령'으로서 가을과 겨울의 달 여신이 되어 있는 아테나와 짝을 짓는다. 신화학자는 스파르테가 멧세니아와 벌인 전쟁에서 승리했으며, 스파르테 지도자들이 멧세니아의 주요 도시인 아레네의 여자 상속인들과 강제로 결혼해 그 주변 지역에 대한 권리를 주장했을 것이라는 의견을 내놓았다. 참고로 아레네에서는 암말 머리의 어머니 신을 숭배했다.

4. 마르펫사의 경우도 유사하다. 일단 멧세니아인들이 에우에노스Evenus 골짜기에서 암돼지 어머니를 숭배하는 아이톨리아족을 공격해, 여자 상속인인 마르펫사('잡아채는 이' 또는 '걸신 든 듯 먹는 이')를 납치해 간 것으로 보인다. 아폴론 신을 숭배하는 스파르테인들이 이를 가로막았다. 그들의 군사적 성공을 경계했기 때문이다. 이 분쟁은 당시 멧세니아를 지원하는 뮈케나이와도 얽혀 있는 문제였다. 이와 별도로, 에우에노스가 이다스와 벌인 전차 경주는 펠롭스-오이노마오스(109. j 참고)와 헤라클레스-퀴크노스(143. e-g 참고) 신화를 떠올리게 한다. 이 신화에는 왕에게 도전한 자들이 모두 머리가 잘린다. 이 모든 이야기를 낳은 도상圖像에는, 늙은 왕이 자신의 운명인 전차 충돌을 맞으러 나아가는 장면이 담겨 있었음이 틀림없다(71. 1 참고). 앞서 왕은 지난 7년 동안 매년 여신에게 대리인을 제물로 바쳤을 것이다(42. 2 참고). 그의 말들은 새로운 왕의 즉위를 위한 사전 준비에 제물로 바쳐졌다(29. 1과 81. 4 참고). 에우에노스가 물에 빠져 죽는 대목은 오해의 결과로 보인다. 실제는 이다스가 결혼을 앞두고 정화한 다음, 여왕의 전차에 의기양양하게 올라타는 장면이었을 것이다. 이러한 펠라스고이족의 결혼 의식은 이야기 속에서 헬레네스의 약탈혼 관습과 결합됐다. 치명적인 결과를 낳았던 소 떼 약탈은 실제 역사적 사건을 기록한 것일 수 있다. 아르카디아

에 대한 합동 원정이 끝나고, 멧세니아와 스파르테인들 사이에 전리품 분배를 놓고 실제로 충돌이 벌어졌을지 모른다(17. 1 참고).

5. 카스토르와 폴뤼데우케스가 포르미오의 집을 방문한 이야기는 어슬프게 꾸민 이야기로 보인다. 저자는 어리석은 스파르테인들이 국가적 영웅을 흉내 내는 사람에게 다시 한번 속았다고 말한다. [오늘날 리비아의 고대도시] 퀴레네는 디오스쿠로이를 숭배하는 지역으로, 벤자민 풀을 외국에 수출했다. 이는 아위의 일종으로, 맛과 향이 강해 조미료로서 값이 비쌌다. 두 퀴레네 상인은 분명하게 자신의 정체를 밝혔고, 집주인의 딸을 데려가면서 대가로 자기네 상품을 남겨 두었을 것이다. 그런데 집주인은 기적이 일어났다고 떠들었다.

6. 야생 배나무는 하얀 꽃 때문에 달의 여신에게 신성하다. 여기에 더해 뮈케나이의 헤라이온Heraeum에 있는 죽음의 여신인 헤라의 가장 오래된 조각상이 배나무로 만들어진 것도 작용했다. 플루타르코스(『그리스인에 관한 물음』 51)와 아일리아노스(『다양한 역사』 3. 39)는 아르고스와 티륀스에서는 특이하게도 과일인 배를 숭배한다고 언급했다. 그 때문에 펠로폰네소스 반도를 '배나무의'라는 뜻을 가진 아피아Apia라 불렀다(64. 4 참고). 역시 죽음의 여신인 아테나도 보이오티아에 있는 배의 성소에서 온케Oncë('배나무')라는 별명을 갖고 있었다. 디오스쿠로이는 앉을 장소로 이 나무를 선택했는데, 자신들이 진짜 영웅이라는 것을 보여 주기 위해서다. 더구나 배나무는 5월이 끝날 무렵에 열매를 맺으며(72. 2 참고), 이때는 태양이 쌍둥이 별자리에 들어간다. 그리고 이 무렵에 지중해 동부에서는 항해의 계절이 시작된다. 디오스쿠로이가 뱃사람들의 기도에 응답해 나타날 때 참새가 따라온다고 했는데, 이는 바다의 여신 아프로디테에 속하는 동물이다. 아이올로스의 아버지인 크수토스('참새')(43. 1 참고)는 디오스쿠로이의 선조이며, 아프로디테

를 숭배했다.

7. 「호메로스의 디오스쿠로이 찬가」(7 ff.)를 보면, 카스토르와 폴뤼데우케스의 뒤를 참새가 쫓아오는지, 아니면 고초를 겪고 있는 뱃사람들을 돕기 위해 '참새 같은 날개'로 쏜살같이 공중을 날아오는지 불분명하다. 그러나 에트루리아의 청동 거울에는 이들이 종종 날개를 달고 있는 모습으로 그려져 있다. 스파르테에서 그들을 상징한 도카나docana는 전당을 떠받치는 두 기둥을 의미한다. 각각 뱀이 휘감고 있는 두 암포라도 이들을 상징한다. 뱀 두 마리는 암포라 안에 들어 있는 음식을 먹기 위해 디오스쿠로이가 육화한 것이다.

8. 고르고포네는 재혼을 함으로써 아내가 순사하는 인도-유럽의 관습을 거부했다(69. 2; 74. a와 106. 1 참고).

벨레로폰테스

벨레로폰테스는 글라우코스의 아들이며, 시쉬포스의 손자이다. 그는 먼저 벨레로스라고 하는 사람을, 다음으로 보통 델리아데스라고 알려진 자기 형제를 죽였다는 의심을 받아 코린토스를 떠났다. 여기서 그의 별명 벨레로폰테스 또는 줄여서 벨레로폰이 나왔다.1) 그는 탄원자로 티륀스의 왕인 프로이토스에게 갔다. 그러나 (참으로 운이 없게) 누구는 스테네보이아라고 부르는 프로이토스의 아내 안테이아가 그를 보고 한눈에 반해 버렸다. 그가 그녀의 구애를 거부하자, 그녀는 그가 자기를 겁탈하려 했다고 비난했다. 이를 믿은 프로이토스는 격분했지만, 감히 탄원자를 직접 죽여 복수의 여신의 노여움을 살 수는 없었다. 그래서 봉인한 편지를 안테이아의 아버지이자 뤼키아의 왕인 이오바테스에게 가져다주라면서 그를 보냈다. 편지의 내용은 이러했다. "부디 이 편지를 가져간 이를 이 세상에서 없어지게 해주십시오. 그놈은 제 아내이자 당신의 딸을 겁탈하려 했습니다."

b. 이오바테스 역시 왕가의 손님에게 직접 위해를 가하기를 꺼려, 벨레로폰테스에게 자신을 위해 키마이라를 죽여 달라고 부탁했다. 키마이라는 사자의 머리와 염소의 몸통, 뱀의 꼬리를 가진 암컷 괴물로 불도 내뿜었

다. 왕은 말했다. "그 괴물은 에키드나의 딸이라오. 나의 적인 카리아의 왕이 집안의 애완동물로 갖고 있었어요." 벨레로폰테스는 일을 시작하기 전에 점쟁이 폴뤼이도스를 찾아갔고, 날개 달린 말 페가소스를 붙잡아 길들여 타고 가야 한다는 말을 들었다. 페가소스는 헬리콘 산의 무사 여신들이 사랑하는 말로, 여신들을 위해 달 모양의 발굽을 땅에 굴러 힙포크레네 우물을 만들기도 했다.[2]

c. 페가소스는 헬리콘 산에 없었다. 대신 벨레로폰테스는 그놈이 코린토스의 아크로폴리스에 있는 페이레네(이 또한 페가소스의 우물이다)에서 물 마시고 있는 것을 발견하고, 아테나가 때맞춰 선물로 건네준 황금 굴레를 그놈의 머리에 던졌다. 그런데 어떤 이는 아테나가 직접 페가소스에 굴레를 씌워 그에게 주었다고 한다. 다른 이들은 벨레로폰테스의 진짜 아버지인 포세이돈이 주었다고 전한다. 사정이 어떠하든 벨레로폰테스는 결국 키마이라를 무찔렀다. 페가소스의 등에 올라타 그 위를 날아다니면서 화살로 괴물을 고슴도치를 만들었으며, 그다음에 납덩어리를 창끝에 매달아 키마이라의 턱 사이로 밀어 넣었다. 키마이라의 입에서 뿜어져 나오는 불로 납이 녹았고, 뜨거운 납 물이 목구멍 안으로 흘러 들어가 뱃속을 태웠다.[3]

d. 이오바테스는 벨레로폰테스가 대담한 위업을 이룩했음에도 보상은커녕, 호전적인 솔뤼모이족과 그의 동맹인 아마조네스와 싸우도록 곧장 그를 내보냈다. 벨레로폰테스는 그들 위로 화살이 닿지 않을 만큼 높이 날아올라 머리 위로 커다란 바위를 떨어뜨려 항복을 받아 냈다. 다음으로, 크산토스의 뤼키아 평원에서 카리아의 해적 떼를 두들겨 내쫓았다. 해적은 케이마루스라고 하는 성급하면서 허풍 떠는 싸움꾼이 이끌었는데, 그놈들은 이물에 사자를, 고물에 뱀 조각을 장식한 배를 타고 다녔다. 이오바테스는 이번에도 고마움조차 표시하지 않았다. 오히려 근위대를 보내 그가 돌아오는

길에 매복해 습격하게 했다. 이에 벨레로폰테스는 말에서 내려 앞으로 걸어 나아가는 동안 뒤로 크산토스 평원이 물에 잠기게 해달라고 포세이돈에게 기도했다. 포세이돈은 그의 기도를 들어 주었고, 거대한 물결을 보내 벨레로폰테스가 이오바테스의 궁전으로 걸어가는 것에 맞춰 천천히 앞으로 나아가게 했다. 남정네 가운데 누구도 그에게 뒤로 물러나라고 할 수 없었기에, 크산토스 여인들은 자기 치마를 허리까지 끌어올리고, 온 힘을 다해 그에게 달려갔다. 화를 풀기만 한다면 스스로 자신들을 모두 그에게 바치겠다고 했다. 벨레로폰테스는 삼가는 마음이 커져, 곧장 뒤로 물러났다. 물결도 그와 함께 물러났다.

e. 이오바테스는 이제야 프로이토스가 안테이아와 관련해 무슨 오해를 하고 있는 것이라 확신하고, 편지로 당시 벌어진 일을 정확히 설명해 달라고 요구했다. 진실을 알게 되자, 그는 곧장 벨레로폰테스에게 용서를 빌고 자기 딸 필로노에를 아내로 주었다. 뤼키아의 왕좌도 물려주었다. 그는 또 크산토스 여인들의 지략을 칭찬하면서, 앞으로 모든 크산토스인들이 아버지가 아니라 어머니 쪽으로 혈통을 따져야 한다고 명했다.

f. 벨레로폰테스는 그의 운이 최고조에 이르러, 자신이 불멸의 존재라도 되는 양 주제넘게도 올림포스까지 날아오르려 했다. 제우스는 등에를 보내 페가소스의 꼬리 밑을 쏘게 했다. 페가소스는 뒷다리로 곧추섰고, 벨레로폰테스는 땅으로 내동댕이쳐졌다. 페가소스는 올림포스까지 무사히 날아올랐고, 제우스는 이제 페가소스를 벼락을 나르는 짐승들 가운데 하나로 이용한다. 벨레로폰테스는 가시나무 덤불에 떨어졌다. 그는 눈이 멀고 다리를 절뚝거리고, 홀로 비난을 받으며 사람들이 다니는 길을 피하면서, 지상을 떠돌아다녔다. 죽음이 그를 따라잡을 때까지.[4]

1] 아폴로도로스: 『비블리오테카』 1. 9. 3; 호메로스: 『일리아스』 6. 155.

2] 호메로스: 『일리아스』 6. 160; 같은 곳에 대한 에우스타티오스; 아폴로도로스: 2. 3. 1; 안토니노스 리베랄리스: 『변신』 9; 호메로스: 『일리아스』 16. 328 ff.

3] 헤시오도스: 『신들의 계보』 319 ff.; 아폴로도로스: 2. 3. 2; 핀다로스: 「올림피아 제전 송가」 13. 63 ff.; 파우사니아스: 『그리스 여행기』 2. 4. 1; 휘기누스: 『신화집』 157; 호메로스의 『일리아스』 6. 155에 대한 고전 주석자; 체체스: 『뤼코프론에 관하여』 17.

4] 핀다로스: 「올림피아 제전 송가」 13. 87-90; 「이스트미아 제전 송가」 7. 44; 아폴로도로스: 같은 곳; 플루타르코스: 『여인의 미덕에 관하여』 9; 호메로스: 『일리아스』 6. 155-203과 16. 328; 오비디우스: 『변신 이야기』 9. 646; 체체스: 『뤼코프론에 관하여』 838.

*

1. 안테이아가 벨레로폰테스Bellerophon를 유혹하려 시도한 이야기는 그리스 신화에 비슷하게 여러 차례 나온다(70. 2 참고). 팔레스타인 쪽에도, 요셉과 보디발Potiphar의 아내 이야기가 있다. 이집트 쪽도 「두 형제 이야기」에 이런 이야기가 나온다. 신화의 유래는 불분명하다.

2. 에키드나의 딸 키마이라는 위대한 여신의 세 계절로 나뉘는 '신성한 해Sacred Year'를 상징한다. 사자는 봄, 염소는 여름, 뱀은 겨울을 각각 나타낸다. 카르케미시Carchemish의 힛타이트 건물에도 키마이라의 그림이 남아 있다. 뮈케나이 부근 덴드라에서 발굴된 부서진 유리판에는, 어떤 영웅이 사자와 맞붙어 싸우는 장면이 그려져 있는데, 그 뒤로는 염소 머리 같아 보이는 것이 그려져 있다. 꼬리는 길고 뱀처럼 구불구불하다. 이 유리판의 제작 시점은 여신이 아직 최고 지위에 있던 때로 거슬러 올라간다. 이 때문에 유리판 도상圖像은 왕이 한 해의 여러 계절을 상징하는 짐승으로 가장한 사람들에 맞서 대관식에서 전투를 벌이고 있는 것으로 해석해야 한다(81. 2와 123. 1 참고). [이탈리아 중부] 타르퀴니아Tarquinia에서 발굴된 에트루리아의 프레스코 벽화도, 영웅이 벨레로폰테스처럼 무엇을 타고 있지만, 유리판 도상과 아주 흡사하다. 아카이아족의 종교혁명을 통해 여신 헤라의 지위가 제

우스의 아래에 내려간 다음, 도상은 이제 동시에 두 가지 의미를 띠게 됐다. 헬레네스 침략자들이 고대 카리아의 역법을 탄압한 일에 대한 기록으로 해석할 수도 있게 된 것이다.

3. 벨레로폰테스가 아테나가 준 굴레로 페가소스를 길들였다는 대목은, 신성한 왕의 후보자가 세 무사이('산의 여신') 또는 그의 대리인에게서 야생마를 포획하라는 과업을 받았다는 것을 암시한다. 페가소스는 달 여신의 말로 비를 뿌리게 하는 의식에 사용했다. 헤라클레스도 나중에 엘리스를 손아귀에 넣을 때 아리온('높이 있는 달의 피조물')을 탔다(138. g 참고). 덴마크와 아일랜드의 원시시대 관습을 바탕으로 짐작건대, 왕은 암말 머리를 한 산의 여신에게서 상징적으로 다시 태어난 다음 이 말의 고기를 성찬으로 먹었다. 그러나 신화의 이 부분도 똑같이 두 가지 의미를 띠고 있다. 헬레네스 침략자들이 코린토스와 헬리콘 산의 아스크라Ascra에 있는 산의 여신의 전당을 장악한 일에 대한 기록으로도 해석할 수 있다. 비슷한 사건이 포세이돈이 암말 머리를 한 아르카디아의 데메테르를 겁탈한 일에 기록돼 있다(16. f 참고). 이를 통해 포세이돈은 똑같이 달 여신의 말인 아리온을 자식으로 얻었다. 포세이돈은 메두사를 통해 페가소스도 자식으로 얻었다(73. h 참고). 포세이돈이 벨레로폰테스의 이야기에 불쑥 끼어드는 것은 이런 사정 때문이다. 제우스가 벨레로폰테스를 손본 대목은 올림포스 신들에 감히 반항하지 못하게 하려는 도덕적 일화이다. 화살을 들고 하늘을 나는 벨레로폰테스는 그의 할아버지 시쉬포스, 또는 테수프Tesup와 똑같은 캐릭터이다 (67. 1 참고). 이들은 태양의 영웅으로, 그에 대한 경배는 태양의 제우스에 대한 경배로 대체됐다. 따라서 그는 비슷하게 불행한 종말을 맞이했으며, 헬리오스의 아들 파에톤Phaëthon의 종말도 떠올리게 한다(42. 2 참고).

4. 벨레로폰테스의 적으로 등장하는 솔뤼모이족Solymi은 '살마Salma의 자

식들'이었다. 샴salm이라는 음절로 시작하는 모든 도시와 곳은 동쪽에 자리 잡고 있어, 살마는 아마 춘분의 여신이었을 것이다. 그러나 살마는 금방 태양신 솔뤼마Solyma 또는 셀린Selin, 솔로몬Solomon 또는 압-살롬Ab-Salom으로 남성화됐다. 압-살롬에서 예루살렘Jerusalem이라는 이름이 나왔다. 아마조네스는 달 여신을 섬기는 전투 여사제들이었다(100. 1 참고).

5. 벨레로폰테스가 크산토스 여인들한테서 물러나는 이야기는, 힙포마네스hippomanes로 광기에 빠진 '사나운 여인들Wild Women'이 등장하는 도상에서 유추한 것일 수 있다. 힙포마네스는 어떤 풀, 또는 발정 난 암말의 끈적이는 질 조직, 또는 갓 태어난 망아지의 이마에서 잘라 낸 검은 막이다. 이 도상에서 여인들은 신성한 왕의 통치 기간이 끝나자 바닷가에서 그를 포위하고 있다. 여인들은 이집트의 아피스Apis에 대한 관능적 숭배에서 그랬듯이 치마를 끌어올리고 있다(디오도로스 시켈로스: 1. 85). 신성한 왕을 해체할 때 뿜어져 나오는 피가 자궁을 자극한다고 믿었기 때문이다. 크산토스('노란')는 아킬레우스의 말, 헥토르의 말, 포세이돈이 펠레우스에게 준 말의 이름이기도 하다. 이런 까닭에 크산토스 여인들은 아마도 의례용 말 가면을 썼으며, 가면에는 달의 노란색을 띤 갈기가 붙어 있었을 것이다. [미국산 말인] 팔로미노palomino도 이런 갈기를 갖고 있다. 사나운 암말이 벨레로폰테스의 아버지 글라우코스를 코린토스의 바닷가에서 먹어 치웠던 일을 떠올리면 된다(71. 1 참고). 신화는 이렇게 다듬어져 있지만, 여전히 원시적인 요소가 남아 있다. 자기네 씨족의 여인들이 벌거벗고 다가오면, 족장은 이들과의 성교가 금지돼 있어 어쩔 수 없이 얼굴을 가리고 물러나야 했다. 아일랜드 전설에서도 쿠훌린의 분노를 제지할 길이 없어 이와 똑같은 방책을 그에게 사용했다. 크산토스 사람들이 모계 혈통을 따졌다고 한 대목은 앞뒤가 바뀌어 있다. 실제는 정반대로 헬레네스가 모든 카리아 사람들에게

부계 혈통을 따지도록 강요했고, 보수적인 크산토스 사람들만 그렇게 하지 않았다.

6. 케이마루스의 이름은 키마로스chimaros 또는 키마이라chimaera('염소')에서 유래했다. 그가 성급한 성격을 가졌고, 자기 배의 머리와 꼬리에 사자와 뱀 모양을 붙이고 다녔다고 하는 대목은, 에우헤메로스 학설[1] 신봉자가 키마이라의 불길 내뿜기를 어떻게든 설명해 보려고 벨레로폰테스 이야기에 집어넣은 것이다. 키마이라 산('염소 산')은 뤼키아의 파셀리스 부근 활화산의 이름이기도 하다(플리니우스: 『자연 탐구』 2. 106과 5. 27). 여기서 불길 내뿜기가 나왔다.

---

1) 에우헤메로스 학설은 신화의 신들은 뛰어난 인간을 신격화한 것이라 주장한다.

76
안티오페

　어떤 이는 제우스가 테바이 뉙테우스의 딸 안티오페를 유혹했으며 이에 그녀는 시퀴온의 왕에게 달아났다고 전한다. 왕은 그녀와 결혼했지만, 전쟁이 벌어져 뉙테우스가 죽었다고 덧붙인다. 안티오페의 삼촌 뤼코스는 곧장 피비린내 나는 전투를 벌여 시퀴온인들을 무찌르고, 남편을 잃은 안티오페를 테바이로 다시 데려왔다. 그녀는 길가 잡목 숲에서 쌍둥이 암피온과 제토스를 낳았고, 뤼코스는 즉시 이들을 키타이론 산에 내버렸다. 그 뒤 안티오페는 아주머니 디르케한테서 여러 해 동안 학대를 받았다. 그녀는 마침내 그동안 갇혀 있던 감옥에서 탈출하는 데 성공해 암피온과 제토스가 살고 있는 오두막으로 달아났다. 이 쌍둥이는 지나가던 소몰이꾼이 구해줘 거기 살고 있던 것이다. 그러나 이들은 안티오페를 도망 노예로 착각해 그녀에게 숨겨 주지 않았다. 디르케는 '박코스 신의 광란'에 사로잡혀 급히 쫓아왔고, 안티오페를 움켜잡아 끌고 갔다.

　"얘들아, 복수의 여신들이 무섭지 않느냐?" 소몰이꾼이 소리쳤다.

　"복수의 여신이라니, 무슨 말씀인가요?" 쌍둥이가 물었다.

　"너희가 지금 네 어머니를 지키지 않았기 때문이다. 너희 어머니는 끌려가 잔인한 아주머니의 손에 죽임을 당할 것이다."

쌍둥이는 즉시 뒤따라가 안티오페를 구출하고, 디르케의 머리카락을 사나운 황소의 뿔에 간단하게 묶어 버렸다.[1]

b. 다른 이들은 강의 신 아소포스가 안티오페의 아버지라고 전한다. 어느 날 밤 시퀴온의 왕이 안티오페의 남편인 뤼코스로 가장하고 그녀를 유혹했다. 그 결과 뤼코스는 안티오페와 이혼하고 디르케와 결혼했다. 이에 제우스는 자유롭게 외로운 안티오페에게 구애할 수 있었고, 아이를 가지게 됐다. 디르케는 이를 뤼코스가 벌인 일이라 의심해, 안티오페를 어두운 지하 감옥에 가두었다. 하지만 제우스가 때마침 구출해 그녀는 키타이론 산에서 암피온과 제토스를 낳을 수 있었다. 쌍둥이는 소몰이꾼들 사이에서 자랐고, 안티오페는 이들에게서 피난처를 얻었다. 자기 어머니가 얼마나 가혹한 학대를 받았는지 이해할 수 있을 만큼 쌍둥이가 충분히 자라자, 안티오페는 자식들에게 원수를 갚아 달라고 했다. 쌍둥이는 박코스 신의 흥분에 빠져 키타이론 산의 비탈을 돌아다니는 디르케를 만났고, 그녀의 머리카락을 사나운 황소의 뿔에 묶었다. 그녀가 죽자 주검을 바닥에 내동댕이쳤다. 거기에서 샘물이 솟아났고, 나중에 이를 '디르케의 샘물'이라 불렀다. 그러나 디오뉘소스는 자기 숭배자를 살해한 것에 복수했다. 안티오페가 미쳐서 그리스 전역을 돌아다니게 만든 것이다. 안티오페의 고통은 시쉬포스의 손자 포코스가 포키스에서 그녀를 치료하고 결혼하면서 끝이 났다.

c. 암피온과 제토스는 테바이를 찾아가 라이오스 왕을 쫓아내고 카드모스가 지어 놓은 위쪽 도시 밑에 도시를 지었다. 제토스는 암피온이 헤르메스가 준 뤼라에 푹 빠져 있자 종종 이를 놀렸다. 제토스는 말하곤 했다. "뤼라만큼 쓸데없는 게 있을까 싶다." 그러나 그들이 석공 일을 할 때, 암피온의 돌은 그의 뤼라 소리에 맞춰 움직였고 부드럽게 제자리로 미끄러져 들

어갔다. 반면 제토스는 일손을 모두 활용했지만 암피온에 견줘 저만큼 뒤처졌다. 쌍둥이는 공동으로 테바이를 다스렸다. 제토스는 테베와 결혼했으며, 예전에는 카드메이아라 했던 도시를 그녀의 이름을 따라 테바이로 부르게 됐다. 암피온은 니오베와 결혼했다. 그러나 그녀의 자식들은 둘만 빼고 모두 아폴론과 아르테미스의 화살에 맞아 죽었다. 니오베가 두 신들의 어머니 레토를 모욕했기 때문이다. 암피온은 델포이 사제에게 복수를 하려다가 아폴론에게 죽임을 당했고, 타르타로스에서 벌까지 받았다.[2] 암피온과 제토스는 테바이에서 한 무덤에 같이 묻혔다. 태양이 황소자리에 있을 때는 이 무덤을 주의 깊게 지켰는데, 포키스의 티토레아 사람들이 이 무덤의 흙을 훔쳐다 포코스와 안티오페의 무덤 위에 뿌리려 했기 때문이다. 어느 신탁에, 이렇게 하면 테바이의 수확이 줄고 그만큼 포키스 쪽이 늘어날 것이라 했기 때문이다.[3]

1] 휘기누스: 『신화집』 8; 아폴로도로스: 『비블리오테카』 3. 5. 5; 파우사니아스: 『그리스 여행기』 2. 6. 2; 에우리피데스: 『안티오페』 글조각; 아폴로니오스 로디오스: 『아르고 호 이야기』 4. 1090, 고전 주석자와 함께.
2] 호메로스: 『오뒷세이아』 11. 260; 휘기누스: 『신화집』 7; 파우사니아스: 6. 20. 8; 9. 5. 3과 17. 4; 호라티우스: 『서간시』 1. 18. 41; 아폴로니오스 로디오스: 1. 735-741.
3] 파우사니아스: 9. 17. 3.

＊

1. 디르케Dirce신화의 두 가지 판본은, 신화학자들이 문학적 전통의 주요 요소를 바탕으로 얼마나 자유롭게 이야기를 풀어 갔는지 보여 준다. 이번 경우 전통이라 함은 일련의 도상圖像에서 추론한 것으로 보인다. 안티오페 Antiope는 기쁜 얼굴로 지하 감옥에서 나왔고, 얼굴을 찡그린 디르케가 이를 뒤쫓았다. 이런 모습은 코레가 헤카테와 함께 매년 다시 나타나는 것을 떠

올리게 한다(24. k 참고). 이 맥락에서 도상 속 여인은 안티오페('마주하는')라 불린다. 얼굴을 지하 세계 쪽으로 숙인 게 아니라 하늘 쪽으로 치켜들었기 때문이다. 이 여인은 '밤의 딸', 즉 뉙테우스Nycteus가 아니라 뉙테이스Nycteis 라고도 불리는데, 어둠에서 나오기 때문이다. 디르케와 안티오페가 "미쳐서 산야를 돌아다녔다"고 한 대목은, 이를 박코스 신의 주신제로 오해한 결과이다. 이 대목은 관능적인 등에 춤을 추고 있는 모습임이 분명했다. 흥분한 달의 어린 암소처럼 행동했기 때문이다(56. 1 참고). 디르케의 이름('두 개의')은 뿔 모양의 초승달을 의미한다. 이 신화의 기원이 된 도상에서 그녀는 벌을 받아 황소에 묶인 것이 아니라 종교의식에서 황소 왕과 결혼식을 올리고 있었을 터이다(88. 7 참고). 디르케에는 이른바 '갈라진 틈', 즉 '관능적 상태의'라는 2차적 의미도 있을지 모른다. 디르케의 샘물은 힙포크레네 우물과 마찬가지로 달 모양이었을 것이다. 달의 여신은 왕의 쌍둥이를 여럿 낳았고, 안티오페의 아들들도 이들 가운데 하나이다. 물론, 쌍둥이의 하나는 신성한 왕이고, 다른 하나는 그의 후계자이다.

2. 암피온은 뤼라를 연주해 '하ㅑ 테바이'의 성벽을 쌓았다고 하는데, 그 뤼라는 헤르메스가 준 것이기에 줄이 세 개뿐이었을 것이다. 이 뤼라는 공중과 지상, 지하 세계를 다스리는 '세 모습 여신'을 기리기 위해 만들었다. 도시의 기초와 대문, 탑을 건설할 동안 이를 안전하게 지켜 달라고 뤼라를 연주했을 것이다. '암피온'('두 땅의 원주민')의 이름은 그가 동시에 시퀴온과 테바이의 시민이었음을 알려 준다.

니오베

니오베는 펠롭스의 누이로 테바이의 왕 암피온과 결혼해, 일곱 아들과 일곱 딸을 두었다. 니오베는 지나치게 자식들을 자랑스러워하다가, 어느 날 레토 여신은 자식이 아폴론과 아르테미스 둘밖에 없다고 깔보는 말을 했다. 테이레시아스의 예언하는 딸 만테는 이런 경솔한 말을 우연히 듣고, 테바이의 여인들에게 즉시 레토와 그녀의 두 자식을 달래야 한다고 충고했다. 유향을 태우고, 월계수 화관을 머리에 써야 한다고 했다. 유향의 향내가 공기 중으로 번져 갈 때, 니오베가 시종 무리를 이끌고 나타났다. 훌륭한 프뤼기아 예복에, 아름다운 머리칼은 길게 늘어뜨린 모습이었다. 그녀는 희생 제의를 중단시키고, 화를 내면서 왜 자기보다 레토를 더 사랑하느냐고 물었다. 레토는 부모도 불분명하고 남자 같은 딸과 여자 같은 아들을 두었지만, 자기는 제우스와 아틀라스의 손녀이며, 프뤼기아인들의 두려움의 대상이고, 카드모스 왕가의 안주인이라고 말했다. 운명이나 불운이 자식 두셋은 데려갈 수 있지만, 그래도 자기 자식이 더 많지 않느냐고도 했다.

b. 겁에 질린 테바이 여인들은 희생 제의를 포기하고, 웅얼거리는 기도로 레토 여신을 달래려 노력했다. 그러나 때가 너무 늦었다. 레토는 이미 활

로 무장한 아폴론과 아르테미스를 보내 오만한 니오베를 벌하게 한 것이다. 아폴론은 키타이론 산에서 사냥을 하던 니오베의 아들들을 찾아내 하나씩 활을 쏴 죽였다. 아뮈클라스 하나만은 남겨 두었다. 이 아이는 그전에 지혜롭게도 레토 여신을 달래는 기도를 올렸기 때문이다. 아르테미스는 궁전에서 실을 잣던 딸들을 발견해, 화살통 하나 가득한 화살로 모두 해치웠다. 이번에도 멜리보이아 하나를 남겼는데, 이 아이도 아뮈클라스처럼 했기 때문이다. 이렇게 살아남은 두 아이는 서둘러 레토에게 신전을 지어 바쳤고, 멜리보이아는 너무나 겁에 질려 창백해지는 바람에 클로리스라는 별명을 얻었다. 몇 년 뒤 넬레우스와 결혼할 때도 별명이 따라다녔다. 그러나 어떤 이는 니오베의 자식들은 모두 죽임을 당했고, 남편 암피온도 역시 아폴론의 화살을 피하지 못했다고 전한다.

c. 아홉 낮과 아홉 밤 동안 니오베는 비탄에 잠겨 있었다. 그런데 죽은 자식들을 묻어 줄 사람을 찾을 수 없었다. 제우스가 레토의 편을 들어 테바이인들을 모두 돌로 바꿔 버렸기 때문이다. 열흘째 되는 날, 올륌포스 신들이 황송하게도 직접 나서 장례식을 치렀다. 니오베는 바다 건너 자기 아버지 탄탈로스의 집인 시퓔로스 산으로 달아났다. 제우스는 동정심에 마음이 움직여 그녀를 조각상으로 만들었다. 지금도 초여름이면 조각상은 눈물을 쏟는다.[1]

d. 세상 사람들 모두 암피온의 대가 끊어진 것을 애도하면서 슬퍼했다. 그러나 누구도 니오베를 위해 슬퍼하지 않았다. 오직 한 사람, 그녀와 똑같이 오만한 남매 펠롭스만 빼고.[2]

1] 휘기누스: 『신화집』 9와 10; 아폴로도로스: 『비블리오테카』 3. 5. 6; 호메로스: 『일리아스』 24. 612 ff.; 오비디우스: 『변신 이야기』 6. 146-312; 파우사니아스: 『그리스 여행기』 5. 16. 3; 8. 2. 5와 1. 21. 5; 소포클레스: 『엘렉트라』 150-152.
2] 오비디우스: 『변신 이야기』 6. 401-404.

1. 니오베의 자식을 호메로스는 열둘, (여러 고전 주석자들의 기록을 보면) 헤시오도스는 스물, 헤로도토스는 넷, 삽포는 열여덟이라고 했다. 그러나 에우리피데스와 아폴로도로스가 따랐던 설명이 제일 나아 보이는데, 니오베는 일곱 아들과 일곱 딸을 두었다고 한다. 이 신화의 테바이 판본에서 니오베는 티탄 신족 아틀라스의 손녀이고, 아르고스 판본에선 포로네우스와 펠라스고스의 딸 또는 어머니로 나온다(57. a 참고). 이 판본에서 포로네우스도 티탄 신족으로 묘사된다(아폴로도로스: 2. 1. 1과 에우리피데스의 『오레스테스』 932의 고전 주석자). 여기에 니오베는 제우스가 처음으로 범한 인간 여인이라고 할 수도 있다(디오도로스 시켈로스: 4. 9. 14; 아폴로도로스: 같은 곳; 파우사니아스: 2. 22. 6). 이런 상황을 종합하면, 이번 신화는 일곱 티탄 남신과 일곱 티탄 여신이 올림포스 신들에게 패배한 것과 관련이 된 것 같다. 만약 그렇다면, 이 신화는 펠라스고이족의 그리스, 팔레스타인, 시리아, 북서 유럽에 널리 퍼져 있던 역법 체계에 대한 탄압을 기록한 것이다. 이들의 역법은 한 달을 4주로 나누고, 한 주는 7일로 하는 것에 바탕을 두고 있다. 한 주의 7일을 하늘의 일곱 천체가 하나씩 맡아 다스린다고 했다(1. 3과 43. 4 참고). 이번 신화에 대한 호메로스 판본(『일리아스』 24. 603-617)에 나온 암피온과 그의 열두 자식은 아마도 이런 역법의 열세 달을 상징할 것이다. 시퓔로스 산은 소아시아에 마지막으로 남은 티탄 신족 숭배의 중심지였을 것이다. 그리스에서는 테바이가 그랬다. 니오베의 조각상이라 한 것은 사람 모습에 가까운 울퉁불퉁한 큰 바위이다. 태양의 화살이 겨울 동안 꼭대기에 쌓였던 눈에 쏟아지면 녹은 물이 흘러내려 우는 것처럼 보였을 것이다. 이 산에는 기원전 15세기 후반에 새겨진 것으로 추정되는 힛타이트의 여신 어머니 조각이 있어서 더욱 그렇게 보였다. '니오베Niobe'는 아마도 '눈에 덮인'을

의미할 것이다. b는 라틴어 니비스nivis에서 v와, 또는 그리스어 니파nipha에서 ph와 연결된다. 휘기누스는 니오베의 딸들 가운데 하나를 키아데Chiade라고 불렀다. 그리스 말로는 의미가 통하지 않는 단어인데, '눈송이'를 뜻하는 키오노스 니파데스chionos niphades가 세월 속에서 변형된 것이라면 말이 된다.

2. 파르테니오스(『에로티카』33)는 니오베의 벌에 대해 다른 이야기를 전한다. 레토의 계략으로, 니오베의 아버지가 그녀와 근친상간의 사랑에 빠졌고, 니오베가 이를 물리치자 그녀의 자식들을 불에 태워 죽였다는 것이다. 니오베의 남편은 멧돼지에 치여 죽었고, 그녀는 스스로 바위에서 뛰어내렸다. 에우리피데스의 『포이니케 여인들』(159)에 대해 고전 주석자도 이런 동일한 이야기를 하지만, 이는 키뉘라스, 스뮈르나, 아도니스(18. h 참고)의 신화에서 영향을 받은 것이다. 몰록 신에게 어린 아이를 불태워 바치는 관습도 작용했다(70. 5와 156. 2 참고).

78
카이니스 또는 카이네우스

포세이돈은 언젠가 님프 카이니스와 동침한 적이 있다. 그녀는 마그네시아의 엘라토스의 딸인데, 라피타이족의 코로노스의 여식이라는 말도 있다. 포세이돈은 그녀에게 사랑의 선물로 무엇을 원하는지 말해 보라 했다.

"저를 바꿔 주세요." 그녀는 말했다. "천하무적의 투사로 바꿔 주세요. 여자라는 데 지쳤어요."

포세이돈은 선선히 그녀의 성별을 바꿔 주었고, 이에 따라 그녀는 카이네우스가 됐다. 그리고 전쟁에서 뛰어난 전과를 거두었기에, 라피타이족은 금방 그녀를 왕으로 뽑았다. 그녀는 심지어 아내를 얻어 아들 코로노스까지 얻었는데, 세월이 흘러 헤라클레스는 도리에이스족의 아이기미오스를 위해 싸우는 와중에 그를 죽이게 된다. 자기 처지가 너무나 만족스러워, 카이네우스는 장터 한가운데에 창을 세워 놓고, 사람들에게 신에게 하듯이 제물을 바치게 했다. 또 다른 신은 누구든 섬기지 못하게 했다.

b. 제우스는 카이네우스의 오만함에 대해 듣고 켄타우로스를 부추겨 행동에 나서게 했다. 페이리토오스의 결혼식에서 이들은 그녀를 기습했지만, 그녀는 작은 상처도 입지 않고 켄타우로스 다섯 또는 여섯을 쉽게 죽였다.

이들의 무기는 마법의 보호를 받는 그녀의 피부에서 맥없이 튕겨 나올 뿐이었다. 하지만 남아 있는 켄타우로스는 전나무 등치로 그녀의 머리를 계속 두드려 땅속으로 박아 넣었고, 그 위에 통나무를 한껏 쌓아 올렸다. 이렇게 해서 카이네우스는 숨이 막혀 죽고 말았다. 머지않아 모래 빛깔의 날개를 단 새가 날아 나왔는데, 마침 그 자리에 있던 예언자 몹소스는 이를 그녀의 영혼이라고 했다. 카이네우스를 매장할 때, 주검은 다시 여인의 것이었다.[1]

1] 아폴로도로스: 『비블리오테카』 1. 9. 16; 2. 7. 7과 『요약집』 1. 22; 아폴로니오스 로디오스: 『아르고 호 이야기』 1. 57-64, 고전 주석자와 함께; 휘기누스: 『신화집』 14; 『옥쉬륑코스 파뷔로스』 13. 133 ff.; 베르길리우스의 『아이네이스』 6. 448에 대한 세르비오스; 오비디우스: 『변신 이야기』 12. 458-531; 호메로스의 『일리아스』 1. 264에 대한 고전 주석자.

*

1. 이번 신화 안에는 완전히 별개인 세 가닥이 들어 있다. ① 먼저 소녀들이 군대에 들어가 남자 옷을 입고 싸우는 관습이다. 지금도 알바니아에는 그런 관습이 남아 있다. 이들이 전투에서 죽으면, 적들은 그들의 성별을 확인하고 놀랄 수밖에 없다. ② 둘째, 라피타이족이 헬레네스를 지배자로 인정하지 않았다는 점이다. 숭배하라고 세웠다는 창은 초승달의 여신 카이니스Caenis 또는 엘라테Elate('전나무')를 기리기 위한 오월제의 기둥이었을 것 같다. 이 여신에게 전나무는 신성하다. 라피타이족은 당시 이올코스의 아이올리스족에게 패배했다. 아이올리스족은 동맹 부족인 켄타우로스족의 도움을 받았고, 승리한 뒤 이들에게 자신들의 신 포세이돈을 섬기게 했다. 다만, 부족의 율법에는 관여하지 않았다. 아르고스에서 그랬듯이, 씨족의 여자 추장은 재판관과 지휘관의 지위를 확실히 하기 위해 어쩔 수 없이 인

공 수염을 붙였을 것이다. 이렇게 해서 카이니스Caenis는 카이네우스Caeneus
가 됐고, 엘라테는 엘라토스가 됐다. 잠베지Zambesi 분지에 있는 로지Lozi 왕
국에서 공동 통치자인 '남방 여왕'은 지금도 이와 비슷한 성별 전환을 선언
한다. 여왕은 회의실로 들어가면서 "나는 남자로 바뀌었다!"고 하는 것이
다. 그런데 이 경우는 그녀의 여자 조상 가운데 하나가 가부장제로 이어지
던 왕좌를 빼앗은 적이 있었기 때문이다. ③ 셋째, 흑색상 올리브유 항아리
(9. 1 참고)에 기록된 종교 의식이다. 여기에는 벌거벗은 남자들이 나무망치
로 무장을 하고 '어머니 대지' 인형의 머리를 때리고 있다. 아무래도 코
레, 즉 '새해의 정령'을 풀어 주기 위한 것으로 보인다. '카이니스'는 '새로
운'을 뜻한다.

  2. 인형에서 풀려나는 모래 빛깔 날개의 새는 종교의식이 어느 계절에
열리느냐에 따라 종류가 결정될 것이다. 봄이라면 뻐꾸기였을 수 있다(12. 1
참고).

79
에리고네

오이네우스는 디오뉘소스에게서 포도나무를 받은 첫 번째 인간이다. 하지만 이카리오스가 그보다 먼저 포도주를 만들었다. 그는 시험 삼아 만든 견본을 항아리 가득 펜텔리코스 산 아래 마라톤의 숲에 있는 양치기 무리에게 주었다. 하지만 오이노피온이 나중에 충고했던 것과 달리 물을 섞지는 않은 것이라, 양치기들은 완전히 취해 버렸다. 모든 것이 두 개로 보이고, 자신들이 마법에 걸렸다고 생각해 이카리오스를 죽였다. 그의 사냥개 마이라는 양치기들이 그의 주검을 소나무 아래 파묻는 것을 지켜봤고, 나중에 이카리오스의 딸 에리고네의 옷을 물고 거기로 이끌어 갔다. 앞발로 주검을 파내기까지 했다. 에리고네는 절망감에 소나무에 스스로 목을 매면서 아버지의 복수가 이뤄지지 않는 동안 아테나이의 딸들이 자신과 똑같은 운명으로 고통받게 해달라고 기도했다. 오직 신들만이 그녀의 기도를 들었고, 양치기들은 바다 건너로 달아났다. 이제 많은 아테나이 처녀들이 소나무에 하나씩 목을 매달았다. 사람들은 델포이 신탁을 통해 에리고네가 이들의 목숨을 요구한 것임을 알게 됐다. 즉시 죄지은 양치기들을 찾아내 목을 매달았고, 지금까지 이어지는 '포도 수확 축제'도 시작했다. 축제 기간에 사람들은 이카리오스와 에리고네에게 제주를 부었으며, 소녀들은 나뭇가지에 묶은 밧줄에 매달려 앞뒤로 흔들며 놀았다. 발은 밧줄 끝의 작은 판자를 디뎠는데, 이렇게 해서 그네가 발명됐다. 나뭇가지에 가면을 매달아 두는데, 바람에 따라 이리저리 흔들린다.

b. 사냥개 마이라의 모습이 하늘에 새겨졌고, 작은개자리가 됐다. 이에 따라 어떤 이는 이카리오스를 보오테스와, 에리고네를 처녀자리와 연결해 생각한다.[1]

1] 호메로스의 『일리아스』 22. 29에 대한 고전 주석자; 논노스: 『디오뉘소스 이야기』 47. 34-245; 휘기누스: 『신화집』 130과 『시적 천문학』 2. 4; 아폴로도로스: 『비블리오테카』 1. 8. 1과 3. 14. 7; 아테나이오스; 14. 10; 페스투스, '오스킬란테스' 항목; 스타티우스: 『테바이스』 11. 644-647; 베르길리우스의 『농경시』 2. 388-389에 대한 세르비오스.

*

1. 마이라와 관련해, 프리아모스Priamos의 아내 헤카베Hecabe 또는 헤쿠바 Hecuba가 개로 바뀐 다음 이 이름으로 불렸다(168. 1 참고). 헤쿠바는 정말로 머리가 셋 달린 죽음의 여신 헤카테Hecate였기에(31. 7 참고), 에리고네Erigone 와 이카리오스Icarius에게 뿌렸다는 제주는 헤카테에게 바쳤던 것으로 보인다. 이 행사를 열었던 골짜기는 지금 '디오뉘소스'라고 부른다. 에리고네의 소나무는 그 아래서 프뤼기아의 앗티스Attis가 거세되고 피 흘려 죽은 나무일 것이다(오비디우스: 『로마의 축제들』 4. 221 ff. 이하; 베르길리우스의 『아이네이스』 9. 116에 대한 세르비오스). 이번 신화는 이렇게 설명할 수 있다. 즉, 작은개자리 별이 떠오르면 마라톤의 양치기들은 자기들 가운데 하나를 매년 에리고 네라고 부르는 여신에게 제물로 바쳤다는 것이다.

2. 이카리오스는 '이카리아 해에서 왔다', 즉 퀴클라데스 제도Cyclades에서

왔다는 것을 뜻한다. 그곳에서 앗티스 숭배가 앗티케로 넘어왔다. 나중에 디오뉘소스 숭배가 그 위에 겹쳐졌다. 아테나이 소녀들의 자살 이야기는 디오뉘소스 가면을 포도밭 가운데 있는 소나무에 매달아 둔 일을 설명하기 위한 만든 것으로 보인다. 이 가면은 바람에 따라 이리저리 움직이는데, 가면이 바라보는 쪽은 어디든 포도나무에 열매가 맺힌다고 믿었다. 디오뉘소스는 보통 긴 머리카락에 여성적인 외모의 젊은이로 그려졌으며, 그의 가면은 겉보기에 목을 맨 여인과 비슷했을 것이다. 그런데 풍요의 여신 아리아드네 또는 헬레네를 상징하는 인형을 예전에도 과일나무에 매달았을 가능성이 있다(88. 10과 98. 5 참고). 포도 수확 축제에서 소녀들이 그네를 타는 것은, 원래 의도가 마법과 관련된 것으로 보인다. 그네의 반원 궤적은 아마도 초승달이 뜨고 지는 것을 의미했을 것이다. 이런 관습은 크레테 섬에서 앗티케로 넘어온 것 같다. 아기아 트리아다Hagia Triada에서 대량 발굴된 테라코타에는 한 소녀가 두 기둥 사이에서 그네를 타는 모습이 담겨 있다. 그리고 두 기둥 위에는 새가 한 마리씩 앉아 있다.

3. 에리고네의 이름과 관련해, 신화학자는 그녀가 불러일으킨 말썽을 근거로 '불화의 아이'라고 설명한다. 그러나 이름의 분명한 의미는 '많은 자손'이며, 인형이 가져다준 풍성한 과실을 언급한 것이다.

80
칼뤼돈의 멧돼지

오이네우스는 아이톨리아에 있는 칼뤼돈의 왕으로 알타이아와 결혼했다. 그녀는 처음에 톡세우스를 낳았지만, 오이네우스는 자기 손으로 그를 죽였다. 무도하게도 도시를 방어하기 위해 파놓은 도랑을 뛰어넘었기 때문이다. 알타이아는 다음으로 멜레아그로스를 낳았는데, 실제 아버지는 아레스라는 말이 있다. 멜레아그로스가 태어난 지 이레가 되는 날, 운명의 여신들이 그녀의 침실로 찾아와 화로에 불타고 있는 장작개비 하나를 가리키며 그것이 모두 타면 아들이 죽을 것이라고 선언했다. 알타이아는 즉시 그 장작개비를 불 속에서 꺼내 주전자 물을 모두 부어 불을 껐다. 그리고 상자 안에 감췄다.

b. 멜레아그로스는 대담한 천하무적의 투사로 성장했다. 아카스토스의 장례 제전에서 입증했듯이, 그리스에서 투창 솜씨가 가장 뛰어났다. 그는 아버지가 경솔한 행동을 하지 않았다면 장수를 누렸을지 모른다. 어느 여름에 오이네우스는 올륌포스의 열두 신에게 매년 올리는 희생 제의에서 아르테미스를 빼먹고 말았다. 아르테미스는 헬리오스한테 자신이 무시당했다는 얘기를 전해 듣고 커다란 멧돼지를 보내 오이네우스의 소 떼와 일꾼

들을 죽이고 농작물을 짓밟게 했다. 이에 오이네우스는 그리스 전역으로 전령을 보내 멧돼지를 잡을 용감한 투사들을 초대했다. 멧돼지를 죽인 사람은 누구든 그 생가죽과 엄니를 갖게 될 것이라고 약속했다.

c. 많은 이들이 부름에 화답했다. 사냥에 참여한 이들은 다음과 같다.[1] 스파르테의 카스토르와 폴뤼데우케스, 멧세니아의 이다스와 륑케우스, 아테나이의 테세우스와 라릿사의 페이리토오스, 이올코스의 이아손과 페라이의 아드메토스, 퓔로스의 네스토르, 프티아의 펠레우스와 에우뤼티온, 테바이의 이피클레스, 아르고스의 암피아라오스, 살라미스의 텔라몬, 마그네시아의 카이네우스, 마지막으로 아르카디아의 앙카이오스와 케페우스가 왔다. 이들의 동포인 순결하고 발이 빠른, 이아소스와 클뤼메네의 외동딸 아탈란테도 따라왔다.[1] 이아소스는 후계자로 아들을 간절히 원했기에, 아탈란테가 태어나자 크게 실망해 칼뤼돈 부근의 '파르테니온 언덕'에 내다 버렸다. 거기서 그녀는 아르테미스가 보내 준 곰의 젖을 먹고 자랐다. 사냥꾼 무리가 아탈란테를 키웠고, 그녀는 자라 성숙한 여자가 됐음에도 처녀로 남아 언제나 무장을 하고 다녔다. 한번은 퀴판타 마을로 가는 길에 갈증으로 기절할 지경이었는데 아르테미스에게 기도하고 창끝으로 바위를 때리니 샘물이 솟아났다. 그녀는 아직 아버지와 화해하지 않고 있었다.[2]

---

1) 칼뤼돈 멧돼지 사냥에 참여한 인물들을 아르고 호 선원 명단(148장)처럼 정리하면 아래와 같다. ① 스파르테의 카스토르와 폴뤼데우케스 - 디오스쿠로이. 이들은 아르고 호 원정에도 참여했다. ② 멧세니아의 이다스와 륑케우스 - 디오스쿠로이와 대립한 쌍둥이. 이들 역시 아르고 호에 올랐다. ③ 아테나이의 테세우스와 라릿사Larissa의 페이리토오스Peirithous - 둘은 친구 사이로, 함께 타르타로스도 갔다. ④ 이올코스의 이아손Jason - 황금 양털의 아르고 호 원정대 대장. ⑤ 페라이의 아드메토스Admetus - 아내가 대신 죽어 오래 살았다. ⑥ 퓔로스의 네스토르Nestor - 현명한 노인. 트로이아 전쟁에도 참전했다. ⑦ 프티아의 펠레우스Peleus와 에우뤼티온Eurytion - 펠레우스는 아킬레우스의 아버지.⑧ 테바이의 이피클레스 Iphicles - 헤라클레스의 쌍둥이 동생. ⑨ 아르고스의 암피아라오스Amphiaraus - 나중에 신탁을 내린다. ⑩ 살라미스Salamis의 텔라몬Telamon - 큰 아이아스의 아버지, 펠레우스의 형제. ⑪ 마그네시아Magnesia의 카이네우스Caeneus.- 여자에서 남자로 됐다. ⑫ 아르카디아의 앙카이오스Ancaeus와 케페우스Cepheus. ⑬ 아탈란테Atalante[또는 Atalanta] - 이아소스Iasus와 클뤼메네Clymene의 외동딸.

d. 오이네우스는 이 사냥꾼들에게 아흐레 동안 잔치를 베풀었다. 앙카이오스와 케페우스는 처음엔 여자와 함께 사냥을 나가지 않겠다고 고집을 피웠으나, 멜레아그로스는 오이네우스를 대신해 그들이 고집을 꺾지 않으면 사냥 자체를 취소하겠다고 선포했다. 멜레아그로스는 이다스의 딸 클레오파트라와 결혼했는데도, 갑작스레 아탈란테와 사랑에 빠져 그녀의 환심을 사고 싶었기 때문이다. 그의 삼촌이기도 한 알타이아의 오라비들은 소녀를 즉시 미워하게 됐다. 그녀가 있으면 해악만 끼칠 것이라 확신했는데, 멜레아그로스가 깊이 한숨을 쉬면서 이렇게 말했기 때문이다. "아, 저 여자와 결혼하는 남자는 얼마나 행복할까!" 이렇게 사냥은 나쁜 조짐으로 시작됐다. 아르테미스가 이를 내다보고 있었다.

e. 암피아라오스와 아탈란테는 활과 화살로 무장했고, 다른 이들은 멧돼지 창과 투창, 또는 도끼를 들었다. 각자 생가죽을 자기가 갖겠다고 덤벼, 사냥의 규율을 무시했다. 멜레아그로스의 제안에 따라, 사냥꾼들은 반달 대형으로 전진했고, 몇 번 휴식 끝에 멧돼지 굴이 있는 숲으로 들어갔다.

f. 처음 흘린 피는 멧돼지의 것이 아니었다. 아탈란테는 다른 사냥꾼들과 떨어져 대형의 오른쪽 끝에 있었는데, 이제 막 사냥에 동참했던 켄타우로스인 휠라이오스와 라이코스가 차례로 서로를 도와가며 그녀를 범하기로 마음먹었다. 그러나 이들이 그녀에게 달려들자마자 아탈란테는 둘 모두 화살을 쏴서 쓰러뜨렸고, 사냥을 위해 멜레아그로스 옆쪽으로 돌아갔다.

g. 이윽고 멧돼지가 버드나무가 무성하게 자라고 있는 수로에서 튀어나왔다. 껑충껑충 달려와 사냥꾼 둘을 죽이고, 다른 하나의 힘줄을 잘라 쓰러뜨렸으며, 이제 젊은 네스토르에게 덤벼들었다. 나중에 트로이아에서 싸운 네스토르였지만, 이번에는 나무로 기어 올라가야 했다. 이아손과 몇몇 다른 사람들은 투창을 던졌지만 빗나갔다. 이피클레스의 창만 용케 어깨를 스쳤

다. 텔라몬과 펠레우스가 멧돼지 창을 들고 용감하게 뛰어들었다. 하지만 텔라몬은 나무뿌리에 걸려 넘어지고, 펠레우스가 그를 일으켜 세우는 동안 멧돼지가 이들을 보고 돌격해 오기 시작했다. 때마침 아탈란테가 화살을 날려 귀 뒤쪽에 꽂아 넣은 덕분에 멧돼지는 물러섰다. 앙카이오스는 비웃으면서 말했다. "사냥은 그렇게 하는 게 아니지. 나를 봐!" 그는 돌격해 오는 멧돼지를 향해 자신의 전투용 도끼를 휘둘렀다. 그러나 충분히 빠르지 못했다. 순식간에 그는 거세를 당하고 내장이 쏟아졌다. 흥분한 펠레우스가 멧돼지를 향해 창을 던졌으나, 애먼 에우뤼티온을 죽이고 말았다. 다행히 암피아라오스는 화살 하나로 멧돼지의 눈을 맞혔다. 멧돼지는 이제 테세우스를 향해 돌진했고, 그가 던진 창은 완전히 빗나갔다. 그러나 멜레아그로스가 던진 창은 멧돼지의 오른쪽 옆구리를 꿰뚫었다. 멧돼지는 고통 속에서 박힌 창을 빼내려고 빙글빙글 돌았다. 멜레아그로스는 자기 창을 왼쪽 어깻죽지 아래로 깊게 밀어 넣었다. 창날이 심장에 닿았다.

마침내, 멧돼지가 쓰러졌다.

멜레아그로스는 즉시 가죽을 벗겨 아탈란테에게 주면서 말했다. "네가 처음 이놈의 피를 흘리게 했다. 만약 우리들이 내버려두었다면, 이놈은 네 화살에 무릎을 꿇었을 것이다."

h. 멜레아그로스의 삼촌들은 크게 기분이 상했다. 첫째 삼촌인 플렉십포스는 생가죽이 멜레아그로스의 몫이 분명하며, 그가 거절한다면 여기 있는 사람들 가운데 가장 명예로운 사람, 다시 말해 오이네우스의 매제인 자신에게 돌아가야 한다고 주장했다. 그의 동생은 형을 거들었다. 처음 피 흘리게 한 것은 아탈란테가 아니라 이피클레스라는 주장을 펼쳤다. 멜레아그로스는 연정의 분노가 폭발해, 이 둘을 죽이고 말았다.

i. 알타이아는 집으로 실려 온 동생들의 주검을 보고, 멜레아그로스에게

저주를 내렸다. 이 때문에 멜레아그로스는 살아 있는 삼촌 둘이 칼뤼돈에 선전포고를 하고 많은 백성을 죽였음에도 도시 방어에 나서지 않았다. 마침내 그의 아내 클레오파트라가 남편에게 무기를 들라고 설득했고, 그는 삼촌 둘을 죽였다. 그들은 아폴론의 지원을 받고 있었지만 소용이 없었다. 이렇게 되자 복수의 여신들이 나타나 알타이아에게 상자에서 타지 않은 장작개비를 꺼내 불에 던지라고 알려 주었다. 멜레아그로스는 갑자기 창자가 타는 고통을 느꼈고, 적들은 쉽게 그를 쓰러뜨렸다. 알타이아와 클레오파트라는 스스로 목을 맸고, 아르테미스는 고통으로 비명을 지르는 멜레아그로스의 누이 둘을 빼고 나머지를 모두 암컷 뿔닭으로 바꿨다. 그리고 이들을 불쾌한 사람들이 모여 사는 레로스 섬으로 데려갔다.[31]

j. 아탈란테의 성공을 기뻐하면서, 이아소스는 드디어 그녀를 자신의 딸로 인정했다. 그러나 그녀가 처음 궁전에 도착했을 때, 맨 처음 들은 말은 이러했다. "딸아, 남편을 맞이할 준비를 하거라." 따를 수 없는 말이었다. 델포이 신탁이 그녀에게 결혼하지 말라고 경고했기 때문이다. 그녀는 대답했다. "아버지, 조건이 하나 있어요. 제게 구혼하는 사람은 누구든 달리기 경주에서 저를 이겨야 해요. 그리고 지는 사람은 저에게 죽어야 해요." 이아소스는 말했다. "그렇게 될 것이다."

k. 많은 불행한 왕자들이 목숨을 잃었다. 그녀는 살아 있는 인간들 가운데 발이 가장 빨랐기 때문이다. 그러나 아르카디아의 암피다마스의 아들 멜라니온은 아프로디테에게 도와 달라고 기원했다. 여신은 그에게 황금 사과 세 개를 주면서 말했다. "달리기 경주를 하면서 이걸 하나씩 떨어뜨려 아탈란테가 뒤처지게 하거라." 술수가 먹혔다. 아탈란테는 사과를 주우려 매번 몸을 굽혔고, 멜라니온이 약간 앞서 결승선을 통과했다.

l. 결혼식이 열렸다. 하지만 신탁의 경고는 틀리지 않았다. 어느 날 이들

이 제우스에게 바친 구역을 지날 때, 멜라니온은 아내를 설득해 안으로 들어가 사랑을 나눴다. 제우스는 자기 구역이 더럽혀진 것에 화가 났고, 이 둘을 모두 사자로 바꿔 버렸다. 사자는 사자와 짝을 짓지 못하고 대신 표범하고만 그렇게 할 수 있기 때문이다. 이에 이들은 다시는 서로를 즐길 수 없게 됐다. 이는 아프로디테가 내린 벌이었다. 아탈란테가 처음에 처녀로 남겠다고 고집을 피웠을 뿐 아니라 나중에 황금 사과의 일에 고마움을 표시하지 않았기 때문이다.4] 그러나 어떤 이는 다른 이야기를 전한다. 아탈란테는 멜라니온에게 말하지 않았지만 결혼 전에 파르테노파이오스라고 하는 멜레아그로스의 아이를 낳았다는 것이다. 그녀는 암곰이 자기에게 젖을 주었던 바로 그 언덕에 아이를 내버렸다. 이번에도 아이는 살아남았고, 나중에 이오니아에서 이다스를 물리쳤으며, '테바이를 공격한 일곱 장수'와 함께 행진했다. 다른 이들은 멜레아그로스가 아니라 아레스가 파르테노파이오스의 아버지라고 전한다.5] 아탈란테의 남편도 멜라니온이 아니라 힙포메네스이며, 아버지도 보이오티아의 온케스토스를 다스리는 스코이네우스라고 한다. 그녀와 남편이 신성 모독한 곳은 제우스가 아니라 퀴벨레의 성소였고, 퀴벨레는 이들을 사자로 바꿔 자기 전차를 끌게 했다고 덧붙인다.6]

1] 아일리아노스: 『다양한 역사』 13. 1; 칼리마코스: 『아르테미스 찬가』 216.

2] 아폴로도로스: 『비블리오테카』 3. 9. 2.

3] 호메로스: 『일리아스』 9. 527-600; 아폴로도로스: 1. 8. 2-3; 휘기누스: 『신화집』 171, 174와 273; 오비디우스: 『변신 이야기』 8. 270-545; 디오도로스 시켈로스: 『역사총서』 4. 48; 파우사니아스: 『그리스 여행기』 4. 2. 5; 8. 4. 7; 10. 31. 2; 칼리마코스: 『아르테미스 찬가』 220-224; 안토니노스 리베랄리스: 『변신』 2; 아테나이오스: 『현자들의 식탁』 14. 71.

4] 아폴로도로스: 3. 9. 2; 휘기누스: 『신화집』 185; 베르길리우스의 『아이네이스』 3. 113에 대한 세르비오스; 제1 바티칸 신화학자: 39.

5] 휘기누스: 『신화집』 70, 99와 270; 제1 바티칸 신화학자: 174.

6] 아폴로도로스: 3. 9. 2, 에우리피데스의 「멜레아그로스」를 인용하며; 오비디우스: 『변신 이야기』 10. 565 ff.; 체체스: 『킬리아데스』 13. 453; 스타티우스의 『테바이스』 6. 563에 대한 락탄티우스; 휘기누스: 『신화집』 185.

*

1. 그리스 의사들은 양아욱marshmallow(알타이네인althainein에서 온 알타이아althaia, '치료하는')에 치료의 효능이 있다고 믿었다. 이는 꿀벌이 꿀을 빠는 봄에 처음 피는 꽃이다. 그러다 보니 나중에는 신화적으로 담쟁이 꽃만큼이나 중요해졌다. 칼뤼돈Calydon 사냥은 전형적인 영웅담으로, 아마도 유명한 멧돼지 사냥과 이 때문에 벌어진 아이톨리아 씨족 사이의 불화에 바탕을 두었을 것이다. 그러나 신성한 왕이 멧돼지 공격에 죽는 일은 오래전부터 내려온 신화이기도 하다(18. 3 참고). 멧돼지의 굽은 엄니로 죽었으니, 그의 죽음은 달에 바친 게 된다. 그리스의 여러 나라에서 모여든 영웅들도 예전에 이런 운명을 겪었다고 할 것이다. 멧돼지는 특별히 칼뤼돈의 표상이었으며(106. c 참고), 멜레아그로스Meleagros의 아버지라고 알려진 아레스에게 신성한 동물이었다.

2. 톡세우스Toxeus가 도랑을 뛰어넘다 죽임을 당했다는 대목은, 레무스가 로물루스의 벽을 뛰어넘은 이야기와 유사하다. 이는 도시를 건설하면서 왕자를 제물로 바치는 관습이 널리 퍼져 있었음을 암시한다(「열왕기상」 16장 34절). 멜레아그로스의 장작개비는 켈트족 신화를 여럿 떠올리게 한다. 과일, 나무, 짐승 등 어떤 외적인 물건이 파괴될 때 영웅은 죽는다.

3. 아르테미스는 레로스 섬과 아테나이 아크로폴리스에서 멜레아그리스meleagris, 즉 암컷 뿔닭으로서 숭배를 받았다. 뿔닭이라는 특정 품종으로 판단하건대, 이런 숭배는 동아프리카에서 유래한 것이다. 뿔닭은 파란 아랫볏을 갖고 있어, 누미디아에서 넘어온 이탈리아 품종의 붉은 아랫볏과 대조적이다. 또 뿔닭의 기묘한 꼬꼬댁 소리는 애도의 소리라 여겼다. 아르테미스 또는 이시스의 추종자들은 뿔닭 고기는 입에 대지 않았다. 레로스 섬 사람들이 불쾌한 생활양식으로 유명했던 것은, 크레테 사람들이 거짓말로 유

명했던 것과 같이, 그들의 종교적 보수성 때문이었을 수 있다(45. 2 참고).

4. 암곰은 아르테미스에게 신성한 동물이다(22. 4 참고). 아탈란테Atalante가 멜라니온Melanion과 달리기 경주를 벌인 이야기는, 죽을 운명의 왕이 손에 황금 사과를 들고 있는 도상圖像에서 추론된 것으로 보인다(32. 1과 53. 5 참고). 조만간 여신은 그를 추적해 죽일 것이다. 이와 짝을 이루는 도상에는 사자 두 마리를 거느린 아르테미스가 그려져 있었을 것이다. 뮈케나이의 성문과 뮈케나이 및 크레테의 여러 인장에 이런 모습이 나온다. 신화의 두 번째 판본에서, 아탈란테의 아버지라고 하는 스코이네우스Schoeneus는 아프로디테의 별칭인 스코이니스Schoenis를 의미하며, 제우스도 등장하지 않는다. 이것들만 염두에 두면, 두 번째 판본이 더 오래된 것이라 추정할 수 있다.

5. 연인들이 벌을 받은 이유는, 제임스 프레이저가 아폴로도로스에 관한 언급에서 인정한 것보다 훨씬 더 흥미로운 문제이다. 참고로, 이 지점에서 신화학자들은 플리니우스를 잘못 인용했다. 플리니우스는 정반대로 수사자들이 암사자들을 엄하게 벌하는데, 이는 암사자가 표범과 바람을 피우기 때문이라고 했다(『자연 탐구』 8. 17). 연인 처벌 대목은 오래된 족외혼 규정을 기록한 것으로 보인다. 이 규정에 따라 같은 토템 씨족은 서로 결혼할 수 없었다. 나아가 사자 씨족의 남자는 표범 씨족으로 장가를 갈 수도 없었다. 동일한 준-씨족 집단에 소속돼 있기 때문이다. 아테나이에서 양 씨족과 염소 씨족이 서로 결혼할 수 없었던 것과 마찬가지다(97. 3 참고).

6. 헬라스 왕 가운데 오이네우스만 홀로 아르테미스에게 제물을 올리지 않은 것은 아니다(69. b와 72. i 참고). 아르테미스의 요구는 다른 올림포스 신들보다 훨씬 가혹했다. 심지어 고전기에도 살아 있는 짐승을 통째로 구워 바치도록 했다. 그렇다고 오이네우스 같은 왕들이 아르테미스를 부정한 것

은 아니다. 오히려 아르카디아와 보이오티아에서는 악타이온의 수사슴이
라면서 왕 자신이나 대리인을 제물로 바쳤다(22. 1 참고). 여기 오이네우스는
당연히 갈가리 찢겨 죽는 걸 거부했을 것이다.

81
텔라몬과 펠레우스

아이아코스는 스키론의 딸 엔데이스와 결혼해, 첫째, 둘째 아들로 텔라몬과 펠레우스를 두었다. 네레이데스의 하나인 프사마테를 통해 막내 포코스도 얻었다. 프사마테는 아이아코스로부터 달아나려 물개로 변신하기까지 했지만 성공하지 못했다. 이들 모두는 아이기나 섬에서 함께 살았다.[1]

b. 포코스는 아이아코스가 아들 가운데 가장 아꼈고 아주 뛰어난 운동선수이기도 해서, 텔라몬과 펠레우스는 질투심에 불타올랐다. 분란을 피하기 위해, 포코스는 일군의 아이기나 이주민들을 이끌고 포키스로 갔다. 이는 코린토스의 오르뉘티온의 아들인 다른 포코스가 예전에 티토레아와 델포이 부근에 건설한 식민지였다. 시간이 흘러 그의 아들들이 포키스를 지금의 형세만큼 키워 냈다. 어느 날 아이아코스는 포코스를 불렀는데, 아마도 그에게 왕국을 물려줄 의도였던 것 같다. 그런데 텔라몬과 펠레우스는 자기네 어머니의 부추김을 받아 동생을 죽일 음모를 꾸몄다. 이들은 돌아가는 포코스에게 5종 경기를 함께 하자고 꼬드겼고, 한 사람은 사고가 난 것처럼 해서 그의 머리에 돌 원반을 던져 쓰러뜨렸고 다른 사람은 도끼로 숨통을 끊었다. 그런데 텔라몬이 원반을 던지고, 펠레우스가 도끼를 들었는

지, 아니면 둘이 반대였는지, 그 뒤 많은 논란을 낳았다. 어떤 경우든, 텔라몬과 펠레우스는 똑같이 형제 살해의 죄인이었고, 함께 주검을 숲속에 숨겼다. 나중에 아이아코스는 아들의 주검을 찾아내 아이아케온 부근에 묻었다.[2]

c. 텔라몬은 퀴크레우스가 왕으로 있는 살라미스 섬으로 달아났다. 거기서 사람을 보내 자신은 살해와 무관하다면서 주장했다. 아이아코스는 그가 다시 아이기나 섬에 발을 들이지 못하도록 하는 것으로 응답했다. 다만, 바다에서 자신을 변호하는 것은 막지 않았다. 텔라몬은 배를 타고 돌아와 거품 이는 파도 뒤편에 닻을 내렸다. 그러나 흔들리는 갑판 위에 서서 소리를 지르는 대신, 밤에 지금은 '비밀 항구'라고 부르는 곳으로 배를 몰아 석공들을 상륙시키고 연단으로 삼을 방파제를 쌓게 했다. 석공들은 새벽이 오기 전에 이 일을 끝냈으며, 방파제는 지금도 남아 있다. 텔라몬은 포코스의 죽음은 사고에 불과하다고 유창하게 항변했지만, 아이아코스는 이를 받아들이지 않았다. 텔라몬은 살라미스로 되돌아갔고, 거기서 퀴크레우스 왕의 딸 글라우케와 결혼하고 퀴크레우스의 왕좌를 물려받았다.[3]

d. 퀴크레우스는 포세이돈과 살라미스의 아들이다. 어머니 살라미스는 강의 신 아소포스의 딸이다. 퀴크레우스는 섬 전체를 유린하던 뱀을 죽여 살라미스의 왕으로 추대됐다. 그러나 그는 같은 품종의 새끼 뱀을 길렀고, 이놈도 나중에 똑같이 파괴를 일삼았다. 오뒷세우스의 동료인 에우륄로코스가 이를 몰아냈으며, 데메테르는 기꺼이 엘레우시스에서 이 놈을 받아들여, 자신의 시종 가운데 하나로 삼았다. 그러나 어떤 이는 퀴크레우스 자신이 그의 잔인함으로 인해 '뱀'으로 불렸으며, 에우륄로코스가 그를 쫓아냈다고 전한다. 쫓겨난 퀴크레우스는 엘레우시스로 달아났고, 데메테르의 성소에서 작은 직분을 얻었다. 아무튼, 그는 '뱀의 섬'인 살라미스의 수호 영

웅들 가운데 하나가 됐다. 그는 거기에 얼굴을 서쪽으로 하고 묻혔으며, 유
명한 살라미스 해전이 벌어질 때 그리스 배들 사이에 뱀의 모습을 하고 나
타나기도 했다. 그의 무덤에 제물을 올리는데, 아테나이인들이 이 섬의 소
유권을 둘러싸고 메가라 사람들과 분쟁을 벌일 때, 유명한 입법자 솔론이
야음을 틈타 배로 건너가 그를 달랜 적도 있다.[4]

e. 텔라몬은 아내 글라우케가 죽자, 펠롭스의 손녀인 아테나이의 페리보
이아와 결혼했고, 그녀는 '큰 아이아스'[1]를 낳았다. 나중에는 라오메돈의
딸로 포로로 잡힌 헤시오네는 똑같이 유명한 테우크로스를 낳았다.[5]

f. 펠레우스[2]는 프티아의 왕 악토르의 궁정으로 달아났다. 왕의 입양한
아들 에우뤼티온이 그를 정화해 주었다. 악토르는 그를 자기 딸 폴뤼멜라
와 결혼시켰고, 왕국의 3분의 1을 주었다. 어느 날 또 다른 3분의 1을 다스
리던 에우뤼티온은 펠레우스와 함께 칼뤼돈의 멧돼지 사냥에 참여했고, 거
기서 펠레우스는 사고로 그를 창으로 꿰었다. 이에 펠레우스는 이올코스로
달아났고, 그곳에서 다시 한번 정화를 받았다. 이번에는 펠리아스의 아들
아카스토스가 해주었다.[6]

g. 아카스토스의 아내 크레테이스가 펠레우스를 유혹하려 했고, 그가 그
녀의 구애를 거부하자 크레테이스는 거짓말로 폴뤼멜라에게 이렇게 말했

---

1) 그리스 신화에는 '아이아스Ajax[또는 Aias]'라는 이름의 영웅이 둘 나온다. 살라미스의 왕 텔라몬의 아들
아이아스는 키가 크고 힘이 세 보통 '큰 아이아스'라고도 불린다. 로크리스의 왕 오일레우스의 아들은
'작은 아이아스'라고 부른다. 작은 아이아스는 로크리스인들을 이끌고 트로이아 전쟁에 나갔으며, 체구
가 작지만 훌륭한 창잡이에 달리기에 뛰어났다.

2) 그리스 신화에는 이름이 비슷해 혼동하기 쉬운 경우가 가끔 있다. 한 덩어리를 정리하면 아래와 같다.
① 펠레우스Peleus: 경건한 아이아코스의 아들로, 텔라몬의 형제. 테티스와 결혼해 아킬레우스를 자식으
로 둔다. (이 책 81장에 주로 나옴) ② 펠리아스Pelias: 아르고 호 원정대라는 드라마의 한 축으로, 포세이돈과
튀로의 아들이자, 넬레우스와 쌍둥이 형제이다. 어머니 튀로의 다른 아들인 아이손(펠리아스의 아버지 다
른 형제)를 쫓아내고, 이올코스의 왕위를 차지했다. (68, 148, 155장에 주로 나옴) ③ 펠롭스Pelops: 탄탈로스의
아들로 아버지에게 살해돼 신들의 식탁에 오르지만, 신들이 되살려 냈다. 부정한 전차 경주 탓에 '펠롭
스 가문'에 저주가 내렸다.

다. "그 남자는 그대를 버리고 내 딸 스테로페와 결혼하려 해요." 폴뤼멜라는 크레테이스의 참언을 믿고, 스스로 목을 맸다. 크레테이스는 이런 결과에도 만족을 못해, 남편 아카스토스에게 가서 울면서 펠레우스가 자신의 정절을 빼앗으려 했다고 고발했다.

h. 아카스토스는 자신이 정화해 준 사람을 죽이는 게 꺼림칙해, 펠리온 산에서 사냥 시합을 하자고 제안했다. 당시 펠레우스는 고귀함에 대한 상으로 신들에게서 마법의 칼을 받은 게 있었다. 이는 다이달로스가 벼려 만든 것으로, 검을 가진 사람은 전투에서 승리하고 사냥에서 성공할 수 있었다. 이에 그는 금방 수사슴, 곰, 멧돼지를 잡아 커다랗게 쌓았다. 그가 다른 사냥감을 찾아 자리를 비우자, 아카스토스의 부하들은 이것들을 자기 대장의 것이라고 우기면서 그의 기술이 서툴다고 비웃었다. "저 죽은 짐승들이 자기 입으로 진실을 알려 줄 것이다!" 펠레우스는 이렇게 소리치고 주머니에서 뭔가를 꺼내 보여 주었다. 그는 사전에 짐승들의 혀를 잘라 두었고, 이제 이를 증거로 내보인 것이다. 승자가 누구인지 분명해졌다.기

i. 축제 같은 만찬이 시작됐다. 펠레우스는 대식가로 다른 누구보다 많이 먹었고 그날 밤 금방 곯아떨어졌다. 그런데 아카스토스는 그의 마법 칼을 훔쳐 소똥 더미 속에 감추고 부하들과 함께 몰래 떠나 버렸다. 펠레우스는 잠에서 깨어 칼도 없이 혼자 남겨졌다는 사실을 알게 됐다. 더구나 사나운 켄타우로스가 주위를 둘러싸고 있었다. 이들이 그를 죽이려 할 때, 이들의 왕 케이론이 끼어들어 그를 구해 주었을 뿐 아니라 마법 칼이 숨겨진 곳을 꿰뚫어 보고 그것도 되찾아 주었다.8]

j. 그러는 동안, 제우스는 테미스의 조언에 따라 네레이스인 테티스의 남편으로 펠레우스를 선택했다. 사실, 제우스는 자기가 테티스와 결혼하려 했다. 운명의 여신들이 테티스가 낳은 자식은 자기 아버지보다 훨씬 더 강력

할 것이라고 예언하는 바람에 그 뜻을 접은 것이다. 더구나 제우스는 테티스가 양어머니인 헤라를 생각해 자신의 구애를 거부하자 성이 났고, 이에 테티스가 불멸의 신과 결혼하지 못할 것이라고 맹세한 게 있었다. 헤라는 테티스가 고마워, 인간 가운데 가장 고귀한 남자와 짝을 지어주겠다고 결심했다. 여신은 다음 보름달이 뜰 때 열리는 그녀의 결혼식에 모든 올림포스 신들을 불렀으며, 동시에 케이론 왕의 동굴로 전령 이리스를 보내 펠레우스가 결혼 준비를 마칠 수 있게 하라고 명했다.[9]

k. 케이론은 불멸의 테티스가 처음에는 이 결혼에 분개할 것이라 내다봤다. 이에 펠레우스는 케이론의 지시에 따라, 텟살리아의 작은 섬으로 가서 해변의 도금양 열매 덤불 뒤에 숨었다. 테티스가 가끔 이곳을 찾아 알몸으로 고삐를 맨 돌고래를 타기도 하고, 한낮에는 바로 그 덤불이 반쯤 가려 주는 동굴에서 낮잠을 즐기곤 했다. 이번에도 테티스는 이곳을 찾아 동굴에 들어가 잠들었고, 곧장 펠레우스는 그녀를 붙잡았다. 몸싸움은 조용했지만 격렬했다. 테티스는 연달아 불, 물, 사자, 뱀으로 변신했다.[10] 그러나 펠레우스는 어떤 일이 벌어질지 사전 경고를 받았기에, 심지어 그녀가 거대하고 미끌미끌한 오징어로 변신해 그에게 먹물을 내뿜기까지 했는데도 그는 단단히 붙잡고 놓아 주지 않았다. 그 부근에 있는 곳을 세피아스 곶이라 하는데, 이 이름은 이런 오징어 변신에서 비롯됐다.[3] 현재 이곳은 네레이데스에게 신성한 장소이다. 이처럼 불에 데고, 흠뻑 젖고, 살이 찢기고, 쏘이고, 나중에는 끈끈한 오징어 먹물까지 뒤집어썼음에도, 펠레우스는 그녀를 놓아 주지 않았고, 결국 그녀는 꺾이고 말았다. 둘은 열정적인 포옹으로 얽혀 누웠다.[11]

l. 이들의 결혼식은 펠리온 산에 있는 케이론의 동굴 앞에서 열렸다. 올

---

3) 세피아sepia는 오징어 먹물 또는 암갈색을 뜻한다.

림포스 신들이 찾아와 열두 왕좌에 앉았다. 헤라가 몸소 신부의 횃불을 들었다. 제우스는 자신의 패배를 받아들이고 테티스 신부를 신랑에게 인도했다. 운명의 여신들과 무사이는 노래했다. 가뉘메데스는 넥타르를 따랐다. 네레이데스 50명은 흰 모래밭에서 소용돌이 춤을 췄다. 켄타우로스 무리는 풀로 만든 화관을 쓰고 전나무 투창을 뽐내면서 예식장을 찾아와 축언했다.[12]

m. 케이론은 펠레우스에게 펠리온 산 정상의 물푸레나무에서 잘라 온 창을 한 자루 주었다. 아테나가 손잡이에 윤을 냈고, 헤파이스토스가 창날을 벼렸다. 신들은 합동 선물로 훌륭한 황금 갑옷 한 벌을 선사했으며, 여기에 포세이돈은 불멸의 말 발리오스와 크산토스를 보냈다. 이들은 서풍의 신이 하르퓌이아이 가운데 하나인 포다르게와 교접해 낳은 자식들이다.[13]

n. 그러나 결혼식에 초대 받지 못한 여신 에리스는 하객으로 온 신들을 얼간이로 만들기로 마음먹었다. 헤라와 아테나, 아프로디테가 함께 팔짱을 끼고 사이좋게 이야기를 나누는 동안, 에리스는 그들의 발치로 황금 사과를 굴렸다. 펠레우스는 이를 집어 들었고, 거기엔 이런 말이 쓰여 있었다. "가장 아름다운 이에게!" 펠레우스는 세 여신 가운데 누구에게 주라고 한 것인지 몰라 당황해 한동안 서 있어야 했다. 이 사과가 트로이아 전쟁이라고 하는 거대한 결과를 낳은 작은 씨앗이다.[14]

o. 어떤 이는 펠레우스의 아내 테티스는 케이론의 딸이라고 전한다. 즉 그냥 사람이었다는 얘기다. 케이론은 펠레우스의 명예를 드높이려 자기가 여신과 결혼했고, 따라서 테티스는 여신의 딸이라는 소문을 퍼뜨렸다고 덧붙였다.[15]

p. 그러는 동안, 펠레우스는 인정 많은 케이론이 그의 재산을 회복시켜 준 것에 더해 지참금으로 큰 무리의 소 떼까지 얻었다. 그는 소 떼의 일부를 프티아로 보냈다. 에우뤼티온을 사고로 죽인 것에 대한 보상의 뜻이었

다. 프티아인들이 이를 거부하자, 그는 소 떼를 전원에 자유롭게 어슬렁거리도록 내버려 두었다. 이 결정에는 행운이 뒤따랐다. 사나운 늑대 한 마리가 나타나 소 떼를 공격했는데, 돌보는 이가 없다 보니 늑대는 너무 많이 배를 채워 제대로 움직이질 못했다. 이 늑대는 프사마테가 아들 포코스의 죽음에 대해 복수하려 보낸 놈이었다. 펠레우스와 테티스가 늑대와 직접 맞닥뜨렸는데, 늑대는 펠레우스의 목을 노리고 달려들 태세였다. 이때 테티스는 혀를 내밀고 무섭게 쏘아보았고, 늑대는 돌로 변하고 말았다. 이 돌덩이는 지금도 로크리스와 포키스를 연결하는 길 위에 서 있다.[16]

q. 그후 펠레우스는 이올코스로 돌아갔다. 제우스가 개미 떼를 전사들로 변신시켜 주었고, 이들을 이끌고 갔다. 이 때문에 그는 '뮈르미돈족의 왕'이라고 알려지게 됐다. 펠레우스는 단독으로 도시를 제압했으며, 아카스토스를 죽인 다음, 움츠러든 [자신을 모함했던] 크레테이스를 죽였다. 그리고 뮈르미돈족을 이끌고 그녀의 찢긴 주검 조각 사이를 지나 도시로 들어갔다.[17]

r. 테티스는 펠레우스를 통해 여섯 아들을 낳았고, 그때마다 아이를 불에 올려 필멸의 부분을 태웠다. 자기처럼 불멸의 존재로 만들기 위해서였으며, 그런 다음 차례로 올림포스로 올려 보냈다. 그러나 일곱 번째 아들은 펠레우스가 용케도 아내한테서 낚아챘다. 테티스는 이번에도 아들을 불 위에 올려놓고 태운 다음 암브로시아를 발라 줌으로써 그의 몸을 불멸로 만들었다. 발목뼈만 절반쯤 까맣게 타고 마지막 처치를 받지 못한 상태였다. 테티스는 그의 방해에 분개해, 펠레우스에게 작별을 고하고 자기 집인 바다로 돌아가 버렸다. 그러면서 아들 이름을 '아킬레우스'라고 지었다. 아기가 아직 어미의 가슴에 입술을 대지 못했기 때문이다. 펠레우스는 발이 빠른 거인족 다뮈소스의 유골을 가져다 아킬레우스에게 새로운 발목뼈로 주었는데, 이것이 그를 파멸로 이끄는 원인이 될 운명이었다.[18]

s. 트로이아에서 싸우기에 너무 늙었기에, 펠레우스는 결혼 선물로 받았던 황금 갑옷과 물푸레나무 창, 두 마리 말을 아들 아킬레우스에게 주었다. 그는 마지막에 아카스토스의 아들들에게 밀려 프티아에서 쫓겨났다. 이들은 아킬레우스가 죽었다는 소식에 더는 그를 두려워하지 않은 것이다. 테티스는 그에게 도금양 덤불 옆의 동굴로 가서 기다리라고, 그리고 때가 되면 그를 데리고 바다 깊은 곳으로 가서 영원히 같이 살 것이라 일렀다. 그가 처음으로 그녀를 굴복시켰던 바로 그 장소다. 펠레우스는 동굴에서 기다리면서 혹시라도 손자 네오프톨레모스가 트로이아에서 돌아오는 배가 아닐까 싶어 지나가는 배를 열심히 살펴봤다.[19]

t. 그러는 동안, 네오프톨레모스는 몰롯시아에서 흩어졌던 함대를 정비하고 있었다. 그는 펠레우스가 쫓겨났다는 소식을 듣고, 트로이아 포로로 변장해 이올코스로 향하는 배를 탔다. 아카스토스의 아들들을 죽이고 이올코스 시를 장악하는 데 성공했다. 그러나 펠레우스는 조바심을 견디지 못해 몰롯시아로 행하는 배를 빌려 탔다. 거친 날씨에 배는 에우보이아 부근의 이코스 섬으로 밀려갔고, 그는 거기서 죽어 땅에 묻혔다. 그렇게 테티스가 약속했던 불멸은 없는 일이 됐다.[20]

1] 아폴로도로스: 『비블리오테카』 3. 12. 6; 핀다로스: 「네메아 제전 송가」 5. 13.
2] 플루타르코스: 『영웅전』 25; 파우사니아스: 『그리스 여행기』 10. 1. 1과 2. 29. 7; 아폴로도로스: 같은 곳; 「알크마이오니스」, 고전 주석자가 에우리피데스의 『안드로마케』 687과 관련해 인용; 체체스: 『뤼코프론에 관하여』 175; 디오도로스 시켈로스: 『역사총서』 4. 72.
3] 아폴로도로스: 3. 12. 7; 파우사니아스: 2. 29. 7; 디오도로스 시켈로스: 같은 곳.
4] 아폴로도로스: 같은 곳; 헤시오도스, 스트라본의 인용: 9. 1. 9; 비잔티움의 스테파누스, '퀴크레이오스 파고스' 항목; 디오뉘시오스의 「지형 묘사」 507에 대한 에우스타티오스; 플루타르코스: 『솔론』 9; 뤼코프론: 『캇산드라』 110; 파우사니아스: 1. 36. 1.
5] 아폴로도로스: 같은 곳.
6] 같은 책: 3. 13. 1-2; 디오도로스 시켈로스: 『역사총서』 같은 곳; 체체스: 『뤼코프론에 관하여』 175; 호메로스의 『일리아스』 2. 648에 대한 에우스타티오스.

7] 핀다로스: 「네메아 제전 송가」 5. 26 ff.와 4. 59; 핀다로스의 「네메아 제전 송가」 4. 54와 59에 대한 고전 주석자; 제노비오스: 「속담집」 5. 20; 아폴로도로스: 같은 곳.

8] 아폴로도로스: 3. 13. 3; 헤시오도스, 고전 주석자가 핀다로스의 「네메아 제전 송가」 4. 59와 관련해 인용.

9] 아폴로니오스 로디오스: 「아르고 호 이야기」 4 790 ff.; 핀다로스: 「이스트미아 제전 송가」 8. 41 ff.

10] 오비디우스: 「변신 이야기」 11. 221 ff.; 소포클레스: 「트로일로스」, 고전 주석자가 핀다로스의 「네메아 제전 송가」 3. 35와 관련해 인용; 아폴로도로스: 3. 13. 5; 핀다로스: 「네메아 제전 송가」 4. 62; 파우사니아스: 5. 18. 1.

11] 체체스: 「뤼코프론에 관하여」 175와 178; 아폴로니오스 로디오스 1. 582에 대한 고전 주석자; 헤로도토스 7. 191; 필로스트라토스: 「영웅담」 19. 1.

12] 에우리피데스: 「아울리스의 이피게네이아」 703 ff.와 1036 ff.; 아폴로니오스 로디오스: 4. 790; 카툴루스: 44. 305 ff.

13] 아폴로도로스: 3. 13. 5; 호메로스: 「일리아스」 16. 144; 18. 84와 16. 149; 「퀴프리아」, 고전 주석자가 호메로스의 「일리아스」 16. 140과 관련해 인용.

14] 휘기누스: 「신화집」 92; 풀겐티우스: 「신화」 3. 7.

15] 아폴로니오스 로디오스: 1. 558; 아폴로니오스 로디오스 4. 816에 대한 고전 주석자.

16] 안토니노스 리베랄리스: 「변신」 38; 체체스: 「뤼코프론에 관하여」 175와 901.

17] 체체스: 「뤼코프론에 관하여」 175; 호메로스: 「일리아스」 24. 536; 핀다로스: 「네메아 제전 송가」 3. 34; 아폴로도로스: 3. 13. 7; 아폴로니오스 로디오스 1. 224에 대한 고전 주석자.

18] 알렉산드리아의 헤파이스티온: 4, 포티오스의 인용: 487; 아폴로도로스: 3. 13. 6; 뤼코프론: 「캇산드라」 178 ff.; 호메로스의 「일리아스」 16. 37에 대한 고전 주석자.

19] 호메로스: 「일리아스」 18. 434와 16. 149; 에우리피데스: 「트로이아 여인들」 1128, 고전 주석자와 함께; 「안드로마케」 1253 ff.

20] 딕튀스 크레텐시스: 6. 7-9; 비잔티움의 스테파누스, '이코스' 항목; 「팔라틴 선집」 7. 2. 9 ff.

*

1. 아이아코스Aeacus, 프사마테Psamathe('모래 해변'), 포코스Phocus('물개')의 신화는 거의 모든 유럽 지역의 민간 전승에 나온다. 보통 주인공은 물개 떼가 보름달 아래에서 아무도 없는 해변으로 헤엄쳐 올라오는 걸 보게 된다. 그리고 젊은 여자들이 물개 가죽을 벗고 나와서 알몸으로 모래사장에서 춤을 춘다. 영웅은 이를 바위 뒤에서 숨어서 지켜보고, 물개 가죽 하나를 숨긴다. 그렇게 해서 가죽 주인인 여자를 아내로 얻고 아이도 낳는다. 마지막에 둘은 다툼을 벌이고, 여자는 자기 가죽을 다시 찾아 헤엄쳐서 떠나 버린다.[4] 테

4) 우리네 '나무꾼과 선녀'의 전설과 거의 같다.

티스의 결혼식에서 50명의 네레이데스가 춤을 추고, 테티스가 아킬레우스를 낳은 뒤 바다로 돌아가는 대목은 동일한 전승의 조각들로 보인다. 이런 전승은 50명의 물개 여사제들이 달의 여신에게 바치는 의례의 춤에서 유래했을 것으로 보인다. 춤이 끝나면 최고위 여사제가 신성한 왕을 선택했을 것이다. 이번 신화에서는 이런 장면이 아이기나에서 펼쳐졌지만, 펠레우스의 세피아스 곶 이야기를 보면 마그네시아에서도 오징어의 여사제 무리가 비슷한 의식을 열었다. 참고로 오징어는 크레테의 미술 작품에 두드러지게 등장한다. 크놋소스 왕궁의 보물창고에서 나온 표준 추와 프랑스 브르타뉴의 카르나크[5] 지방 여러 곳에 흩어져 있는 거석 기념비에도 오징어가 많이 나온다. 오징어는 펠리온 산의 신성한 아네모네가 여덟 개 꽃잎을 가지고 있는 것처럼 여덟 개 촉수를 갖고 있다. 여덟은 지중해 신화에서 다산의 숫자이다. 펠레우스('진흙의')는 신성한 왕이 오징어 먹물을 뒤집어쓴 다음에 얻는 호칭이었을지 모른다. 그를 엔데이스Endeis('얽히게 하는 사람')의 아들이라 하기 때문인데, 이는 오징어와 동의어이다.

2. 아카스토스Acastus의 사냥 대회와 이어진 만찬, 그리고 펠레우스의 마법 칼 이야기는 즉위식의 사전 준비를 보여 주는 도상을 오해한 데서 비롯된 것으로 보인다. 이때 즉위식은 부족의 여자 상속인과 결혼하는 것이다. 도상에는 왕이 짐승으로 분장한 여러 남자와 의례적 전투를 벌이고, 테세우스(95. e 참고)와 아서 왕의 신화와 같이 바위의 갈라진 틈에서 왕의 칼을 뽑아내는 장면이 들어 있었을 것이다. (신화학자는 칼이 꽂힌 바위를 소똥 더미라고 오해했다.) 그러나 케이론이 펠리온 산에서 잘라 낸 물푸레나무 창이 칼보

---

5) 카르나크Carnac 열석: 프랑스 서북부 브르타뉴 지방 카르나크에는 유럽 거석 기념물 가운데 가장 규모가 큰 거석 기념물이 있다. 신석기 시대에서 초기 청동기 시대(1만 년 전-3000년 전) 사이에 만들어졌을 것으로 추정될 뿐 누가 무엇을 위해 만들었는지 확실하지 않다.

다 더 오래된 왕권의 상징이다.

3. 테티스의 변신은 여신의 계절적 권능을 순서대로 춤으로 보여 주었음을 암시한다(9. d와 32. b 참고). 펠레우스가 도금양 뒤에서 처음으로 그녀를 만났는데, 도금양은 전임 통치자의 마지막 달과 관련이 있다(52. 3과 109. 4 참고). 따라서 자신의 통치 기간이 끝날 때 도금양 뒤편은 만남의 장소가 된다.

이번 신화는 프티아Phthia 왕자와 이올코스의 달의 여신 여사제가 올린 조약 결혼식을 기록한 것 같다. 결혼식에는 연합 부족 또는 씨족의 열두 대표가 참가했을 것이다.

4. 고대 영어로 된 『트로이아 포위 또는 전투Seege or Battayle of Troy』의 저자는 펠레우스를 "절반은 사람, 절반은 말"이라 했는데, 지금은 없어진 고전기 자료에 바탕을 두고 그렇게 했을 것이다. 다시 말해, 펠레우스는 말을 숭배하는 아이아키다이Aeacidae 씨족에게 입양된 것이다. 그렇게 입양됐다면 희생 제물로 바친 말로 잔치를 벌였을 것이다(75. 3 참고). 결혼 선물로 발리오스Balius와 크산토스Xanthus를 주면서도 이놈들이 끌 전차는 주지 않았던 이유가 여기에 있다. 마그네시아의 켄타우로스족과 이올코스의 텟살리아인들은 이족 결혼 관계로 묶였던 것 같다. 그래서 아폴로니오스 로디오스에 대한 고전 주석자는 펠레우스의 아내가 실제는 케이론의 딸이었다고 언급한 것이다.

5. 에리스가 던진 사과를 보고 펠레우스가 당황했다는 대목은, 달의 여신이 세 가지 모습으로 나타나 불멸의 사과를 신성한 왕에게 주는 그림에서 비롯된 듯하다(32. 4; 53. 5; 159. 3 참고). 펠레우스가 아카스토스를 죽이고 크레테이스의 찢긴 주검 조각 사이로 행군해 도시로 들어갔다는 대목은, 새로운 왕이 등장하는 도상을 잘못 해석한 결과일 것이다. 왕은 의례적으

로 도끼를 가지고 전임자를 조각낸 다음 도시의 거리를 따라 행진할 참이다.

6. 사고든 의도한 것이든 살해가 계속 일어나 왕자들이 집을 떠나고, 다른 나라 왕의 정화를 받은 다음 그의 딸과 결혼한다는 이야기는 후대 신화학자들의 발명품이다. 펠레우스가 어떤 의심을 받아 아이기나 또는 프티아를 떠났다고 생각할 이유가 없다. 당시 왕위는 모계 승계에 따라 이어졌고, 왕위에 오를 후보자들은 언제나 외국에서 왔다. 새로운 왕은 의례적으로 그의 전임자를 죽인 다음 왕가 소속으로 다시 태어났다. 이어 그는 자기 이름과 부족을 바꿨는데, 이렇게 하면 복수심에 불타는 살해된 사람의 혼령을 떨쳐낼 수 있다고 생각했다. 이와 비슷하게, 아이기나의 텔라몬은 살라미스 섬으로 가서, 새로운 왕으로 선택을 받았고, 오래된 왕을 죽였다. 그러면서 오래된 왕은 신탁의 영웅이 됐다. 그리고 부엉이 여사제 무리의 우두머리와 결혼했다. 좀 더 문명화된 시기에 접어들면, 똑같은 의례를 일반적인 범죄자의 정화에도 활용했다. 이에 왕의 자리가 살해를 암시하던 일을 잊고, 펠레우스와 텔라몬과 같은 영웅들이 왕위와 무관한 범죄나 추문에 연루돼 그렇게 됐다고 하는 게 여러모로 편리했다. 이때 추문은 흔히 여왕의 정절을 빼앗으려 했다는 거짓 고발이었다(75. a와 101. e 참고). 퀴크레우스가 '엘레우시스 비의'와 연결되고, 텔라몬이 아테나이의 공주와 결혼하는 것은 나중에 중요한 문제가 됐다. 기원전 620년에 아테나이와 메가라가 살라미스의 소유권을 둘러싸고 분쟁을 일으켰기 때문이다. 스파르테가 이 사건에 대한 판정을 내렸고, 아테나이 대사는 텔라몬이 앗티케 지역과 연결된다는 점을 근거로 삼아 성공적으로 자신의 주장을 펼쳤다(플루타르코스: 『솔론』 8과 9).

7. 포코스가 원반에 맞아 죽는 것은 아크리시오스의 죽음과 비슷하다(73. p 참고). 그러나 이 또한 물개 왕 통치의 끝을 보여 주는 도상에 대한 잘못된 해석에서 비롯된 것으로 보인다. 날아가는 원반은 태양 원판이다. 여러 신

화가 명백히 보여 주는 것처럼, 희생 제의의 무기는 도끼다. 아킬레우스를 빼고도 여러 영웅이 발뒤꿈치 부상으로 죽었다. 그리스뿐만 아니라 이집트, 켈트족, 뤼디아, 인도, 노르웨이 신화에도 이런 이야기가 나온다(90. 8과 92. 10 참고).

8. 테티스가 아들들을 불에 태우는 장면은 특별하고 예외적인 게 아니다. 매년 신성한 왕의 대리인으로 소년을 제물로 바쳤다(24. 10과 156. 2 참고). 그리고 여덟 번째 해가 끝나면, 왕 자신이 죽었다(91. 4와 109. 3 참고). 인도의 『마하바라타Mahabharata』에 유사한 이야기가 있다. 거기에선 갠지스 강의 여신이 크리슈나Krishna 신을 통해 낳은 일곱 아들을 물에 빠뜨려 죽였다. 크리슈나는 마지막 아들 비슈마를 구해 냈고, 그러자 여신은 그를 버리고 떠났다. 악토르Actor가 자신의 왕국을 셋으로 나누는 대목은, 프로이토스의 신화와 유사하다(72. h 참고). 신성한 왕은 통치 기간 종료를 앞두고 자신을 제물로 내주는 게 아니라, 왕국의 한 부분만 가지고 나머지를 후계자한테 물려주었다. 다음 왕들은 죽을 때까지 왕좌를 내놓지 않으려 했다.

9. 펠레우스가 코스[6]에서 죽었다는 것은, 그의 이름이 프티아, 이올코스, 살라미스에서와 마찬가지로 그곳에서 왕의 호칭이었다는 것을 암시한다. 그는 뮈르미돈족Myrmidon의 왕이 됐다고 했는데, 프티아인들은 자기네 여신을 뮈르멕스Myrmex('개미', 66. 2 참고)로서 숭배했기 때문이다. 안토니노스 리베랄리스가 전한 테티스와 늑대 이야기는, '늑대 같은 아프로디테'(파우사니아스: 2. 31. 6)의 여사제가 소를 제물로 바치면서 고르곤 가면을 쓰고 있는 모습의 도상에서 추론한 것으로 보인다.

---

6) 본문에는 이코스Icos 섬에서 죽었다고 했다. 이는 마그네시아의 이올코스 앞 바다에 있다. 반면, 해설에서는 코스Cos 섬이라 했다. 코스 섬은 저 멀리 소아시아 카리아 앞에 있다. 문맥상 이코스 섬이 맞아 보인다.

82
아리스타이오스

휩세우스는 라피타이족의 상왕으로, 나이아스인 크레우사가 강의 신 페네이오스에게 낳아 준 아들이다. 휩세우스도 나이아스인 클리다노페와 결혼해 딸 퀴레네를 얻었다. 퀴레네는 실잣기와 천짜기를 비롯한 가사 일을 경멸하고, 대신 펠리온 산에서 들짐승 사냥에 열을 올렸다. 아버지의 소 떼와 양 떼를 지켜야 한다면서 낮도 모자라 밤의 절반도 사냥을 했다. 아폴론은 언젠가 그녀가 힘센 사자와 맞붙어 싸우는 것을 보고, 켄타우로스족의 케이론 왕을 불러 싸움을 보라면서 그녀의 이름이 무엇인지 물었다. (물론 이번에도 퀴레네가 여느 때처럼 이겼다.) 또 자기한테 괜찮은 신붓감이 될지 물었다. 케이론은 웃었다. 아폴론이 이름을 이미 알고 있을 뿐 아니라, 그녀와 함께하겠다는 마음도 이미 굳혔음을 알았기 때문이다. 아폴론은 그녀가 페네이오스 강 옆에서 휩세우스의 양 떼를 지키는 모습을 보고 이미 그런 마음을 먹었다. 그녀가 펠리아스의 장례 제전 속 달리기 경주에서 우승해 자기한테서 상으로 사냥개 두 마리를 받아갔을 때 결심했을 수도 있다.[1]

b. 케이론은 나아가 다가올 일을 이렇게 예언했다. 나중에 아폴론은 퀴레네를 바다 건너 제우스의 가장 화려한 정원으로 데려갈 것이며, 위대한

도시의 여왕으로 만들어 줄 것이다. 그 도시는 처음으로 섬 주민들을 평원에 솟아 있는 언덕 주위로 불러 모을 것이다. 리뷔에는 그녀를 환대해 황금 궁전으로 데려갈 것이고, 퀴레네는 여왕의 자리에 올라 사냥꾼과 농부들에게 똑같이 선행을 베풀 것이다. 그리고 거기서 아리스테오스 또는 아리스타이오스라고 부르는 아폴론의 아들을 낳을 것이며, 헤르메스가 남자 산파로 출산을 도울 것이다. 헤르메스는 왕좌에 올라 있는 시간의 여신들Hours과 어머니 대지에게 아이를 데려가 넥타르와 암브로시아를 주라고 부탁할 것이다. 마지막으로 아리스타이오스가 어른이 됐을 때, 그는 '불멸의 제우스'나 '순수한 아폴론', '양떼의 수호자'라는 호칭들을 얻을 것이다.2]

c. 아폴론은 때가 되자 퀴레네를 자기 황금 전차에 태워 지금은 퀴레네시라 부르는 곳으로 데려갔다. 아프로디테는 그들을 마중하려 나와 있었고, 즉시 리뷔에의 황금 침소로 안내해 쉬도록 했다. 그날 밤, 아폴론은 퀴레네에게 아주 오랫동안 사냥에 대한 열정을 맘껏 누리고 비옥한 나라를 다스릴 수 있게 하겠다고 약속했다. 그는 부근 언덕에 사는 헤르메스의 자식인 도금양Myrtle 님프들에게 그녀를 맡기고 떠났다. 그녀는 거기서 아리스타이오스를 낳았고, 아폴론의 두 번째 방문 다음에는 예언자 이드몬을 낳았다. 그러나 그녀는 어느 날 밤 아레스와 동침했고, 그 결과 사람 먹는 암말의 주인인 트라케의 디오메데스를 낳았다.3]

d. 도금양 님프들은 아리스타이오스에게 '아그레오스'와 '노미오스'라는 별명을 붙였고, 치즈 만들기와 벌집 짓기의 요령과 함께 야생 올리브에서 경작용 올리브를 얻는 방법을 가르쳤다. 그는 이런 유용한 기술을 사람들에게 전해 주었고, 사람들은 감사의 뜻에서 그를 신으로 기렸다. 그는 리비아에서 보이오티아로 배를 타고 건너갔고, 아폴론은 그를 케이론의 동굴로 데려가 어떤 비밀 의식을 배우도록 했다.

e. 아리스타이오스가 성인이 되자, 무사 여신들은 그를 아우토노에와 결혼시켰다. 이를 통해 그는 고약한 운명의 악타이온과 디오뉘소스의 유모가 되는 마크리스를 자식으로 얻었다. 여신들은 그에게 치료와 예언의 기술도 가르쳤으며, 자기들 양 떼를 지키게도 했다. 양 떼는 프티아의 '아타만티아 평원'과 오트뤼스 산 부근, 아피다노스 강 계곡에서 풀을 뜯고 있었다. 아리스타이오스는 여기서 퀴레네한테 배운 사냥 기술을 완성했다.4]

f. 어느 날 그는 델포이 신탁을 구했는데, 케오스 섬을 찾아가면 큰 공경을 받을 것이라는 신탁이 나왔다. 즉시 출항해 도착해 보니, 개의 별이 시들면서 섬 주민들 사이에 역병이 돌고 있었다. 이는 이카리오스의 복수인데, 그를 죽인 살해자들이 달아나 이곳에 숨어 있었기 때문이다. 아리스타이오스는 사람들을 불러 모은 다음, 산에 커다란 제단을 쌓고, 제우스에게 제물을 바쳤다. 동시에 살인자들을 찾아내 죽임으로써 개의 별을 달랬다. 제우스는 흐뭇해서 계절풍에게 이제부터는 개의 별이 뜨고 나서 40일 동안 그리스 전역과 이웃한 섬들을 시원하게 식혀 주라 명했다. 이렇게 해서 역병은 물러났고, 케오스 섬사람들은 그에게 감사의 뜻을 표시했을 뿐 아니라, 지금도 매년 개의 별이 뜨기 전에 그를 달래고 있다.5]

g. 그는 다음으로 아르카디아를 방문했고, 나중에 멀리 템페에 정착했다. 그런데 거기서 그의 벌 떼가 모두 죽었다. 크게 실망해, 그는 페네이오스 강에 있는 깊은 웅덩이로 갔다. 거기에 퀴레네가 다른 나이아데스 자매들과 함께 머물곤 한다는 걸 알았기 때문이다. 그의 이모 아레투사가 물속에서 간청하는 목소리를 듣고, 물 밖으로 고개를 내밀어 아리스타이오스를 알아봤고, 그를 나이아데스의 멋진 궁전으로 데려갔다. 나이아데스는 영원한 샘에서 흘러나오는 물로 그를 씻겨 주었다. 제물로 바쳐진 성찬을 즐긴 다음, 퀴레네의 조언을 얻었다. "내 사촌 프로테우스를 묶어 놓고 너의 벌 떼가

아픈 이유를 설명하라고 다그쳐 보거라."

h. 프로테우스는 파로스 섬의 동굴에서 개의 별의 열기를 피해 한낮의 휴식을 취하고 있었다. 아리스타이오스는 여러 모습으로 변신한 프로테우스를 제압하는 데 성공했다. 그리고 벌 떼가 아픈 것은 [오르페우스의 아내] 에우뤼디케의 죽음을 야기한 것에 대한 벌이었음을 알게 됐다. 언젠가 그는 템페 부근의 강기슭에서 그녀에서 덤벼들었고, 그녀는 이를 피해 달아나다 뱀에 물려 죽은 일이 있었다.

i. 아리스타이오스는 나이아데스의 궁전을 다시 찾아갔다. 퀴레네는 아들에게 숲속에 에우뤼디케의 동무인 드뤼아데스에게 바치는 네 개의 제단을 쌓아 올리고, 어린 황소와 어린 암소 네 마리씩을 제물로 바치라고 알려 주었다. 피를 땅에 뿌리고 죽은 제물을 그 자리에 두고 물러난 다음, 마지막으로 아흐레 뒤 아침에 망각의 양귀비, 살찌운 송아지, 검은 암양을 가지고 돌아가 오르페우스의 혼을 달래라고 덧붙였다. 오르페우스는 지금 저 아래에서 에우뤼디케와 함께 있다고 했다. 아리스타이오스는 그대로 따랐고, 아홉째 날 아침에 벌 떼가 썩은 제물에서 날아올라 나무 위에 자리를 잡았다. 그는 벌 떼를 붙잡아 와서 자기 벌집에 넣었다. 아르카디아 사람들은 이제 그를 제우스로서 공경한다. 그가 이들에게 새로 벌 떼를 얻는 방법을 가르쳐 주었기 때문이다.[6]

j. 나중에 그는 아들 악타이온이 [아르테미스의 목욕 모습을 본 뒤] 죽음을 당함에 따라 깊은 슬픔에 빠져, 보이오티아에 대한 증오가 마음속에 일었다. 이에 그를 따르는 무리와 함께 리비아로 배를 타고 갔으며, 거기에서 퀴레네에게 이주를 위해 타고 갈 큰 배를 부탁했다. 어머니는 기꺼이 그렇게 해 주었고, 그는 다시 바다로 나가 북서쪽으로 방향을 잡았다. 처음 도착한 육지가 사르디니아였으며, 그는 그곳의 원시적인 아름다움에 사로잡혔다. 그

는 그곳을 경작하기 시작했고, 거기서 아들 둘을 얻었다. 머지않아 다이달로스가 찾아와 함께 지냈다. 그러나 거기에 새 도시를 건설하지는 않았다고 한다.7)

k. 아리스타이오스는 다른 먼 섬들도 방문했다. 몇 년 동안 시칠리아에서도 지냈다. 거기서 그는 신적인 공경을 받았는데, 올리브 기르는 이들이 특별히 더 그를 공경했다. 마침내 그는 트라케로 가서, 디오뉘소스의 비의에 참여함으로써 그의 교육을 보완했다. 하이모스 산 부근에서 한동안 살면서 도시 아리스타이온을 건설한 다음, 그는 흔적도 없이 사라졌다. 지금 트라케의 야만인들과 문명화된 그리스인들 양쪽 모두 그를 신으로 숭배한다.8)

1) 핀다로스: 「퓌티아 제전 송가」 9. 5 ff.; 아폴로니오스 로디오스: 『아르고 호 이야기』 2. 500 ff.; 칼리마코스: 『아르테미스 찬가』 206.
2) 핀다로스: 같은 곳.
3) 디오도로스 시켈로스: 『역사총서』 4. 81; 핀다로스: 같은 곳; 아폴로니오스 로디오스: 같은 곳; 휘기누스: 『신화집』 14; 아폴로도로스: 『비블리오테카』 2. 5. 8.
4) 디오도로스 시켈로스: 같은 곳; 아폴로도로스: 3. 4. 4; 아폴로니오스 로디오스: 4. 1131과 2. 500 ff.; 핀다로스: 같은 곳.
5) 아폴로니오스 로디오스: 2. 500 ff.; 디오도로스 시켈로스: 4. 82; 휘기누스: 『시적 천문학』 2. 4.
6) 베르길리우스: 『농경시』 4. 317-558; 핀다로스, 베르길리우스의 『농경시』 1. 14와 관련해 세르비오스가 인용.
7) 세르비오스: 같은 곳.
8) 디오도로스 시켈로스: 같은 곳; 파우사니아스: 『그리스 여행기』 10. 17. 3.

*

1. 아리스타이오스Aristaeus의 출생담은 핀다로스에 의해 윤색됐다. 이는 밧토스Battus의 한 후손에게 아부하기 위한 것인데, 밧토스는 기원전 691년 이주민들을 이끌고 에게 해 남쪽 테라Thera[오늘날의 '산토리니' 섬]에서 리비아로 건너가 퀴레네를 건설했다. 그가 창업한 왕조는 오래 지속됐다. 퀴

레네인들은 자기네 조상이 아리스타이오스라고 주장했다. 유스티누스 Justinus(13. 7)을 보면, 밧토스('혀가 묶인')는 아리스타이오스의 별명일 뿐이다. 이들은 아리스타이오스를 아폴론의 아들로 여겼는데, 테라에서부터 아폴론을 숭배했기 때문이다. 퀴레네의 항구도 아폴로니아Apollonia라고 불렀다. 그러나 [아리스타이오스의 어머니] 퀴레네는 밧토스의 시대 훨씬 이전부터 존재했던 신화적 인물이었다. 퀴레네와 켄타우로스족의 연관성은 그녀가 마그네시아의 말 숭배의 여신이 테라 섬으로 넘어온 것임을 보여 준다. 실제 테라의 초기 바위 비문에 케이론의 이름까지 나올 정도다. 퀴레네과 아레스한테서 디오메데스가 태어났다는 신화도 퀴레네가 오래된 그 여신임을 강하게 암시한다.

2. 도금양Myrtle은 본래 죽음의 나무이고(109. 4 참고), 이에 도금양 님프는 어린 아리스타이오스를 가르칠 능력이 있는 여자 예언가였다. 그런데 식민지 건설자들은 한 시대가 끝났다는 것을 분명히 보여 주기 위해 도금양 나뭇가지를 들고 다니기도 했다. 이에 도금양은 식민지 건설의 상징이 됐다.

3. 아리스타이오스는 '아르카디아의 제우스'와 '케오스 섬의 제우스'를 숭배하는 호칭이었다. 다른 곳에선 아폴론과 헤르메스의 숭배 호칭이었다. (베르길리우스의 『농경시』 1. 14.에 대한) 세르비오스를 보면, 헤시오도스는 아리스타이오스를 '목축의 아폴론'이라고 불렀다. 보이오티아의 타나그라에서 헤르메스는 '숫양 나르는 이'로 알려졌으며(파우사니아스: 9. 22. 1), 아카이아의 파라이에서 물고기는 헤르메스에게 신성했다(파우사니아스: 7. 22. 2). 이에 따라 퀴레네 시의 무덤 벽화에 '아리스타이오스'는 양과 물고기에 둘러싸여 숫양을 나르고 있다. 그의 방랑은 아리스타이오스의 숭배 호칭이 여러 곳에서 등장한다는 점을 설명하기 위한 것이다. 실제 이는 시칠리아, 사르디니아, 케오스, 보이오티아, 텟살리아, 마케도니아, 아르카디아에서 나온

다. 개의 별은 이집트 신 토트이며, 이는 헤르메스와 동일시된다. 케오스인
들은 헤르메르를 아리스타이오스로 알고 있었다.

4. 아리스타이오스가 죽은 소에서 벌 떼를 새로 얻었다는 대목은, 베르
길리우스가 잘못 언급한 것이다. 벌은 소가 아니라 사자한테서 나왔을 것
이다. 이는 퀴레네가 죽었거나, 그녀를 기려 죽인 사자였을 것이다. 이번 신
화도 삼손Samson의 경우에 죽은 사자한테서 벌 떼가 나왔던 것과 마찬가지
로, 원시시대 도상에서 추론한 것으로 보인다. 그 도상에는 벌거벗은 여인
이 사자 한 마리와 요염하게 몸싸움을 벌이고 있고, 옆에는 벌 한 마리가
다른 죽은 사자 위를 날고 있다. 벌거벗은 여인은 사자 여신인 퀴레네, 또는
힛타이트의 헤파투Hepatu, 또는 시리아의 아나타Anatha, 또는 뮈케나이의 사
자 여신인 헤라이다. 그리고 그녀의 상대편은 신성한 왕으로, 한여름의 사
자자리[1] 아래에서 죽기로 예정돼 있다. 사자자리는 이집트의 황도 12궁에
서 칼로 상징했다. 테세우스나 헤라클레스와 마찬가지로, 이때 신성한 왕
은 사자 가면과 사자 가죽을 쓰고, 그의 전임자인 죽은 사자의 정령에게서
활력을 얻는다. 그런데 그 정령은 꿀벌의 모습으로 등장한다(90. 3 참고). 벌
떼는 봄에 처음 나오지만, 여신은 나중에 '한여름의 벌 여신'으로서 신성한
왕을 쏘아 죽이고, 거세까지 한다(18. 3 참고). 신성한 왕이 죽인 사자는, 즉
위식에서 벌어진 의례적 전투로 자기에게 도전한 여러 짐승 가운데 하나였
다. 헤라클레스와 그의 친구 퓔리오스Phylius가 둘 다 펠로폰네소스에서 사
자를 죽였고(153. e-f 참고), 퀴지코스가 마르마라 해에 있는 딘뒤몬Dindymun
산에서 그랬고(149. h 참고), 삼손이 필리스티아에서 그랬고(「사사기」 14장

---

1) 사자자리Leo: 봄철 천정 부근에서 볼 수 있는 황도 12궁 중 다섯 번째 별자리. 1등성 레굴루스는 가장 밝
　은 별 가운데 하나이다. 그리스 신화에서는 네메아의 황야에 사는 사자로 헤라클레스가 퇴치했다.

6절), 다윗이 베들레헴에서 그랬다(「사무엘상」 17장 34-35절).

5. 아리스타이오스가 페네이오스 강을 찾아갔다는 베르길리우스의 설명은, 무책임한 신화 사용의 실제 사례이다. 프로테우스는 나일 강 삼각주 밖의 파로스Pharos에 살았는데, 먹살이 잡혀 이번 이야기 속으로 끌려들어 왔다. 템페 계곡에는 유명한 아폴론의 신탁소가 있었고, 아리스타이오스가 그의 아들이니, 당연히 거기에 신탁을 청했을 것이다. 아레투사Arethusa는 펠로폰네소스 반도에 있는 개울로 페네이오스 강과 아무런 상관이 없다. 그리고 아리스타이오스가 나이아데스의 궁전에서 여러 개의 방을 둘러봤는데, 거기엔 티베르Tiber, 포Po, 아니오Anio,[2] 파시스Phasis[3] 등 수많은 강이 각각의 방에 보관돼 있었다고 전했다. 이는 신화적으로 우스꽝스럽기 짝이 없는 착상이다.

6. 크레테 사람들한테는 시칠리아로 올리브유를 수출하는 것이 접목용 올리브 수출보다 더 수익성이 좋았을 것이다. 그러나 일단 뮈케나이 시대 후기에, 헬라스(그리스)의 식민지들이 남쪽 해안에 건설되자, 올리브 재배가 그곳에서도 자리를 잡았다. 시칠리아를 방문한 아리스타이오스는 '제우스 모리오스Zeus Morius'와 동일시됐을 것이다. 제우스 모리오스가 신성한 올리브나무에서 얻은 접목용 올리브를 여러 지역에 공급한다고 생각했기 때문이다. 접목용 나무는 모두 아테나가 아테나이의 아크로폴리스에 심은 올리브나무의 후손들에게서 채취한 것이다(16. c 참고). 그는 또 미노스의 크레테 섬에서 아테나이로 들어온 양봉 기술도 여러 지역에 보급했을 것이다. 크레테에서 전문적인 양봉 기술자들의 교역 상표는 꿀벌 한 마리와 장갑 한

---

2) 이탈리아의 아니에네 강Aniene River이다.

3) 흑해 동쪽 조지아의 리오니 강Rioni 또는 리온Rion 강이다.

짝이었으며, 테라코타 벌집을 사용했다. 벌 밥의 그리스 단어인, 케린토스 cerinthos는 크레테 말이다. 관련 단어들이 모두 그럴 것임이 틀림없다. 이를 테면 '밀랍 벌집'의 케리온cērion, '밀랍을 먹인'의 케리노스cērinos, 일종의 메 뚜기인 '벌 나방'의 케라피스cēraphis 등이 그렇다. 케르Cer는 '삶 안의 죽음' 의 여신인 크레테의 벌 여신이었음이 틀림없다. 그런데 케르의 이름(철자가 카르Car 또는 크레Q're이기도 했다)은 일반적으로 '운명fate', '죽을 운명doom', '숙 명destiny'을 뜻하게 됐으며, 복수형 케레스ceres는 '앙심, 역병, 또는 보이지 않 는 불운'을 뜻했다. 그래서 아이스퀼로스는 테바이의 스핑크스-여신을 '남 자를 낚아채는 케르'라고 불렀다(「테바이를 공격한 일곱 장수」 777).

83
미다스

미다스는 '위대한 여신' 이다의 아들로, 여신이 이제는 그 이름이 잊힌 어느 사튀로스를 통해 낳았다. 미다스는 마케도니아 브로미온의 왕으로, (모스키아라고도 부르는) 브리게스인을 두루 다스렸다. 그는 쾌락을 탐닉하는 인물로, 유명한 장미 정원을 갖고 있었다.[1] 그가 아기였을 때, 개미 행렬이 밀 낟알을 입에 물고 요람의 옆을 기어올라 잠들어 있는 아기의 입술 사이에 집어넣었다. 어느 점쟁이는 이런 기이한 일을 보고, 그가 앞으로 엄청난 부를 쌓을 전조라고 했다. 그가 성장하자 오르페우스는 개인교사로 그를 가르쳤다.[2]

b. 어느 날, 늙고 방탕한 사튀로스 실레노스가 어쩌다 왕의 장미 정원에서 술에 취해 잠들어 있는 게 발견됐다. 그는 한때 디오뉘소스의 교사였고, 지금은 디오뉘소스의 군대가 트라케에서 보이오티아로 시끌벅적하게 행군할 때 무리에서 혼자 뒤떨어져 여기로 흘러온 것이다. 정원사들은 화관으로 그를 묶어 미다스 앞으로 데려갔고, 그는 왕에게 큰 바다 너머에 있는 거대한 대륙에 대한 멋진 이야기를 들려주었다. 그곳은 서로 연결된 유럽, 아시아, 아프리카와 완전히 따로 떨어져 있으며, 아름답고 화려한 도시들이 즐비

할 뿐 아니라, 사람들도 기골이 장대하고 행복하게 장수한다고 했다. 법률 체계도 아주 잘 갖춰져 있다고 전했다. 한번은 최소 1천만 명이 넘는 엄청난 규모의 원정대가 배를 타고 출발해 큰 바다를 건너 북녘에 사는 휘페르보레오이족을 방문했다. 그러나 자신들의 땅이 구세계가 허락한 최선이라는 점을 깨닫고 실망해 되돌아왔다. 실레노스는 어떤 여행자도 그 너머로 갈 수 없는 무서운 소용돌이 이야기도 들려주었다. 그 가까이 강줄기 두 개가 흘렀는데, 첫 번째 강의 기슭에 자라는 나무에 열린 과일을 먹으면 눈물을 흘리고 신음하며 여위어 간다. 그러나 반대편 강의 옆에 자라는 나무의 열매는 노인들마저 젊은이로 새로 태어나게 한다. 중년, 청년, 사춘기 단계를 거쳐, 다시 아이가 된다. 그러곤 아기가 되더니 마지막에 사라져 버린다! 미다스는 실레노스가 꾸며 낸 이야기에 푹 빠졌고, 그를 다섯 날 밤낮으로 대접한 뒤 부하들에게 그를 호위해 디오뉘소스 무리로 데려다 주게 했다.[3]

c. 디오뉘소스는 실레노스가 없어졌다는 얘기에 걱정하던 차에 그가 무사히 돌아와 무척 기뻤다. 이에 미다스에게 사람을 보내 어떤 보상을 받고 싶으냐고 물었다. 미다스는 주저하지 않고 답했다. "제가 손을 대는 것을 모두 금으로 변하게 해주십시오." 하지만 돌과 꽃, 집 안 세간만 금으로 바뀌는 게 아니라 식탁에 앉으면 그가 먹을 음식과 마실 물까지 모두 그렇게 됐다. 미다스는 금방 자신의 소원을 없던 일로 해달라고 간청했다. 굶주림과 갈증으로 죽을 지경이었다. 디오뉘소스는 이를 재미있어 하면서, 그에게 트몰로스 산 부근에 있는 팍톨로스 강의 수원을 찾아가 그 물로 씻으라고 했다. 미다스는 이 말을 따랐고, 즉시 만지면 금으로 바뀌는 고통에서 풀려났다. 그러나 팍톨로스 강의 모래는 오늘날까지 금으로 빛난다.[4]

d. 미다스는 자신이 다스리던 브리게스인들과 함께 아시아로 넘어갔으며, 아이가 없는 프뤼기아 왕 고르디아스가 그를 입양했다. 고르디아스는

예전에 가난한 농부였는데, 어느 날 자신의 수소 수레에 묶어 둔 장대 위에 왕의 독수리가 내려앉았다. 독수리가 종일 거기 머물러 있을 태세여서, 지금은 갈라티아의 일부인 프뤼기아의 텔미소스로 수레를 몰고 갔다. 거기엔 믿을 만한 신탁소가 있었기 때문이다. 그런데 그는 도시 입구에서 젊은 여성 예언자를 만났다. 그녀는 아직도 장대에 앉아 있는 독수리를 보고서 즉시 '제우스 왕'에게 제물을 바쳐야 한다고 역설했다. "농부님, 제가 함께 가게 해주세요. 그래야 알맞은 희생물을 고를 수 있을 겁니다." 그녀는 말했다. "아무렴 좋고말고요. 그대는 현명하면서도 사려 깊은 분으로 보입니다. 저의 아내가 돼주시겠습니까?" 고르디아스는 응답했다. "희생 제물을 바치고 나면 곧바로 그렇게 하겠습니다." 그녀는 답했다.

e. 그러는 동안 프뤼기아의 왕이 갑자기 후손 없이 죽었다. 그리고 이런 신탁이 나왔다. "프뤼기아인들이여, 그대의 새로운 왕이 지금 수소 수레에 신부를 태워 오고 있다!"

수레가 텔미소스의 장터에 들어설 때, 독수리는 즉시 사람들의 이목을 끌었다. 이어 고르디아스는 만장일치로 왕으로 추대됐다. 그는 감사의 뜻으로 수레를 제우스에게 바쳤다. 이때 고르디아스는 특별한 방식으로 매듭을 지어 멍에를 수레 장대에 달아매 함께 바쳤다. 그 뒤로 이 매듭을 푸는 방법을 발견한 사람은 누구든 아시아 전체의 주인이 될 것이라는 신탁이 나왔다.[1] 그 뒤로 멍에와 수레의 장대는 고르디아스가 건설한 고르디온의 아크로폴리스에 보존돼 있었다. 제우스의 사제들이 몇 세기 동안 열심히 지켰지만, 마케도니아의 알렉산드로스는 과감하게 매듭을 칼로 잘라 버렸다.[5]

---

1) 여기서 '아시아'는 이른바 소아시아, 넓게 봐도 인도까지다. 중앙아시아 너머, 동북아시아(한·중·일)와 동남아시아(베트남, 필리핀 등)는 그들의 시야에 전혀 없었다.

f. 고르디아스가 죽은 다음 미다스는 왕위를 이어받았고, 디오뉘소스 숭배를 장려했다. 안퀴라 시도 건설했다. 그를 따라왔던 브리게스인들은 이제 프뤼게스인들로 알려지게 됐다. 프뤼기아의 왕들은 오늘날까지도 번갈아 가면서 미다스와 고르디아스라고 불린다. 이런 까닭에 첫 번째 미다스 왕을 두고 고르디아스의 아들이라고 잘못 일컫는 것이다.[6]

g. 미다스는 아폴론과 마르쉬아스 사이에서 벌어진 유명한 음악 시합에 참석했다. 시합의 심판은 강의 신 트몰로스였다. 트몰로스는 아폴론의 승리를 선언했는데, 미다스는 이 결정에 동의하지 않았다. 아폴론은 그에게 벌을 내려 당나귀 귀를 붙여 주었다. 오랫동안 미다스는 프뤼기아 모자를 써서 이를 감췄지만, 그의 이발사는 이 사실을 알고 있었다. 미다스가 비밀을 누설하면 죽이겠다면서 입을 다물라 명했지만, 이발사는 혼자 비밀을 간직하는 게 너무 힘들었다. 이에 그는 강기슭에 구멍을 파고, 주변에 아무도 없다는 것을 먼저 확인한 다음 구멍에 대고 속삭였다. "미다스 왕은 당나귀 귀를 가졌다!" 그런 다음 이발사는 구멍을 메우고, 만족해 집으로 돌아갔다. 그런데 언젠가 갈대 하나가 기슭에서 싹이 나더니 지나가는 모든 사람에게 그 비밀을 속삭였다. 미다스는 자기 비밀이 널리 알려졌다는 것을 알고, 이발사를 죽이고 황소의 피를 마셔 비참하게 생을 마감했다.[7]

1] 휘기누스: 『신화집』 274; 필로스트라토스: 『퇴아나의 아폴로니오스의 생애』 6. 27; 헤로도토스: 『역사』 1. 14와 8. 138.
2] 키케로: 『예언에 관하여』 1. 36; 발레리우스 막시무스: 1. 6. 3; 오비디우스: 『변신 이야기』 11. 92-93.
3] 아일리아노스: 『다양한 역사』 3. 18.
4] 플루타르코스: 『미노스』 5; 오비디우스: 『변신 이야기』 11. 90 ff.; 휘기누스: 『신화집』 191; 베르길리우스: 『시선』 6. 13 ff.
5] 아일리아노스: 『알렉산드로스의 원정』 2. 3.
6] 유스티누스: 11. 7; 파우사니아스: 『그리스 여행기』 1. 4. 5; 아일리아노스: 『다양한 역사』 4. 17.
7] 오비디우스: 『변신 이야기』 11. 146 ff.; 페르시우스: 『풍자시』 1. 121; 스트라본: 『지리학』 1. 3. 21.

*

1. 미다스Midas는 그동안 모스키아Moschia('송아지 남자들') 또는 무슈키족 Mushki의 왕인 미타Mita와 동일시됐는데 실제 그럴 가능성이 높다. 이들은 흑해 남쪽 폰토스Pontus에서 유래했으며, 기원전 두 번째 천년기 중반에, 나중에 마케도니아라고 부르게 되는, 트라케의 서쪽 부분을 장악했다. 이들은 기원전 1200년쯤 헬레스폰토스를 건너, 소아시아의 힛타이트 세력을 무찌르고, 그들의 수도 프테리아Pteria를 장악했다. '모스키아족'은 아마도 이들이 신성한 한 해의 정령으로서 수송아지를 숭배했던 것과 관련 있는 듯하다. 미다스의 장미 정원과 그의 출생담은 주신제를 열어 아프로디테를 숭배했음을 암시한다. 장미는 아프로디테에게 신성하기 때문이다. 손을 대면 금으로 변한다는 이야기는 미타 왕조의 부와 팍톨로스 강에 사금이 있는 이유를 설명하기 위해 발명됐다. 당나귀 귀는 흔히 미다스를 아테나이 희극에서 흉측하게 긴 귀를 가진 사튀로스로 표현하면서 나온 이야기라고 한다.

2. 그러나 당나귀는 그에게 은혜를 베푼 디오뉘소스에게 신성한 동물이며, 디오뉘소스는 이 둘을 별자리로 그려 넣기도 했다(휘기누스: 『시적 천문학』 2. 13). 따라서 원래의 미다스는 당나귀 분장을 하고 자랑스러워했을 가능성이 높다. 이집트 왕조의 모든 신은 왕의 표시로 갈대 홀을 들고 다녔는데, 그 끝에는 한 쌍의 당나귀 귀가 있었다. 이는 당나귀 귀를 가진 세트 신(35. 4 참고)이 모든 신을 다스리던 시절을 기념하기 위함이었다. 세트는 권능이 크게 줄어들었지만, 기원전 두 번째 천년기 초에 휙소스[2] 왕들에 의해 잠시

---

2) 휙소스Hyksos: 100여 년에 걸쳐 이집트를 정복해 통치한 유목 민족. '휙소스'는 '이민족 통치자'를 가리키는 고대 이집트어 '헤카 크세웨트heqa khsewet'에서 유래했다.

되살아났다. 힛타이트족은 휙소스가 이끄는 북방의 거대한 정복자 무리의 일부로 참여하고 있었기에, 당나귀 귀의 미다스는 아마 세트 신의 이름으로 힛타이트 제국에 대한 통치권을 주장했을 것이다. 이집트가 왕조시대에 들어서기 이전, 세트는 한 해의 두 번째 절반을 다스렸고, 첫 번째 절반의 정령인 자기 형제 오시리스를 매년 살해했다. 오시리스의 상징이 황소였다. 이들은 사실 누이인 달의 여신 이시스의 사랑을 얻기 위해 영원히 다투는, 우리 눈에 익은 경쟁하는 쌍둥이였다.

3. 미다스의 이발사 이야기가 유래한 도상에는 아마도 당나귀 왕의 죽음이 그려져 있었을 것이다. 당나귀 왕의 햇빛처럼 빛나는 머리카락에는 왕의 권능이 서려 있는데, 이것이 삼손처럼 잘려 나간다(91. 1 참고). 그는 머리가 잘리고, 이는 안퀴라Ancyra 시를 외침으로부터 보호하기 위해 구덩이에 묻혔다. 갈대의 상징은 이중적이다. 즉 갈대는 열두 번째 달의 '나무'(52. 3 참고)로서 임박한 죽음을 경고하면서도, 그의 후계자한테는 왕위에 오를 것임을 뜻한다. 황소의 피에는 엄청난 마법의 힘이 있어, 오직 대지의 어머니를 모시는 여사제들만 이를 마셔도 해가 없다. 더구나 오시리스의 피이므로 당나귀 왕에게는 독성이 특별히 더 강할 것이다.

4. 고르디아스의 매듭의 비밀은 종교적 비밀이었던 것으로 보인다. 아마도 입에 올릴 수 없는 디오뉘소스의 이름과 생가죽 끈을 묶어 만든 매듭 암호였을지도 모른다. 아시아(소아시아)로 들어가기 위해서는 반드시 고르디온Gordion을 확보해야 했다. 도시의 성채가 트로이아에서 안티오케이아로 가는 유일한 교역로를 내려다보고 있기 때문이다. 예루살렘에서 여호와의 이름을 입에 올릴 수 없고 오직 사제장만 이를 전달받은 것과 마찬가지로, 고르디온의 사제는 그 비밀을 프뤼기아의 왕에게만 전해 주었을 것이다. 알렉산드로스는 소아시아 너머로 침략하기 위해 고르디온에 군대를 정

렬시키고 있을 때 무자비하게 매듭을 칼로 잘랐다. 알렉산드로스는 이렇게 칼의 힘을 종교적 비밀의 힘 위에 올려놓음으로써 고대의 질서를 끝냈다. 고르디아스Gordius('꿀꿀거리다' 또는 '투덜거리다'를 뜻하는 그뤼제인gruzein에서 왔다)는 아마도 그의 신탁 전당에서 나는 중얼거리는 소리에서 그 이름이 나왔을 것이다.

5. 아틀란티스 대륙 이야기가 술에 취한 실레노스의 입을 통해 전달됐는데, 그 까닭은 플루타르코스가 기록한 세 가지 사건에서 추측할 수 있을 것 같다(『솔론』 25-29). 첫째, 솔론은 소아시아와 이집트를 널리 여행했다. 둘째, 그는 아틀란티스 전설을 믿고(39. b 참고) 이를 서사시로 담아냈다. 셋째, 그는 극작가 테스피스Thespis와 말다툼을 벌였다. 테스피스는 디오뉘소스에 대한 자기 작품에서 사튀로스의 입을 통해 터무니없는 소리를 했는데, 이는 아마도 현실 문제와 관련된 암시로 가득했을 것이다. 솔론은 물었다. "여기 보세요, 테스피스. 저 많은 청중 앞에서 그렇게 거짓말을 많이 하고도 아무렇지 않아요?" 테스피스는 답했다. "연극 전체가 농담일 뿐인데, 무슨 상관인가요?" 솔론은 지팡이로 땅을 쾅쾅 두드리면서 말했다. "소중한 극장에서 그렇게 농담을 장려하면, 계약과 조약에도 농담이 넘쳐나게 될 겁니다!" 아일리아노스[3]는 간접적으로 겨우 테스피스 또는 그의 문하생 프라티나스Pratinas의 희극 작품에 접근했을 것이다. 그러면서 아일리아노스는 솔론이 서사시로 이상향을 그리면서 거짓말을 늘어놓았다고 조롱했고, 솔론이 이집트와 소아시아를 제멋대로 돌아다닌 것이 실레노스와 비슷하다고 했다(27. b 참고). 참고로, 아일리아노스는 이때 테오폼포스Theopompus를 출전으로

---

3) 아일리아노스Claudius Aelianus[영어 Aelian]: 기원후 3세기 로마 작가, 역사가. 그리스어에 능했고, 『다양한 역사Varia Historia』 등을 남겼다.

인용했다. 실레노스와 솔론은 이름이 비슷하고, 실레노스가 디오뉘소스의 교사였듯이 솔론은 페이시스트라토스Peisistratos의 교사였다. 페이시스트라토스는 아마도 스승인 솔론의 조언에 따라 아테나이에 디오뉘소스 숭배 의식을 시작했을 것이다(27.5 참고).

6. 솔론이 여행 도중에 아틀란티스 관련 민간전승을 단편적으로 전해 들었고, 그가 이를 자신의 서사시에 집어넣었으며, 또 그에 대한 패러디가 극장 무대에 올랐다는 추측이 완전히 엉뚱한 것은 아니다. 이를테면 큰 바다 건너에 '영원한 젊음의 땅'이 있다는 게일족의 전설도 비슷하게 흘러간다. '금빛 머리카락의 니암Niamh'이 오이신Oisin과 결혼해 그곳으로 떠났고, 오이신은 몇백 년 만에 아일랜드로 돌아온다. 오이신은 자기 백성이 니암의 백성에 견줘 너무나 타락했음에 역겨움을 느끼고 되돌아온 것을 깊게 후회한다. "건널 수 없는 소용돌이"는 유명한 이야기인데, 고대 자연과학자들은 거기는 세상 끝 가장자리로 큰 바다가 넘쳐 떨어지며, 그 너머엔 아무것도 없다고 가정했다. 솔론 역시 지리학자들이 아틀란티스 대륙의 존재 가능성에 대해 토론하는 것을 들었을 것이다. 에라토스테네스Eratosthenes, 멜라Mela, 키케로, 스트라본Strabo 등도 이에 대해 숙고했으며, 세네카는 자신의 『메데이아』 제2막에서 대륙의 발견을 예언했다. 이 대목은 젊은 콜럼버스Columbus에게 깊은 인상을 남겼다고 한다.

84
클레오비스와 비톤

아르고스의 두 젊은이 클레오비스와 비톤은 헤라 여사제의 아들들이다. 한번은 어머니가 여신을 위한 의례를 거행할 때가 됐는데도, 어머니의 신성한 전차를 끌게 돼 있는 흰 수소들이 초원에서 오지 않았다. 이에 클레오비스와 비톤은 수레 끄는 도구들을 자기 몸에 매고 수레를 끌고 신전까지 갔는데, 그 거리가 거의 5마일[8킬로미터]에 이르렀다. 자식들의 헌신에 너무나 기뻐, 여사제는 인간에게 줄 수 있는 최고의 선물을 이들에게 주십사 여신에게 기도했다. 그녀가 의식을 거행할 동안 이들은 신전 안에서 잠이 들었고, 다시는 일어나지 않았다.[1]

b. 비슷한 선물을 에르기노스의 아들들인 아가메데스와 트로포니오스도 받았다. 이 쌍둥이는 아폴론이 델포이의 자기 신전에 몸소 놓은 주춧돌 위에 돌로 문지방을 쌓았다. 아폴론의 신탁이 이렇게 나왔다. "엿새 동안 즐겁게 살고, 세상 모든 즐거움을 마음껏 누리거라. 그리고 일곱 번째 날이 되면 너희들 심장이 바라는 것을 얻을 것이다." 일곱 번째 날, 둘은 침대에서 죽은 채 발견됐다. 그래서 이런 말이 있다. "신들이 사랑하는 이들은 요절한다."[2]

c. 트로포니오스는 사후에 보이오티아의 레바데이아에 자신의 신탁소를 상으로 받았다.[3]

1] 헤로도토스: 『역사』 1. 31; 파우사니아스: 『그리스 여행기』 2. 20. 2.
2] 핀다로스, 플루타르코스의 인용: 『아폴로니우스에게 주는 위로』 14; 「호메로스의 아폴론 찬가」 294-299; 메난드로스: 『그리스 희극 글조각 모음』 4. 105, 마이네케 편집.
3] 헤로도토스: 1. 46; 에우리피데스: 『이온』 300.

*

1. 클레오비스Cleobis와 비톤Biton의 신화는 달의 여신의 신전을 새로 지을 때 바친 인간 제물을 지칭하는 것 같다. 아르고스에서는 쌍둥이 형제를 공동 왕의 대리인으로 선택해, 평상시의 제물인 흰색 황소를 대신해 달의 전차에 멍에로 매었다. 이들은 적대적인 기운을 물리치기 위해 신전의 문지방 밑에 묻혔을 것이다(169. h 참고). 아마도 이 때문에 카스토르와 폴뤼데우케스 쌍둥이(62. c 참고)가 가끔 오이발리데스Oebalides라고 불렸을 것이다. 이는 '얼룩덜룩한 양가죽의'를 뜻하기보다는 '신전 문지방의 아들들'을 뜻할 수 있다. 아폴론의 사제들도 델포이에서 이런 관습을 지켰음이 틀림없다. 이들은 비록 달의 여신을 부인했지만, 델포이 신전의 모든 문지방에 제물을 바쳐야 했다.

2. 일곱 번째 날은 티탄 신족 크로노스에게 (그리고 예루살렘에서는 '크로노스의 여호와'에게) 신성했다. 이날은 그 행성의 기능으로서 '휴식'을 허락했다. 그러나 '휴식'은 여신을 기릴 때 죽음을 의미한다. 이에 트로포니오스에게 영웅의 신탁소가 주어진 것이다(51. 1 참고).

85
나르킷소스

나르킷소스는 테스피아이 사람으로, 푸른 님프 레이리오페의 아들이다. 언젠가 강의 신 케피소스가 자기 강물을 일으켜 그녀를 둘러싸고 범했다. 예언자 테이레시아스는 자기에게 처음으로 예언을 받으러 온 사람인 레이리오페에게 이렇게 말했다. "나르킷소스는 자신에 대해 알지 않는다면 만수를 누릴 것이다." 나르킷소스는 어릴 적부터 누구든 그와 사랑에 빠지곤 했다. 열여섯이 됐을 때는, 그가 다니는 길에는 남자건 여자건 그를 사랑하지만 무정하게 거절당한 이들이 가득했다. 나르킷소스는 자신의 아름다움에 고집스러운 자부심을 갖고 있어 남들이 눈에 들어오지 않았다.

b. 님프 에코도 이처럼 사랑의 상처를 받은 이들 가운데 하나였다. 에코는 다른 사람이 소리칠 때 그를 따라 하는 것을 빼면 더는 목소리를 쓸 수 없게 됐다. 이는 기나긴 이야기를 들려줘 헤라의 관심을 붙들고 있었던 일에 대한 벌이었다. 그동안 제우스의 첩인 산의 님프들은 헤라의 질투 어린 눈을 피할 수 있었고, 쉽게 달아나기도 했다. 어느 날 나르킷소스가 수사슴잡이 그물을 치러 산으로 갔을 때, 에코는 길도 없는 숲속을 뚫고서 몰래 그의 뒤를 따라갔다. 말을 걸고 싶었지만, 먼저 말을 걸 수는 없었다. 마침

내 나르킷소스는 자신이 동무들과 떨어져 길을 잃었다는 것을 깨닫고 소리를 질렀다. "누구 있어요? 여기요!"

"여기요!" 에코가 대답했고, 나르킷소스는 깜짝 놀랐다. 아무도 보이지 않았기 때문이다.

"저기요!"

"저기요!"

"왜 저를 피하죠?"

"왜 저를 피하죠?"

"여기로 나와 봐요!"

"여기로 나와 봐요!" 에코는 말을 따라 한 뒤, 기쁜 마음에 숨은 곳에서 뛰쳐나와 나르킷소스를 안았다. 나르킷소스는 그녀를 거칠게 떨쳐 내면서 달아났다. "차라리 죽어 버리겠어요, 그쪽과 함께 눕느니!" 그는 소리쳤다.

"함께 눕느니!" 에코는 간청했다.

나르킷소스는 떠나 버렸고, 그녀는 떠나간 사랑을 슬퍼하면서 남은 생애를 인적 없는 협곡에서 홀로 살았다. 이제는 그녀의 목소리만 남아 있다.[1]

c. 어느 날 나르킷소스는 자기에게 제일 끈질기게 구애하던 아메이니오스에게 칼 한 자루를 보냈다. 아메이니오스 강의 이름이 그에게서 왔다. 이는 알페이오스로 흘러 들어가는 헬릿손 강의 지류이다. 아메이니오스는 나르킷소스의 집 앞에서 스스로 목숨을 끊으면서 신들에게 자기 죽음에 대한 복수를 빌었다.

d. 아르테미스가 그런 간청을 듣고, 그가 사랑에 빠지게 만들었다. 그러나 그 사랑은 연인과 첫날밤을 치르는 그런 사랑이 아니었다. 테스피아이의 도나콘에서 그는 우연히 샘물 하나를 발견했다. 은처럼 깨끗하고, 소와 새, 들짐승도 찾지 않는 곳이었다. 심지어 그늘을 드리우는 나뭇가지조차

샘물을 피해 떨어져 있었다. 나르킷소스는 기진맥진해 갈증을 달래려 풀이 자란 가장자리에서 허리를 숙였다. 물에 자신이 비쳤고, 마침내 그와 사랑에 빠졌다. 처음에는 자기 앞에 있는 아름다운 소년을 껴안으려 했고, 입을 맞추려 했다. 그러나 금방 그것이 자기 자신임을 알게 됐고, 황홀경에 빠져 몇 시간이고 계속 물웅덩이 속을 응시했다. 어떻게 동시에 곁에 있으면서도 곁에 없는 상황을 견딜 수 있겠는가? 큰 슬픔이 그를 파괴하고 있었지만, 그는 고통 속에서도 기뻐했다. 최소한 또 하나의 자신은 무슨 일이 있어도 그에게 진실할 것임을 알았기 때문이다.

e. 비록 나르킷소스를 용서한 것은 아니지만, 에코도 그와 함께 슬퍼했다. 나르킷소스가 가슴에 단검을 찔러 넣을 때마다, 에코도 같이 "아아! 아아!"라고 메아리를 보냈다. 나르킷소스의 마지막 숨결이 끊어지자, 에코도 같이 "아, 청춘이여, 헛된 사랑이여, 안녕!" 하고 따라 했다. 그의 피는 땅을 흠뻑 적셨고, 붉은 반점을 띤 하얀 수선화가 피어났다. 카이로네이아에서는 지금도 여기서 기름을 뽑아 연고를 만든다. 이는 (두통을 일으킬 수도 있지만) 귓병에 효험이 있다고 하며, 상처에도 바르고, 동상 치료에도 쓴다.[2]

1] 오비디우스: 『변신 이야기』 3. 341-401.
2] 파우사니아스: 『그리스 여행기』 8. 29. 4와 9. 31. 6; 오비디우스: 『변신 이야기』 402-510; 코논: 『이야기』 24; 플리니우스: 『자연 탐구』 21. 75.

*

1. '수선화narcissus'는 고대에 데메테르와 페르세포네의 화환을 만들 때 썼으며(소포클레스: 『콜로노스의 오이디푸스』 682-684), 레이리온eirion이라고도 불렀다. 이는 꽃잎이 세 장인 파란 플뢰르드리스fleur-de-lys, 즉 붓꽃을 말한

다.[1] 이는 '세 모습 여신'에게 신성한 꽃이며, '세 엄숙한 여신들Three Solemn Ones'(115. c 참고), 즉 에리뉘에스 자매를 달래려 할 때 이것으로 화관을 만들어 머리에 썼다. 이는 늦가을에 '시인의 수선화'가 피기 직전에 피며, 이 때문에 아마도 [맥문동을 가리키는] 레이리오페Leiriope가 나르킷소스의 어머니로 등장한 것 같다. 이렇게 환상적이면서도 도덕적 이야기는 부수적으로 수선화 기름의 의약적 속성을 설명하기도 한다. '나르킷소스'의 첫 음절이 지칭하듯, 수선화 기름은 마약성 진정제로 잘 알려진 나르코틱narcotic이다. 그러나 신화의 주요 내용은 어떤 도상에서 추론한 것 같다. 이 도상에는, 절망에 빠진 알크마이온Alcmaeon(107. e 참고) 또는 오레스테스Orestes(114. a 참고)가 백합 관을 머리에 쓰고 물웅덩이 옆에 누워 있다. 자기 어머니를 죽이고 스스로 정화하려 시도했지만 실패한 모습이다. 에리뉘에스가 용서하지 않았던 것이다. 이 도상에서 에코는 이를 비웃는 어머니의 혼령이고, 아메이니오스Ameinius는 그의 살해당한 아버지일 것이다.

2. 그러나 '-이소스-issus'는, '-인토스-inthus'와 마찬가지로, 크레테 말의 어미이다. 그리고 나르킷소스와 휘아킨토스Hyacinthus는 모두 크레테의 봄꽃 영웅의 이름인 것 같다. 뮈케나이 아크로폴리스에서 나온 금반지에, 그의 죽음에 대해 여신이 애통해하는 모습이 담겨 있다. 다른 곳에서는 그를 안테오스(159. 4 참고)라고 부르는데, 이는 디오뉘소스의 별명이다. 게다가 백합은 크놋소스의 왕의 상징이다. 궁전 유적에서 발견된 채색 돋을새김에, 그는 백합이 핀 초원을 걷고 있다. 홀을 손에 쥐고, 플뢰르드리스의 왕관과 목걸이를 하고서 말이다.

---

1) 수선화는 흰색이고 붓꽃은 파란색이라, 혼란스러운 대목이다.

86
퓔리스와 카뤼아

퓔리스는 트라케의 공주로, 트로이아 전쟁에 참전하러 떠난 테세우스의 아들 아카마스를 사랑했다. 트로이아가 함락되고 아테나이 함대가 돌아올 때, 퓔리스는 사랑하는 이가 탄 배를 볼 수 있을까 싶어 해안으로 나가 봤다. 그러나 아카마스는 배에 물이 새는 바람에 귀환이 늦어졌고, 그녀는 아홉 번째 가봤는데도 모습이 보이지 않자 슬픔에 죽고 말았다. 그녀가 죽은 장소를 지금은 엔네오도스라고 부른다. 아테나 여신은 그녀를 아몬드 나무로 만들어 주었고, 다음 날 도착한 아카마스는 오직 그녀의 거친 나무껍질만 껴안을 뿐이었다. 그의 손길에 대한 응답으로, 나뭇가지에는 이파리 대신에 꽃이 먼저 피어났다. 그때부터 이는 아몬드 나무의 기이한 특징이 됐다. 매년 아테나이인들은 이 둘을 기려 춤을 춘다.[1]

b. 카뤼아는 펠로폰네소스 남쪽 라코니아 왕의 딸로, 디오뉘소스의 사랑을 받았다. 그런데 카뤼아이 마을에서 갑자기 죽었고, 디오뉘소스는 그녀를 호두나무로 만들었다. 아르테미스는 이 소식을 라코니아인들에게 전했고, 이들은 신전을 지어 '아르테미스 카뤼아티스'에게 바쳤다. 여기에서 기둥 구실을 하는 여인상을 일컫는 카뤼아티드의 이름이 나왔다. 카뤼아이 마을

에서도, 라코니아 여인들은 디오스쿠로이의 가르침에 따라 매년 여신을 기려 춤을 춘다.[2]

1] 루키아노스: 『춤에 관하여』 40; 휘기누스: 『신화집』 59; 베르길리우스의 『시선』 5. 10에 대한 세르비오스; 제1 바티칸 신화학자: 159.
2] 파우사니아스: 『그리스 여행기』 3. 10. 8과 4. 16. 5; 베르길리우스의 『시선』 8. 29에 대한 세르비오스.

*

1. 이 두 신화는 축제에서 아몬드와 호두를 사용하는 이유를 설명하려 만든 것이다. 이 축제는 카르Car 또는 카뤼아Carya 여신(57. 2 참고)을, 그렇지 않다면 메티스Metis로 알려진(1. d와 9. d 참고) '지혜의 티탄 여신'을 기려 열렸다. 이 신화들은 아마 젊은 시인이 여신 앞에서 견과나무를 숭배하는 모습이 담긴 도상에서 나왔을 것이다. 시인 주변에는 아홉 명의 젊은 여인들이 둥글게 춤을 추고 있다. 엔네오도스Enneodos는 데모폰Demophon을 실성하게 만들었던 트라케의 퓔리스Phyllis 전설에도 나온다(169. i 참고). 엔네오도스는 '아홉 번의 여정'이라는 뜻으로, 아일랜드 음유시인들은 아홉이라는 숫자를 호두와, 그리고 다시 호두는 시적 영감과 연결 지었다. 그리고 그들의 나무 알파벳에서(52. 3 참고), 자모 가운데 콜coll('C')은 '개암hazel'을 의미하면서 동시에 숫자 아홉을 표현한다. 아일랜드의 「딘셴카스Dinnschenchas」를 보면, 아일랜드 동부 보인Boyne 강에 있는 영감의 샘에는 시 예술의 개암나무 아홉 그루가 드리워져 있으며, 노래하는 얼룩무늬 물고기들이 산다. 아르카디아Arcadia의 어떤 개울 옆에 다른 카뤼아이Caryae('호두나무') 마을이 있는데, 그 개울에는 이와 똑같이 노래하는 얼룩무늬 물고기가 산다고 파우사니아스는 전했다(파우사니아스: 7. 14. 1-3과 7. 21. 1; 아테나이오스: 8. 331쪽).

2. 카르 여신은 이탈리아에서 '현명한 카르 여신'이라는 뜻의 점술 여신 카르멘타Carmenta(52. 5; 82. 6; 95. 5와 132. o 참고)가 됐다. 여기 카르 여신에게서 카리아Caria의 이름이 나왔다. 그리고 카리아티드Caryatids는 카르 여신의 호두 님프이다. 멜리아이Meliae가 물푸레나무의 님프이고, 멜리아이Mēliae가 사과 님프이고, 드뤼아데스Dryades가 떡갈나무 님프인 것과 마찬가지다. 플리니우스는 카르 여신이 점치는 것을 발명했다는 전승을 자신의 책에 기록했다(『자연 탐구』 8. 57). 필리스Phyllis('잎이 무성한')는 팔레스타인과 메소포타미아의 '위대한 여신'인 벨릴리Belili가 그리스로 넘어와 격이 떨어진 것일 수 있다. 데모폰 신화에서 그녀는 레아와 연결된다(169. j 참고).

87
아리온

　레스보스 섬의 아리온은 포세이돈과 님프 오네아이아의 아들로, 뤼라의 명수이자 디오뉘소스를 기리는 주신 찬가를 지었다. 어느 날 그의 후원자인 코린토스의 참주 페리안드로스는 마지못해 그가 시칠리아의 타이나로스를 다녀오도록 허락했다. 거기서 열리는 음악 경연대회에 초청을 받았기 때문이다. 아리온은 대회에서 우승했고, 사람들에게서 값진 선물이 비처럼 쏟아졌다. 그런데 그를 코린토스로 데려가던 뱃사람들이 그 선물을 탐냈다.

　"아리온, 네가 죽어야 한다는 게 우리도 마음 아프다." 배의 선장은 이렇게 말했다.

　"제가 무슨 죄를 지었나요?" 아리온은 물었다.

　"부자라는 게 죄다." 선장은 답했다.

　"살려만 주시면, 제가 받은 걸 모두 드릴게요." 아리온은 간청했다.

　"코린토스에 도착하자마자 그 약속을 깰 것이 분명하다. 내가 너라도 그렇게 할 거야. 강요받아 주는 선물은 선물이 아닌 법이다." 선장은 답했다.

　"어쩔 수 없네요." 아리온은 울면서 체념했다. "마지막 소원이니 노래 한 번만 하게 해주세요."

선장이 허락하자, 아리온은 정갈한 예복으로 갈아입고, 뱃머리에 올라 노래를 부른 다음 간절하게 신들에게 기원했다. 그리고 바다로 뛰어들었다. 배는 제 갈 길을 갔다.

b. 하지만, 음악을 사랑하는 돌고래가 그의 노래를 듣고 떼를 지어 모였고, 이들 가운데 하나는 아리온을 등에 태워 헤엄쳤다. 그날 저녁 아리온은 자신이 탔던 배를 따라 잡았으며, 배가 코린토스 항구에 닻을 내리기 며칠 전에 이미 거기에 도착했다. 페리안드로스는 그의 기적적인 탈출 이야기를 듣고 뛸 듯이 기뻐했다. 돌고래도 아리온과 헤어지지 않으려 궁전까지 따라가겠다고 고집을 부렸다. 하지만 돌고래는 화려한 궁전 생활에 금방 죽고 말았다. 아리온은 돌고래에게 성대한 장례식을 베풀었다.

배가 도착하자 페리안드로스는 선장과 선원들을 불러 짐짓 걱정하는 척하면서 아리온의 소식을 물었다.

"그는 타이나로스에 남았습니다. 거기 사람들이 워낙 후하게 환대를 해서요." 선장은 답했다.

페리안드로스는 그들 모두에게 돌고래의 무덤 앞에서 자기 말이 진실이라고 맹세하게 했다. 그런 다음 갑자기 아리온과 맞닥뜨리게 만들었다. 자신들의 죄를 부인할 수 없었기에, 그들은 그 자리에서 처형됐다. 아폴론은 나중에 아리온과 그의 뤼라를 하늘의 별들 사이에 그려 넣었다.[1]

c. 돌고래가 사람을 구한 게 아리온이 처음은 아니다. 에날로스가 연인 피네이스와 함께하려 배 밖으로 뛰어내릴 때, 어느 돌고래가 그를 구한 적이 있다. 피네이스는 제비뽑기로 뽑혀 신탁에 따라 포세이돈의 아내 암피트리테를 달래기 위해 바다에 던져진 것이다. 그리고 그 돌고래의 짝꿍이 피네이스도 구했다. 당시 펜틸로스의 아들들은 레스보스 섬의 첫 식민지를 개척할 원정길을 앞두고 제물을 바쳤다. 또 다른 돌고래는 팔란토스가 이

탈리아로 가는 길에 크리사이아 해에서 익사하려는 것을 구해 냈다. 마찬가지로, 크레테의 이아퓌스의 형제인 이카디오스도 이탈리아로 가는 길에 배가 난파당했을 때 한 돌고래가 그를 인도해 델포이로 갈 수 있었다. 그래서 델포이에 그 이름을 붙였다. 그 돌고래는 변신한 아폴론이었다.[2]

1] 헤로도토스: 『역사』 1. 24; 핀다로스의 「올륌피아 제전 송가」에 대한 고전 주석자 13. 25; 휘기누스: 『신화집』 194; 파우사니아스: 『그리스 여행기』 3. 25. 5.
2] 플루타르코스: 『일곱 현인의 만찬』 20; 파우사니아스: 10. 13. 5; 베르길리우스의 『아이네이스』 3. 332에 대한 세르비오스.

*

1. 아리온Arion과 페리안드로스Periander 모두 기원전 7세기에 역사적으로 실존했던 인물이다. 그리고 아리온의 포세이돈 찬가 일부가 지금까지 남아 있다. 이번 이야기는 아마도 아리온의 노래가 돌고래 떼를 불러 모았고, 이에 돈을 노리던 선원들이 그를 죽이지 않았다는 전승에 일부 바탕을 둔 듯하다. 돌고래와 물개는 음악 소리에 예민한 것으로 유명하다. 그리고 손에 뤼라를 든 채 돌고래 등을 타고 코린토스에 도착하는 모습의 팔라이몬Palaemon 신 조각상에 대한 잘못된 해석에도 일부 바탕을 두었을 것이다(70. 5 참고). 아리온을 야생마 아리온(16. f 참고)과 똑같이 포세이돈의 아들이라고 하면서 신화적 색채가 더해졌다. 뤼라 별자리[1]와 그를 연결하면서 색채는 더 짙어졌다. 파우사니아스는 공정하고 정직한 저술가이기에, 헤로도토스가 아리온에 대해 전해 들었다는 이야기를 의심했다. 그러나 그는 자기가 직접 포로셀레네Poroselene에서 어떤 돌고래를 봤다고 전했다. 어부들한테

1) 거문고자리를 말한다. 여름부터 가을에 걸쳐 은하수 서쪽에서 볼 수 있다.

서 상처를 입은 돌고래였는데, 소년이 상처를 치료해 주었고, 소년이 부르면 헤엄쳐 와서 등에 태워 주었다는 것이다(3. 25. 5). 이는 코린토스에서 태양신의 사제들이 길들인 돌고래를 타고 '새해의 아이New Year Child'가 극적으로 등장하는 의식이 거행됐음을 암시한다.

2. 에날로스Enalus와 피네이스Phineis의 신화는, 돌고래를 타고 있는 암피트리테와 포세이돈의 아들 트리톤Triton의 도상에서 추론한 것으로 보인다. 플루타르코스는 에날로스를 문어 숭배와 연결했다. 그의 이름은 코린토스의 '새해의 아이'인 오이디푸스의 이름을 떠올리게 한다(105. 1 참고). 에날로스는, 팔란토스Phalanthus가 이탈리아에서 그랬듯, 레스보스 섬의 항구 도시 뮈틸레네Mytilene에서 코린토스의 오이디푸스와 같은 구실을 했을 것이다. 타라스Taras는 미노스의 딸인 사튀라이아Satyraea('사튀로스의')가 낳은 포세이돈의 아들로, 이탈리아 동남부 타렌툼Tarentum에서 돌고래를 타는 '새해의 아이'였다. 타라스가 이 도시를 세웠다고 하며, 거기엔 그를 위한 전당이 있었다(파우사니아스: 10. 10. 4와 10. 13. 5; 스트라본: 6. 3. 2). 팔란토스는 기원전 708년에 도리에이스족의 타렌툼을 건설했는데, 거기서 크레테 문명의 시켈족Sicel을 만나 돌고래 숭배를 넘겨받았다.

3. 이카디오스Icadius의 이름은 '스무 번째'를 뜻하는데, 그의 도래를 기념하는 날짜와 관련이 있는 것 같다.

06

미노스,
크레테의 왕

88
미노스와 그의 형제들

제우스는 에우로페를 통해 크레테에서 미노스, 라다만튀스, 사르페돈을 자식으로 얻었다. 제우스가 떠난 다음, 에우로페는 그곳을 통치하던 아스테리오스 왕과 결혼했다. 왕의 아버지 텍타모스는 도로스의 아들로, 예전에 아이올리스와 펠라스고이족이 뒤섞인 이민자 무리를 이끌고 크레테 섬으로 왔다. 그리고 여기에서 아이올리스족 크레테우스의 딸과 결혼했다.[1]

b. 아스테리오스는 아이가 생기지 않자, 미노스와 라다만튀스, 사르페돈을 자식으로 입양해 후계자로 삼았다. 그러나 어른이 되자, 이 형제들은 밀레토스라는 아름다운 소년의 사랑을 얻으려 서로 다퉜다. 소년은 아폴론이 님프 아레이아를 통해 얻은 아들인데, 어떤 이는 그 님프를 데이오네라고 하고, 다른 이들은 테이아라고 불렀다.[2] 밀레토스는 사르페돈을 제일 좋아한다고 결정했고, 이에 미노스는 그를 크레테에서 쫓아냈다. 이에 밀레토스는 대규모 함대를 이끌고 소아시아 카리아로 넘어가 밀레토스라는 도시와 왕국을 건설했다. 이전에 아낙토리아라고 불렸던 이 나라는, 2대에 걸쳐 우라노스와 어머니 대지의 아들인 거인족 아낙스와 아버지만큼 거대했던 아들 아스테리오스가 다스렸다. 밀레토스는 아스테리오스를 죽인 다음 밀레

토스의 항구 라데에서 떨어진 작은 섬에 매장했는데, 그의 뼈가 얼마 전에 발굴됐다. 이는 길이가 최소 10큐빗[약 5미터]에 이른다. 하지만 어떤 이는 다른 이야기를 전한다. 미노스는 밀레토스가 반란을 일으켜 왕국을 차지하려 한다고 의심했다는 것이다. 미노스는 아폴론을 두려워해 밀레토스에게 경고하는 것 이상은 삼갔다. 밀레토스는 이에 자진해서 카리아로 떠났다.³¹ 다른 이들은 형제간 다툼의 원인이 된 것은 밀레토스가 아니라 아튐니오스라는 사람이라 전한다. 그는 제우스와 캇시오페이아 또는 포이닉스의 아들이다.⁴¹

c. 아스테리오스가 죽자 미노스는 자신이 크레테의 왕이 되어야 한다고 주장했다. 자신이 적임자라는 증거로 그는 어떤 기도를 올린다 해도 신들이 화답할 것이라고 떠벌였다. 먼저 포세이돈을 위한 제단을 세우고 희생 제물을 바칠 준비를 모두 마친 다음, 황소 한 마리가 바다에서 솟아오르게 해달라고 기도했다. 즉시 눈부시게 흰 황소가 헤엄을 쳐서 해변으로 올라왔다. 그러나 미노스는 그 아름다움에 넋이 나가 흰 황소를 따로 챙겨 두고 대신 다른 놈을 잡아 제물로 바쳤다. 모든 크레테인이 미노스를 왕으로 인정했다. 그러나 사르페돈은 동의할 수 없었다. 아직도 밀레토스의 일을 잊지 않고 있던 사르페돈은 아스테리오스가 왕국을 셋으로 나눠 세 아들에게 물려주려 했다고 주장하며 맞섰다. 그런데 정말로 미노스 자신이 섬을 세 부분으로 나눠 자신은 수도가 있는 쪽을 골랐다.⁵¹

d. 사르페돈은 미노스에 의해 크레테에서 쫓겨나 소아시아의 킬리키아로 갔다. 그는 거기에서 킬릭스와 연합해 밀뤼아스족을 정복하고, 그들의 왕이 됐다. 제우스는 그에게 3대를 살아 영화를 누릴 수 있는 특전을 부여했다. 그리고 마침내 그가 죽었을 때, 밀뤼아스 왕국은 그의 후계자인 뤼코스의 이름을 따라 뤼키아로 새롭게 불리게 됐다. 앞서 뤼코스는 아테나이

에서 아이게우스에 의해 쫓겨나 이곳으로 피난을 와 있었다.[6]

e. 그러는 동안, 미노스는 파시파에와 결혼했다. 그녀는 헬리오스와 님프 크레테의 딸로서, 크레테는 페르세이스로도 알려져 있다. 그런데 포세이돈은 미노스가 자기에게 보였던 무례한 행동을 응징하기 위해, 파시파에가 흰 황소와 사랑에 빠지도록 만들었다. 희생 제물로 바치지 않았던 그 눈부시게 흰 황소 말이다. 그녀는 자신의 특별한 열정에 대해 유명한 아테나이 장인 다이달로스에게 털어놓았다. 그는 당시 크놋소스로 망명해 와 살고 있었으며, 움직이는 나무 인형을 만들어 미노스와 그의 가족을 즐겁게 해주기도 했다. 다이달로스는 도와주겠다고 약속했고, 속이 비어 있는 나무 암소를 만들어 암소 가죽을 씌우고 발굽에는 바퀴를 보이지 않게 달아 고르튀스 부근의 목초지로 밀고 갔다. 거기에는 포세이돈의 황소가 미노스의 암소들과 어울려 떡갈나무 아래에서 풀을 뜯고 있었다. 다이달로스는 파시파에한테 어떻게 등에 달린 접이식 문을 열고 암소 안으로 들어가는지, 또 어떻게 자기 다리를 암소의 뒷다리와 엉덩이 쪽으로 밀어 넣는지 알려 주었다. 그리고 조용히 물러났다. 금방 흰 황소는 느긋하게 걸어와 암소에 올라탔고, 그렇게 파시파에는 욕정을 풀었다. 그리고 나중에 미노타우로스를 낳았다. 황소의 머리와 사람의 몸을 가진 그 괴물 말이다.[7]

f. 그러나 어떤 이는 다른 설명을 전한다. 미노스는 매년 자신이 가진 황소 가운데 가장 좋은 놈을 포세이돈에게 제물로 바쳤다. 그런데 딱 한 번 원래 신에게 바칠 선물을 놔두고 둘째로 좋은 황소를 바쳤고, 그렇게 해서 포세이돈의 노여움을 샀다. 다른 이들은 그가 모욕한 것은 제우스였다고 한다. 또 다른 사람은 파시파에가 몇 년 동안이나 아프로디테를 달래지 않았고, 이에 여신이 벌을 내려 그런 기괴한 욕정을 불어넣었다고 한다. 나중에 그 황소는 난폭해져서 크레테 전부를 쑥대밭으로 만들었으며, 헤라클레

스가 와서 그놈을 붙잡아 그리스로 데려갔다. 거기서 테세우스가 마지막으로 그놈을 해치웠다.[8]

g. 미노스는 어떻게 하면 추문을 피하고 아내의 수치스러운 행동을 숨길 수 있을까 신탁에 물었다. 신탁은 이러했다. "다이달로스를 찾아, 물러나 지낼 곳을 크놋소스에 짓게 하라!" 다이달로스는 이 일을 해냈고, 미노스는 라뷔린토스라고 하는, 빠져나갈 수 없는 미로 안에서 여생을 보냈다. 그리고 미로의 가장 깊숙한 곳에 파시파에와 미노타우로스를 숨겼다.[9]

h. 라다만튀스는 사르페돈보다 현명해 크레테에 계속 남았다. 그는 미노스와 평화롭게 지냈고, 아스테리오스가 다스리던 영역의 3분의 1을 받았다. 공정하고 강직한 입법자로 널리 이름을 떨치고, 악인을 처벌하는 데 물러섬이 없었기에, 그는 크레테인뿐 아니라 소아시아의 섬사람을 위해서도 법률을 제정했다. 그들 가운데 다수가 자발적으로 그가 만든 사법 체계를 받아들였다. 라다만튀스는 9년마다 제우스의 동굴을 찾아가, 일련의 새로운 법률을 가져왔다. 나중에는 그의 형 미노스도 이런 관례를 따랐다.[10] 그러나 어떤 이는 라다만튀스가 미노스의 형제가 아니라, 헤파이스토스의 아들이라고 전한다. 마찬가지로 다른 이들은 미노스가 제우스의 아들이 아니라, 뤼카스토스와 이다 산의 님프 사이에서 난 아들이라고 한다. 그는 크레테의 땅을 아들 고르튀스에게 물려주었는데, 크레테의 도시가 그를 따라 이름이 바뀌었다. 하지만 테게아인들은 고르튀스가 아르카디아인이며 테게아테스의 아들이라 주장한다.[11] 라다만튀스도 소아시아의 땅을 자기 아들 에뤼트로스에게, 키오스 섬을 아리아드네의 아들 오이노피온에게 물려주었다. 참고로, 디오뉘소스는 오이노피온에게 처음으로 포도주 만드는 법을 가르쳐 주었다. 그리고 렘노스는 또 다른 아리아드네의 아들인 토아스에게, 쿠르노스는 에뉘우에스에게, 페파레토스는 스타퓔로스에게, 마로네

이아는 에우안테스에게, 파로스는 알카이오스에게, 델로스는 아니오스에게, 안드로스는 안드로스에게 주었다.[12]

i. 라다만튀스는 결국 어떤 친척을 죽였기에 보이오티아로 달아나야 했다. 거기 오칼레아이에서 망명자로 살면서, 헤라클레스의 어머니 알크메네와 결혼했다. 당시 그녀는 암피트뤼온을 보내고 홀몸이었다. 그와 알크메네의 무덤은 할리아르토스에 있다. 근처에는 크레테에서 가져온 단단한 대나무가 많이 자랐으며, 이를 끊어 투창과 아울로스를 만들었다. 그러나 어떤 이는 알크메네가 사후에 '엘뤼시온 평원'에서 라다만튀스와 결혼했다고 전한다.[13] 제우스가 그를 '죽음의 재판관' 세 명 가운데 하나로 임명했기 때문이다. 그의 동료 재판관은 미노스와 아이아코스이며, 그는 엘뤼시온 평원에 산다.[14]

1] 디오도로스 시켈로스: 『역사총서』 4. 60과 5. 80.
2] 디오도로스 시켈로스: 4. 60; 아폴로도로스: 『비블리오테카』 3. 1. 2; 오비디우스: 『변신 이야기』 9. 442; 안토니노스 리베랄리스: 『변신』 30.
3] 파우사니아스: 『그리스 여행기』 7. 2. 3과 1. 35. 5; 오비디우스: 『변신 이야기』 9. 436 ff.
4] 아폴로도로스: 같은 곳; 아폴로니오스 로디오스에 대한 고전 주석자: 2. 178.
5] 스트라본: 『지리학』 10. 4. 8.
6] 아폴로도로스: 같은 곳; 헤로도토스: 『역사』 1. 173.
7] 디오도로스 시켈로스: 같은 곳; 파우사니아스: 7. 4. 5; 베르길리우스: 『시선』 6. 5 ff.; 아폴로도로스: 같은 곳과 3. 1. 3-4.
8] 디오도로스 시켈로스: 4. 77. 2와 4. 13. 4; 제1 바티칸 신화학자: 47; 휘기누스: 『신화집』 40[그러나 텍스트가 훼손돼 있다―필자]
9] 오비디우스: 『변신 이야기』 8. 155 ff.; 아폴로도로스: 3. 1. 4.
10] 디오도로스 시켈로스: 4. 60과 5. 79; 아폴로도로스: 3. 1. 2; 스트라본: 같은 곳.
11] 키나이톤, 파우사니아스의 인용: 8. 53. 2; 디오도로스 시켈로스: 4. 60; 파우사니아스: 8. 53. 2.
12] 아폴로니오스 로디오스에 대한 고전 주석자: 3. 997; 디오도로스 시켈로스: 5. 79. 1-2.
13] 체체스: 『뤼코프론에 관하여』 50; 아폴로도로스: 2. 4. 11; 플루타르코스: 『뤼산드로스』 28; 스트라본: 9. 11. 30; 페레퀴데스, 안토니노스 리베랄리스의 인용: 『변신』 33.
14] 디오도로스 시켈로스: 5. 79; 호메로스: 『오뒷세이아』 4. 564.

1. 아서 에번스 경[1]이 고전기 이전의 크레테 문명을 미노스 1기, 2기, 3기로 시대 구분을 한 것은, 기원전 3000년 초에 이미 크레테의 통치자를 미노스라고 불렀다는 것을 암시한다. 그러나 이는 오해를 낳을 수 있다. 미노스는 두 번째 천년기 초에 크레테를 통치한 헬레네스 왕조의 왕을 부르는 호칭이었던 것으로 보인다. 그때 왕은 매번 의례적으로 크놋소스의 달의 여신 여사제와 결혼을 하고 여사제에게서 '달의 존재Moon-being'[2]라는 호칭을 받았다. 도리에이스족은 두 번째 천년기가 끝날 때까지 크레테를 침략하지 않았음에도, 미노스는 시대의 앞뒤가 맞지 않게 도로스의 손자인 아스테리오스Asterius의 후계자로 나온다. 따라서 텍타모스Tectamus('장인')가 데리고 들어왔다는 아이올리스족과 펠라스고이족은 (아마도 '앗티케 출신의 이오니아족'과 함께) 원래 미노스의 부하들일 가능성이 더 높다. 텍타모스라는 이름을 보면, 그는 다이달로스 그리고 라다만튀스의 아버지라고 하는 헤파이스토스와 동일시된다. 그리고 아스테리오스('별이 빛나는')는 아스테리에Asterië의 남성형일 가능성이 높다. 이 여신은 '천상의 여왕'이며 행성의 신들을 낳은 창조의 여신이다(1. d 참고). 크레테crete 자체는 그리스 말이며, '강한 또는 통치하는 여신'을 뜻하는 크라테이아crateia의 한 형태다. 그래서 크레테우스Creteus가 나왔고, 크레테우스Cretheus도 나왔다. '선문자 B'는 퓔로스, 테바이, 뮈케나이, 그리고 기원전 1400년에 약탈당한 크놋소스 궁전의 폐허 등지에서 발굴됐지만, 이제껏 판독되지 못했다. 그러나 이를 해독한

---

1) 아서 에번스Arthur John Evans(1851-1941): 영국의 고고학자로서 크레테 문명 유적지를 처음 발굴했다. 크놋소스에서 미노스의 궁전 유적을 발굴해, 크레테 문명의 존재를 처음으로 확인했다.
2) '미노스'는 '달의 창조물'을 뜻한다.

벤트리스와 체드위크[3])의 최근 연구 성과를 보면, 두 번째 천년기 중반의 크놋소스의 공식 언어는 아이올리스 지역 그리스 방언의 초기 형태였다. 이 문자는 원래 비非아리아족 언어의 문자 생활을 위해 발명한 것이라 그리스에서 사용하는 데 일정한 어려움이 있었던 것으로 보인다. (선문자 A로 된 명문銘文이 그리스 말인지, 크레테 말인지 아직 확증되지 않았다.) 그리스 신화의 수많은 이름이 크레테 섬과 본토 양쪽의 서판에 동시에 등장한다. 귀에 익은 이름도 많다. 아킬레우스, 이도메네우스, 테세우스, 크레테우스, 네스토르, 에피알테스, 크수토스, 아이아스, 글라우코스, 아이올로스 등. 이런 사실은 그리스 신화의 다수가 '트로이아의 함락' 이전부터 존재했다는 것을 암시한다.

2. 밀레토스Miletos는 남자 이름인 만큼, 두 형제가 한 여인의 사랑을 차지하려 다투는 흔한 신화가 이번에는 동성애 형태로 제시됐다. 하지만, 진실은 따로 있는 것 같다. 기원전 1400년경 아카이아족의 크놋소스 약탈로 크레테는 대혼란에 빠진다. 이런 와중에 그리스어를 쓰는 수많은 크레테 귀족들이 원주민을 데리고 소아시아, 특히 카리아Caria와 뤼키아Lycia, 뤼디아Lydia로 이주했다. 이들은 아이올리스-펠라스고이족 또는 이오니아족 혈통으로, 달의 여신을 최고 신으로 모셨다. 실제 헤로도토스는 사르페돈Sarpedon의 뤼키아 왕조 전설을 무시하면서, 자기가 살던 시대에도 뤼키아인들은 카리아인들처럼(75. 5 참고) 모계로 혈통을 따진다고 기록했다(헤로도토스: 1. 173; 스트라본: 12. 8. 5). 밀레토스는 크레테의 토박이 말이거나 '붉은 황토색 또는 붉은 납의 색깔'을 뜻하는 밀테이오스milteios의 음역일 것이다. 그렇다

---

3) 마이클 벤트리스Michael G. F. Ventris(1922-1956): 영국의 고고학자이자 건축가. 1952년 크레테 문자의 한 계열인 '미노아 선문자 B' 해독에 성공했다. 이듬해 언어학자 J. 체드위크J. Chadwick의 협력을 받아, 선문자 B가 그리스어의 옛 형태라는 주장을 발표했다.

면 양쪽 모두 '붉은'을 뜻하는 에뤼트로스Erythrus 또는 포이닉스Phoenix의 동의어가 된다. 크레테인의 피부색은 헬레네스 쪽보다 더 붉었다. 뤼키아와 카리아인들은 부분적으로 크레테 혈통에서 왔다. 푸레사티Puresati(블레셋 사람)도 그러했는데, 이들의 이름 역시 '붉은 사람'을 뜻한다(38. 3 참고).

3. 아낙토리아Anactoria의 거인족 통치자 이야기는, 「창세기」의 거인족인 아나킴Anakim을 떠올리게 한다. 갈렙Caleb은 이들을 한때 헤트Heth(테튀스 Tethys?)의 아들 에브론Ephron의 것이었던 신탁소에서 쫓아냈다(「여호수아」 14장 13절). 에브론에게서 헤브론Hebron의 이름이 나왔으며(「창세기」 23장 16절), 에브론을 포로네우스와 동일시할 수도 있을 것이다. 아나킴족은, 기원전 14세기 이집트인들에게 엄청난 골칫덩이였던 해양 부족 연합의 일원으로, 그리스에서 넘어온 것 같다. 아낙스의 아들 아스테리오스를 매장한 장소를 라데Lade라고 했는데, 이는 아마도 여신 라트Lat, 레토Leto, 또는 라토나Latona 를 기리기 위해 그렇게 부르는 것으로 보인다(14. 2 참고). 그리고 여기 아스테리오스가 미노스의 아버지와 똑같은 이름을 가진 것은, 밀레토스인들이 크레테의 밀레토스에서 이를 가져왔다는 것을 암시한다(25. 6 참고). 아일랜드의 『침략의 책Book of Invasions』에 그럴듯한 전설이 하나 나온다. 아일랜드의 밀레토스인들은 원래 크레테 출신인데, 소아시아를 거쳐 시리아로 달아났고, 기원전 13세기에 서쪽으로 배를 몰아 북아프리카 가이툴리아Gaetulia로 넘어갔다. 그리고 마지막으로 브리간티움Brigantium(스페인 북서부에 있는 콤포스텔라Compostela)을 거쳐 마침내 아일랜드에 도착했다는 것이다.

4. 밀레토스가 아폴론의 아들이라 주장하는 것은, 밀레토스의 왕들이 코린토스의 왕들처럼 태양 숭배에 열성이었음을 암시한다(67. 2 참고).

5. 제우스의 아들 미노스가 그의 형제들을 이긴 것은, 도리에이스족이 결국 크레테 전체를 장악했다는 것을 의미한다. 반면, 미노스가 포세이돈

에게 황소를 제물로 바쳤다는 대목은, 그전에 '미노스'라는 호칭을 가진 이들이 아이올리스족이었음을 의미한다. 크레테 섬은 수백 년 동안 매우 부유한 나라였고, 기원전 8세기 후반에는 아카이아, 도리스, 펠라스고이, 퀴도니아(아이올리스)족이 함께 공유하고 있었다(『오뒷세이아』 19. 171-175). 그리고 섬의 서쪽 끝에는 '진짜 크레테족'이 있었다. 디오도로스 시켈로스는 제우스의 아들인 미노스와, 그의 손자로 뤼카스토스의 아들인 미노스를 구분하려 노력했다. 그러나 실제로는 2-3개의 미노스 왕조가 연달아 크놋소스에서 통치했을 것이다.

6. 사르페돈의 이름('나무 궤짝 안에서 크게 기뻐하는')은 그가 뤼키아로 태양영웅의 종교 의식을 가져왔음을 암시한다(162. n 참고). 태양 영웅은 매년 새해를 맞아 궤짝을 타고 흘러온 아이로서 다시 등장한다. 모세, 페르세우스(73. c 참고), 아니오스Anius(160. t 참고)를 비롯해 여럿이 모두 그랬다. 크레테는 파시파에의 어머니인 페르세이스Perseis를 통해 페르세우스 신화와 연결된다. 제우스가 사르페돈에게 3대에 걸쳐 장수하도록 허용한 것은, 아마도 미노스의 통치 기간으로 보통 8년인 '위대한 한 해'가 아니라 열아홉 번째 해까지 왕위를 지킬 수 있게 해주었다는 것을 의미할 것이다. 그때에는 8년이 끝날 때보다 태양력과 태음력이 더 많이 일치한다. 그리고 세 번째 위대한 한 해로 본격 진입한다(67. 2 참고).

7. 파우사니아스는 '파시파에'를 달의 신을 부르는 호칭이라고 했다(3. 26. 1). 그녀의 다른 이름 '이토네Itone'는 비를 내려 주는 아테나 여신의 호칭이다(파우사니아스: 9. 34. 1). 따라서 파시파에와 황소의 신화는, 암소의 뿔을 붙인 달 여신의 여사제와 황소의 가면을 쓴 미노스라는 왕이 떡갈나무 아래에서 올렸던 종교 의례적 결혼식을 지칭한다. 헤쉬키오스('카르텐Carten' 항목)의 기록을 보면, '고르튀스Gortys'는 암소를 뜻하는 크레테 말인 카르

텐Carten을 의미한다. 그리고 고르튀스에 태양 신에게 신성한 소 떼가 있었다는 것을 보면, 이 결혼식을 태양 신과 달의 신 사이의 결혼으로 이해한 것 같다(베르길리우스의 『시선』 6. 60에 대한 세르비오스). 다이달로스가 목초지에서 조용히 물러난 것은 이런 의식이, 픽트족Picts이나 모이쉬노이코스족Moesynoechian의 방식과 달리, 초야를 공개적으로 치르진 않았음을 암시한다. 나중에 많은 그리스인은 파시파에 신화를 싫어했고, 그녀가 황소가 아니라 타우로스Taurus라는 남자와 불륜을 저질렀다고 믿고 싶어 했다(플루타르코스: 『테세우스』 19; 팔라이파토스: 『믿을 수 없는 이야기』 2). 흰 황소white bull[4]는 특별히 달의 신에게 신성했으며(84. 1 참고), 크레테 외에 다른 곳에서도 많이 등장했다. 로마 알반Alban 산에서 매년 올리는 희생제의에서, 트라케의 디오뉘소스 숭배 의식에서, 골족Gaul 드루이드 교의 '겨우살이와 떡갈나무 의식'에 등장했다(50. 2 참고). 그리고 『회갈색 암소의 책Book of the Dun Cow』을 보면, 고대 아일랜드에서 왕의 즉위식에 앞서 열린 예언 의식에서도 흰 황소가 등장했다.

8. 크놋소스에 있는 미노스 궁전은 방과 대기실, 현관, 복도 등이 어우러진 복합 건물이었다. 외부 방문객이라면 길을 잃기 쉬울 정도였다. 아서 에번스 경은 궁전이 바로 라뷔린토스이며, 이는 양날 도끼를 말하는 라브뤼스labrys에서 온 말이라고 주장했다. 라브뤼스는 크레테의 왕권을 나타내는 유명한 표상이며, 상현달과 하현달이 서로 등을 대고 결합된 모양이다. 여신이 가진 파괴의 힘뿐 아니라 창조의 힘도 상징했다. 그러나 미로는 크놋노스에 궁전과 별도로 존재했으며, 햄프턴 코트Hampton Court의 감각으로 보면 진짜 미로였다. 미로는 종교 의식 춤의 패턴을 포장 바닥 위에 모자이

---

4) 세계적 음료 브랜드 레드 불red bull을 생각나게 한다.

크로 그려 놓았던 것이 아닌가 싶다. 이런 패턴은 웨일스와 북동 러시아처럼 뚝 떨어진 장소에서도 발견되며, 부활절에 추는 미로 춤을 위한 것이다. 이런 춤은 이탈리아(플리니우스: 『자연 탐구』 36. 85)와 트로이아(에우리피데스의 『안드로마케』 1139에 대한 고전 주석자)에서도 췄다. 기원전 3000년이 끝날 무렵 북아프리카에서 온 신석기 이주민들이 브리튼 섬에도 이런 춤을 소개한 것 같다. 호메로스는 크놋노스의 미로를 이렇게 묘사했다(『일리아스』 18. 592).

다이달로스는 크놋소스스에서 언젠가 궁리해 냈다네
금발의 아리아드네를 위한 무도장을

루키아노스는 아리아드네 및 라뷔린토스와 연관된 춤이 크레테에서 인기라고 언급했다(『춤에 관하여』 49).

9. 라다만튀스 숭배는 보이오티아에서 크레테로 들어온 것으로 보인다. 신화 내용과 반대이다. [보이오티아의 고대 도시] 할리아르토스Haliartus에는 그의 영웅 전당이 있었는데, 그곳은 '빵의 하얀 여신', 즉 데메테르에게 신성했던 것으로 보인다. 할리아Halia('바다의')는 레우코테아('하얀 여신')라고 하는 달의 여신의 호칭이고(디오도로스 시켈로스: 5. 55), 아르토스artos는 '빵'을 뜻한다. 알크메네('격노하여 강한')는 달 여신이 가진 또 하나의 호칭이다. 비록 크레테 말이라고 하지만, 라다만튀스는 라브도만티스Rhabdomantis('낭창낭창한 가지로 점을 치는')를 의미할 수 있다. 이는 할리아르토스에 있는 갈대밭에서 나온 이름인데, 라다만튀스의 정령은 거기에서 갈대를 흔들어 신탁을 냈다(83. 3 참고). 만약 실제 그렇다면, 그가 크레테 전역과 소아시아의 섬들을 위해 법률을 제정했다는 전승은, 새로운 통치가 시작될 때마다 크레테에서도 매번 비슷한 방식으로 신탁을 물었다는 것을 뜻할 것이다. 그리고

법률 제정의 전승은, 크레테의 도량형과 상업 거래 관행을 받아들인 곳이라면 어디든 이런 신탁이 권위를 가졌다는 의미도 된다. 그는 헤파이스토스가 아니라 제우스의 아들이라고 하는데, 라다만튀스의 신탁이 제우스에게 신성한 '딕테Dicte 동굴'에서 나왔기 때문인 게 분명하다(7. b 참고).

10. 크레테의 페트소파Petsofa에서 진흙 인형의 머리와 팔다리가 대량 발굴된 적이 있다. 이것들에는 모두 끈을 꿸 수 있는 구멍이 나 있어, 나무토막에 위아래로 붙이면 '다이달로스의 관절 인형'이 됐을 것이다. 이는 아마도 풍요의 여신을 상징하는 것으로, 풍년을 기원하면서 과일나무에 매달면 바람에 따라 팔다리가 움직였을 것이다. 뮈케나이의 아크로폴리스 국고國庫에서 출토된 유명한 금반지에도 과일나무에 인형이 매달려 있는 모습이 나온다. 나무 숭배는 미노스 미술 작품의 주제 가운데 하나였고, 크레테의 여신인 아리아드네는 앗티케의 에리고네와 같이(79. a 참고) 나무에 스스로 목을 맸다고 한다(『호메로스와 헤시오도스의 경쟁』 14). '매달린 아르테미스Artemis the Hanged One'는 아르카디아의 콘뒬레이아Condyleia에 성소가 있었고(파우사니아스: 8. 23. 6), '나무의 헬레네Helen of the Trees'는 로도스 섬에 성소가 있으며 폴뤽소Polyxo가 그녀를 매달았다고 한다(파우사니아스: 3. 19. 10). 이들은 크레테에서 인형을 매달았던 여신의 단순한 변형일 것이다.

89
미노스의 애인들

　미노스는 님프 파리아와 동침했다. 이렇게 낳은 아들들이 파로스 섬에 식민지를 건설했지만, 나중에 헤라클레스한테 죽임을 당한다. 미노스는 안드로게네이아를 통해 여러 아들과 함께 작은 아스테리오스를 얻었다.[1] 그러나 그는 특별히 레토의 딸인 고르튀나의 브리토마르티스를 따라다니며 괴롭혔다. 그녀는 사냥 그물을 발명했으며, 아르테미스의 가까운 동무로 여신의 사냥개를 담당했다.[2]

　b. 브리토마르티스는 미노스를 따돌리려 물가 목초지에 있는 두꺼운 잎의 떡갈나무 묘목 아래 숨었다. 그러나 미노스는 아홉 달 동안 바위투성이 산과 드넓은 평원을 뒤지며 그녀를 찾아다녔다. 그녀는 절망하여 바다로 몸을 던졌고, 어부들이 안전한 장소로 끌어냈다. 아르테미스는 브리토마르티스를 딕튄나라는 이름의 신이 되게 했다. 그런데 아이기나 섬에서는 그녀가 사라졌기 때문에 아파이아라 부르며 숭배했다. 스파르테에서는 '호수의 아가씨'라는 별명을 붙여 아르테미스로, 케팔로니아에서는 라프리아로 숭배했는데, 사모스 섬 사람들은 기도할 때 그녀의 진짜 이름을 부른다.[3]

　c. 파시파에는 미노스가 계속 바람을 피우자 성이 나서 남편에게 주문을

걸었다. 다른 여인이랑 동침할 때마다, 씨앗이 아니라 해로운 뱀과 전갈, 지네가 뿌려져 여인의 중요한 부분을 먹어 치우게 한 것이다.[4] 어느 날 아테나이 왕 에레크테우스의 딸 프로크리스가 남편 케팔로스에게 버림을 받고 크레테를 찾아왔다. 케팔로스는 자신과 사랑에 빠진 에오스로 인해 아내를 떠났다. 그도 처음엔 에오스의 구애를 예의 바르게 거절했다. 서로에게 영원히 충실하기로 프로크리스와 맹세했기에 아내를 속일 수 없다고 했다. 그런데 에오스는 자기가 그녀를 더 잘 안다면서 프로크리스가 황금을 보면 맹세를 깨뜨릴 것이라고 단언했다. 케팔로스가 결코 그렇지 않다면서 화를 냈다. 이에 에오스는 그를 프텔레온이라는 사람의 모습으로 탈바꿈시키고, 황금 관을 주면서 아내를 침대로 유혹해 보라고 권했다. 그는 그대로 했고, 실제 프로크리스는 쉽게 유혹에 넘어갔다. 케팔로스는 양심의 가책 없이 에오스와 동침했으며, 프로크리스는 고통스러운 질투를 맛봐야 했다.

d. 에오스는 파에톤이라는 이름의 아들을 낳았지만, 아프로디테는 어릴 적에 그를 훔쳐 자신의 제일 신성한 전당에서 밤에 파수를 서게 했다. 크레테 사람들은 그를 아뒵노스라 부르는데, 이는 샛별과 개밥바라기를 뜻한다.[5]

e. 그러는 동안, 프로크리스는 아테나이에 계속 머물 수가 없었다. 그녀의 행실을 두고 사방에서 쑥덕공론이 벌어졌기 때문이다. 그녀는 크레테로 건너왔고, 미노스의 유혹은 프텔레온 때만큼이나 쉬웠다. 사냥감을 절대로 놓치지 않는 사냥개와 표적을 빗나가지 않는 투창을 선물했기 때문이다. 이는 예전에 아르테미스한테 받았던 것이다.[6] 프로크리스는 사냥을 열렬히 좋아해 기쁜 마음으로 이를 받았다. 하지만 파충류와 벌레들로 자신을 채우지 못하도록, 마녀 키르케가 마법의 뿌리를 달여 만든 예방의 물약을 마셔야 한다고 고집했다. 물약은 효과를 발휘했지만, 프로크리스는 파시파에

가 자신에게 마법을 걸까 두려워 서둘러 잘생긴 소년으로 변장해 아테나이로 되돌아갔다. 이때 그녀는 처음으로 이름을 프테렐라스로 바꿨다. 그녀는 다시는 미노스를 보지 못했다.

f. 케팔로스는 사냥 원정을 떠났는데, 일행에 뒤섞여 있던 그녀를 알아보지 못했다. 그러고는 그녀의 사냥개 라엘랍스와 정확히 날아가는 투창을 무척이나 탐내, 상당한 분량의 은을 주겠다면서 자기에게 팔라고 했다. 그러나 프로크리스는 그냥은 안 되고, 사랑을 나누면 내줄 수도 있다고 했다. 그가 침실로 데려가겠다고 하자, 비로소 눈물을 흘리며 자신이 그의 아내라고 밝혔다. 그들은 마침내 화해했고, 케팔로스는 사냥개와 투창으로 아주 즐거운 시간을 보냈다. 그러나 아르테미스는 자신의 귀중한 선물이 간통을 범하는 이들의 손에서 손으로 넘어가는 것에 화가 나 복수를 꾀했다. 케팔로스가 한밤이 두 시간밖에 지나지 않았음에도 자리에서 일어나 사냥을 나갈 때, 프로크리스에게 남편이 아직도 에오스를 찾고 있다는 의심이 들게 만들었다.

g. 어느 날 밤, 프로크리스는 어두운 튜닉을 입고, 아직 먼동이 트기도 전에 남편을 쫓아 살금살금 따라갔다. 머지않아 케팔로스는 뒤쪽 덤불 안에서 바스락거리는 소리를 들었으며, 라엘랍스도 거기를 향해 으르렁거리기 시작했다. 케팔로스는 목표를 놓치지 않는 창을 던져 프로크리스를 관통했다. 당연한 절차에 따라, 아레오파고스는 살해의 벌로 그에게 영원한 추방령을 선고했다.⁷⁾

h. 케팔로스는 테바이로 물러났다. 그곳에서 헤라클레스의 아버지라고 하는 암피트뤼온 왕은 라엘랍스를 빌려 카드메이아를 유린하고 있던 '테우멧소스의 암여우'를 사냥했다. 이 거대한 암여우는 신들에 의해 붙잡히지 않을 운명을 타고 났으며, 매달 아이 하나씩 제물로 바쳐야만 달랠 수 있었

다. 그러나 라엘랍스도 신들에 의해 추적하는 것은 무엇이든 잡을 운명을 타고났기에, 이 모순을 어떻게 해결해야 할지 천상에서도 의문이 일었다. 결국, 제우스는 성이 나서 라엘랍스와 암여우를 모두 돌로 만들어 문제를 해결했다.[8]

i. 케팔로스는 그다음 텔레보아이족과 타피오스족Taphius을 상대로 한 전쟁에서 성공적으로 암피트뤼온을 도왔다. 전쟁을 시작하기 전, 암피트뤼온은 모든 동맹군에게 전리품을 따로 빼돌리지 않겠다고 아테나와 아레스의 이름으로 맹세하도록 했다. 오직 하나, 파노페우스가 맹세를 어겼고, 겁쟁이로 악명 높은 에페이오스를 자식으로 얻는 벌을 받았다.[9] 텔레보아이의 왕은 프테렐라오스였는데, 그의 할아버지인 포세이돈은 손자의 머리에 불사의 황금빛 머리털을 심어 주었다. 그런데 그의 딸 코마이토는 암피트뤼온과 사랑에 빠져 그의 애정을 얻고자 황금빛 머리털을 끊어 냈다. 그렇게 해서 프테렐라오스는 죽고 암피트뤼온은 케팔로스의 도움을 받아 텔레보아이족을 손쉽게 정복했다. 그리고 암피트뤼온은 존속살해의 죄를 물어 코마이토에게 죽음을 선고했다.

j. 케팔로스는 텔레보아이 땅의 일부인 케팔로니아 섬을 상으로 받았다. 지금의 이름도 그를 따라 새로 붙인 것이다. 그는 프로크리스를 유혹하고 치명적인 투창을 선물한 미노스를 결코 용서하지 않았다. 책임에서 자유롭지 않았기에 자신도 용서할 수 없었다. 결국 자신이 먼저 맹세를 깨뜨렸기 때문이다. 프로크리스가 프텔레온이라는 사람과 사랑을 나눈 것은 서약 위반이라 할 수 없었다. 그는 비탄에 빠져 흐느꼈다. "아니야, 아니야. 나는 에오스와 눕지 말았어야 했어!" 죄의 정화를 받았지만, 그는 프로크리스의 혼령을 떨쳐 내지 못했고, 자신 탓에 동료들에게 불운이 닥칠까 두려웠다. 그는 어느 날 레우카스 곶으로 가서 '하얀 바위의 아폴론'의 신전을 짓고, 절

벽 꼭대기에서 바다로 몸을 던졌다. 그는 떨어지면서 프테렐라스의 이름을 큰소리로 외쳤다. 프로크리스가 그 이름을 쓸 때 아내가 가장 사랑스러웠기 때문이다.[10]

1] 아폴로도로스: 『비블리오테카』 2. 5. 9와 3. 1. 2; 논노스: 『디오뉘소스 이야기』 13. 222와 4. 284.

2] 솔리누스: 11. 8; 칼리마코스: 『아르테미스 찬가』 189; 에우리피데스: 『타우리케의 이피게네이아』 126; 디오도로스 시켈로스: 『역사총서』 5. 76; 아리스토파네스: 『개구리』 1359.

3] 파우사니아스: 『그리스 여행기』 2. 30. 3과 3. 14. 2; 안토니노스 리베랄리스: 『변신』 40; 헤로도토스: 『역사』 3. 59.

4] 안토니노스 리베랄리스: 41.

5] 헤시오도스: 『신들의 계보』 986; 솔리누스: 11. 9; 논노스: 『디오뉘소스 이야기』 11. 131과 12. 217.

6] 아폴로도로스: 2. 4. 7; 오비디우스: 『변신 이야기』 7. 771; 휘기누스: 『신화집』 189.

7] 아폴로도로스: 같은 곳과 3. 15. 1; 안토니노스 리베랄리스: 같은 곳; 휘기누스: 『신화집』 125와 189; 칼리마코스의 『아르테미스 찬가』 209에 대한 고전 주석자.

8] 파우사니아스: 1. 37. 6과 9. 19. 1.

9] 체체스: 『뤼코프론에 관하여』 933.

10] 아폴로도로스: 2. 4. 7; 스트라본: 『지리학』 10. 2. 9와 14.

＊

1. 미노스는 제우스처럼 여기저기 님프들을 유혹하고 다녔다. 이는 크놋소스의 왕이 그의 통치하에 있는 여러 도시의 달 여신 여사제들과 의례적 결혼식을 올렸음을 기록한 게 확실하다.

2. 크레테 섬 동쪽에서는, 달의 여신을 브리토마르티스Britomartis라고 불렀다. 이에 그리스인들은 그녀를 아르테미스와 동일시했다(디오도로스 시켈로스: 5. 76; 에우리피데스: 『힙폴뤼토스』 145; 『타우리케의 이피게네이아』 127; 헤쉬키오스, '브리토마르티스' 항목). 헤카테와도 동일시했다(에우리피데스: 『힙폴뤼토스』 141, 고전 주석자와 함께). 크레테 섬 서쪽에서 그녀는, 베르길리우스가 알고 있었듯이, 딕튄나Dictynna였다. "사람들은 당신의 이름을 따라 달의 여신을 딕튄나라고 불렀습니다."(베르길리우스: 『키리스』 305) 신화에서 딕튄나는 사

냥이나 낚시에 쓰는 그물을 뜻하는 딕튀온dictyon과 연결된다. 아기 제우스가 자란 동굴 딕테Dicte는 딕튄나이온dictynnaeon('딕튄나의 장소')이 세월이 흘러 변형된 것일 터이다. 가부장 체제가 들어온 다음, 여신이 그물로 무장하고 신성한 왕을 추적해 죽이던 것은 신성한 왕이 여신을 사랑해 추적하는 것으로 바뀌었다(9. 1과 32. b 참고). 어느 쪽이든, 추적은 유럽 민간전승의 단골 소재다(62. 1 참고). 미노스가 브리토마르티스를 찾아다니는 모습은 필리스티아Philistia에서 목소스Moxus 또는 몹소스Mopsus가 데르케토Derceto를 찾아다녔던 것과 흡사하다. 미노스의 추적은 떡갈나무의 잎이 가장 무성할 때 시작된다. 아마도 삼복더위 때일 것이다. 그리고 이는 세트 신이 나일 강 삼각주의 물가 목초지에서 이시스와 '어린아이 호루스'를 추적하는 때이기도 하다. 이런 추적은 아홉 달 뒤 오월제 전야에 끝이 난다. 제우스의 에우로페 유혹도 오월제 전야에 벌어진 일이다(58. 3 참고).

3. 북부 켈트족은 여신을 고다Goda('선한 분')라 불렀다. 네안테스는 브리토brito 음절을 '선한good'으로 번역했다(『그리스 역사 관련 글조각 모음』 3, 뮐러 편집). 북부 켈트 쪽 종교 의식을 보건대, 고다 여신은 원래 염소를 타고, 알몸으로 그물만 걸치고, 한 손에는 사과를 들고, 산토끼와 갈까마귀와 함께 매년 자신의 사랑 잔치를 찾아왔다. 영국 코벤트리 대성당 안에 있는 미세레레miserere[1] 좌석에는 이렇게 묘사된 여신이 조각돼 있다. 이는 기독교 도래 이전 시대에 수담Southam과 코벤트리에서 열렸던 오월제 전야 의식을 기록한 것이다. 백성을 위해 알몸으로 돌아다닌 '레이디 고다이바Lady Godiva'의 전설이 여기에서 진화해 나왔다. 켈트족 독일과 스칸디나비아에서, 그리고 아마도 잉글랜드에서도, 고다 여신은 염소 또는 염소 가죽을 쓴 남자와

---

1) "불쌍히 여기소서"라는 뜻이다.

의례적으로 관련이 있었다. 그 남자는 신성한 왕으로, 나중에 마녀 숭배에서 악마가 됐다. 여신이 들고 있던 사과는 왕의 죽음이 다가왔다는 징표이다. 산토끼는 추적을 상징하며, 추적 중에 그레이하운드로 변신한다. 여신의 그물은 그가 물고기로 변하면 잡아들일 것이며, 갈까마귀는 그의 무덤에 앉아 신탁을 내릴 것이다.

4. 크레테에서는 황소 숭배에 앞서 염소 숭배가 있었고, 파시파에도 원래 염소 왕과 결혼했던 것 같다. 아이기나에서 딕튄나를 부르는 호칭인 라프리아Laphria('전리품을 획득한 여인')는 염소 여신 아테나의 호칭이기도 했다. 아테나는 염소를 닮아 호색한goatish 팔라스Pallas의 공격을 받아 그의 가죽을 벗겨 자신의 아이기스에 붙였다고 한다(9. a 참고). '라프리아'라는 이름은, 그 여신이 추적을 하는 쪽이지 추적을 받는 쪽이 아니라는 것을 암시한다. 아이기나 섬에서 나온 명문을 보면, 아르테미스의 거대한 신전은 '아르테미스 아파이아Artemis Aphaea'('어둡지 않은', 그녀를 헤카테와 구분하는 명칭)의 것이었다. 단, 이번 신화에서 아파이아는 아파네스aphanes('사라진')를 의미한다.

5. 미노스와 프로크리스의 이야기는 신화에서 일화로, 그리고 한 번 더 일화에서 길모퉁이 로맨스로 넘어온 것이다. 『황금 당나귀』[2]에 나오는 몇몇 이야기를 떠올리게 할 정도다. 미노스가 아테나이와 전쟁을 벌이고 결국 크놋소스가 함락됐다는 사실과 연결해 보면, 이번 이야기는 크레테 왕이 아테나이의 최고위 여사제와 하는 종교 의례적 결혼을 요구했고 아테나이인들이 분개했음을 기록한 것일 수 있다. 프로크리스를 유혹한 프텔레온

---

2) 『황금 당나귀』는 오늘날까지 그 원본이 완전하게 보존된 유일한 라틴어 소설로, 2세기 아프리카 알제리에서 활약한 루키우스 아풀레이우스가 지었다. 로마의 젊은 귀족이 당나귀가 되고, 이로 인해 여러 모험을 겪는다. 고통받는 노예와 소작농들의 비참한 상황도 목격하고, 마지막에 신의 도움으로 사람으로 되돌아온다.

Pteleon('느릅나무 숲')의 이름은, 미노스 시대에 크레테에서 전파된 포도나무 숭배를 지칭한 것 같다(88. h 참고). 포도나무는 느릅나무에 대고 품종을 개량하기 때문이다. 그게 아니면, 프텔로스ptelos('멧돼지')에서 왔을 수도 있다. 이런 경우라면, 케팔로스와 프텔레온은 원래 신성한 왕과 멧돼지로 분장한 그의 후계자였을 것이다(18. 7 참고). 파시파에의 마법은 분노한 달의 여신이 보여 주는 특징이다. 프로크리스는 키르케의 마법으로 이에 맞섰는데, 키르케는 같은 여신의 또 다른 호칭일 뿐이다.

6. 케팔로스가 레우카스 곶에 있는 하얀 바위에서 뛰어내렸다는 대목에, 스트라본(10. 2. 9)은 레우카스 섬 사람들이 매년 사람을 절벽 너머 바다로 내던졌던 일을 곧장 떠올렸다. 이때 그 사람한테는 떨어지는 속도를 늦추려 날개를 달아 주고, 때로 몸에 살아 있는 새를 줄로 연결하기도 했다. 희생자는 희생양이라는 뜻의 파르마코스[3]라고 했는데, 그렇게 내던지면 섬에 죄가 없어져 정화된다고 믿었다. 희생자는 낙하산으로 쓰려 하얀 햇빛 가리개도 지참했던 것 같다(70. 7 참고). 만약 그가 죽지 않았다면 건져 올려 다른 섬으로 데려가기 위해 절벽 아래에는 배가 기다리고 있었다(96. 3 참고).

7. 코마이토Comaetho와 그녀의 아버지 프테렐라오스Pterelaus의 신화는, 죽음 전에 태양 왕의 머리카락을 잘랐던 것을 지칭한다(83. 3; 91. 1과 95. 5 참고). 그러나 프테렐라오스의 이름은 날개를 달아 주고 절벽에서 내던진 파르마코스가 원래는 왕이었음을 암시한다. 이름 뒤에 붙은 엘라오스elāos 또는 엘라이오스elaios는 야생 올리브를 의미하며, 이는 이탈리아와 북서 유럽

---

3) 파르마코스pharmakos[또는 pharmacos]: 복수형 파르마코이pharmakoi. 고대 그리스 종교에서 제물로 바치거나 추방했던 인간 희생양을 일컫는다. 기아와 외부 침략, 역병 등 위기가 닥치면, 노예나 범죄자 가운데 선택한 파르마코스를 절벽에서 던지거나 불에 태웠다고 고전 주석자 등이 전했다.

의 자작나무처럼 사악한 기운을 몰아내는 데 쓰였다(52. 3 참고). 그리고 로도스 섬 방언에서 엘라이오스는 그냥 파르마코스를 뜻했다. 그런데 프테렐라오스와 케팔로스의 운명은 프로크리스가 프테렐라스Pterelas ['깃털을 떠나보내는 이'의 뜻]라는 이름을 선택함으로써 신화적으로 연결된다. 그리고 이는 그녀가 정말로 아테나의 여사제이고, 깃털을 단 케팔로스를 물에 던지게 했음을 암시한다.

8. 여우는 멧세니아의 표상이었다(아폴로도로스: 2. 8. 5, 이 책 49. 2와 146. 6 참고). 이는 아마도 아이올리스족이 달의 여신을 암여우로서 숭배했기 때문일 것이다. 테우멧소스의 암여우 신화는 아이올리스족이 제물로 쓸 아기를 구하려 카드메이아를 습격했던 일을 기록한 것일 수 있다. 나중에 제우스를 숭배하는 아카이아족은 아기 제물 관습을 폐지했다.

9. 파에톤Phaëthon과 아뒴누스Adymnus(아-뒤오메노스a-dyomenos에서 유래, '가라앉지 않는 남자')는 양쪽 모두 금성에 대한 우화적인 이름이다. 그러나 논노스는 에오스와 케팔로스의 아들인 파에톤을, 헬리오스의 아들로 태양의 전차를 몰다 물에 빠져 죽은 파에톤(42. d 참고)과 혼동했다. 논노스는 밀레토스인들이 태양 영웅으로 숭배하는 아뒴니오스Atymnius(아토스atos와 휨노스hymnos('영웅의 칭송에도 만족할 줄 모르는')에서 유래)와 혼동하기도 했다(88. b 참고).

10. 에페이오스Epeius는 초기 전설에서 특출나게 용감한 전사로 나온다. 그런데 그의 이름은 역설적이게도 허풍선이한테 붙여졌고, 나중에는 겁쟁이와 동의어가 됐다(헤쉬키오스, '에페이오스' 항목). 그는 나중에 트로이아 목마를 만들었다(167. a 참고).

90
파시파에의 자식들

파시파에가 미노스를 통해 낳은 자식들로는 아카칼리스, 아리아드네, 안드로게우스, 카트레우스, 글라우코스, 파이드라 등이 있다.[1] 그녀는 헤르메스를 통해 퀴돈을, 제우스를 통해 리비아의 암몬을 낳기도 했다.[2]

b. 아리아드네는 처음에 테세우스의 사랑을, 다음으로 디오뉘소스의 사랑을 받으며 유명한 자식들을 많이 낳았다. 카트레우스는 미노스의 왕위를 계승했고, 로도스 섬에서 자기 아들에게 죽임을 당했다. 파이드라는 테세우스와 결혼했으나, 의붓아들 힙폴뤼토스를 향했던 불행한 사랑으로 악명을 얻었다. 아카칼리스는 아폴론의 첫사랑이었다. 누이 아르테미스가 함께 본토의 아이기알라이에서 타라로 정화를 위해 왔을 때, 아폴론은 어머니의 친척인 카르마노르의 집에 와 있는 아카칼리스를 보고 그녀를 유혹했다. 미노스는 화를 내면서 아카칼리스를 리비아로 쫓아냈다. 어떤 이는 거기서 그녀가 가라마스를 낳았다고 하지만, 다른 이들은 가라마스가 최초의 인간이라고 주장한다.[3]

c. 글라우코스는 어릴 적에 크놋소스의 궁전에서 공놀이를 하다가 또는 아마도 쥐를 잡으려다가 갑자기 사라진 적이 있다. 미노스와 파시파에

는 온갖 군데를 뒤졌지만 허사였고, 델포이 신탁을 청했다. 최근 크레테에서 생긴 불길한 탄생에 대해 최고의 직유直喩를 내놓은 사람이라면 잃어버린 아이를 찾을 것이라는 신탁이 나왔다. 미노스가 널리 알아보니, 자신의 소 떼 가운데 새로 태어난 암송아지가 하루에 세 번 색깔을 바꾼다는 걸 알게 됐다. 하양에서 빨강으로, 빨강에서 검정으로 색을 바꿨다. 점쟁이들을 궁전으로 불렀지만, 아무도 직유를 내놓지 못했다. 그런데 멜람푸스의 후손인 아르고스의 폴뤼이도스는 달랐다. "잘 익은 블랙베리만큼 이 송아지를 닮은 것은 세상에 없습니다." 미노스는 즉시 궁전으로 들어가 글라우코스를 찾으라고 명했다.[4]

d. 폴뤼이도스는 미로 같은 궁전을 돌아다니다, 지하 저장실 입구에 부엉이가 앉아 벌 떼를 쫓고 있는 것을 우연히 발견했다. 그는 이를 하나의 전조라 여겼다. 지하 저장고 깊숙한 곳에 꿀을 담아 두는 커다란 항아리가 있었고, 글라우코스는 머리를 아래쪽으로 하고 그 안에 빠져 죽어 있었다. 미노스는 아들을 발견했다는 보고를 받고, 쿠레테스와 상의해 그들의 조언에 따라 폴뤼이도스에게 명했다. "아들의 주검을 찾아냈으니, 아이를 되살려 놓는 것까지 해야 한다." 폴뤼이도스는 자신은 아스클레피오스가 아니기에 죽인 이를 되살리진 못한다고 항변했다. 미노스는 답했다. "네가 아직 모르는 것이 있다. 너는 죽은 글라우코스와 함께 칼 한 자루를 가지고 무덤 안으로 들어갈 것이며, 되살려 내라는 명이 실현될 때까지 밖으로 나오지 못할 것이다."

e. 무덤 속 어둠에 익숙해질 무렵, 폴뤼이도스는 뱀 한 마리가 소년의 주검에 다가가는 장면을 보았고, 칼을 들어 이를 죽였다. 곧이어 다른 뱀 한 마리가 미끄러져 들어왔고, 이놈은 자기 짝꿍이 죽은 것을 발견하고 무덤 밖으로 다시 나갔다. 그리고 금방 입에 마법의 풀을 물고 돌아와 죽은 뱀

위에 올려 두었다. 죽은 뱀은 천천히 되살아났다.

f. 폴뤼이도스는 놀랐지만 곧 정신을 차리고, 같은 풀을 글라우코스의 몸에 가져가니 똑같이 행복한 결과가 나왔다. 그와 글라우코스는 큰 소리로 도움을 요청했고, 지나가던 사람이 이 소리를 듣고 달려가 미노스에게 알렸다. 미노스는 무덤을 열어 아들이 되살아난 것을 보고 뛸 듯이 기뻤다. 그는 폴뤼이도스에게 많은 선물을 주었지만, 글라우코스에게 점치는 법을 가르쳐 줄 때까지 아르고스로 돌아가지 못하게 했다. 폴뤼이도스는 마지못해 복종했지만, 집으로 배를 타고 돌아갈 때가 되자 글라우코스에게 말했다. "아이야, 내가 입을 벌릴 테니 여기 침을 뱉거라!" 글라우코스가 그렇게 했더니, 소년은 그동안 배웠던 것을 모두 즉시 잊어버렸다.[5]

g. 나중에, 글라우코스는 원정대를 이끌고 서쪽으로 나아가 이탈리아인들에게 왕국을 달라고 했다. 그러나 이탈리아인들은 그가 자기 아버지만큼 위대한 인물이 못 된다고 그를 얕잡아 봤다. 이에 글라우코스는 크레테의 병사용 허리띠와 방패를 이탈리아에 전해 주었고, 이렇게 해서 라비코스라는 이름을 얻었다. 이는 '허리띠를 한'을 뜻한다.[6]

h. 안드로게우스는 아테나이를 방문해, 판아테나이아 제전의 모든 종목에서 우승했다. 그런데 아이게우스 왕은 그가 반항적인 팔라스Pallas의 아들들 50명과 친분이 깊다는 사실을 알고 있었다. 여기에 팔라스의 아들들이 반란을 일으킬 때 안드로게우스가 자기 아버지 미노스를 설득해 반란을 지원하지 않을까 두려웠다. 이에 아이게우스는 테바이로 가는 길에 있는 오이노에에서 그를 기습하기로 메가라인들과 음모를 꾸몄다. 안드로게우스는 테바이에서 벌어지는 어떤 장례 제전에 참여할 예정이었던 것이다. 안드로게우스는 용감하게 맞섰지만, 격렬하게 싸우다 죽었다.[7]

i. 미노스가 파로스 섬에서 '우미의 세 여신'에게 희생 제의를 올리고 있

는 동안, 아들 안드로게우스가 죽었다는 소식이 전해졌다. 그는 화환을 집어던지고 아울로스 주자에게 연주를 멈추라 했다. 그렇지만 의식은 끝까지 마쳤다. 오늘날까지도 파로스의 우미의 세 여신에게는 음악과 꽃 없이 희생 제의를 올린다.[8]

j. 미노스의 아들 글라우코스는 가끔 안테돈 또는 포세이돈의 아들인, 안테돈 시의 글라우코스와 혼동을 일으킨다. 안테돈의 글라우코스는 어느 날 어떤 풀이 생명력을 되찾아 준다는 것을 발견했다. 이는 크로노스가 황금시대에 씨를 뿌려 놓은 풀인데, 그 위로 가라앉은 죽은 물고기가 (어떤 이는 산토끼라고 한다) 되살아나는 모습을 봤다. 안테돈의 글라우코스는 그 풀을 먹고 불사의 몸이 됐으며, 바다로 뛰어들어 지금은 호색의 모험으로 유명한 해신이 됐다. 그의 수중 궁궐은 델로스 섬 해변이 보이는 곳에 있으며, 매년 그리스의 모든 항구와 섬을 찾아와 뱃사람과 어부들에게 귀중한 신탁을 내렸다. 아폴론 신도 글라우코스의 제자라고 한다.[9]

1] 파우사니아스: 『그리스 여행기』 8. 53. 2; 디오도로스 시켈로스: 『역사총서』 4. 60; 아폴로도로스: 『비블리오테카』 3. 1. 2.
2] 파우사니아스: 같은 곳; 플루타르코스: 『아기스』 9.
3] 플루타르코스: 『테세우스』 20; 아폴로도로스: 3. 2. 1-2; 에우리피데스: 『힙폴뤼토스』; 파우사니아스: 2. 7.7; 아폴로니오스 로디오스: 『아르고 호 이야기』 4. 1493 ff.
4] 휘기누스: 『신화집』 136; 아폴로도로스: 3. 3. 1; 파우사니아스: 1. 43. 5.
5] 아폴로도로스: 같은 곳; 휘기누스: 같은 곳.
6] 베르길리우스의 『아이네이스』 7. 796에 대한 세르비오스.
7] 디오도로스 시켈로스: 4. 60. 4; 아폴로도로스: 3. 15. 7; 베르길리우스의 『아이네이스』 6. 14에 대한 세르비오스; 휘기누스: 『신화집』 41.
8] 아폴로도로스: 3. 15. 7.
9] 아테나이오스: 『현자들의 식탁』 7. 48; 체체스: 『뤼코프론에 관하여』 754; 오비디우스: 『변신 이야기』 13. 924 ff.; 파우사니아스: 9. 22. 6; 베르길리우스의 『농경시』 1. 437에 대한 세르비오스.

1. 파시파에Pasiphaë는 달의 여신으로서(51. h 참고) 수많은 아들을 낳았다고 여겼다. 테게아Tegea 부근 도시 퀴돈과 크레테에 있는 퀴돈의 식민지에 이름을 준 퀴돈Cydon이 있고, 코린토스의 바다 영웅(71. 4 참고)인 글라우코스Glaucus가 있으며, 아크로폴리스 북서쪽 케이라메이코스Ceramicus에서 그를 기리는 제전이 매년 열리는 안드로게우스Androgeus도 있다. 특히, 안드로게우스의 경우, 아테나이인들은 그가 태양년의 정령이라는 것을 보여 주기 위해 '에우뤼귀에스Eurygyes'('넓게 도는')라 부르며 숭배했다(헤쉬키오스, '안드로게우스' 항목). 요르단강 동쪽 '암몬 오아시스'의 신탁 영웅인 암몬은 나중에 제우스와 동일시됐다. 카트레우스Catreus는 그 이름이 비를 뿌리는 달의 여신 카타르로아Catarrhoa의 남성형으로 보인다. 파시파에의 딸, 아리아드네와 파이드라는 파시파에가 다시 태어난 것이다. 아리아드네는 아리아그네ariagne('가장 순수한')로 읽을 수 있지만, 수메르 이름인 아-리-안-데Ar-ri-an-de('보리 풍작의 높은 어머니')인 것 같다. 그리고 파시파에는 남부 팔레스타인 명문銘文에 프드리Pdri라고 나온다.

2. 아카칼리스Acacallis('성벽이 없는')의 신화는, 아마도 아이기알라이에서 온 헬레네스 침략자들이 크레테 섬 서부의 타라 시를 장악한 일에 대한 기록인 듯하다. 타라는 다른 크레테 도시들과 마찬가지로 성벽이 없었다(98. 1 참고). 신화는 여기에 더해 지도층 주민들이 리비아로 달아난 것도 기록했다. 이들은 리비아에서 전쟁을 싫어하는 가라만테스족Garamantes을 다스렸다.

3. 미노스의 암송아지가 하양, 빨강, 검정으로 색이 변했다고 했는데, 달의 여신 암소인 이오도 같은 색깔들을 가지고 있었다(56. 1 참고). 아우게이아스의 신성한 황소도 그랬고(127. 1 참고), '카이레Caere의 도기'에 실려 있

는, 에우로페를 납치하는 미노스의 황소도 그렇다(「미출간 기념문Monumenti Inediti」 6-7. 77쪽). 게다가 니누 카니Ninou Khani에서 발굴됐으며 크레테 여신에게 신성한 진흙이나 회반죽 삼발이는 하양, 빨강, 검정으로 칠해져 있다. 뮈케나이에서 나온 비슷한 삼발이도 마찬가지다. 크테시아스의 『인디카Indica』를 보면, 하양과 빨강, 검정은 유니콘 뿔의 색깔이기도 했다. 이 유니콘은 달력을 상징하는 동물이며, 달의 여신이 '오시리스 해'의 다섯 계절을 지배하고 있다는 걸 표현했다. 다섯 계절은 이 동물의 각 부분을 구성한다. 글라우코스가 쥐를 쫓았다는 얘기는, 시중드는 요정으로 부엉이(글라욱스glaux)를 데리고 다니는 아테나 여신의 숭배자들과 '스민테우스의 아폴론'(쥐의 아폴론)의 숭배자들 사이의 갈등을 지칭하는 것일 수 있다. 아니면 원래 이야기는 미노스가 아들에게 꿀을 잔뜩 바른 쥐를 삼키도록 주었다는 것일 수도 있다. 고대 동부 지중해에서는 아픈 아이에게 이런 절박한 처방을 내리기도 했다. 벌꿀 항아리에 빠져 죽는다는 대목은, 주검을 방부 처리하는 데 꿀을 사용했다는 걸 지칭할지 모른다. 크레테의 가정집에서는 아이가 매장된 항아리가 다수 발견됐다. 그리고 부엉이는 죽음의 새였다. 꿀벌 이야기는 세공된 보석들에 그려진 그림을 잘못 해석한 결과일 수 있다. 거기엔 헤르메스가 매장된 항아리에서 죽은 이를 불러내는 모습이 담겨 있는데(바이젤러Weiseler 『고대 예술의 기념물Denkmäler der alten Kunst』 2. 252), 죽은 이들의 영혼은 꿀벌 모습으로 공중에 맴돌고 있다(39. 8과 82. 4 참고).

4. 폴뤼이도스Polyidus는 변신을 거듭하는 자그레우스Zagreus(30. a 참고)이면서도 동시에 반인반신인 아스클레피오스Asclepius이기도 하다. 그가 쓴 신비의 약초는 겨우살이(50. 2 참고) 또는 동유럽 쪽에서 이에 상응하는 꼬리겨우살이였을 것이다. 바빌로니아의 길가메시 전설에도 뱀의 소생과 관련해 아주 흡사한 이야기가 나온다. 뱀이 그에게서 영원한 생명의 약초를 훔쳐

가고, 뱀은 허물을 벗고 다시 젊어진다. 이에 길가메시는 약초를 다시 구할 수 없어 죽음에 이르게 된다. 그 약초는 갈매나무와 닮았다고 한다. 그리스인들은 이를 비밀 의식을 거행하기 전에 설사를 일으키는 하제下劑로 썼다.

5. 글라우코스가 폴뤼이도스의 벌린 입에 침을 뱉는 것은, 아폴론의 비슷한 행동을 떠올리게 한다. 캇산드라가 예언의 선물에 대가를 치르지 않았을 때도 그렇게 했다. 하지만 캇산드라는 선물을 잃어버리진 않았다. 대신 아무도 그녀의 예언을 믿지 않게 됐다(158. q 참고).

6. 미노스가 아들이 죽었다는 소식을 듣고 당시 관행이었던 아울로스 연주 또는 꽃도 없이 희생 제의를 올렸다는 여신들은, 파리아이Pariae, 즉 '오래된 존재들Ancient Ones'이었다(89. a 참고). 이들은 아마도 운명의 세 여신일 터인데 완곡어법으로 '우미의 세 여신Graces'이라 불렸을 것이다. 신화는 여기서 길거리 재담 수준으로 후퇴했다. 안드로게우스의 죽음은 크레테가 아테나이와 다툼을 벌인 까닭을 설명하는 도구에 불과하며(98. c 참고), 아마도 오이네오에서 벌어진, 상관도 없는 살해 전설에 바탕을 두었을 것이다.

7. 안테돈Anthedon의 글라우코스가 주는 신탁 선물, 그의 이름, 그의 화려한 연애 이력 등은 그가 크레테의 막강한 해군력을 의인화한 것임을 암시한다. 그는 심지어 스퀼라를 사랑하기도 했다(170. t 참고). (제우스한테서 신탁을 받은) 미노스뿐 아니라 크레테 연합의 후원자(39. 7 참고)인 포세이돈도 스퀼라와 즐겼다(91. 2 참고). 안테돈('꽃밭에서 기뻐하는')은 아마도 크레테에서 봄꽃 영웅의 호칭이었던 것으로 보인다. 미노스의 왕은 모두 죽으면 봄꽃 영웅이 된다고 믿었다(85. 2 참고). 크놋소스의 왕은 신성한 결혼식을 통해 연합 국가의 모든 나라들과 연결됐던 것으로 보인다(89. 1 참고). 글라우코스의 왕성한 성욕 이야기는 여기서 나왔다. 크놋소스 사절단이 매년 크레테의 바다 건너 속국들에 탈로스 방식(92. 7 참고)으로 파견돼 신탁 성격의 새

로운 포고령을 전했을 가능성이 크다. 델로스 섬은 크레테의 영향력 아래 있으면서, 크놋소스에 있는 '딕테 동굴'에서 나온 신탁을 널리 전달하는 중심지 구실을 했을 것이다. 이번 글라우코스는 또한 크레테 휘하에 있는 파로스의 신탁 주는 바다의 신 프로테우스Proteus(169. 6 참고)와 닮았다. 또, 다른 글라우코스와 동일시되는, 코린토스의 바다의 신 멜리케르테스와도 닮았다(71. 4 참고). 크로노스가 황금시대에 뿌린 씨앗에서 자란 풀은, 드루이드 교 사제들이 쓰는 마법의 황금 약초herbe d'or였을지 모른다.

8. 글라우코스 신화의 또 다른 판본은 플리니우스(『자연 탐구』 25. 14)와 논노스(『디오뉘소스 이야기』 25. 451-551)가 뤼디아의 역사가 크산토스를 인용해 전했다. 이는 뤼디아의 수도 사르디스Sardis에서 나온 일련의 동전에도 새겨져 있다. 영웅 튈론Tylon 또는 튈로스Tylus('매듭' 또는 '남근')가 독이 있는 뱀에게 뒤꿈치를 물려 죽자(117. 1 참고), 그의 누이 모이라Moera('운명')는 거인족 다마센Damasen('진압하는 사람')에게 간청해 뱀에게 복수를 한다. 그런데 다른 뱀이 나타나 숲속에서 '제우스의 꽃'을 가지고 와서 죽은 짝꿍의 입술에 올려놓자 다시 살아났다. 모이라도 이를 따라 했더니, 튈로스도 똑같이 살아났다.

91
스퀼라와 니소스

미노스는 최초로 지중해 전체를 통제한 왕이었다. 그는 지중해에서 해적들을 일소하고, 크레테에서 90개의 도시를 다스렸다. 아테나이인들이 아들 안드로게우스를 죽였을 때, 그는 복수를 결심하고 에게 해를 돌아다니면서 배와 무장한 군대를 모았다. 일부는 그를 돕겠다고 했고, 일부는 거절했다. 아르네 공주는 그가 뇌물로 건넨 황금을 받고 시프노스 섬을 넘겼다. 신들은 그녀를 황금뿐 아니라 반짝이는 것이라면 무엇이든 사랑하는 갈까마귀로 바꿔 버렸다. 미노스는 아나페 섬 사람들과 동맹을 맺었지만, 아이기나 섬의 아이아코스 왕한테서는 거부당했다. 이에 미노스는 복수를 맹세하고 물러갔다. 아이아코스는 케팔로스의 요청에 따라 미노스에 맞서 아테나이 쪽에 동참했다.[1]

b. 그러는 동안, 미노스는 코린토스 지협을 거듭 공격했다. 그는 이집트인 니소스가 다스리는 니사를 포위했는데, 마침 그에게는 스퀼라라는 딸이 있었다. 도시에는 아폴론이 지은 탑 하나가 서 있었다. 탑의 발치에는 음악을 들려주는 돌이 있는데, 저 위에서 자갈을 떨어뜨리면 뤼라 같은 소리를 냈다. 이는 아폴론이 석공 일을 하는 동안 거기에 자기 뤼라를 기대 두었기

때문이다. 스퀼라는 앞치마 가득 자갈을 가지고 탑의 꼭대기로 올라가 음악의 돌을 연주하면서 시간을 보내곤 했다. 그리고 전쟁이 시작되고 나서는 싸움 구경을 하러 매일 거기로 올라갔다.

c. 니사 포위는 길어졌고, 스퀼라는 금방 크레테 전사들의 이름을 모두 알게 됐다. 미노스의 아름다움과 함께 그의 화려한 옷차림과 하얀 군마에 반했고, 그와 그릇된 사랑에 빠지고 말았다. 어떤 이는 아프로디테가 그렇게 만들었다고 전했고, 다른 이들은 헤라 탓이라 했다.[2]

d. 어느 날 밤, 스퀼라는 아버지의 방으로 몰래 들어가 그의 생명과 왕위가 달려 있는 유명한 빛나는 머리카락을 잘라 냈다. 아버지한테서 성문 열쇠도 훔쳐 성 밖으로 달아났다. 그녀는 곧장 미노스의 막사로 달려갔고, 자신을 사랑해 달라면서 머리카락을 내놓았다. "이런 횡재가 다 있나!" 미노스는 소리를 질렀다. 그날 밤, 미노스는 도시로 치고 들어가 맘껏 약탈했다. 그리고 당연히 스퀼라와 동침했다. 그러나 그는 스퀼라를 크레테로 데려가지 않았다. 부모 살해의 범죄를 혐오했기 때문이다. 스퀼라는 헤엄을 쳐서 그의 배를 뒤쫓아 선미를 붙잡았다. 그러나 그녀의 아버지 니소스의 혼령이 물수리의 모습으로 하늘에 나타나 발톱과 굽은 부리로 그녀를 덮쳤다. 겁에 질린 스퀼라는 붙잡고 있던 배를 놓쳤고 바다에 빠져 죽었다. 그녀의 영혼은 자주색 가슴과 빨간색 다리로 유명한 키리스 새가 되어 날아갔다.[3] 그러나 어떤 이는 미노스가 스퀼라를 물에 빠뜨려 죽이라 명했다고 전한다. 다른 이들은 그녀의 혼령이 새가 아니라 같은 이름의 키리스 물고기가 됐다고 한다.[4]

e. 니사는 그다음부터 메가레우스를 기려 메가라로 불리게 됐다. 메가레우스는 오이노페가 힙포메네스를 통해 낳은 아들이며, 니소스의 동맹으로 니소스의 딸인 이피노에와 결혼해 있었다. 이번에 왕위를 이어받은 것이다.[5]

f. 전쟁은 계속 질질 끌었고, 드디어 미노스는 아테나이를 이길 수 없다는 것을 깨닫고 제우스에게 안드로게우스의 죽음에 대해 복수해 달라고 기도했다. 그 결과로 그리스 전체는 지진과 기아로 고통을 받았다. 여러 도시 국가의 왕들이 델포이에 모여 신탁을 청했고, 아이아코스가 이들을 대표해 기도를 올리라는 가르침이 나왔다. 이렇게 하자, 모든 곳에서 지진이 멈췄다. 그러나 앗티케 지역은 예외였다.

g. 아테나이인들은 퀴클로페스인 게라이스토스의 무덤에서 페르세포네에게 제물을 바침으로써 저주를 풀고자 했다. 제물로는 휘아킨토스의 딸들인 안테이스, 아이글레이스, 뤽타이아, 오르타이아 등이 선택됐다. 앞서 소녀들은 스파르테에서 아테나이로 와 있었다. 제물을 바쳤음에도 지진은 멈추지 않았고, 아테나이인들은 다시 한번 델포이 신탁을 청했다. 미노스가 원하는 것이라면 무엇이든 내주라는 신탁이 나왔다. 이에 미노타우로스의 먹이로 일곱 총각과 일곱 처녀를 9년마다 크레테에 공물로 바치게 됐다.6]

h. 미노스는 크놋소스로 돌아가 성공에 대한 감사의 뜻으로 황소 100마리의 제물을 올렸다. 그러나 9년 뒤 그는 최후를 맞는다.7]

1] 스트라본: 『지리학』 10. 4. 8과 15; 오비디우스: 『변신 이야기』 7. 480-8. 6.
2] 휘기누스: 『신화집』 198; 베르길리우스: 『키리스』.
3] 아폴로도로스: 『비블리오테카』 3. 15. 8; 휘기누스: 같은 곳; 오비디우스: 『변신 이야기』 8. 6-151; 베르길리우스: 같은 곳; 파우사니아스: 『그리스 여행기』 2. 34. 7.
4] 아폴로도로스: 같은 곳; 파우사니아스: 같은 곳.
5] 파우사니아스: 1. 39. 4-5.
6] 디오도로스 시켈로스: 『역사총서』 4. 61.
7] 오비디우스: 『변신 이야기』 8. 152 ff.; 호메로스: 『오뒷세이아』 19. 178.

1. 스퀼라Scylla 신화는 아테나이인과 크레테 지배자 사이의 분쟁을 역사적 배경으로 한 것 같다. 문제의 분쟁이 있고 얼마 지나지 않아 기원전 1400년에 크놋소스 약탈이 벌어졌다. 신화 자체는 ① 프테렐라오스Pterelaus와 그의 딸 코마이토Comaetho의 이야기에서 거의 동일하게 반복되며, ② 필리스티아Philistia의 삼손Samson과 데릴라Delilah 이야기를 떠올리게 하기에 충분하다. ③ 아일랜드의 쿠로이Curoi와 아내 블라트넛Blathnat, 쿠로이의 라이벌 쿠훌린Cuchulain 쪽과, ④ 웨일스의 루 로Llew Llaw와 아내 블로드웨드Blodeuwedd, 전사 그론Gronw 쪽도 떠오르게 한다. 이들 모두 한 가지 패턴에 약간의 변화만 있을 뿐이다. 이는 신성한 왕과 그의 후계자가 달의 여신의 은혜를 받고자 하는 경쟁을 그리고 있다. 달의 여신은 한여름에 왕의 머리카락을 자르고 그에게서 등을 돌린다. 왕의 힘은 머리카락에서 나온다. 그가 태양신을 대변하기 때문이다. 그의 길고 노란 머리채는 태양 빛에 비유된다. 데릴라는 삼손의 머리카락을 자르고, 블라셋인을 불러들인다. 블라트넛은 쿠로이를 침대 기둥에 묶고, 연인 쿠훌린을 불러들여 그를 죽이게 한다. 블로드웨드는 루 로를 나무에 묶고, 연인 그론을 불러들인다. 루 로의 영혼은 독수리가 되고, 마법에 의해 아홉 가지 꽃으로 만들어진 여인인 블로드웨드('어여쁜 꽃')는 부엉이로 탈바꿈된다. 아마 스퀼라도 원래 그리스 전설에서는 부엉이로 바뀌었을 것이다. 이상 다섯 가지 신화를 대조해 보면, 스퀼라-코마이토-데릴라-블라트넛-블로드웨드는 '아프로디테 코마이토('빛나는 머리카락의')'라고 하는 봄과 여름의 달의 여신이다. 그러나 가을로 넘어가면 여신은 부엉이 또는 키리스로 바뀌고, '죽음의 여신 아테나' 또는 헤라 또는 헤카테가 된다. 여기서 죽음의 여신 아테나는 부엉이를 비롯해 여러 종류의 새로 자기 모습을 드러낸다(97. 4 참고). 스퀼라라는 이름

은, 왕이 머리가 깎인 다음 갈가리 찢겼다는 것을 나타낸다. 루 로의 신화에서 나온 것과 같이, 여자 배신자가 그 뒤에 벌을 받았다는 이야기는 나중에 교훈을 주도록 덧붙여진 것이다.

2. 오비디우스(『사랑의 기술』 1. 331)는 이번 스퀼라가 개를 닮은 괴물로 바뀐 같은 이름의 스퀼라와 동일하다고 했다. 후자는 암피트리테Amphitrite가 포세이돈이 그녀를 유혹했다는 이유로 괴물로 바꿔 버렸다(16. 2 참고). 오비디우스는 그러면서 그녀가 니소스의 머리카락을 잘라 낸 것에 대해 벌을 받아 자궁과 생식기 안에 들개를 품고 있다고 했다. 오비디우스는 신화를 다루면서 실수한 적이 거의 없다. 이번 경우, 그는 파시파에가 미노스에 내린 저주로 인해 미노스가 스퀼라의 자궁에 뱀과 전갈, 지네가 아니라 강아지 떼를 넣었다는 전설을 기록하고 있는 듯하다. 파시파에와 암피트리테는 동일한 '달과 바다의 여신'이다. 그리고 미노스는 지중해의 지배자로서 포세이돈과 동일시됐다.

3. 휘아킨토스Hyacinthus의 딸들을 게라이스토스Geraestus의 무덤에 제물로 바쳤다는 이야기는, 죽은 왕을 기리기 위해 조성한 '아도니스의 정원'을 지칭하는 것 같다. 이는 꺾어 온 꽃들이라 몇 시간이면 시들었다. 그러나 게라이스토스는 아카이아족 도래 이전 시대의 퀴클로페스 가운데 하나였다(3. b 참고). 『어원 대사전』[1]('게라이스티데스Geraestides' 항목)을 보면, 게라이스토스의 딸들은 고르튀나Gortyna에서 유모로 아기 제우스를 돌봤다. 게다가 게라이스티온Geraestion은 아르카디아에 있는 도시로, 레아가 제우스를 포대기로 감싼 곳이다. 그렇다면 휘아킨티데스Hyacinthides는 아마도 휘아킨토스의 딸들이 아니라 유모들이었을 것이다. 다시 말해, 아르테미스의 여사제들이었

---

1) 12세기에 편찬된 그리스 어휘 백과사전이다.

을 것이다. 아르테미스는 [고대 도시 아나톨리아 카리아의] 크니도스Cnidus에서 '휘아킨트로포스Hyacinthropos'('휘아킨토스의 유모')라는 호칭을 가지고 있었으며, 게라이스티데스Geraestides와 동일시할 수도 있다. 매년 죽는 '크레테의 제우스'(7. 1 참고)는 휘아킨토스와 구분할 수 없었기 때문이다. 이에 이번 신화는 꽃이 만발한 과일나무에 매달아 놓은 네 개의 인형에 관한 것으로 보인다. 인형은 '매달린 아르테미스'의 다산 의식에서 주변으로 네 가지 기본 방위를 바라보도록 매달았다(79. 2와 88. 10 참고).

4. 미노타우로스에게 바친다는 일곱 명의 아테나이 총각은, 아마도 매년 크놋소스 왕을 대신해 제물로 바친 대리인들이었을 것이다. 크레테 주민보다는 외국인을 희생자로 쓰는 게 편리했을 것이다. 가나안의 십자가에 못 박아 죽이는 의식에서도 그런 일이 벌어졌다. 거기선 결국 풍작의 신 탐무즈Tammuz에게 바칠 제물로 포로와 범죄자면 충분했다. "9년마다"는 '삭망월 100개의 위대한 한 해가 끝날 때'를 뜻한다. 신성한 왕을 위해 일곱 소년을 제물로 바친 다음에, 왕 자신이 죽었다(81. 8 참고). 일곱 명의 아테나이 처녀는 제물로 바쳐지지 않았다. 그들은 달의 여신 여사제의 시종이 됐고, 크레테의 미술 작품에 등장하는 황소 싸움에서 곡예를 선보였다. 곡예는 위험했지만, 언제나 죽음으로 이어질 정도는 아니었다.

5. 메가라에는 한 벌의 소리 나는 돌덩이들이 있었을 것이다. 실로폰을 생각하면 되는데, 만들기에 어렵지 않았을 것이다. 이집트의 '노래하는 멤논Memnon 조각상'[2]의 기억도 있다. 속이 비고, 열린 입 뒤쪽으로 구멍이 나 있어, 태양이 돌을 데우는 새벽이면 뜨거운 공기가 이 구멍을 통해 새어 나오면서 소리를 냈을 것이다(164. 2 참고).

---

2) 이집트 왕 아멘호테프Amenhotep 3세의 거상巨像으로 아침 햇살을 받으면 노래 소리가 났다고 한다.

다이달로스와 탈로스

다이달로스의 부모가 누구인지는 명확하지 않다. 그의 어머니를 누구는 알킵페라고 하고, 다른 이들은 메로페라고 하며, 이피노에라고 하는 사람들도 있다. 그에 따라 아버지도 모두 다르다. 그래도 그가 에레크테우스의 후손이라 주장하는 아테나이 왕실의 혈통이라는 데는 대체로 의견이 일치한다. 그는 최고의 대장장이였고, 아테나 여신한테서 직접 기술을 배웠다.[1]

b. 다이달로스의 도제 가운데, 그의 누이 폴뤼카스테 또는 페르딕스의 아들 탈로스가 있었다. 탈로스는 겨우 열두 살에 손재주가 스승의 수준을 이미 뛰어넘었다. 탈로스는 어느 날 뱀의 턱뼈를 주웠다. 어떤 이는 물고기의 등뼈라 한다. 그리고 이것으로 막대기를 자를 수 있다는 걸 발견하고, 쇠로 그 모양을 흉내 내 톱을 발명했다. 그는 톱 이외에도 옹기장이의 바퀴발물레, 원을 그리는 컴퍼스 등을 발명해 아테나이에서 엄청난 명성을 얻었다. 다이달로스는 자기가 처음 톱을 벼려 냈다고 주장했지만, 견딜 수 없는 질투심에 사로잡혔다.[2] 그는 아크로폴리스에 있는 아테나 신전 지붕으로 탈로스를 데려가, 저기 멀리 어디를 가리키더니 갑자기 가장자리 너머로 밀어 버렸다. 다이달로스가 질투심에 불타올랐지만, 그가 조카를 해친 이

유는 따로 있었다. 자신과 그의 어머니 폴뤼카스테가 근친상간을 벌인다고 탈로스가 의심했기 때문이다. 다이달로스는 아크로폴리스 아래로 서둘러 내려가, 탈로스의 주검을 몰래 파묻기 위해 주머니에 담았다. 지나가는 행인이 묻자, 그는 법률이 요구하는 것처럼 죽은 뱀을 경건하게 처리하고 있다고 설명했다. 이는 어찌 보면 거짓말이 아닌 게, 탈로스는 에레크테우스 가문[1] 소속이었기 때문이다. 그러나 주머니에는 핏자국이 보였고, 더는 범죄를 숨길 수 없었다. 이에 아레오파고스는 살인의 죄를 물어 그를 추방했다. 재판 전에 달아났다는 이야기도 있다.[3]

c. 탈로스의 영혼은 자고새의 모습으로 날아갔다. 어떤 이는 그를 칼로스, 또는 키르키노스, 또는 탄탈로스라 부른다. 그러나 그의 육신은 떨어져 죽은 자리에 묻혔다. 폴뤼카스테는 아들이 죽었다는 소식에 목을 맸고, 아테나이인들은 아크로폴리스 옆에 그녀를 기려 성소를 지었다.[4]

d. 다이달로스는 앗티케의 시구市區 가운데 한 곳으로 달아났고, 거기 사람들은 그를 따라 다이달로스의 후손들이라 불린다. 그는 다음으로 크레테의 크놋소스로 건너갔는데, 거기 미노스 왕은 뛰어난 재주를 가진 장인이 왔다며 기뻐했다. 그는 거기에서 총애를 받으며 평화롭게 지냈다. 그런데 그는 파시파에가 포세이돈의 흰 황소와 짝을 짓는 걸 도와주게 됐고, 이를 알게 된 미노스 왕은 그를 아들 이카로스와 함께 미궁에 가둬 버렸다. 이카로스의 어머니는 미노스의 노예였던 나우크라테였으며, 파시파에는 이 부자를 미로에서 풀어 주었다.[5]

e. 그러나 크레테를 탈출하는 것은 쉽지 않았다. 미노스가 병사들에게 모든 배를 지키라 했고, 그를 체포하는 데 큰 상금을 걸었기 때문이다. 이에

---

1) 에레크테우스 가문Erechtheids은 아테나이의 왕실 가문으로, 뱀과 관련되어 있다.

다이달로스는 자신과 아들을 위해 각각 날개 한 쌍을 만들었다. 새의 꼬리나 날개에서 나온 커다란 깃은 실로 꿰었지만, 작은 깃털은 밀랍으로 붙였다. 다이달로스는 이카로스에게 날개를 달아 주면서, 눈에 눈물을 가득 머금은 채 이렇게 말했다. "아들아, 부디 조심해야 한다! 너무 높이 날아오르지 말아라. 태양이 밀랍을 녹일 것이다. 너무 낮게 내려오지도 말아라. 바닷물에 깃털이 젖을 것이다." 둘은 날아올랐다. "내 뒤를 바짝 따라 오거라. 네 멋대로 가선 안 된다!" 그는 소리쳤다.

그들이 날개를 퍼덕거려 섬을 떠나 북동쪽으로 날아갔고, 하늘을 올려보던 어부와 양치기, 농부는 신들이 날아간다고 생각했다.

f. 그들은 왼쪽으로 낙소스와 델로스, 파로스 섬을 지났고, 오른쪽으로 레뷘토스와 칼륌네 섬을 지나 날아갔다. 그러나 이카로스는 아버지의 지시를 어기고, 커다란 날개를 저을 때마다 위로 올라가는 재미에 푹 빠져 태양을 향해 위로 솟아오르기 시작했다. 머지않아 어깨너머로 보이던 아들이 다이달로스의 시야에서 사라졌다. 바다 위에는 흩어진 깃털만이 떠 있을 뿐이었다. 태양의 열기로 밀랍이 녹았고, 이카로스는 바다로 떨어져 죽은 것이다. 다이달로스는 바다 위를 맴돌았고, 주검이 떠오르자 이를 근처의 섬으로 데려가 묻어 주었다. 이 섬은 그때부터 이카로스라고 부른다. 이때 자고새 한 마리가 털가시나무에 앉아 그를 내려다보면서 즐겁게 지저귀었다. 그의 누이 폴뤼카스테의 영혼이 드디어 복수한 것이다. 지금은 주변 바다도 그 섬의 이름을 따라 이카로스 해라고 부른다.[6]

g. 그러나 어떤 이는 이런 이야기를 믿지 않고, 다이달로스가 파시파에가 내준 배를 타고 크레테에서 달아났다고 전한다. 그리고 시칠리아로 가는 길에, 작은 섬에 잠시 정박하는 과정에서 이카로스가 바닷물에 빠져 죽었다고 덧붙인다. 이카로스를 매장한 것도 헤라클레스라고 한다. 이에 대한

감사의 뜻으로 다이달로스는 피사에 그와 꼭 닮은 조각상을 세웠는데, 헤라클레스는 이를 자신과 맞서는 자로 착각해 돌을 던져 넘어뜨렸다. 다른 이들은 다이달로스가 날개가 아니라 돛을 발명했고, 이를 이용해 미노스 왕의 갤리선을 앞지를 수 있었다고 전한다. 그리고 이카로스는 부주의하게 조종하다가 배가 뒤집혀 익사했다고 한다.[7]

h. 다이달로스는 서쪽으로 날아가 나폴리 근처 쿠마이에 내려앉았다. 그는 거기에 자기 날개를 아폴론에게 바치고, 황금 지붕의 신전도 새로 지어 바쳤다. 나중에 그는 시칠리아의 카미코스를 찾아갔고, 그곳 코칼로스 왕의 융숭한 대접을 받았다. 그는 시칠리아인들과 함께 살면서 큰 명예를 얻었고 멋진 건물도 많이 지었다.[8]

i. 그러는 동안, 미노스는 대규모의 함대를 조직해 다이달로스를 찾아 출항했다. 그는 '트리톤의 조개'[2]을 가지고 다녔는데, 어디를 가든 리넨 실로 이를 꿸 수 있는 사람에게 상을 내리겠다고 약속했다. 오직 다이달로스만이 풀 수 있는 문제라 생각했다. 카미코스에 도착해, 코칼로스 왕이 실을 꿸 수 있다고 하기에 미노스 왕은 조개를 그에게 넘겨주었다. 당연하게도, 다이달로스는 방법을 찾아냈다. 가느다란 실을 개미에 묶고, 조개껍데기의 뾰족한 끝에 구멍을 내서 집어넣었다. 그리고 반대쪽 입구 가장자리에 꿀을 발라 개미가 나선형 길을 돌아 올라오도록 꾀었다. 그런 다음 다이달로스는 리넨 실을 가느다란 실에 묶었고, 이를 당기니 리넨 실도 조개를 통과해 올라왔다. 코칼로스 왕은 실로 꿴 조개를 돌려주면서 약속한 상을 달라 했다. 미노스는 거기에 다이달로스가 숨어 있다고 확신하고, 다이달로스를 넘겨 달라고 요구했다. 그러나 코칼로스의 딸들은 아름다운 장난감을 만들어

---

2) 트리톤Triton의 조개는 나팔고둥을 말한다. 트리톤은 포세이돈의 아들이자 전령이다.

준 다이달로스를 잃고 싶지 않았고, 그의 도움을 받아 음모를 꾸몄다. 다이달로스는 욕실의 지붕을 지나는 관을 설치했고, 이를 통해 미노스가 따뜻한 물에 느긋하게 목욕을 하는 동안 펄펄 끓는 물을 쏟아 부었다. 어떤 이는 끓는 물이 아니라 검은 역청이었다고 한다. 아마도 이번 음모에 연루되었을 코칼로스는 미노스의 주검을 크레테 사람들에게 내주면서 미노스가 바닥 깔개에 걸려 넘어지면서 물이 끓는 가마솥 안으로 떨어졌다고 둘러댔다.[9]

j. 미노스를 따르던 이들은 화려한 장례식과 함께 그를 매장했고, 제우스는 그를 타르타로스에서 죽은 이들의 재판관으로 임명했다. 그의 형제 라다만튀스와 그의 적 아이아코스가 동료로 함께 재판을 진행했다. 미노스의 무덤이 카미코스에 있는 아프로디테 신전의 중앙을 차지했기에, 그는 오랜 세월 동안 엄청나게 많은 시칠리아인들에게서 기림을 받았다. 사람들이 아프로디테를 숭배하러 오면서 그도 기렸기 때문이다. 먼 훗날 아크라가스의 참주 테론이 그의 뼈를 크레테로 돌려보냈다.

k. 미노스의 죽음 이후, 크레테는 엄청난 혼란에 빠졌다. 그들의 주력 함대가 시칠리아인들의 손에 불탔기 때문이다. 고국에 돌아가지 못하게 된 선원들 가운데 일부는 그들이 상륙했던 해변 가까운 곳에 미노아 시를 지었고, 다른 이들은 멧사피아 지역에 휘리아를 지었다. 또 다른 이들은 시칠리아 섬 안쪽으로 더 들어가 언덕에 요새를 지었는데, 이는 나중에 엔구오스라는 도시가 됐다. 근처에 흐르는 샘물에서 이런 이름이 나왔다. 이들은 여기에 고향 크레테에서처럼 어머니 신들의 신전을 지어 정성껏 모셨다.[10]

l. 다이달로스는 시칠리아를 떠나 이올라오스와 합류했다. 이올라오스는 티륀스의 헤라클레스의 조카이자 전차몰이꾼이다. 그는 아테나이와 테스피아이의 주력 군대를 이끌어 사르디니아로 갔다. 다이달로스의 작품 다수

가 오늘날까지 사르디니아에 남아 있으며, 거기 사람들은 이를 다이달레이아라고 부른다.[11]

m. 그런데 탈로스는 황소 머리를 한 청동 하인의 이름이기도 했다. 제우스가 크레테를 지키라고 미노스 왕에게 이를 주었다. 어떤 이는 그가 물푸레나무에서 솟아난 황동 종족의 생존자라고 한다. 다른 이들은, 헤파이스토스가 사르디니아에서 벼려 만들었으며, 혈관이 하나뿐이라고 했다. 혈관은 목에서 발목으로 내려가는데, 발목에 청동 마개가 있다. 탈로스는 하루에 세 번씩 크레테 섬을 돌면서 외국 배가 오면 돌을 던지며 섬을 지켰다. 그리고 1년에 세 번씩 천천히 크레테의 마을을 돌면서 황동 서판에 새겨진 미노스의 법률을 알리기도 했다. 사르디니아인들이 섬을 침략하려 했을 때, 탈로스는 불 속으로 들어가 자기 몸을 붉게 달군 다음, 무섭게 씩 웃으면서 그들을 껴안아 모두 불태워 버렸다. 여기서 '비웃는 미소'라는 표현이 나왔다. 나중에 메데이아가 마개를 뽑아 치사량의 피를 흘리게 해 탈로스를 죽였다. 그러나 어떤 이는 아르고 호 원정대의 포이아스가 독을 바른 화살로 그의 발목에 부상을 입혔다고 전한다.[12]

1) 아폴로도로스: 『비블리오테카』 3. 15. 8; 플루타르코스: 『테세우스』 19; 페레퀴데스, 소포클레스의 『콜로노스의 오이디푸스』 472와 관련해 고전 주석자가 인용; 휘기누스: 『신화집』 39.

2) 아폴로도로스: 같은 곳; 오비디우스: 『변신 이야기』 8. 236-259; 휘기누스: 『신화집』 274; 플리니우스: 『자연 탐구』 7. 57.

3) 풀겐티우스: 『신화』 3. 2; 제1 바티칸 신화학자: 232; 제2 바티칸 신화학자: 130; 디오도로스 시켈로스: 『역사총서』 4. 76. 6; 휘기누스: 『신화집』 39; 파우사니아스: 『그리스 여행기』 7. 4. 5.

4) 파우사니아스: 1. 21. 6; 베르길리우스의 『아이네이스』 6. 14에 대한 세르비오스; 헬라니코스, 에우리피데스의 『오레스테스』 1650와 관련해 고전 주석자가 인용; 오비디우스: 같은 곳; 수이다스와 포티오스, 페르딕스의 '성소' 항목.

5) 디오도로스 시켈로스: 같은 곳; 아폴로도로스: 『요약집』 1. 12.

6) 세비야의 이시도루스: 『어원』 14. 6; 휘기누스: 『신화집』 40; 오비디우스: 『변신 이야기』 8. 182-235.

7) 디오도로스 시켈로스: 4. 77; 아폴로도로스: 2. 6. 3; 파우사니아스: 9. 11. 2-3.

8) 베르길리우스: 『아이네이스』 6. 14 ff.; 파우사니아스: 7. 4. 5; 디오도로스 시켈로스: 4. 78.

9) 파우사니아스: 같은 곳; 아폴로도로스: 『요약집』 1. 14-15; 제노비오스: 『속담집』 4. 92; 디오도로스 시켈로스: 4. 79.

10) 디오도로스 시켈로스: 같은 곳; 헤로도토스: 『역사』 7. 170.

11) 파우사니아스: 7. 2. 2; 디오도로스 시켈로스: 4. 30.

12) 수이다스, '리소스 사르도니코스' 항목; 아폴로니오스 로디오스: 『아르고 호 이야기』 1639 ff.; 아폴로도로스: 1. 9. 26; 플라톤: 『미노스』 320c.

∗

1. 헤파이스토스는 가끔 헤라가 탈로스Talos를 통해 낳은 아들로 그려진다(12. c 참고). 또 탈로스는 다이달로스Daedalus의 어린 조카로 묘사되기도 한다. 그러나 다이달로스는 '에레크테우스 가문'의 후손이었고, 에레크테우스는 헤파이스토스의 탄생 한참 뒤에 나온다. 이런 연대기적 불일치는 신화에서 거의 항상 나온다. 다이달로스('빛나는' 또는 '교묘하게 만든'), 탈로스('고통받는 사람')와 헤파이스토스('낮에 빛나는 남자')는 특징의 비슷함으로 볼 때 동일한 신화적 인물의 서로 다른 호칭에 불과해 보인다. 이카로스(이오-카리오스io-carios에서 유래, '달의 여신 카르Car에 바쳐진')조차 그 인물이 가진 또 하나의 호칭일 수 있다. 대장장이의 신 헤파이스토스는 아프로디테와 결혼했는데, 자고새는 그 여신에게 신성한 짐승이다. 대장장이 다이달로스의 누이는 페르딕스Perdix('자고새')라 불렸다. 대장장이 탈로스의 영혼은 자고새가 되어 날아갔다. 다이달로스의 아들 이카로스를 땅에 묻을 때도 자고새가 나타났다. 그뿐 아니라, 헤파이스토스는 올림포스에서 내던져졌고, 탈로스는 아크로폴리스에서 내던져졌다. 헤파이스토스는 걸을 때 절뚝거렸고, 탈로스의 이름 가운데 하나는 탄탈로스Tantalus('절뚝거리는, 또는 휘청거리는')이다. 자고새 수놈은 짝짓기 춤을 출 때 절뚝거리는데, 다른 수컷 경쟁자들을 걷어차려고 한쪽 발을 접고 있기 때문이다. 게다가 로마 신화의 불카누스Vulcan도 절뚝거린다. 그에 대한 숭배는 크레테에서 로마로 넘어간 것이다. 크레테에

서는 벨카누스Velchanus라 불리며, 그 표상이 수탉이다. 수탉은 새벽에 울고, 이에 태양의 영웅과 어울렸기 때문이다. 그러나 수탉은 기원전 6세기가 되어서야 크레테 섬으로 들어왔기에, 그 이후에 자고새를 대체해 벨카누스의 새가 됐을 것이다.

2. 봄이 되면, 달의 여신을 기려 관능적인 자고새 춤을 췄고, 이때 남자 춤꾼들은 날개를 붙이고 절뚝거리는 몸짓을 했을 것이다. 이런 의식을 팔레스타인에서는 페사크Pesach('절뚝거리는 이들')라고 불렀으며, 제롬[3]의 저술을 보면, 여전히 베트-호글라Beth-Hoglah('절뚝이는 이들의 전당')에서 거행되고 있었다. 그곳에서 추종자들은 나선형으로 춤을 췄다. 현재 베트-호글라는 다리를 절뚝거리는 야곱Jacob 왕의 죽음을 애도했던 '아탓Atad의 타작마당'을 지칭하는 것으로 보고 있다. 야곱의 이름은 야 아케브Jah Aceb('발꿈치 신')를 뜻했을 것이다. 예레미야는 유대인들에게 이런 가나안 주신제에 참여하지 말라고 경고하면서 「예레미야」에 이렇게 말했다. "자고새가 제가 낳지 않은 알을 품는다." 미노스가 조약을 맺었던 크레테 북쪽의 아나페Anaphe 섬(91. a 참고)은 고대에 자고새가 철새로 이동하면서 중간에 쉬는 곳으로 유명했다.

3. 다이달로스와 탈로스의 신화는, 그의 변형인 다이달로스와 이카로스의 신화도 그러한데, 태양 왕을 대신하는 제물을 불태우는 의식(29. 1 참고)과 이런 제물을 바위 너머 바다로 집어던지는 의식(96. 3 참고)을 결합한 것 같다. 불태우는 의식에서 제물은 독수리의 날개를 걸쳤고, 봄에 모닥불에 던져졌다. 팔레스타인의 새해는 봄에 시작됐다. 바다에 던지는 의식에서, 제물은 자고새 날개를 한 파르마코스pharmacos였다. 신화에는 왕의 발꿈치를

---

3) 제롬Jerome: 가톨릭 성인 히에로뉘모스Eusebius Hieronymus를 말한다.

독화살로 찌르는 의식도 결합돼 있다(이번 장, 아래 10 참고). 어부와 농부들이 하늘을 나는 다이달로스를 보며 감탄하는 것은, 날개를 단 페르세우스 또는 마르두크의 도상에서 빌려 온 것으로 보인다(73. 7 참고).

4. 다이달로스와 이카로스가 탈출했다고 하는 미궁은, 사실 미로 패턴이 그려진 모자이크 바닥이었을지도 모른다. 그 패턴을 따라 종교 의식으로 자고새 춤을 췄다(98. 2 참고). 그러나 다이달로스가 시칠리아, 쿠마이, 사르디니아로 거듭 탈출했다는 이야기는, 계속 이어진 그리스 본토의 침략 탓에 크레테의 청동 일꾼들이 거기로 달아나야 했다는 걸 지칭할 수 있다. 나팔고둥을 둘러싼 책략과 이 조개를 신성시하는 아프로디테(11. 3 참고)의 성소에 미노스가 묻혔다는 이야기는, 미노스 왕이 바다 여신의 연인인 헤파이스토스로 여겨졌다는 것을 암시한다. 그가 욕조에서 죽은 것은 니소스와 스퀼라의 신화에서 떼어 낸 것으로 보인다(91. b-d 참고). 니소스에 해당하는 켈트족의 루 로도 책략에 걸려들어 욕조에서 살해된다. 다른 신성한 뮈케나이의 아가멤논도 그렇다(112. 1 참고).

5. 나우크라테Naucrate('바다의 권력')라는 이름은 미노스가 시칠리아에서 패배한 역사적 결과를 기록한 것이다. 바다의 권력이 크레테에서 그리스 쪽으로 넘어갔다는 것이다. 그녀가 미노스의 노예였다는 것은, 크놋소스에서 헬라스 용병들이 궁정 반란을 일으켰음을 암시한다.

6. 탈로스의 어머니 페르딕스의 다른 이름인 폴뤼카스테Polycaste가 만약 폴뤼캇시테레polycassitere('많은 주석')를 의미한다면, 이는 탈로스와 이름이 같은 청동 인간의 신화에 속한다. 크레테의 지배 권력은 풍부한 주석 공급에 의존했으며, 이를 퀴프로스 섬의 구리와 합금했다. 크리스토퍼 호크스 Christopher Hawkes 교수는 주석의 가장 가까운 산지라고 해봐야 반대편, 스페인 서부의 마요르카Mallorca였다고 한다.

7. 헤쉬키오스는 탈로스가 태양 신의 이름이라고 전했다. 따라서 원래 탈로스는 크레테 주위로 하루에 한 번만 나타났을 것이다. 하지만 아마 크레테의 항구는 해적에 맞서 세 개의 감시 부대가 순찰을 하면서 지켰을 것이다. 그리고 태양 신 탈로스는 타우로스Taurus('황소', 벡커Bekker: 『일화Anecdotae』 1. 344. 10 ff.; 아폴로도로스: 1. 9. 26)라고도 불렸기에, 그가 1년에 세 차례 마을을 방문했다는 대목은 태양 왕이 의례용 황소 가면을 쓰고 세 차례 순행한 것을 말하는 것으로 보인다. 크레테에서는 한 해를 세 계절로 나눴다(75. 2 참고). 탈로스가 빨갛게 달아올라 적의 배를 껴안았다는 대목은, 일명 멜카르트Melkarth라고 알려진 셈족의 신 몰록에게 인간 제물을 불에 태워 바친 일을 기록한 것일 수 있다. 이 신을 코린토스에서는 멜리케르테스라면서 섬겼고(70. 5 참고), 크레테에서도 알고 있었을 것이다. 이번 탈로스는 다이달로스가 미노스에 쫓겨 달아났다고 하는 사르디니아에서 왔고, 동시에 제우스가 미노스에게 준 선물이라고도 했다. 이에 신화학자들은 이야기를 단순화해서 그를 지은 것이 다이달로스가 아니라 헤파이스토스라고 했다. 헤파이스토스와 다이달로스는 동일한 캐릭터이기 때문이 가능했다. 사르도니코스 리소스sardonicus risus 또는 릭토스rictus는 안면 근육이 굳어지면서 턱이 내려가 움직이지 않는 병으로, 아마도 초기 사르디니아 청동상의 수사슴 인간이 이렇게 입을 벌리면서 즐겁지 않은 웃음을 지었던 일에서 이런 이름이 나온 것 같다.[4]

8. 탈로스가 핏줄이 하나라는 대목은, [납형법을 일컫는] 시르-페르뒤cire-perdue[5]라는 초기 청동 주조 방법과 바로 연결된다. 먼저 대장장이는 밀랍

---

4) 사르디니아 산産 식물 탓에 이런 이름이 붙었다는 말도 있다.
5) cire-perdue는 프랑스어이고, 영어식 표현은 lost-wax casting이다.

으로 원하는 모양을 만들고, 그 위에 진흙으로 빠짐없이 층을 입힌 다음 가마 안에 넣고 굽는다. 그리고 식기 전에 발꿈치와 발목 사이에 구멍을 뚫으면 뜨겁게 녹은 밀랍이 주형 밖으로 흘러나온다. 이어 그 구멍으로 청동 녹인 쇳물을 부어 채워 넣는데, 쇳물이 굳고 대장장이가 진흙을 깨뜨리면 처음 밀랍으로 만들었던 것과 똑같이 청동 모양이 완성된다. 크레테 사람들은 다이달로스 숭배 의식과 함께 시르-페르뒤 제작법을 사르디니아로 가져갔다. 다이달로스는 자신의 기술을 아테나한테 배웠다고 하고, 코린토스에서는 아테나를 메데이아로 알고 있다. 따라서 탈로스의 죽음은 아테나가 시르-페르뒤 제작법을 선보이는 장면의 도상을 잘못 읽은 것일 수 있다. 밀랍이 녹아 이카로스가 죽었다는 전설은 차라리 그의 사촌 탈로스의 신화에 해당하는 것 수 있다. 왜냐하면 청동 인간 탈로스는 자신과 이름이 같은 일꾼과 밀접하게 연결되기 때문이다. 그 일꾼은 청동을 다루는 대장장이이자 컴퍼스 발명자로 유명하다.

9. 컴퍼스는 청동을 다루는 대장장이가 가진 신비로운 능력의 하나다. 그릇과 투구, 가면을 두드려 만들 때, 정확한 동심원 그리기는 절대적으로 중요했다. 이에 탈로스는 키르키노스Circinus('원형의')라고도 불렀는데, 이는 태양의 경로뿐 아니라 컴퍼스 사용도 지칭한다(3. 2 참고). 그의 톱 발명은 적절하게 강조되어 왔다. 크레테인들은 미세한 작업을 위한 작은 이중 이빨의 톱을 가지고 있었고, 이를 아주 능숙하게 다뤘다. 탈로스는 물푸레나무 님프의 아들이다. 물푸레나무 숯이 제련에 필요한 매우 높은 열을 내기 때문이다. 이번 신화는 프로메테우스가 진흙으로 인간을 창조한 일을 이해하는 데도 도움이 된다. 히브리 전설에 프로메테우스의 역할을 천사장 미카엘이 해낸다. 그는 여호와가 지켜보는 가운데 일했다.

10. 포이아스Poeas가 탈로스를 쏬다는 대목은, 파리스가 아킬레우스의 발

꿈치를 쏜 것과 켄타우로스인 폴로스Pholus와 케이론의 죽음을 떠올리게 한
다(126. 3 참고). 이 신화들은 서로 밀접하게 연결돼 있다. 폴로스와 케이론은
헤라클레스의 독화살에 죽었다. 포이아스는 필록테테스Philoctetes의 아버지
이다. 헤라클레스가 다른 켄타우로스에 의해 몸에 독이 퍼져 죽게 됐을 때,
그는 필록테테스에게 화장용 장작더미에 불을 붙이라고 명했다. 그 결과
필록테테스는 독화살을 얻었고(145. f 참고), 그 가운데 하나에 자신이 중독
됐다(161. 1 참고). 그리고 파리스는 텟살리아의 아폴론이 가진 죽음의 화살
을 빌려 케이론의 양아들 아킬레우스를 죽인다(164. j 참고). 마지막으로, 필
록테테스가 파리스에게 화살을 쏴 아킬레우스의 원수를 갚을 때, 헤라클레
스의 화살통에서 다른 하나를 꺼내 사용했다(166. e 참고). 텟살리아의 신성
한 왕은 독사의 독을 바른 화살로 죽임을 당했을 것인데, 후계자가 그의 발
꿈치와 발목 사이를 겨냥해 쐈을 것이다.

11. 켈트족 신화에 미궁은 왕의 무덤을 뜻하게 됐다(『하얀 여신』 105쪽).
초기 그리스인들도 마찬가지다. 실제, 『어원 대사전』에서는 미궁을 '산
속 동굴'이라 정의했고, 에우스타티오스(『호메로스의 오뒷세이아에 관하여』 11.
1688쪽)도 '지하 동굴'이라 했다. 에트루리아의 라르스 포르세나Lars Porsena
왕은 자신의 무덤을 미궁으로 지었다(바로Varro, 플리니우스의 인용 『자연 탐구』
36. 91-93). 그리고 펠로폰네소스 아르골리스의 항구 나우플리아Nauplia 근처
에 있는 '퀴클로페스의Cyclopean', 즉 헬라스 이전의 동굴 안에도 미궁이 있
었다(스트라본: 8. 6. 2). 사모스 섬에도(플리니우스: 『자연 탐구』 34. 83), 렘노스 섬
에도(플리니우스: 『자연 탐구』 36. 90) 있었다. 그러니 미궁에서 탈출한다는 것
은 환생한다는 말이다.

12. 다이달로스는 그를 기려 이름 지은 데모스deme[아테네의 구역, 우리의
'부락'과 유사]가 있어 아테나이 사람이라고 하지만, 다이달로스의 기술은 크

레테에서 앗티케로 넘어왔다. 그 반대 방향이 아니다. 그가 코칼로스의 딸들에게 만들어 주었다는 장난감은 팔다리가 움직이는 인형이었을 것이다. 그런 인형은 파시파에와 그녀의 딸 아리아드네를 즐겁게 해주었고(88. e 참고), 앗티케에서 에리고네를 기리는 나무 숭배 의식에 사용됐을 것이다. 어찌 됐든, 다이달로스의 누이 폴뤼카스테는 에리고네와 아리아드네와 마찬가지로 스스로 목을 맸다(79. 2와 88. 10 참고).

13. 휘리아Hyria는 나중에 우리아Uria가 됐고, 지금은 오리아Oria로 부른다. 여기 사는 멧사피아인들은 고전기에 그들의 크레테 관습으로 유명했다. 이마나 뺨에 찰싹 붙인 곱슬머리, 꽃을 수놓은 예복, 양날 도끼 등 여러 가지가 있었다. 그리고 그곳에서 발굴된 도기는 기원전 1400년까지 제작 시기가 거슬러 올라가며, 이는 이번 이야기와 거의 맞아떨어진다.

93
카트레우스와 알타이메네스

카트레우스는 미노스의 살아남은 첫째 아들로, 아에로페와 클뤼메네, 아페모쉬네 등 세 딸과 알타이메네스라는 아들 하나를 두었다. 카트레우스가 자식들 가운데 하나에게 죽임을 당할 것이라는 신탁이 나왔고, 알타이메네스와 발이 빠른 아페모쉬네는 신탁을 믿고 저주를 피하고자 크레테를 떠났다. 많은 사람이 이들을 따랐고, 이들은 로도스 섬에 상륙해 크레테니아라는 도시를 건설했다. 고향을 그리는 마음에 이렇게 이름을 붙인 것이다.[1] 알타이메네스는 나중에 카메이로스에 정착했고, 거기서 주민들에게서 커다란 존경을 받았다. 그는 부근의 아타뷔리오스 산 위에 제우스에게 바치는 제단을 세웠으며, 맑은 날에는 산의 정상에 올라 사랑하는 크레테를 저 멀리 지켜보곤 했다. 이 제단 주위에는 놋쇠 황소를 빙 둘러 세웠는데, 이들은 로도스 섬이 위험에 빠지면 언제나 큰 소리로 울었다.[2]

b. 어느 날 헤르메스는 아페모쉬네와 사랑에 빠졌지만, 그녀는 그의 구애를 거절하면서 달아났다. 그날 저녁 헤르메스는 샘물 부근에서 갑자기 나타나 그녀를 깜짝 놀라게 했다. 그녀는 이번에도 달아났지만, 헤르메스는 그녀가 가는 길 위로 미끄러운 짐승 가죽을 펼쳐 놓았다. 그녀는 넘어져 얼

굴을 바닥에 부닥쳤고, 헤르메스는 그녀를 범하는 데 성공했다. 아페모쉬네가 궁전으로 되돌아와 애처롭게 알타이메네스에게 이날 겪은 일에 대해 말했다. 하지만 알타이메네스는 "헤픈 데다 거짓말까지 하느냐!"고 소리를 지르면서 누이를 발로 차 죽음에 이르게 했다.

c. 그러는 동안 크레테의 왕위에 오른 카트레우스는 다른 두 딸 아에로페와 클뤼메네를 믿지 못해, 크레테에서 이들을 쫓아냈다. 아에로페는 펠롭스 가문 튀에스테스의 유혹을 받은 다음, 플레이스테네스와 결혼해 아가멤논과 메넬라오스를 낳았다. 클뤼메네는 유명한 항해사 나우플리오스와 결혼했다. 이윽고, 카트레우스는 늙고 외로운 처지가 되어 왕위를 물려줄 곳도 없어, 무척이나 사랑하는 아들 알타이메네스를 찾아 나섰다. 어느 날 밤, 로도스 섬에 상륙했는데, 카메이로스의 소몰이꾼들이 해적이라 오해하고 공격해 왔다. 카트레우스는 자신이 누구인지, 왜 여기를 왔는지 설명하려 노력했지만, 개들이 짖는 소리에 목소리가 파묻혔다. 알타이메네스가 적의 습격을 물리치려 궁전에서 달려 나왔고, 아버지를 알아보지 못한 나머지 창으로 죽였다. 그동안 기나긴 망명의 고통을 스스로 짊어졌음에도, 끝내 신탁이 실현됐음을 알게 된 그는 땅이 자신을 삼키게 해달라고 신들에게 기도했다. 그에 맞춰, 땅에 커다랗게 틈이 벌어지더니 그가 사라졌다. 지금도 사람들은 그를 영웅으로 기린다.[3]

1] 아폴로도로스: 『비블리오테카』 3. 2. 1.
2] 디오도로스 시켈로스: 『역사총서』 5. 78; 아폴로도로스: 같은 곳; 스트라본: 『지리학』 14. 2. 2; 핀다로스의 「올림피아 제전 송가」 7. 159에 대한 고전 주석자.
3] 아폴로도로스: 3. 2. 1-2; 디오도로스 시켈로스: 같은 곳.

1. 이 인위적인 신화는 기원전 15세기에 뮈케나이와 미노스가 연합해 로도스 섬을 장악한 일을 기록한 것이다. 신화는 또 로도스에서 영웅을 기려 땅이 갈라진 틈으로 제주를 붓는 의례와, 그곳 여인들이 제물에서 벗겨낸 짐승 가죽 위에서 관능적 춤을 추는 일의 유래를 설명하려는 것이기도 하다. 어말어미 뷔리오스byrios 또는 부리아슈buriash는 기원전 1750년 세워진 바빌로니아 제3 왕조의 왕의 호칭에 나온다. 크레테에 있는 아타뷔리오스Atabyrius 산의 신은, 팔레스타인의 아타뷔리온Atabyrium(이스라엘 북부 타보르Tabor 산)의 신과 마찬가지로 황금 송아지 숭배로 유명했다. 이 신은 힛타이트의 테수프Tesup로 소 떼를 가진 태양신이었다(67. 1 참고). 로도스는 처음엔 수메르의 달의 여신인 담-키나Đam-Kina 또는 다나에Danaë의 세상이었으나 (60. 3 참고), 테수프의 손아귀로 넘어갔다(42. 4 참고). 그리고 힛타이트 제국이 붕괴하자마자 로도스 섬은 그리스어를 쓰고 황소를 숭배하는 크레테인들의 식민지가 됐다. 그럼에도 여기에서는 아타뷔리오스 신을 프로이토스Proetus('첫 번째 인간')와 '창조의 여신 에우뤼노메Eurynome'의 자식이라 불렀다 (1. a 참고). 도리에이스족의 시대에, '제우스 아타뷔리오스'는 로도스의 테수프 숭배 자리를 빼앗았다. 황소의 울음소리는 롬보이rhomboi, 즉 울림 판자를 흔들어서 내는 소리를 말할 터이다(30. 1 참고). 이는 사악한 기운을 쫓을 때 썼다.

2. 아페모쉬네Apemosyne가 카메이로스Cameirus에서 죽임을 당한 것은, 크레테 침략자들보다는 힛타이트 침략자들이 카메이로스에서 신탁의 여사제 무리를 잔혹하게 탄압한 일을 기록한 것으로 보인다. 카트레우스Catreus의 세 딸은 다나이데스와 마찬가지로 잘 알려진 세 달의 여신이다. 아페모쉬네는 이들 가운데 세 번째 위격으로, 카메이라에 해당한다. 뜻하지 않게

알타이메네스Althaemenes에게 죽임을 당하는 카트레우스는, 아버지가 아니라 신성한 왕의 전임자였을 터이다. 자기 아들 오이디푸스에게 뜻하지 않게 죽임을 당하는 라이오스Laius도(105. d 참고), 아들 텔레고노스Telegonus에게 그렇게 되는 오뒷세우스도(170. k 참고) 마찬가지다. 그렇지만 이번 이야기는 부정확한 대목이 있다. 아버지가 아니라 아들이 바다에서 상륙해 가오리 창을 던져야 했다.

07

테세우스,
아테나이의 왕

94
판디온의 아들들

아테나이의 왕 에레크테우스가 포세이돈에 의해 죽임을 당했을 때, 그의 아들 케크롭스, 판도로스, 메티온, 오르네우스는 왕위를 두고 다퉜고, 크수토스의 판정으로 장남인 케크롭스가 왕이 됐다. 그러나 크수토스는 급히 앗티케를 떠나야 했다.[1]

b. 케크롭스는 메티온과 오르네우스의 살해 위협에 처음에는 메가라로 달아났고, 이어 에우보이아로 넘어갔다. 거기로 판도로스가 찾아왔고 함께 식민지를 건설했다. 아테나이의 왕위는 결국 케크롭스의 아들 판디온에게 떨어졌다. 그의 어머니는 에우팔라모스의 딸 메티아두사이다.[2] 그러나 판디온은 권좌를 오래 지키지 못했다. 메티온이 죽었지만, 알킵페와 이피노에가 낳은 그의 아들들이 자기만큼이나 권좌를 원했기 때문이다. 이 아들들 가운데 하나가 다이달로스인데, 어떤 이는 메티온의 손자라고 한다. 다른 아들로 에우팔라모스가 있는데, 다른 이들은 그를 메티온의 아버지라고 한다. 그리고 시퀴온이 있다. 시퀴온 역시 아버지로 에레크테우스, 펠롭스, 마라톤 등 여러 이름이 등장한다. 이쪽 계보는 엄청나게 혼란스럽다.[3]

c. 메티온의 아들들이 판디온을 아테나이에서 쫓아내자, 판디온은 메

가라의 렐레게스족의 왕 퓔라스(또는 퓔로스, 퓔론)의 궁정으로 갔다.[4] 그리고 거기서 왕의 딸 퓔리아와 결혼했다. 나중에 퓔라스 왕은 자신의 삼촌 비아스를 죽이고 판디온에게 메가라를 다스리게 하고는 멧세니아로 달아난다. 거기서 그는 퓔로스 시를 건설했다. 그러나 넬레우스와 이올코스의 펠라스고이족에게 밀려 엘리스로 들어갔고, 거기서 두 번째 퓔로스를 건설했다. 판디온과 퓔리아는 메가라에서 아들 넷을 낳았다. 아이게우스, 팔라스, 니소스, 뤼코스 등이 그들이다. 다만, 아이게우스를 질투하는 다른 형제들은 그의 실제 아버지가 스퀴리오스라는 사람이라고 소문을 퍼뜨렸다.[5] 판디온은 다시는 아테나이로 돌아가지 않았다. 그는 메가라에서 영웅의 전당을 받았으며, 그의 무덤은 지금도 메가라의 '물에 뛰어드는 새 아테나의 절벽Bluff of Athene the Diver-bird' 위에 있다. 이는 이 땅이 한때 아테나이의 땅이었다는 증거이다. 판디온의 아버지 케크롭스가 처음 아테나이에서 달아날 때, 아테나 여신이 물에 뛰어드는 새로 변신해 그를 날개 밑에 숨겨 안전하게 메가라로 데려왔던 것이다.[6]

d. 판디온이 죽은 다음, 그의 아들들은 아테나이를 쳐서 메티온의 아들들을 몰아내고 아버지가 지시한 대로 앗티케를 넷으로 나눴다. 아이게우스는 장남으로 아테나이의 통치권을 받았고, 다른 형제들은 제비뽑기를 통해 왕국의 나머지를 각각 받았다. 니소스는 메가라와 그 주변을 받아 서쪽으로 코린토스와 국경을 맞대었고, 뤼코스는 에우보이아를 받았다. 팔라스는 남부 앗티케를 받아, 거기 사는 야만스러운 거인족을 다스렸다.[7]

e. 퓔라스의 아들 스키론은 판디온의 딸들 가운데 하나와 결혼했으며, 니소스가 메가라를 갖는 것에 이의를 제기했다. 아이아코스는 이 분쟁을 중재하여 메가라의 왕위는 니소스와 그의 후손들에게 주고, 군대 지휘권은 스키론의 몫으로 했다. 당시 메가라는 니사라고 불렸으며, 니사이아 항구도

이를 지은 니소스의 이름을 따른 것이다. 미노스가 니소스를 죽였을 때, 그는 아테나이에 묻혔다. 그의 무덤은 지금도 뤼케이온 뒤쪽으로 보인다. 하지만 메가라 사람들은 자기 도시가 크레테인들에게 점령당한 적이 없다면서, 메가레우스가 니소스의 딸 이피노에와 결혼해 그의 왕위를 이어받았다고 주장한다.[8]

f. 아이게우스는 할아버지 케크롭스와 아버지 판디온과 마찬가지로, 일가친척의 끊임없는 음모에 시달려야 했다. 뤼코스도 음모에 가담했기에, 에우보이아에서 그를 추방했다고 전해진다. 뤼코스는 사르페돈에게 몸을 맡겼으며, 뤼키아는 그의 이름을 따서 이렇게 불리게 됐다. 그에 앞서, 뤼코스는 먼저 아레네Arene에 있는 멧세니아의 왕 아파레우스를 방문해, 그곳 왕실을 '위대한 여신' 데메테르와 페르세포네의 비밀 의식에 입문시켰다. 멧세니아의 고대 수도인 안다니아에 있는 왕족은 앗티스의 비밀 의식에 입문시켰다. 이 앗티스는 '데우칼리온의 대홍수' 시대에 아테나이 원주민을 다스렸던 크라나오스 왕의 세 딸 가운데 하나이다. 앗티케의 이름도 앗티스에서 유래했다. 안다니아에는 뤼코스가 비밀 의식 입문자들을 정화해 주던 떡갈나무 숲이 있는데, 지금도 그의 이름대로 불린다.[9] 그는 예전에 예언의 힘을 받았는데, 이런 유명한 신탁을 내놓았다. 만약 멧세니아인들이 어떤 비밀스러운 것을 안전하게 지킨다면 조상들이 물려준 재산을 언젠가 회복하겠지만, 그렇게 하지 못하면 이를 영원히 잃는다는 신탁이었다. 뤼코스가 말한 조상의 재산이란, 주석 판 위에 새겨져 있는 '위대한 여신의 비밀 의식'에 대한 구체적인 설명이었다. 이에 멧세니아인들은 곧장 이를 놋쇠 단지에 담아 이토메 산의 정상에 주목과 도금양 사이에 묻어 두었다. 나중에 테바이의 에파메이논다스는 결국 멧세니아인들에게 예전의 영광을 돌려주고 나서야 이를 파낼 수 있었다.[10]

g. 아테나이의 뤼케이온도 뤼코스를 기려 이렇게 이름 지었다. 아주 먼 옛날부터, 그곳은 아폴론에게 신성했다. 아폴론도 거기에서 처음으로 '뤼카이오스의'라는 별칭을 받았고, 자신에게 바친 제물의 냄새로 아테나이에서 늑대를 몰아냈기 때문이다.[11]

1] 아폴로도로스: 『비블리오테카』 3. 15. 1과 5; 플루타르코스: 『테세우스』 32; 파우사니아스: 『그리스 여행기』 7. 1. 2.
2] 같은 책: 1. 5. 3; 호메로스에 대한 에우스타니오스 281; 아폴로도로스: 3. 15. 5.
3] 페레퀴데스, 소포클레스의 『콜로노스의 오이디푸스』 472와 관련해 고전 주석자가 인용; 아폴로도로스: 3. 15. 8; 디오도로스 시켈로스: 『역사총서』 4. 76. 1; 파우사니아스: 2. 6. 3.
4] 아폴로도로스: 3. 15. 5; 파우사니아스: 4. 36. 1과 1. 29. 5.
5] 아폴로도로스: 같은 곳; 파우사니아스: 4. 36. 1.
6] 파우사니아스: 1. 41. 6; 1. 5. 3; 1. 39. 4; 헤쉬키오스, '아이튀이아' 항목.
7] 아폴로도로스: 3. 15. 6; 소포클레스, 스트라본의 인용: 1. 6; 파우사니아스: 1. 5. 4와 1. 39. 4.
8] 파우사니아스: 1. 39. 4-5와 19. 5; 스트라본: 『지리학』 9. 1. 6.
9] 헤로도토스: 『역사』 1. 173; 파우사니아스: 1. 2. 5와 4. 1. 4-5.
10] 파우사니아스: 10. 12. 5; 4. 20. 2와 26. 6
11] 같은 책: 1. 19. 4; 데모스테네스에 대한 고전 주석자: 24. 114.

*

1. 여기 나오는 것과 같은 신화적 계보는 국가의 통치권이나 세습적 특권을 둘러싸고 분쟁이 벌어질 때면 언제나 주목을 받았다. 신성한 왕과 후계자가 메가라를 나눠 가진 것은 스파르테의 경우와 평행을 이룰 정도로 아주 흡사하다. 이때 신성한 왕은 필수적인 제례를 거행하고, 후계자는 군대를 통솔했다(74. 1 참고). 아이게우스Aegeus의 이름은 아테나이의 염소 숭배를(8. 1 참고), 뤼코스Lycus의 이름은 늑대 숭배를 기록한 것이다. 늑대를 죽인 아테나이 사람은 누구나 일반인들 상대로 공모해 이를 땅에 묻어야 할 의무가 있었다(아폴로니오스 로디오스에 대한 고전 주석자: 2. 124). 물에 뛰어드는 새는 배의 보호자로서 아테나 여신에게 신성했으며, '아테나의 절벽'은 바

다 쪽으로 돌출해 있어, 이곳도 아테나의 여사제가 깃털을 단 파르마코스 pharmacos 의식을 거행했던 또 하나의 절벽이었을 수 있다(70. 7; 89. 6 등 참고). 앗티스(악테스 테아actes thea, '바위투성이 해변의 여신')는 앗티케 지역 '세 모습 여신'의 호칭이었을 것으로 보인다. 그녀의 자매 이름은 크라나에Cranaë('돌이 많은')와 크라나이크메Cranaechme('뾰족한 바위', 아폴로도로스: 3. 14. 5)였다. 프로크네Procne와 필로멜라Philomela 자매가 새로 변했을 때 둘을 묶어 앗티스 Atthis라 불렀던 것(마르티알리스: 1. 54. 9와 5. 67. 2)을 보면, 앗티스는 동일한 절벽 꼭대기 제례와 관련이 있을 가능성이 크다. 앗티스는 아테나로서, 호메로스의 작품 속에서 여러 다른 새의 모습으로 현현한다(97. 4 참고). '위대한 여신'의 비밀 의식은 부활에 관한 것일 터인데, 주목과 도금양 사이에 묻어 두었다고 했다. 이들은 각각 나무 알파벳에서 마지막 모음과 마지막 자음을 의미했으며(52. 3 참고), 죽음의 여신에게 신성한 나무들이었기 때문이다.

95
테세우스의 탄생

아이게우스의 첫 번째 아내는 호플레스의 딸 멜리테였고, 두 번째는 렉세노르의 딸 칼키오페였다. 그러나 둘 모두 아이를 낳지 못했다. 이런 일과 누이 프로크네와 필로멜라의 불행이 아프로디테의 분노에서 비롯된 것이라 생각해, 그는 아프로디테 숭배를 아테나이에 도입했다. 그리고 델포이에 신탁을 구하러 갔다. 신탁은 이런 경고를 내놓았다. 아테나이에서 가장 높은 곳에 이를 때까지 불룩한 포도주 가죽 부대의 주둥이를 풀지 말 것이며, 이를 어기면 어느 날 비탄에 잠겨 죽을 것이라 했다. 아이게우스는 무슨 뜻인지 도무지 알 수 없었다.[1]

b. 집으로 돌아오는 길에, 아이게우스는 코린토스에 들렀다. 거기에서 메데이아를 만났다. 그녀는 그에게 자신이 아테나이로 피난할 경우 어떠한 적에게서도 보호해 줄 것이라고 엄숙하게 맹세하도록 했다. 이에 대한 보답으로 마법을 써서 그가 아들을 얻도록 돕겠다고 약속했다. 이어 그는 펠로폰네소스 동쪽의 트로이젠을 방문했다. 거기에는 펠롭스의 아들들이자 자신의 오래된 전우인 핏테우스와 트로이젠이 마침 피사에서 와 있었다.

아이티오스 왕과 함께 왕국을 나누기 위해서였다. 아이티오스 왕은 자기 아버지 안타스의 후계자였다. 안타스는 포세이돈과 알퀴오네의 아들로, 예전에 안타이아와 휘페레아 시를 건설했으며, 최근에는 배를 타고 가서 카리아에 할리카르낫소스를 건설했다. 그러나 아이티오스는 권세를 거의 누리지 못했다. 트로이젠이 죽은 다음, 핏테우스가 안타이아와 휘페레아를 하나로 합쳐 아테나이와 포세이돈에게 바치면서 이를 트로이젠으로 부른 것이다.[2]

c. 핏테우스는 그가 살던 시대에 가장 배움이 깊은 사람이었으며, 우정에 대해 말한 그의 유명한 경구가 지금도 종종 인용된다. "우정이 품은 희망을 망치지 말고, 더 높이 쌓아가라!" 그는 트로이젠에 '신탁 주는 아폴론'의 성소를 설립했는데, 이는 그리스에 남아 있는 전당 가운데 가장 오래된 곳이다. 제단을 지어 '세 모습 여신'인 테미스에게 바치기도 했다. 하얀 대리석 왕좌 세 개를 만들어 자신과 다른 두 사람이 앉아 재판을 했는데, 지금은 '구원자 아르테미스'의 신전 뒤편의 자기 무덤 위로 옮겨 놓았다. 그는 트로이젠의 무사 여신들의 성소에서 웅변술을 가르쳤다. 이 성소는 아울로스 발명자로 알려져 있는 헤파이스토스의 아들 아르달로스가 설립한 것이다. 그가 쓴 수사법 논문이 지금도 남아 있다.[3]

d. 앞서 핏테우스가 피사에 살고 있을 때, 벨레로폰테스가 그의 딸 아이트라와 결혼하길 청했다. 하지만 그는 결혼식이 열리기 전에 불명예스러운 일로 카리아로 떠나야 했다. 아이트라는 벨레로폰테스에게 마음을 주었지만, 그가 돌아올 희망은 거의 없었다. 핏테우스는 딸이 처녀로 늙어 갈까 싶어 마음이 아팠고, 메데이아가 멀리서 걸어 놓은 주문에 영향을 받아, 아이게우스를 술에 취하게 한 다음 딸의 침실로 들여보냈다. 같은 날 밤 늦게 포세이돈도 그녀를 즐기게 된다. 경위는 이렇다. 아이트라는 아테나가 꿈

에서 알려 준 대로, 술에 취해 잠든 아이게우스를 남겨 두고 나와 물을 헤치며 걸어 트로이젠에서 멀지 않은 스파이리아 섬으로 건너갔다. 펠롭스의 전차를 몰았던 스파이로스의 무덤에 뿌릴 제주도 가져갔다. 거기서 포세이돈은 아테나 여신의 묵인 아래 그녀를 제압했다. 아이트라는 나중에 섬의 이름을 스파이리아에서 히에라로 바꾸고, 거기에 '아파투리아 아테나'를 위한 신전을 지은 다음 앞으로 트로이젠의 모든 소녀는 결혼 전에 여신에게 자기 허리 장식 띠를 바쳐야 한다는 규칙을 제정했다. 그런데 포세이돈은 다음 넉 달 뒤에 앞으로 아이트라가 낳을 아이는 아이게우스의 자식이라고 선선히 인정했다.[4]

e. 아이게우스는 잠에서 깨어 간밤에 자신이 아이트라의 침대에 있었다는 걸 알게 됐다. 그는 아이트라에게 만약 아들이 태어나면 내버리거나 다른 데 보내지 말고 몰래 트로이젠에서 키워 달라고 당부했다. 그는 판아테나이아 축제를 거행하기 위해 배를 타고 아테나이로 돌아갔지만, 그전에 자기 칼과 샌들을 움푹 들어간 바위 아래 감춰 두었다. 이 바위는 '강력한 제우스의 제단'이라 불렸는데, 트로이젠에서 헤르미온으로 가는 길에 있다. 사내아이가 태어나고 이 바위를 움직여 증표를 꺼낼 수 있다면 이를 가지고 아테나이로 보내라고 했던 것이다. 그러는 동안 아이트라는 침묵을 지켜야 했다. 아이게우스의 조카인, 50명에 이르는 팔라스의 자식들이 아이트라의 생명을 노리지 못하도록 그렇게 한 것이다. 칼은 케크롭스에게서 내려온 가보였다.[5]

f. 트로이젠의 도시에서 항구로 가는 길에 있는, 지금은 게네틀리온이라 부르는 곳에서, 아이트라는 사내아이를 낳았다. 어떤 이는 그녀가 즉시 아이에게 테세우스라는 이름을 붙여 주었다고 한다. 그를 위해 증표를 맡겨 두었기deposited 때문이다. 다른 이들은, 그가 나중에 아테나이에서 이 이름

을 얻었다고 한다. 그는 트로이젠에서 자랐으며, 핏테우스는 그의 보호자로서 포세이돈이 그의 아버지라는 소문을 조심스럽게 퍼뜨렸다. 그리고 콘니다스라는 사람이 그의 교사로 힘써 가르쳤다. 아테나이인들은 지금도 '테세우스 축제' 전날에 콘니다스에게 숫양을 제물로 바친다. 그러나 어떤 이는 테세우스가 마라톤에서 자랐다고 전한다.[6]

g. 어느 날 헤라클레스는 트로이젠에서 핏테우스와 함께 저녁을 먹으면서 사자 가죽을 벗어 의자 위에 던져두었다. 궁전의 아이들이 들어와서 이를 보고 모두 비명을 지르며 달아났다. 그런데 일곱 살짜리 테세우스는 달랐다. 아이는 밖으로 달려가더니 장작더미에서 도끼를 들고 돌아왔다. 대담하게도 사자와 맞서려 했던 것이다.[7]

h. 열여섯 살이 되자, 그는 델포이를 찾아가 처음으로 머리카락을 잘라 아폴론에게 바쳤다. 하지만 그는 아라비아와 뮈시아인들 또는 에우보이아의 호전적인 아반테스족과 같이 앞머리만 깎았다. 이들은 육박전에서 적들이 머리채를 잡지 못하도록 그렇게 했다. 이런 식의 삭발과, 그가 의식을 거행했던 구역은 지금도 '테세우스의 것'이라 부른다. 테세우스는 이제 힘이 세고, 총명하면서도 신중한 젊은이로 자랐다. 아이트라는 아이게우스가 칼과 샌들을 숨겨 둔 바위로 아들을 데려가, 비로소 아버지에 대한 이야기를 들려주었다. 그는 어렵지 않게 바위를 움직였고, 증표를 손에 쥐었다. 그때부터 이 바위는 '테세우스의 바위'라고 불린다. 핏테우스의 경고와 어머니의 간청에도 불구하고, 테세우스는 안전한 바닷길이 아니라 육로를 여행해 아테나이로 가겠다고 고집했다. 자신이 그토록 존경하는 친사촌 헤라클레스의 위업을 본뜨고 싶은 욕심이 컸기 때문이다.[8]

1] 에우리피데스의 『메데이아』 668에 대한 고전 주석자; 아폴로도로스: 『비블리오테카』 3. 15. 6; 파우사니아스: 『그리스 여행기』 1. 14. 6.

2] 에우리피데스: 『메데이아』 660 ff.; 스트라본: 『지리학』 8. 6. 14; 플루타르코스: 『테세우스』 2.

3] 플루타르코스: 같은 곳; 파우사니아스: 2. 31. 3-4와 8-9.

4] 파우사니아스: 2. 31. 12와 33. 1; 아폴로도로스: 3. 15. 7; 플루타르코스: 『테세우스』 3; 휘기누스: 『신화집』 37.

5] 플루타르코스: 같은 곳; 아폴로도로스: 같은 곳; 파우사니아스: 2. 32. 7.

6] 파우사니아스: 2. 32. 8; 플루타르코스: 『테세우스』 4와 6; 스타티우스의 『테바이스』 12. 194에 대한 락탄티우스.

7] 파우사니아스: 1. 27. 8.

8] 호메로스: 『일리아스』 2. 542; 파우사니아스: 같은 곳과 2. 32. 7; 플루타르코스: 『테세우스』 5와 7.

*

1. 핏테우스Pittheus는 핏테아Pitthea의 남성형이다. 트로이젠을 만들려 통합한 두 도시 안타이아Anthaea와 휘페레아Hyperea의 이름은 가모장제의 '세 계절의 한 해'를 암시한다(75. 2 참고). 이를 구성하는 세 여신은 ① 봄의 여신 안테아Anthea('꽃이 핀'), ② 태양이 정점에 오르는 여름의 여신 휘페레아Hyperea('머리 위에 있는'), ③ 가을에 [미소년] 앗티스-아도니스(79. 1 참고)를 그의 소나무에 제물로 바치는 핏테아('소나무 여신')이다. 이 세 여신들은 핏테우스가 제단을 바친 '세 모습 여신 테미스'와 동일시할 수 있다. 트로이젠이라는 이름이 트리온 헤조메논trion hezomenon('세 명의 앉은 사람의')에서 유래한 것으로 보이기 때문이다. 물론 이 말은 "핏테우스와 다른 두 사람"이 재판관으로 앉았던 하얀 왕좌 세 개를 지칭한다.

2. 테세우스Theseus는 원래 쌍둥이였음이 분명하다. 그의 어머니가 같은 날 밤에 인간뿐 아니라 신과도 동침했기 때문이다. 이다스와 륑케우스, 카스토르와 폴뤼데우케스(74. 1 참고), 헤라클레스와 이피클레스(118. 3 참고)의 신화를 보면 확실하다. 게다가 그는 헤라클레스와 마찬가지로 사자 가죽을 뒤집어썼고, 따라서 신성한 왕이었지, 후계자 쪽은 아니었다. 그러나 페르

시아 전쟁이 끝나고 테세우스는 아테나이의 최고 국가 영웅이 됐다. 따라서 어머니가 트로이젠 출신이기에, 최소한 아버지는 아테나이 사람이어야 했다. 신화학자들은 양다리를 걸치기로 마음먹었다. 그는 인간인 아이게우스의 아들이니 아테나이 사람이다. 그러면서도 포세이돈을 아버지라 부를 필요가 있을 때라면 언제든 그렇게 할 수 있었다(98. j와 101. f 참고). 어느 쪽이든, 그의 어머니는 트로이젠 사람으로 남았다. 아테나이는 그 지역에 중요한 이해관계를 갖고 있었던 것이다. 또한 테세우스에게는 명예 쌍둥이로 페이리토오스Peirithous가 있었다. 그는 인간이라, 헤라클레스, 폴뤼데우케스 그리고 테세우스와 달리, 타르타로스에서 벗어날 수 없었다(74. j; 103. d; 134. d 참고). 테세우스와 헤라클레스를 연결하기 위한 노력을 아끼지 않았지만, 아테나이인들은 그를 올륌포스 신으로 만들 만큼 충분히 강력해지진 못했다.

3. 테세우스라고 불린 신화 캐릭터가 최소한 셋은 있는 것 같다. 하나는 트로이젠 출신이고, 다른 하나는 앗티케의 마라톤 출신이며, 세 번째는 라피타이족 땅에서 나왔다. 이들은 기원전 6세기에 이르러, (조지 톰슨 교수가 제안한 것처럼) 라피타이족의 씨족인 부테스 가문Butads이 아테나이의 테세우스를 도리에이스족 헤라클레스의 라이벌로 제시하면서 한 캐릭터로 합쳐졌다(47. 4 참고). 이 씨족은 당시 아테나이에서 지도적 귀족의 지위에 올라 있었고, 토착민인 펠라스고이족이 도맡았던 에레크테우스의 사제 지위도 빼앗은 상태였다. 하나 더, 핏테우스는 엘리스와 트로이젠 양쪽에서 사용되던 호칭임이 분명하다. 이밖에 케크롭스 부족이 사는 앗티케의 시구도 핏테우스라 불렸는데, 그곳 영웅의 이름을 따랐다.

4. 아이트라Aethra가 스파이리아Sphaeria 섬을 찾아간 대목은, 아테나 신전에 사는 미혼의 소녀들이 스스로 성매매에 나섰던 고대 관습이 가부장 제

도가 도입된 다음에도 얼마 동안 이어졌음을 암시한다. 이것이 크레테에서 들어왔을 가능성은 별로 없다. 트로이젠은 뮈케나이 문명 지역이 아니었다. 아마도 코린토스에서 그랬듯 가나안에서 들어왔을 것이다.

5. 샌들과 칼은 고대에 왕의 상징이었다. 바위에서 칼을 뽑아내는 것은 청동기 시대 왕의 즉위 의식의 일부였던 것으로 보인다(81. 2 참고). 오딘, 갤러해드Galahad, 아서 왕은 모두 이와 비슷한 위업을 보여 줘야 했다. 사자 모양의 칼자루에 엄청나게 큰 칼이 바위에 꽂혀 있는 모습이, 힛타이트 제국의 수도 하투샤Hattusas에 새겨져 있는 신성한 결혼식 장면에 등장한다(145. 5 참고). 아이게우스의 바위가 동시에 '강력한 제우스의 제단'이자 '테세우스의 바위'로 불렸다는 사정을 통해 미뤄보면, '제우스'와 '테세우스'는 거기 위에서 왕관을 썼던 신성한 왕의 대체 가능한 호칭이었을 것으로 짐작된다. 그런데 그 왕관은 여신이 씌워 주었다. 테세우스가 머리카락을 바쳤다는 '아폴론'은 카루Karu('여신 카르Car의 아들', 82. 6과 86. 2 참고)였을 것인데, 이는 카르Car나 크뤼Q're 또는 카뤼스Carys로도 알려진 태양 왕으로 매년 죽기 전에 머리카락이 깎였다(83. 3 참고). 튀로스의 삼손과 메가라의 니소스도 그랬다(91. 1 참고). 코뮈리아Comyria('머리카락 다듬은')라고 부르는 축제에서, 젊은이들은 매년 그를 애도하면서 자기 앞머리를 바쳤으며, 그런 다음에는 쿠레테스Curetes라고 불렸다(7. 4 참고). 이런 관습은 아마도 리비아에서 유래한 것으로 보이는데(헤로도토스: 4. 194), 소아시아와 그리스 전역으로 퍼져 갔다. 이에 대한 금지 명령이 「레위기」 21장 5절에 나온다. 그러나 플루타르코스의 시대까지 아폴론은 불멸의 태양신으로 숭배를 받았다. 이에 대한 증거로, 아폴론은 언제나 항상 머리카락을 기른 채 등장했다.

6. 아이티오스가 트로이제니아Troezenia를 셋으로 나눠, 트로이젠과 핏테우스 그리고 자기가 하나씩 나눠 가졌다는 대목은, 프로이토스가 멜람푸스

와 비아스에게 땅을 나눠 준 일을 떠올리게 한다(72. h). 핏테우스가 수사법을 가르치고, 그의 논문이 고전기까지 남아 있다고 했는데, 이는 나중에 실존한 역사적 인물이었음이 틀림없다.

96
테세우스의 과업

테세우스는 노상강도가 들끓는, 트로이젠에서 아테나이로 가는 해안 길을 청소하며 나아갔다. 그는 먼저 싸움을 걸지는 않았지만, 감히 누가 공격해 오면 톡톡히 대가를 치르게 했다. 헤라클레스가 그렇게 했듯이 각각의 범죄에 맞는 벌을 내렸다.[1] 에피다우로스에서 불구의 페리페테스가 그를 불러 세웠다. 어떤 이는 그가 포세이돈의 아들이라 하고, 다른 이들은 헤파이스토스와 안티클레이아의 아들이라 한다. 그는 커다란 놋쇠 곤봉을 가지고 있어, 이를 사용해 행인들을 죽였다. 이에 별명이 '곤봉을 든 남자'라는 뜻의 코루네테스였다. 테세우스는 그의 손을 비틀어 곤봉을 빼앗아 그것으로 내리쳐 죽였다. 크기와 무게가 마침 적당해, 그는 다음부터 어디를 가든 이를 자랑스럽게 들고 다녔다. 자신은 날아오는 곤봉을 쳐낼 수 있었지만, 상대편은 그가 휘두르는 곤봉이 가져올 죽음을 피할 수 없었다.[2]

b. 코린토스 지협의 가장 좁은 길목에서는, 코린토스 만과 사로니코스 만이 동시에 내려다보인다. 거기엔 페몬의 아들 시니스가 살았는데, 어떤 이는 폴뤼페몬이 쉴레아와 결혼해 낳은 아들이라고 전한다. 쉴레아는 포세이돈의 혼외자라고 하는 코린토스의 딸이다.[3] 시니스는 별명이 '소나무 구

부리는 사람'이라는 뜻의 피튀오캄프테스이다. 힘이 엄청나게 세서, 소나무 꼭대기를 땅에 닿을 때까지 구부릴 수 있었다. 그는 종종 무고한 행인에게 이런 일을 도와 달라 하고서는 갑자기 잡고 있던 나무를 놓아 버렸다. 나무는 다시 똑바로 튕겨 올랐고, 행인은 공중으로 높이 날아올랐다가 떨어져 죽었다. 어떤 때는 그가 나란히 서 있는 두 나무의 꼭대기를 동시에 구부려 희생자의 팔을 양쪽에 묶기도 했다. 그가 손을 놓으면 희생자는 두 조각으로 찢겼다.[4]

c. 테세우스는 시니스와 씨름을 벌여 힘으로 제압했고, 그가 남들에게 한 것처럼 해주었다. 이런 와중에 아름다운 소녀가 달아나 골풀과 야생 아스파라거스 덤불 속으로 숨는 게 보였다. 그는 소녀를 쫓아갔고, 오랜 수색 끝에 그녀를 찾아냈다. 소녀는 덤불에게 자기를 안전하게 감춰 준다면 불로 태우거나 파괴하지 않겠다고 약속하면서 숨어 있었다. 테세우스가 그녀에게 어떤 폭력도 쓰지 않겠다고 맹세하자 소녀는 밖으로 나왔다. 소녀는 시니스의 딸 페리구네였다. 페리구네는 첫눈에 테세우스에게 반해 사랑에 빠졌고, 그녀가 증오하는 아버지를 살해한 것도 용서했다. 시간이 흘러 그에게 멜라닙포스라는 아들을 낳아 주었다. 나중에 그는 그녀를 오이칼리아의 데이오네우스에게 줘 결혼하게 했다. 멜라닙포스의 아들 이옥소스는 카리아로 이주해, 거기에서 이옥시데스의 조상이 됐다. 이들은 골풀과 야생 아스파라거스를 공경하면서 불에 태우지 않았다.[5]

d. 하지만 어떤 이는 테세우스가 시니스를 죽인 것은 여러 해가 지나서라고 전한다. 그리고 원래 시쉬포스가 이노의 아들 멜리케르테스를 기려 시작했던 이스트미아 제전을 그에게 다시 헌정했다고 덧붙인다.[6]

e. 다음으로 테세우스는 크롬뮈온에서 괴물처럼 거대한 사나운 암퇘지를 사냥해 죽였다. 이놈은 크롬뮈온 주민을 많이 죽여, 주민들이 더는 밭을

일굴 수 없을 지경이었다. 이 짐승은 이를 키운 노파의 이름을 따서 불렀으며, 튀폰과 에키드나의 자식이라 한다.[7]

f. 해안 길을 따라가던 테세우스는 바다에서 곧장 깎아지른 듯이 우뚝 선 절벽에 도착했다. 이곳은 노상강도 스키론의 소굴이었다. 어떤 이는 그를 펠롭스 또는 포세이돈의 아들로 코린토스 사람이라고 하지만, 다른 이들은 헤니오케와 카네토스의 아들이라고 전한다.[8] 스키론은 바위 위에 걸터앉아 지나가는 여행자들을 불러 강제로 자기 발을 씻게 했다. 여행자가 시키는 대로 하려 몸을 구부리면 발로 차서 절벽 너머 바다로 떨어뜨렸다. 절벽 아래엔 거대한 바다거북이 헤엄쳐 돌아다녔는데, 떨어진 사람을 먹어 치웠다. (몸집이 더 크고 다리 대신 지느러미발이 있는 것을 빼면, 바다거북은 육지거북을 많이 닮았다.) 테세우스는 스키론이 다리를 씻으라고 하는 것을 거부하고, 그를 번쩍 들어 바다로 던져 버렸다.[9]

g. 하지만 메가라인들은 완전히 다른 이야기를 전한다. 테세우스와 충돌했던 스키론은 정직하고 너그러운 메가라의 왕자이자 엔데이스의 아버지였다는 것이다. 엔데이스는 아이아코스와 결혼해 펠레우스와 텔라몬을 낳았다. 그리고 테세우스는 여러 해 뒤 엘레우시스를 정복한 다음에 스키론을 죽였으며, 이스트미아 제전도 스키론을 기려 포세이돈의 후원 아래 거행했다고 한다.[10]

h. 스키론의 절벽은 '몰루로스의 바위' 가까이 솟아 있다. 그리고 그 너머로는 스키론이 메가라 군대를 지휘할 때 만들어 놓은 스키론의 오솔길이 있다. 이 고지들을 가로질러 바다 쪽으로 부는 거친 북서풍을 아테나이인들은 스키론이라 부른다.[11]

i. 스키론은 '햇빛 가리개'를 뜻한다. 달력으로 지금의 5-6월에 해당하는 스키로포리온의 달이 이렇게 불린 것은, 스키로포리온의 달의 열두 번째

날에 열리는 '데메테르와 코레의 여자 축제'에서 에레크테우스의 사제가 하얀 햇빛 가리개를 가지고 나오기 때문이다. 이날 '아테나 스키라스'의 여 사제도 아크로폴리스에서 내려오는 엄숙한 행렬에서 같은 것을 들고 걷는 다. 이때 여신상에는 일종의 석고인 스키라스를 펴 발랐다. 테세우스가 미 노타우로스를 죽인 다음 아테나의 하얀 상을 만들었던 일을 기념하려 그렇 게 한다.[12]

j. 테세우스는 아테나이를 향한 여정을 이어갔고, 이번에는 아르카디아 의 케르퀴온을 만났다. 어떤 이는 그를 브란코스와 님프 아르기오페의 아 들이라 하고, 다른 이들은 헤파이스토스 또는 포세이돈의 아들이라 한다.[13] 그는 행인에게 같이 씨름을 하자고 도전한 다음 엄청난 힘으로 껴안아 상 대를 으스러뜨려 죽였다. 그런데 테세우스는 그를 무릎 높이까지 들어 올 려, 이를 구경하던 데메테르가 즐거워할 수 있게 머리부터 거꾸로 땅으로 꽂았다. 케르퀴온은 그 자리에서 목숨이 끊어졌다. 테세우스는 힘을 기술만 큼 믿지는 않았다. 그가 씨름의 기술을 발명했기 때문인데, 그때까지는 씨 름 기술의 기본 원리가 알려져 있지 않았다. 케르퀴온이 씨름을 하던 곳이 엘레우시스 부근에 지금도 남아 있다. 메가라로 가는 길 위에 있으며, 테세 우스가 범했다고 전해지는 그의 딸 알로페의 무덤에서도 가깝다.[14]

k. 앗티케의 코뤼달로스에 도착하자마자, 테세우스는 시니스의 아버지 폴뤼페몬을 죽였다. 그는 별명이 프로크루스테스였는데, 길가에 살면서 집 에 침대를 두 개 갖춰 두고 있었다. 하나는 작고, 하나는 컸다. 그는 여행자 들에게 밤에 재워 주겠다고 하면서, 키가 작은 사람은 큰 침대에 눕게 하고 그에 맞게 잡아 늘렸다. 큰 사람은 작은 침대에 눕혀 다리가 튀어나오면 그 만큼 톱으로 잘랐다. 하지만, 어떤 이는 그가 침대를 하나만 썼으며, 그의 크기에 따라 눕힌 사람을 늘리거나 줄였다고 한다. 어떤 경우든, 테세우스

는 그가 다른 사람에게 한 대로 해주었다.[15]

1] 디오도로스 시켈로스: 『역사총서』 4. 59; 플루타르코스: 『테세우스』 7과 11.

2] 휘기누스: 『신화집』 38; 아폴로도로스: 『비블리오테카』 3. 16. 1; 파우사니아스: 『그리스 여행기』 2. 1. 4; 플루타르코스: 『테세우스』 8.

3] 파우사니아스: 같은 곳; 오비디우스: 『이비스』 507 ff.; 아폴로도로스: 3. 16. 2; 에우리피데스의 『힙폴뤼토스』 977에 대한 고전 주석자.

4] 오비디우스: 『변신 이야기』 7. 433 ff.; 아폴로도로스: 같은 곳; 휘기누스: 같은 곳; 디오도로스 시켈로스: 4. 59; 파우사니아스: 같은 곳.

5] 플루타르코스: 『테세우스』 8과 29.

6] 『파로스 대리석』 35 ff.; 플루타르코스: 『테세우스』 25.

7] 플루타르코스: 『테세우스』 9; 디오도로스 시켈로스: 4. 59; 오비디우스: 『변신 이야기』 7. 433 ff.; 아폴로도로스: 『요약집』 1. 1; 휘기누스: 『신화집』 38.

8] 스트라본: 『지리학』 9. 1. 4; 아폴로도로스: 『요약집』 1. 2; 플루타르코스: 『테세우스』 25.

9] 스타티우스의 『테바이스』 1. 339에 대한 고전 주석자; 파우사니아스: 1. 44. 12; 아폴로도로스: 『요약집』 1. 2-3.

10] 플루타르코스: 『테세우스』 10과 25.

11] 파우사니아스: 1. 44. 10-12; 스트라본: 9. 1. 4.

12] 아리스토파네스의 『여인들의 민회』 18에 대한 고전 주석자; 아리스토파네스: 『벌』 925; 『어원 대사전』: '스키로포리온' 항목.

13] 플루타르코스: 『테세우스』 11; 아폴로도로스: 『요약집』 1. 3; 휘기누스: 『신화집』 38; 아울루스 겔리우스: 『아테네의 밤』 13. 21.

14] 오비디우스: 『이비스』 407 ff.; 아폴로도로스: 같은 곳; 파우사니아스: 1. 39. 3; 플루타르코스: 『테세우스』 11과 29.

15] 디오도로스 시켈로스: 4. 59; 아폴로도로스: 『요약집』 1. 4; 파우사니아스: 1. 38. 5; 휘기누스: 『신화집』 38; 플루타르코스: 『테세우스』 11.

*

1. 페리페테스Periphetes를 죽였다는 이야기는, 테세우스가 헤라클레스와 마찬가지로 놋쇠로 테를 둘러 보강한 곤봉을 들고 다닌 이유를 설명하려 꾸며 낸 것이다(120. 5 참고). 페리페테스는 불구로 묘사되는데, 그가 대장장이 다이달로스의 아들이고 대장장이는 종종 종교 의식을 통해 불구로 만들었기 때문이다(92. 1 참고).

2. 소나무를 구부리는 북풍의 신은 여인과 동물, 식물에게 열매를 맺게 한다고 여겼다. 이에 시니스Sinis의 별명 '피튀오캄프테스Pityocamptes'는 시니

스의 딸 이름인 곡물 밭의 여신 페리구네Perigune의 아버지로 묘사된다(48. 1 참고). 그녀의 후손들이 야생 아스파라거스와 골풀에 애착을 갖는 것은 '테스모포리아Thesmophoria 축제'에서 들고 다니는 성스러운 바구니를 이것으로 만들었으며, 따라서 일상적인 사용을 금기로 삼았다는 것을 암시한다. '크롬뮈온의 암퇘지', 일명 파이아Phaea는 하얀 암퇘지의 데메테르이며(24. 7과 74. 4 참고), 그녀에 대한 숭배는 펠로폰네소스 반도에서 일찍부터 탄압받았다. 테세우스가 고작 암퇘지 한 마리를 죽이기 위해 노력했다는 이야기는 신화학자들을 괴롭혔다. 휘기누스와 오비디우스는 그것을 멧돼지라고 했고, 플루타르코스는 여자 노상강도인데 그 행동이 혐오스러워 '암퇘지'라는 별명을 얻었다고 정리했다. 그러나 이것은 초기 웨일스 신화에서 헨 웬Hen Wen이라 했던 '늙은 하얀 암퇘지Old White Sow'로 등장한다. 이 암퇘지는 돼지치기인 마법사 콜 압 콜프레어Coll ap Collfrewr가 돌봤는데, 그는 브리튼 섬으로 밀과 꿀벌을 들여왔다. 엘레우시스에서 열리는 테스모포리아 축제에서는 데메테르의 돼지치기인 마법사 에우불레우스Eubuleus를 기려, 깊은 수렁 아래로 돼지를 산 채로 던져 넣는다. 이것들은 부패해 나중에 종자용 씨앗이 자라는 데 도움을 주었다(루키아노스의 『매춘부들의 대화』2. 1에 대한 고전 주석자).[1]

3. 스키론Sciron과 케르퀴온Cercyon의 이야기는 아무래도 '하얀 바위'에서 신성한 왕을 파르마코스pharmacos로서 집어던지는 의식을 담은 일련의 도상에 바탕을 둔 것으로 보인다. 여기에서 자기 죽음을 만난 첫 번째 영웅은 멜리케르테스Melicertes(70. h 참고), 즉 튀로스의 '헤라클레스 멜카르트Heracles Melkarth'였다. 그는 곤봉, 사자 가죽, 편상화 등 왕을 상징하는 장식물을 벗

---

1) '매춘부 대화Whore dialogues'라는 문학 장르의 작품으로 성적 농담과 풍자를 뼈대로 한다.

고, 그 대신 떨어지는 속도를 늦출 인공 날개와 살아 있는 새들, 햇빛 가리개 등을 몸에 달았을 것이다(89. 6; 92. 3; 98. 7 참고). ① 스키론이 여행자를 바다로 차버릴 준비를 하는 것으로 보이는 첫 장면에서, 그 주인공은 한 해의 마지막 달, 즉 한여름에 거행하는 스키로포리아Scirophoria에서 자신에게 닥칠 호된 시련을 준비하는 파르마코스로 보인다. ② 그리고 두 번째 장면은, 테세우스가 케르퀴온과 씨름을 하는 모습이라고 해석했지만, 그의 계승자가 상대편의 다리가 땅에서 떨어지도록 번쩍 들어 올린 모습이다(아테나이 왕의 주랑Royal Colonnade[2]의 테라코타에 이런 장면이 그려져 있다고 전해졌다. 파우사니아스: 1. 3. 1). 그러는 동안 여신의 여사제는 기쁜 표정으로 이를 지켜보고 있다. 이는 신화에서 흔히 나오는 상황이다. 이를테면 헤라클레스는 리비아에서 왕국을 걸고 안타이오스Antaeus와 씨름을 했으며(133. h 참고), 시칠리아에서 에뤽스Eryx와 그렇게 했다(132. q 참고). 오뒷세우스도 테네도스Tenedos에서 필로멜레이데스Philomeleides와 그렇게 했다(161. f 참고). ③ 세 번째 장면은, 테세우스가 스키론을 응징한 것으로 해석했지만, 파르마코스가 손에 햇빛 가리개를 쥐고 공중으로 몸을 던진 모습이다. ④ 네 번째는 그가 바다에 떨어져 그의 햇빛 가리개가 물 위에 떠 있는 장면이다. 그를 먹어 치우려 기다린다는 바다거북은 분명 햇빛 가리개였다. 앗티케 지역에서는 바다거북 숭배 기록이 전혀 없기 때문이다. 제2 바티칸 신화학자(127)는 테세우스가 아니라 다이달로스가 스키론을 죽였다고 기록했다. 아마도 이는 다이달로스가 자고새 왕의 파르마코스 의례와 신화적으로 연결돼 있기 때문일 것이다(92. 3 참고).

---

[2] 현재 박물관으로 쓰이고 있는 아테나이의 앗탈로스의 스토아Stoa of Attalos(미국 건축가가 복원한 것)를 말하는 것 같은데, 확실하지 않다.

4. 테세우스의 위업은 모두 상호 관련된 것으로 보인다. 문법학자들은 하얀 햇빛 가리개를 아테나의 석고상과 연결 지었다. 이 석고상은 '아르고스 사람'('하얀 남자들')이라고 불린 하얀 파르마코스 인형을 떠올리게 한다. 이 인형은 1년에 한 번씩, 5월의 정화 의식에서 흐르는 강물에 던져졌다. 석고를 섞은 밀가루를 가지고 돼지 모양으로 구운 빵도 함께 던졌다(플리니우스:『자연 탐구』17. 29. 2). 테스모포리아 축제에서는 이 빵으로 에우불레오스의 깊은 수렁에서 가져오던 돼지 잔해물을 대신했다. 이를 두고 고전 주석자는 루키아노스의 『매춘부들의 대화』에 대해 언급하면서 "신성한 뱀들을 속이지 않기 위해" 돼지 모양 빵을 구워 던졌다고 전했다. 스키로포리아 축제는 테스모포리아Thesmophoria 축제의 일부를 구성한다. 테스Thes는 테스모포리아와 테세우스에서 같은 의미를 가진다. 말하자면 '맡겨 둔 증표'인데, 이 증표는 페리구네가 축성한 야생 아스파라거스와 골풀로 엮은 바구니 안에 들어 있다. 이렇게 맡긴 물건은 남근의 증표였으며, 해당 축제는 관능적인 것이었다. 테세우스가 페리구네를 유혹한 것과, 헤르메스가 헤르세Herse를 유혹한 것이 이런 추정을 뒷받침한다(25. d 참고). 에레크테우스의 사제는 햇빛 가리개를 들고 다녔는데, 그가 뱀 숭배의 책임자였을 뿐 아니라 군주제가 사라진 이후 고대의 왕들이 수행한 신성한 기능이 그에게 넘어갔기 때문이다. 로마에서도 '제우스의 대사제'가 그 기능을 수행했다.

5. 케르퀴온Cercyon의 이름은 돼지 숭배와 연결된다. 그의 부모 이름도 그렇다. 케르퀴온의 부모 브란코스Branchus는 돼지가 꿀꿀거리는 것을 지칭하며, 아르기오페Argiope는 암퇘지 이름 파이아Phaea의 동의어이다. 알로페Alope를 범한 이는 포세이돈의 아들인 테세우스였을 것이다. 다시 말해 메가라 지역에서 암여우 여신으로 달의 여신을 숭배하던 것을 탄압했을 것이다(49. 2 참고).

6. 시니스와 스키론은 양쪽 모두 그를 기려 이스트미아 제전을 다시 헌정한 영웅으로 그려진다. 시니스의 별명은 피튀오캄프테스였고, 스키론은 북서풍이었다. 그러나 이스트미아 제전은 원래 '헤라클레스 멜카르트'를 기억하려 시작된 것이기에, 피튀오캄프테스가 죽임을 당하는 대목은 아테나이에서 보레아스 숭배를 탄압한 일을 기록한 것으로 보인다. 그래도 보레아스 숭배는 페르시아 전쟁 이후 되살아났다(48. 4 참고). 이 경우 이스트미아 제전은 퓌톤을 기억하려 시작된 퓌티아 제전과 유사하다. 여기서 퓌톤은 수태하게 하는 북풍의 신이면서도 라이벌 아폴론에게 죽임을 당한 신성한 왕의 혼령이기도 했다. 게다가 오비디우스와 에우리피데스의 『힙폴뤼토스』에 대한 고전 주석자(977)의 기록에는, 프로크루스테스가 시니스-피튀오캄프테스의 또 다른 별명으로만 나온다. 그리고 프로크루스테스는 널리 알려진 도상을 설명하기 위해 꾸며 낸 가공의 캐릭터인 것 같다. 삼손, 프테렐라오스(89. 7 참고), 니소스(91. 1 참고), 쿠로이, 루 로 또는 그가 뭐라 불리든, 그 도상에는 배반한 신부가 오래된 왕의 머리카락을 침대 기둥에 묶는 장면이 담겨 있다. 그 옆에는 왕의 경쟁자가 손에 도끼를 들고 그를 죽이려 다가오고 있다. '테세우스'와 그의 헬레네스 부족들은 오래된 왕을 '몰루로스 바위' 너머로 집어던지던 관습을 없애 버렸다. 그리고 이노가 아테나의 초기 호칭들 가운데 하나였음에도, 이노를 버리고 이스트미아 제전을 포세이돈에게 다시 헌정했다.

97
테세우스와 메데이아

테세우스는 앗티케에 도착해, 케핏소스 강가에서 퓌탈로스의 아들들을 만났다. 이들은 그동안 흘린 피로부터 그를 정화해 주었다. 특히, 시니스가 흘린 피를 정화하는 게 중요했는데, 그가 어머니 쪽 친척이었기 때문이다. 이 의식을 거행했던 '자애로운 제우스'의 제단이 지금도 강가에 서 있다. 이어 퓌탈로스의 아들들은 테세우스를 손님으로 맞아 주었다. 이는 그가 트로이젠을 떠나고 나서 처음 받아 보는 제대로 된 환대였다. 테세우스는 다리까지 내려오는 긴 의복을 갖춰 입고 머리카락은 깔끔하게 땋은 다음, 지금은 헤카톰바이온이라 부르는 크로니오스 달의 여덟 번째 날에 아테나이로 들어갔다. 그가 거의 완공된 '돌고래 아폴론'의 신전을 지나갈 때였다. 지붕에서 일하던 석공들이 그를 소녀로 착각해, 무례하게도 무슨 일로 보호자도 없이 혼자 돌아다니느냐고 물었다. 대답 대신에, 테세우스는 석공들 수레에 매인 수소 한 마리를 멍에를 벗기고 신전 지붕 너머로 높게 던져 버렸다.[1]

b. 테세우스가 트로이젠에서 자라는 동안, 아이게우스는 메데이아에게 한 약속을 지켰다. 그녀가 날개 달린 뱀들이 끄는 유명한 전차를 타고 코린

토스에서 달아났을 때 아테나이에 피신처를 내주었던 것이다. 아이게우스는 그녀와 결혼까지 했는데, 그녀의 주문이면 그에게 후계자를 낳아 줄 것이라 확신했기 때문이다. 당시 그는 아이트라가 테세우스를 낳은 사실을 모르고 있었다.[2]

c. 메데이아는 테세우스가 도시에 도착하자마자 그를 알아봤고, 아이게우스를 통해 낳은 아들 메도스를 생각해 질투심에 불타올랐다. 누구나 메도스가 장차 왕위를 계승할 것이라 여기던 상황이었다. 이에 메데이아는 아이게우스를 설득해 테세우스가 첩자나 암살자일 것이라 의심하게 만들고, 다른 한편으로 그를 '돌고래 신전'에서 열리는 잔치에 초대했다. 아이게우스는 이 신전을 자신의 처소로 삼고 있었다. 그는 잔치에서 테세우스에게 아내가 미리 준비한 포도주 잔을 건넸다. 잔에는 투구꽃의 독이 들어 있었다. 이는 메데이아가 비튀니아의 아케루시아에서 가져온 것이다. 헤라클레스가 타르타로스에서 케르베로스를 끌고 나올 때 그놈의 입에서 흩뿌려진 죽음의 거품에서 처음 자랐다고 한다. 투구꽃은 헐벗은 바위산에서 잘 자라, 농부들은 이를 '아코닛aconite'이라고 부른다.[3]

d. 어떤 이는 다른 이야기를 전한다. 돌고래 신전에서 구운 고기가 식탁에 올라왔을 때, 테세우스가 고기를 써는 척하면서 보란 듯이 칼을 꺼내 아버지의 주의를 끌었다는 것이다. 그러나 다른 이들은 테세우스가 아무런 의심도 없이 잔을 들어 입술로 가져간 것이 맞고, 다만 이때 아이게우스가 상아 칼자루에 에레크테우스 왕조의 뱀 문양이 새겨진 것을 알아보고, 급히 달려가 잔을 바닥으로 쳐냈다고 한다. 잔이 떨어진 자리는 빙 둘러 통행을 막았기에 지금도 신전에 가면 어디인지 알 수 있다.

e. 이제 아테나이인들은 처음 맛보는 기쁨을 누리게 된다. 아이게우스는 테세우스를 품에 안았고, 널리 사람들을 불러 모아 그가 자기 아들임을 알

렸다. 그는 모든 제단에 불을 밝히고, 신들에게 올리는 선물을 산처럼 쌓았다. 화환을 씌운 수소 100마리를 제물로 바쳤으며, 궁전 안팎, 도시 전체에서 귀족과 평민들이 함께 축제를 벌였으며, 이미 살아온 햇수를 뛰어넘은 테세우스의 영예로운 위업을 노래했다.4]

f. 테세우스는 메데이아를 추적했지만, 그녀는 자기 주위에 마법의 구름을 피워 올려 그를 피하는 데 성공했다. 그리고 곧장 어린 메도스와 아이게우스가 붙여 주었던 호위 병사를 데리고 아테나이를 떠났다. 그런데, 어떤 이는 그녀가 이아손을 통해 얻은 아들 폴뤽세노스를 데리고 달아났다고 전한다.5]

g. 팔라스와 그의 아들 50명은 난데없이 찾아온 이방인 탓에 아테나이를 통치하려는 자신들의 희망이 완전히 사라질까 걱정해 공개적으로 반란을 일으켰다. 이들은 이전에도 아이게우스가 진짜 에레크테우스 가문 사람이 아니므로 아테나이 왕위에 있을 권리가 없다고 주장해 왔다. 그들은 군사를 나눠 팔라스와 25명의 아들, 수많은 가신은 스펫토스 방향에서 아테나이로 진군했고, 다른 25명의 아들은 가르겟토스에서 기습을 위해 매복했다. 그러나 테세우스는 아그누스 씨족의 레오스라는 전령한테서 이들의 계획을 전해 듣고, 매복을 깨뜨린 다음 나머지도 모두 무찔렀다. 이에 팔라스는 곧바로 군대를 해산하고, 평화를 간청했다. 팔라스 가문은 레오스의 배신을 결코 잊지 않았다. 그래서 지금도 아그누스 씨족과는 교혼하지 않고 있으며, 전령이 포고문을 읽으면서 "아쿠에테 레오이!"('너희 백성들은 듣거라')라는 말로 시작하지 못하게 했다. 레오이가 레오스의 이름과 닮았기 때문이다.6]

h. 여기에 나온 레오스는 오르페우스의 아들 레오스와 구분해야 한다. 아테나이의 레온티드레오스 가문의 선조와도 이름만 같을 뿐이다. 언젠가 기아와 역병으로 신음할 때, 레오스는 델포이 신탁에 따라 자기 딸인 테오

페, 프락시테아, 에우불레를 제물로 바쳐 도시를 구했다. 아테나이인들은
세 딸을 기리는 레오코리온을 세웠다.[7]

1] 파우사니아스: 『그리스 여행기』 1. 37. 3과 19. 1; 플루타르코스: 『테세우스』 12.
2] 에우리피데스: 『메데이아』 660 ff.; 아폴로도로스: 『비블리오테카』 1. 9. 28.
3] 플루타르코스: 『테세우스』 12; 아폴로도로스: 『요약집』 1. 6; 오비디우스: 『변신 이야기』 7. 402 ff.
4] 플루타르코스: 같은 곳; 오비디우스: 같은 곳.
5] 오비디우스: 같은 곳; 아폴로도로스: 같은 곳; 디오도로스 시켈로스: 『역사총서』 4. 55. 6; 헬라니코스, 파
   우사니아스의 인용: 2. 3. 7.
6] 플루타르코스: 『테세우스』 13.
7] 파우사니아스: 1. 5. 2; 수이다스, '레오스' 항목; 아리스티데스: 『판아테나이제 연설』; 히에로뉘모스: 『요비
   니아누스에 반대하여』 185, 마르트 편집; 수이다스, '레오코리온' 항목; 아일리아노스: 『다양한 역사』 12.
   28.

※

1. 이렇게 독약이 등장하고 연극적인 대단원을 가진 작위적인 로맨스는
이온의 신화를 떠올리게 한다(44. a 참고). 수소를 하늘로 집어 던졌다는 대
목은 헤라클레스의 위업에 대한 투박한 모방으로 보일 뿐이다. 석공의 질
문은 시대 상황과도 맞지 않는다. 영웅이 활약하던 시대라면 젊은 여인은
보호자 없이 혼자 돌아다녔다. 테세우스가 이미 머리카락을 아폴론에게 바
쳐 쿠레테스Curetes가 됐다면, 그를 소녀로 착각할 수도 없었다. 이런 약점은
이번 이야기가 고대의 도상에서 추론한 것임을 암시한다. 신전의 지붕 위
에 있는 남자들을 석공이라 했지만, 그 도상에는 신전이 완성된 날 거행하
는 희생 의식이 그려져 있을 것이다(84. 1 참고). 제물로 바칠 하얀 수소의 멍
에를 벗겨 수레에서 떼어내는 모습이라, 테세우스라고 생각한 도상 속 인
물은 여사제일 가능성이 높다. 그리고 돌고래는 원래 달의 여신의 표상임
에도, 돌고래 장식 때문에 아폴론 신전이라고 잘못 해석했다. 그 짐승을 하
늘로 던져 올린 것도 아니다. 그것은 제물을 받고 있는 신이었는데, 여신 자

신인 하얀 달의 암소이거나, 포세이돈의 흰 황소였다(88. c 참고). 포세이돈은 아테나와 함께 아크로폴리스 위의 성소를 공유했으며, 바다의 신이라 돌고래가 그에게 신성한 동물이다. 플루타르코스는 결코 그렇지 않았지만, 아폴론의 사제들은 항상 다른 신들을 희생하더라도 아폴론의 힘과 권위를 드높이는 데 열성이었다. 독이 든 잔 이야기가 나왔을, 위의 것과 짝을 이뤘던 도상에는 아마도 사제 또는 여사제가 기초를 놓았을 때 제물로 바친 사람들의 혼령에게 제주를 뿌리는 모습이 실려 있었을 것이다. 그 옆에는 페르세포네와 케르베로스가 이를 지켜본다. 참고로 아코닛aconite은 널리 알려진 마비 유발제였다. 플루타르코스는 아이게우스가 개인 집이 아니라 '돌고래 신전'에 산다고 적었는데, 이는 적절하다. 그는 신성한 왕으로서 여왕의 궁전에 자기 구역이 있었기 때문이다(25. 7 참고).

2. 메데이아가 처음 코린토스에서, 다음에 아테나이에서 추방된 일은, 대지의 여신 숭배에 대한 헬레네스의 탄압과 관계가 있다. 메데이아의 뱀이 끄는 전차는 그녀가 코린토스의 데메테르라는 것을 보여 준다(24. m 참고). 테세우스가 팔라스 가문을 물리친 것도, 50명의 여사제 무리가 거행하는 아테나이의 토착 종교 의식을 탄압한 것을 지칭한다(9. 1과 16. 3 참고). 실제 팔라스Pallas는 '총각'뿐 아니라 '처녀'도 의미한다. 같은 이야기의 다른 판본은 레오스가 세 딸을 제물로 바친다는 것이다. 여기서 세 딸은 정말 셋이 짝을 이루는 여신이다. 첫째 테오페('신의 얼굴')는 처녀인 초승달이며, 둘째 프락시테아('활발한 여신')는 님프로 여왕벌이다. 케크롭스의 어머니가 셋째 에우불레와 이름이 같았다(아폴로도로스: 3. 15. 1과 5). 에우불레('좋은 조언')는 신탁을 주는 노파이다. 돼지치기 에우불레오스가 엘레우시스에서 섬겼던 바로 그 여신이다.

3. 팔라스 가문과 아그누스 씨족이 서로 교혼하지 않았다는 이야기는 족

외혼의 유산으로 보인다. 당시에는 [씨족 집단인] 프라트리아phratry 사이의 복잡한 결혼 체계가 작동하고 있었으며, 프라트리아 또는 준-프라트리아는 제 나름의 몇 개 토템 씨족으로 구성돼 있었다. 만약 그렇다면, 팔라스 가문과 아그누스 씨족은 동일한 준-프라트리아에 속해 있었고, 결혼은 다른 프라트리아 쪽과 해야 했다(80. 3 참고). 팔라스 씨족은 아마도 염소가 토템이었고, 아그누스 씨족은 숫양, 레오스 가문은 사자, 에레크테우스 가문은 뱀이었을 것이다. 앗티케 신화를 보면 다른 토템 씨족도 많았을 것으로 짐작된다. 이를테면 까마귀, 나이팅게일, 후투티 새, 늑대, 곰, 부엉이 씨족도 있었을 것이다.

4. 테세우스와 헤라클레스의 신화에 바탕을 두고 판단해 보건대, 아테나이의 아테나 최고 여사제와 아르고스의 헤라 최고 여사제는 양쪽 모두 사자 씨족 소속이었으며 신성한 왕을 씨족 내부로 받아들였다. 펠로폰네소스 아르골리스 지역 티륀스에서 발굴된 금반지에는 사자 남자 네 명이 자리에 앉은 여신에게 제주 그릇을 바치는 모습이 그려져 있다. 뻐꾸기가 왕좌 뒤에 앉아 있기 때문에 이 여신은 헤라임이 분명하다(12. 4 참고). 크레테에는 사자가 살지 않았지만, 거기서도 여신이 거느린 야수로 등장한다. 아테나는 뻐꾸기와는 관련이 없지만, 그녀의 현현이라는 새가 여럿인데 아마도 원래는 토템 동물들이었을 것이다. 호메로스의 시에, 아테나는 바다독수리(『오뒷세이아』 3. 371)와 제비(같은 책. 22. 239)로 나온다. 아폴론과 함께 있을 때는 독수리로(『일리아스』 7. 58), 헤라와 같이 있을 때는 비둘기로 나온다(같은 책. 5. 778). 기원전 500년에 만들어진 아테나이의 작은 도기에는, 아테나가 종달새로 나온다. 메가라 부근에는 물에 뛰어드는 새diver-bird, 즉 가넷[1]의 아

---

1) 가넷gannet: 갈매깃과의 바닷새로, 가마우지나 부비새와 비슷하다.

테나에게 바친 전당이 있었다(파우사니아스: 1. 5. 3과 41. 6, 이 책 94. c 참고). 그러나 지혜로운 부엉이가 아테나의 기본적인 현현이었다. 부엉이 씨족은 고전기 후기까지도 부엉이 분장을 하고 자기네 토템 새를 붙잡는 종교 의식을 계속 이어갔다(아일리아노스: 『다양한 역사』 15. 28; 폴룩스: 4. 103; 아테나이오스: 391a-b와 629 f).

5. 플루타르코스의 아쿠에테 레오이Akouete leoi 이야기는 그럴싸하다. 원시종교에서는 어떤 말의 사용을 금하는 일이 종종 있었다. 그것들이 특정한 사람이나 물건, 짐승의 이름과 비슷하게 발음되기 때문이다. 특히 자연사한 경우라도 죽은 친척의 이름을 떠올리게 할 경우에 더 그러했다.

6. 팔라스 가문이 아이게우스와 테세우스는 진짜 에레크테우스 가문이 아니라고 주장한 것은, 새로 이주해 온 (테세우스 신화를 재정비한) 부테스 가문이 토착 에레크테우스 가문의 사제 지위를 빼앗은 것에 대해 아테나이에서 벌어진 항의를 반영하는 것일 수 있다(95. 3 참고).

98
테세우스, 크레테에 가다

메데이아가 아이게우스를 설득해 테세우스를 포세이돈의 흉포한 흰 황소에게 보내게 했는지, 아니면 메데이아가 아테나이에서 쫓겨난 뒤 그가 아테나이인들의 환심을 사기 위해 이런 불을 내뿜는 괴물을 죽이겠다고 나섰는지, 지금도 말이 엇갈린다. 황소는 헤라클레스가 크레테 섬에서 가져와 아르고스의 평원에 풀어놓았는데, 코린토스 지협을 지나 마라톤으로 건너왔다. 황소는 도시 프로발린토스와 트리코륀토스 사이에서 사람을 수백 명 죽였고, 어떤 이는 미노스의 아들 안드로게우스도 이들과 함께 희생됐다고 전한다. 테세우스는 용감무쌍하게 두 뿔을 움켜쥐었고, 당당하게 아테나이 거리를 가로질러 괴물 황소를 끌고 돌아왔다. 그리고 아크로폴리스의 가파른 비탈에서 이놈을 아테나 또는 아폴론에게 제물로 바쳤다.[1]

b. 마라톤에 가는 길에 테세우스는 한 궁핍한 노처녀의 환대를 받아 즐거운 시간을 보냈다. 그녀의 이름은 헤칼레 또는 헤칼레네이며, 그가 안전하게 돌아오면 숫양을 제우스에게 바치겠다고 맹세하기도 했다. 그러나 그녀는 테세우스가 돌아오기 전에 저세상 사람이 되었고, 테세우스는 그녀와 '제우스 헤칼레이오스'를 기리기 위해 '헤칼레시아 의식'을 시작했다. 이는

지금도 계속 이어지고 있다. 테세우스는 이맘때 소년에 불과했기에, 헤칼레는 아이한테 하듯 그를 쓰다듬어 주었다. 이 때문에 그녀는 헤칼레보다 귀여운 느낌의 헤칼레네라고 더 많이 불린다.[2]

c. 안드로게우스의 죽음에 대한 보상으로, 미노스는 아테나이인들에게 일곱 총각과 일곱 처녀를 9년마다 한 번씩 보내 달라고 명했다. 다시 말해 '위대한 한 해'가 끝날 때마다 보내라는 것이며, 이들은 미노타우로스가 잡아먹으려 기다리는 크레테의 미궁으로 들어가야 했다. 이번 미노타우로스는 이름이 아스테리오스 또는 아스테리온으로, 황소의 머리를 한 괴물이다. 파시파에가 흰 황소와 지낸 다음 낳았다.[3] 테세우스가 아테나이에 도착하고 얼마 있지 않아, 세 번째 공물을 바칠 시간이 돌아왔다. 부모들은 자기 아이가 제비뽑기를 통해 뽑혀 갈까 전전긍긍했고, 이를 본 테세우스는 마음이 아팠다. 이에 그는 스스로 희생자 가운데 하나가 되겠다고 자원했다. 아이게우스가 열심히 말렸지만 소용이 없었다. 그러나 어떤 이는 그가 제비뽑기로 뽑혔다고 전한다. 다른 이들은 미노스가 큰 함대와 함께 와서 직접 희생자를 뽑았다고 한다. 미노스의 눈은 테세우스를 보고 반짝였다. 아테나이가 아니라 트로이젠 사람임에도, 맨손으로 미노타우로스를 죽인다면 다음부터는 공물을 면제해 준다는 약속을 받고 자원했기 때문이다.[4]

d. 앞의 두 경우에, 희생자 열네 명을 태운 배는 검은 돛을 달았다. 그러나 테세우스는 신들이 자기편이라 확신했고, 이를 본 아이게우스는 돌아오는 길에 성공의 신호로 달라면서 하얀 돛을 주었다. 그러나 어떤 이는 케르메스 떡갈나무 열매로 물들인 붉은색 돛을 주었다고 전한다.[5]

e. 대법정에서 제비뽑기를 할 때, 테세우스는 그의 부하들을 이끌고 '돌고래 신전'으로 가서, 그들을 위해 축성한 올리브 나뭇가지를 하얀 털실로 묶어 아폴론에게 바쳤다. 열네 명의 어머니들은 양식을 배에 쌓는 한편, 용

기를 북돋아 주기 위해 아이들에게 우화와 영웅담을 들려주었다. 테세우스는 처녀 희생자들 가운데 둘을 총각으로 바꿨다. 여자 같은 외모지만 비상한 용기와 침착성을 갖춘 사내들이었다. 테세우스는 이들에게 따뜻한 물로 목욕을 하고, 햇볕을 피하며, 머리카락과 몸에 기름을 발라 향기를 내도록 했다. 또 여자처럼 말하고, 걷고, 몸짓하는 법도 연습하게 했다. 이런 준비 덕분에 미노스 눈앞에서도 그를 속일 수 있었다.[6]

f. 이들은 노가 30개 있는 배를 타고 항해했다. 배는 나중에 오뒷세우스가 들른 파이아케스족의 선조인 파이악스가 조종했다. 그때까지 아테나이인들은 항해술을 몰랐기 때문이다. 어떤 이는 키잡이가 페레클로스였다고 하지만, 나우시테오스라고 하는 쪽이 맞는 것 같다. 테세우스가 나중에 돌아와 처음 출항한 아테나이 남서쪽 항구 팔레론에 나우시테오스와 파이악스를 위한 기념비를 세웠기 때문이다. 지금도 거기에서는 이 둘을 기려 '조종사의 축제'가 열린다.[7]

g. 델포이 신탁은 테세우스에게 아프로디테를 항해의 안내자이자 동료로 삼으라고 조언했다. 이에 그는 바다 위에서 아프로디테에게 제물을 바쳤다. 그런데 와! 제물로 바친 암염소가 죽음의 고통 속에서 숫염소가 되는 기이한 일이 벌어졌다. 이에 아프로디테는 에피트라기아[1]라는 호칭을 얻었다.[8]

h. 테세우스는 무뉘키온(4월)의 여섯 번째 날에 출항했다. 매년 이날이 되면, 지금도 아테나이인들은 처녀들을 돌고래 신전에 보내 아폴론을 달랜다. 테세우스가 떠나기 전에 그렇게 하는 걸 빼먹었기 때문이다. 아폴론은 태풍을 보내 불편한 심경을 드러냈고, 이 때문에 테세우스는 델포이로 피난해 거기서 늦게나마 제물을 바쳤다.[9]

---

1) 에피트라기아Epitragia: '숫염소로 바뀐'이라는 뜻이다.

i. 며칠 뒤 배가 크레테에 도착했을 때, 미노스는 항구로 내려와 희생자들의 수를 셌다. 미노스는 아테나이 처녀들 가운데 하나에게 반했는데, 테세우스가 나서지 않았다면 거기서 곧바로 범했을 것이다. 테세우스가 포세이돈의 아들로서 처녀들을 참주의 비행으로부터 지키는 것이 자신의 의무라면서 막아선 것이다. 처녀의 이름은 (나중에 아이아스의 어머니가 되는) 페리보이아인지 에리보이아 또는 페레보이아인지 말이 엇갈린다. 이 셋의 이름이 비슷해 혼동을 일으키기 때문이다. 미노스는 음탕하게 웃으면서 포세이돈은 그동안 자기 마음에 드는 처녀를 제대로 존중해 준 적이 없다고 답했다.[10]

"하! 이 노리개를 다시 가져와 네가 포세이돈의 아들이라는 걸 증명해 보거라." 이렇게 말하고는, 미노스는 인장이 새겨진 자기 황금 반지를 바다에 던졌다.

"먼저 그대가 제우스의 아들이라는 걸 증명해 보세요." 테세우스는 이렇게 응수했다.

j. 이것을 미노스는 해냈다. 그는 기도했다. "아버지 제우스여, 제가 여기에 있습니다!" 그러자 곧장 번개가 번쩍하더니 천둥소리가 울렸다. 이러니저러니 말하지 않고 테세우스는 바다로 뛰어들었다. 엄청난 돌고래 떼가 나타나 그를 정중하게 호위해 네레이데스의 궁전으로 데려갔다. 어떤 이는 이때 네레이데스의 하나인 테티스가 아프로디테한테서 결혼 선물로 받은 보석이 박힌 관을 그에게 주었다고 한다. 이 관은 나중에 아리아드네가 쓰게 된다. 다른 이들은 바다의 여신 아프로디테가 직접 보석 관을 주었고, 네레이데스를 사방으로 보내 황금 반지를 찾도록 했다고 전한다. 어떻게 됐든, 테세우스는 반지와 관을 가지고 바다에서 다시 돌아왔으며, 미콘[2]은 이

---

2) 미콘Micon: 기원전 5세기에 활동한 그리스의 화가.

모습을 테세우스 성소의 세 번째 벽에 그림으로 기록했다.[11]

k. 아프로디테는 정말로 테세우스와 함께하고 있었다. 페리보이아와 페레보이아가 자기들 침상으로 초대했던 것인데, 정중한 테세우스는 이를 물리치지 않았다. 여기에 그에게 첫눈에 반한 미노스의 외동딸 아리아드네도 마찬가지였다. "저를 아내로 삼아 아테나이로 데려간다면, 아버지가 다른 오라비 미노타우로스를 죽이는 걸 도와줄게요." 그녀는 남몰래 약속했다. 테세우스는 흔쾌히 그녀와 결혼하겠다고 맹세했다. 예전에 다이달로스는 크레테를 떠나기 전에 그녀에게 마법의 실꾸리를 주면서 미궁을 들어가고 나오는 방법을 알려 준 적이 있었다. 먼저 출입문을 열고서 풀린 실을 상인방에 묶어야 한다고 했다. 그러면 실꾸리가 굴러가면서 점차 작아지고, 구불구불 돌고 꺾이면서 나아가, 마침내 미노타우로스가 지내는 제일 안쪽의 깊숙한 곳에 이른다는 것이다. 아리아드네는 이 실꾸리를 테세우스에게 주면서, 이를 따라가면 잠들어 있는 괴물에게 갈 수 있을 것이라고 알려 주었다. 괴물의 머리카락을 잡고 제압해야 하며, 이를 포세이돈에게 제물로 바쳐야 한다고도 했다. 미궁을 빠져나올 때는 실을 다시 뭉치로 감으면서 나오면 된다고 덧붙였다.[12]

l. 그날 밤, 테세우스는 그녀가 일러준 대로 했다. 그러나 미노타우로스를 죽일 때 아리아드네가 준 칼을 썼는지, 맨손으로 했는지, 아니면 그 유명한 곤봉으로 했는지는 큰 논쟁거리이다. 펠로폰네소스 남부 아뮈클라이에 있는 프리즈 조각에는 테세우스가 미노타우로스를 묶어 의기양양하게 아테나이로 끌고 오는 모습이 나온다. 그러나 이런 이야기를 받아들이는 사람은 많지 않다.[13]

m. 테세우스가 미궁에서 빠져나와 곳곳에 피가 묻은 채로 모습을 드러내자 아리아드네는 그를 열정적으로 껴안았고, 모든 아테나이 일행을 항구

로 인도했다. 앞서 여장을 했던 청년들은 여인들의 처소에서 경계를 서는 군인들을 죽이고 처녀 희생자들을 구출했다. 이들은 모두 함께 나우시토오스와 파이악스가 기다리고 있던 배에 몰래 올라 배를 저어 서둘러 출발했다. 테세우스가 추적을 막으려 미리 크레테 배 몇 척의 선체에 구멍을 뚫어놓았지만, 경고음이 크게 울려 어쩔 수 없이 항구에서 전투를 벌여야 했다. 그래도 다행스럽게 인명 손실 없이 어둠을 틈타 탈출할 수 있었다.[4]

n. 며칠 뒤, 이들은 지금은 낙소스라고 하는 디아 섬에 상륙했다. 그런데 테세우스는 해변에 잠들어 있는 아리아드네를 그냥 두고 배를 타고 떠났다. 그가 왜 그렇게 했는지 여전히 수수께끼로 남아 있다. 어떤 이는 그가 새로운 애인인 파노페우스의 딸 아이글레를 위해 그녀를 버렸다고 하고, 다른 이들은 바람 탓에 디아에 발이 묶여 있는 동안 아리아드네가 아테나이에 도착했을 때 불러일으킬 추문을 떠올렸기 때문이라고 전한다.[5] 또 다른 이들은 디오뉘소스가 테세우스의 꿈속에 나타나 아리아드네를 내놓으라고 위협했다고 한다. 여기에 테세우스가 잠에서 깨어 디오뉘소스의 함대가 디아로 다가오는 것을 보고, 갑작스러운 공포에 닻을 끌어올렸다고 덧붙인다. 디오뉘소스는 사전에 주문을 걸어 그가 아리아드네와 한 약속뿐 아니라 그녀의 존재 자체도 망각하게 했다.[6]

o. 진실이 무엇이든, 아테나이의 디오뉘소스 사제들은 이렇게 단언한다. 아리아드네는 해변에 홀로 버려졌다는 것을 알게 됐고, 쓰라린 슬픔에 빠져들었다. 테세우스가 자신의 아비 다른 괴물 오라비를 죽이러 들어갔을 때 자신이 얼마나 떨었는지, 그의 성공을 위해 신들께 얼마나 간절히 기원했는지, 그에 대한 사랑으로 부모님과 조국을 어떻게 버렸는지 떠올면서 고통스러워했다. 이제 그녀는 온 세상을 향해 복수해 달라 간절히 기원했고, '아버지 제우스'는 동의의 뜻으로 고개를 끄덕였다. 얼마 뒤, 다정하면

서도 달콤하게 디오뉘소스가 다가와 아리아드네를 구해 냈다. 그의 뒤편에는 사튀로스와 마이나데스가 즐겁게 줄지어 따라왔다. 디오뉘소스는 즉시 그녀와 결혼식을 올렸고, 테티스의 관을 그녀 머리에 씌워 주었고, 둘은 많은 자식을 낳았다.[17] 이들 가운데 오직 토아스와 오이노피온만이 간혹 테세우스의 자식들이라 불린다. 아리아드네의 관은 헤파이스토스가 불같이 붉은 황금과 빨간 인도 보석을 가지고 장미 모양으로 만든 것인데, 디오뉘소스가 나중에 별들 사이에 가져다 놓아 북쪽 왕관 별자리가 됐다.[18]

p. 하지만 크레테인들은 미노타우로스의 존재 자체를 부인한다. 테세우스가 아리아드네를 비밀스러운 방법으로 얻은 것도 아니라고 한다. 미궁이라는 게 사실 그냥 방비가 철저한 감옥일 뿐이며, 아테나이의 처녀 총각들은 안드로게우스의 장례 제전을 위해 붙잡혀 있었다고 주장한다. 일부는 그의 무덤에 제물로 바쳤지만, 나머지는 제전의 우승자에게 노예로 줬다는 것이다. 그런데 미노스의 잔혹하고 오만한 타우로스 장군이 매년 우승 상품으로 싹 쓸어가는 일이 벌어졌다. 참가한 종목마다 매번 이겨 모든 경쟁자들에게 큰 반감을 샀다. 여기에 그는 미노스 왕의 신뢰까지 잃었다. 그가 다이달로스의 방조 아래 파시파에와 불륜을 저질렀다는 소문이 돌았기 때문이다. 그녀가 낳은 쌍둥이 가운데 하나가 타우로스와 많이 닮기까지 했다. 이에 미노스는 테세우스가 타우로스와 맞서 싸우겠다고 하자 기꺼이 이를 허락했다. 고대 크레테에서 여자도 남자와 마찬가지로 경기장에 들어갈 수 있었고, 아리아드네는 테세우스와 사랑에 빠졌다. 그가 세 번 연속 우승한 이전 챔피언을 머리 위로 집어던져 땅에 꽂는 모습을 지켜봤기 때문이다. 이 광경에 미노스도 무척 흡족했다. 그는 테세우스에게 상을 주었고, 그를 자신의 사위로 받아들였다. 잔혹했던 공물도 면제해 주었다.[19]

q. 트라케 지역 봇티아이아의 전통 노래도 희생자가 모두 죽임을 당한

건 아니라는 전승을 뒷받침한다. 크레테인들은 처음 태어난 아이들을 공물로 델포이에 보냈는데, 대부분이 크레테 사람이 된 아테나이 노예의 자식들이었다. 그런데 델포이인들은 자기네 작은 도시의 자원으로는 이들을 감당할 수 없어 이탈리아의 이아퓌기아에 식민지를 건설하도록 이들을 내보냈고, 나중에 이들은 트라케의 봇티아이아에 정착했다. 봇티아이아 처녀들은 구슬픈 망향가를 불렀다. "아, 우리네 아테나이로 돌아가고파!" 그들이 어디 출신인지 보여 주는 구절이다.[20]

r. 퀴프로스인들을 비롯해 일부에선 완전히 다른 설명을 내놓는다. 미노스와 테세우스는 선원이 다섯 이상이라면 어떤 배도 그리스 바다에서 항해할 수 없다고 함께 맹세했다는 것이다. 다만 이아손이 지휘하는 아르고 호는 예외였는데, 바다에서 해적을 일소한다는 사명을 갖고 있었기 때문이다. 그러나 다이달로스가 크레테에서 아테나이로 달아날 때 미노스는 전함을 타고 그를 추적함으로써 이 조약을 깼다. 맹세의 증인이 됐던 포세이돈은 분노했고, 폭풍을 일으켜 그를 시칠리아로 몰아가 죽음에 이르게 했다. 미노스의 아들 데우칼리온은 그 다툼을 이어받아, 아테나이인들이 다이달로스를 내놓지 않는다면 조약을 최종 파기하고 테세우스가 보냈던 인질들도 모두 죽이겠다고 위협했다. 테세우스는 다이달로스가 자신과 피로 연결된 친척이라 답하면서 타협이 가능할지 조심스럽게 타진했다. 그는 이 문제와 관련해 데우칼리온과 몇 차례 편지를 교환했지만, 그러는 동안에 몰래 전함을 건조했다. 일부는 왕래가 잦은 길에서 멀리 떨어진 튀모이타다이 항구에서 건조했고, 나머지는 크레테 쪽에서 전혀 모르는, 핏테우스의 트로이젠 해군 기지에서 배를 만들었다. 한두 달 안에 그의 작은 함대가 출항했고, 다이달로스와 크레테에서 온 다른 도망자들이 이들을 안내했다. 크레테인들은 다가오는 아테나이 함대를 보고 미노스의 잃어버린 함대라고 착각

해 환영할 생각만 했다. 이에 테세우스는 아무런 저항도 받지 않고 쉽게 항구를 장악했으며, 곧장 크놋소스로 향했다. 그는 데우칼리온의 근위대를 쓰러뜨리고 궁전으로 들어가 침소에서 데우칼리온을 찾아내 죽였다. 크레테의 왕위는 아리아드네에게 넘어갔고, 테세우스는 그녀와 선선히 합의에 이르렀다. 그녀는 아테나이인질들을 풀어 주었으며, 두 나라는 무기한 우호협정을 맺고 두 왕관을 결합해 협정을 확정했다. 아리아드네와 테세우스가 결혼한 것이다.[21]

s. 오랜 잔치가 끝나고, 그들은 함께 아테나이를 향해 출항했다. 그러나 태풍으로 인해 퀴프로스 섬으로 밀려갔다. 거기서 이미 테세우스의 아이를 잉태하고 있던 아리아드네는 뱃멀미로 유산할까 걱정돼 아마토스에 상륙하게 해달라고 부탁했다. 그렇게 아리아드네는 뭍에 내렸지만, 테세우스는 거친 바람 탓에 함대 전체가 먼 바다로 다시 밀려가고 말았다. 아마토스 여인들은 아리아드네를 친절하게 대접했다. 테세우스한테서 막 편지가 왔다고 보여 주면서 그녀를 위로하기도 했다. 테세우스는 이웃 섬의 해변에서 배를 고치고 있다고 했지만, 이 모든 것은 아마토스 여인들이 그녀를 위해 꾸며낸 말이었다. 그녀가 분만 도중에 숨을 거두자, 이들은 그녀를 위해 성대한 장례식을 올렸다. 아리아드네의 무덤은 지금도 아마토스의 숲 안에 남아 있다. 거기 사람들은 그녀를 아리델라로 부르면서, 이 숲을 신성시했다. 테세우스는 시리아 해안에서 뒤늦게 돌아왔고, 그녀가 죽었다는 소식에 깊은 비탄에 잠겼다. 그리고 그녀를 기리는 의식에 큰돈을 냈다. 퀴프로스인들은 9월 둘째 날에 아리아드네 축제를 지금도 열고 있는데, 그때는 한 젊은이가 그녀의 숲에 누워 고통을 겪는 여인을 흉내 낸다. 이 축제에는 테세우스가 그들에게 남겨 준 그녀의 작은 조각상 두 개를 숭배하기도 하는데, 하나는 은으로, 다른 하나는 놋쇠로 만든 것이다. 퀴프로스인들은, 디오

뉘소스가 아리아드네와 결혼하기는커녕 그녀와 테세우스가 낙소스에 있는 자기 동굴을 모독한 것에 분개해 아르테미스에게 이를 불평했다고 한다. 이에 아르테미스는 무정하게도 분만 중에 그녀가 죽도록 내버려 두었다. 그런데 어떤 이는 그녀가 아르테미스에 대한 두려움에 스스로 목을 맸다고 전한다.[22]

t. 테세우스는 여정을 재개했다. 낙소스에서 델로스로 항해했고, 거기서 아폴론에게 제물을 바치고 그를 기리는 운동 경기도 열었다. 그가 승자에게 종려나무 잎으로 된 관을 씌워 주고 이 나무의 줄기를 오른손에 쥐도록 했는데, 이는 그다음부터 새로운 관습이 됐다. 그는 아프로디테의 작은 나무 조각상도 조심스럽게 바쳤다. 이는 다이달로스가 만든 것으로, 아리아드네가 크레테에서 가져와 배에 남겨 두었던 것이다. 아테나이인들 사이에서 나쁜 이야기가 나올 만한 물건이었다. 이 조각상은 지금도 델로스에 전시돼 있다. 다리 대신에 네모난 받침대에 올려 두었고, 항상 화환으로 장식돼 있다.[23]

u. 델로스 섬의 둥근 호수 옆에는 뿔을 달아 놓은 제단이 서 있다. 아폴론이 겨우 네 살 적에 직접 세웠으니, 그의 첫 번째 건축 작품인 셈이다. 아르테미스가 퀸토스 산에서 죽인 수많은 암염소의 뿔을 촘촘하게 엮어 만들었다. 제단의 기초와 이를 둘러싼 벽도 역시 모두 뿔로 만들었다. 뿔은 희생 제물의 한쪽만 취했는데, 왼쪽 뿔인지 오른쪽 것인지 논쟁 중이다.[24] 이 작품은 회반죽뿐 아니라 그 어떤 접착제도 사용하지 않았기에 세상의 일곱 가지 불가사의 가운데 하나로 꼽힌다. 이 제단을 둘러싸고, 테세우스와 그의 부하들은 미궁처럼 빙빙 돌고 하프 소리에 맞춰 발을 구르면서 두루미 춤을 췄다. 다른 판본은, 이들이 춤을 춘 곳이 다이달로스가 깎은 조각상이 세워진 아프로디테의 제단 주변이었다고 전한다. 델로스인들은 지금도 테세우스가 크놋소스에서 가져온 이 춤을 춘다. 다이달로스는 예전에 크놋소

스에 아리아드네를 위한 무도장을 만들었는데, 이집트 미궁에서 모방한 미로 무늬를 흰 대리석에 돋을새김으로 새겨 두었다. 테세우스와 그의 부하들이 크놋소스에서 춘 두루미 춤은, 최초로 남자와 여자가 함께 춘 춤이다. 옛 관습을 중하게 여기는 사람들은, 그리고 특히 뱃사람들은 그리스와 소아시아의 많은 도시에서 이와 아주 비슷한 춤을 지금도 추고 있다. 이탈리아의 시골 마을에서도 아이들이 이런 춤을 춘다. 그리고 이는 '트로이아 놀이'의 바탕이 됐다.[25]

v. 아리아드네는 곧 테세우스에게 복수를 하게 된다. 그녀를 잃은 것에 대한 슬픔 때문인지, 앗티케 해안을 본 기쁨 때문인지, 그는 흰 돛을 달겠다는 약속을 깜빡하고 말았다.[26] 아이게우스는 아크로폴리스 위, 지금은 '날개 없는 승리의 여신'의 신전이 서 있는 자리에서, 아들의 배에 검은 돛이 달려 있는 것을 봤다. 그는 기절했고, 그 바람에 언덕 아래에 거꾸로 떨어져 죽고 말았다. 그러나 어떤 이는 아이게우스가 스스로 바다로 몸을 던졌으며 이에 그 바다를 에게 해라 부른다고 전한다.[27]

w. 테세우스는 안전한 귀환에 대해 신들에게 감사의 제물을 바친 다음에야 아버지의 죽음에 대해 전해 들었다. 그는 슬픔 속에서 아이게우스를 땅에 묻고, 그를 기리는 영웅의 전당을 세웠다. 퓌아넵시온(10월)의 여덟 번째 날, 즉 그가 크레테에서 돌아온 날, 충성스러운 아테나이인들은 요리용 항아리를 들고 해변에 모여, 여러 종류의 콩을 넣어 뭉근하게 끓인다. 테세우스가 식량 부족으로 선원들을 제대로 먹이지 못하다가 상륙하자마자 남은 식량을 한 항아리에 그러넣고 끓여 마침내 굶주린 배를 채우게 했던 일을 기념하는 것이다. 이 축제에서 사람들은 이제 굶지 않아도 된다면서 추수 감사의 노래를 부르고, 테세우스가 출발 전에 바쳤던 올리브 나뭇가지도 들고 다녔다. 올리브 가지에는 계절 과일을 매달고, 하얀 털실을 감아 둥글게 만

들었다. 이때는 추수철이라, 테세우스는 '포도나무 가지의 축제'도 새롭게 열기 시작했다. 낙소스 섬에서 그에게 모습을 드러냈던 아테나와 디오뉘소스에 대한 감사의 뜻에서, 또는 디오뉘소스의 아리아드네를 기리는 뜻에서 축제를 연 것이다. 두 명이 나뭇가지를 들고 행진했는데, 테세우스가 처녀로 위장시켜 크레테로 데려갔던 두 총각을 표현한 것이다. 이들은 실제 귀환 뒤 열린 승리의 행진에서도 그의 옆에서 따라 걸었다. 그리고 여인 열네 명도 식량을 들고 축제에 참여했다. 이들은 살아 돌아온 희생자의 어머니를 표현한 것인데, 의식에서 우화와 고대 신화를 들려주는 임무를 맡았다. 배가 출항하기 전에 어머니들이 자식들에게 그렇게 했듯이 말이다.[28]

x. 테세우스는 트로이젠의 장터에 신전을 지어 '구원자 아르테미스'에게 바쳤다. 그의 동료 시민들은 그가 아직 살아 있는 동안에도 성소를 바쳐 그를 기렸고, 크레테에 공물을 바쳐야 했던 가족들이 필요한 제물을 맡았다. 테세우스는 환대에 대한 감사의 뜻으로 자신의 사제 지위를 퓌탈로스의 아들들에게 주었다. 그가 크레테로 타고 간 배는 그때부터 매년 델로스로 갔다가 돌아온다. 사람들이 언제나 정성껏 이 배를 돌보고 정비했기에, 철학자들은 정체성 유지 문제를 토론할 때마다 이를 주요 사례로 끌어 쓴다.[29]

1] 아폴로도로스: 『요약집』 1. 5; 베르길리우스의 『아이네이스』 8. 294에 대한 세르비오스; 제1 바티칸 신화학자: 47; 파우사니아스: 『그리스 여행기』 1. 27. 9; 플루타르코스: 『테세우스』 14; 헤쉬키오스, '볼뢴토스' 항목.
2] 플루타르코스: 같은 곳; 칼리마코스: 『글조각』 40, 벤틀리 편집; 오비디우스: 『사랑의 치유』 747.
3] 디오도로스 시켈로스: 『역사총서』 4. 61; 휘기누스: 『신화집』 41; 아폴로도로스: 『비블리오테카』 3. 1. 4; 파우사니아스: 2. 31. 1.
4] 플루타르코스: 『테세우스』 17; 아폴로도로스: 『요약집』 1. 7; 호메로스의 『일리아스』 18. 590에 대한 고전 주석자; 디오도로스 시켈로스: 같은 곳; 헬라니코스, 플루타르코스의 인용: 『테세우스』 19.
5] 플루타르코스: 같은 곳; 시모니데스, 플루타르코스의 인용: 같은 곳.
6] 플루타르코스: 『테세우스』 18; 데몬의 『역사』, 플루타르코스의 인용: 『테세우스』 23.
7] 필로코로스, 플루타르코스의 인용: 『테세우스』 17; 시모니데스, 플루타르코스의 인용: 같은 곳; 파우사니아스: 1. 1. 2.
8] 플루타르코스: 『테세우스』 18.
9] 플루타르코스: 같은 곳; 아리스토파네스의 『기사』 725에 대한 고전 주석자.

10] 파우사니아스: 1. 42. 1; 휘기누스: 『시적 천문학』 2. 5; 플루타르코스: 『테세우스』 29.

11] 파우사니아스: 1. 17. 3; 휘기누스: 같은 곳.

12] 플루타르코스: 『테세우스』 29; 아폴로도로스: 『요약집』 1. 8.

13] 호메로스의 『일리아스』 11. 322에 대한 고전 주석자, 페레퀴데스의 인용; 호메로스: 『일리아스』 18. 590; 호메로스의 『오뒷세이아』 11. 320에 대한 에우스타티오스; 아폴로도로스: 『요약집』 1. 9; 오비디우스: 『헤로이데스』 4. 115; 파우사니아스: 3. 18. 7.

14] 파우사니아스: 2. 31. 1; 페레퀴데스, 플루타르코스의 인용: 『테세우스』 19; 데몬, 플루타르코스의 인용: 같은 곳.

15] 테오크리토스의 『전원시』 2. 45에 대한 고전 주석자; 디오도로스 시켈로스: 4. 61. 5; 카툴루스: 64. 50 ff.; 플루타르코스: 『테세우스』 29; 휘기누스: 『신화집』 43.

16] 파우사니아스: 10. 29. 2; 디오도로스 시켈로스: 5. 51. 4; 테오크리토스에 대한 고전 주석자: 같은 곳.

17] 파우사니아스: 1. 20. 2; 카툴루스: 64. 50 ff.; 휘기누스: 『시적 천문학』 2. 5.

18] 플루타르코스: 『테세우스』 20; 바퀼리데스: 16. 116.

19] 플루타르코스: 『로물루스와 테세우스 비교』; 필로코로스, 플루타르코스의 인용: 『테세우스』 15; 베르길리우스의 『아이네이스』 6. 14에 대한 세르비오스; 필로코로스, 플루타르코스의 인용: 『테세우스』 19.

20] 아리스토텔레스: 『봇티아이오이인들의 정치체제』, 플루타르코스의 인용: 『테세우스』 16; 플루타르코스: 『그리스인에 관한 물음』 35.

21] 클레이데모스, 플루타르코스의 인용: 『테세우스』 19.

22] 헤쉬키오스, '아리델라' 항목; 파이오니오스, 플루타르코스의 인용: 『테세우스』 21; 『호메로스와 헤시오도스의 경쟁』 14.

23] 플루타르코스: 같은 곳; 파우사니아스: 8. 48. 2와 9. 40. 2; 칼리마코스: 『델로스 찬가』 312.

24] 칼리마코스: 『아폴론 찬가』 60 ff.; 플루타르코스: 같은 곳과 『어느 동물이 더 재주가 좋은가?』 35.

25] 플루타르코스: 『테세우스』 21; 칼리마코스: 『델로스 찬가』 312 ff.; 호메로스: 『일리아스』 18. 591-592; 파우사니아스: 9. 40. 2; 플리니우스: 『자연 탐구』 36. 19; 호메로스의 『일리아스』 18. 590에 대한 고전 주석자; 호메로스의 『일리아스』에 대한 에우스타티오스 1166; 베르길리우스: 『아이네이스』 5. 588 ff.

26] 카툴루스: 64. 50 ff.; 아폴로도로스: 『요약집』 1. 10; 플루타르코스: 『테세우스』 22.

27] 카툴루스: 같은 곳; 파우사니아스: 1. 22. 4-5; 플루타르코스: 같은 곳과 『로물루스와 테세우스 비교』; 휘기누스: 『신화집』 43.

28] 파우사니아스: 1. 22. 5; 플루타르코스: 『테세우스』 22와 23; 프로클로스: 『명문집』, 포티오스의 인용: 989.

29] 파우사니아스: 3. 31. 1; 플루타르코스: 같은 곳.

*

1. 그리스는 기원전 18세기 말 크레테화됐다. 이는 한두 세대 전에 크레테에서 권력을 장악하고 새로운 문화를 접했던 헬레네스 귀족들을 통해 이뤄졌을 것이다. 플루타르코스는 클레이데모스[3]를 인용해, 테세우스의 크놋소스 침략에 대한 간명한 설명을 내놓았는데 상당히 합리적이다. 아테나이

---

3) 클레이데모스Cleidemus: 기원전 4-5세기에 활동한 그리스의 작가.

인들이 자국민을 인질로 잡고 있던 크레테 지배자에 대항해 반란을 일으켰다고 했다. 구체적으로는, 비밀스럽게 배를 지어 작은 함대를 구축하고, 크레테의 주력 함대가 시칠리아에 나가 있는 동안 성벽이 없는 크놋소스를 약탈했으며, 평화협정을 체결했고, 아테나이의 왕이 크레테의 여자 상속인인 아리아드네와 결혼함으로써 이를 뒷받침했다고 설명했다. 이러한 일련의 사건은 기원전 1400년 전후에 벌어진 것으로 보이는데, 신화적 설명과 잘 맞아떨어진다. 신화에서 아테나이는 크레테 왕자 살해에 대한 보상으로 처녀와 총각을 공물로 바쳐야 했다. 테세우스가 교묘한 술수로 '미노스의 황소'를 죽임으로써, 또는 미노스의 최고사령관을 씨름 시합에서 물리침으로써, 아테나이는 공물의 부담에서 벗어났다. 테세우스는 왕의 여자 상속인인 아리아드네와 결혼하고, 이어 미노스 본인과 화해했다.

2. 테세우스가 미노타우로스, 즉 '미노스의 황소'라고 부르는 황소 머리의 아스테리오스Asterius를 죽인 것, 타우로스('황소')와 씨름 시합을 한 것, 크레테 황소를 물리친 것은 모두 한 사건의 여러 변형이다. 앗티케의 한 지역인 프로발린토스Probalinthus 이름의 기원인 볼륀토스Bolynthos는 '사나운 황소'를 뜻하는 크레테 말이다. '미노스'는 크놋소스 왕조의 명칭이고, 왕조의 표상은 하늘의 황소였다. 실제, '아스테리오스'는 '태양의'와 '하늘의'를 동시에 뜻했다. 왕은 종교 의식에서 황소의 모습을 하고, 달의 여신의 암소로 나오는 최고위 여사제와 짝을 지었다(88. 7 참고). 크놋소스의 궁전은 많은 방과 복도가 얽혀 있어 아테나이 병사들이 이곳을 장악하고도 왕을 찾아 죽이는 데 어려움을 겪었다고 했다. 이 대목도 미궁 신화 형성의 한 요소가 되었을 것이다. 크놋소스의 궁전은 양날 도끼, 즉 라브뤼스labrys의 집이었다. 그러나 이게 전부는 아니다. 궁전 앞의 열린 공간에는 춤추는 장소가 따로 있었으며, 거기엔 관능적인 봄의 춤을 추는 춤꾼들이 따라 할 수 있도록

미로 양식이 그려져 있었다(92. 4 참고). 요즘은 미궁labyrinth이라 부르지만, 이 양식은 원래 자고새를 유인하는 데 쓰던 관목 미로에서 유래한 것으로 보인다. 관목 미로 한가운데는 새장에 수놈 자고새를 넣어 두었으며, 이놈은 그 안에서 배고프다는 소리, 암놈을 부르는 소리, 다른 수놈한테 싸움 거는 소리를 낸다. 봄의 춤꾼들은 자고새 수놈이 황홀경에 다리를 절뚝이면서 추는 짝짓기 춤을 흉내 냈을 것이다(92. 2 참고). 그런데 자고새 수놈은 나중에 사냥꾼한테 머리를 맞을 운명이었다(「집회서Ecclesiasticus」 11장 30절).

3. [이탈리아 중부] 트라글리아텔라Tragliatella에서 발굴된 에트루리아의 포도주 항아리(104. 4 참고)에는 두 영웅이 말을 탄 모습이 그려져 있어 자고새 춤 관련 학설을 뒷받침하고 있다. 앞쪽 영웅은 자고새 도안이 그려진 방패를 들고 있고, 죽음의 악령이 그 뒤에 앉아 있다. 다른 영웅은 긴 창과 함께 오리 도안이 그려진 방패를 들고 있다. 이들의 뒤쪽 배경에는 미로 양식이 그려져 있다. 이런 양식은 일부 크놋소스 동전뿐 아니라, 브리튼 섬의 잔디 미로에서도 보인다. 브리튼에서는 19세기까지도 부활절이면 아이들이 이런 잔디 미로를 찾아갔다. 도상학자iconographer들은 이에 대해 마치 자고새가 관목 미로에 걸려든 것처럼 왕이 사랑과 질투에 이끌려 죽음에 이르며, 후계자가 그의 자리를 이어받는 것이라 설명하고 있다. 오직 예외적인 영웅, 이를테면 다이달로스 또는 테세우스만이 살아서 돌아왔다. 이런 맥락에서 최근 [잉글랜드 남서부] 콘월의 보시니Bosinney 부근에서 렌턴 그린 박사가 처음 발굴한 바위 표면에 새겨진 크레테 미로는 무척 중요하다. 미로가 있는 골짜기는 붉은부리까마귀의 마지막 서식지 가운데 하나이다. 이 새의 둥지에는 아서 왕의 영혼이 깃들어 있다고 한다. 전설에 아서 왕은 지옥으로 가서 의인들의 영혼을 구해 냈고, 보시니는 아서 왕과 밀접하게 관련된 지역이다. 미로 춤은 기원전 3000년 무렵에 지중해 동부의 신석기 농경

부족이 브리튼에 가지고 들어온 것으로 보인다. 스칸디나비아와 북동 러시아의 '비커Beaker'[4] 지역에도 브리튼 섬의 잔디 미로와 비슷한 돌멩이 미로가 남아 있어, 이런 추정이 가능하다. 기독교식 미로도 남동 유럽에서 발견되는데, 이는 한때 참회 의식에 사용됐다. 잉글랜드에서는 잔디 미로를 보통 '트로이아 마을Troy town'이라 불렀으며, 웨일스에서도 케어-드로이아Caerdroia라면서 그런 뜻으로 불렀다. 로마인들도 아마 자기들이 하는 '트로이아 놀이Troy Game'를 따라 그렇게 이름 붙였을 것이다. 이 놀이에서, 로마의 젊은 귀족들은 아우구스투스의 선조인 트로이아의 아이네이아스를 기려 미궁 춤을 췄다. 이탈리아의 시골 마을에서도 아이들이 이런 춤을 췄다고 플리니우스는 전했다.

4. 크놋소스에서 하늘의 황소 숭배가 자고새 숭배를 이어받았다. 이제 둥글게 돌면서 추는 춤은 하늘의 여러 천체가 1년 동안 지나는 길을 의미하게 됐다. 이에 따라, 만약 일곱 총각과 처녀가 참가했다면, 이들은 태양과 달, 다섯 행성의 일곱 티탄 신족과 티탄 여신족을 의미했을 것이다(1. 3과 43. 4 참고). 그러나 크레테의 미술 작품에는 티탄 숭배의 확실한 증거가 아직껏 나오지 않는 것도 사실이다. 델로스 섬의 고대 두루미 춤도 역시 비슷하게 미로 모양을 그리며 췄던 춤으로 보인다. 참고로, 두루미도 역시 짝짓기 춤을 춘다.[5] 미로 무늬 위에서 춤을 출 때, 어떤 경우엔 춤추는 이들이 서로 적절한 거리를 유지하고 대형이 흐트러지지 않도록 줄을 잡았다. 이것이 신화 속 노끈 뭉치의 이야기를 낳았을지 모른다(A. B. 쿡:『헬레네스 연구 저널』

---

4) 뒤집어진 종 모양의 잔을 쓴 청동기 시대 유물을 일컫는 '비커 문화Beaker culture(또는 Bell Beaker culture)'를 말한다.
5) 우리나라 조선 전기부터 전하는 학춤에서도 두 마리가 등장한다. 부리를 맞추거나 몸을 흔드는 것은 짝짓기 흉내일 수 있겠다.

14. 101 ff., 1949). 아테나이에서는 [터키] 시퓔로스Sipylus 산에서와 같이, 줄을 갖고 추는 춤을 코르닥스cordax라고 불렀다(아리스토파네스: 『구름』 540). 크레테의 황소 반지[일명 '테세우스의 반지']에는 젊은 남자와 소녀들이 황소와 함께 있는 장면이 새겨져 있다. 이들은 차례로 돌진하는 황소의 뿔을 잡은 다음, 두 뿔 사이를 통해 황소의 어깨너머로 공중제비를 돌았다. 이는 종교 의식이었음이 분명하다. 아마도 여기서도 곡예사들은 행성을 상징했을 것이다. 스페인 투우에서 반데리예로banderilleros[6] 사이에 사망자가 드문 것을 보면, 크레테의 황소 곡예는 대부분의 작가가 생각하는 것처럼 그렇게 위험하지 않았던 것으로 보인다. 크레테의 프레스코화를 봐도, 공중제비를 도는 사람이 착지할 때 가까이 있는 동료가 잡아 주는 광경이 나온다.

5. '아리아드네Ariadne'에 대해 그리스인들은 '아리아그네Ariagne'('매우 거룩한')로 이해했다. 그러나 이는 춤에서, 그리고 황소 반지에서 기렸던 달의 여신의 호칭이었을 것이다. 즉 '보리 풍작을 주는 높은 어머니'였을 것인데, '매우 분명한 사람'이라는 뜻의 아리델라Aridela라고도 불렀다. 아리아드네, 디오뉘소스, 그리고 "아르테미스에 대한 두려움에" 그녀가 목을 매 자살한 일을 기려 과일이 주렁주렁 달린 나뭇가지를 들고 다녔다고 했다. 이 대목은, 아리아드네 인형을 나뭇가지에 달았다는 것을 암시한다(79. 2 참고). 보이오티아의 여신 인형이 루브르 박물관에 있는데, 종 모양을 하고 다리가 달랑달랑 매달려 있다. 이 인형은 아리아드네, 또는 에리고네Erigone 또는 '매달린 아르테미스'이다. 그리고 떼어 낼 수 있는 팔다리가 달린 청동 인형이 다이달로스의 사르디니아에서 발굴됐다. 헤파이스토스가 장미 화관 형태로 만들었다는 아리아드네의 관은 단순히 공상만은 아니다. 보석 박힌 꽃을 정교하게 만들어 붙인 황금 화관이 실제 크레테 동쪽 모클로스Mochlos

---

6) 투우에서 장식 달린 창 반데리야를 황소의 등에 꽂는 사람.

섬에서 다른 보물들과 함께 발굴됐다.

6. 테세우스는 달의 여신 여사제와 결혼함으로써 크놋소스의 지배자가 됐다. 그리고 크놋소스의 한 동전에는 초승달이 미로의 한가운데 자리 잡고 있는 도안이 새겨져 있다. 그러나 모계 승계의 관습에서 여자 상속인은 남편을 따라 다른 나라로 가면 땅에 대한 권리를 모두 빼앗겼다. 왜 테세우스가 아리아드네를 아테나이로 또는 디아 섬 너머로 데려가지 않았는지, 이것이 이유가 될 수 있다. 디아 섬은 크놋소스에서 바로 보이는 크레테에 딸린 섬이다. 황소로 그려지는 '크레테의 디오뉘소스'가, 사실 그는 미노스인데, 아리아드네의 적법한 남편이다. 이것이 디오뉘소스가 분개한 이유일수 있다. 호메로스는 디오뉘소스의 분개를 전하면서, 아리아드네와 침입자 테세우스가 동침했기 때문이라 했다. 참고로 크레테 생산품인 포도주는 그녀를 기리는 주신제에 사용됐을 것이다.

7. 뮈케나이 문명 시기의 많은 고대 아테나이 관습을 두고, 플루타르코스와 다른 이들은 테세우스의 크레테 방문을 통해 설명한다. 이를테면 소녀들의 '의례적 성매매'와 '의례적 남색'이 그러한데, 이는 아테나이에서도 처녀들을 선물로 바쳐 아폴론을 달랜다거나 두 남성 동성애자가 수확철에 나뭇가지를 들고 다니게 하는 데서 흔적으로 남아 있다. (의례적 성매매 등은 예루살렘의 아나타Anatha(61. 1 참고)와 [아나톨리아 남서부] 히에라폴리스Hierapolis의 '시리아여신' 숭배의 특징이다.) 과일이 주렁주렁 달린 나뭇가지는 예루살렘에서 초가을에 새해를 맞아 열리는 초막제Tabernacles에 들고 다니는 룰랍lulab을 떠올리게 한다. 초막제는 포도 수확 축제였고, 아테나이의 오스코포리아[7]('포도송이 나르기')와 짝을 이룬다. 이 축제의 주요 관심거리는 달리기 경주였다(프

---

7) 오스코포리아Oschophoria: 디오뉘소스 축제 가운데 하나로 포도 수확을 축하하는 축제이다.

로클로스: 『명문집』 28). 원래 경주의 우승자는 올림피아에서와 같이 새로 신성한 왕이 되고, '기름, 포도주, 벌꿀, 잘게 썬 치즈, 으깬 곡물'의 다섯 가지 혼합물을 받았다. 이는 신들이 즐기는 넥타르와 암브로시아를 뜻했다. 플루타르코스는 테세우스가 우연히 이런 축제가 열릴 때 도착했다고 말함으로써 새로운 왕인 그와 축제를 연결했다. 그러면서 그가 전임자인 아이게우스의 죽음에 대해 어떤 잘못도 없다고 묘사했다. 그러나 실제 새로운 왕은 이전의 왕과 씨름 시합을 벌였고, 이전 왕을 파르마코스pharmakos로서 '하얀 바위'에서 바다로 집어던졌다(96. 3 참고). 신화학자는 도상을 보고 테세우스의 검은 돛을 단 배라고 잘못 읽었지만, 이는 파르마코스를 구하기 위해 기다리던 배가 틀림없다. 배의 돛은 어두운 색이었는데, 지중해 어부들은 보통 그물과 돛을 만드는 천을 소금물에 부식되지 않도록 햇볕에 그을렸기 때문이다. 케른 열매, 또는 코치닐[8]에서 신성한 왕의 얼굴에 칠할 진홍색 염료를 얻을 수 있으며, 이에 이것들은 왕을 상징하게 됐다. 궁핍한 노처녀 '헤칼레네Hecalene'는 아마도 '헤카테 셀레네Hecate Selene'가 세월이 흘러 변한 것으로 보인다. 이는 '멀리 쏘는 달', 즉 아르테미스를 뜻한다.

8. 남자가 콩을 먹는 일이 헬레네스 도래 이전 시대에는 금지됐던 것으로 보인다. 피타고라스 학설 신봉자들은 계속 콩을 먹지 않았는데, 콩 속에 조상들의 영혼이 깃들어 있고 (여자와 반대로) 남자가 콩을 먹으면 조상에게서 다시 태어날 기회를 빼앗을 수 있다고 생각했다. 따라서 사람들이 모여 콩 잔치를 벌였다는 대목은, 헬레네스가 이런 금기를 부과한 여신을 의도적으로 업신여겼다는 것을 암시한다. 테세우스가 남자 사제의 지위를 퓌탈리데스Phytalides('재배자')에게 선물로 준 것도 같은 맥락이다. 퓌탈리데스 이

---

8) 연지벌레 암컷을 말려 만든 진홍색 염료이다.

름의 여성형은, 무화과 문화가 콩 심기와 마찬가지로 처음엔 여성들만의 신비로운 영역이었음을 짐작게 한다(24. 13 참고).

9. 퀴프로스에서는 아리아드네를 아프로디테의 호칭을 붙여 '아마토스의 출산 여신'이라면서 숭배했다. 그녀를 기리는 가을 축제는 새해의 탄생을 기념했다. 거기에서 그녀의 고통을 흉내 내는 젊은 남자는 그녀의 연인 디오뉘소스일 것이다. 이런 관습은 코우바데⁹⁾라 부르는데, 이스트 앵글리아East Anglia를 포함해 유럽 곳곳에서 찾아볼 수 있다.

10. 아폴론의 뿔로 만든 신전이 델로스에서 최근 발굴됐다. 제단과 그 기초는 없어졌다. 의례용 짐승이 실제 염소였다면, 돌 장식을 볼 때, 황소가 염소의 자리를 대신했음을 알 수 있다. 어떤 미노스의 인장에는, 여신이 완전히 황소 뿔로만 만든 제단 위에 서 있는 모습이 새겨져 있다.

11. [기원전 5세기 그리스 화가] 미콘Micon의 우화적인 벽화에는 해변에서 테티스가 관과 반지를 테세우스에게 주고 미노스가 이를 화를 내면서 쏘아보는 장면이 담겨 있다. 이는 크레테에서 아테나이로 제해권이 넘어갔음을 표현한 것으로 보인다. 그러나 미노스가 반지를 바다에 던짐으로써 상징적으로 바다의 여신과 결혼한 것으로 볼 수도 있다. 중세시대 베네치아공화국의 총독도 그렇게 했다.

12. "오이노피온과 토아스는 간혹 테세우스의 자식들이라 한다"고 했는데, 이는 이들이 키오스와 렘노스의 영웅들이며(88. h 참고), 두 곳이 아테나이의 종속적 동맹국이었기 때문이다.

---

9) 코우바데couvade: 아내가 분만할 때 남편도 산고를 흉내는 풍습으로, '의만擬娩'이라고도 한다.

99

테세우스, 앗티케를 통합하다

　테세우스는 아버지 아이게우스의 아테나이 왕위를 계승한 다음, 거의 모든 적을 처형함으로써 자신의 통치권을 강화했다. 팔라스와 50명의 아들 가운데 살아남은 이들은 예외였다. 그러나 몇 년 뒤 그는 예방 조처로 이들마저 죽였다. 그는 '돌고래 아폴론'의 법정에 살인죄로 기소당하자, '정당한 살인'이라는 전례가 없는 변론을 펼쳐 무죄 선고를 이끌어 냈다. 그는 트로이젠에서 그들의 피를 씻는 정화를 받았다. 트로이젠은 이제 자기 아들 힙폴뤼토스가 왕으로 통치하고 있었으며, 테세우스는 1년 내내 그곳에 머물렀다. 그는 아테나이로 돌아오자마자 역시 팔라스라는 이름의 배다른 형제가 불만을 품고 있다고 의심해 즉시 추방해 버렸다. 팔라스는 이에 아르카디아에서 팔란티온을 건설했다. 그러나 어떤 이는 뤼카온의 아들 팔라스가 '데우칼리온 대홍수' 직후에 이를 건설했다고 한다.[1]

　b. 테세우스는 법을 지키는 통치자였다. 또 통합의 시동을 걸었는데, 이는 나중에 아테나이 번영의 기초가 됐다. 그때까지 앗티케는 열두 지역으로 나뉘어 있었고, 각각은 위급한 경우가 아니라면 아테나이 왕과 상의하지 않고 자체적으로 일을 처리했다. 심지어 엘레우시스인들은 에레크테우

스에 선전포고를 한 적도 있을 정도로, 열두 지역 사이의 다툼이 끊이지 않았다. 이 지역들이 자신의 독립을 포기한다면, 테세우스는 씨족과 가문을 직접 상대해야 했는데 그는 실제 그 일을 해냈다. 테세우스는 자작농과 농노들의 복종을 확인하자, 대부분의 대토지 소유자들을 설득해 자신의 계획을 따르도록 하는 데 성공했다. 이 과정에서 군주정을 폐지하고 민주정으로 대체하겠다고 약속했으며, 다만 자신은 군권과 재판권만 행사하겠다고 했다. 그의 말을 의심하던 사람들도 최소한 그의 힘은 존중했다.[2]

c. 테세우스는 지역 대표자들을 아테나이로 소환해 합의를 이끌어 냄으로써 모든 지역 정부를 해소할 권한을 갖게 됐다. 이 과정에서 평의회와 법원을 건립했는데, 이는 지금도 건재하다. 그는 사유재산과 관련된 법률에 관여하는 일은 삼갔다. 다음으로, 테세우스는 기존의 도시 구역과 교외 지역들을 하나로 합병했다. 그때까지 도시는 아크로폴리스와 그 아래 남쪽으로 딸려 있던 작은 영역에 한정돼 있었다. 여기에는 옛날부터 내려온 올림포스의 제우스 신전과 퓌토[델포이의 옛 지명]의 아폴론 신전, 어머니 대지 신전, '습지의 디오뉘소스' 신전이 들어 있었으며, '아홉 샘의 물길'도 있었다. 아테나이인들은 지금도 아크로폴리스를 '도시the city'라 부른다.

d. 그는 헤카톰바이온(7월)의 열여섯 번째 날을 '통합의 날Federation Day'이라 이름 짓고, 이날 아테나 여신에게 바치는 큰 축제를 열었다. 여기선 평화의 신에게 피를 흘리지 않는 제물을 바쳤다.[3] 그리고 테세우스는 이날 열렸던 '아테나이아 제전'을 '판아테나이아 제전'으로 개명하면서 모든 앗티케 지역을 향해 문을 열었다. 또 '연방의 아프로디테'와 설득의 신을 예찬하는 분위기를 조성했다. 이런 일들을 벌인 다음, 그는 약속했던 대로 왕위에서 물러나면서 앗티케 전역에 적용되는 국가 기본법을 제정했다. 이때 조짐도 아주 좋았다. 델포이 신탁이 아테나이가 이제부터는 돼지 방광처럼 안전하

게 폭풍우 바다를 헤쳐 나갈 것이라 예언한 것이다.[4]

e. 도시를 확장하기 위해 테세우스는 도시에 도움이 되는 사람이면 누구나 초빙해 동료 시민의 지위를 주었다. 그의 전령은 그리스 전역을 돌아다니면서 정해진 문구를 널리 외쳤는데, 이 문구는 지금도 쓰인다. "그대들 모든 인민이여, 여기로 오라!" 엄청난 군중이 이에 따라 아테나이로 모여들었고, 그는 앗티케 주민들을 세 계급으로 나눴다. 에우파트리다이는 '조국으로부터 상 받는 게 당연한 사람들'이며, 게오르고스는 '농부'이고, 데미우르고스는 '장인'이다. 에우파트리다이는 최고의 품위를 잃지 않으면서 종교 업무를 책임지며, 행정관으로 일하고, 법률을 해석했다. 게오르고스는 땅을 갈았으며 나라의 등뼈가 됐다. 데미우르고스는 월등히 다수를 차지하는 계급으로 예언가, 의사, 전령, 목수, 조각가, 과자 제조자 등 다양한 분야의 장인들로 구성돼 있었다.[5] 이처럼 테세우스는 공화국common wealth을 세운 첫 번째 왕이 됐다. 이 때문에 호메로스는 '배들의 목록'에서 유일하게 아테나이인들을 주권을 가진 인민이라 일컬은 것이다. 그가 제정한 국가 기본법은 참주가 권력을 쥘 때까지 효력을 발휘했다. 하지만 어떤 이는 이런 전승이 사실이 아니라고 주장한다. 테세우스는 전과 같이 계속 통치를 이어갔고, 아테나이인들을 이끌고 트로이아 전쟁에 참전한 메네스테우스 왕이 죽은 다음에도 그의 왕조가 3대에 걸쳐 이어졌다고 말한다.[6]

f. 테세우스는 처음 화폐를 주조한 아테나이 왕이기도 하다. 동전에는 황소 그림을 찍었다. 이 황소가 포세이돈의 황소인지, 또는 미노스의 장군 타우로스를 의미하는지는 알려져 있지 않다. 그냥 농경을 격려하는 뜻일 수도 있다. 아무튼 테세우스의 동전으로 인해, '수소 10마리' 또는 '수소 100마리'라는 용어로 물건 값을 매기는 관행이 오랫동안 이어졌다. 헤라클레스가 자기 아버지 제우스를 올림피아 제전의 후원자로 임명한 것을 본

떠, 테세우스는 자기 아버지 포세이돈을 이스트미아 제전의 후원자로 삼았다. 이렇게 기림을 받은 신은 그때까지 이노의 아들 멜리케르테스뿐이었으며, 제전도 밤에 열려 사람들의 구경거리보다는 신비 의식에 가까웠다. 그다음으로 테세우스는 메가라 통치를 요구하던 아테나이인들의 바람도 실현하는 데 성공했다. 그리고 펠로폰네소스 반도의 여러 대표자를 코린토스 지협으로 불러 모아 이들을 잘 설득해 이오니아족 이웃과 벌이던 해묵은 국경 분쟁을 해결했다. 양쪽이 합의를 본 장소에 테세우스는 유명한 기둥을 세웠다. 기둥의 동쪽 면에는 이렇게 적었다. "여기는 펠로폰네소스가 아니라, 이오니아다!" 서쪽에는 이렇게 했다. "여기는 이오니아가 아니라, 펠로폰네소스이다!" 그는 코린토스인들의 동의를 얻어 이스트미아 제전에서 아테나이인들이 상석에 앉게 했다. 그 자리는 제전에 참여하러 오는 배의 가장 큰 돛으로 덮을 수 있을 만큼 컸다.[7]

1] 휘기누스: 『신화집』 244; 아폴로도로스: 『요약집』 1. 11; 베르길리우스의 『아이네이스』 8. 54에 대한 세르비오스; 에우리피데스: 『힙폴뤼토스』 34-37; 파우사니아스: 『그리스 여행기』 1. 22. 2; 1. 28. 10과 8. 3. 1.

2] 디오도로스 시켈로스: 『역사총서』 4. 61; 투퀴디데스: 『펠로폰네소스 전쟁사』 2. 15; 플루타르코스: 『테세우스』 24.

3] 투퀴디데스: 같은 곳; 플루타르코스: 같은 곳; 아리스토파네스의 『평화』 962에 대한 고전 주석자.

4] 파우사니아스: 8. 2. 1과 1. 22. 3; 플루타르코스: 같은 곳.

5] 플루타르코스: 『테세우스』 25; 호메로스: 『오뒷세이아』 383 ff.와 19. 135; 플라톤: 『향연』 188d와 『국가』 529e; 헤로도토스: 『역사』 7. 31.

6] 플루타르코스: 같은 곳; 호메로스: 『일리아스』 2. 552 ff.; 파우사니아스: 1. 3. 2.

7] 스트라본: 『지리학』 9. 1. 6.

*

1. 이번 테세우스의 이야기는 신화적 요소가 아테나이 국가의 공식 역사 아래에 파묻혀 있다. 신화에 나온 앗티케의 연방화는 실제 몇백 년 뒤에 이뤄졌다. 테세우스의 민주개혁 이야기는 오래된 정치 선전으로, 아마도 클레

이스테네스[1]가 발명했을 것이다. 모세 5경의 편집자들도 이와 비슷하게 유대 민족 군주정 후기에 이뤄진 법률 개혁을 모세Moses 덕분이라고 했다.

2. 수소는 고대 그리스와 이탈리아, 아일랜드에서 물건 값을 매기는 기준이었다. 동아프리카 내륙의 일부 목축 부족은 지금도 그렇게 한다. 그런데 아테나이인들이 실제 동전을 주조한 것은 트로이아 전쟁 이후 500년 가까이 지난 뒤였지만, 일정한 무게를 가진 크레테의 구리 덩어리에는 황소 머리 또는 누워 있는 송아지 문양이 정식으로 찍혀 있던 것도 사실이다(아서 에반스: 『미노스의 무게 단위와 통화 수단Minoan Weights and Mediums of Currency』, 335쪽). 테세우스 신화의 발전에 큰 몫을 했던 것으로 보이는 아테나이의 부타다이는 자기네 씨족 문장紋章인 수소 머리를 새긴 동전을 찍어 냈는데, 아마도 이런 전승을 염두에 두었을 것이다.

3. 앗티케가 열두 지역으로 나뉜 것은 나일 강 삼각주과 에트루리아에서 지역을 나눴던 것과 매우 유사하다. 정복한 가나안 땅도 이스라엘의 열두 부족에게 나눠 주었다. 이 숫자는 군주가 [일년 동안] 매달 부족을 옮겨 다닐 수 있도록 각각 선택됐을 것이다. 영웅시대 그리스인들은 의도적 살해와 우발적 살해를 구분하지 않았다. 어떤 경우든 피의 값을 희생자의 씨족에게 치러야 했고, 죽인 사람은 자신의 이름을 바꾸고 도시를 영원히 떠나야 했다. 그래서 텔라몬과 펠레우스는 [동생] 포코스를 살해했음에도 신들의 좋은 평가를 잃지 않았던 것이다(81. b 참고). 메데이아가 [동생] 압쉬르토스Apsyrtos를 죽였을 때도, 그녀의 새로운 코린토스 백성들은 반감을 품지 않았다(153. a와 156. a 참고). 하지만 아테나이에서는 고전기에 접어들어 의도적

---

1) 클레이스테네스Cleisthenes: 기원전 6세기에 활동한 아테나이의 정치가로, 도편추방법 등 민주정의 기초를 닦았다.

살해(포노스phonos)는 사형에 처했고, 우발적 살해(아쿠시아akousia)는 추방에 그쳤다. 그리고 씨족은 법률에 따라 고소해야 했다. 포노스 헤쿠시오스phonos hekousios(정당한 살인)와 포노스 아쿠시오스phonos akousios(용서 가능한 살인)는 나중에 나온 세밀한 구분으로, 아마 기원전 7세기에 [아테나이의 법률가] 드라콘Draco이 이런 구분을 도입했을 것이다. 후자의 경우만 정화 의식을 통해 속죄할 수 있었다. 다윗David이 '사울Saul의 가문'에 그랬던 것처럼, 테세우스가 오직 씨족 전체를 죽여야만 팔라스의 아들들을 살해한 것에 따른 영원한 추방을 모면할 수 있었다는 것을 신화학자들은 이해하지 못했다. 트로이젠에서 머문 1년이면, 살해로 인해 더럽혀진 도시를 깨끗이 하는 데 충분했다.

100
테세우스와 아마조네스

어떤 이는 테세우스가 헤라클레스의 성공적인 아마조네스 원정에 동참해, 자기 몫의 전리품으로 그들의 여왕, 멜라닙페라고도 불리는 안티오페를 얻었다고 전한다. 그런데 이는 많은 이들이 생각하는 것처럼 그녀에게 그렇게 불행한 운명은 아니었다. 그녀는 앞서 테르모돈 강 옆의 도시 테미스퀴라를 그에게 넘겨준 적이 있다. 이는 그녀 가슴 안에 이미 테세우스에 대한 연정이 불타고 있었다는 증거이다.[1]

b. 다른 이들은 이렇게 전한다. 테세우스가 이들의 나라를 방문한 것은 몇 년 뒤이며, 페이리토오스와 부하들도 동행했다. 아마조네스는 잘생긴 전사들이 많이 찾아온 것을 기뻐했을 뿐 무력을 쓰지는 않았다. 안티오페는 테세우스에게 많은 선물을 주며 환영했지만, 테세우스는 그녀가 배에 오르자 닻을 올리고 떠나 버렸다. 그녀를 납치한 것이다. 또 다른 이들은 다르게 말한다. 그는 얼마 동안 아마조니아에서 머물렀고, 안티오페를 손님으로 맞이해 잘 대접했다. 이와 별도로, 그의 부하 가운데 아테나이 출신 삼형제로 에우네오스, 토아스, 솔로온이 있었는데, 이들 가운데 막내가 안티오페와 사랑에 빠졌다. 그러나 그는 감히 그녀에게 직접 다가가지는 못하고, 에우

네오스에게 전해 달라고 부탁했다. 안티오페는 이전과 다름없이 솔로온을 친절하게 대했지만, 그의 구애는 거절했다. 이에 솔로온은 스스로 테르모돈 강에 몸을 던졌고, 그제야 테세우스는 무슨 일이 벌어졌는지 알고 크게 슬퍼했다. 예전에 델포이 신탁이 준 경고가 떠올랐다. 그가 낯선 나라에서 커다란 고통을 겪는다면, 도시를 건설하고 부하들 가운데 일부를 남겨 이를 다스리도록 해야 한다는 내용이었다. 이에 테세우스는 '퓌토의 아폴론'을 기리는 뜻에서 퓌토폴리스를 짓고 그 옆에 흐르는 강에 솔로온이라는 이름을 붙였다. 거기에 에우네오스와 토아스, 그리고 아테나이 귀족인 헤르모스라는 사람을 남겨 다스리게 했다. 퓌토폴리스에 헤르모스가 살던 집은 지금 '헤르메스의 집'이라고 잘못 불리고 있다. 이 모든 일이 끝나자 테세우스는 안티오페와 함께 배를 타고 떠났다.[2]

c. 안티오페의 자매 오레이튀이아는 테세우스에게 복수를 맹세했다. 어떤 이는 그녀를 헤라클레스가 허리띠를 얻었던 힙폴뤼테로 착각한다. 그녀는 스퀴타이인들과 동맹을 맺은 다음, 아마조네스의 대규모 병력을 이끌고 얼어붙은 키메르의 보스포로스 해협을 건너, 다뉴브 강을 넘어, 트라케와 텟살리아, 보이오티아를 차례로 통과했다. 그녀는 아테나이에 이르러 아레오파고스에 진을 치고, 아레스에게 제물을 바쳤다. 어떤 이는 그 일로 인해 그 언덕이 이런 이름을 얻었다고 한다. 오레이튀이아는 먼저 병력 일부를 보내 라코니아를 침략해, 펠로폰네소스 반도 쪽에서 코린토스 지협을 건너 테세우스를 돕지 못하게 했다.[3]

d. 아테나이 병사들도 이미 정렬을 마쳤다. 하지만 어느 쪽도 교전을 시작하려 하지 않았다. 마침내 신탁의 조언에 따라 테세우스는 아레스의 아들 포보스에게 제물을 바치고 보이드로미온의 일곱 번째 날에 전투를 개시했다. 이날 아테나이에서는 지금도 보이드로미아 축제가 열린다. 그러나 어

떤 이는 이 축제가 그전에 크수토스가 에레크테우스 통치 시절 에우몰포스에 대해 승리를 거둔 것을 기려 시작됐다고 주장한다. 아마조네스는 이 전투에서 지금은 아마조니온이라 부르는 곳에서부터 크뤼사 부근 프뉙스 언덕까지 전선을 펼쳤다. 테세우스의 오른쪽 날개는 무세온에서 상대의 왼쪽 날개를 내리쳤지만, 궤멸당해 복수의 여신들 신전까지 물러나야 했다. 거기에는 이쪽 병사들을 지휘하던 칼코돈을 기려 그의 이름을 딴 거리에 돌을 세웠다. 이때 죽은 병사들의 무덤이 그 길에 나란히 자리 잡고 있다. 반면, 아테나이의 왼쪽 날개는 팔라디온과 아르뎃토스 산, 뤼케이온에서 돌격을 시작해 아마조네스의 오른쪽 날개를 그들의 진지까지 몰아붙였고 많은 인명 피해를 입혔다.[4]

e. 어떤 이는 격렬한 전투가 넉 달 동안 이어졌고 마침내 아마조네스가 평화 협정을 제안했다고 전한다. 휴전의 맹세는 테세우스의 성소 부근에서 이뤄졌고, 지금도 그의 축제가 열리기 전날 아마존 방식의 제물을 바쳐 이를 기념하고 있다. 그러나 어떤 이들은 다른 설명을 내놓는다. 이제는 테세우스의 아내가 된 안티오페가 그의 옆에서 영웅적으로 싸우다 몰파디아라는 사람의 활에 죽었다는 것이다. 이에 테세우스가 직접 몰파디아를 죽였다. 오레이튀이아는 몇몇 추종자만 데리고 메가라로 탈출했고, 거기서 비탄과 절망 속에서 죽었다. 전쟁에서 살아남은 아마조네스는 승리한 테세우스에 의해 앗티케에서 쫓겨나 스퀴타이로 돌아가 정착했다.[5]

f. 어쨌든 이는 아테나이인들이 처음으로 외국 침략자를 물리친 전쟁이었다. 전쟁터에서 부상을 입고 남겨진 아마조네스는 치료를 위해 칼키스로 보냈다. 안티오페와 몰파디아는 어머니 대지의 신전 부근에 묻혔으며 동쪽에 안티오페의 무덤을 표시하는 기둥을 세웠다. 다른 이들은 아마조니온에 누워 있다. 텟살리아를 건너다 죽은 아마조네스는 스코톳사와 퀴노스케

팔라이 사이에 묻혔다. 몇몇은 하에몬 강가의 카이로네이아 부근에 묻혔다. 라코니아의 퓌리코스 마을에는 아마조네스가 그들의 진군을 멈추고 아르테미스와 아폴론에게 두 개의 나무 조각상을 바쳤던 곳에 성소가 세워졌다. 테세우스는 이 귀환하는 아마조네스 파견대를 상대로 코린토스 지협에서 승리를 거두었는데, 트로이젠에서는 아레스의 신전을 세워 이를 기념하고 있다.[6]

g. 어떤 설명에 따르면, 아마조네스는 스퀴타이가 아니라 프뤼기아를 거쳐 트라케로 들어왔고, 해안을 따라 행군할 때 유명한 '에페소스의 아르테미스' 신전을 세웠다. 다른 설명도 있는데, 이들은 이전에 두 번이나 이 신전으로 대피한 적이 있다. 디오뉘소스한테서 달아났을 때, 그리고 헤라클레스가 힙폴뤼테 여왕을 무찔렀을 때 이곳으로 피했다. 실제 이 신전을 지은 사람은 크레소스와 에페세오스[1]였다.[7]

h. 안티오페와 관련된 진실은 다른 데 있는 것 같다. 그녀는 전투에서 살아남았지만, 델포이 신탁이 예언한 대로 테세우스가 결국 그녀를 죽일 수밖에 없었던 것으로 보인다. 그가 크레테의 데우칼리온 왕과 연맹을 맺고 그의 누이 파이드라와 결혼했기 때문이다. 당시 안티오페는 테세우스의 법적인 아내도 아니었지만, 질투에 사로잡혀 완전 무장을 하고 결혼 축제 중간에 뛰어들어 하객들을 죽이겠다고 위협하면서 의식을 방해했다. 테세우스와 그의 부하들은 서둘러 문을 닫고, 불쾌한 전투 끝에 그녀를 해치웠다. 안티오페가 테세우스에게 데모포온이라고도 불리는 힙폴뤼토스를 낳아 주었고, 다른 남자와 동침한 적이 없었다는 사실도 그녀의 죽음을 막지는 못했다.[8]

---

1) 원문은 '에페소스Ephesus'로 돼 있다. 찾아보기 등을 참고해 '에페세오스Epheseus'로 옮겼다.

1] 아폴로도로스: 『요약집』1. 16; 트로이젠의 헤기아스, 파우사니아스의 인용: 1. 2. 1.

2] 핀다로스, 파우사니아스의 인용: 1. 2. 1; 페레퀴데스와 비온, 플루타르코스의 인용: 『테세우스』26; 메네크라테스, 플루타르코스의 인용: 같은 곳.

3] 유스티누스: 2. 4; 헬라니코스, 플루타르코스의 인용: 『테세우스』26-27; 디오도로스 시켈로스: 『역사총서』4. 28; 아폴로도로스: 『요약집』1. 16; 아이스퀼로스: 『자비로운 여신들』680 ff.

4] 플루타르코스: 『테세우스』27; 『어원 대사전』: '보이드로미아' 항목; 에우리피데스: 『이온』59; 클레이데무스, 플루타르코스의 인용: 같은 곳.

5] 클레이데모스, 플루타르코스의 인용: 같은 곳; 플루타르코스: 같은 곳; 파우사니아스: 『그리스 여행기』1. 41. 7; 디오도로스 시켈로스: 4. 28.

6] 플루타르코스: 같은 곳; 파우사니아스: 1. 2. 1; 1. 41. 7; 3. 25. 2와 2. 32. 8.

7] 핀다로스, 파우사니아스의 인용: 7. 2. 4.

8] 휘기누스: 『신화집』241; 아폴로도로스: 『요약집』1. 17; 디오도로스 시켈로스: 4. 62; 오비디우스: 『헤로이데스』121 ff.; 파우사니아스: 1. 22. 2; 핀다로스, 플루타르코스의 인용: 『테세우스』28.

＊

1. '아마조네스'는 보통 아a와 마존mazon, 즉 '가슴이 없는'에서 유래를 찾는다. 이들이 활을 잘 쏘기 위해 한쪽 가슴을 불에 그슬었다고 믿었기 때문이다. (그러나 이런 생각은 공상일 뿐이다.) 이는 '달의 여인'을 뜻하는 아르메니아족의 단어로 보인다. 흑해의 남동쪽 연안에서는, 리비아 시르테 만 쪽과 마찬가지로, 달의 여신 여사제들이 무장을 하고 다녔다(8. 1 참고). 여행자들은 이 여사제들에 대한 이야기를 전했고, 이로 인해 여성 전사를 그린 고대 아테나이 도상을 잘못 해석한 것으로 보인다. 그 결과 아마조네스가 테르모돈Thermodon 강에서 쳐들어왔다는 앗티케 우화도 만들어진 것 같다. 이런 도상은 실제로 고전기까지 곳곳에 남아 있었다. 올륌피아에 있는 제우스 왕좌의 발 받침대(파우사니아스: 5. 11. 2), 아테나이에 있는 색칠한 열주의 중앙 벽(파우사니아스: 1. 15. 2), 그리고 테세우스의 성역 등 여러 곳에 있는 아테나 여신의 방패(파우사니아스: 1. 17. 1) 위에 그런 도상이 남아 있었다고 한다. 그런데 이 여성 전사들의 도상은 헬레네스 도래 이전 시대에 아테나이 여사제들이 최고위직 여사제 자리를 두고 벌인 싸움을 표현한 것이다. 아

니면 헬레네스의 앗티케 침략자들에 대한 이들 여사제들의 저항을 담은 것일 수도 있다. [터키 서부 고대 도시, 성서의 '에베소'] 에페소스를 비롯해, 아마조네스의 무덤이 있었다는 모든 도시에는 무장한 여사제들이 있었을 것이다. 참고로 에페소스는 미노스의 식민지였는데, 설립자 크레소스Cresus('크레테의')의 이름이 이를 보여 준다. 오레이튀이아 또는 힙폴뤼테가 스퀴타이 지역을 지나 수백 킬로미터를 행군했다고 했는데, 이는 아마도 키메르의 보스포로스 해협, 즉 크림 반도가 아르테미스의 야만적인 타우리케 의식의 본거지였기 때문일 것이다. 거기에서는 여사제가 남자 희생자를 죽였다(116. 2 참고).

2. 안티오페가 파이드라의 결혼식을 방해한 것은, 헬레네스 정복자가 부하 여사제들을 죽인 다음 최고위직 여사제를 범하려는 모습을 담은 도상에서 추론했을 것이다. 안티오페는 테세우스의 법적인 아내가 아니었다. 그녀는 일부일처제에 저항하는 사회에서 왔기 때문이다(131. k 참고). 멜라닙페와 힙폴뤼토스의 이름을 보면, 아마조네스는 헬레네스 도래 이전의 말 숭배와 연결된다(43. 2 참고). 솔로온Soloön의 이름('달걀 모양의 저울추')은 그리스 식민지 퓌토폴리스에서 거행된 장례 제전에서 저울추를 던졌던 데서 유래했을 것이다. 도시 이름은 설립자의 신탁 뱀에서 나왔다. 그리고 거기에선 인간 제물을 테르모돈 강에 던지는 관례가 있었던 것 같다. 보이드로미아Boedromia('도움을 청하러 달려가는')는 아르테미스를 위한 축제였는데, 구체적 내용은 알려진 게 없다. 아르고스의 휘브리스티카Hybristica 축제처럼, 아마도 무장한 여사제들이 참여했을 것이다(160. 5 참고).

101
파이드라와 힙폴뤼토스

테세우스는 파이드라와 결혼한 뒤, 그의 혼외자인 힙폴뤼토스를 핏테우스에게 보냈다. 핏테우스는 힙폴뤼토스를 입양해 트로이젠의 상속자로 삼았다. 이에 힙폴뤼토스는 파이드라의 아들로 적출인 아카마스, 데모포온 형제와 아테나이 통치를 둘러싸고 다툴 까닭이 없었다.[1]

b. 힙폴뤼토스는 어머니 안티오페가 오직 순결한 아르테미스에게만 몰두했던 것을 이어받아, 트로이젠에 아르테미스 신전을 새로 지었지만 극장에서 멀지 않은 곳에 짓는 실수를 저질렀다. 아프로디테는 이를 자신에 대한 모욕으로 받아들여, 그에게 벌을 내리기로 마음먹었다. 이에 그가 엘레우시스 신비 의식에 참여할 때 파이드라가 꼼짝없이 그와 열정적인 사랑에 빠지도록 손을 썼다. 그는 하얀 아마포 옷을 입고, 머리에 화관을 쓴 채로 의식에 나타났고, 험상궂은 표정을 지었지만 그녀는 이를 감탄할 정도로 엄숙한 모습이라 생각했다.[2]

c. 그때는 마침 테세우스가 페이리토오스와 함께 텟살리아에 가 있었다. 아니면 타르타로스에 내려가 있었을 수도 있다. 파이드라는 힙폴뤼토스를

따라 트로이젠으로 갔다. 거기서 그녀는 연무장을 내려다보려 '훔쳐보는 아프로디테'의 신전을 지었다. 그리고 매일같이 힙폴뤼토스가 완전히 벌거벗은 채로 달리기와 높이뛰기, 씨름을 하면서 신체를 단련하는 모습을 남몰래 훔쳐봤다. 신전의 울타리에는 고대의 도금양 나무가 서 있었다. 파이드라는 채우지 못한 욕정에 사로잡혀 나무의 이파리를 보석 달린 머리핀으로 푹푹 찌르곤 했다. 도금양 나무 이파리에 구멍이 많은 것은 이 때문이다. 나중에 힙폴뤼토스가 판아테나이아 축제에 참여하려 테세우스의 궁전에 머물 때는 아크로폴리스의 아프로디테 신전을 같은 목적으로 이용했다.[31]

d. 파이드라는 아무에게도 근친상간의 욕망을 알리지 않았다. 그러나 제대로 먹지도 자지도 못해 몸이 야위어 갔기에, 그녀의 늙은 유모가 마침내 눈치를 챘다. 유모는 그녀에게 힙폴뤼토스에게 편지를 보내라고 주제넘게 조언했고, 파이드라는 그렇게 하고 말았다. 자신의 사랑을 고백하면서, 사랑 때문에 아르테미스 숭배로 개종했다고도 전했다. 크레테에서 가져온 아르테미스 나무 조각상도 얼마 전에 다시 여신에게 바쳤다고 했다. 그가 어느 날 사냥하러 오지 않을까? 그녀는 이렇게 썼다. "우리 크레테 왕실의 여인들은 사랑으로 명예를 잃을 운명을 타고난 게 틀림없어요. 저의 할머니 에우로페와 어머니 파시파에를 보세요. 가깝게 제 언니 아리아드네는 어떤가요. 아, 가련한 아리아드네! 당신의 아버지, 테세우스는 신의를 저버리고 아리아드네를 버렸어요. 그는 당신의 어머니도 살해했어요. 자식인데도 어머니의 운명에 그토록 무관심한데, 왜 복수의 여신들은 당신을 벌하지 않을까요? 테세우스는 당신 어머니께 그랬듯, 언젠가 나를 죽일 게 틀림없어요! 아프로디테 여신에게 저와 함께 경의를 표시한다면, 그에게 복수할 수 있어요. 잠시만이라도 다른 곳에 가서 함께 살 수 없을까요? 사냥 원정

을 갔다고 둘러대면 될 거예요. 그러는 동안 아무도 서로에 대한 우리의 진실한 감정을 의심하지 못할 것이라 믿어요. 이미 우리는 한 지붕 아래 살고 있으니, 사람들은 우리의 애정을 순수한 것이라고, 심지어 칭찬받을 만하다고 여길 거예요."[4]

e. 힙폴뤼토스는 경악하여 이 편지를 태워 버리고, 파이드라의 침소로 찾아가 큰 소리로 비난했다. 그러자 그녀는 자기 옷을 찢고 침소의 문을 박차고 나와 소리를 질렀다. "도와줘요, 도와줘요! 겁탈을 당했어요!" 그녀는 상인방에 목을 맸다. 힙폴뤼토스가 무시무시한 죄를 저질렀다고 비난하는 유서를 남긴 채[5]

f. 테세우스는 유서를 받아 보고 곧바로 힙폴뤼토스를 저주하면서 즉시 아테나이를 떠나 다시는 돌아오지 말라고 명했다. 나중에 테세우스는 그의 아버지 포세이돈이 세 가지 소원을 들어주겠다고 한 말이 기억났고, 진심을 담아 힙폴뤼토스가 그날 당장 죽기를 기도했다. "아버지!" 그는 간청했다. "힙폴뤼토스가 가는 길에 사나운 짐승을 보내 주세요. 그놈이 지금 트로이젠으로 가고 있습니다!"[6]

g. 힙폴뤼토스는 아테나이를 출발해 전속력으로 달렸다. 그가 코린토스 지협의 좁은 골목을 따라 달려가는데, 거대한 파도가 해안 쪽에서 '몰루로스의 바위'까지 넘어 노호하며 밀려왔다. 물마루에서 거대한 물개가 (어떤 이는 하얀 황소라 한다) 큰 소리를 내지르더니 물을 내뿜었다. 힙폴뤼토스의 네 마리 말은 공포에 미쳐 날뛰며 절벽으로 방향을 틀었지만, 그는 뛰어난 전차몰이꾼이라 절벽 너머로 떨어지진 않았다. 그러자 그 짐승은 뒤쪽에서 전속력으로 따라오면서 위협했고, 그도 이번에는 말들이 제 길을 벗어나는 걸 막지 못했다. '사로니스의 아르테미스'의 신전에서 그리 멀지 않은 곳에, 야생 올리브나무가 지금도 자라고 있다. 이를 '뒤틀린 라코스'라

고 부르는데, 트로이젠에서는 열매를 맺지 않는 올리브나무를 라코스라고 한다. 바로 이 나무의 가지에 힙폴뤼토스의 고삐고리가 걸렸다. 그의 전차는 옆쪽으로 날아가 바위에 부닥쳐 산산이 부서졌다. 힙폴뤼토스는 고삐에 뒤얽혀 처음에는 나무 몸통에, 다음에는 바위로 날아가 부딪혔다. 말들은 그가 죽을 때까지 끌고 다녔고, 그동안 그를 추적하던 괴물은 흔적도 없이 사라졌다.[7]

h. 하지만 어떤 이는 사실 같지 않은 다른 이야기를 들려준다. 아르테미스가 테세우스에게 진실을 알려 주고, 눈 깜빡할 새에 그를 트로이젠에 데려갔으며, 제시간에 도착한 테세우스가 죽어 가는 아들과 화해했다고 한다. 그리고 아르테미스는 다른 사람의 손을 빌려 아도니스를 죽임으로써 아프로디테에게 복수했다고 전한다. 어쨌든 아르테미스가 트로이젠인들에게 힙폴뤼토스를 신처럼 공경하도록 명한 것은 확실하다. 모든 트로이젠 신부들은 그때부터 자신의 머리채를 잘라 힙폴뤼토스에게 바쳤다. 디오메데스는 트로이젠에 힙폴뤼토스를 위한 신전과 조각상을 지어 올렸고, 처음으로 매년 제물을 바치기도 했다. 파이드라와 힙폴뤼토스의 무덤은, 후자는 흙더미가 솟아 있는데, 양쪽 모두 이 신전의 울타리 안, 구멍 뚫린 이파리의 도금양 나무 가까운 곳에 지금도 남아 있다.

i. 트로이젠인들은 힙폴뤼토스가 말에 끌려다니다가 죽은 게 아니라고 주장한다. 심지어 그가 신전 안에 매장돼 있는 것도 아니라고 한다. 그러면서 그의 진짜 무덤이 어디에 있는지는 알려 주지 않는다. 신들이 그를 별들 사이에 마부자리로 만들었다는 주장도 빼놓지 않는다.[8]

j. 아테나이인들은 테미스 신전 가까운 곳에 힙폴뤼토스를 기억하려 무덤을 지어 올렸다. 그의 죽음은 나쁜 저주로 벌어진 일이기 때문이다. 어떤 이는 테세우스가 아들을 살해했다고 고발당해 유죄 판결을 받았으며,

사람들의 배척을 받아 스퀴로스 섬으로 추방당했다고 전한다. 그리고 거기서 수치심과 비탄에 잠겨 삶을 마감했다고 덧붙인다. 그러나 더 많은 사람은 그의 추락이 페르세포네를 범하려 했던 일 때문이라고 믿고 있다.[9]

k. 힙폴뤼토스의 혼령은 타르타로스로 내려갔고, 아르테미스는 크게 분개해 아스클레피오스에게 그를 되살려 달라고 간청했다. 아스클레피오스는 자신의 상아 약품 상자의 뚜껑을 열어 크레테의 글라우코스를 살려낸 약초를 꺼냈다. 그는 이것을 힙폴뤼토스의 가슴에 세 번 가져다 대면서 어떤 주문을 반복했고, 세 번째 댈 때 죽은 사람이 땅에서 머리를 들었다. 그러나 하데스와 세 운명의 여신은 자신들의 특권이 침해받는 것에 분개했고, 제우스를 설득해 벼락으로 아스클레피오스를 죽이도록 했다.

l. 로마인들은 힙폴뤼토스가 이탈리아로 넘어왔다고 주장한다. 아르테미스는 그때 주변을 두꺼운 구름에 감싼 다음 힙폴뤼토스를 노인으로 꾸미고 이목구비도 바꿨다. 숨겨두기에 적당한 장소로 크레테와 델로스 섬 사이에서 망설이다, 그를 이탈리아 아리키아에 있는 자신에게 신성한 숲으로 데려갔다.[10] 여기에서 힙폴뤼토스는 여신의 승낙을 받아 님프 에게리아와 결혼하고, 깎아지른 듯한 벼랑으로 둘러싸인 신비스러운 떡갈나무 삼림 안의 호숫가에 지금도 살고 있다. 자신의 죽음을 다시 떠올리지 않도록, 아르테미스는 그의 이름을 비르비오스로 바꿨다. 이는 비르 비스vir bis, 즉 '두 번인 사람'을 뜻한다. 그리고 그 부근에는 말이 들어올 수 없었다. '아리키아의 아르테미스'는 오직 도망 노예만 여신의 사제가 될 수 있다.[11] 여신의 숲에는 고대의 떡갈나무가 자라는데, 그 나뭇가지는 부러뜨려선 안 된다. 만약 어떤 노예가 감히 이렇게 한다면, 현직 사제는 사제 자리를 두고 칼과 칼을 맞대면서 그와 싸워야 한다. 자기 자신도 그렇게 전임자를 죽였기 때문인

데, 이에 그는 끊임없는 죽음의 공포 속에서 살고 있다. 아리키아 사람들은 테세우스가 힙폴뤼토스에게 자신과 함께 아테나이에서 살자고 간청했지만, 그가 이를 거절했다고 전한다.

m. 에피다우로스에 있는 아스클레피오스 성소의 서판에는, 힙폴뤼토스가 자기를 되살려 준 것에 대한 감사의 뜻으로 말 20마리를 바쳤다는 기록이 남아 있다.[12]

1] 아폴로도로스: 『요약집』 1. 18; 파우사니아스: 『그리스 여행기』 1. 22. 2; 오비디우스: 『헤로이데스』 4. 67 ff.

2] 파우사니아스: 2. 31. 6; 오비디우스: 같은 곳.

3] 오비디우스: 같은 곳; 세네카: 『힙폴뤼토스』 835 ff.; 파우사니아스: 2. 32. 3과 1. 22. 2; 에우리피데스: 『힙폴뤼토스』 1 ff.; 디오도로스 시켈로스: 『역사총서』 4. 62.

4] 오비디우스: 같은 곳; 파우사니아스: 1. 18. 5.

5] 아폴로도로스: 『요약집』 1. 18; 디오도로스 시켈로스: 4. 62; 휘기누스: 『신화집』 47.

6] 플루타르코스: 『영웅전』 34; 베르길리우스의 『아이네이스』 6. 445에 대한 세르비오스.

7] 파우사니아스: 2. 32. 8; 에우리피데스: 『힙폴뤼토스』 1193 ff.; 오비디우스: 『변신 이야기』 15. 506 ff.; 플루타르코스: 같은 곳; 디오도로스 시켈로스: 4. 62.

8] 에우리피데스: 『힙폴뤼토스』 1282 ff.와 1423 ff.; 파우사니아스: 2. 32. 1-2.

9] 파우사니아스: 1. 22. 1; 필로스트라토스: 『튀아나의 아폴로니오스의 생애』 7. 42; 디오도로스 시켈로스: 4. 62.

10] 오비디우스: 『변신 이야기』 15. 532 ff.와 『로마의 축제들』 6. 745.

11] 베르길리우스: 『아이네이스』 7. 775; 오비디우스: 『로마의 축제들』 5. 312와 『변신 이야기』 15. 545; 스트라본: 『지리학』 3. 263 ff.; 파우사니아스: 2. 27. 4.

12] 베르길리우스의 『아이네이스』 6. 136에 대한 세르비오스; 스트라본: 5. 3. 12; 수에토니우스: 『칼리굴라』 35; 파우사니아스: 같은 곳.

*

1. 파이드라의 힙폴뤼토스를 향한 근친의 사랑은, 이집트 친위대장 보디발Potiphar의 아내가 요셉Joseph을 향해 품은 불륜의 사랑과 마찬가지로(75. 1 참고), 이집트의 「두 형제 이야기Tale of the Two Brothers」 또는 가나안에서 떠도는 흔한 이야기에서 가져온 것이다. 사건의 결말은 익숙한 도상, 즉 신성한 왕의 통치가 끝날 때 벌어지는 전차 충돌에 바탕을 두고 있다(71. 1 참고).

만약 11월의 바다가, 고대 아일랜드에서처럼, 포효하며 왕에게 그의 시간이 다해 간다고 예언의 경고를 보냈다면, 이런 경고는 황소 또는 물개가 파도의 물마루 위에서 입을 벌린 채 버티고 서 있는 모습으로 표현했을 터이다. 힙폴뤼토스의 고삐는 올리브나무가 아니라 도금양나무에 걸렸을 게 틀림없다. 올리브나무는 나중에 불길한 분위기의 나무라면서 전차 충돌과 연결됐을 것이다. 도금양은 실제 힙폴뤼토스를 기리는 전당 부근에서 자랐고, 구멍 난 이파리로 유명했다. 도금양은 왕의 통치의 마지막 달을 상징한다. 오이노마오스의 전차 충돌 이야기에도 이렇게 등장한다(109. j 참고). 반면, 야생 올리브나무는 왕위 계승자가 통치하는 첫 번째 달을 상징한다. 비르비오스Virbius의 어원은 비르 비스vir bis가 아니다. 대신 그리스어의 히에로비오스hierobios('거룩한 생명')에서 온 듯하다. h는 종종 v가 된다. 헤스티아Hestia와 베스타Vesta 또는 헤스페로스Hesperos와 베스페르Vesper가 그런 경우다. 제임스 프레이저는 『황금 가지』에서 사제가 물샐틈없이 지켰던 나뭇가지가 겨우살이였음을 보여 주었다. 시쉬포스의 아들 글라우코스(71. a 참고)와 혼동을 일으켰지만, 미노스의 아들 글라우코스(90. c 참고)는 겨우살이를 통해 되살아 난 것으로 보인다. 헬레네스 도래 이전 시대에 성행했던 겨우살이와 떡갈나무 숭배는 그리스에서 탄압을 받았고(50. 2 참고), 코린토스 지협에서 도망쳐 나온 사제단은 당연히 이 숭배를 아리키아로 가져갔을 것이다. 에게리아의 이름은 그녀가 검은 포플러 숲에 사는 죽음의 여신이었음을 보여 준다(51. 7과 170. 1 참고).

2. 힙폴뤼토스가 신부의 머리카락을 받는 것은 가부장제적 변화에 따른 것임이 틀림없다. 아마도 머리카락에 서려 있는 마법의 힘을 여인들한테서 빼앗기 위한 것으로, 이슬람교 여인들도 결혼식에서 머리를 깎는다.

3. 힙폴뤼토스의 무덤을 감추는 것은, 시쉬포스와 넬레우스의 이야기와

거의 흡사하다(67. 3 참고). 다시 말해, 그가 코린토스 지협의 전략 지점 가운
데 한 군데에 매장됐다는 것을 암시한다.

102
라피타이족과 켄타우로스족

어떤 이는 라피타이족의 페이리토오스가 익시온과 에이오네우스의 딸인 디아의 아들이라 한다. 다른 이들은 그는 제우스의 아들로, 제우스가 종마로 변신해 디아의 주위를 달리다가 그녀를 유혹했다고 전한다.[1]

b. 페이리토오스는 테세우스의 힘과 용기에 관한 믿기 힘든 이야기를 전해 들었다. 그는 피네이오스 강의 입구에서 마그네테스족을 다스리고 있었다. 어느 날 그는 앗티케를 치고 들어가 마라톤에서 풀을 뜯고 있는 소 떼를 끌고 옴으로써 상대를 시험해 보기로 마음먹었다. 테세우스는 곧장 추적해 왔고, 페이리토오스는 대담하게 되돌아서 그와 직접 대면했다. 그러나 이들은 상대편의 고귀한 모습에 깊이 감탄했고, 더 이상 소 떼는 안중에 없었다. 이윽고 그들은 영원한 우정을 맹세했다.[2]

c. 페이리토오스는 힙포다메이아 또는 데이다메이아와 결혼했다. 그녀는 부테스의 딸인데, 누구는 아드라스토스의 딸이라 한다. 그는 모든 올림포스 신들을 결혼식에 초대했는데, 아레스와 에리스는 빼놓았다. 에리스가 펠레우스와 테티스의 결혼식에서 벌였던 나쁜 짓을 잊지 않았기 때문이다. 페이리토오스의 궁전이 수용할 수 있는 인원보다 더 많은 손님이 몰려왔기

에, 그의 사촌들인 켄타우로스족은 네스토르, 카이네우스, 다른 텟살리아 왕자들과 함께 근처 널찍한 동굴 입구에 마련된 식탁에 자리를 잡았다.

d. 켄타우로스족은 포도주에 익숙하지 않았다. 그들은 냄새를 맡아 보더니 자기 앞에 놓인 시어 버린 우유를 밀쳐내고 서둘러 은을 박은 자기네 뿔잔을 포도주로 채웠다. 먹는 방법을 몰랐기에 그들은 물도 섞지 않은 강한 독주를 꿀꺽꿀꺽 마셨고, 당연히 크게 취하고 말았다. 새 신부가 인사하러 동굴로 왔을 때였다. 에우뤼토스 또는 에우뤼티온이 자리에서 벌떡 일어나 식탁을 뒤집더니 신부의 머리채를 붙잡아 끌고 갔다. 다른 켄타우로스족도 곧장 주변 여인들과 소년들 위로 음탕하게 양다리를 걸치더니 똑같이 끌고 갔다.[3]

e. 페이리토오스와 신랑 들러리로 와있던 테세우스는 힙포다메이아를 구출하러 뛰어가 에우뤼티온의 귀와 코를 잘랐고, 라피타이족의 도움을 받아 그를 동굴 밖으로 내던졌다. 이어진 싸움은 해 질 녘까지 이어졌다. 이 와중에 라피타이족의 카이네우스가 죽기도 했다. 이웃 사이인 켄타우로스족과 라피타이족의 오랜 불화는 이때부터 시작됐다. 자기들을 무시한 것에 대한 앙갚음으로 아레스와 에리스가 짜놓은 그물에 걸린 것이다.[4]

f. 켄타우로스족은 이번 일로 호된 대가를 치렀다. 테세우스는 이들을 먼 옛날부터 누비고 다닌 펠리온 산의 사냥터에서 쫓아내, 핀도스 산 부근의 아이티케스로 보냈다. 물론 이미 익시온의 왕국을 둘러싸고 페이리토오스와 다투고 있던 켄타우로스족을 진압하는 일이 쉽지는 않았다. 여기에 켄타우로스족은 당시 다시 세력을 규합해 라피타이 영토를 침략하고 있었다. 이들은 라피타이족의 주력부대를 기습해 살육했다. 그 생존자들이 엘리스의 폴로에로 달아나자, 복수심에 불타는 켄타우로스족은 이들을 쫓아내고 그곳 폴로에를 자기네 근거지로 삼아 버렸다. 결국, 라피타이족은 말레아에

정착했다.

g. 테세우스는 켄타우로스족과 전쟁을 벌이는 동안, 어릴 때 보았던 헤라클레스를 만난다. 이에 곧장 그를 엘레우시스에서 '데메테르의 신비 의식'에 입문시켰다.[5]

1] 디오도로스 시켈로스: 『역사총서』 4. 70; 호메로스에 대한 에우스타티오스 101.
2] 스트라본: 『글조각』 14; 『바티칸 요약집』; 플루타르코스: 『테세우스』 30.
3] 아폴로도로스: 『요약집』 1. 21; 디오도로스 시켈로스: 4. 70; 휘기누스: 『신화집』 33; 베르길리우스의 『아이네이스』 7. 304에 대한 세르비오스.
4] 핀다로스: 『글조각 모음』 166 f, 아테나이오스의 인용: 11. 476b; 아폴로도로스: 같은 곳; 오비디우스: 『변신 이야기』 12. 210 ff.; 호메로스: 『오뒷세이아』 21. 295; 파우사니아스: 『그리스 여행기』 5. 10. 2.
5] 플루타르코스: 같은 곳; 호메로스: 『일리아스』 2. 470 ff.; 디오도로스 시켈로스: 같은 곳; 헤로도토스, 플루타르코스의 인용: 같은 곳.

*

1. 라피타이족과 켄타우로스족은 모두 떡갈나무 영웅인 익시온의 후손이라고 주장했고, 말 숭배도 공유하고 있었다(63. a와 d 참고). 이들은 그리스 북부의 원시 산악 부족으로, 오랜 라이벌인 헬레네스는 이번에는 이쪽과, 다음에는 저쪽과 연맹을 맺음으로써 이득을 챙겼다(35. 2; 78. 1; 81. 3 참고). 켄타우로스Centaur와 라피타이Lapith는 이탈리아 말로 보인다. 켄투리아centuria('100명의 부대')와 라피키다이lapicidae('부싯돌 자르개')가 어원이 아닐까 한다. (고전기에는 보통 각각 '황소를 창으로 찌르는 사람들'을 뜻하는 켄타우로이 centtauroi와 '뽐내며 걷기'를 뜻하는 라피제인lapizein에 어원이 있다고 봤다.) 이 산악 부족들은 관능적인 주신제를 열었기에 일부일처제의 헬레네스 사이에 난잡하다는 평판을 얻었을 것이다. 이 신석기 시대 종족들은 고전기까지도 아르카디아 산악 지대와 핀도스 산맥 지대에 퍼져 있었고, 이들의 헬레네스 도래 이전 언어는 현대 알바니아 지역에 그 흔적이 남아 있다.

2. 라피타이족과 켄타우로스족의 전투는 여러 곳에 묘사돼 있다. 올림피아의 제우스 신전 박공gable(파우사니아스: 10. 2), 아테나이의 테세우스 전당(파우사니아스: 1. 17. 2), 아테나 여신의 아이기스(파우사니아스: 1. 28. 2) 등에 등장한다. 이들의 전투는 단순한 변방 부족 사이의 다툼을 그린 게 아닐 가능성이 높다. 신들의 후원을 받은 왕실의 결혼 잔치와 관련된 것을 보면, 더구나 테세우스가 사자 가죽을 뒤집어쓰고 도운 결혼이라면, 이는 모든 헬레네스가 깊이 관심을 갖는 종교의식을 묘사한 것일 수 있다. 사자 가죽을 쓴 헤라클레스도 비슷하게 축제가 벌어지는 와중에 켄타우로스족과 싸움을 벌였다(126. 2 참고). 호메로스는 이들을 "털북숭이 들짐승"이라 불렀으며, 이들은 초기 그리스의 도기 그림에서 사튀로스와 구별되지 않았다. 따라서 도상에는 새로 즉위한 왕이 짐승으로 분장하고 춤추는 이들과 싸움을 벌이는 장면이 담겨 있었을 것이다. 그 왕이 누구인지는 중요하지 않다. [인류학자] A. C. 호커트Hocart(1883-1939)는 『왕위Kingship』에서 이런 싸움이 고대 즉위식의 필수적인 부분이었음을 입증했다. 에우뤼티온은 전형적인 침입자 역할을 연기하고 있다는 얘기다(142. 5 참고).

3. 페이리토오스의 아버지가 익시온과 제우스 가운데 어느 쪽인지는, 익시온이 자신을 제우스라고 자칭할 만한 자격이 있느냐에 달려 있다. 그의 부모 관련 신화는 테티스의 여사제가 나오는 도상에서 추론한 것으로 보인다. 도상 속 여사제는 에이오네우스의 딸인 디아, 즉 '해변의 신적인 딸'로, 고삐를 손에 쥐고 왕위에 오를 후보자가 야생마를 길들이도록 격려하고 있다(75. 3 참고). 힙포다메이아Hippodamei의 이름('말 조련사')도 같은 도상을 지시한다. 제우스는 종마로 변신해 디아의 주변을 "빙 둘러 달렸다". 바로 이것이 페이리토오스 이름의 의미이기 때문이다. 익시온은 태양신으로서 그의 바퀴에 팔다리를 벌려 묶인 채로 하늘을 빙 둘러 달렸다(63. 2 참고).

103
테세우스, 타르타로스에 가다

힙포다메이아가 죽은 뒤, 페이리토오스는 테세우스에게 자기와 함께 스파르테로 가서 헬레네를 데려오자고 설득했다. 테세우스도 아내 파이드라가 스스로 목을 맸기에 비슷한 처지였다. 헬레네는 카스토르와 폴뤼데우케스, 즉 디오스쿠로이의 누이다. 둘은 모두 결혼을 통해 디오스쿠로이와 연결되겠다는 야망을 품었다. 아테나이에 지금은 세라피스의 전당이 있는 곳에서, 이들은 이런 위험한 모험에서 서로의 곁을 지키겠다고 맹세했다. 그리고 그들이 그녀를 얻게 되면 제비를 뽑고, 제비뽑기에서 지는 사람을 위해 누가 됐든 다른 제우스의 딸도 하나 데려올 것을 함께 맹세했다.[1]

b. 이렇게 결정한 다음, 이들은 군대를 이끌고 라케다이몬으로 들어갔다. 둘은 주력부대보다 앞서 달려 스파르테에 있는 '꼿꼿한 아르테미스'의 신전에서 제물을 바치고 있던 헬레네를 붙잡는 데 성공했다. 그들은 곧장 그녀를 납치해 전속력으로 달렸고, 금방 추적자들과 거리를 벌려 테게아에 이르러 완전히 따돌렸다. 거기에서 둘은 약속한 대로 헬레네를 얻기 위한 제비뽑기를 했고, 테세우스가 이겼다.[2] 하지만 그는 아테나이인들이 이런 일로 어마어마한 디오스쿠로이와 싸움을 벌이는 것을 결코 승인하지 않을

것임을 예견하고, 아직 결혼하기에 어린 헬레네를 앗티케의 아피드나이 마을로 보냈다. 당시 헬레네는 열두 살에 불과했고, 어떤 이는 그보다 더 어렸다고 전한다. 테세우스는 친구 아피드누스에게 헬레네를 맡기면서, 비밀을 엄수하되 모든 수단을 다해 그녀를 지키도록 했다. 테세우스의 어머니 아이트라가 헬레네와 함께 머물면서 그녀를 정성껏 돌봤다. 어떤 이는 테세우스한테는 죄가 없다면서 다른 기록을 남겼다. 이다스와 륑케우스가 헬레네를 납치했으며, 이는 디오스쿠로이가 레우킵피데스를 납치한 것에 대한 복수였다는 것이다. 테세우스는 다만 이들이 헬레네를 부탁해 맡았을 뿐이라고 했다. 다른 이들은 헬레네의 아버지 튄다레오스 본인이 딸을 테세우스에게 맡겼다고 전한다. 조카인 힙포코온의 아들 에나레포로스가 딸을 납치할 계획이라는 것을 사전에 알게 됐기 때문이다.[3]

c. 몇 년이 흐르고 헬레네는 테세우스와 결혼할 나이가 됐다. 이에 페이리토오스는 그에게 둘이 했던 약속을 상기시켰다. 둘은 함께 제우스의 신탁을 청했다. 예전에 제우스의 이름으로 맹세했기 때문이다. 제우스는 빈정대면서 이렇게 답했다. "왜 타르타로스로 가서 하데스의 아내 페르세포네를 페이리토오스의 신부로 달라고 하지 않느냐? 페르세포네는 나의 딸 가운데 가장 고귀하다." 테세우스는 페이리토오스가 이런 말을 진지하게 받아들여 맹세를 지키라고 하자 성이 났다. 하지만 거부할 수 없었기에, 둘은 곧장 손에 칼을 쥐고 타르타로스로 내려갔다. 레테 강을 나룻배로 건너는 것을 피해, 둘은 뒷길을 택했고, 그쪽 출입구는 펠로폰네소스 남쪽 라코니아의 남쪽 끝 타이나로스의 동굴에 있었다. 이들은 금방 하데스의 궁전에 도달했고, 하데스는 이들의 무례한 요구를 조용히 듣더니 환대를 가장해 자리에 앉도록 했다. 이들은 아무런 의심 없이 하데스가 앉으라는 긴 안락의자에 자리를 잡았다. 그런데 이는 '망각의 의자'였으며, 곧바로 의자가

살덩이의 일부가 되면서 몸이 달라붙는 바람에 스스로 수족을 잘라야만 다시 일어날 수 있었다. 뱀들이 그들을 감고 쉬익 소리를 냈으며, 복수의 여신들이 채찍질을 하고, 케르베로스의 이빨이 살갗을 파고들었다. 그러는 동안 하데스는 무서운 미소를 지으면서 이를 지켜봤다.[4]

d. 이렇게 두 사람은 만 4년 동안 고통 속에서 몸부림쳐야 했고, 마침내 헤라클레스가 나타났다. 그는 에우뤼스테우스의 명령에 따라 케르베로스를 끌고 가려 타르타로스에 온 것인데, 두 사람은 소리도 내지 못하면서 손을 내밀어 도움을 간청했다. 페르세포네는 헤라클레스를 남동생처럼 반겼고, 너그럽게도 그가 악인들을 풀어 줄 수 있게 했다. 그가 할 수만 있다면 지상으로 데려가는 것도 허락했다.[5] 헤라클레스는 곧바로 테세우스의 양손을 움켜잡고 엄청난 힘을 가지고 끌어당겼다. 살이 찢어지는 소리와 함께 뜯겨 나왔다. 그의 살덩이의 상당 부분은 그대로 바위에 붙어 있었다. 테세우스의 아테나이 후손들이 모두 터무니없이 작은 궁둥이를 갖고 있는 것은 이 때문이다. 다음으로 그는 페이리토오스의 손을 움켜쥐었지만, 경고하듯 지진이 일어났기에 더는 당길 수가 없었다. 페이리토오스가 이번 불경한 모험을 주도했기에 데려가지 못하게 했던 것이다.[6]

e. 누구는 헤라클레스가 테세우스뿐 아니라 페이리토오스도 풀어 주는 데 성공했다고 전한다. 다른 이들은 헤라클레스가 두 사람 모두 풀어 주지 못했다고 한다. 이에 테세우스는 영원히 불타는 의자에 사슬로 묶여 있어야 했고, 페이리토오스는 익시온 옆에서 황금 침상에 비스듬히 기대고 있었다. 이들은 항상 굶주림에 시달렸다. 눈앞으로 진수성찬이 나타나면 복수의 여신의 맏언니가 항상 이를 낚아채 갔기 때문이다. 이와 별도로, 테세우스와 페이리토오스는 타르타로스에 간 게 전혀 아니라는 말도 있다. 그냥 테스프로티아 또는 몰롯시아의 도시 키퀴로스를 기습했을 뿐이다. 그곳의

아이도네우스 왕은 페이리토오스가 자신의 아내를 납치하려 한다는 것을 알고 그를 사냥개 떼에 던져 주었고, 테세우스는 지하 감옥에 가두었다. 그리고 나중에 헤라클레스가 그를 거기서 구출했다.[7]

1] 디오도로스 시켈로스: 『역사총서』 4. 63; 핀다로스, 파우사니아스의 인용: 1. 18. 5; 파우사니아스: 『그리스 여행기』 1. 41. 5.
2] 디오도로스 시켈로스: 같은 곳; 휘기누스: 『신화집』 79; 플루타르코스: 『테세우스』 31.
3] 아폴로도로스: 『요약집』 1. 24; 체체스: 『뤼코프론에 관하여』 143; 호메로스의 『일리아스』에 대한 에우스타티오스 215; 플루타르코스: 같은 곳.
4] 휘기누스: 『신화집』 79; 디오도로스 시켈로스: 같은 곳; 호라티우스: 『서정시』 4. 7. 27; 파뉘아시스, 파우사니아스의 인용: 10. 29. 4; 아폴로도로스: 『요약집』 1. 24.
5] 세네카: 『힙폴뤼투스』 835 ff.; 아폴로도로스: 『비블리오테카』 2. 5. 12; 디오도로스 시켈로스: 4. 26; 에우리피데스: 『헤라클레스의 광기』 619; 휘기누스: 같은 곳.
6] 아폴로도로스: 같은 곳; 수이다스, '리스포이' 항목; 아리스토파네스의 『기사』 1368에 대한 고전 주석자.
7] 디오도로스 시켈로스: 4. 63; 베르길리우스: 『아이네이스』 6. 601-619; 아일리아노스: 『다양한 역사』 4. 5; 플루타르코스: 『테세우스』 31.

*

1. 여러 신화에서 주요한 영웅들은 지옥을 찾아갔다고 나온다. 그리스 신화에서는 테세우스, 헤라클레스(134. c 참고), 오뒷세우스(170. m 참고), 오르페우스(28. c 참고)가 그렇게 했고, 바빌로니아에선 벨과 마르두크가 그랬다 (71. 1 참고). 이탈리아 쪽은 아이네이아스가, 아일랜드에선 쿠홀린이, 브리튼 섬에선 아서, 귀디온Gwydion, 아마타온Amathaon이 그렇게 했다. 브르타뉴 지역의 '덴마크의 오기에르Ogier le Danois'도 그렇다. 이 신화들은 신성한 왕이 자신의 통치 기간이 끝날 때 일시적으로 죽은 척했던 일에서 유래한 것으로 보인다. 그동안 소년 섭정이 단 하루 동안 그의 자리를 대신하는데, 이런 방법으로 태양년으로 1년의 13개월 이상은 임기를 늘리지 못하게 금지한 법의 허점을 파고들었다. (7. 1; 41. 1; 123. 4 등 참고).

2. 벨과 그의 계승자 마르두크는 죽어 있는 동안 바다 괴물 티아마트 Tiamat와 전투를 벌였다. 따라서 이들의 죽음은 의례적으로 익사하는 모습이었을 것이다. 참고로, 이 괴물은 대홍수를 일으켰던 바다 여신 이슈타르 Ishtar의 화신이다(73. 7 참고). 고대 아일랜드 왕들은 대서양의 파괴자들과 전투를 벌이러 떠났다고 하는데, 이들도 익사 의식을 치렀다. 한 에트루리아 도기에는 왕이 바다 괴물의 위아래 턱 사이에서 거의 죽어 가는 모습으로 그려져 있는데, 그 이름이 이아손Jason이라 한다(148. 4 참고). 이 도상에서 [구약성서] 요나Jonah와 고래의 도덕적인 일화가 유래한 것으로 보인다. 거기에선 요나가 마르두크인 셈이다.

3. 아테나이의 신화학자들은 테세우스와 그의 대행 쌍둥이 페이리토오스 사이의 쓰라린 경쟁 관계(95. 2 참고)를 숨기는 데 성공했다. 쌍둥이는 '삶 속의 죽음의 여신'의 은혜를 두고 경쟁을 벌이는데, 이 여신은 이번 신화에서 헬레네(62. 3 참고)와 페르세포네로 등장한다. 두 사람은 헌신적인 친구 사이로 카스토르와 폴뤼데우케스와 같이 이웃 도시의 여인을 약탈하고 (74. c 참고), 둘 가운데 하나는 자신이 신의 자식이라고 주장할 수 있어 죽음을 면했다고 풀어 감으로써 경쟁 관계를 숨겼던 것이다. 비슷한 쌍둥이 조합인 이다스와 륑케우스가 이런 점을 강조하기 위해 이야기에 도입되었다. 그러나 페이리토오스의 이름은 '빙 도는 남자'란 뜻으로, 그가 본래부터 신성한 왕이었음을 암시한다. 이탈리아 남부 지방에서 출토된 화병 그림에, 그는 공중으로 날아오르면서 '정의의 여신' 곁에 남아 있는 테세우스에게 작별 인사를 한다. 테세우스는 그냥 그의 후계자처럼 보인다.

4. 제물을 바치던 헬레네를 납치하는 대목은 보레아스의 오레이튀이아 납치를 떠오르게 한다(48. a 참고). 따라서 이 대목도 아테나이의 테스모포리아 축제의 관능적인 주신제를 표현한 동일한 도상에서 추론했을 수 있다.

물론, 아테나이인들이 라코니아의 헬레네 여신 전당에서 조각상 또는 다른 신성한 물건을 훔쳐와 앗티케의 아피드나이에 있는 헬레네 여신 전당에 모셔 두었을 가능성도 있다. 만약 타르타로스 방문이 헬레네 납치 이야기의 다른 한 짝이라면, 아테나이인들은 바닷길로 [펠로폰네소스 반도 남쪽 끝] 타이나로스Taenarus를 통해 습격했을 것이다. 스파르테인들은 이렇게 도둑맞은 것을 나중에 되찾아 왔을 것이다.

5. 테세우스가 타르타로스에 4년 동안 머물렀다 했는데, 신성한 왕도 보통 4년 동안 후계자에게 왕좌를 양보했다. 되살아난 테세우스는 새로운 신성한 왕으로 다시 왕좌에 올랐을 것이다. 아테나이인들은 테세우스가 디오뉘소스와 헤라클레스처럼 죽음의 땅에서 되돌아왔다고 주장함으로써 자기네 국가 영웅을 올륌포스 신의 지위로 끌어올리려 시도했다. 그러나 아테나이와 적대적 관계에 있던 펠로폰네소스 반도 사람들이 이를 저지하는 데 성공했다. 누구는 그가 결코 되돌아오지 못했으며, 익시온과 시쉬포스처럼 오만으로 인해 영원한 벌을 받았다고 하면서 아테나이인들에게 맞섰다. 다른 이들은 그가 타르타로스가 아니라 키퀴로스Cichyrus 시를 공격한 것이라고 전하면서 이야기에 합리성을 부여했다. 그러면서 수고스럽게도 페이리토오스가 케르베로스가 아니라 '몰롯시아 사냥개'에게 물렸다고 설명했다. 이는 그리스에서 제일 크고 가장 사나운 품종이다. 아테나이인들 입장에서 가장 많이 양보를 얻어낸 것은, 테세우스가 '망각의 의자'에 붙잡혀 있던 굴욕적인 시간을 끝내고 보석으로 풀려났다는 이야기다(37. 2 참고). 그렇게 되돌아온 테세우스는 사과의 뜻에서 '구조자 헤라클레스'에게 자신의 신전과 성역 대부분을 넘겼다. 테세우스는 헤라클레스의 과업과 고난을 겨우 흉내만 냈던 것이다.

6. 그럼에도 테세우스는 나름 중요한 영웅으로, 지옥을 괴롭혔다는 영예

를 누릴 만하다. 죽음의 신이 기다리고 있는 크레테 미로의 한가운데를 뚫고 들어갔다가 안전하게 나왔기 때문이다. 만약 아테나이인들이 바다에서 강한 만큼 땅에서도 그랬다면, 테세우스는 의심할 여지 없이 올륌포스의, 아니면 적어도 국가의 반신반인이 됐을 것이다. 테세우스 신격화의 가장 큰 걸림돌은 아마 델포이였을 것이다. 아폴론의 신탁은 아테나이와 싸움을 벌이던 스파르테 쪽에 아첨하는 것으로 악명이 높았다.

104
테세우스의 죽음

　테세우스가 타르타로스에 붙잡혀 있는 동안, 디오스쿠로이는 라코니아와 아르카디아의 병사들을 불러 모아 아테나이로 쳐들어가서 헬레네의 반환을 요구했다. 아테나이인들은 그녀를 보호하지 않고 있으며, 어디에 있는지조차 모른다고 했다. 이에 디오스쿠로이는 앗티케 곳곳을 유린했다. 이윽고 테세우스의 행동을 못마땅하게 여기던 데켈레이아 주민들이 이들을 아피드나이로 안내해 준 덕분에 디오스쿠로이는 누이동생을 구출할 수 있었다. 디오스쿠로이는 그때 아피드나이를 완전히 파괴해 아무것도 남기지 않았다. 데켈레이아 사람들은 지금도 스파르테의 모든 세금을 면제받고 있으며, 스파르테의 축제에서 명예의 자리를 제공받는다. 펠로폰네소스 전쟁이 벌어져 스파르테 침략군이 앗티케를 초토화할 때도 그들의 땅만 전화를 피했다.[1]

　b. 다른 이들은 헬레네를 숨겨 둔 장소를 밝힌 사람은 아카데모스 또는 에케데모스라고 하는 아르카디아 사람이라고 전한다. 그는 그전에 테세우스의 초청을 받아 앗티케에 와 있었다. 스파르테인들은 살아 있는 동안 그를 최고 수준으로 대접했으며, 나중에 침략할 때도 아테나이에서 6스타디

온[1] 떨어진 케핏소스 강가에 있는 그의 작은 토지는 건드리지 않았다. 이곳은 지금 아카데메이아라고 부른다. 아름답고 물이 넉넉해 초목이 풍성한 정원이며, 오늘날 철학자들은 이곳에 모여 신들의 본성에 대한 자기네 반종교적인 견해를 토론하고 있다.[2]

c. 마라토스가 디오스쿠로이의 군대에서 아르카디아 파견대를 이끌었으며, 신탁에 복종해 자기 병사들 대열 앞에서 자신을 제물로 바쳤다. 어떤 이는 도시 마라톤의 이름이 시퀴온과 코린토스의 아버지 마라톤이 아니라 그에게서 나왔다고 전한다.[3]

d. 당시 오르네우스의 아들이자 에레크테우스의 손자인 페테오스가 아이게우스의 명으로 아테나이에서 추방당해 있었는데, 디오스쿠로이는 테세우스를 괴롭히기 위해 페테오스의 아들 메네스테우스를 망명지에서 데려와 아테나이의 섭정이 되게 했다. 메네스테우스는 최초의 선동 정치꾼이다. 테세우스가 타르타로스에 가 있는 동안, 그는 갖가지 방법으로 민중의 비위를 맞췄다. 귀족들한테는 앗티케 통합 탓에 빼앗긴 권력을 상기시켰으며, 가난한 이들에게는 그들이 국가와 종교를 빼앗기고 있다고 떠들었다. 테세우스를 근본도 불분명한 사기꾼이라 했다. 이런 상황에 테세우스가 죽었다는 소문까지 떠돌았다.[4]

e. 아피드나이가 함락되고 아테나이가 위험에 빠졌을 때, 메네스테우스는 민중을 설득해 디오스쿠로이를 후원자이자 구조자로서 환영해 도시로 들이게 했다. 그들은 정말로 지극히 올바르게 행동했고, 오직 헤라클레스에게 해주었듯이 자기네도 '엘레우시스 비의'에 입문하게 해 달라 요청했을 뿐이었다. 퓔리오스가 헤라클레스의 양아버지가 됐듯이, 이번에는 아피드

---

1) 스타디온stadion(라틴어 stadium): 고대 그리스의 길이 단위로, 1스타디온은 약 185미터이다.

노스가 그들의 양아버지가 되어 주었다. 이에 디오스쿠로이는 아테나이의 명예시민이 됐다. 그 후로 그들의 별자리가 떠오를 때면, 보통 사람들에게 보여 준 관용에 대한 감사의 뜻으로 디오스쿠로이에게 신적인 공경을 표시했다. 그들은 기분 좋게 헬레네와 함께 스파르테로 돌아갔으며, 이때 테세우스의 어머니 아이트라와 페이리토오스의 누이동생을 헬레네의 여자 노예로 데려갔다. 누구는 헬레네가 당시 처녀였다고 전한다. 다른 이들은 그녀가 이미 테세우스의 아이를 임신했고, 귀환 길에 아르고스에서 딸 이피게네이아를 낳았으며, 안전한 출산에 대한 감사의 뜻으로 아르테미스에게 성소를 바쳤다고 전한다.[5]

f. 테세우스는 이런 일이 있고 얼마 지나지 않아 타르타로스에서 돌아왔으며, 즉시 '구원자 헤라클레스'에게 바치는 제단을 쌓고 자신의 신전과 숲 가운데 네 곳만 빼고 나머지 전부를 그에게 봉헌했다. 그는 고문으로 무척이나 약해져 있었다. 아테나이인들은 파벌 싸움과 폭동 선동으로 깊게 병들어 있고 그에게는 질서를 유지할 힘이 없었다.[6] 그는 먼저 자식들을 도시에서 빼내 에우보이아로 몰래 내보냈다. 거기에서 칼코돈의 아들 엘페노르가 이들을 보호했다. 어떤 이는 이들이 테세우스의 귀환 이전에 이미 거기로 달아났다고 전한다. 그다음, 테세우스는 가르겟토스 산에 올라가 아테나이 민중에게 엄숙하게 저주를 내리고, 배를 타고서 크레테로 넘어갔다. 거기 데우칼리온 왕이 그를 보호해 주기로 예전에 약속했기 때문이다.

g. 태풍이 불어 배는 항로를 벗어났고, 그가 처음 만난 육지는 에우보이아 부근 스퀴로스 섬이었다. 거기 뤼코메데스 왕은 메네스테우스의 가까운 친구였지만, 테세우스의 명예와 혈통을 생각해 그를 최고 수준으로 환대했다. 마침 테세우스는 스퀴로스 섬에 물려받은 땅이 있어 거기에 정착할 수 있게 해달라고 부탁했다. 그러나 뤼코메데스는 오랫동안 그 땅을 자신의

것이라고 생각하고 있었다. 그는 땅의 경계를 보여 주려는 것처럼 꾸며 그를 높은 절벽 꼭대기로 데려갔고, 절벽 너머로 밀어 버렸다. 그러고는 식사를 마치고 술에 취해 거닐다 사고로 떨어졌다고 발표했다.[7]

h. 메네스테우스는 이제 누구의 방해도 받지 않고 왕좌를 차지하게 됐으며 헬레네 구혼 대열에 끼기도 했다. 트로이아 전쟁에서는 아테나이 병력을 이끌었고, 거기에서 전략가로서 큰 명성까지 얻었다. 그러나 전투에서 전사했다. 테세우스의 아들들이 그의 자리를 이었다.[8]

i. 테세우스가 트로이젠의 아낙소를 강제로 납치했다는 말이 있다. 티륀스의 이피클레스의 딸 이오페와 동침했다고도 한다. 그의 바람기로 인해 아테나이인들은 곤란해진 경우가 한두 번이 아니었다. 이에 그가 죽고 몇 세대가 흘러도 테세우스의 진가는 제대로 인정을 받지 못했다. 하지만 '마라톤 전투'에서 그의 정령이 땅속에서 완전 무장을 하고 올라와 페르시아인들에게 돌진함으로써 아테나이인들의 용기를 북돋웠다. 승리가 확실해졌을 때 델포이 신탁은 그의 뼈를 고국으로 가져오도록 명했다. 당시 아테나이는 스퀴로스 섬으로부터 여러 해에 걸쳐 괴롭힘을 당하고 있었다. 그런데 신탁이 스퀴로스 섬에 그의 뼈가 계속 남아 있는 한 이런 고통이 계속될 것이라 선언한 것이다.[9] 하지만 뼈를 수습해 오는 게 쉬운 일은 아니었다. 스퀴로스 사람들은 사나운 만큼이나 무례했기 때문이다. 키몬[2]이 섬을 점령했을 때, 거기 사람들은 테세우스 무덤의 소재를 알려 주지 않으려 했다. 그런데 키몬은 암독수리 한 마리가 어느 언덕 꼭대기에서 갈고리 발톱으로 흙을 파고 있는 모습을 발견했다. 이는 하늘이 보내 준 신호라고 환호하면서, 그는 곡괭이를 들고 독수리가 파던 구덩이로 달려갔다. 구덩이를

---

2) 키몬Cimon: 기원전 5세기에 활동한 아테나이의 장군.

넓게 파들어 가니, 금방 곡괭이 끝으로 돌로 된 관이 나타났다. 관 안에는 청동 창과 칼로 무장한 큰 키의 유골이 누워 있었다. 테세우스의 것일 수밖에 없었다. 유골은 경건하게 아테나이로 옮겨졌으며, 성대한 의식을 열어 연무장 부근 테세우스의 성역 안에 다시 매장했다.[10]

j. 테세우스는 뛰어난 뤼라 연주자였고, 지금은 헤라클레스, 헤르메스와 함께 그리스 전역에 있는 모든 연무장과 씨름 학교의 공동 후원자가 됐다. 그가 헤라클레스를 닮은 것은 속담에도 나올 정도로 널리 알려져 있다. 그는 '칼뤼돈의 멧돼지 사냥'에 참여했고, 테바이 공략 과정에서 죽은 일곱 장수를 위해 복수도 해주었다. 오직 아르고 호 원정에는 참여하지 못했는데, 그들이 콜키스로 가는 동안 타르타로스에 붙잡혀 있었기 때문이다. 펠로폰네소스와 아테나이 사이에 벌어진 첫 번째 전쟁은 그가 헬레네를 납치했기 때문이며, 두 번째 전쟁도 그가 헤라클레스의 아들들을 에우뤼스테우스 왕에게 내주지 않겠다고 거부했기 때문이다.[11]

k. 학대받는 노예와 일꾼들은 이제 테세우스의 성역에서 피난처를 찾는다. 예전에 그들의 조상이 압제자로부터 보호가 필요할 때면 그를 찾아 탄원했기 때문이다. 거기에서는 매달 여덟 번째 날에 테세우스에게 제물을 바친다. 이날을 고른 것은, 그가 트로이젠에서 출발해 아테나이에 처음으로 도착한 것이 헤카톰바이온 달의 여덟 번째 날이고, 크레테에서 돌아온 것도 퓌아넵시온 달의 여덟 번째 날이기 때문일 것이다. 아니면 그가 포세이돈의 아들이기 때문일 수도 있다. 포세이돈 제례도 그 달의 여덟 번째 날에 열리는데, 여덟이라는 숫자가 짝수의 첫 번째 세제곱으로 포세이돈의 흔들리지 않는 힘을 상징하기 때문이다.[12]

1] 아폴로도로스: 『요약집』 1. 23; 헤레아스, 플루타르코스의 인용: 『테세우스』 32; 헤로도토스: 9. 73.

2] 디카이아르코스, 플루타르코스의 인용: 같은 곳; 디오게네스 라에르티오스: 『유명한 철학자들의 생애와 사상』 3. 1. 9; 플루타르코스: 『키몬』 13.

3] 디카이아르코스, 플루타르코스의 인용: 『테세우스』 32; 파우사니아스: 2. 1. 1.

4] 파우사니아스: 10. 35. 5; 아폴로도로스: 『요약집』 1. 23; 플루타르코스: 같은 곳.

5] 플루타르코스: 『테세우스』 33; 휘기누스: 『신화집』 79; 파우사니아스: 2. 22. 7.

6] 아일리아노스: 『다양한 역사』 4. 5; 필로코로스, 플루타르코스의 인용: 『테세우스』 35; 플루타르코스: 같은 곳.

7] 파우사니아스: 1. 17. 6; 플루타르코스: 같은 곳.

8] 플루타르코스: 같은 곳; 아폴로도로스: 『비블리오테카』 3. 10. 8.

9] 플루타르코스: 『테세우스』 29와 36; 파우사니아스: 1.15. 4와 3. 3. 6.

10]파우사니아스: 1. 17. 6; 플루타르코스: 같은 곳.

11]파우사니아스: 5. 19. 1; 4. 32. 1과 1. 32. 5; 플루타르코스: 『테세우스』 29와 36; 아폴로니오스 로디오스: 1. 101.

12]플루타르코스: 『테세우스』 36.

*

1. 에레크테우스 가문의 메네스테우스Menestheus는 『일리아스』 2. 552 ff.에서 그의 뛰어난 군사적 역량으로 칭송을 받았으며, 테세우스가 타르타로스에 있던 4년 동안 아테나이를 통치했다. 그는 아마도 테세우스의 인간 쌍둥이이자 공동 왕이었을 것이다. 아테나이 쪽으로 라피타이족의 페이리토오스인 셈이다. 그런데 그는 여기에서 아테나이 선동 정치꾼들의 전형으로 등장한다. 그는 펠로폰네소스 전쟁의 전 기간에 걸쳐 어떤 대가를 치르더라도 스파르테와 화평하자는 쪽이었다. 신화 기록자는 그의 방책을 비난하면서도 디오스쿠로이를 비난하지 않게 주의를 기울였다. 아테나이 뱃사람들이 폭풍을 만나면 그들에게 도와 달라 기도하기 때문이다.

2. 깃털을 단 파르마코스pharmacos의 테마가 메네스테우스의 아버지 페테오스Peteos('깃털이 있는')와 할아버지 오르네우스Orneus('새')의 이름, 그리고 테세우스의 죽음에서 다시 등장한다. 그는 스퀴로스Scyros('돌이 많은') 또는 스키로스Sciros라고도 철자를 적는 섬에서 죽었다. 이와 관련해, 이번 이야기의

단서가 됐을 도상에 적혀 있던 스키르scir라는 단어를 섬 이름으로 오해했을 가능성이 높다.(스키르는 스키로포리아Scirophoria의 축약형으로, 이는 왕을 절벽에서 내던지는 이유를 설명한다.) 이런 추정이 맞다면, 뤼코메데스Lycomedes가 희생자였을 것이다. 이는 아테나이에서 흔한 이름이다. 원래 희생 제물은 각 태음월의 여덟 번째 날에 달의 여신에게 바쳤을 것이다. 이날부터 달의 두 번째 단계가 시작되고, 작물 심기에도 한 달 가운데 제일 적기이다. 그러나 포세이돈이 달의 여신과 결혼을 하고 여신 숭배를 제 것으로 만들면서, 이제는 태양월로 한 달을 삼게 됐다. 달과의 연결 고리가 끊어진 것이다.

3. 마라토스Marathus('회향')의 신화적 중요성은 회향 줄기를 특별한 용도에 사용했다는 데 있다. 매년 한 해가 끝날 때면 가정집 화로의 불을 끈 다음(149. 3 참고), 중앙의 화로에서 새로 신성한 불을 가져오는데 이때 회향 줄기를 사용했다(39. g 참고).

4. 테세우스의 이야기를 마무리하기 전에 [이탈리아 중부] 트라글리아텔라Tragliatella 출토 도기에 대해 조금 더 설명하고자 한다(98. 3 참고). 신성한 왕과 그의 후계자가 미로에서 탈출하는 장면이 그려진 그 도기 말이다. 필자는 최근 이 도기의 반대쪽 면 그림을 볼 기회가 있었다. 거기엔 미로 탈출의 서막이 될 수도 있는 아주 흥미로운 장면이 담겨 있었다. 무장을 하지 않은 신성한 왕이 태양 운행과 같은 방향으로 가는 행진 대열을 이끌고 있다. 일곱 남자가 그를 따라 행진하는데, 이들은 각각 투창 세 자루와 멧돼지 도안이 그려진 방패를 들고 있다. 맨 끝에는 창으로 무장한 후계자가 따라가고 있다. 이 일곱 남자는 후계자가 다스리는, 사과 수확철과 부활절 사이의 일곱 달을 의미하는 것으로 보인다. 멧돼지는 후계자를 직접적으로 지칭한다(18. 7 참고). 이 장면은 왕이 의례에 따라 죽는 날에 펼쳐졌고,

달의 여신 여왕(파시파에—88. 7 참고)이 그를 만나러 와 있다. 한 여인이

무서운 옷을 입고 위협적으로 구부린 한쪽 팔을 허리에 대고 서 있다. 그녀는 반대쪽 팔을 앞으로 뻗어 손에 쥔 사과를 왕에게 주고 있다. 이 사과는 낙원으로 가는 통행증이다. 그리고 대열의 남자들이 가지고 있는 창 세 자루는 죽음을 의미한다. 다른 이들과 같은 옷을 입었지만, 작게 그려진 여인이 왕을 안내하고 있다. 그녀는 크놋소스에 있는 죽음의 미로에서 탈출하도록 테세우스를 도운 아리아드네 공주일지 모른다(98. k 참고). 그런데 왕은 대담하게도 사과에 맞서는 영물로서 부활절 달걀, 즉 부활의 달걀을 들어 보이고 있다. 부활절 기간, 브리튼 섬의 잔디 미로에서는 트로이아 마을 춤을 췄다. 그런데 에트루리아에서도 이렇게 춤을 췄다. 페루기아Perugia에서 발굴된 에트루리아의 신성한 달걀은, 윤이 나는 검은 조현암으로 만든 것으로 화살 하나가 돋을새김으로 빙 둘러 새겨져 있다. 그림 속의 성스러운 달걀은 이와 같았을 것이다.

지도

〈그리스 세계〉

〈본문에 나오는 지명〉

〈부분 확대〉

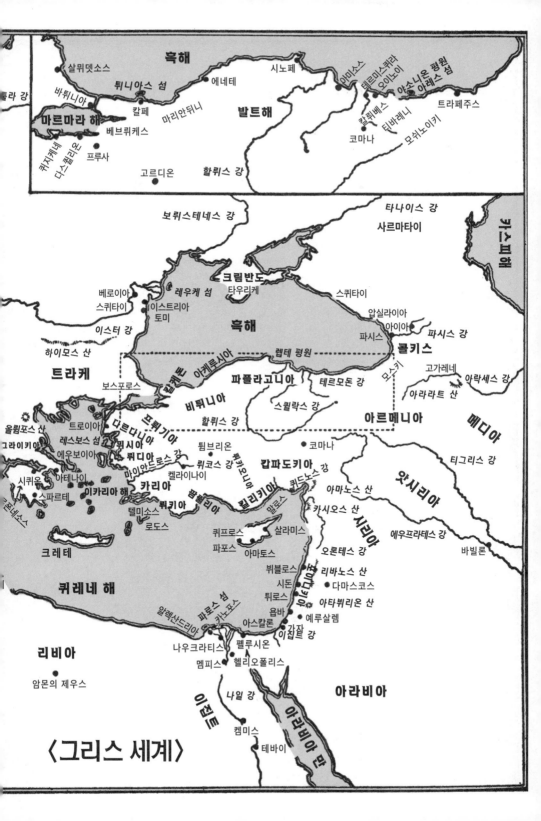

흑해

살뮈뎃소스 · 튀니아스 섬 · 에네테 · 시노페 · 아미소스 · 테르미스퀴라 오이노이 · 야소니온 평원 · 아레스 섬

바튀니아 · 칼페 · 마리안뒤니 · 발트해 · 콸립베스 · 틴바레니 · 트라페주스

마르마라 해 · 베브뤼케스 · 코마나 · 모쉬노이키

퀴지케 · 다스퀼리온 · 프루사 · 고르디온 · 할뤼스 강

보뤼스테네스 강 · 타나이스 강 · 사르마타이 · 카스피해

베로이아 · 레우케 섬 · 크림반도 · 스퀴타이 · 압실라이아 · 아이아 · 파시스 강

스퀴타이 · 이스트리아 · 타우리케 · 파시스 · 콜키스

이스터 강 · 토미 · 흑해 · 렙테 평원 · 모스키 · 고가레네 · 아락세스 강

하이모스 산 · 아케루시아 · 파플라고니아 · 테르모돈 강 · 아라라트 산

트라케 · 보스포로스 · 비튀니아 · 스퀼락스 강 · 아르메니아 · 메디아

올륌포스 산 · 프뤼기아 · 할뤼스 강 · 티그리스 강

그라이키아 · 트로이아 · 다르다니아 · 뮈시아 · 뤼디아 · 튐브리온 · 프뤼기아 · 코마나 · 캅파도키아

레스보스 섬 · 뤼코스 강 · 앗시리아

에우보이아 · 마이안드로스 강 · 켈라이나이 · 피시디아

아테나이 · 카리아 · 팜필리아 · 킬리키아 · 아마노스 산 · 에우프라테스 강

시퀴온 · 스파르테 · 이카리아 해 · 뤼키아 · 퀴드노스 강 · 카시오스 산 · 바빌론

펠로폰네소스 · 텔미소스 · 말로스 · 시리아

로도스 · 퀴프로스 · 살라미스 · 오론테스 강

크레테 · 파포스 · 아마토스 · 뷔블로스 · 리바노스 산

퀴레네 해 · 시돈 · 다마스코스

튀로스 · 아타뷔리온 산

리비아 · 파로스 섬 · 욥바 · 예루살렘

알렉산드리아 · 카노포스 · 아스칼론 · 가자 · 이집트 강

암몬의 제우스 · 나우크라티스 · 펠루시온

멤피스 · 헬리오폴리스 · 아라비아

이집트 · 나일 강

켐미스 · 아라비아 만

테바이

⟨그리스 세계⟩

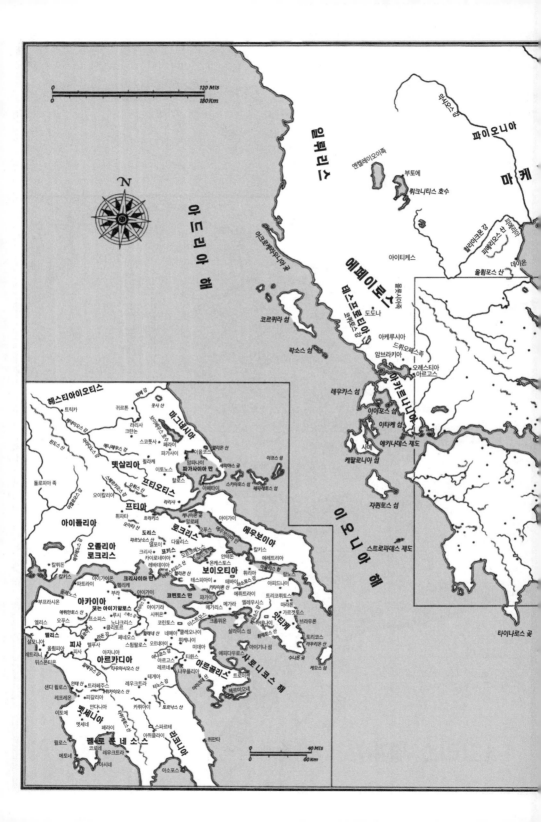

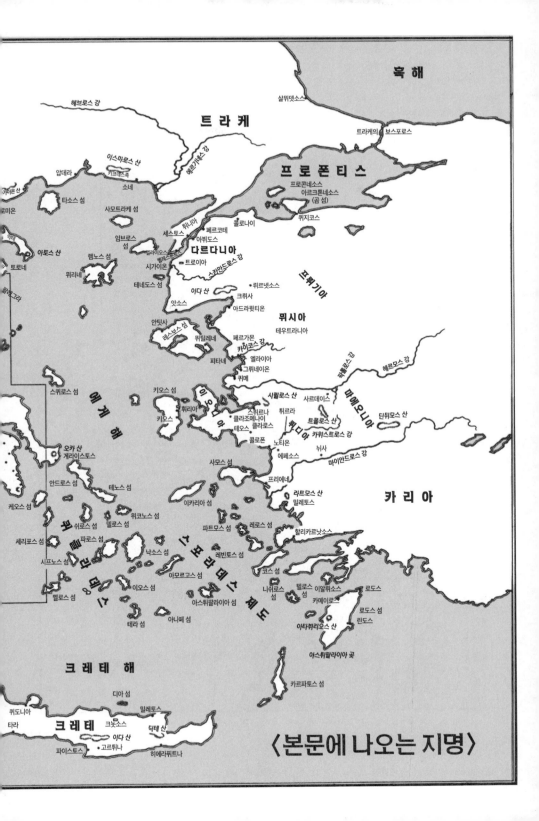

흑 해

헤브로스 강

트 라 케

트라케의 보스포로스

살뮈뎃소스

프 로 폰 티 스

이스마로스 산

에르가네스 강

압데라

키코네스족

소네

프로콘네소스
아르크톤네소스
(곰 섬)

퀴지코스

가이온 산

타소스 섬

사모트라케 섬

콜로나이

페르코테

로이온

임브로스
섬

세스토스

아뷔도스

뤼니아

아토스 산

렘노스 섬

엘라이오스

다르다니아

토로네

뮈리네

시가이온

트로이아

스카만드로스 강

크뤼사

뤼르넷소스

프뤼기아

칼리그리아

테네도스 섬

이다 산

앗소스

아드라뮈티온

뮈시아

안뒷사

레스보스 섬

뮈틸레네

페르가몬

카이코스 강

테우트라니아

에 게 해

스퀴로스 섬

키오스 섬

이
오
니
아

피타네

엘라이아
그뤼네이온

퀴메

헤르모스 강

키오스

스뮈르나
클라조메나이
테오스
클라로스

시퓔로스 산

사르데이스

마이
오
니
아

트몰로스 산

뤼디아

팍톨로스 강

단뒤모스 산

오카 산

게라이스토스

콜로폰

노티온

카위스트로스 강

안드로스 섬

테노스 섬

사모스 섬

에페소스

뉘사

마이안드로스 강

케오스 섬

쉬로스 섬

델로스 섬

이카리아 섬

프리에네

라트모스 산
밀레토스

카 리 아

세리포스 섬

퀴
클
라
데
스
제
도

파로스 섬

파트모스 섬

레로스 섬

할리카르낫소스

시프노스 섬

낙소스 섬

레빈토스 섬

스
포
라
데
스
제
도

멜로스 섬

아모르고스 섬

코스 섬

이오스 섬

아스튀팔라이아 섬

니쉬로스
섬

텔로스 섬
카메이로스

이알뤼소스

로도스

테라 섬

아나페 섬

아스튀팔라이아 곶

로도스 섬

이타뷔리오스 산

린도스

크 레 테 해

카르파토스 섬

디아 섬

밀레토스

퀴도니아

타라

크 레 테

크놋소스

딕테 산

이다 산

고르튀나

파이스토스

히에라퓌트나

〈본문에 나오는 지명〉

그리스 신화 1 신의 시대

1판 1쇄 발행 2023년 7월 25일

지은이 | 로버트 그레이브스
옮긴이 | 안우현
감수·해제 | 김진성

펴낸이 | 조영남
펴낸곳 | 알렙

출판등록 | 2009년 11월 19일 제313-2010-132호
주소 | 경기도 고양시 일산서구 중앙로 1455 대우시티프라자 715호

전자우편 | alephbook@naver.com
전화 | 031-913-2018
팩스 | 031-913-2019

ISBN 979-11-89333-65-2 04210
      979-11-89333-64-5 (전2권)

ΜΕΓΟΙΕΣΕΝ
ΓΟΣΕΙΔΟΝ
ΕΛΛΑΔΑ

Κρήτη
ΑΘΕΝΑΙΑ
ΑΜΑΣΙΣ
Ελλαδα Αθηνα

Κρήτη
ΕΛΛΑΔΑ
Ακρόπολη
Ελλάδα